ENZYKLOPÄDIE DER BETRIEBSWIRTSCHAFTSLEHRE

BAND I/2

Handwörterbuch der
Betriebswirtschaft

Vierte, völlig neu gestaltete Auflage

HERAUSGEGEBEN VON

PROFESSOR DR. ERWIN GROCHLA

UND

PROFESSOR DR. WALDEMAR WITTMANN

C.E. POESCHEL VERLAG STUTTGART

MCMLXXV

Redaktion:

Prof. Dr. ERWIN GROCHLA unter Mitarbeit
von Dr. HERBERT KUBICEK

Prof. Dr. WALDEMAR WITTMANN unter Mitarbeit
von Dipl.-Bibl. ANNELIESE WITTMANN

ISBN 3 7910 8005 9
© J.B. Metzlersche Verlagsbuchhandlung
und Carl Ernst Poeschel Verlag GmbH in Stuttgart 1975
Satz und Druck: Georg Appl, Wemding
Buchbinderische Verarbeitung: Heinr. Koch, Tübingen
Printed in Germany

INHALT DES ZWEITEN BANDES

Jahresabschlußprüfung
Prof. Dr. KLAUS v. WYSOCKI

Kalkulationsformen und -verfahren
Prof. Dr. HERBERT VORMBAUM

Kameralistik
Prof. Dr. LUDWIG MÜLHAUPT

Kammern
Dr. ALBRECHT DÜREN

Kapazität und Beschäftigung
Prof. Dr. WERNER KERN

Kapital und Vermögen
Prof. Dr. JÖRG BAETGE

Kapitalerhaltung und Substanzerhaltung
Prof. Dr. DIETRICH BÖRNER

Kapitalerhöhung und Kapitalherabsetzung
Prof. Dr. KARL FERDINAND BUSSMANN

Kapital- und Finanzflußrechnung
Prof. Dr. WILHELM STROBEL

Kapitaltheorie, betriebswirtschaftliche
Prof. Dr. PETER SWOBODA

Kartelle
Prof. Dr. EBERHARD GÜNTHER

Kassenhaltung
Dr. WILLI BÖHNER

Kaufmann und Firma
Prof. Dr. HEINZ HÜBNER

Kennzahlen, betriebliche
Prof. Dr. WALTER ENDRES

Kollegien
Prof. Dr. KNUT BLEICHER

Kommunikation
Prof. Dr. HERBERT HAX

Konflikte und Konfliktregelungen im Betrieb
Prof. Dr. RENATE MAYNTZ

Konjunkturpolitik, staatliche, und Betrieb
Prof. Dr. KLAUS v. WYSOCKI

Konkurs und Vergleich
Prof. Dr. KLAUS STÜDEMANN

Kontenrahmen und Kontenplan
Prof. Dr. MARTIN KÜHNAU

Kontrolle, betriebliche
Prof. Dr. HELMUT BREDE

Konzentration
Prof. Dr. DIETER POHMER und
Prof. Dr. FRANZ XAVER BEA

Konzerne
Prof. Dr. EHRENFRIED PAUSENBERGER

Konzerne, Rechnungswesen der
Prof. Dr. WALTHER BUSSE VON COLBE

Kooperation, zwischenbetriebliche
Prof. Dr. ERNST GERTH

Koordination
Prof. Dr. ERICH FRESE

Kosten, kalkulatorische
Prof. Dr. DIETER MOEWS

Kosten und Leistung
Prof. Dr. SIEGFRIED MENRAD

Kostenanalyse
Prof. Dr. Dr. h. c. EDMUND HEINEN

Kostenarten
Prof. Dr. KARL-HEINZ BERGER

Kostenrechnung
Prof. Dr. Dr. h. c. EDMUND HEINEN

Kostenrechnungsvorschriften, -richtlinien und
-regeln
Prof. Dr. HANS HERBERT SCHULZE

Kostentheorie
Prof. Dr. WOLFGANG LÜCKE

Kostenverursachung, Prinzipien und Probleme
Prof. Dr. WERNER SCHUBERT und Dipl.-Oec.
ROLF HOHENBILD

Krankenhausbetriebe
Prof. Dr. SIEGFRIED EICHHORN

Kreditarten und Kreditformen
Prof. Dr. WILHELM BÜHLER

Kreditwürdigkeitsprüfung
Prof. Dr. ERICH POTTHOFF

Kulturbetriebe
Prof. Dr. HEINZ BERGNER

Kundendienst und Kundendienstpolitik
Prof. Dr. REINMAR FÜRST

Kybernetik
Dr. HELMUT LEHMANN

Lager und Lagerhaltung
Dr. INGOLF BAMBERGER

Lagerhaltungsmodelle
Prof. Dr. WERNER POPP

Landwirtschaftsbetriebe und landwirtschaftliche
Betriebslehre
Prof. Dr. ERWIN REISCH

Lehrtechniken in der Betriebswirtschaftslehre
Prof. Dr. PETER MERTENS

Leistungsverrechnung, innerbetriebliche
Prof. Dr. HEINZ BERGNER

Lernprozesse, betriebliche
Prof. Dr. JÖRG BAETGE

Lieferzeit und Lieferzeitpolitik
Priv.-Doz. Dr. KLAUS BARTH

Liquidation
Prof. Dr. BERNHARD BELLINGER

Liquidität, betriebliche
Prof. Dr. WOLFGANG STÜTZEL

Logistik, betriebswirtschaftliche
Prof. Dr. GÖSTA-BERND IHDE

Lohnformen
Prof. Dr. KARL-FRIEDRICH ACKERMANN

Losgröße, optimale
Prof. Dr. DIETRICH ADAM

Luftverkehrsbetriebe
Prof. Dr. KARL LECHNER

Macht, betriebswirtschaftliche Aspekte
Dr. MARTIN MÜLLER

Management-Prinzipien und -Techniken
Dr. GERTRUD FUCHS-WEGNER

Markenartikel
Prof. Dr. MANFRED N. GEIST

Marketing
Prof. Dr. ERWIN DICHTL

Markoff-Prozesse
Dr. SIEGMAR STÖPPLER

Markt, Marktformen und Marktverhaltensweisen
Prof. Dr. HANS MÖLLER

Marktforschung
Prof. Dr. EUGEN LEITHERER

Materialwirtschaft
Prof. Dr. ERWIN GROCHLA

Messen und Ausstellungen
Prof. Dr. BRUNO TIETZ

Methodenprobleme in der Betriebswirtschaftslehre
Prof. Dr. JÜRGEN WILD

Mitarbeiterbeurteilung
Prof. Dr. WILHELM BIERFELDER

Mitbestimmung, betriebliche
Prof. Dr. HORST STEINMANN

Mode
Prof. Dr. RENÉ KÖNIG

Modelle
Prof. Dr. RICHARD KÖHLER

Motivation
Prof. Dr. GERHARD REBER

Multinationale Unternehmungen
Prof. Dr. ERNEST KULHAVY

Nahverkehrsbetriebe
Prof. Dr. PETER FALLER

Netzwerke und Netzplantechnik
Prof. Dr. ADOLF ANGERMANN

Normung, Typung und Standardisierung
Prof. Dr. HANS H. HINTERHUBER

Obligationen
Prof. Dr. LUDWIG MÜLHAUPT

Öffentliche Betriebe
Prof. Dr. KARL OETTLE

Öffentliche Verwaltung, betriebswirtschaftliche Aspekte
Prof. Dr. EBERHARD LAUX

Öffentlich-rechtliche Körperschaften und Anstalten
Prof. Dr. HELMUT DIEDERICH

Ökonometrie, betriebswirtschaftliche
Prof. Dr. GÜNTER MENGES

Opportunitätskosten
Prof. Dr. REINHART SCHMIDT

Optimierung
Prof. Dr. FRANZ XAVER BEA

Organisation und Organisationsstruktur
Prof. Dr. ERWIN GROCHLA

Organisationsmittel
Prof. Dr. FRIEDRICH MELLER

Organisationsplanung
Prof. Dr. KNUT BLEICHER

Organisationssoziologie
Prof. Dr. ROLF ZIEGLER

Organisationstheorie
Prof. Dr. ERWIN GROCHLA

Organschaft
Prof. Dr. ANTON HEIGL

Personalauswahl
Prof. Dr. HARTMUT KREIKEBAUM

Personalbeschaffung
Prof. Dr. ERNST-BERND BLÜMLE

Personalplanung
Prof. Dr. ERICH FRESE

Personalwesen, betriebliches
Prof. Dr. EDUARD GAUGLER

Personengesellschaften
Prof. Dr. HEINZ HÜBNER

Personenversicherung
Prof. Dr. WALTER KARTEN

Plankostenrechnung
Prof. Dr. Wolfgang Kilger

Planung, betriebswirtschaftliche
Prof. Dr. Helmut Koch

Planung, Organisation der
Prof. Dr. Norbert Szyperski

Preisbindung und Preisempfehlung
Ass. Prof. Dr. Klaus Heyde

Preistheorie
Prof. Dr. Rudolf Richter

Preisuntergrenzen
Prof. Dr. Werner Hans Engelhardt

Pretiale Lenkung
Prof. Dr. Helmut Laux

Produkt und Produktgestaltung
Prof. Dr. Udo Koppelmann

Produktion, Automatisierung der
Prof. Dr. Lutz J. Heinrich und Mag. rer. soc. oec.
Manfred Pils

Produktion, verbundene
Prof. Dr. Siegfried Hummel

Produktionsbereich, Organisation des
Prof. Dr. Hartmut Kreikebaum

Produktionsfaktor
Prof. Dr. Wolfgang Kilger

Produktionsplanung
Prof. Dr. Gert Lassmann

Produktionssteuerung
Prof. Dr. Helmut Wagner

Produktionstheorie
Prof. Dr. Waldemar Wittmann

Produktionsverfahren
(Produktionstypen)
Prof. Dr. Dietger Hahn

Produktivität
Prof. Dr. Gert Lassmann

Produktpolitik und Produktplanung
Prof. Dr. Hermann Sabel

Profit Center
Dr. Martin K. Welge

Prognose und Prognoseverfahren
Prof. Dr. Karl Weber

Programmierung, dynamische
Prof. Dr. Klaus Neumann

Programmierung, ganzzahlige
Prof. Dr. Heiner Müller-Merbach

Programmierung, lineare
Prof. Dr. Heiner Müller-Merbach

Programmierung, nichtlineare
Prof. Dr. Martin J. Beckmann

Programmierung, stochastische
Prof. Dr. Werner Dinkelbach

Programmierung und Programmiersprachen
Prof. Dr. Paul Schmitz

Prozeßfunktion, technische
Prof. Dr. Dietrich Zschocke

Prüfung, Theorie der
Prof. Dr. Günter Sieben und Dr. Wolf-Rüdiger
Bretzke

Public Relations
Prof. Dr. Ruth Endress

Publizität
Prof. Dr. Adolf Moxter

Qualitätskontrolle
Prof. Dr. Peter Hammann

Rabatte und Boni
Prof. Dr. Gottfried Theuer

Rationalisierung
Prof. Dr. Marcell Schweitzer und Dr. Hans-
Ulrich Küpper

Rationalisierungskuratorium der Deutschen Wirtschaft (RKW)
Prof. Dr. Hans Rühle von Lilienstern

Raumplanung
Prof. Dr. Klaus-Peter Kistner

Rechnungsabgrenzungsposten
Prof. Dr. Klaus Dittmar Haase

Rechnungstheorie
Prof. Dr. Richard Mattessich

Rechnungswesen
Prof. Dr. Klaus Chmielewicz

Rechtsform der Unternehmung
Prof. Dr. Klaus Stüdemann

Rechtswissenschaft und Betrieb
Prof. Dr. Günther Jahr

VERZEICHNIS DER ABKÜRZUNGEN VON HANDWÖRTERBÜCHERN, ZEITSCHRIFTEN UND SONSTIGEN PERIODISCHEN PUBLIKATIONEN

Absw.	Absatzwirtschaft	DB	Der Betrieb
Acc.	Accountancy	DU	Die Unternehmung
Acc.M	The Accountant's Magazine	DVZ	Deutsche Versicherungszeitschrift
Acc.R	The Accounting Review	ED	Elektronische Datenverarbeitung
Acc.Res.	Accounting Research	EJ	Economic Journal
ADL Nachr.	ADL-Nachrichten	FArch	Finanz-Archiv
Adv.Man.J	Advanced Management Journal	FB	Fortschrittliche Betriebsführung
		Fin.Ex.	Financial Executive
AER	American Economic Review	FR	Finanz-Rundschau
AG	Die Aktiengesellschaft	Harv.Bus.R	Harvard Business Review
Allg.Stat.A	Allgemeines Statistisches Archiv	HdSt	Handwörterbuch der Staatswissenschaften
Am. J Soc.	American Journal of Sociology	HdSW	Handwörterbuch der Sozialwissenschaften
Am. Soc.R	American Sociological Review	HdW	Handbuch der Wirtschaftswissenschaften
Ann.Math. Stat.	Annals of Mathematical Statistics	HWA	Handwörterbuch der Absatzwirtschaft
AP	Arbeitsrechtliche Praxis		
Arch.f. Sozialw.	Archiv für Sozialwissenschaft und Sozialpolitik	HWB	Handwörterbuch der Betriebswirtschaft
ASQ	Administrative Science Quarterly	HWF	Handwörterbuch der Finanzwirtschaft
AuR	Arbeit und Recht	HWO	Handwörterbuch der Organisation
BAGE	Sammlung der Entscheidungen des Bundesarbeitsgerichts	HWP	Handwörterbuch des Personalwesens
BAnz.	Bundesanzeiger		
Bb	Die Bundesbahn	HWR	Handwörterbuch des Rechnungswesens
BB	Der Betriebs-Berater		
BFuP	Betriebswirtschaftliche Forschung und Praxis	IBM Nachr.	IBM-Nachrichten
		Ind.Lab.Rel.R	Industrial and Labor Relation Review
BGBl.	Bundesgesetzblatt		
BGHST	Amtliche Sammlung der Entscheidungen des Bundesgerichtshofes in Strafsachen	Ind.Man.R	Industrial Management Review
		Ind.Rel.J	Industrial Relations Journal
		Int.J Acc.	The International Journal of Accountancy
BGHZ	Amtliche Sammlung der Entscheidungen des Bundesgerichtshofes in Zivilsachen	IO	Industrielle Organisation
		JAcc.	Journal of Accountancy
Brit.J Soc.	The British Journal of Sociology	JAcc.Res.	Journal of Accounting Research
		Jb.f.N.u.Stat.	Jahrbücher für Nationalökonomie und Statistik
BSGE	Entscheidungen des Bundessozialgerichts	Jb.f.Sozwiss.	Jahrbuch für Sozialwissenschaften
BStBl.	Bundessteuerblatt		
BTA	Bürotechnik und Automation	JBus.	Journal of Business
BTO	Bürotechnik und Organisation	JETheory	Journal of Economic Theory
BVerf.GE	Entscheidungen des Bundesverfassungsgerichts	JFin.	The Journal of Finance
		JFin.Quant. Anal.	Journal of Financial and Quantitative Analysis
Cal.Man.R	California Management Review		
Cost Acc.	The Cost Accountant	JInd.Eng.	The Journal of Industrial Engineering
Curr. Soc.	Current Sociology		
Data Proc.	Data Processing	JMark.	Journal of Marketing

JPol.E	The Journal of Political Economy	Schweiz. Z Volksw.Stat.	Schweizerische Zeitschrift für Volkswirtschaft und Statistik
JRoy.Stat.Soc.	Journal of the Royal Statistical Society	Stat.H	Statistische Hefte
LkR	Lexikon des kaufmännischen Rechnungswesens	StuW	Steuer und Wirtschaft
		Ufo	Unternehmensforschung
LRP	Long Range Planning	VuT	Verkehr und Technik
Man.Int.R	Management International Review	WA	Weltwirtschaftliches Archiv
		WdS	Wörterbuch der Soziologie
Man.Sc.	Management Science	WP	Das Wertpapier
Mark.	Marketing	Wpfg	Die Wirtschaftsprüfung
Nav.Res.Log.Q	Naval Research Logistics Quarterly	ZfA	Zeitschrift für Arbeitsrecht
		ZfB	Zeitschrift für Betriebswirtschaft
NB	Neue Betriebswirtschaft	ZfbF	Zeitschrift für betriebswirtschaftliche Forschung
NJW	Neue Juristische Wochenschrift	ZfBh.	Zeitschrift für Buchhaltung
NWB	Neue Wirtschaftsbriefe	ZfD	Zeitschrift für Datenverarbeitung
ÖB	Der Österreichische Betriebswirt	ZfhF	Zeitschrift für handelswissenschaftliche Forschung
ÖVD	Öffentliche Verwaltung und Datenverarbeitung		
		ZfHuP	Zeitschrift für Handelswissenschaft und -praxis
OR	Operations Research		
ORQ	Operations Research Quarterly	ZfK	Zeitschrift für das gesamte Kreditwesen
PSQ	Political Science Quarterly		
QJE	Quarterly Journal of Economics	ZfN	Zeitschrift für Nationalökonomie
RdA	Recht der Arbeit	ZfO	Zeitschrift für Organisation
RDO	Rechnungswesen, Datentechnik, Organisation	ZfR	Zeitschrift für das gesamte Rechnungswesen
REStat.	The Review of Economics and Statistics	ZfSt	Zeitschrift für die gesamte Staatswissenschaft
REStud.	Review of Economic Studies	ZIR	Zeitschrift für Interne Revision
RGZ	Amtliche Sammlung der Entscheidungen des Reichsgerichts in Zivilsachen	ZVers. Wiss.	Zeitschrift für Versicherungswissenschaft

VERZEICHNIS DER ALLGEMEINEN ABKÜRZUNGEN

A.	Auflage	Ausz.	Auszug
Abb.	Abbildung	AWV	Ausschuß für wirtschaftliche Verwaltung
Abh.	Abhandlung, -en		
Abs.	Absatz	BAB	Betriebsabrechnungsbogen
Abt.	Abteilung	BAG	Bundesarbeitsgericht
ADV	Automatisierte Datenverarbeitung	Bd	Band
ähnl.	ähnlich	bearb.	bearbeitet
AfA	Absetzung für Abnutzung	Beitr.	Beitrag, Beiträge
AG	Aktiengesellschaft	Ber.	Bericht,-e
AGB	Allgemeine Geschäftsbedingungen	BewG	Bewertungsgesetz
AktG	Aktiengesetz	BFH	Bundesfinanzhof
Anm.	Anmerkung, -en	BGB	Bürgerliches Gesetzbuch
AO	Abgabenordnung	BGBl.	Bundesgesetzblatt
AR	Aufsichtsrat	BGH	Bundesgerichtshof
Arb.R.Slg	Arbeitsrechtliche Sammlung	BHO	Bundeshaushaltsordnung
Arch.	Archiv	BSG	Bausparkassengesetz
Ass.	Association	BUrlG	Bundesurlaubsgesetz
Aufs.	Aufsatz, Aufsätze	BetrVG } BVG }	Betriebsverfassungsgesetz
Ausg.	Ausgabe,-n		
ausgew.	ausgewählt,-e,-er	BWL	Betriebswirtschaftslehre

bwl.	betriebswirtschaftlich, -e, -er, -es
bzw.	beziehungsweise
ca.	circa
c.p.	ceteris paribus
CPM	Critical Path Method
d.	der, die, das, des, den, dem
ders.	derselbe
DFG	Deutsche Forschungsgemeinschaft
DGB	Deutscher Gewerkschaftsbund
d.h.	das heißt
DIHT	Deutscher Industrie- und Handelstag
Diss.	Dissertation
dt.	deutsch
Dt.Ges.f.B	Deutsche Gesellschaft für Betriebswirtschaft
dz.	Doppelzentner
ebd., ebda	ebenda
econ.	economic, economical, economy
ed.	edition, edited
EDV	Elektronische Datenverarbeitung
EG	Europäische Gemeinschaft, -en
EGBGB	Einführungsgesetz zum Bürgerlichen Gesetzbuch
engl.	englisch
erg.	ergänzt, -en
Erg.h.	Ergänzungsheft
Ersch., ersch.	Erscheinung, erscheint, erschienen
erw.	erweitert, -e
ESTG	Einkommensteuergesetz
etc.	et cetera
e.V.	eingetragener Verein
f.	für; folgend
Festg.	Festgabe
Festschr.	Festschrift
ff.	folgende
FGG	Gesetz über die Angelegenheiten der freiwilligen Gerichtsbarkeit
G	Gesetz
GBäAS	Gesetz für Betriebsärzte und Fachkräfte für Arbeitssicherheit
Geb.	Geburtstag
GenG	Genossenschaftsgesetz
Ges.	Gesellschaft
GewO	Gewerbeordnung
GG	Grundgesetz
ggfs	gegebenenfalls
GmbHG	GmbH-Gesetz
GoB	Grundsätze ordnungsmäßiger Bilanzierung (und Buchführung)
GPB	Geschäftspolitischer Bereich
GTA	Gesetz für technische Arbeitsmittel
GuV	Gewinn- und Verlustrechnung
GWB	Gesetz gegen Wettbewerbsbeschränkungen
H.	Heft
Habilschr.	Habilitationsschrift
Hb., Handb.	Handbuch

Hbd	Halbband
HGB	Handelsgesetzbuch
HGrG	Haushaltsgrundsätzegesetz
hist.	historisch, -e, -er, -es
Hrsg., hrsg.	Herausgeber, herausgegeben
HV	Hauptversammlung
Hw.	Handwörterbuch
i.a., i.allg.	im allgemeinen
i.d.Fass.	in der Fassung
i.d.R.	in der Regel
i.e.S.	im eigentlichen Sinn, im engeren Sinn
Ifo	Institut für Wirtschaftsforschung
IKR	Industriekontenrahmen des Bundesverbandes der deutschen Industrie
intern.	international
i.S.	im Sinne
i.w.S.	im weiteren Sinn
J	Journal
jährl.	jährlich
Jb.	Jahrbuch
Jg	Jahrgang
Jh.	Jahrhundert
Kat., kat.	Katalog, katalogisieren
kaufm.	kaufmännisch, -e, -er, -es
KGaA	Kommanditgesellschaft auf Aktien
KGSt	Kommunale Gemeinschaftsstelle für Verwaltungsvereinfachung
KonkursO	Konkursordnung
KSchG	Kündigungsschutzgesetz
KSTG	Körperschaftssteuergesetz
KWG	Kreditwesengesetz
LAG	Lastenausgleichgesetz
LFB	liquiditätsmäßig – finanzieller Bereich
Lfg	Lieferung
Lit., lit.	Literatur, literarisch
LohnfortzG	Lohnfortzahlungsgesetz
LSBÖ	Leitsätze für die Preisermittlung auf Grund der Selbstkosten bei Bauleistungen ... (1940)
LSÖ	Leitsätze für die Preisermittlung auf Grund der Selbstkosten ... (1938)
LSP	Leitsätze für die Preisermittlung auf Grund von Selbstkosten (1953)
LSP-Bau	Leitsätze für die Preisermittlung auf Grund von Selbstkosten (LSP-Bau; 1972)
LZB	Landeszentralbank
m.	mit
Math.	Mathematik, mathematic, -s
m.a.W.	mit anderen Worten
MSchG	Mieterschutzgesetz
MuSchG	Mutterschutzgesetz
MWST	Mehrwertsteuer
Nachdr.	Nachdruck
Neudr.	Neudruck
N.F.	Neue Folge
no	Numero

Nr	Nummer	u.ä.	und ähnliche, -es
o.g.	oben genannt	u.a.m.	und andere(-s) mehr
o.J.	ohne Jahr	u.d.T.	unter dem Titel
o.O.	ohne Ort	u.E.	unseres Erachtens
OR	Operations Research	Übers., übers.	Übersetzung, Übersetzer, übersetzt
Org.	Organisation	u.Mitw.v.	unter Mitwirkung von
p.a.	per anno	Univ.	Universität
PERT	Program Evaluation and Review Technique	usw.	und so weiter
PublG	Publizitätsgesetz	UVNG	Unfallversicherungs-Neuregelungsgesetz
Q	Quarterly	UVVen	Unfallverhütungsvorschriften
RAG	Reichsarbeitsgericht	UWG	Gesetz gegen den unlauteren Wettbewerb
rd	rund		
Ref.	Referat, -e	v.	von
REFA	Verband für Arbeitsstudien	VAG	Versicherungsaufsichtsgesetz
Reg.	Register	VDI	Verein Deutscher Ingenieure
RG	Reichsgericht	Verb.	Verbindung; Verband
RGBl.	Reichsgesetzblatt	VersR	Versicherungsrecht
RGewO	Reichsgewerbeordnung	Verw.	Verwaltung
RHO	Reichshaushaltsordnung	Verz., verz.	Verzeichnis, verzeichnet
RKW	Rationalisierungskuratorium der Deutschen Wirtschaft	vgl.	vergleiche
RPÖ	Richtlinien für die Preisbildung bei öffentlichen Aufträgen (1938)	v.H.	von Hundert
		VO	Verordnung
Rspr.	Rechtsprechung	VOB	Verdingungsordnung für Bauleistungen
RVO	Reichsversicherungsordnung		
S.	Seite, -n	Vol., vol.	volume
s.	siehe	VOL	Verdingungsordnung für Leistungen – ausgenommen Bauleistungen
s.a.	siehe auch		
sc.	science, scientific	Vorw.	Vorwort
Schlagw.	Schlagwort, -e, Schlagwörter	VPÖ	Verordnung über die Preise bei öffentlichen Aufträgen (1943)
s.o.	siehe oben		
soc.	social, society	VPöA	Verordnung über die Preise bei öffentlichen Aufträgen (1953)
sog.	sogenannter, -e, -es		
soz.	sozial, -e, -er	VPöA-Bau	Verordnung über die Preise bei öffentlichen Aufträgen für Bauleistungen (1955)
Sp.	Spalte		
StB	Steuerberater		
StBerG	Gesetz über die Rechtsverhältnisse der Steuerberater und Steuerbevollmächtigten	VSTG	Vermögensteuergesetz
		VSTR	Vermögensteuerrichtlinien
		WP	Wirtschaftsprüfer
		WSI	Wirtschafts- und Sozialwissenschaftliches Institut
StBv	Steuerbevollmächtigte(r)		
StGB	Strafgesetzbuch	WStrG	Wirtschaftsstrafgesetz
s.u.	siehe unten; siehe weiter unten	WZG	Warenzeichengesetz
syst.	systematisch	Z	Zeitschrift
T.	Teil oder Titel (nach Sachzusammenhang)	z.B.	zum Beispiel
		Zb.	Zentralblatt
t.	Tonne, -n	Ziff.	Ziffer
Tab.	Tabelle	Zit., zit.	Zitat, zitieren
TOB	technisch-organisatorischer Bereich	ZPO	Zivilprozeßordnung
TVB	Tarifvertragsgesetz	z.T.	zum Teil
u.	und	zus.gest.	zusammengestellt
u.a.	und andere; unter anderem	z.Zt	zur Zeit

Gleichgewicht, betriebliches

[s. a.: Ausgaben und Einnahmen; Betriebsgröße und Unternehmungsgröße; Elastizität; Erfolgsplanung; Finanzplanung; Information; Kostentheorie; Lagerhaltungsmodelle; Liquidität; Losgröße, optimale; Optimierung; Pretiale Lenkung; Produktionstheorie; Ziele, Zielsysteme und Zielkonflikte.]

I. Der Begriff des Gleichgewichts in verschiedenen Wissenschaften; II. Der Gleichgewichtsgedanke in der Betriebswirtschaftslehre; III. Vorschlag zum Begriff des betrieblichen Gleichgewichts.

I. Der Begriff des Gleichgewichts in verschiedenen Wissenschaften

Der Begriff Gleichgewicht ist aus den mit gleichen Gewichten belasteten beiden Schalen einer Waage zu verstehen.

In der Mechanik beinhaltet der Gleichgewichtsbegriff den Ausgleich von Kräften: Wirken zwei gleich große Kräfte (Pfeile in den Abb. 1 bis 3) in entgegengesetzter Richtung auf einen ruhenden festen Körper, so bleibt er in gleicher Position; der Körper ist im Gleichgewicht. Die Abb. 1 bis 3 veranschaulichen das Gleichgewicht.

Abb. 1   Abb. 2   Abb. 3

Die Gleichgewichtslage kann gestört werden, das heißt, die Kräfte kompensieren sich nicht vollständig. Im Fall der Abb. 1 bewegt sich das System, wenn es sich selbst überlassen wird, nach einer Störung wieder in die frühere Gleichgewichtslage zurück; dieses Gleichgewicht wird als stabil bezeichnet. Die Abb. 2 kennzeichnet ein indifferentes und die Abb. 3 ein labiles Gleichgewicht.

Im *Massenwirkungsgesetz* wird das Gleichgewicht als Zustand von entgegengesetzt wirkenden gleichen Reaktionsgeschwindigkeiten verstanden. Außer in der Mechanik und Chemie existiert der Gleichgewichtsbegriff in weiteren Wissenschaftsbereichen. In der Biologie gibt es z. B. die Begriffe Gleichgewichtssinn und ökologisches Gleichgewicht; in der Wissenschaft von der Politik existiert die balance of power; aus der Psychologie ist das seelische Gleichgewicht bekannt. Immer handelt es sich beim Gleichgewicht um einen Zustand der Ruhe (*Waffenschmidt* 1957, S. 11), in dem sich verursachende und verhindernde Kräfte in ihren Wirkungen ausgleichen.

Im Wege der Analogie hat der Gleichgewichtsgedanke auch Eingang in die → *Volkswirtschaftslehre* gefunden. Bereits bei den Merkantilisten läßt sich der Gleichgewichtsgedanke nachweisen. Das Gleichgewicht stellt sich als Idee einer dem wirtschaftlichen Geschehen innewohnenden Ordnung dar (*Struve* 1936, S. 600).

Neben diesem Ansatzpunkt zur Gleichgewichtsanalyse gibt es die mathematischen Beschreibungen einzelner Gleichgewichtslagen. Hier wird unter Gleichgewicht ein Zustand verstanden, welcher einem System von Gleichungen genügt. In den Anfängen sind partielle Gleichgewichte von einzelnen Haushalten oder Produktionsbetrieben sowie Gleichgewichte auf Märkten untersucht worden.

II. Der Gleichgewichtsgedanke in der Betriebswirtschaftslehre

In der Nationalökonomie geht es darum zu erklären, wie in der Volkswirtschaft *partielle* und/oder *allgemeine Gleichgewichte* erreicht werden. Dabei können *Gleichgewichtslagen als wirtschaftspolitisches Richtmaß* Verwendung finden (*Besters* 1959, S. 979). In der Betriebswirtschaftslehre bleiben naturgemäß makroökonomische Probleme außer Betracht.

Über das Wesen des Gleichgewichtes besteht in der Betriebswirtschaftslehre keine Klarheit. Einflüsse aus der Volkswirtschaftslehre sind unverkennbar; dies wird deutlich, wenn an *Schmalenbachs* gemeinwirtschaftliche Wirtschaftlichkeit gedacht wird. Das Gleichgewicht kann aber auch bei Erreichung jeder betrieblichen Zielvorstellung gesucht werden; so wählt z. B. *Mellerowicz* (1956, Sp. 741) zur Gleichgewichtsbetrachtung die Gewinnmaximierung. Eine umfassendere Darstellung betrieblicher Gleichgewichte gibt *Kosiol* (1966, S. 134 ff.).

In der Volkswirtschaftslehre wird die Aufgabe des Betriebes darin gesehen, optimal zur Bedarfsdeckung in der Volkswirtschaft beizutragen. *Schmalenbach* (1930, S. 1) spricht in diesem Zusammenhang von der *gemeinwirtschaftlichen →Wirtschaftlichkeit.* Der Erfolg der Betriebstätigkeit ist am Nutzen für die Allgemeinheit zu messen. Das Problem liegt darin, einen geeigneten Ausdruck für den Nutzen zu finden. Hilfsweise mißt die Betriebswirtschaftslehre die Wirtschaftlichkeit für die Allgemeinheit am Gewinn des Betriebes. Ob andere Zielsetzungen der gemeinwirtschaftlichen Wirtschaftlichkeit ebenso entsprechen können, ist noch nicht untersucht worden. Es ist vorgeschlagen, am Gewinn Korrekturen zum Beispiel mit Hilfe des *Sozialleistungsgrades* anzubringen. Der Sozialleistungsgrad ist ein Maßstab für das soziale Verhalten des Betriebes (*Mellerowicz* 1947, S. 18). *Mellerowicz* ordnet dem wirtschaftlichen Handeln aus der Einordnung des Betriebes in die Volkswirtschaft oder den Staat Normen zu. Über die Pro-

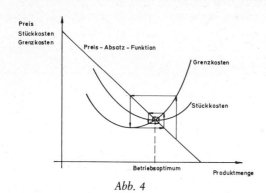

Abb. 4

bleme der Normensetzung ist hier nicht zu berichten.

Ein Gleichgewichtsmodell, welches *Schmalenbachs Grenzkostenkalkulation* voraussetzt, läßt sich in Abb. 4 darstellen (→ *Pretiale Lenkung*). Wenn die betrieblichen Leistungen zu Grenzkosten angeboten werden und die Preis-Absatz-Funktion durch das Minimum der Stück-(Einheits-)Kostenkurve (→ *Kostentheorie*) läuft, dann kann sich die Preis-Absatz-Relation beim Stückkostenminimum einspielen; das Gleichgewicht ist erreicht. Die zugehörende Ausbringung heißt *Betriebsoptimum*. Die Produktionseinheit wird mit einem Gewinn von null Geldeinheiten verkauft; der Betrieb erzielt lediglich die in die Kosten eingerechneten kalkulatorischen Zinsen (→ *Kosten, kalkulatorische*).

Es sei in diesem Modell darauf aufmerksam gemacht, daß die Zielsetzung von dem üblicherweise dargestellten erwerbswirtschaftlichen Prinzip (Gewinnmaximierung, Rentabilitätsmaximierung) abweicht.

Nach *Mellerowicz* (1956, Sp. 742) stellt sich das betriebliche Gleichgewicht bei größtem Gewinn dar. Dabei ist von gegebener Kapazität auszugehen. Das Gleichgewicht liegt dort, wo Grenzkosten gleich Produktpreis sind. Es wird von *Mellerowicz* herausgestellt, daß mit diesem Gleichgewicht das *Stückkostenminimum* nicht erreicht wird.

Kosiol (1966, S. 117 f.) geht bei seiner Gleichgewichtsdarstellung vom Nominal- und Realgüterstrom der Unternehmung aus. Unter *Realgütern* werden Sachgüter, Leistungswerte, wirtschaftliche Tatbestände, Kapital und Rechte verstanden. *Nominalgüter* sind Geld, Darlehens- und Beteiligungswerte (*Kosiol*, S. 112). Eine Unternehmung befindet sich im *nominalen (finanziellen) Gleichgewicht*, „wenn die notwendigen Einnahmen durch Ausgaben gedeckt sind" (S. 134). Das *güterwirtschaftliche Gleichgewicht* ist nicht wie das finanzwirtschaftliche Gleichgewicht an einem Punkt, sondern an mehreren Stellen zu beobachten (S. 138). In allen Phasen von der Beschaffung über die Produktion bis zum Absatz können Bestände verschiedenster Art entstehen. Ein Gleichgewicht liegt in jeder Phase dann vor, wenn die Lagerzugänge und Lagerabgänge einander entsprechen. Im Bereich der Realgüterphasen ist das Gleichgewicht im technischen Sinne durch die zeitpunktbezogene Mengenäquivalenz von Gütereingängen und -ausgängen bestimmt (S. 139). Das finanzielle Gleichgewicht muß streng eingehalten werden. Die Gleichgewichte im Realgüterbereich unterliegen dagegen weniger strengen Erfordernissen, wenngleich Abweichungen vom technischen Gleichgewicht unerwünscht sind und wirtschaftliche Nachteile wie Leerlaufkosten, hohes Lagerrisiko, Verluste durch Abwanderung von Käufern usw. entstehen können.

Das Ergebnis der Realphasen, also der Absatz von Erzeugnissen, schlägt sich im Zugang des Nominalbereiches nieder. Als Grundlage des *Gesamtgleichgewichtes* muß daher grundsätzlich die Deckung der Ausgaben zur Beschaffung aller Realgüter, die zur Wiederholung eines gleichwertigen Produktionsprozesses erforderlich sind, durch die Einnahmen aus dem eigenen Absatz verlangt werden (S. 143).

Unternehmungen, die eine *Wachstumsstrategie* verfolgen, haben diese in ihrem Kalkül zu berücksichtigen. Es sei darauf aufmerksam gemacht, daß das Problem, ob die aus dem Umsatzprozeß zurückfließenden Geldmengen ausreichen, um einen realwirtschaftlichen Umsatz gleichen Umfangs zu ermöglichen, im Rechnungswesen behandelt wird (vgl. hier z.B. *Sommerfelds* eudynamische Bilanzauffassung, *Sommerfeld* 1955, Sp. 980, u. Fragen der Substanzerhaltung bei *Lücke* 1970).

Der Gleichgewichtsbegriff findet Verwendung in der *betrieblichen Preispolitik*, die auf eine Zielsetzung hin Preisforderungen und -gebote festlegt (→ *Absatzpolitik*). Gleichgewicht bedeutet im Rahmen dieses absatzpolitischen Instrumentariums eine solche Preisstellung, bei der kein Betrieb als Anbieter oder Nachfrager Veranlassung hat, seinen Preis zu ändern, um seiner Zielsetzung besser zu entsprechen (vgl. u. a. *Jacob* 1971, S. 14, 164 u. 186).

Auch im Bereich der betrieblichen Organisation wird vom Gleichgewicht gesprochen (*Dorn* 1969, Sp. 1137). Als oberstes Prinzip und zugleich auch als Maßstab für die Beurteilung einer Organisation wird die Wirtschaftlichkeit angesehen. Das organisatorische System muß Stabilität wie auch Flexibilität aufweisen. In der Gleichgewichtssituation weist das organisatorische System wirtschaftlichen Aufbau, Beständigkeit und Zuverlässigkeit auf. Zugleich besitzt es die notwendige Anpassungsfähigkeit, um erforderlichen Veränderungen Rechnung tragen zu können.

Eine andere Darstellung des *Organisationsgleichgewichts* stellt heraus, daß die Organisation des Betriebes aus Organisationsteilnehmern besteht. In der sogenannten *Anreiz-Beitrags-Theorie* der Organisation wird davon ausgegangen, daß jedes Mitglied der Organisation Anreize erhält und dafür Beiträge leistet; der Anteilseigner legt Eigenkapital ein und erhält dafür Gewinnausschüttungen, Angestellte und Arbeiter stellen ihre Arbeitskraft zur Verfügung und erhalten dafür Lohn (→ *Anreizsysteme*). Eine Organisation befindet sich im Gleichgewicht, wenn die Anreize für jeden Organisationsteilnehmer maximal dessen Beiträge übersteigen (vgl. u. a. *Heinen* 1966, S. 199 f.).

III. Vorschlag zum Begriff des betrieblichen Gleichgewichts

1. Allgemeine Formulierung

Die hier notwendigerweise nur knappen Ausführungen aus der vielfältigen betriebswirtschaftlichen Literatur machen deutlich, daß der Gleichgewichtsbegriff unterschiedlich gefaßt wird. Wie auch in der Volkswirtschaftslehre läßt sich in der Betriebswirtschaftslehre nach *Miksch* (1948, S. 178) die Gleichgewichtsuntersuchung im Bereich idealtypischer Gedankengebilde ansiedeln. Nach häufiger Auffassung liegt das Gleichgewicht im Gewinnmaximum bei Einhaltung der Minimalkostenkombination (*Möller* 1941, S. 47; *Stakkelberg* 1934, S. 8).

Soll der Begriff Gleichgewicht sinnvoll in der Betriebswirtschaftslehre Verwendung finden, so ist es zweckmäßig, von der betrieblichen bzw. unternehmerischen Zielsetzung auszugehen: Ein Betrieb ist dann im Gleichgewicht, wenn alle Bedingungen bei gegebenen Daten so fixiert sind, daß die gewählte Zielsetzung am besten erreicht wird. Alle hinter den Zielvariablen stehenden kurz- oder langfristig beeinflußbaren *Erklärungsfunktionen* sind so zu gestalten, daß der Zielsetzung am besten entsprochen wird. Bei kurzfristig möglicher Beeinflussung kann ein kurzfristiges und bei langfristig möglicher Beeinflussung ein langfristiges Gleichgewicht (vgl. hierzu *Samuelson* 1964, S. 23) erreicht werden. Alle Größen sind kurzfristig oder langfristig determiniert; es besteht keine Veranlassung, Dispositionen kurzfristig oder langfristig zu revidieren (vgl. *Sauermann* 1959, S. 1026).

Die Gleichgewichtsüberlegungen sind nicht allein an die Gewinnmaximierung gebunden. Ein Gleichgewicht kann sich auch bei anderen Zielsetzungen ergeben (vgl. *Heinen* 1966), z. B. bei der Rentabilitätsmaximierung, beim Streben nach angemessenen Gewinnen, bei Umsatzmaximierung, bei Marktanteilsmaximierung und bei plandeterminierter Leistungserstellung (vgl. hierzu *Gutenberg* 1971, S. 464 ff.). Wegen der Uneingeschränktheit der möglichen Zielsetzungen ist der Gleichgewichtsbegriff nicht auf ein bestimmtes Wirtschaftssystem bezogen.

2. Gleichgewichtsadäquate Erklärungsfunktionen

Die in die Zielfunktionen eingegangenen Erklärungsfunktionen müssen gleichgewichtsadäquat sein. Dies soll nachfolgend näher erläutert werden. Dabei wird von der Zielsetzung *Gewinnmaximierung* ausgegangen. Eine wichtige Erklärungsfunktion stellen die Kosten in Abhängigkeit von der Produktmenge (Ausbringung) dar (→ *Kostentheorie*).

Im Gleichgewicht müssen sein:

aa) Grenzkosten gleich Grenzumsatz.

ab) Die Kosten müssen den niedrigst möglichen Verlauf aufweisen (vgl. *Lücke* 1973, S. 60 ff.). Die Kostenverläufe bei alternativen Leistungsschaltungen (d_1 bis d_5) sind in Abb. 5 dargestellt.

Zum betrieblichen Gleichgewicht gehört der *Niedrigstkosten*verlauf ABC. Diese Forderung heißt nichts anderes als die Einhaltung des Wirtschaftlichkeitsprin-

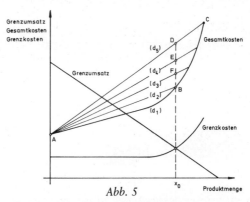

Abb. 5

zips, z. B. in Form des Minimumprinzips, wenn von D, E oder F Punkt B angestrebt wird. Im Gleichgewicht muß die zum Punkt B gehörende Leistungsschaltung und Betriebsmittellaufzeit gewählt werden.

ac) Wenn der Niedrigstkostenverlauf in Abb. 5 bereits aus einer Aggregation von Kostenverläufen für verschiedene Betriebsmittel gebildet wurde, so gilt die Aussage unter ab) auch für die Betriebsmittelkostenkurven.

ad) Die Kostenverläufe in Abb. 5 müssen frei von jedem erkennbaren „Schlendrian" sein.

ae) Für den Fall substitutiver Produktionsfaktorensätze muß die *Minimalkostenkombination* erfüllt sein.

af) Im Rahmen der Möglichkeiten hat der Betrieb das jeweils bekannte günstigste → *Produktionsverfahren* einzusetzen. Für den einfachsten Fall des Verfahrens – Kostenvergleich, wie er in Abb. 6 dargestellt ist – gilt die Anpassung von A oder B nach C. In dieser Abb. sind die Kostenverläufe für drei Verfahren dargestellt.

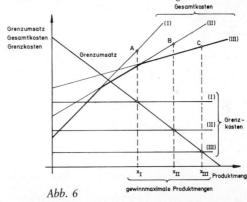

Abb. 6

Die in Abb. 6 dargestellte Form der verfahrensmäßigen Anpassung ist langfristiger Natur. Der Gewinn bei x_{III} muß größer als bei x_{II} oder x_I sein.

ag) Die Einsatzpreise der → *Produktionsfaktoren* müssen gleichgewichtsadäquat sein, das heißt, die Beschaffungen der lagerfähigen Produktionsfaktorpotentiale sind auf Grund der optimalen Beschaffungsmengenformel berechnet (→ *Losgröße, optimale*). Die *optimale Bestellmenge* ergibt sich in dem Minimum der Beschaffungs- plus Lagerkosten. Beide Kostenverläufe weisen in Abhängigkeit von der Bestellmenge gegensätzliche Verläufe auf (vgl. Abb. 7).

ah) Der Aufbau der Organisationssysteme Produktion, Einkauf und Lagerhaltung muß wirtschaftlich und zuverlässig sein.

ai) Die zur Beschaffung notwendigen liquiden Mittel müssen vorhanden sein.

aj) Die zur Produktion und zum Absatz notwendigen

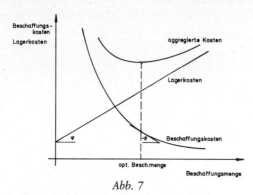

Abb. 7

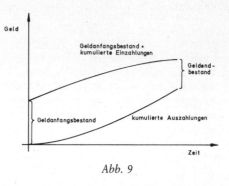

Abb. 9

Kapitalmengen (Kapitalbedarf) müssen zur Verfügung stehen. Die Zusammensetzung von Eigen- und Fremdkapital muß optimal sein.

Neben den Kostenverläufen existiert die *Umsatzfunktion* als zweite Erklärungsfunktion.

Im Gleichgewicht müssen sein:

ba) Grenzumsatz gleich Grenzkosten.

bb) Optimaler Einsatz des absatzpolitischen Instrumentariums (→ *Absatzpolitik*). Hier ist zwischen kurzfristiger und langfristiger absatzpolitischer Anpassung zu unterscheiden.

bc) In den Beziehungen zwischen den anbietenden Konkurrenten muß sich eine Preis- oder Mengensituation für jeden Anbieter ergeben, bei der keiner Veranlassung hat, bei gegebenen übrigen Einflußgrößen seine Angebotspreise oder -mengen zu verändern. Dies ist am einfachsten im Falle eines *Angebotsoligopols* darzustellen (vgl. Abb. 8).

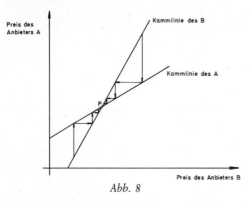

Abb. 8

Zur Konstruktion der Reaktionslinien sei auf die Literatur zur → *Preistheorie* verwiesen (vgl. u. a. *Jacob* 1971, S. 177). Die Kammlinie des A ordnet jedem Preis des B (A) die gewinnoptimale Preisforderung des A (B) zu. Im Punkt A besteht für die Anbieter keine Veranlassung, ihre Preisstellung zu ändern. Eine Tendenz zum Gleichgewicht ist durch die Pfeile in Abb. 8 angedeutet.

bd) Aufbau der optimalen → *Absatzorganisation*.

be) Die Einzahlungen aus dem Absatzbereich plus dem Geldanfangsbestand müssen hinreichen, die Auszahlungen zu decken (*Lücke* 1965). In Abb. 9 werden die kumulierten Einzahlungen und die kumulierten Auszahlungen dargestellt. Liquidität liegt vor, wenn die kumulierten Einzahlungen plus Geldbestand gerade ausreichen, die kumulierten Auszahlungen zu decken.

Mit diesen beiden Blöcken (aa bis ag und ba bis be) von Aufzählungen soll verdeutlicht werden,

was gemeint ist mit *gleichgewichtsadäquaten Bedingungen*, die hinter der Bedingung Grenzumsatz gleich Grenzkosten stehen, damit der Betrieb im Gleichgewicht ist.

3. Gleichgewichtsarten

Wird das betriebliche Gleichgewicht als *generelles Gleichgewicht* verstanden, so liegt dies nur dann vor, wenn sich die Erklärungsfunktionen gleichgewichtsadäquat verhalten, d.h., wenn sich alle Funktionen des Betriebes im Gleichgewicht befinden. Alle *Teilgleichgewichte* befinden sich in einem interdependenten Zusammenhang.

Wegen dieser Interdependenz kann gefolgert werden, daß ein *totales Betriebsmodell* mit einer Zielfunktion und einer Anzahl von Nebenbedingungen in den Lösungswerten die Gleichgewichtsgrößen findet. So gesehen, ist der Ansicht *Sauermanns* (1959, S. 1026) zu folgen: ein Gleichgewicht liegt vor, „wenn alle Größen des Systems simultan determiniert sind"; oder, wenn *Struve* sagt: Gleichgewicht sei ein Zustand, welchem ein System von Gleichungen genügt (1936, S. 496).

Es ist schwierig, die Gleichgewichtsgrößen in einem umfassenden Totalmodell ex ante zu fixieren. Es ist auch schwierig festzustellen, ob ein Betrieb ex post im Gleichgewicht war oder ist. Sicherlich kann vermutet werden, daß eine Tendenz in Richtung auf ein betriebliches Gleichgewicht besteht (*Doyle* 1969, S. 42). *Struve* verneint die sachliche Berechtigung des Gleichgewichtsbegriffes (1936, S. 506).

Hat das System eine und nur eine Lösung, so ist das Gleichgewicht eindeutig determiniert. Im Gegensatz dazu steht das *multiple Gleichgewicht* oder das mehrdeutig determinierte Gleichgewicht. In Abb. 10 wird für zwei Produktarten und drei Kapazitätsbeschränkungen das multiple Gleichgewicht dargestellt. Die Iso-Brutto-Gewinnkurve deckt sich mit dem relevanten Abschnitt einer Kapazitätslinie.

Im Bereich A bis B existiert eine Vielzahl von determinierten Gleichgewichten. Ob diese Teilgleichgewichte zugleich auch generelle Gleichgewichte sind, hängt von den gleichgewichtsadäquaten Erklärungsfunktionen ab.

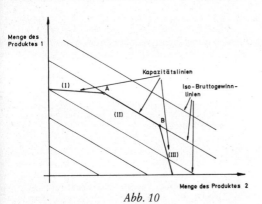

Abb. 10

Das Gleichgewicht ist stationär, wenn die zugrundeliegenden Daten und Bedingungen unverändert sind; es besteht keine Notwendigkeit, Anpassungsprozesse einzuleiten. Das evolutorische Gleichgewicht kennzeichnet sich durch Veränderung der Gleichgewichtslage über die Zeit. Gleichgewichtiges Wachstum ist eine Form des evolutorischen Wachstums.

Zur Veranschaulichung soll eine multiple *Kapazitätserweiterung* über die Zeit angenommen werden. Außerdem soll eine Gleichgewichtssituation vorliegen, bei der keine Leerkosten existieren.

In Abb. 11 ist der *Wachstumspfad* AB dargestellt.

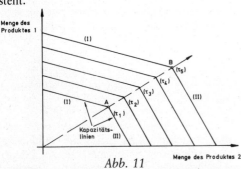

Abb. 11

Werden Gleichgewichtssituationen miteinander verglichen, so wird von *komparativer Statik* gesprochen; es läßt sich nur ein Zustand mit einem anderen vergleichen. Der Anpassungsprozeß selbst ist dagegen dynamisch zu erklären. Zur Erklärung der Wirklichkeit ist die *dynamische Gleichgewichtsanalyse* besser geeignet als die komparativ statische, weil in ersterer die *Anpassungsprozesse* sichtbar gemacht werden können.

Wie bereits in Abschnitt I angedeutet wurde, kann das Gleichgewicht stabil, indifferent oder labil sein. Graphisch wird ein stabiles Marktgleichgewicht in Abb. 12 dargestellt, in der eine fallende Nachfragefunktion und eine steigend verlaufende Angebotsfunktion dargestellt sind (*Cobweb-System*).

Die Abb. 12 macht deutlich, daß im Cobweb-System das Gleichgewicht in P_1 erreicht wird.

Wenn gilt:

x_A = Angebotsmenge,
x_N = Nachfragemenge,

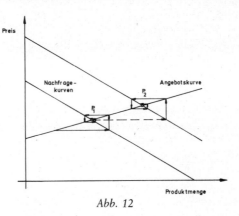

Abb. 12

p = Preis,
t = Zeitindex,
$\left.\begin{array}{l} a \\ b \\ c_1 \\ c_2 \end{array}\right\}$ = Konstante Werte,

dann läßt sich die *Nachfragefunktion* allgemein wie folgt schreiben (*Brandt* 1960, S. 195):

(1) $x_N = bp_t + c_2$.

Die *Angebotskurve,* mit einem einperiodigen time lag versehen, lautet:

(2) $x_A = ap_{t-1} + c_1$.

Im Gleichgewicht auf dem Markt muß sein:

$$x_A = x_N$$

oder

$$ap_{t-1} + c_1 = bp_t + c_2,$$

(3) $p_t = \dfrac{a}{b} p_{t-1} + \dfrac{c_1}{b} - \dfrac{c_2}{b}.$

Diese Gleichung gibt an, welcher Preis sich ergibt, wenn der Preis der Vorperiode bekannt ist. Für $t = 1$ ergibt sich aus (3):

$$p_1 = \frac{a}{b} p_0 + \frac{c_1 - c_2}{b}.$$

Für $t = 2$ folgt:

$$p_2 = \frac{a}{b} p_1 + \frac{c_1 - c_2}{b} = \frac{a}{b}\left(\frac{a}{b} p_0 + \frac{c_1 - c_2}{b}\right) + \frac{c_1 - c_2}{b},$$

$$p_2 = \left(\frac{a}{b}\right)^2 p_0 + \frac{a}{b} \frac{c_1 - c_2}{b} + \frac{c_1 - c_2}{b}.$$

Weiter ergibt sich entsprechend:

$$p_3 = \left(\frac{a}{b}\right)^3 p_0 + \left(\frac{a}{b}\right)^2 \frac{1}{b}(c_1 - c_2) + \frac{a}{b} \frac{1}{b} (c_1 - c_2) + \frac{1}{b}(c_1 - c_2)$$

usw.; für ein beliebiges t gilt demnach:

(4) $p_t = \left(\dfrac{a}{b}\right)^t p_0 + \left(\left(\dfrac{a}{b}\right)^{t-1} \dfrac{1}{b}(c_1 - c_2) + \left(\dfrac{a}{b}\right)^{t-2} \dfrac{1}{b}(c_1 - c_2) + \ldots + \dfrac{1}{b}(c_1 - c_2)\right).$

In der Gleichung (4) wird der Wert der großen Klammer wie folgt zusammengefaßt:

$$(5) \quad p_t = (\frac{a}{b})^t \; p_0 + \frac{1}{b}(c_1 - c_2) \; \frac{1 - (\frac{a}{b})^t}{1 - \frac{a}{b}}.$$

Im stationären Gleichgewicht gilt der *Gleichgewichtspreis* p. Aus (3) wird:

$$p = \frac{a}{b} p + \frac{c_1 - c_2}{b},$$

$$(6) \quad p = \frac{c_1 - c_2}{b - a}.$$

(6) wird in (5) eingesetzt:

$$p_t = (\frac{a}{b})^t \; p_0 + \frac{c_1 - c_2}{b - a}(1 - (\frac{a}{b})^t),$$

$$p_t = (\frac{a}{b})^t \; p_0 + p \, (1 - (\frac{a}{b})^t),$$

$$(7) \quad p_t = p + (p_0 - p) \, (\frac{a}{b})^t.$$

Für $t = \infty$ geht p_t nach p, wenn $|a| < |b|$ d. h.: Alle Abweichungen vom Gleichgewichtspreis p führen zum stationären Wert zurück. Das Gleichgewicht ist stabil.

Wenn sich die Nachfragekurve verschiebt, wie Abb. 12 zeigt, ergibt sich die neue Gleichgewichtslage P_2. Für die neue Gleichgewichtslage gilt die gleiche Stabilitätsbedingung; es sind die neuen konstanten Werte in das Formelsystem einzuführen.

Das hier dargestellte *Marktgleichgewicht* wirkt auf die Betriebe zurück, die auf diesem Markt anbieten; für jeden Betrieb gilt die Bedingung Grenzkosten gleich Preis mit den gleichgewichtsadäquaten Erklärungsfunktionen (→ *Markt, Marktformen und Marktverhaltensweisen*).

Literatur: Kuznets, S.: Equilibrium Economics and Business-Cycle Theory. In: QJE, 44. Bd 1930, S. 381 ff. – *Schmalenbach, E.:* Grundlagen der Selbstkostenrechnung und Preispolitik. 5. A., Leipzig 1930 – *Stackelberg, H. v.:* Marktform und Gleichgewicht. Wien u. Berlin 1934 – *Struve, P.:* Zum Problem des sog. wirtschaftlichen Gleichgewichts. In: ZfN, 7. Bd 1936, S. 483 ff. – *Möller, H.:* Kalkulation, Absatzpolitik und Preisstellung. Wien 1941 – *Mellerowicz, K.:* Allgemeine Betriebswirtschaftslehre. 1. Bd, Berlin 1947 – *Miksch, L.:* Zur Theorie des Gleichgewichts. In: Ordo, 1. Bd 1948, S. 174 ff. – *Schneider, E.:* Einführung in die Wirtschaftstheorie. 2. T., Tübingen 1949 – *Doyle, L. A.:* Economics of Business Enterprise. New York, Toronto u. London 1952 – *Sommerfeld, H.:* Eudynamische Bilanz. In: LkR, 2. A., 2. Bd, Stuttgart 1955 – *Mellerowicz, K.:* Betriebliches Gleichgewicht. In: HWB, 3. A., 1. Bd, Stuttgart 1956, Sp. 739 ff. – *Waffenschmidt, W. G.:* Wirtschaftsmechanik. Stuttgart 1957 – *Besters, H.:* Gleichgewicht. In: Staatslexikon. 6. A., 3. Bd, Freiburg 1959, S. 979 ff. – *Sauermann, H.:* Geld und Kredit. In: HdW, 2. A., 2. Bd, Köln u. Opladen 1959, S. 999 ff. – *Brandt, K.:* Preistheorie. Ludwigshafen 1960 – *Samuelson, P. A.:* Volkswirtschaftslehre. 2. Bd, Köln 1964 – *Brandt, K.:* Gleich-gewicht, ökonomisches. In: HdSW, 4. Bd, Stuttgart, Tübingen u. Göttingen 1965, S. 599 f. – *Lücke, W.:* Finanzplanung und Finanzkontrolle in der Industrie. Wiesbaden 1965 – *Heinen, E.:* Das Zielsystem der Unternehmung. Wiesbaden 1966 – *Kosiol, E.:* Die Unternehmung als wirtschaftliches Aktionszentrum. Hamburg 1966 – *Ehrlicher, W.* (u. a., Hrsg.): Kompendium der Volkswirtschaftslehre. 1. Bd, Göttingen 1967 – *Bombach, G. u. C. Chr. v. Weizsäcker:* Optimales Wachstum und gleichgewichtiges Wachstum. In: Wachstum und Entwicklung der Wirtschaft, hrsg. v. H. König. Köln u. Berlin 1968, S. 376 ff. – *Dorn, G.:* Organisationsgleichgewicht. In: HWO, Stuttgart 1969, Sp. 1137 ff. – *Lücke, W.:* Probleme zur Ermittlung des substantiellen Gewinns. In: The Annals of the School of Business Administration, Kobe University 1970, Nr. 14, S. 1 ff. – *Gutenberg, E.:* Grundlagen der Betriebswirtschaftslehre. 18. A., 1. Bd, Berlin, Heidelberg u. New York 1971 – *Jacob, H.:* Preispolitik. 2. A., Wiesbaden 1971 – *Lücke, W.:* Produktions- und Kostentheorie. 3. A., Würzburg u. Wien 1973.

Wolfgang Lücke

Gleitende Arbeitszeit → Arbeitszeit

GmbH und GmbH & Co. KG

[s. a.: Aktiengesellschaft und Kommanditgesellschaft auf Aktien; Betriebsgröße und Unternehmungsgröße; Gründung; Kapital und Vermögen; Kapitalerhöhung und Kapitalherabsetzung; Mitbestimmung, betriebliche; Rechtsform der Unternehmung.]

I. GmbH; II. GmbH & Co. KG.

I. GmbH

1. Wesen

Wie die AG (→ *Aktiengesellschaft und Kommanditgesellschaft auf Aktien*) ist die GmbH eine *juristische Person* mit einem *Stammkapital*, auf das die Gesellschafter mit *Stammeinlagen* beteiligt sind, ohne persönlich für die Schulden der Gesellschaft zu haften (§§ 1, 13 GmbHG). Sie hat eine *Satzung* als objektives Verbandsrecht und notwendige *Organe*. Trotzdem unterscheidet sie sich erheblich von der AG. Die *Geschäftsanteile* sind nicht in umlaufsfähigen Wertpapieren verbrieft, so daß einer GmbH der öffentliche Kapitalmarkt verschlossen ist. Die GmbH ist daher eine Unternehmensform für kleinere und mittlere Unternehmen. Ferner ist das GmbH-Recht weitgehend *dispositiv*. Durch die Satzung kann eine GmbH einer → *Personengesellschaft* angenähert werden. Die GmbH ist daher nicht eine Kleinausgabe der AG, bei der Kapitalbesitz und Leitung getrennt sind, sondern eine *Unternehmergemeinschaft*. Die Gesellschafter leiten als Geschäftsführer die Gesellschaft selbst. Der Hauptanreiz für die Wahl einer GmbH sind die Haftungsbeschränkung und die vereinfachte Gründung.

2. Rechtsquelle

Rechtsquelle ist das GmbH-Gesetz vom 20. 4. 1892 (RGBl S. 477). Eine Reform wird vorbereitet, um die GmbH den Erfordernissen der modernen Wirtschaft anzupassen und Mißbräuchen vorzubeugen.

3. Gründung

Der *Gesellschaftsvertrag* (= *Satzung*) muß von mindestens 2 Gesellschaftern in notarieller Form geschlossen werden. Er muß Bestimmungen über die Firma (→ *Kaufmann und Firma*), den Sitz und Gegenstand des Unternehmens, die Höhe des Stammkapitals und der Stammeinlagen sowie die Nebenpflichten enthalten, die Gesellschaftern außer der Leistung von Kapitaleinlagen auferlegt werden können (§ 3).

Die *Firma* kann Sach- oder Personenfirma sein; zwingend ist der Zusatz „GmbH" (§ 4 GmbHG). Der *Sitz* muß im Inland liegen. *Gegenstand des Unternehmens* kann jeder erlaubte Zweck sein. Der Mindestbetrag des *Stammkapitals* beträgt 20 000 DM, der der *Stammeinlage* 500 DM. Alle Stammeinlagen müssen von den Gründern übernommen werden, jedoch darf jeder nur eine Einlage, wenn auch in unterschiedlicher Höhe, übernehmen (§ 5 II, III GmbHG). Beteiligen sich Gesellschafter statt mit Geld- mit *Sacheinlagen* (→ *Gründung*), so müssen die Person des Gesellschafters, der Gegenstand der Einlage und ihr Geldwert in die Satzung aufgenommen werden. Fehlt in der Satzung die Höhe des Stammkapitals oder der Gegenstand des Unternehmens oder ist diese Bestimmung nichtig, so kann die Gesellschaft durch *Nichtigkeitsklage* für nichtig erklärt werden (§ 75 GmbHG). Andere Verstöße können nur zur Auflösung durch das Registergericht führen (144a FGG).

Als notwendiges *Organ* sind in der Satzung oder durch Gesellschafterbeschluß ein oder mehrere *Geschäftsführer* zu bestellen (§§ 6,46 Nr. 5 GmbHG). Sie haben die Einlagen einzufordern. Auf Geldeinlagen sind 25%, mindestens 250 DM einzuzahlen (§ 7 II GmbHG). Eine *Gründungsprüfung* (→ *Sonderprüfungen*) wird nicht verlangt. Wohl aber prüft der Registerrichter, ob die von den Geschäftsführern angemeldete Gesellschaft ordnungsmäßig errichtet ist. Mit der *Eintragung* im Handelsregister (HR) ist die GmbH als solche entstanden. Wer vorher für sie mit Dritten gehandelt hat, haftet diesen persönlich (§ 11 II GmbHG).

4. Mitgliedschaft

Die *Mitgliedschaft* findet ihren Ausdruck im *Geschäftsanteil*. Dieser lautet auf einen bestimmten Nennbetrag, der sich nach dem Betrag der Stammeinlage bemißt (§ 14 GmbHG). Jeder Gesellschafter hat auf Grund seiner Mitgliedschaft ein *Stimmrecht*, und zwar geben je 100 DM des Anteils eine Stimme (§ 47 II GmbHG), sowie ein Teilnahme-, Auskunfts- und Anfechtungsrecht. Ferner hat er das Recht auf Beteiligung am *Gewinn* und Liquidationsüberschuß. Die Geschäftsanteile sind veräußerlich und vererblich (§ 15 GmbHG). Abtre-

tungs- und Verpflichtungsvertrag sind notariell zu beurkunden. Den Gesellschaftern dürfen Einlagepflichten nicht erlassen werden (§ 19 II GmbHG); auch darf an sie nicht das zur Erhaltung des Stammkapitals erforderliche Vermögen ausgezahlt werden. Kann eine Stammgeldeinlage nicht aufgebracht werden, so haften die übrigen Gesellschafter nach dem Verhältnis ihrer Anteile (§ 24 GmbHG). Die *Gemeinhaftung* greift auch bei verbotswidrig an Gesellschafter geleisteten und von ihnen nicht zurückgewährten Zahlungen ein (§ 31 III GmbHG).

5. Organisation

Oberstes Organ ist die *Gesellschaftergesamtheit*, die über alle Angelegenheiten beschließen kann, soweit nicht Gesetz oder Satzung etwas anderes bestimmen (§§ 45, 46 GmbHG). Die *Geschäftsführer* sind das Geschäftsführungs- und Vertrauensorgan. Ihre Vertretungsmacht ist grundsätzlich unbeschränkt und unbeschränkbar (§ 37 GmbHG). Sie sind aber den Weisungen der Gesellschafter unterworfen und können jederzeit abberufen werden (§ 38 I GmbHG).

6. Einmann-GmbH

Eine *Einmann-GmbH* entsteht durch Vereinigung aller Anteile in einer Hand. Der Alleingesellschafter kann zugleich der Geschäftsführer der GmbH sein. Er kann ohne Beschränkung Rechtsgeschäfte im Namen der GmbH mit sich selbst schließen (BGHZ 56, 97).

7. Satzungsänderungen

Satzungsänderungen erfordern ebenso wie eine *Erhöhung* oder *Herabsetzung* des Stammkapitals (→ *Kapitalerhöhung und Kapitalherabsetzung*) einen Beschluß der Gesellschafter mit einer Mehrheit von $3/4$ der abgegebenen Stimmen, der notariell zu beurkunden und in das HR einzutragen ist. Zur Änderung des Unternehmensgegenstandes bedarf es der Zustimmung aller Gesellschafter. Eine Vermehrung der Leistungen der Gesellschafter erfordert die Zustimmung der Betroffenen.

8. Auflösung

Außer durch Zeitablauf, Gesellschafterbeschluß und → *Konkurs* kann die GmbH durch gerichtliches Urteil aufgelöst werden, wenn die Erreichung des Gesellschaftszwecks unmöglich wird oder andere, in den Verhältnissen der Gesellschaft liegende wichtige Gründe vorhanden sind (§§ 60, 61 GmbHG).

Die gegen die GmbH zu richtende Auflösungsklage kann nur von Gesellschaftern erhoben werden, deren Anteile mindestens 10% des Stammkapitals entsprechen. Ferner kann die *Satzung* vorsehen, daß ein Gesellschafter aus wichtigem Grunde durch Gesellschafterbeschluß aus der GmbH *ausgeschlossen* werden kann, jedoch muß er mit dem vollen Wert seines Anteils abgefunden werden. Auch ohne Satzungsbestimmung kann ein Gesellschafter auf Grund einer Klage der GmbH aus einem in seiner Person liegenden wichtigen Grunde, der die Fortsetzung der Gesellschaft mit ihm unmöglich macht, ausgeschlossen werden.

II. GmbH & Co. KG

1. Wesen

Die typische GmbH & Co. ist eine auf den Betrieb eines Vollhandelsgewerbes gerichtete *Kommanditgesellschaft* (KG) (→ *Personengesellschaften)*, deren einziger Komplementär eine *GmbH* ist und deren Kommanditisten meist auch Gesellschafter der GmbH sind. Die *Vorteile* einer GmbH & Co. KG sind folgende: Allein die GmbH haftet den Gläubigern der KG persönlich und mit ihrem ganzen Vermögen, während die Kommanditisten nur mit ihren Einlagen haften. Bestand und Handlungsfähigkeit der KG sind gesichert, da die Komplementär-GmbH als juristische Person „unsterblich" ist. Die sich bei Familiengesellschaften aus der Erbfolge ergebenden Schwierigkeiten lassen sich so ausräumen. Die Gewinne der KG als Personenhandelsgesellschaft werden nur von ihren Gesellschaftern als → *Einkommen* versteuert, so daß eine Doppelbesteuerung der Gewinne der Kommanditisten vermieden wird.

2. Errichtung

Die Errichtung einer GmbH & Co. KG erfordert 2 Gesellschaftsverträge: den GmbH-Vertrag (vgl. I 2) und den nach Entstehung der GmbH von ihr mit dem Kommanditisten geschlossenen KG-Vertrag. Nachträglich kann eine GmbH & Co. KG durch Eintritt einer GmbH in eine bestehende KG entstehen. Entstanden ist die GmbH & Co. KG spätestens mit der Eintragung der KG im Handelsregister, möglicherweise schon mit dem Geschäftsbeginn (§§ 161 II, 123 II HGB).

3. Organisation

Die Leitung der KG liegt bei der Komplementär-GmbH. Doch kann diese im KG-Vertrag den Weisungen der Kommanditisten unterworfen werden. Zur Beseitigung von Konflikten wird für die KG und die GmbH häufig ein *Beirat* bestellt, der die Geschäftspolitik bestimmt, die Geschäftsführer überwacht und ihnen Weisungen erteilt.

Da eine KG nur 2 Gesellschafter zu haben braucht, kann der Alleingesellschafter der GmbH einziger Kommanditist und zugleich Geschäftsführer der KG sein. Um eine straffe Unternehmensführung zu gewährleisten, übertragen manchmal die Kommanditisten ihre Anteile an der GmbH auf die KG, deren Geschäfte, insbesondere die Vertretung der Gesellschafterrechte in der Gesellschafterversammlung der GmbH, von der GmbH selbst durch ihren Geschäftsführer besorgt werden, der die Beschlüsse im Namen der KG faßt. Solche Gestaltungen sind jedoch rechtlich fragwürdig.

4. Schranken

Um Mißbräuchen zu begegnen, z. B. dem Vortäuschen eines hohen Kapitals gegenüber den Gläubigern, bedarf die GmbH & Co. KG einer besonderen Kontrolle zum Schutz der Gläubiger und der Allgemeinheit.

Literatur: Hachenburg: Kommentar zum GmbHG (bearb. v. *Schmidt, Schilling, Klug, Goerdeler).* 6. A., Berlin 1956/1959 – *Scholz:* Kommentar zum GmbHG. 5. A., Köln 1964 – *Sudhoff:* Der Gesellschaftsvertrag der GmbH. München u. Berlin 1964 – *Wilke (u. a.):* Handbuch der GmbH. 3.–5. A., Köln 1969/1972 – *Baumbach-Hueck:* GmbH-Gesetz. 13. A., München 1970 – *Hesselmann:* Handbuch der GmbH & Co. 13. A., Köln 1972.

Wolfgang Hefermehl

Gozinto-Graph

[s. a.: Arbeitsvorbereitung; Betriebsmatrizen; Datenverarbeitung; Direct Costing; Industriebetriebslehre; Input-Output-Analyse; Kalkulationsformen und -verfahren; Lager und Lagerhaltung; Materialwirtschaft; Netzwerke und Netzplantechnik; Produktionsplanung; Produktionssteuerung; Terminplanung.]

I. Der Gozinto-Graph als Gesamtheit der Repetierfaktorfunktionen bei Zusammenbauprozessen; II. Gozinto-Graphen, Stücklisten und Teileverwendungsnachweise; III. Teilebedarfsberechnung und Stückkalkulation am Gozinto-Graphen; IV. Die Organisation von Gozinto-Graphen auf EDV-Anlagen.

I. Der Gozinto-Graph als Gesamtheit der Repetierfaktorfunktionen bei Zusammenbauprozessen

Mit Hilfe von *Gozinto-Graphen* werden Mengenbeziehungen zwischen den Endprodukten und den *Repetierfaktoren,* vor allem den Baugruppen, Einzelteilen und Rohstoffen, dargestellt. Insbesondere in Betrieben mit mechanischer Fertigung wird der Gozinto-Graph zur Abbildung des gesamten Zusammenbauprozesses angewandt. Der Gozinto-Graph ist dabei nichts anderes als die gesamtheitliche Erfassung sämtlicher Baukasten-Stücklisten.

Ein Gozinto-Graph besteht aus Knoten, die die Produkte (hier als Oberbegriff für die Endprodukte, Baugruppen, Einzelteile und Rohstoffe verstanden) repräsentieren, und verbindenden Pfeilen, die die Mengenbeziehungen zwischen den Produkten angeben. Im folgenden Bild ist ein Beispiel mit zwei Endprodukten, vier Baugruppen und vier Einzelteilen gezeigt.

In diesem Beispiel wird jedes Stück des Endproduktes 8 aus zwei Stücken der Baugruppe 4, vier Stücken des Einzelteils 5 sowie einem Stück der Baugruppe 9 montiert. Die Baugruppe 4 setzt sich ihrerseits aus vier Stücken der Baugruppe 3 und

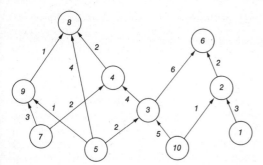

Abb. 1: Gozinto-Graph mit den Endprodukten 6 und 8, den Baugruppen 2, 3, 4 und 9 sowie den Einzelteilen 1, 5, 7 und 10.

zwei Stücken des Einzelteils 7 zusammen. Die Baugruppe 3 besteht aus fünf Stücken des Einzelteils 10 und zwei Stücken des Einzelteils 5 usw.

Der Name „Gozinto"-Graph wurde von *Vazsonyi* (1962) kreiert, der den „celebrated Italian mathematician" *Zepartzat Gozinto* (zu lesen als: „the part that goes into") als Urheber angibt.

Der Gozinto-Graph läßt sich als Gesamtheit sämtlicher mehrstufigen linearen *Repetierfaktorfunktionen*, d.h. *Produktorfunktionen* für Baugruppen, Einzelteile und Rohstoffe auffassen. Dabei bezeichnet der Begriff „Produktorfunktion" (*Kosiol* 1966), daß es sich um solche *Produktionsfunktionen* handelt, bei denen die Produktor- oder Faktormengen als Funktion der Produktmengen ausgedrückt werden (→ *Produktionstheorie*). Mit x_j als Menge des Produktes j lauten die als Gleichungen aufzustellenden Repetierfaktorfunktionen des obigen Gozinto-Graphen wie folgt:

$$x_1 = 3\,x_2$$
$$x_2 = 2\,x_6$$
$$x_3 = 4\,x_4 + 6\,x_6$$
$$x_4 = 2\,x_8$$
$$x_5 = 2\,x_3 + 4\,x_8 + 1\,x_9$$
usw.

Diese linearen Beziehungen lassen sich auch in Matrizenschreibweise darstellen. Darauf gehen u.a. *Berr* (1968) und *Chmielewicz* (1972) ein. Bei der allgemeinen Beschreibung von Verknüpfungen zwischen verschiedenen Mengenstrukturen ist die Matrizensymbolik vorteilhaft. Für die unmittelbare Anwendung ist die Matrizendarstellung wegen der Größe der praktischen Probleme ungeeignet. Bereits in mittleren Maschinenbaubetrieben liegt die Zahl der Einzelteile, Baugruppen und Endprodukte bei 20 000 bis 50 000. In Großbetrieben steigt die Zahl oft auf mehr als 500 000.

II. Gozinto-Graphen, Stücklisten und Teileverwendungsnachweise

In der industriellen Praxis ist der Name Gozinto-Graph wenig verbreitet. Vielmehr wird von *Stücklisten* und *Teileverwendungsnachweisen* gesprochen. Man unterscheidet Baukasten-Stücklisten, Mengenübersichts-Stücklisten, Struktur-

Stücklisten, Baukasten-Struktur-Stücklisten usw. sowie entsprechende Teileverwendungsnachweise.

Bei den Baukastenstücklisten wird für jedes Endprodukt und jede Baugruppe getrennt angegeben, welche Vorprodukte direkt eingehen. Sie entsprechen also den einzelnen Knoten des Gozinto-Graphen einschließlich der in die Knoten einmündenden Pfeile.

Die Baukasten-Stückliste für die Baugruppe 4 enthält also die Information, daß vier Stück der Baugruppe 3 und zwei Stück des Einzelteils 7 eingehen.

Bei der Mengenübersichts-Stückliste wird für alle Endprodukte (und teilweise auch für die Baugruppen) angegeben, welche Vorprodukte insgesamt – direkt u. indirekt – in jedes Stück eingehen.

Beispielsweise gehen in das Endprodukt 8 des obigen Beispiels acht Stück der Baugruppe 3, zwei Stück der Baugruppe 4, einundzwanzig Stück des Einzelteils 5, sieben Stück des Einzelteils 7, ein Stück der Baugruppe 9 sowie vierzig Stück des Einzelteils 10 ein. Genau diese Information enthält die Mengenübersichts-Stückliste.

Die Struktur-Stückliste ist eine mehrstufige Stückliste. Sie gibt für jedes Endprodukt einzeln an, aus welchen Vorprodukten es sich direkt zusammensetzt, aus welchen Vorprodukten sich diese Vorprodukte ihrerseits zusammensetzen usw. Wenn dabei ein Teil wie im obigen Beispiel das Einzelteil 5 über mehrere verschiedene Baugruppen in das Endprodukt eingeht, so erscheint es in der Struktur-Stückliste mehrfach. Die Struktur-Stückliste entspricht also dem Teil des Gozinto-Graphen, der für das betreffende Endprodukt relevant ist; dabei wird jede Baugruppe und jedes Einzelteil maximal so oft getrennt aufgeführt, wie Pfeile im Gozinto-Graphen von dem entsprechenden Knoten ausgehen.

Die Baukasten-Struktur-Stückliste ist eine Mischform. Für jedes Endprodukt und jede Baugruppe wird eine solche Stückliste aufgestellt. Sie enthält die direkt eingehenden Vorprodukte und die in die Vorprodukte direkt eingehenden Vorprodukte, nicht aber die in diese Vorprodukte zweiter Ordnung eingehenden Baugruppen und Teile.

Während die Stücklisten an den Endprodukten (und Baugruppen) orientiert sind, beziehen sich die *Teileverwendungsnachweise* auf die Einzelteile (evtl. auch auf die Baugruppen). Sie geben an, in welchen Mengen die Einzelteile (bzw. Baugruppen) in die Baugruppen höherer Ordnung und in die Endprodukte eingehen. In der Praxis spielen die Verwendungsnachweise gegenüber den Stücklisten eine untergeordnete Rolle. Am häufigsten findet man noch die Mengenübersichts-Teileverwendungsnachweise. Sie geben die Gesamtmengen an, in denen die Einzelteile (evtl. auch die Baugruppen) in die Endprodukte eingehen.

Im obigen Beispiel geht das Einzelteil 5 genau 21mal in das Endprodukt 8 und 12mal in das Endprodukt 6 ein, das Einzelteil 7 genau 7mal in das Endprodukt 8, das Einzelteil 10 genau 40mal in das Endprodukt 8 und 32mal in das Endprodukt 6, schließlich das Einzelteil 1 genau 6mal in das Endprodukt 6 ein.

Sämtliche Stücklisten und Teileverwendungsnachweise lassen sich aus dem Gozinto-Graphen errechnen. Welche Stücklistenform zu erstellen ist, hängt von der jeweiligen Fragestellung ab.

III. Teilebedarfsberechnung und Stückkalkulation am Gozinto-Graphen

Mit Hilfe des Gozinto-Graphen und analog mit den verschiedenen Stücklisten läßt sich eine Reihe wichtiger Rechnungen durchführen. Insbesondere sind die *Teilebedarfsrechnung* und die *Stückkalkulation* zu nennen.

Bei der Teilebedarfsrechnung geht man von einem vorgegebenen Produktionsprogramm, in dem die zu erzeugenden Mengen der Endprodukte festgelegt sind, aus und berechnet in Gegenpfeilrichtung des Gozinto-Graphen den Gesamtbedarf der Vorprodukte. Diese „programmorientierte" Rechnung steht im Gegensatz zur „verbrauchsorientierten" Bedarfsprognose, bei der der zukünftige Bedarf i. a. durch Extrapolation der Verbrauchszahlen der Vergangenheit statistisch (häufig mit *exponential Smoothing*) ermittelt wird (→ *Prognose und Prognoseverfahren*).

Bei der programmorientierten Rechnung unterscheidet man zwischen der Brutto- und Nettobedarfsermittlung. Bei der Nettorechnung werden vorhandene Lagermengen berücksichtigt.

Bei der Bruttorechnung geht man von den im Programm festgelegten Mengen der Endprodukte (und der als Ersatzteile zu verkaufenden Baugruppen und Einzelteile) aus und berechnet durch Multiplikation entlang der in die entsprechenden Knoten eingehenden Pfeile den Bedarf der Vorprodukte. Diese Rechnung wird von den Vorprodukten aus weiter fortgesetzt, sowie deren Bedarf endgültig feststeht, d. h. alle ausgehenden Pfeile abgearbeitet sind. Man bezeichnet dieses Vorgehen auch als *Stücklistenauflösung.* Im obigen Beispiel könnte man mit der Auflösung des Endproduktes 8 beginnen, dann die Baugruppen 4 und 9 auflösen, dann die Rechnung am Endprodukt 6 fortsetzen und schließlich die Baugruppen 3 und 2 auflösen. Dieses ist eine von mehreren möglichen Reihenfolgen.

Die Nettobedarfsermittlung unterscheidet sich von der Bruttobedarfsermittlung dadurch, daß für jeden Knoten (Produkt) der errechnete Bedarf mit dem Lagerbestand saldiert wird. Ist der Saldo negativ, d. h. der Lagerbestand größer als der errechnete Bedarf, so wird für diesen Knoten die Menge Null aufgelöst.

Man kann die Brutto- und insbesondere die Nettobedarfsermittlung auch terminiert durchführen, wenn sich die Bedarfsmengen auf unterschiedliche Liefertermine beziehen. In diesem Fall werden an den einzelnen Knoten nur diejenigen Mengen saldiert, die zum gleichen Termin bzw. in der gleichen Zeitperiode hergestellt werden müssen. Zur Terminrechnung werden analoge Rechenregeln wie in der *Netzplantechnik* angewandt (→ *Netzwerke u. Netzplantechnik*).

Während bei der Bedarfsrechnung von den Endprodukten ausgegangen wird, geht man bei der *Stückkalkulation* (→ *Kalkulationsformen und -verfahren*) von den Einzelteilen aus. Dabei sei angenommen, daß für die Erstellung der Einzelteile, für die Montage der Baugruppen und für die Montage der Endprodukte bestimmte, direkt zurechenbare Kosten entstehen. Man kann nun am Gozinto-Graphen die Kosten der Einzelteile entlang der Pfeile den Kosten der übergeordneten Baugruppen zuordnen etc., bis man die gesamten direkt zurechenbaren Stückkosten der Endprodukte erhält. Hier setzt man analog zur Bedarfsermittlung die Rechnung an einem Knoten dann fort, wenn seine Kosten endgültig feststehen, d. h. alle eingehenden Pfeile abgearbeitet sind.

Die jeweilige Prüfung, ob alle ausgehenden Pfeile (bei der Bedarfsermittlung) bzw. alle eingehenden Pfeile (bei der Stückkalkulation) abgearbeitet sind, kann aufwendig sein. Daher wird oft vor Beginn der jeweiligen Rechnung eine Sortierung aller Knoten (Produkte) nach Stufen vorgenommen. Am häufigsten wird nach den sog. *Dispositionsstufen* sortiert. Die Endprodukte werden dabei der Stufe Null zugeordnet. Jeder andere Knoten erhält die um Eins höhere Stufennummer als die (zahlenmäßig) höchste Stufe, in die dieser Knoten eingeht. Im Beispiel bilden also die Produkte 6 und 8 die Stufe Null, die Baugruppen 2, 4 und 9 die Stufe Eins, die Knoten 1, 3 und 7 die Stufe Zwei und schließlich die Knoten 5 und 10 die Stufe Drei. Wenn die Stufenbildung einmal vorgenommen ist, dann können sowohl die Bedarfsermittlung als auch die Stückkalkulation stufenweise abgewickelt werden, ohne daß auf die Zahl der abgearbeiteten Pfeile geachtet werden muß. Allerdings erfordert die Sortierung einen nicht zu unterschätzenden Zeitaufwand.

IV. Die Organisation von Gozinto-Graphen auf EDV-Anlagen

In der industriellen Praxis werden sämtliche am Gozinto-Graphen vorzunehmenden Rechenvorgänge auf *EDV-Anlagen* durchgeführt. Bei den Größenordnungen der industriellen Fertigungsprozesse wäre eine manuelle Verarbeitung völlig ausgeschlossen. Auf EDV-Anlagen wird der Gozinto-Graph in zwei Dateien abgebildet: Die *Teilestammdatei* enthält für jeden Knoten des Gozinto-Graphen einen Teilestammsatz. Die *Erzeugnisstrukturdatei* repräsentiert dagegen in je einem Satz die Pfeile des Gozinto-Graphen. Eine mehrfache Adreßverkettung zwischen beiden Dateien ermöglicht das schnelle Auffinden der korrespondierenden Informationen (→ *Datenverarbeitung; → Datenerfassung*).

Literatur: Vazsonyi, A.: Die Planungsrechnung in Wirtschaft und Industrie (dt. Übers.). Wien u. München 1962 – *Müller-Merbach, H.:* Die Berechnung des Netto-Teilebedarfs aus dem Gozinto-Graph. In: Ablauf- u. Planungsforschung, 5. Jg 1964, S. 191–198 – *Kosiol, E.:* Die Unternehmung als wirtschaftliches Aktionszentrum. Reinbek bei Hamburg 1966 – *Müller-Merbach, H.:* Materialbedarfsplanung mit Netzplantechnik. In: Z. f. wirtschaftl. Fertigung, 61. Jg 1966, S. 388–390 – *ders.:* Die Anwendung des Gozinto-Graphen zur Berechnung des Roh- und Zwischenproduktbedarfs in chemischen Betrieben. In: Ablauf- u. Planungsforschung, 7. Jg 1966, S. 187–198 – *Berr, U. u. A.J. Papendieck:* Grundlagen der Stücklistenauflösung, Teilebedarfsermittlung und Theorie der Graphen. In: Werkstatttechnik, 58. Jg 1968, S. 74–76 u. S. 130–132 – *Berr, U. u. A.J. Papendieck:* Algebraische Methoden der Teilebedarfsermittlung. In: Werkstatttechnik, 58. Jg 1968, H. 4, S. 172–177 – *Müller-Merbach, H.:* Operations Research – Methoden und Modelle der Optimalplanung. 2. A., München 1971 – *Chmielewicz, K.:* Integrierte Finanz- und Erfolgsplanung. Stuttgart 1972 – *Schmidt, W.P.:* Fertigungsplanung mit Graphen. Diss. Frankfurt 1972 – *ders.:* Programmsystem zur Teilebedarfsermittlung, Losgrößenrechnung und Maschinenbelegung. Berlin, Köln u. Frankfurt a.M. 1972.

Heiner Müller-Merbach

Graphen → Netzwerke und Netzplantechnik

Grenzkosten, Grenzertrag und Grenznutzen

[s. a.: Bedürfnis, Bedarf, Gut, Nutzen; Deckungsbeitrag und Deckungsbeitragsrechnung; Direct Costing; Fixkosten; Informationsbewertung; Kostenverursachung, Prinzipien und Probleme; Opportunitätskosten; Produktpolitik und Produktplanung; Programmierung, lineare.]

I. Einführung; II. Problemübersicht; III. Grenzkosten und Grenzkostenrechnungssysteme; IV. Grenzertrag und Grenznutzen.

I. Einführung

Grenzkosten, Grenzertrag und Grenznutzen sind Begriffe aus dem Marginaldenken der Wirtschaftswissenschaft. Das Grenzprinzip steuert die optimale Allokation knapper Faktoren und erweist sich für die große Fülle solcher Probleme als leistungsfähiges Entscheidungskriterium. Es beruht darauf, daß der Ökonom seine Handlungen mittels der zuwachsenden und fortfallenden Grenzerfolge (wertmäßige Grenzerträge abzüglich Grenzkosten) beurteilt. Wohl keine ökonomische Erkenntnis hat solch weitreichende theoretische wie praktische Auswirkung auf Aussagensysteme gehabt wie diejenige des Grenzdenkens. In der Betriebswirtschaftslehre war es insbesondere *Schmalenbach* (1899, 1908/09, 1925), der frühzeitig auf die große Bedeutung des Marginalprinzips für die Theorie der Unternehmung hingewiesen hat.

Die allgemeine Bedeutung des Grenzdenkens als durchgängiges Prinzip ökonomischen Handelns erzeugt naturgemäß die Gefahr der Bildung von inoperablen Leeraussagen. Immerhin lassen sich nach dem heutigen Stand der Anwendbarkeit folgende Problemkategorien angeben, die auf der Basis der Grenzerfolge mehr oder minder gelöst sind: Absatz- und Produktionsprogrammplanung; Preisuntergrenzenbestimmung; Investitionen in Kapazitätsengpässen; Eigenfertigung und Fremdbezug; Mindestumfang eines Kundenauftrags; Aufbereitung von Zwischenprodukten; Mindest-

preis bzw. Mindestdeckungsbeitrag einer neuen Produktart u. a. mehr. Man darf hierbei die Grenzbetrachtung allerdings nicht zu großzügig, d. h. zu langfristig, auslegen, denn langfristig ist die Unterscheidung in Gesamt- und Grenzkosten gegenstandslos.

II. Problemübersicht

Anstatt nun mehrere alternative – infolge der Zurechnungsproblematik ohnehin ungenau ermittelte – Gesamterfolge betrieblicher Maßnahmen zu vergleichen, ist es meistens sinnvoller, mit Grenzgrößen zu arbeiten, die lediglich die erfolgsbeeinflussenden Faktoren enthalten. Das Zurückgreifen auf Grenzgrößen bietet ferner besonders dann Vorteile, wenn – im Regelfall – die einzusetzenden Mittel knapp sind. Die Knappheit der verfügbaren Mittel wird in der Weise berücksichtigt, daß zuwachsende und verdrängte Grenzerfolge einer Handlungsweise mit denen einer anderen verglichen werden. Im einfachsten Fall geschieht das dadurch, daß der Grenzerfolg alternativer Verwendungen auf jeweils eine Einheit des Engpaßfaktors bezogen wird (→ *Opportunitätskosten*). Bei mehr als einem Engpaß bieten sich die Methoden der *linearen* → *Programmierung* an.

Die Ermittlung von Grenzerfolgen setzt die Bestimmung von Grenzkosten einerseits und Grenzertrag bzw. Grenznutzen andererseits voraus. Damit sind einige Probleme verbunden: 1. Die exakte Trennung der Grenzkosten von den → *Fixkosten* (Kostenauflösung) kann in der Praxis zu großen Schwierigkeiten führen. 2. Die Bestimmung des Grenzertrages wirft insbesondere bei heterogenem Output erhebliche Probleme auf. 3. Für den Fall eines multidimensionalen Zielsystems und/oder der Unmöglichkeit, eine homogene Ertragskategorie zu finden, bleibt nur die Bestimmung des Nutzenwertes bzw. des Grenznutzens, wobei eine Reihe schwierigster Fragen, vor allem derjenigen der Zielgewichtung, angeschnitten wird.

III. Grenzkosten und Grenzkostenrechnungssysteme

Unter Grenzkosten versteht man allgemein die Kosten einer zusätzlichen Einheit (Produkteinheit; Loseinheit; Charge; Auftrag etc.). Die Grenzkosten werden durch den Differenzenquotienten bzw. – bei unendlich kleinen Änderungen – durch den Differentialquotienten der Gesamtkostenfunktion repräsentiert (s. a. → *Kostentheorie*; → *Produktionstheorie*). Sie sind nur zu ermitteln, wenn es gelingt, die Gesamtkosten in fixe und variable Bestandteile aufzulösen. Hierfür sind drei verschiedene Verfahren bekannt, von denen zwei auf *Schmalenbach* (1908/09, 1934) zurückzuführen sind.

1. Die *mathematische Kostenauflösung (proportionaler Satz)* liefert die gesamten Grenzkosten,

indem die Kostendifferenz zweier *Beschäftigungs-grade* durch die Beschäftigungsdifferenz dividiert und mit der jeweiligen Istbeschäftigung multipliziert wird. Der Rest der Gesamtkosten besteht nach *Schmalenbach* folglich aus den fixen Kosten, die je nach Kostenfunktion und Beschäftigungsniveau positiv, negativ oder gleich Null sein können. Indessen werden hier nicht die fixen bzw. variablen Kosten errechnet, sondern – wie *Schmalenbach* selbst später einräumte (1956, S. 79 ff.) – die Gesamtkostenüber- bzw. -unterdeckungen für den Fall ausgewiesen, daß die Preisstellung nach Maßgabe des proportionalen Satzes erfolgt.

2. Das ebenfalls auf *Schmalenbach* (1934) zurückgehende, inzwischen in mehreren Varianten gebräuchliche Verfahren der *buchtechnischen Kostenauflösung* besteht darin, daß man nach „Besicht" (*Weigmann* 1941, S. 34) sämtliche Kostenarten zunächst in eine fixe, eine variable und eine Mischkategorie einteilt und sodann die Mischkosten in einen proportionalen und einen fixen Anteil aufspaltet. Selbst wenn sich die dauerhafte Aufspaltung auf lange Erfahrung stützt, ist sie dennoch nicht unproblematisch (*Wolter* 1948; *Lehmann* 1951; *D. Schneider* 1961).

3. Die methodische Weiterentwicklung der buchtechnischen Methode ist die *statistische Kostenauflösung,* d.h. die Aufspaltung der Gesamtkosten durch Einsatz statistischen Instrumentariums (*Dean* 1936; *Wolter* 1948; *Johnston* 1960). Die Fehler bei der Bereinigung von unerwünschten Einflußgrößen können je nach Aufwand und Sorgfalt beträchtlich sein. Die Brauchbarkeit historischen Zahlenmaterials wird daher unterschiedlich beurteilt (*Dean* 1936, 1959; *Angermann* 1952; *D. Schneider* 1961; *Evers* 1962).

Unterstellt man, daß die Kostenspaltung keine Probleme aufwirft, dann bleibt die Frage zu klären, ob man ein Rechnungssystem auf der Basis der *Vollkosten* oder der *Teilkosten* (Grenzkosten) installieren sollte. Die Antwort kann nur im Hinblick auf die mit dem Rechenwerk verfolgten Zwecke gefunden werden. Die in jüngerer Zeit gemachten Vorschläge einer entscheidungsorientierten Kostenrechnung bauen durchweg auf dem Teilkostengedanken auf (*Plaut* 1953; *Agthe* 1959; *Böhm-Wille* 1960), wobei sie auf Ansätze von *Schmalenbach* (1930) und vornehmlich *Rummel* (1934) zurückgreifen. Maßgeblich für diese Entwicklung war vor allem die Erkenntnis der prinzipiellen Unlösbarkeit einer verursachungsgemäßen Zurechnung der fixen Kosten auf das Produkt, weil es keine kausale Beziehung zwischen den fixen Kosten und der Ausbringungsmenge gibt. Allenfalls könnte man eine Beziehung zwischen Fixkosten und der Erweiterung bzw. dem Abbau von Kapazitäten oder sonstigen längerfristigen Restriktionen sehen. Die Bestrebungen einer „stufenweisen Fixkostenrechnung" (*Agthe* 1959) bzw. einer (stufenweisen) „Einzelkostenrechnung" (*Riebel* 1959) sind vorzugsweise unter diesem Aspekt zu sehen (→ *Deckungsbeitragsrechnung;* → *Direct Costing;* → *Kostenverursachung, Prinzipien und Probleme*).

IV. Grenzertrag und Grenznutzen

1. Der Grenzertrag wird in der Regel als mone-

tärer, mitunter aber auch als nichtmonetärer Zielbeitrag (Ergebnis) einer wirtschaftlichen Maßnahme verstanden und bildet – soweit monetär – das Gegenstück zu den Grenzkosten. In einfachen Fällen kann der Grenzertrag durch den Stückerlös, den Deckungsbeitrag pro Stück oder den mengenmäßigen Output pro eingesetzter Faktoreinheit angegeben werden. Schwieriger wird es im Falle der heterogenen Produktion. Hier steht und fällt die Bestimmung des Grenzertrags mit der Wahl einer die tatsächlichen Verhältnisse repräsentierenden Schlüsselgröße. Gelingt die Umrechnung in monetäre Größen (z. B. Umsatz), so ist das Problem in der Regel gelöst. Handelt es sich hingegen um die Leistungen einer Fertigungsstation oder Kostenstelle, so ist diese Prozedur wegen der Marktferne nicht möglich. Es muß dann zu technischen Schlüsselgrößen gegriffen werden, die mitunter (z. B. bei Maschinenstunden) als Generalleistung nicht überzeugen.

2. Der Schwierigkeitsgrad der Messung des Grenzertrags steigt ganz erheblich, wenn ein multidimensionales Zielsystem vorliegt und/oder es nicht gelingt, eine homogene Ertragskategorie zu benennen, wie es z. B. beim Output der öffentlichen Verwaltung der Fall ist. Hier werden Instrumente wie „Nutzenprofile" (*Dean* u. *Nishry* 1965; *Zangemeister* 1970), „Nutzwertmodelle" (*Zangemeister* 1970; *Heinrich* 1972) sowie die „Cost-Benefit-Analysis" (*Elsholz* 1967; *Recktenwald* 1971) eingesetzt, um (1) die Vielfalt von entscheidungsrelevanten Einflußgrößen berücksichtigen zu können; (2) eine Mehrzahl von Zielen gleichzeitig zu verfolgen; (3) eine Anzahl komplexer Handlungsalternativen bezüglich ihrer einzelnen Zielbeiträge zu vergleichen.

Definiert man *Nutzen* (→ *Bedürfnis, Bedarf, Gut, Nutzen*) als die Maßeinheit sämtlicher Ziele (*Weber* u. *Streißler* 1964), so bietet der Nutzenbegriff die Möglichkeit, Alternativen hinsichtlich einer Vielzahl von Zielbeiträgen zu vergleichen. Das ist nur zu erreichen, wenn die Gesamtheit der gewogenen Zielbeiträge einer Alternative ermittelt und mit der einer anderen verglichen wird. Der gewogene Zielbeitrag ist derjenige Teilnutzen einer Alternative, den diese bezüglich der relativen Bedeutung eines Teilziels aufweist. Die Gewichtung wird durch das (oder die) *Präferenzsystem*(e) eines oder mehrerer Entscheidungsträger bewirkt. Es liegt also ein doppeltes Gewichtungsproblem vor: (1) Es sind zunächst die Nutzenbeiträge der Handlungsalternativen im Hinblick auf die einzelnen Teilziele zu ermitteln. (2) Sodann hat das Entscheidungssubjekt die relative Bedeutung der Teilziele festzulegen. Der gesuchte Nutzwert entspricht daher dem Ergebnis der ganzheitlichen Bewertung sämtlicher Zielerträge einer Handlungsweise.

3. Der Gesamtnutzen bzw. Grenznutzen einer Alternative wird häufig als dimensionslose Ordnungszahl (z. B. bei *Zangemeister* 1970; *Heinrich* 1972) aufgefaßt. Strenggenommen ist der Nutzen jedoch multidimensional, d. h., er umfaßt maximal so viele Dimensionen, wie unterscheidbare Teil-

ziele angesprochen sind. Gegen die Operationalität des Nutzenbegriffs, insbesondere aber gegen Messungsversuche des Nutzens bzw. Grenznutzens, werden folgende Argumente vorgebracht:

(1) Entscheidungssubjekte haben häufig kein genügendes Differenzierungsvermögen, um einwandfreie *Nutzenmessungen* zu ermöglichen (*Majumdar* 1958). Das mag teilweise damit zusammenhängen, daß sich der Nutzen eines Gutes (einer Handlungsweise) nicht sinnvoll von dem anderer Güter (Handlungsweisen) isolieren läßt (*Clark* 1886). (2) Nutzen ist lediglich ordinal (*Samuelson* 1938), aber nicht kardinal (numerisch) (*v. Neumann* u. *Morgenstern* 1953) meßbar und somit auch nicht interpersonell zu vergleichen. (3) Die Nutzenschätzung bzw. Präferenzstruktur ist häufig schon bei ein- und derselben Person, noch häufiger hingegen bei einer Mehrzahl von Personen inkonsistent oder intransitiv (*Arrow-Paradoxon: Arrow* 1951). (4) Nutzen ist mehrdimensional, wird u. U. auf verschiedenen Ebenen mit unterschiedlicher Intensität empfunden und entzieht sich daher der Messung (*Chipman* 1960).

Faßt man die Argumente zusammen, dann ergibt sich: Nutzenmaximierung ist eine Leerformel. Ihre *Falsifizierung* ist nicht möglich, da sie mit jeder Verhaltensweise, auch mit einer völlig unsinnigen, verträglich ist (*Boulding* 1960; *Wittmann* 1961). Sie kann folglich keine Fundierung ökonomischer Entscheidungen hergeben. Der Versuch der Nutzenmessung wird jedoch die Transparenz der Entscheidungssituation vielfach wesentlich verbessern.

Literatur: Clark, J. B.: The Philosophy of Wealth. Boston 1886 – *Schmalenbach, E.:* Buchführung und Kalkulation im Fabrikgeschäft. In: Deutsche-Metall-Industrie-Zeitung, 15. Jg 1899, S. 98–172 – *ders.:* Theorie der Produktionskosten-Ermittlung. In: ZfhF, 3. Jg 1908/09, S. 41–65 – *ders.:* Grundlagen der Selbstkostenrechnung und Preispolitik. 2. A., Leipzig 1925 (5. A., Leipzig 1930) – *ders.:* Selbstkostenrechnung und Preispolitik. 6. A., Leipzig 1934 – *Rummel, K.:* Grundlagen der Selbstkostenrechnung. Düsseldorf 1934 – *Dean, J.:* Statistical Determination of Costs, with Special Reference to Marginal Costs. In: Studies in Business Administration, 7. Vol. 1936, S. 1–145 – *Samuelson, P. A.:* The Empirical Implications of Utility Analysis. In: Econometrica, 6. Vol. 1938, S. 344–356 – *Weigmann, W.:* Selbstkostenrechnung, Preisbildung und Preisprüfung in der Industrie. 2. A., Leipzig 1941 – *Wolter, A. M.:* Das Rechnen mit fixen und proportionalen Kosten. Köln u. Opladen 1948 – *Arrow, K. J.:* Social Choice and Individual Values. New York 1951 – *Lehmann, M. R.:* Industriekalkulation. 4. A., Stuttgart 1951 – *Angermann, A.:* Gleichgewichtskalkulation. Meisenheim am Glan 1952 – *Neumann, J. v.* u. *O. Morgenstern:* Theory of Games and Economic Behavior. 3. A., Princeton (N. J.) 1953 – *Plaut, H.-G.:* Die Grenz-Plankostenrechnung. In: ZfB, 23. Jg 1953, S. 347–363 – *Schmalenbach, E.:* Kostenrechnung und Preispolitik. 7. A., bearb. v. *R. Bauer,* Köln u. Opladen 1956 – *Majumdar, T.:* Behaviourist Cardinalism in Utility Theory. In: Economica, N.S. 25. Vol. 1958, S. 26–33 – *Agthe, K.:* Stufenweise Fixkostendeckung im System des Direct Costing. In: ZfB, 29. Jg 1959, S. 404–418 – *Dean, J.:* Managerial Economics. 9. Ausg., Englewood Cliffs (N. J.) 1959 – *Riebel, P.:* Das Rechnen mit Einzelkosten und Deckungsbeiträgen. In: ZfhF, N.F.

11. Jg 1959, S. 213–238 – *Böhm, H.-H.* u. *F. Wille:* Direct Costing und Programmplanung. München 1960 – *Boulding, K. E.:* The Present Position of the Theory of the Firm. In: *K. E. Boulding* u. *W. A. Spivey* (Hrsg.): Linear Programming and the Theory of the Firm. New York 1960 – *Chipman, J. S.:* Foundations of Utility. In: Econometrica, 28. Vol. 1960, S. 193–223 – *Johnston, J.:* Statistical Cost Analysis. New York, Toronto u. London 1960 – *Schneider, D.:* Kostentheorie und verursachungsgemäße Kostenrechnung. In: ZfhF, N.F. 13. Jg 1961, S. 677–707 – *Wittmann, W.:* Überlegungen zu einer Theorie des Unternehmenswachstums. In: ZfhF, N.F. 13. Jg 1961, S. 493–519 – *Evers, G.:* Möglichkeiten und Grenzen mathematisch-statistischer Verfahren der Kostenauflösung (Istkosten). In: Planungsrechnung und Geschäftspolitik (Schriftenreihe der Arbeitsgemeinschaft Planungsrechnung – Agplan, Bd 6). Wiesbaden 1962, S. 99–113 – *Weber, W.* u. *E. Streißler:* Nutzen. In: HdSW, 8. Bd, Stuttgart, Tübingen u. Göttingen 1964, S. 1–19 – *Dean, B. V.* u. *M. J. Nishry:* Scoring and Profitability Models for Evaluating and Selecting Engineering Projects. In: OR, 13. Vol. 1965, S. 550–569 – *Elsholz, G.:* Cost-Benefit Analysis. In: Hamburger Jahrb. f. Wirtschafts- und Gesellschaftspolitik, 12. Jahr 1967, S. 286–301 – *Zangemeister, Ch.:* Nutzwertanalyse in der Systemtechnik. München 1970 – *Recktenwald, H. C.:* Die Nutzen-Kosten-Analyse. Tübingen 1971 – *Heinrich, L. J.:* Lösung von Auswahlproblemen mit Nutzwertmodellen. In: Wirtschaftswissenschaftliches Studium, 1. Jg 1972, S. 89–93.

Alfred Kuhn

Gründung

[s. a.: Aktiengesellschaft und Kommanditgesellschaft auf Aktien; GmbH und GmbH & Co. KG; Investitionsplanung; Personengesellschaften; Rechtsform der Unternehmung; Sonderbilanzen.]

I. Problem; II. Grundzusammenhänge; III. Gründungsarten; IV. Optimierung der Gründung; V. Gründungsbilanz.

I. Problem

Als „Gründung" bezeichnet der kaufmännische Sprachgebrauch die Gesamtheit derjenigen Maßnahmen, die eine Unternehmung entstehen lassen. In der betriebswirtschaftlichen Literatur hat sich für diesen Begriff noch keine einheitliche Definition herausgebildet.

Mit der Gründung sollen die *konstitutionellen Voraussetzungen* für den Betrieb einer Unternehmung geschaffen werden. Ein erstes Problem der Gründung liegt daher darin, alle für sie wichtigen Einzelaspekte zusammenzustellen und die Beziehungen zwischen diesen Aspekten aufzudecken.

Da es sich bei den zu berücksichtigenden Gegebenheiten und Zusammenhängen um dimensionsverschiedene Gegenstände handelt, liegt ein weiteres Problem darin, diese Gegenstände untereinander vergleichbar zu machen und sie in die Form eines Kalküls zu bringen. Hierfür wurden buchhalterische Verfahrenstechniken entwickelt, mit deren Hilfe man eine Gründung beschreiben, analysieren und planen kann.

Ein drittes Problem der Gründung liegt darin, daß sie auf die Zukunft einer Unternehmung angelegt ist und Prognosen der Unternehmungsentwicklung erfordert. Für diese Prognosen stehen noch keine sicheren Verfahren zur Verfügung.

Liegen die Entscheidungsalternativen der Gründung fest, so ist die günstigste Entscheidungsalternative auszuwählen. Problematisch sind hierbei der oder die Maßstäbe, mit deren Hilfe sich die Vorziehenswürdigkeit einzelner Entscheidungsalternativen beurteilen läßt, und das Verfahren, mit dessen Hilfe die optimale Kombination der Entscheidungsalternativen aufgefunden werden kann.

Bei einer Gründung handelt es sich nicht nur um Probleme betriebswirtschaftlicher, sondern auch um solche gesamtwirtschaftlicher, psychologischer, sozialer, technologischer und rechtlicher Art. In diesem Zusammenhang ist eine für alle an der Unternehmung Interessierten befriedigende Synthese der betriebswirtschaftlichen Erfordernisse einerseits und der sozialen Rücksichten auf die Betriebsangehörigen und auf die Gesamtwirtschaft andererseits herbeizuführen.

Ein letztes Problemfeld ergibt sich aus den Ergebnissen der Forschung, die sich mit den Ursachen fehlgeschlagener Gründungen befaßt hat. Ursachen dieser Art sind eine Unterschätzung der Einführungszeit, die man mit etwa fünf Jahren annehmen kann, nicht ausreichende kaufmännische Fachkenntnisse der Geschäftsleiter, eine hinsichtlich der mindestens zu erzielenden Kostendegressionen zu geringe Betriebsgröße, zu geringe Ausstattung mit Eigenkapital und zu hoch angesetzte Umsatzerwartungen. Derartige Gründungsmängel sind so weit wie möglich zu vermeiden.

II. Grundzusammenhänge

Zweck einer Gründung ist es, mit Hilfe der zu errichtenden Unternehmung in einem bestimmten Zeitraum einen bestimmten Nutzen erzielen zu können. Die speziellen Zielsetzungen einer Gründung sind im voraus als Sach- und Formalziele festzulegen, weil diese von dann an die Maßstäbe bilden, mit deren Hilfe die Effizienz und die Vorziehenswürdigkeit bestimmter Gründungsalternativen beurteilt werden können.

Voraussetzungen einer Gründung sind Kenntnisse über bestehende Absatzmöglichkeiten für die beabsichtigten Leistungen der Unternehmung, für die Leistungsvorbereitung, -erstellung und -verwertung geeignete Verfahren, die Möglichkeit, die für den Leistungsprozeß erforderlichen Arbeitsleistungen, Vermögenswerte und Kapitalien zu beschaffen, und Umweltbedingungen, die eine wirtschaftlich ergiebige und gesicherte Existenz der Unternehmung erwarten lassen.

Mittel der Gründung sind bestimmte, eine Unternehmung konstituierende Maßnahmen. Zu diesen zählen die jeweilige Bestimmung der Firma *(→*

Kaufmann und Firma), des Sitzes der Unternehmung (→ *Standort und Standorttheorie*), des Gegenstandes der Unternehmung, der Höhe des Anfangskapitals und der Modalitäten, wie das Eigenkapital aufgebracht werden soll, die gewerbepolizeiliche Anzeige, die Anmeldung bei der Steuerbehörde, die Anmeldung zur Eintragung in das Handelsregister, bei Kapitalgesellschaften die Feststellung der Satzung und andere.

Die Zwecke und die Mittel einer Gründung bedingen sich gegenseitig und stellen somit eine Wechselbeziehung dar. Aus diesem Grunde ist zu beobachten, daß in der Zeit, in der die Gründung vorbereitet und vollzogen wird, eine sukzessive Abstimmung zwischen den Zwecken und den Mitteln der jeweiligen Gründung stattfindet.

III. Gründungsarten

Für die Einteilung der Gründung in Gründungsarten lassen sich als Einteilungskriterien die gewählte → *Rechtsform*, die *Modalität der Kapitaleinlagen* und die *Zeitbezogenheit der Gründung* beobachten. Im ersteren Falle unterscheidet man die Gründung der Einzelfirma, die Gründung bestimmter Personengesellschaften und die Gründung bestimmter Kapitalgesellschaften. Im zweiten Falle werden Bar- und Sachgründungen auseinandergehalten. Im dritten Falle unterteilt man Gründungen in Einheits-(Simultan-) und Stufen-(Sukzessiv-) gründungen.

Die *Gründung der Einzelfirma* ist am wenigsten an bestimmte Formen gebunden. Ist ein Grundhandelsgewerbe Gegenstand des Einzelunternehmens, so entsteht das Unternehmen kraft Gesetzes in dem Augenblick, in dem Art und Umfang des Unternehmens eine kaufmännische Einrichtung erfordern. Geht das Unternehmen über den Rahmen des Kleingewerbes hinaus, so ist zu dessen Entstehung die *Eintragung in das Handelsregister* erforderlich (→ *Kaufmann und Firma*). Diese Tatbestände gelten auch für → *Personengesellschaften*.

Bei den *Kapitalgesellschaften* begründet die Eintragung in das Handelsregister die Gesellschaft als Rechtspersönlichkeit. Gründungen dieser Art unterliegen umfangreichen Formvorschriften, welche unter anderem die Mindesthöhe des Stamm- bzw. Grundkapitals, die Mindestzahl der Gründer, den Mindestinhalt der Satzung, die Beurkundung der Satzung, besondere Pflichten bei der Übernahme von Sacheinlagen, steuerliche Pflichten wie die Gesellschaftssteuer und Grunderwerbsteuer und Prüfungspflichten beinhalten.

Gründer einer → *Aktiengesellschaft* sind die Aktionäre, die die Satzung festgestellt haben. Hieraus ergibt sich, daß die Feststellung der Satzung und alle in der Satzung zu regelnden Vorgänge als Gründungsvorgänge zu betrachten sind.

Bei *Bargründungen* leisten die Beteiligten ihre Einlagen, indem sie zum Ausgabebetrag der Anteilsrechte einzahlen. Bei *Sachgründungen* bringen sie ihre Einlagen in Form von Sachen (Grundstücken, Gebäuden, Maschinen und maschinellen Anlagen, Vorräten), Rechten (Forderungen, Anteilsrechten und andere) und Geschäftswerten ein.

Bei der *Einheitsgründung* wird das vorgesehene Beteiligungskapital von den Gründern sofort in vollem Umfange eingebracht. Bei der *Stufengründung* übernehmen die Gründer nicht selbst alle Aktien des Grundkapitals. Dritte, meist Bankenkonsortien, zeichnen diese restlichen Aktien fest und bringen sie nach und nach auf dem Kapitalmarkt unter.

IV. Optimierung der Gründung

Die Optimierung der Gründung beginnt mit der Schätzung, welche Umsätze bei welchen Sortimentsstrukturen im Zeitablauf der ersten fünf Jahre erzielbar sein dürften. Hieraus leitet sich die mindestens erforderliche Erstausstattung der Unternehmung ab, die sich mit einer *Eröffnungsbilanz* (→ *Sonderbilanzen*) buchhalterisch beschreiben läßt.

Die Entwicklung der Unternehmung bei den zugrunde liegenden Umsatzerwartungen läßt sich mit Hilfe von prognostizierten → *Erfolgsrechnungen* und → *Bewegungsbilanzen* darstellen. Aus diesen sind die Zukunftsbilanzen nach Ablauf des ersten bis fünften Geschäftsjahres abzuleiten. Diesen Bilanzen liegt eine bestimmte Vorstellung über das je Periode erzielbare Geschäftsvolumen, das kurzfristige Sachziel, zugrunde. Das langfristige Sachziel ist in der angestrebten Situation der Unternehmung nach Ablauf von mehr als vier Jahren zu sehen, die in den entsprechenden Zukunftsbilanzen prognostiziert und vorgegeben wird.

Bei der Optimierung der Gründung kommt es nun darauf an, die Ausgangssituation der Unternehmung am Anfang der ersten Geschäftsperiode so zu gestalten, daß in den folgenden Geschäftsperioden ein Höchstmaß an Nutzen eintritt. Dieser Nutzen wird damit zu dem Formalziel der Unternehmung, das man allgemein als das Wohlergehen der Unternehmung umschreiben kann, und das in Prinzipien wie denen der Stabilität, des Wachstums, der Gewinnerzielung, der Schaffung und Erhaltung von Arbeitsplätzen und anderen seinen Niederschlag findet (→ *Ziele, Zielsysteme und Zielkonflikte*).

Für die Optimierung der Gründung wird gewöhnlich als Maßstab und damit als Formalziel der *Zukunftserfolg* als Differenz der Erträge und Aufwendungen eines überschaubaren Planungszeitraumes gewählt. Die günstigste Ausgangssituation und damit Form der Gründung ist dann diejenige, für die im Rahmen des festgelegten Zeithorizontes die größte Differenz zwischen dem zur Gründung zur Verfügung gestellten Eigenkapital am Anfang dieses Zeitraumes und dem Unternehmungswert am Ende dieses Zeitraumes zu erwarten ist. Sieht man die Dinge so, dann handelt es sich bei der Optimierung einer Gründung letzten Endes um einen Investitionskalkül, wie er für → *Investitionsplanungen* entwickelt wurde (→ *Unternehmungsbewertung*).

Im vorliegenden Falle würde ein solcher Investitionskalkül nicht nur die → *Ausgaben und Einnahmen* der ersten fünf Geschäftsjahre, sondern auch diejenigen berücksichtigen, die mit der eigentlichen Gründung zusammenhängen und vor dem Beginn des ersten Geschäftsjahres entstanden sind. Zu den *Gründungskosten* zählen im übrigen neben den unmittelbaren Gründungskosten auch die durch die Art der Gründung entstehenden dauernden Mehrkosten. Zu den letzteren gehören die hohen Verwaltungskosten von Kapitalgesellschaften, die Kosten etwaiger Pflichtprüfungen, die Belastung aus einer etwaigen Doppelbesteuerung und andere.

Bei Gründungen sind mindestens die folgenden vier Gegenstandsbereiche zu beachten: 1. die gesetzlichen Vorschriften, Sitten und Gebräuche, 2. die Stellung der Beteiligten zur Geschäftsführung, 3. der Jahresabschluß und 4. die Kapitalorganisation. Hiervon bedürfen die Stellung der Beteiligten zur Geschäftsführung einerseits und die Kapitalorganisation andererseits einer kurzen Angabe der Teilbereiche.

Bei der *Stellung der Beteiligten zur Geschäftsführung* geht es um die Geschäftsführungsbefugnisse, das Entgelt für persönliche Mitarbeit, Mitbestimmungs- und Einsichtsrechte, Auskunfts-, Anhörungs-, Zustimmungs- und Prüfungsrechte sowie die Entlastung der Geschäftsführung. Zur *Kapitalorganisation* gehören die Zahl der Beteiligten, die absoluten Größen und relativen Höhen der Beteiligungsbeträge, etwaige Nachschußpflichten, die Modalitäten der Einzahlung, die Beteiligung an Gewinn und Verlust, von Gewinn oder Verlust unabhängige Kapitaldienste, Regelungen über Entnahmen und nicht entnommene Gewinne, Sicherung der Kapitalanlage, Mithaftung, Übertragungsmöglichkeiten, Möglichkeiten für Vertragsänderungen, Fristen und Kündigungsmöglichkeiten, Bewertung der Beteiligung bei Ausscheiden eines Beteiligten oder bei Liquidation, die Auszahlungsmodalitäten und die sich aus der Regelung dieser Bedingungen ergebenden Möglichkeiten, Fremdkapital aufzunehmen.

Die Optimierung der Gründung nimmt von einer Mindestform ihren Ausgang, mit der die Gründer gerade noch einverstanden wären. An diesem Konzept werden im Gedankenexperiment so lange partielle Änderungen vorgenommen, als deren Verwirklichung das Wohlergehen der künftigen Unternehmung mehr fördern als beeinträchtigen würde. Diejenige Form der Gründung ist dann die optimale Form, bei der keine weitere mögliche Änderung des Konzeptes das Wohlergehen der Unternehmung verbessern könnte.

V. Gründungsbilanz

Das Handelsrecht schreibt in § 39 HGB zwingend vor, daß bei Unternehmungsgründungen ein → *Inventar* und eine *Eröffnungsbilanz* (→ *Sonderbilanzen*) aufzustellen sind. Stichtag für diese Bilanz ist der Beginn des Handelsgewerbes. Für Einzelfirmen und Personengesellschaften ist hierunter der Tag des ersten Geschäftsvorfalles zu verstehen. Für Kapitalgesellschaften gilt als Stichtag für die Gründungsbilanz der Tag, an dem sie in das Handelsregister eingetragen wurden.

Einzelunternehmen und Personengesellschaften haben sich bei ihren Gründungsbilanzen im wesentlichen nur nach den *Grundsätzen ordnungsmäßiger → Buchführung und Bilanzierung* zu richten. Bei offenen Handelsgesellschaften gelten für die → *Bewertung* zuweilen besondere Bestimmungen des Gesellschaftsvertrages. Bei Kommanditgesellschaften müssen die Kommanditeinlagen in voller Höhe auf der Passivseite ausgewiesen werden. Sind die Kommanditeinlagen noch nicht in voller Höhe erbracht worden, muß die Bilanz auf der Aktivseite als Korrekturposten eine Position „Rückständige Kommanditeinlagen" enthalten *(→ Personengesellschaften).*

Bei Kapitalgesellschaften bilden die Personen, welche die Gründung und deren Vorbereitung übernehmen, die *Gründungsgesellschaft.* Diese hat häufig die Form eines nicht rechtsfähigen Vereins. Die Geschäftsvorfälle der Gründungsgesellschaft werden in deren Buchhaltung erfaßt. Die Eröffnungsbilanz einer Kapitalgesellschaft stellt insofern die Schlußbilanz der Gründungsvorgänge dar.

Bei der *Gesellschaft mit beschränkter Haftung* (→ *GmbH und GmbH Co. KG)* muß die Eröffnungsbilanz das Stammkapital in voller Höhe unter den Passiven ausweisen. Ist das Stammkapital noch nicht voll eingezahlt, so ist auf der Aktivseite der Bilanz ein entsprechender Korrekturposten zu bilden. Kosten der Organisation und Verwaltung dürfen gemäß § 42 (2) GmbHG nicht aktiviert werden.

Für → *Aktiengesellschaften* gilt hinsichtlich der Gründungsbilanz, daß das Grundkapital in voller Höhe auf der Passivseite der Bilanz auszuweisen ist. Ausstehende Einlagen auf das Grundkapital sind gemäß § 151 AktG auf der Aktivseite aufzuführen. Hiervon sind zusätzlich diejenigen anzugeben, die eingefordert wurden.

→ *Aktien* werden meist über pari ausgegeben *(→ Emission von Wertpapieren).* Das *Agio* ist den gesetzlichen → *Rücklagen* zuzuweisen. Die Aufwendungen für die Gründung dürfen nicht aktiviert, aber von dem Agio aus der Über pari-Ausgabe der Aktien abgesetzt werden. Die Kosten der Ingangsetzung des Geschäftsbetriebs dürfen jedoch gesondert unter die Posten des Anlagevermögens aufgenommen werden.

Streng genommen läßt sich der Begriff der Gründungsbilanz nur dann anwenden, wenn mit ihr über formell abgeschlossene Gründungsvorgänge Rechnung gelegt wird. Insofern unterscheidet sich die Gründungsbilanz von einer Geschäftseröffnungsbilanz, die sich beispielsweise bei einem Einzelkaufmann formlos aus dem ersten Geschäftsvorfall ergeben kann.

Literatur: Heraeus, R.: Kapitalbeschaffung der Unternehmungsformen. Berlin u. Wien 1928 – *Bondi, F. u. E. Winkler:* Die Praxis der Finanzierung bei Errichtung, Erweiterung, Verbesserung und Sanierung von Aktiengesellschaften, KGaA, GmbH, Bergwerken sowie Kolonialgeschäften. 7. A., Berlin 1929 – *Schmalenbach, E.:*

Die Veranschlagung des Kapitalbedarfs und die Finanzpläne. In: ZfhF, 25. Jg 1931, S. 169–198 – *Schmalenbach, E.:* Die Beteiligungsfinanzierung. 7. A., Köln u. Opladen 1949 – *Henzel, F.:* Kapital und Betriebsmittel. In: Die Verwaltung. Braunschweig 1951 – *Bussmann, K. F.:* Finanzierungsvorgänge. München 1955 – *Beckmann, L.:* Die betriebswirtschaftliche Finanzierung. 2. A., Stuttgart 1956 – *Haas, F.:* Gründung. In: HWB, 3. A., 2. Bd, Stuttgart 1958, Sp. 2443–2453 – *Illetschko, L. L.:* Gründungsbilanz. In: HWB, 3. A., 2. Bd 1958, Sp. 2454–2457 – *Pack, L.:* Betriebliche Investition. Wiesbaden 1959 – *Beckmann, L. u. E. Pausenberger:* Gründungen, Umwandlungen, Fusionen, Sanierungen. Wiesbaden 1961 – *Grochla, E.:* Finanzierung. In: HdSW, 3. Bd, Stuttgart, Tübingen u. Göttingen 1961, S. 604–616 – *Swoboda, P.:* Die Ermittlung optimaler Investitionsentscheidungen durch Methoden des Operations Research. In: ZfB, 31. Jg 1961, S. 96–103 – *Bellinger, B.:* Unternehmungskrisen und ihre Ursachen. In: Handelsbetrieb und Marktordnung, Festschrift *Carl Ruberg* zum 70. Geburtstag. Wiesbaden 1962, S. 48–74 – *Deutsch, P.:* Grundfragen der Finanzierung im Rahmen der betrieblichen Finanzwirtschaft. Wiesbaden 1962 – *Heinen, E.:* Handelsbilanzen. Wiesbaden 1962 – *Wessel, H.-H.:* Die Gründung eines Unternehmens. Heidelberg 1963 – *Bellinger, B.:* Langfristige Finanzierung. Wiesbaden 1964 – *Jacob, H.:* Neuere Entwicklungen in der Investitionsrechnung. Wiesbaden 1964 – *Rittershausen, H.:* Industrielle Finanzierungen. Wiesbaden 1964 – *Hertlein, A.:* Gründung der Unternehmung. In: HdSW, 4. Bd, Stuttgart, Tübingen u. Göttingen 1965, Sp. 673–675 – *Lücke, W.:* Finanzplanung und Finanzkontrolle in der Industrie. Wiesbaden 1965 – *Oettle, K.:* Unternehmerische Finanzpolitik. Stuttgart 1966 – *Schäfer, E.:* Die Unternehmung. 6. A., Köln u. Opladen 1966 – *Schneider, D.:* Investition und Finanzierung. Opladen u. Köln 1970 – *Boemle, M.:* Unternehmungsfinanzierung. 3. A., Zürich 1971 – *Hahn, O.:* Handbuch der Unternehmensfinanzierung. München 1971 – *Vormbaum, H.:* Finanzierung der Betriebe. 2. A., Wiesbaden 1971 – *Gutenberg, E.:* Grundlagen der Betriebswirtschaftslehre. 3. Bd, 5. A., Berlin, Heidelberg u. New York 1972 – *Wöhe, G.:* Einführung in die Allgemeine Betriebswirtschaftslehre. 10. A., München 1972 – *Bellinger, B.:* Die Kreditentscheidung als Instrument der Unternehmensführung im Kreditwesen. In: Management im Kreditwesen, Festschrift für *Hans Krasensky,* hrsg. von *W. Schneider.* Wien 1973, S. 112–139 – *Institut der Wirtschaftsprüfer in Deutschland e. V.:* Wirtschaftsprüfer-Handbuch 1973. Düsseldorf 1973.

Bernhard Bellinger

Grundsätze ordnungsmäßiger Buchführung und Bilanzierung → Buchführung und Bilanzierung, Grundsätze ordnungsmäßiger

Gruppenverhalten im Betrieb

[s. a.: Autorität im Betrieb; Betriebsklima; Betriebspsychologie; Betriebssoziologie; Entscheidungsprozesse; Führungskräfte; Führungsstile und Führungsverhalten; Mitbestimmung, betriebliche; Teamarbeit; Verhaltenswissenschaften und Betriebswirtschaftslehre; Ziele, Zielsysteme und Zielkonflikte.]

I. Die Gruppe als Gegenstand betriebspsychologischer Forschung; II. Zum Begriff der

Gruppe; III. Gruppenkohäsion; IV. Normiertes Verhalten; V. Teilnahme am Entscheidungsprozeß; VI. Abschließende Bemerkungen.

I. Die Gruppe als Gegenstand betriebspsychologischer Forschung

Das Interesse an Arbeitsgruppen als Gegenstand betriebspsychologischer Überlegungen und Forschung kann als relativ jung bezeichnet werden (→ *Betriebspsychologie*). Traditionsgemäß beschäftigte sich die frühe Betriebs- und Arbeitspsychologie gemäß ihrer Abstammung aus der „Psychotechnik" (*Stern* 1911; *Münsterberg* 1912; *Giese* 1925) im wesentlichen mit Fragen der Eignung und Auslese (→ *Personalauswahl*), also der optimalen Plazierung des Einzelnen im Arbeitsprozeß (Subjekt-Psychotechnik) sowie einer den Bedürfnissen des arbeitenden Menschen optimal angepaßten → *Arbeitsplatzgestaltung* (Objekt-Psychotechnik). Erst die Ergebnisse der bekannten Hawthorne-Untersuchungen durch *Mayo* und seine Mitarbeiter (*Roethlisberger* u. *Dickson* 1939) sowie die mehr theoretisch orientierten Ansätze *Lewins* und seiner Schüler (*Lewin* 1947) rückten die Arbeitsgruppe in den Blickpunkt der betriebspsychologischen Forschung. Diese Denkansätze führten in jüngster Zeit zu einer die Arbeitsgruppe übergreifenden Betrachtungsweise, wobei die gesamte Organisation als System und die in ihr zusammengeschlossenen Arbeitsgruppen als Subsysteme aufgefaßt werden, die sich interdependent beeinflussen (vgl. hierzu *Katz* u. *Kahn* 1966; *Weick* 1969; *Irle* 1972).

In dieser Entwicklung zeigt sich also eine Verlagerung des Interessenschwerpunktes von der *individualpsychologischen* Frage nach den individuellen Leistungsbedingungen zu einer mehr *sozialpsychologischen* Frage nach den Effekten der Interaktion in Gruppen bis hin zu einem organisationspsychologischen und z. T. mehr soziologischen Interesse an den Wirkungen und Wechselwirkungen des Zusammenseins in noch umfassenderen sozialen Verbänden (→ *Organisationssoziologie*). Im Folgenden soll aus Raumgründen ausschließlich die sozialpsychologische Frage des Einflusses von Gruppen auf das Verhalten ihrer Mitglieder erörtert werden. Bezüglich der Einbettung in übergreifende soziale Systeme verweisen wir auf die Arbeit von *Irle* (1972).

II. Zum Begriff der Gruppe

Bevor wir uns den Ergebnissen der bisherigen Forschung auf diesem Gebiet zuwenden, scheint es erforderlich, kurz auf das Problem einzugehen, was unter einer *Gruppe* zu verstehen ist. Wir wollen damit verdeutlichen, daß die Arbeitsgruppe, wie sie der Organisationsplan eines Unternehmens vorsieht, nicht immer eine echte Gruppe im Sinne der *Kleingruppenforschung* darstellt.

Eine einheitliche Definition dessen, was unter einer Gruppe zu verstehen ist, existiert nicht. Verschiedene Autoren stellen unterschiedliche Anforderungen an eine Mehrzahl von Menschen, der sie den Begriff *Gruppe* zuerkennen wollen. Nach *Bales* (1950) genügt dazu bereits „*eine beliebige Anzahl in unmittelbarem Kontakt stehender Personen, von denen jede einzelne bei einem einmaligen Treffen oder bei mehreren Zusammenkünften von jeder anderen einen gewissen persönlichen Eindruck erfährt . . ., sei es auch nur die Erinnerung, daß der Betreffende anwesend war*". Diese Minimaldefinition, nach der sämtliche formalen Arbeitsgruppen als Gruppen anzusehen wären, erscheint jedoch unzulänglich, da wesentliche Aspekte „echter" Gruppen, wie sie sich im Verlauf der Zeit entwickeln und bei funktionierenden Gruppen leicht zu beobachten sind, unberücksichtigt bleiben.

Zu diesen Merkmalen einer „echten" Gruppe gehören, wie an anderer Stelle ausführlicher dargelegt (*Anger* 1966):

1. Ein gemeinsames Motiv oder Ziel, das in der Regel erst die Gruppe qua Gruppe konstituiert.
2. Ein mehr oder minder elaboriertes System gemeinsamer Normen zur Regelung der zwischenmenschlichen Beziehungen und der zielgerichteten Aktivitäten, das erst das Funktionieren der Gruppe ermöglicht.
3. In Verbindung damit ein System mehr oder minder differenzierter Positionen und Rollen.
4. Ein mehr oder minder komplexes Geflecht gefühlsmäßiger Wechselbeziehungen zwischen den beteiligten Personen, insbesondere ein Gefühl der Zusammengehörigkeit und der gegenseitigen Verbundenheit.

Die Aufzählung dieser Merkmale macht deutlich, daß nicht alle Arbeitsgruppen, wie sie durch den Organisationsplan vorgegeben sind, in unserem Sinne als echte Gruppen zu bezeichnen sind, insbesondere nicht nach den Merkmalen 1. und 4. So ergeben sich häufig divergierende → *Ziele* innerhalb der Arbeitsgruppe und damit verbunden das Fehlen eines Wir-Gefühls. Es kommt so nicht selten zur Bildung von *Subgruppen* oder *Cliquen*, die dann allerdings als echte Gruppen im oben definierten Sinne zu bezeichnen sind.

Wir wollen uns bei den folgenden Ausführungen nur mit echten Gruppen im obigen Sinne beschäftigen, nicht aber mit Quasi-Gruppen oder Aggregaten von Personen.

III. Gruppenkohäsion

Wenn wir davon ausgehen, daß die Gruppe ein gemeinsames Ziel hat (Merkmal 1), dann kann dieses Ziel, bei einer Arbeitsgruppe beispielsweise die schnelle oder qualitativ gute Erledigung eines Arbeitsauftrages, entweder durch voneinander abhängige Aktivitäten der einzelnen Gruppenmitglieder oder aber durch voneinander unabhängige Aktivitäten erreicht werden, wobei in der Realität ein mehr oder minder großes Ausmaß an gegenseitiger Abhängigkeit bestehen wird. Es leuchtet ein, daß unterschiedliche Gruppenstrukturen unter diesen beiden Bedingungen zu unterschiedlichen Ergebnissen führen können. So wird man bei einer Gruppe, die ihre Aufgaben nur interdependent erledigen kann, ein höheres Maß an *Kohäsion*, d. h. Zusammengehörigkeitsgefühl (Merkmal 4) als günstig ansehen, da die Bereitschaft zur Kooperation nicht unabhängig von der gegenseitigen Einschätzung der Beteiligten ist. Für Gruppen, deren Mitglieder ihre Aufgaben relativ unabhängig voneinander erledigen können, dürfte die Kohäsion von geringerer Bedeutung sein. An diesem Beispiel wird deutlich, daß die Merkmale einer Gruppe in wechselseitigen Bedingungszusammenhängen stehen.

Einen Beleg für die Hypothese, daß kohärente Gruppen interdependente Aufgaben effektiver bewältigen, lieferte *Van Zelst* (1952) mit einer Untersuchung bei Bauarbeitern. *Van Zelst* erlaubte den Arbeitern, sich ihre Partner für eine neue Arbeitsgruppenzusammenstellung selbst auszusuchen. Er konnte nach der Umgruppierung der Arbeitsgruppen auf der Grundlage soziometrischer Wahlen einen Anstieg der → *Produktivität* bei gleichzeitigem Rückgang der Fluktuations- und Abwesenheitsrate feststellen. Insgesamt ergab sich im Vergleich zu den früheren Arbeitsbedingungen eine erhebliche Kostenreduktion.

IV. Normiertes Verhalten

Es wäre nun aber verfehlt, aus diesem Ergebnis den Schluß zu ziehen, daß kohärente oder durch soziometrische Wahl zusammengestellte Gruppen stets mehr leisten als inkohärente. Wir haben schon oben darauf hingewiesen, daß sich die Charakteristika einer Gruppe und die Bedingungen, unter denen sie arbeitet, interdependent beeinflussen. Von entscheidender Bedeutung für das Verhalten der Gruppenmitglieder sind nämlich die in der Gruppe existierenden *Normen* (Merkmal 2). Schon frühe Untersuchungen von *Sherif* (1936) haben gezeigt, in welchem Ausmaß die Varianz im Verhalten der einzelnen Gruppenmitglieder durch die Entstehung gemeinsamer Normen reduziert wird. Durch Interaktion und Konformitätsdruck (vgl. *French* u. *Raven* 1959; *Irle* 1971) entwickeln sich gemeinsame Bezugssysteme für die Beurteilung bestimmter Verhaltensweisen.

Verhalten, das sich an diesen Standards orientiert, wird von der Gruppe belohnt, Verhalten, das gegen diese ungeschriebenen Gesetzmäßigkeiten verstößt, zieht negative Sanktionen nach sich.

Derartige Normen existieren selbstverständlich auch in bezug auf eine angemessene Leistungsabgabe. Die größte Beachtung in der Literatur haben dabei solche Untersuchungen gefunden, die restriktive Normen zur Minderung bzw. Nicht-Steigerung der Gruppenleistung nachweisen (*Mathewson* 1931; *Collins, Dalton* u. *Roy* 1946; *Roy* 1952 und *Whyte* 1955). Es sei daher ausdrücklich darauf hingewiesen, daß es auch auf

Produktionssteigerung gerichtete Gruppennormen gibt (z. B. schon bei *Roethlisberger* u. *Dickson* 1939). Damit ergeben sich, wie *Vroom* (1969) feststellt, zwei Probleme: unter welchen Bedingungen zeigen die Gruppenmitglieder normkonformes Verhalten, und welche Faktoren sind entscheidend für die Ausprägung der jeweiligen Norm?

Es wurde schon darauf hingewiesen, daß die Kohäsion einer Gruppe von entscheidendem Einfluß für das Verhalten ihrer Mitglieder ist. Diesen Einfluß der Kohäsion konnten *Schachter et al.* (1951) wie auch *Berkowitz* (1954) experimentell für Leistungsnormen in der Gruppe nachweisen. Hochkohäsive Gruppen verhielten sich konformer, d. h. sie zeigten weniger Variabilität im Verhalten, als weniger kohäsive Gruppen; Gruppen, denen eine hohe Produktionsnorm induziert wurde, erreichten höhere Leistungen als Gruppen, denen niedrige Produktionsnormen induziert worden waren.

Den gleichen Effekt konnte *Seashore* (1954) in einer Feldstudie nachweisen. *Seashore* erfaßte die Kohäsion von 228 Arbeitsgruppen mittels eines Fragebogens und setzte sie zu Leistungsdaten der Gruppen während der letzten drei Monate in Beziehung. Dabei ergab sich kein Zusammenhang zwischen der Kohäsion in einer Gruppe und der mittleren Leistung ihrer Gruppenmitglieder. Allerdings konnte *Seashore* einen deutlichen Zusammenhang zwischen der Kohäsion in einer Gruppe und der Varianz der Leistungen innerhalb der Gruppe feststellen. Auch hier zeigten Gruppen mit höherer Kohäsion eine niedrigere Variabilität des Verhaltens ihrer Mitglieder.

Die Studie von *Seashore* gibt darüberhinaus auch einige Hinweise auf die Bedingungen für die Richtung der Produktionsnormen, über die in der Literatur sonst nur recht wenig berichtet wird. So deuten die Ergebnisse darauf hin, daß diejenigen Gruppen eine hohe Produktionsnorm entwickeln, die hochkohäsiv sind und deren Mitglieder sich gleichzeitig durch die Organisation unterstützt und gesichert fühlen. Die niedrigsten Produktionsnormen waren dagegen in Gruppen zu finden, die zwar ebenfalls hochkohäsiv waren, deren Mitglieder die Organisation aber als wenig auf das Wohlergehen ihrer Mitarbeiter gerichtet betrachteten.

Diese Ergebnisse belegen neben der Bedeutung der Gruppenkohäsion für die Verhaltenssteuerung die der Einstellungen der Mitarbeiter zur gesamten Organisation, und wie *Patchen* (1962) feststellen konnte, zu den unmittelbaren Vorgesetzten als Repräsentanten der Organisation. Sind diese Einstellungen, die nicht unwesentlich durch das Verhalten der Vorgesetzten beeinflußt werden (→ *Betriebsklima;* → *Führungsstile und Führungsverhalten*), positiv, so sind in kohärenten Gruppen auch höhere Produktionsnormen und damit höhere Leistungen zu erwarten.

V. Teilnahme am Entscheidungsprozeß

Der Einfluß von Normen auf das Verhalten von Gruppenmitgliedern läßt sich auch an den Prozessen der Entscheidungsfindung (→ *Entscheidungsprozesse*) in Gruppen demonstrieren. Hier hat insbesondere die Frage, ob Gruppenentscheidungen unter Beteiligung der Mitarbeiter effektiver sind als Individualentscheidungen des Vorgesetzten, Anlaß zu einer Reihe von Untersuchungen gegeben, deren Diskussion den hier vorgegebenen Rahmen sprengen würde. Wir verweisen daher auf die Arbeit von *Kelley u. Thibaut* (1969). Als eines der wichtigsten Ergebnisse ist jedoch anzumerken, daß eine globale Beurteilung der Effektivität nicht möglich scheint. *Vroom* (1969) schlägt daher vor, die Effektivität mindestens unter drei Gesichtspunkten zu betrachten: der Qualität der Entscheidung, der Ausführung der Entscheidung und der bis zur Entscheidung benötigten Zeit. Betrachtet man lediglich die → *Produktivität* als Kriterium, so lassen sich kaum eindeutige Beziehungen feststellen, da zwischen Kriterium und Entscheidung eine Reihe von Variablen intervenieren (*Morse* u. *Reimer* 1956; *French, Israel* u. *As* 1960).

1. Qualität der Entscheidung

Eines der auffallendsten Merkmale von Gruppenentscheidungen ist der sogenannte *Risikoschub* (risky shift). Er besagt, daß Gruppenentscheidungen in der Regel riskanter ausfallen als der Mittelwert individueller Entscheidungen (*Wallach* u. *Kogan* 1965; *Kogan* u. *Wallach* 1967; *Lamm* 1970 und *Irle* 1971).

Die beste Erklärung für dieses Phänomen gelang bisher unter Rückgriff auf das Normenkonzept, wobei man davon ausgeht, daß Risikobereitschaft in unserer Kultur einen positiven Wert darstellt, der durch soziale Interaktion aktualisiert wird und so das Verhalten der Gruppenmitglieder in Richtung auf eine größere Risikobereitschaft beeinflußt. Hier wird also nicht mehr von einer für die jeweilige Gruppe spezifischen Norm, sondern von einer *kulturspezifischen Norm* zur Erklärung der Verhaltensmodifikation ausgegangen.

Nun wäre es aber verfehlt, aus diesen fast ausschließlich an Laborgruppen gewonnenen Ergebnissen zu folgern, daß es ratsam ist, Mitarbeiter vom Entscheidungsprozeß auszuschließen, um riskante Entscheidungen zu verhindern. Es kommt vielmehr darauf an, wie *Irle* (1971) bemerkt, den Wert der *Risikobereitschaft* für eine Organisation oder Gruppe exakter zu definieren, um von Fall zu Fall eine optimale Strategie anzuwenden.

Leistungsvorteile der Gruppe gegenüber individuellem *Problemlöseverhalten* sind mehrfach nachgewiesen worden (z.B. *Lorge et al.* 1955, 1960; *Davis* u. *Restle* 1962; *Taylor* u. *Faust* 1952). Allerdings wäre es auch hier verfehlt, einen generellen Leistungsvorteil der Gruppe anzunehmen, denn wie *Tuckman* u. *Lorge* (1962) betonen, liegen die mittleren Ergebnisse der Gruppe zwar über dem statistischen Mittelwert der Individualleistungen, vieles deutet jedoch darauf hin, daß die Gruppenlösung der besten Individuallösung oft unterlegen ist.

Es hat sich darüberhinaus auch in diesem Problemkreis als unumgänglich erwiesen, die im konkreten Fall gegebenen Randbedingungen zu spezifizieren, da alle Ergebnisse nur für die gegebene oder ähnliche Situationen Geltung beanspruchen können. Besonders wichtig sind in diesem Zusammenhang die Variablen Aufgabenstruktur und Zusammensetzung der Gruppe, insbesondere aber die Kommunikationsstruktur der Gruppe (*Bavelas* 1950) (→ *Kommunikation*), wobei wieder die Wechselbeziehungen zwischen diesen Variablen von großer Bedeutung sind. So fordert die Lösung von Routineaufgaben eine andere Gruppenstruktur als kreative Aufgaben, und wenn alle Gruppenmitglieder über den gleichen Informationsstand verfügen, sind kaum Leistungsvorteile der Gruppe zu erwarten.

Untersuchungen zum „*Brain-storming*" (*Taylor et al.* 1958; *Dunnette et al.* 1963) legen den Schluß nahe, daß die Interaktionen zwischen den Gruppenmitgliedern in der kreativen Phase des Problemlösungsprozesses, also beim Aufsuchen von Alternativen, sich im Gegensatz zu den daran oft geknüpften Erwartungen eher hemmend auswirken, obwohl die Bewertung der Alternativen durch die Gruppe oft besser gelöst wird.

2. Ausführung von Entscheidungen

Eindeutiger als beim Kriterium Qualität sind die Beziehungen zur Ausführung der Entscheidung. Basierend auf den frühen Untersuchungen von *Lewin* (1947) haben mehrere Untersuchungen gezeigt, daß eine Entscheidung leichter durchzusetzen ist, wenn die Betroffenen zuvor daran beteiligt waren (*Bavelas*, zitiert nach *French* 1950; *Coch* u. *French* 1948). *Fleishman* (1965) konnte jedoch zeigen, daß es dabei weniger auf die faktische Beteiligung der einzelnen Gruppenmitglieder ankommt, als vielmehr auf die subjektive Überzeugung der Betroffenen, an der Entscheidung beteiligt gewesen zu sein.

Man hat diese Ergebnisse häufig mit einer Veränderung der Motivationslage (→ *Motivation*) zu erklären versucht (*Bass* u. *Leavitt* 1963). *Likert* (1961) argumentiert, daß die Einbeziehung von Gruppen in den Entscheidungsprozeß die Kohäsion der Gruppe erhöht und so zu (→ *Ziele, Zielsysteme und Zielkonflikte*) übereinstimmen.

Auch *Festinger* (1957) liefert eine Erklärungsmöglichkeit für diese Ergebnisse, wenn er im Zusammenhang mit seiner *Theorie der kognitiven Dissonanz* postuliert, daß das Abweichen von eigenen Entschlüssen zu Spannungen Normen führt, die eher mit den Zielen der Organisation im kognitiven System führt, die zur Reduktion drängen. Die Durchführung des Entschlusses wirkt demgegenüber dissonanzreduzierend oder -vermeidend.

Wir müssen jedoch auch hier darauf hinweisen, daß die *Durchsetzung von Entscheidungen* nicht unwesentlich von den sonstigen Bedingungen abhängt, hier insbesondere von den Möglichkeiten zur Ausübung sozialen Druckes durch die Organisation oder deren →*Führungskräfte* (*Irle* 1971). Verfügen die Führungskräfte in einer Gruppe über hohe Belohnungs- oder Bestrafungsmittel (→ *Anreizsysteme*), oder vermögen sie, wie in totalen Institutionen, sogar Zwang anzuwenden, so lassen sich Entscheidungen selbstverständlich auch ohne die Beteiligung der Betroffenen effektiv durchsetzen, was jedoch den grundsätzlich positiven Effekt einer Beteiligung am Entscheidungsprozeß unberührt läßt.

3. Entscheidungszeit

In Bezug auf die für eine Entscheidung benötigte Zeit sind die Ergebnisse bisher unklar, z. T. sogar widersprüchlich. Eindeutig sind dagegen die Verhältnisse unter Zugrundelegung der Mitarbeiterstunden. Hier befindet sich die Gruppe deutlich im Nachteil gegenüber dem Individuum.

Taylor u. *Faust* (1952) fanden bei Experimenten mit Laborgruppen eine positive Beziehung zwischen der Gruppengröße und der Anzahl der für die Lösung benötigten Minuten, summiert über die Gruppenmitglieder. Die gefundene größere Lösungswahrscheinlichkeit der Gruppe wurde also mit einem größeren Zeitaufwand erkauft.

Die hier vorgetragenen Ergebnisse sollten deutlich machen, daß eine eindeutige Beantwortung der Frage, ob die Beteiligung von Gruppen am Entscheidungsprozeß effektiver ist als eine autokratische Individualentscheidung, in dieser Allgemeinheit nicht zu beantworten ist. Ob die *Gruppenentscheidung* der *Individualentscheidung* überlegen ist, hängt nicht zuletzt davon ab, welche Bedeutung man den einzelnen Kriterien beimißt, und dies dürfte je nach den gegebenen Bedingungen unterschiedlich sein. Erst in Kenntnis dieser Bedingungen läßt sich sagen, welcher Form der Entscheidungsfindung, der partizipatorischen oder der autokratischen (→ *Führungsstile und Führungsverhalten*), der Vorzug zu geben ist.

VI. Abschließende Bemerkungen

Wie eingangs erwähnt, tendieren neuere Ansätze der *Organisationspsychologie* dazu, betriebliche Organisationen als Systeme zu betrachten, die aus mehreren Subsystemen, z. B. Arbeitsgruppen, bestehen, und deren wechselseitige Abhängigkeiten einschließlich der Einbettung in übergreifende Umweltbedingungen zu untersuchen (→ *Betriebsklima*). Die Betrachtung betrieblicher Arbeitsgruppen, losgelöst aus dem Bedingungsfeld der sie umgebenden sozialen Umwelt, kann nach unserer Auffassung stets nur zu Aussagen von begrenzter Reichweite führen, wobei die beliebte ceteris-paribus-Klausel oft eher einem „ceteris neglectis" entspricht (*Sodeur* 1972), denn eben diese „sonst gleichen Bedingungen" sind ja in der Realität kaum gegeben. Wir sind daher der Ansicht, daß die künftige Forschung sich stärker als bisher an systemtheoretischen Konzepten wird orientieren müssen (→ *Systemtheorie;* → *Umsystem, betriebliches)* und übergreifende Bedingungszusammenhänge, zu denen nicht zuletzt auch der fortschreitende Wandel des gesellschaftlichen Bewußtseins gehört, nicht länger vernachlässigen darf.

Literatur: Stern, W.: Die Differentielle Psychologie in ihren methodischen Grundlagen. Leipzig 1911 (3. A. 1921) – *Münsterberg, H.:* Psychologie und Wirtschaftsleben. Leipzig 1912 – *Giese, F.:* Theorie der Psychotechnik. Braunschweig 1925 – *Mathewson, S. B.:* Restriction of output among unorganized workers. New York 1931 – *Sherif, M.:* The psychology of social norms. New York 1936 – *Lewin, K., R. Lippit* u. *R. K. White:* Patterns of aggresiv Behavior in experimentally created „social climates". In: J soc. psychol., 10. Jg 1939, S. 271–299 – *Roethlisberger, F. J.* u. *W. J. Dickson:* Management and the worker. Cambridge 1939 – *Collins, O., M. Dalton* u. *D. Roy:* Restriction of output and social cleavage in industry. In: Appl. Anthropol., 5. Jg 1946, 1–14 – *Lewin, K.:* Group decision and social change. In: Readings in social psychology, hrsg. v. *T. M. Newcomb* u. *E. L. Hartley.* New York 1947, S. 330–344 – *Coch, L.* u. *J. R. P. French:* Overcoming resistance to change. In: Human Relations, 1. Jg 1948, 512–532 – *Bales, R. F.:* Interaction process analysis: a method for the study of small groups. Reading, Mass. 1950 – *Bavelas, A.:* Communication patterns in task-oriented groups. In: J. Acoust. Soc. Amer., 22. Jg 1950, 725–730 – *French, J. R. P.:* Field experiments: changing group productivity. In: Experiments in social process: a symposium on social psychology, hrsg. v. *J. G. Miller.* New York 1950 – *Schachter, S., N. Ellertson, D. McBride* u. *D. Gregory:* An experimental study of cohesiveness and productivity. In: Human Relations, 4. Jg 1951, S. 229–238 – *Roy, D.:* Quota restriction and gold bricking in a machine shop. In: Am. J Soc., 57. Jg 1952, S. 427–442 – *Taylor, D. W.* u. *W. L. Faust:* Twenty questions: efficiency in problem solving as a function of size of group. In: J exp. Psychol., 44. Jg 1952, S. 360–388 – *Van Zelst, R. H.:* Sociometrically selected work teams increase production. In: Personnel Psychol., 5. Jg 1952, S. 175–185 – *Berkowitz, L.:* Group standards, cohesiveness and productivity. In: Hum. Rel., 7. Jg 1954, S. 509–519 – *Seashore, S. E.:* Group cohesiveness in the industrial work group. Ann Arbor, Mich. 1954 – *Lorge, I.* (u. a.): Solutions by teams and by individuals to a field problem at different levels of reality. In: J educ. Psychol., 46. Jg 1955, S. 17–24 – *Whyte, W. F.:* Money and motivation: an analysis of incentives in industry. New York 1955 – *Morse, N. C.* u. *E. Reimer:* The experimental change of a major organizational variable. In: J abnorm. soc. Psychol., 52. Jg 1956, S. 120–129 – *Festinger, L.:* A theory of cognitive dissonance. Evanston, Ill. 1957 – *Taylor, D. W., P. C. Berry* u. *C. H. Block:* Does group participation when using brainstorming facilitate or inhibit creative thinking? In: ASQ, 3. Jg 1958, S. 23–47 – *French, J. R. P.* u. *B. Raven:* The bases of social power. In: Studies in social power, hrsg. v. *D. Cartwright.* Ann Arbor, Mich. 1959 – *French, J. R. P., J. Israel* u. *D. As:* An experiment on participation in a Norwegian factory. In: Human Relations, 13. Jg 1960, S. 3–19 – *Lorge, I., P. Weltz, D. Fox* u. *K. Herrold:* Evaluation of decisions written by ad hoc groups and simulated commanders. In: Some theories of organization, hrsg. v. *A. H. Rubenstein* u. *C. J. Haberstroh,* Homewood, Ill. 1960, S. 448–451 – *Likert, R.:* New patterns of management, New York 1961 – *Patchen. M.:* Supervisory methods and group performance norms. In: ASQ, 6. Jg 1962, S. 276–290 – *Tuckman, J.* u. *I. Lorge:* Individual ability as a determinant of group superiority. In: Human Relations, 15. Jg 1962, S. 45–51 – *Bass, B. M.* u. *H. J. Leavitt:* Some experiments in planning and operating. In: Man. Sc., 9. Jg 1963, 574–585 – *Davis, J. H.* u. *F. Restle:* The analysis and prediction of group problem solving. In: J abnorm. soc. Psychol., 66. Jg 1963, S. 103–116 – *Dunnette, M. D., J. P. Campbell* u. *K. Jaastad:* The effect of group participation on brainstorming effectiveness for two industrial samples. In: J appl. Psychol., 47. Jg 1963, S. 30–37 – *Irle, M.:* Soziale Systeme. – Eine kritische Analyse der Theorie von formalen und informalen Organisationen. Göttingen 1963 – *Fleishman, E. A.:* Attitude versus skill factors in work group productivity. In: Personnel Psychol., 18. Jg 1965, S. 253–266 – *Wallach, M. A. u. N. Kogan:* The roles of information, discussion and consensus in group risk taking. In: J exp. soc. Psychol., 1. Jg 1965, S. 1–19 – *Anger, H.:* Kleingruppenforschung heute. In: Kleingruppenforschung und Gruppe im Sport, hrsg. v. *G. Lüschen.* Sonderheft 10 der Kölner Zeitschrift für Soziologie und Sozialpsychologie. Köln u. Opladen 1966 – *Katz, D. u. R. L. Kahn:* The social psychology of organizations. New York 1966 – *Kogan, N. u. M. A. Wallach:* Risk taking as a function of the situation, the person and the group. In: New directions in psychology. Bd 3, New York 1967 – *Kelley, H. H. u. J. W. Thibaut:* Group problem solving. In: The handbook of social psychology. Second edition, hrsg. v. *G. Lindzey* u. *E. Aronson,* Bd 4: Group psychology and phenomena of interaction, Reading, Mass. 1969, S. 1–101 – *Vroom, V.:* Industrial social psychology. In: The handbook of social psychology. Second edition, hrsg. v. *G. Lindzey* u. *E. Aronson,* Bd 5: Applied social psychology. Reading, Mass. 1969, S. 196–268 – *Weick, K. E.:* The social psychology of organizing. Reading, Mass. 1969 – *Lamm, H.:* Soziale und Persönlichkeits-Einflüsse auf das Verhandeln. In: Z. f. Sozialpsychol., 1. Jg 1970, S. 167–181 – *Irle, M.:* Macht und Entscheidungen in Organisationen. Eine Studie gegen das Linie-Stab-Prinzip. Frankfurt/M. 1971 – *Irle, M.:* Verhalten in organisierten Gruppen. In: Handbuch der Psychologie, Bd 7: Sozialpsychologie, 2. Halbbd, hrsg. v. *C. F. Graumann.* Göttingen 1972 – *Sodeur, W.:* Wirkungen des Führungsverhaltens in kleinen Formalgruppen. Meisenheim am Glan 1972.

Hans Anger u. *Friedhelm Nachreiner*

Gütesicherung → Qualitätskontrolle

Gut → Bedürfnis, Bedarf, Gut, Nutzen

H

Haftpflichtversicherung → Personenversicherung; → Schadenversicherung

Handelsbetriebe, Arten der

[s. a.: Absatz und Absatzlehre; Absatzmethoden; Außenhandel, betriebswirtschaftliche Aspekte; Handelsbetriebslehre; Marketing; Waren- und Kaufhäuser.]

I. Begriffe; II. Großhandelsbetriebe; III. Einzelhandelsbetriebe.

I. Begriffe

„Der Handel ist das Verbindende zwischen Produktion und Konsumtion, wobei es unerheblich ist, ob er seine vermittelnde Funktion selbständig oder angegliedert erfüllt. Immer hat er die Aufgabe des Güteraustausches. Der Handel ist also jene wirtschaftliche Tätigkeit, die den Austausch von Gütern zwischen Wirtschaftsgliedern, letzten Endes zwischen Produzenten und Konsumenten, herbeiführt. So ist jede Güteraustauschhandlung ein Handelsvorgang" (*Seyffert*). Um dem interlokalen Verkehrsakt (Gütertransport) angesichts der Verschärfung des Untersuchungsgegenstandes Nachrang zu verleihen, wird *Handel als interpersonaler Austausch materieller Güter zwischen Wirtschaftsgliedern* erklärt. *Handel im funktionalen* (angegliederten) *Sinne* ist jeder Beschaffungs- bzw. Absatzakt über den Markt. Auch eine Hausfrau betreibt Handel, wenn sie beschaffungsseitig für die Familie Einkäufe tätigt (→ *Haushalt, Wirtschaftslehre des privaten*), oder ein → *Dienstleistungsbetrieb,* der Betriebsmittel oder Werkstoffe für seine gewerbliche Verwendung beschafft. Ebenso betreibt der Landwirt Handel, wenn er seine Ernteprodukte an die Gastronomie absetzt (→ *Landwirtschaftsbetriebe und landwirtschaftliche Betriebslehre*). Handel verleiht den Waren Markt- bzw. Konsumreife durch die Überwindung der ökonomischen Distanz bis zur endgültigen Verwendung (Bedürfnisbefriedigung beim Letztverbraucher). Die organisatorisch verselbständigte und autonome Wirtschaftseinheit, die auf die Erstellung solcher Handelsleistungen – auf der Großhandelsstufe (Verbindung zu Wiederverkäufern und gewerblichen Weiterverarbeitern) oder auf der Einzelhandelsstufe (an Letztverbraucher oder private Letztverwender) – spezialisiert ist, heißt (Waren-) Handelsbetrieb. Wir sprechen dann vom *institutionalen oder ausgegliederten Handel.*

Eine Wirtschaft kann im extremtypischen Vorstellungsmodell ohne Handelsbetriebe auskommen, nicht aber ohne Handel im funktionalen Sinne. Die Eigenkapitalrendite sowie die Beachtung stringenter Nebenbedingungen (finanzielles Gleichgewicht, Wirtschaftlichkeit, Wachstum und Selbständigkeit) des auf Handelsleistungen spezialisierten Betriebes entscheiden über seine eigenständige Lebensfähigkeit. Ausschaltungstendenzen können folglich niemals den Handel im funktionalen Sinne treffen, sondern, wenn überhaupt, nur Handelsbetriebe. Wenn demnach Betriebswirtschaften ihre Beschaffungs- oder Absatzaktivitäten bzw. -organisationen verstärken, integrieren sie Handelsaufgaben. Die funktionalen Erklärungsmodelle (*J. F. Schär, K. Oberparleiter, A. Lisowsky, J. Hellauer, R. Seyffert, H. Buddeberg, D. Kalussis*) bleiben hier außer Betrachtung. Sie widmen sich in unterschiedlichen Spezialisierungsgraden der Analyse jener wirtschaftlichen Leistungen, die in überbetrieblicher Betrachtung die ökonomische Distanz zwischen Hervorbringung und Letztverwendung überbrücken.

Im folgenden sollen nur jene Ausprägungsformen zur Darstellung gelangen, wie sie für ihre betrieblichen Leistungsprofile im Marktgeschehen typisch sind. In der sachbezüglichen Ausformung konzentrieren sich Handelsbetriebe ihrem Wesen nach auf Beschaffung, Lagerung und Absatz. Aus der Stellung in der *Absatzkette* ergibt sich die Unterscheidung in Groß- und Einzelhandelsbetriebe. Beschaffungsseitig ist für beide der Kontakt zu abgeleiteten Betrieben (Erwerbswirtschaften) kennzeichnend. Absatzseitig liegt der strukturbildende Unterschied beim *Großhandelsbetrieb* in der Orientierung auf weiterverarbeitende oder wiederverkaufende Betriebe. Abnehmer der Großhandelsbetriebe sind überwiegend Erwerbswirtschaften. Im Falle der Detailhandelsbetriebe, dieser Begriff soll für *Einzelhandelsbetriebe* inhaltsgleich Verwendung finden, sind die absatzseitigen Partner mehrheitlich Haushaltswirtschaften. Mengenmerkmale gaben früher Anlaß, den Großhandelsbegriff dem des Kleinhandels gegenüberzustellen. Solche Auslegungen sind heute überholt und unzweckmäßig. Gewiß sind praktische Fälle geläufig, denen zufolge Großhandelsaufkäufer landwirtschaftliche Ernteprodukte in Kleinmengen beschaffen. Anderseits führen viele absatzseitige Kleinmengenverkäufe im Einzelhandel noch keineswegs zur strukturierten Ausprägung einer Großhandelsunternehmung. In der Liste der 47 Einzelhandelsbranchen, die laufend vom Kölner Institut für Handelsforschung untersucht werden, finden sich solche mit fast 100%-igen Absatzanteilen an *Letztverbraucher*, aber auch extreme Ausnahmen, wie beispielsweise der Büromaschinen-, Büromöbel- und Organisationsmittelhandel, der 1971 nur 7,9% seiner Totalverkäufe an Letztverbraucher umsetzte. Eine ähnliche Strukturierung zeigt der medizinisch-technische Fachhandel mit 16,4% Letztverbraucherabsatz. Charakteristische Mittelstellungen nehmen verschiedene Spezialisierungsformen im Bereiche des Handels mit Eisenwaren, Baubeschlägen und Werkzeugen ein. Solche Absatzkanäle bedienen private Letztverwender gleichermaßen wie gewerbliche Handwerker. Evidentermaßen wirken hier die zunehmenden Freizeitanteile und das „do it yourself" (Hobby und Freizeitbeschäftigung) als starke Impulsgeber. Im Papier-, Bürobedarf- und Schreibwareneinzelhandel entfallen etwa gleiche Anteile auf private Abnehmer und auf gewerbliche Weiterverwender. Die Abnehmerkreise der letztgenannten Zielgruppe reichen von Anwaltskanzleien über Betriebe der Wirtschaftsprüfer bis zur ständig wachsenden Zahl von Beratungsunternehmungen.

II. Großhandelsbetriebe

Auf der Stufe des Großhandels führt die Spezia-

lisierung im grenzüberschreitenden Wirtschaftsverkehr abermals zu Sonderformen: *Einfuhr-, Durchfuhr-* oder *Ausfuhr-(Groß-)* Handelsbetriebe. Ähnlich wie im Falle des klassischen *Produktionsverbindungsgroßhandels* sind dann vielfältige Auffächerungen zu beobachten; beispielsweise importseitige Schwerpunktbildungen regionaler Art, aber auch nach technologischen, bzw. Warenkreismerkmalen strukturiert. Auch beim Produktionsverbindungsgroßhandel dringen *bedarfsgruppen-* bzw. problemorientierte Spezialisierungen (Industriebedarf) vor. Die stürmischen Neuerungen im Bereiche der elektronischen Steuerungstechniken oder der Elektrotechnik geben dafür vielfältige Beispiele. Neben der augenscheinlichen Lageraufgabe (Baukastensysteme, Ersatzteile usw.) liegt zunehmendes Gewicht auf echter Ingenieurberatung (*Systemservice, Systemberatung*). Auch hinsichtlich zusätzlicher interlokaler Verkehrsleistungen auf der Großhandelsstufe sind spezifische Ausprägungen vertreten; sie gliedern die letztgenannte Nebenleistung aus, um dafür dem potentiellen Kunden ein anderes Dienstebündel anzubieten. Beispielhaft sei hier an den *Abholgrossisten (Cash & Carry-Großhandlungen)* erinnert. Die letztgenannte Betriebsform ist einerseits durch die explizite Zielgruppenspezialisierung gekennzeichnet, anderseits durch die Anwendung der *Selbstbedienung* gewerblichen *Wiederverkäufern* gegenüber. Der innovatorische Schritt lag darin, die Kontakte zu möglichen Abnehmern nicht mehr auf Basis der reisenden Auftragssammler zu bewältigen, sondern durch die dem Kunden offerierte Chance, sich im Zutrittslager selbst zu informieren, zu bedienen, in unmittelbarer Folge bar zu bezahlen und die eingekaufte Warenmenge in Eigenregie abzutransportieren. Wenngleich es anfangs für manchen Beobachter den Anschein hatte, als würden diese *Abholgrossisten* nur die Lieferantenaufgabe für heimfällige, vom Abschmelzprozeß bedrohte Grenzbetriebe übernehmen, konnte in den letzten Jahren eine deutliche Orientierung auf durchaus lebensfähige Zielgruppen durchgesetzt werden; so erwies sich z.B. die Hinwendung auf die Gastronomie als zukunftsträchtig.

Nicht zuletzt ist mit der fortschreitenden Ausprägung zweistufiger Absatzorganisationen (Kooperationsformen auf Ketten-, Genossenschafts- oder Franchisebasis) die deutliche Spezialisierung der *Systemgroßhändler* als Management-, Marketing- bzw. Full-Service-Zentralen eine augenscheinliche Folge.

III. Einzelhandelsbetriebe

Auch auf der Stufe des Einzelhandels sind vielfältige Profile geläufig. Einerseits von unterschiedlichen Schwerpunktbildungen vertriebsmethodischer Art und anderseits durch Sortiments- und fortschreitende Größendifferenzierung geprägt.

Es wäre unrichtig, den Handelsbetrieb im allgemeinen und den Einzelhandelsbetrieb im besonderen als Dienstleistungsbetrieb einzustufen. Gewiß trifft es zu, daß die *Dienstleistung*, verstanden als das, was der Mensch leistet, sei es physischer oder psychischer Einsatz, als Gegenstand des Wirtschaftsverkehrs, immer mit dem Ziele der Bedarfsbefriedigung, qualitativ starkes Gewicht hat. Mengenmäßig überwiegt jedoch der elementare Kapazitätsfaktor *Wareneinsatz* (Werkstoffe). Auf ihn entfallen im Einzelhandel durchschnittlich etwa drei Viertel des Verkaufswertes. So darf es nicht überraschen, wenn vom *Sortiment* und vom spezifisch strukturierten Dienstleistungs- oder Organisationspaket starke typenbildende Kräfte ausgehen. Längst ist unter Wohlstandsbedingungen (= Alternativenfülle) das Realziel der Marktversorgung nicht mehr systembildend. Auch der Einzelhandelsbetrieb sucht sich verstärkt auf *Einkaufsgewohnheiten* und *Bedarfsbündelungen* segmentierend zu spezialisieren. Demnach hat die traditionelle Wurzel der Betriebsformen im Einzelhandel – die ländliche *Gemischtwarenhandlung* – kaum mehr Bedeutung. Unter güterwirtschaftlichen Knappheitsbedingungen und vor allem unter agrarwirtschaftlichen Soziostrukturen hatte sie den Auftrag, die Haushalte eines Regionalmarktes mit allen jenen Erzeugnissen zu versorgen, die nicht in den eigenen Landwirtschaften der potentiellen Abnehmer produziert wurden. Die gegenwärtig geläufigen *Großraumläden*, also etwa SB–*Supermärkte* mit Verkaufsdimensionen über 400 Quadratmeter, sind keineswegs als Gemischtwarenhandlungen im hergebrachten Denkinhalt anzusprechen. Sie sind vielmehr darauf eingerichtet, spezifische Marktnischen bzw. Bedarfssegmente anzusprechen: den *Alltagsverzehr*, also alles, was viele mögliche Kunden bequem und vor allem mit nur einmaligem Parkieren unter einem Dach zu kaufen wünschen. Es ist richtig, daß auch der ländliche Gemischtwarenladen Pionier in der Ausdehnung auf Nichtlebensmittel war. Angesichts der erwähnten Agrarstrukturen lag sogar der deutliche Schwerpunkt auf diesen Sortimentsbereichen. Unter heutigen sozioökonomischen Daten werden die Supermarktsortimente von den Selektionskriterien *Kaufhäufigkeit* und *Bedarfsdichte* geprägt. Allein der rasche Wandel in den Sortimenten, nicht nur saisonal, sondern vor allem auch in der entsprechend langfristigen Betrachtung, kennzeichnet den auch im Handel gültigen Marketingstil der zielorientierten Unternehmensführung unter überflußgesellschaftlichen Bedingungen. Belegbar werden solche Hinweise durch Berichte von *Großfilialisten*, die jährlich mehr als drei Viertel ihrer Sortimente auswechseln und durch neue Artikel ersetzen. Es ist aufschlußreich, von *Supermärkten* zu erfahren, die nicht selten 80% ihrer Artikel jährlich auswechseln (Aktionsstil). Diese Explo-

sion bleibt auch dann bemerkenswert, wenn als neue Artikel Produkte in veränderten Packungen oder mit neu gestalteten Aufmachungen verstanden werden. Herkömmliche Nichtlebensmittelbereiche wie Haushaltsartikel, Kosmetika und Toilettenartikel, Wasch- und Putzmittel, Textilien und Kurzwaren, Papier- und Schreibwaren, einfaches Spielzeug und andere, vornehmlich kleinpreisige Artikel des Alltagsverzehrs werden zunehmend über *Sonderangebote* geführt, um auf diese Weise durch den raschen Wechsel im *Nichtlebensmittelsortiment*, auf das Gesamtjahr bezogen, zu einem den Lebensmitteln ähnlichen Umschlagrhythmus zu gelangen.

Polarisiert wird die großflächige Betriebsform des Supermarktes durch die „*Boutique*" oder den „*Shop*". Auch dort wird der Angebotsstil „alles unter einem Dach" kultiviert. Das Auswahlkriterium ist dennoch auf einer anderen Ebene gelegen. Der Supermarkt bietet die Chance des Einkaufes unter einem Dach für einen Bedarfskorb, dessen Elemente (Artikel) in einem unterschiedlichen Rhythmus verbraucht werden. Das Bequemlichkeitsoffert liegt in der Möglichkeit zur Beschaffung in einem einmaligen Einkaufsakt (*Convenience-Store*). Der Sortimentierungsstil der Boutique visiert mögliche *Bedarfs-* bzw. *Erlebnisgruppen* an: also die Bequemlichkeit, stilistisch im eigentlichen Verwendungsakt Zusammengehöriges in einem Laden vorzufinden. Das plausible Modell bietet beispielsweise die von einem berühmten Winterolympioniken betriebene Sportsboutique. Es wird in der Entscheidung des jeweiligen Unternehmers gelegen sein, seinen stilistischen Rahmen zu bestimmen: entweder orientiert am Niveau extremer Leistungssportler, aufgefächert für den Urlaubsschifahrer oder mit modisch-extravaganten Akzentuierungen. Der zukunftsträchtige Servicegrad solcher *Fachhandelsgeschäfte* wird von problemvollen Sortimenten und käuferbezogener Beratung geprägt werden. Mit zunehmender Differenzierung der Ansprüche werden sie im Falle fundierter Innovationsbereitschaft der Unternehmer um eine konkurrenzfähige Zukunft nicht besorgt zu sein brauchen. Auch handwerkliche Nebenleistungen auf hohem Anspruchsniveau werden Bedeutung gewinnen. Allein sprachliche Neubildungen, wie etwa „Optique" oder „Beautique" signalisieren moderne und bedarfsorientierte Spezialisierungstendenzen. Immer wieder liegt das systembildende Gewicht auf der eigenartigen *Bedarfsbündelung* im Objektbereich (Sortiment), aber vor allem in der ergänzenden Dienstleistung der kundenorientierten Entscheidungshilfe, also dem eigentlichen Beratungsakt. Dieser Boutiquestil bleibt keineswegs nur den kleinflächigen Betriebsdimensionen vorbehalten. Auch Großbetriebsformen, etwa *Warenhäuser*, wenden sich im Zuge stilistischer Pluralisierung dem „*Shop-in-the-Shop-Stil*" zu. Sie setzen mit solchen Schwerpunkten Akzente, die dem Kunden – abermals unter einem Dach – die Chance bieten, eine Kombination von breiten Sortimentsfächern und Schwerpunktanboten zu genießen. Sozialpsychologische Zutritte fordern den Händler auf, darauf bedacht zu sein, dem Kunden nicht nur die Freude am gekauften Produkt anzubieten, sondern auch das Erlebnis des unmittelbaren Einkaufs in kultivierter Weise zu inszenieren.

Die ganze *Handels-* bzw. *Absatzkette* (*R. Seyffert, E. Sundhoff*), also die Folge ausgegliederter Absatzeinheiten, die ein Produkt durchläuft, um vom Erzeuger zum Letztverwender bzw. -verbraucher zu gelangen, ist in vehementem Wandel begriffen: sowohl sortimentspolitisch als auch in der Auffächerung der Dienstleistungen (vgl. u. a. individuelle *Kaufberatung, Selbstbedienung, Automatenvertrieb, Verkaufswagen, Postversand* etc.). Gesamthaft ist die Strukturierung einer deutlicheren Durchgängigkeit ebenso beobachtbar (*vertikales* oder *Verbundmarketing, Franchisesysteme* etc.) wie auch extreme *preispolitische* Einsatzformen (*Diskonter*). Aus den genannten Basisalternativen (Supermarkt- bzw. Boutique-Stil) lassen sich viele Mischformen ableiten. Sie reichen in Hypermarktdimensionierung von den geläufigen *Verbrauchermärkten* über *Selbstbedienungswarenhäuser* zu Großformen mit profiliertem Diskontstil. In den letztgenannten Großformen (über 3000 qm Verkaufsraum) überwiegen dann die Nicht-Lebensmittel. Die Pointierung unterschiedlicher Aktionsparameter gibt der Dynamik der Betriebsformen (*R. Nieschlag*) immer wieder marktstimulierende Impulse.

Literatur: Schär, J. F.: Allgemeine Handelsbetriebslehre. 5. A., Berlin 1923 – *Hirsch, J.:* Der moderne Handel. Tübingen 1926 – *Nix, L.:* Theorie der branchenmäßigen Gliederung des Warenhandels. Stuttgart 1932 – *Ruberg, C.:* Der Einzelhandelsbetrieb. Essen 1951 – *Nieschlag, R.:* Die Gewerbefreiheit im Handel. Köln u. Opladen 1953 – *Sundhoff, E.:* Die Handelsspanne. Ebd. 1953 – *Nieschlag, R.:* Die Dynamik der Betriebsformen im Handel. Essen 1954 – *Oberparleiter, K.:* Funktionen und Risiken des Warenhandels. Wien 1955 (1. A., 1930) – *Buddeberg, H.:* Betriebslehre des Binnenhandels. Wiesbaden 1959 – *Kalussis, D.:* Betriebslehre des Einzelhandels. Köln u. Opladen 1960 – *Engelhardt, W.:* Die Finanzierung aus Gewinn im Warenhandelsbetrieb und ihre Entwicklung auf Betriebsstruktur und Betriebspolitik. Berlin 1960 – *Henzler, R.:* Außenhandel. Wiesbaden 1961 – *Gümbel, R.:* Die Sortimentspolitik in den Betrieben des Wareneinzelhandels. Köln u. Opladen 1963 – *Theuer, G.:* Der Mensch als Innovator der Handelsleistungen. In: ÖB, H. 4 1966 – *Tietz, B.:* Konsument und Einzelhandel. Frankfurt a. M. 1966 – *Deutsch, P.:* Die Betriebsformen des Einzelhandels. Stuttgart 1968 – *Tietz, B.:* Standort und Geschäftsflächenplanung im Einzelhandel. Rüschlikon/Zürich 1969 – *Theuer, G. u. F. Scheuch:* Die Vertriebsmethoden des Einzelhandels im typologischen Ansatz. In: ZfB, 39. Jg 1969, S. 641 ff. – *Gutenberg, E.:* Grundlagen der Betriebswirtschaftslehre. 12. A., 2. Bd, Berlin, Heidelberg u. New York 1970 – *Bidlingmaier, J.* (Hrsg.): Modernes Marketing – Moderner Handel. Wiesbaden 1972 – *Nieschlag, R., E. Dichtl* u. *H. Hörschgen:* Marketing. 5. A., Berlin 1972 – *Nieschlag, R.:* Binnenhandel und Binnenhandelspolitik. 2. A., Berlin 1972 (1. A., 1959) – *Seyffert, R.:* Wirtschaftslehre des Handels. 5. A., Köln u. Opladen 1972 (1. A., 1951).

Gottfried Theuer

Handelsbetriebe, Rechnungswesen der

[s. a.: Absatzkalkulation; Betriebsbuchhaltung; Betriebsvergleich; Bilanz, allgemein; Deckungsbeitrag und Deckungsbeitragsrechnung; Finanzbuchhaltung; Gewinn- und Verlustrechnung; Handelsbetriebe, Arten der; Handelsspanne; Jahresabschluß; Kalkulationsformen und -verfahren; Kennzahlen, betriebliche; Kostenrechnung; Rechnungswesen.]

I. Besonderheiten der Handelsbetriebe und rechnungstechnische Grundtatbestände; II. Buchhaltung; III. Handelskalkulation; IV. Kennziffern- und Vergleichsrechnung; V. Planungsrechnung; VI. Weiterentwicklung des Rechnungswesens im Handel.

I. Besonderheiten der Handelsbetriebe und rechnungstechnische Grundtatbestände

Besonderheiten im Leistungsprogramm der → *Handelsbetriebe* sind maßgeblich dafür, daß sich für die Aufgabenstellung und Gestaltung ihres → *Rechnungswesens* Abweichungen von anderen Wirtschaftsbereichen zeigen. Wegen der wirtschaftlichen Bedeutung der Produktionsbetriebe – vor allem der → *Industriebetriebe* – und ihrer Größe ist das Rechnungswesen der Industrie in den zurückliegenden Jahrzehnten mit besonderer Intensität gefördert worden. Allerdings haben die Veränderung der Marktsituation und die zunehmende Bedeutung des → *Marketing* nicht nur ein Wachsen der Betriebsgröße im Handel sowie eine deutliche Tendenz zur → *Konzentration* und → *Kooperation* der Handelsbetriebe induziert, sondern zugleich auch den Einsatz geeigneter Informations- und Steuerungsinstrumente bedingt; die Entwicklung und Anwendung eines den Bedürfnissen moderner Handelsbetriebe genügenden Rechnungswesens war die notwendige Folge.

Die Verschiedenartigkeit von Einsatzgütern in Industrie und Handel ist symptomatisch für die Eigenarten der beiden Wirtschaftsbereiche und ihres Rechnungswesens. Im Transformationsprozeß der → *Industriebetriebe* gehen die Einsatzfaktoren (→ *Produktionsfaktor*) in die Erzeugnisse ein, d. h. Werkstoffe werden von Arbeitskräften unter Nutzung von Betriebsmitteln zu Fertigprodukten umgestaltet, die dann – soweit sie nicht sofort dem Markt zugeführt werden – dem Erzeugnislager zuwachsen. Dagegen ist der absatzorientierte Handelsbetrieb durch die Vorgänge des Warenumschlages und die im Zusammenhang damit erbrachten Dienstleistungen (→ *Dienstleistungsbetriebe*) gekennzeichnet. Die Waren nehmen die Stelle der Werkstoffe ein, wobei es jedoch bei den *Handelswaren* zu keinen wesentlichen Formveränderungen kommt; sie haben nach *Buddeberg* (1959) den Charakter eines „*Regiefaktors*", durch dessen Einschaltung erst die Erstellung von Handelsleistungen ermöglicht wird.

Derartige Unterschiede spiegeln sich im Rechnungswesen wider; die Industrie ermittelt ihren Betriebsertrag (→ *Aufwand und Ertrag*) aus den Markterlösen der abgesetzten und den Bilanzansätzen (Niederstwert) der hergestellten, aber noch nicht verkauften Erzeugnisse (bzw. Bestandsveränderungen). Für den Handel als → *Dienstleistungsbetrieb* stellen demgegenüber nur die Markterlöse für die abgesetzten Waren (einschließlich der damit verbundenen Handelsleistungen) Betriebsertrag dar, denn im Gegensatz zu Industrieerzeugnissen können noch nicht dem Markt zugeführte *Handelsleistungen* – sieht man von bestimmten werterhöhenden Veredelungsvorgängen ab – nicht auf Lager genommen werden.

Für die weiteren Ausführungen ist es zweckmäßig, einige für das Rechnungswesen der Handelsbetriebe grundlegende rechnungstechnische Tatbestände zu determinieren:

1. Warenkosten	= den Einstandspreis der Ware beeinflussende Kosten (= Bezugskosten)
2. (allgem.) Handlungskosten	= durch die Handelsleistung bedingte Kosten
3. Sondereinzelkosten des Vertriebes	= bestimmten Aufträgen direkt zurechenbare Vertriebskosten
4. Einstandskosten	= Einkaufspreis der Ware + Warenkosten − Preisnachlässe und Warenkostenminderungen
5. Selbstkosten	= Einstandskosten + Handlungskosten + Sondereinzelkosten des Vertriebes
6. Warenertrag	= Verkaufserlös − Einstandskosten (sonstige Finanzierungserträge bleiben unberücksichtigt)
7. Handelsertrag	= Warenertrag + sonstige Finanzierungserträge
8. Rohertrag	= Handelsertrag + Bewertungsdifferenz f. Lagerbestand
9. Betriebsergebnis	= Verkaufserlös − Selbstkosten
10. Unternehmungsgewinn	= Betriebsergebnis + neutrale Erträge − neutrale Aufwendungen
11. absolute Handelsspanne	= Handelsertrag

12. relative Handelsspanne

$$= \frac{\text{absolute Handelsspanne} \cdot 100}{\text{Verkaufserlös}}$$

13. Kalkulationszuschlag

$$= \frac{\text{absolute Handelsspanne} \cdot 100}{\text{Einstandskosten}}$$

14. Handlungskostenspanne

$$= \frac{\text{Handlungskosten} \cdot 100}{\text{Verkaufserlös}}$$

15. Handlungskostenzuschlag

$$= \frac{\text{Handlungskosten} \cdot 100}{\text{Einstandskosten}}$$

II. Buchhaltung

Bei kleineren Handelsbetrieben findet nur die → *Finanzbuchhaltung* Anwendung; einen gewissen Übergang zur → *Betriebsbuchhaltung* bildet in derartigen Fällen eine vereinfachte Form der *kurzfristigen Erfolgsrechnung*, auf die noch kurz einzugehen sein wird. Den Besonderheiten der Handelsbetriebe tragen spezielle → *Kontenrahmen* für den Großhandel (GH) und für den Einzelhandel (EH) Rechnung. Hervorzuheben sind hier die Klasse 3 Wareneinkaufskonten, Klasse 4 Boni und Skonti (GH) bzw. Kostenarten (EH), Klasse 5 Kostenarten (GH) und Klasse 8 Warenverkaufskonten (GH) bzw. Erlös (EH). Die Frage ist, wieweit eine Reform des Kontenrahmens mit einer Abkehr vom *Kalkulations-* und *Prozeßgliederungsprinzip* zugunsten des *bilanziellen Abschlußgliederungsprinzips* auch für Handelsbetriebe sinnvoll ist. Ausgehend von diesem letztgenannten Prinzip wurde bereits vor geraumer Zeit von einer Kommission der „*Union Européenne des Experts Comptables Economiques et Financiers (UEC)*" der Entwurf eines europäischen Kontenrahmens mit folgenden Kontenklassen erarbeitet:

1	Langfristiges Kapital	6	Aufwände
2	Anlagevermögen	7	Disponibel
3	Vorratsvermögen	8	Erträge
4	Finanzumlaufvermögen	9	Abschluß
5	Kurzfristiges Kapital	0	Disponibel

Obwohl Fachleute 1936 vor der Einführung des *Erlaßkontenrahmens* schon für den Handel eine am *Abschlußgliederungsprinzip* orientierte Konzeption vorgeschlagen hatten, werden heute im Lichte der jahrzehntelangen Erfahrungen Bedenken gegen eine Veränderung laut (*Ziegler* 1971). Man hat sich daran gewöhnt, daß in den Kontenklassen 0 und 1 alle aktiven und passiven Bilanzkonten mit Ausnahme der Warenkonten in Klasse 3 abschlußgerecht zusammengefaßt sind. Bewährt hat sich vor allem auch die Systematik der Klassen 2 (Abgrenzungskonten), 4 (EH) bzw. 5 (GH) und 8, die den Handel zur Auseinandersetzung mit dem Abgrenzungsproblem und zur Einführung einer ausreichenden Kosten- und Leistungsrechnung veranlaßte. Allerdings wären hier Verbesserungen durch die Einfügung einer besonderen Kontengruppe für kalkulatorische Kosten (→ *Kosten, kalkulatorische*) notwendig. Viele Handelsbetriebe dürften sich der Einführung eines von Grund auf geänderten Kontenrahmens widersetzen, zumal das bisherige System sich im → *Betriebsvergleich* bewährt hat.

Bei der Durchführung der *kurzfristigen Erfolgsrechnung* tritt neben der Abgrenzung (→ *Rechnungsabgrenzungsposten*) und der Einfügung von Zusatz- und Anderskosten (speziell Vor- und Nachverrechnung kurzfristig aperiodischer Vorgänge) vielfach das besondere Problem der *Ermittlung des Warenertrages* als wichtigster Erfolgskomponente des kurzfristigen Betriebsergebnisses auf. Das wird immer dann der Fall sein, wenn auf eine Fortschreibung des Warenbestandes und damit auf eine laufende Erfassung des Wareneinsatzes allein schon aus Kostengründen verzichtet werden muß. Man bedient sich dann einer retrograden Näherungsrechnung mit Hilfe der in Vorperioden festgestellten relativen → *Handelsspanne*, wobei – wenn entsprechende Abweichungen vorliegen – nach Warengruppen, Betriebsabteilungen oder Abnehmerkreisen differenziert vorgegangen werden kann.

Beispiel: Verkaufserlöse   150 000
Warenanfangsbestand   30 000
Wareneingang   80 000
durchschnittliche Handelsspanne   40%
Kalkulationszuschlag   60%
Summe der Handlungskosten   52 000

Es ergeben sich dann:

1. Einstandskosten $= (1-0,4) \cdot 150\,000 = 90\,000$
2. Warenendbestand $= 110\,000 - 60\,000 = 50\,000$
3. Warenertrag $= 150\,000 - 60\,000 = 60\,000$
4. Kurzfristiges Ergebnis $= 90\,000 + 1\,000 - 82\,000$

Warenbestand

AB	30 000	1)	90 000	
Wa.-Eing.	80 000	2)	20 000	(EB)

Warenverkauf

1)	90 000	V.-Erl.	150 000
3)	60 000		

Kurzfristiges Ergebnis

Handl.-Ko.	52 000	3)	60 000	(zugleich
4)	8 000			Handelser-
				trag)

Beim ordentlichen Abschluß zum Ende des Geschäftsjahres müssen dann aufgrund der Inventur die Schätzfehler bezüglich der Einstandskosten, des Warenendbestandes und des Warenertrages berichtigt werden. Ferner sind die Endbestände nach den gesetzlichen Vorschriften zu bewerten (→ *Bewertung, handels- und steuerrechtliche*). Die dadurch bedingten Buchungen führen zum Ausweis des Jahres-Rohertrages und -ergebnisses.

Selbstverständlich sind auch im Handel Verfeinerungen der Kosten- und Leistungsrechnung durch die Einführung von Kostenstellen- oder Kostenträgerrechnung möglich (→ *Betriebsbuchhaltung*).

III. Handelskalkulation

Bereits im ersten Abschnitt wurde eine Reihe von rechnungstechnischen Grundbegriffen erläutert, die zum Teil auch die *Handelskalkulation* betreffen; soweit darauf Bezug genommen wird, ist im folgenden hinter den entsprechenden Begriffen die zugehörige Ziffer eingefügt.

Die dargestellten Eigenarten der Leistungserstellung schlagen sich in der spezifischen *Kostenstruktur* des Handelsbetriebes nieder. Im Gegensatz zur Industrie sind für den Handelsbetrieb als wesentlichen Repräsentanten des tertiären Sektors die Rationalisierungsmöglichkeiten begrenzt, da für das dienstleistungsintensive Distributionsunternehmen das Element des persönlichen Verkaufs einen entscheidenden Programmbestandteil bildet. Deshalb ist eine Substitution von Arbeitskräften durch Betriebsmittel nur in beschränktem Umfang zu realisieren. Aus dem gleichen Grunde nehmen Personalkosten neben den Warenkosten (1) in der Handelskalkulation eine oft ausschlaggebende Position ein.

Personalkosten in Prozent der gesamten Handlungskosten (1971)

Einzelhandelsbranche	Löhne	Untern.-Lohn	Personal-kosten
	1	2	3 = 1 + 2
Lebensmitteleinzelh.	33	27	60
Textileinzelhandel	41	15	56
Möbeleinzelhandel	42	8	50
Einzelhandel insges.	38	19	57

Quelle: Mitteilungen des Instituts für Handelsforschung an der Universität zu Köln, 25. Jg. Nr. 2, Februar 1973, S. 25 (Auszug von Betriebsvergleichsergebnissen des Einzelhandels in Nordrhein-Westfalen)

Zu beachten ist ferner, daß die *Handlungskosten* (2) zum großen Teil aus Kosten der Betriebsbereitschaft resultieren; sie sind insoweit hinsichtlich der Beschäftigung *fixe Kosten* (→ *Fixkosten*). Nur der Rest kann den einzelnen Waren oder Aufträgen direkt zugerechnet werden. Schon vor mehr als 50 Jahren wurden in der handelswissenschaftlichen Literatur kalkulatorische Verfahren entwickelt, die der heutigen → *Break-Even-Analysis* ähnlich sind. *Kosiol* hat die Untersuchungen *Schärs* weitergeführt; bemerkenswert ist dabei, daß der Break-Even-Punkt (*Schär* = „Toter Punkt") mit Hilfe der Spannenrechnung ermittelt wird.

Bezeichnet man den absoluten Betrag der fixen Kosten mit K_f, die relative Handelsspanne (12) mit i_h, die Handlungskostenspanne (14) mit i_k, den Warenverkaufspreis mit p, dann kann der Break-Even-Punkt x durch den Ansatz

$$x = \frac{K_f}{(i_h - i_k) \cdot p}$$

bestimmt werden.

Einblick in das Kalkulationsgefüge der Handelsbetriebe soll die nachstehende Übersicht vermitteln. Nach dem Rechnungsziel – Ermittlung des Verkaufspreises oder des Einkaufspreises – kann die Kalkulation progressiv oder retrograd ablaufen.

Die Umsatzsteuer wurde nicht erfaßt; im Einzelhandel ist sie in den Verkaufspreis einzubeziehen.

Der Vollständigkeit halber sind als spezielle Kalkulationsverfahren (→ *Absatzkalkulation;* → *Kalkulationsformen und -verfahren*) zu nennen:

Differenzkalkulation
Vergleichskalkulation
Ausgleichskalkulation
Warengruppenkalkulation

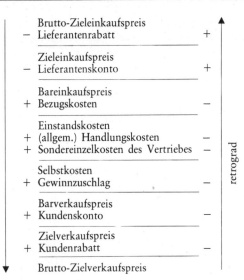

Zu den Details wie auch zu weiteren Anwendungsbereichen der → *Handelsspanne* (12) in ihren Varianten kann auf die reichhaltige Fachliteratur (z.B. *Vormbaum* 1955 und 1966) verwiesen werden.

IV. Kennziffern- und Vergleichsrechnung

Die Kennziffern- und Vergleichsrechnung hat im Grunde zwei Aufgaben:
1. die aus den übrigen Zweigen des Rechnungswesens sowie der → *Marktforschung* verfügbaren Informationen aussageintensiv aufzubereiten und
2. den zwischenbetrieblichen Vergleich durchzuführen, wobei bestimmte Maßgrößen einer Gruppe von Handelsbetrieben zu Durchschnittszahlen zusammengefaßt werden, die dann als Beurteilungsnorm der eigenen Unternehmung dienen sollen (→ *Betriebsvergleich*).
Wenn häufig der Kennziffern- und Vergleichsrechnung allein eine *Kontrollfunktion* bezüglich Beschaffung, Leistungserstellung und -verwertung, Finanzierung und Ergebnis zugebilligt wird, dann ist damit ihr Aktionsraum unzulässig eingeengt. Denn tatsächlich stellen die nach ihrer Aussagerelevanz selektierten und bestimmte Wirkungsgefüge repräsentierenden Kennziffern (→ *Kennzahlen, betriebliche*) wesentliche Informationen für unternehmerische Entscheidungen dar. Soweit derartige Informationen als Sollgrößen fixiert werden, ergibt sich bereits ein Übergang zur *Planungsrechnung* (→ *Planung, betriebswirtschaftliche*).

Die im ersten Abschnitt aufgeführten Grundbegriffe sind zum Teil auch als Kennziffern aufzufassen. Besonderer Erwähnung bedarf wegen ihrer Bedeutung für den Handelsbetrieb die *Umschlagshäufigkeit* (U); sie gestattet einerseits als Verhältnis von Warenumsatz der Periode (Einstandskosten) und durchschnittlichem Lagerbestand ein Urteil über Umsatzintensität sowie Lager- und Beschaffungsdisposition und andererseits auch Rückschlüsse auf die Finanzierung (Kapitalbindung). Zu diesem Zweck wird als Relation zwischen Zeitraum und Umschlagshäufigkeit (360 : U) die Lagerdauer festgestellt. Werden in gleicher Weise Debitoren- und Kreditorendauer ermittelt, dann ergibt sich aus

    Lagerdauer
+ Debitorendauer
− Kreditorendauer
= Finanzierungsdauer

der Zeitraum, für den der Handelsbetrieb – bedingt durch den Warenumschlag – Kapital bereitzustellen hat.

V. Planungsrechnung

Im Gegensatz zur → *Planung*, die qualitative Elemente mitberücksichtigt, finden in der Planungsrechnung nur quantifizierbare Fakten ihren Niederschlag. *Planungsrechnung* ist somit die vorausschauende, quantitative Erfassung des gesamten Unternehmungsprozesses für bestimmte Zeiträume. Es ist notwendig, die einzelnen betrieblichen Funktionsbereiche (→ *Funktionen, betriebliche*) durch entsprechende Teilpläne in das Gesamtsystem der Planungsrechnung einzubeziehen und dabei diese miteinander abzustimmen. Ähnlich der Vergleichsrechnung spielen auch hier *Kennziffern* eine Rolle, jedoch mit dem Unterschied, daß nicht realisierte, sondern erwartete Größen zum Ansatz gelangen. Eine spezielle Ausprägung erfahren im Handelsbetrieb *Absatzplan, Beschaffungs-* und *Lagerhaltungsplan*.

Kennzeichnend für die Marketingplanung (→ *Absatzplanung;* → *Marketing*) ist das Streben, alle für den Absatz- und Unternehmungserfolg maßgeblichen Faktoren operational in den Prozeß der integrativen Entscheidungsfindung einzubeziehen. Das impliziert die Bemühung um quantifizierte Ansätze, die dann im Rahmen einer hochentwickelten Planungsrechnung – unter Einschaltung moderner Verfahren wie elektronische → *Datenverarbeitung* und Operations Research (→ *Unternehmensforschung*) – die Lösung der Optimierungsaufgabe des Marketing-Mix ermöglichen sollen. Es darf jedoch nicht übersehen werden, daß sich das Marketing auch in qualitativen und nicht immer detailliert fixierbaren Dimensionen bewegt; Veränderungen am Absatzmarkt zwingen zur laufenden Anpassung (→ *Umsystem, betriebliches*) und haben Verschiebungen in der Kombination der Marketinginstrumente zur Folge. Daher muß die Planungsrechnung wegen der notwendigen Flexibilität der Marketingplanung alternative Konzeptionen verfügbar halten, die dann im Rahmen relativ kurzfristiger Perioden laufend korrigiert und ausgewertet werden.

Eine gewisse Orientierungsbasis für die Planungsrechnung der Handelsbetriebe bilden Vergangenheitswerte. So wird man ex post für die einzelnen Absatzsegmente die Abhängigkeit der Verkaufsergebnisse vom Einsatz der Marketinginstrumente ermitteln und mit Hilfe geeigneter mathematisch-statistischer Methoden in die Zukunft projizieren. Auf diese Weise wird es möglich, die Wirkung geplanter Marketingmaßnahmen auf den Absatz unter Einbeziehung von Informationen über inzwischen vollzogene oder zu erwartende Marktänderungen hochzurechnen (→ *Prognose und Prognoseverfahren*).

Wichtig sind neben den Einsatzplänen für die Marketinginstrumente die sich daraus ergebenden Kosten sowie die Wirkungen auf die Absatzmengen und – unter Berücksichtigung der Preispolitik – die Umsatzerlöse. Hieraus folgt zugleich eine enge Verbindung zu einem weiteren Bereich der Planungsrechnung, dem *Finanzplan;* denn die erwarteten Erlöse sind dort – entsprechend terminiert – als *Einnahmen* und die antizipierten Aufwendungen als *Ausgaben* anzusetzen.

Zunehmende Beachtung im Rahmen der Marketingplanung findet die → *Deckungsbeitragsrechnung* (→ *Direct Costing*); sie vermeidet die mit der Vollkostenrechnung (→ *Kostenrechnung*) im Handel verbundenen Ungenauigkeiten und schafft die Voraussetzungen für eine selektive Sortimentspolitik sowie für eine dem aktuellen Verhältnis von Handelsbetrieb und Markt (Preisuntergrenze und Preiselastizität) entsprechende Preispolitik. Unter dem Gesichtspunkt der Sortimentspolitik (→ *Sortiment und Sortimentspolitik*) geht es darum, diejenigen Artikel und Artikelgruppen auszuwählen, die den höchsten Deckungsbeitrag aufweisen. Zu beachten ist aber, daß der antizipierte Gesamtabsatz nicht immer gleich der Summe der angenommenen Absatzzahlen für die neukonzipierten Sortimentsbestandteile ist. Denn die Herausnahme eines vom Deckungsbeitrag her ungünstigen Artikels hat möglicherweise Umsatzrückgänge bei anderen Waren zur Folge. Eine derartige Wirkung kann sich bei bedarfsverbundenen Sortimenten zeigen.

Auf der → *Absatzplanung* basierend wird der *Beschaffungsplan* aufgestellt, in den als weitere Faktoren die Lagergrößen des Handelsbetriebes und die Beschaffungsverhältnisse (Entfernungen, Transportkosten, Lieferzeiten, Mengenrabatte sowie andere Liefer- und Zahlungsbedingungen) einzubeziehen sind. Hier gewinnen wieder Kennziffern wie Umschlagshäufigkeit und Lagerdauer für die Beurteilung der zweckgerechten Lager- und → *Beschaffungsplanung* Bedeutung; als spezielles Optimierungsverfahren ist die Bestellmengenrechnung (optimale Bestellmenge) zu erwähnen.

VI. Weiterentwicklung des Rechnungswesens im Handel

Die aus den heutigen Marktverhältnissen resultierenden Anforderungen an die Unternehmungspolitik des Handelsbetriebes sowie die Entwicklung neuer Methoden und Hilfsmittel – wie Operations Research und elektronische Datenverarbeitung – haben zu erhöhten Ansprüchen an das → *Rechnungswesen* im Dienste der Unternehmungsführung des Handels geführt (*Gümbel* 1969). Das herkömmliche „dokumentarische" Rechnungswesen soll durch ein „strategisches" Rechnungswesen ersetzt werden, das folgende Funktionen erfüllt:

1. Umfassendes → *Informationssystem*, das unter Einbeziehung aller notwendigen internen und externen Informationen eine ausreichende Zahl alternativer Pläne erfassen kann;
2. *entscheidungsorientierte* Erfassung, d. h. getrennte Aufzeichnung von kontrollierbaren und nicht kontrollierbaren Größen, um eine aktionsorientierte Planung zu ermöglichen;
3. Beachtung des *Relevanzprinzips*, so daß die für die Entscheidung wichtigen Einflußgrößen im Wirkungszusammenhang klar hervortreten und die Steuerung über die kontrollierbaren Variablen möglich wird.

Literatur: Schär, J.-F.: Allgemeine Handelsbetriebslehre. 4. A., Leipzig 1921 – *Behrens, K.-Ch.:* Senkung der Handelsspannen. Köln u. Opladen 1949 – *Ziegler, F.:* Grundsätze und Gemeinschaftsrichtlinien für das Rechnungswesen. Ausgabe Handel, Frankfurt/M. 1951 – *Kosiol, E.:* Warenkalkulation in Handel und Industrie. 2. A., Stuttgart 1953 – *Sundhoff, E.:* Die Handelsspanne. Köln u. Opladen 1953 – *Buddeberg, H.:* Über Vergleichbarkeit der Handelsbetriebe. Köln u. Opladen 1955 – *Vormbaum, H.:* Außenhandelskalkulation. Wiesbaden 1955 – *Schreiterer, G.:* Die Aussagefähigkeit des Lagerumschlags. In: DB, 11. Jg. 1958, S. 313 – *Buddeberg, H.:* Betriebslehre des Binnenhandels. Wiesbaden 1959 – *Albach, H.:* Zur Sortimentskalkulation im Einzelhandel. In: Handelsbetrieb und Marktordnung. Festschrift für Carl Ruberg. Wiesbaden 1962, S. 13–40 – *Ziegler, F.:* Die Kostenstellenrechnung des Großhandels. Köln 1962 – *Kroeber-Riel, W.:* Die betriebliche Wertschöpfung unter besonderer Berücksichtigung der Wertschöpfung des Handels. Berlin 1963 – *Klein-Blenkers, F.:* Die Ökonomisierung der Distribution. Köln u. Opladen 1964 – *Gümbel, R. u. K. Brauer:* Neue Methoden der Erfolgskontrolle und Planung in Lebensmittel-Filialunternehmen. Hrsg. v. ALF-Bonn, Bonn 1965 – *Laumer, H.:* Die Lagerhaltung des Handels in volkswirtschaftlicher und betriebswirtschaftlicher Sicht. Berlin u. München 1965 – *Ruberg, C.:* Statistik im Groß- und Einzelhandelsbetrieb. Wiesbaden 1965 – *Vormbaum, H.:* Kalkulationsarten und Kalkulationsverfahren. 2. A., Stuttgart 1966 – *Dichtl, E.:* Die absatz- und kostenwirtschaftliche Prüfung eines Investitionsobjektes im Einzelhandel, erläutert an Hand einer authentischen Fallstudie. Berlin u. München 1969 – *Gümbel, R.:* Rechnungswesen und Unternehmungsforschung im Handel. In: Unternehmungsforschung im Handel. Rüschlikon/Zürich 1969, S. 1 ff. – *Bratschitsch, R.:* Handelskalkulation. In: HWR. Stuttgart 1970, Sp. 655 ff. – *Hansen, H. R.:* EDV in Handelsbetrieben. Berlin 1970 – *Ziegler, F.:* Der neue Kontenrahmen auch für den Handel? In: Rationeller Handel, Nr. 6, 1971, S. 11 ff. – *Endres, W.:* Neuer Kontenrahmen auch für den Handel? In: Modernes Marketing – moderner Handel, hrsg. v. *J. Bidlingmaier,* Wiesbaden 1972, S. 525 ff. – *Hahn, D.:* Deckungsbeitragsrechnung in Großhandelsunternehmen. In: BFuP, 24. Jg. 1972, S. 1–25 – *Hill, W.:* Marketing. 2. Bd, 2. A., Stuttgart 1972 – *Sundhoff, E.:* Ergebnisse von Sonderuntersuchungen im Rahmen des Betriebsvergleichs im Handel. Sonderhefte der Mitteilungen des Instituts für Handelsforschung an der Universität Köln, Nr. 18, Göttingen 1972.

Günter Petermann

Handelsbetriebslehre

[s. a.: Absatz und Absatzlehre; Absatzmethoden; Außenhandel, betriebswirtschaftliche Aspekte; Betriebsvergleich; Binnenhandelspolitik, staatlichen, und Betrieb; Dienstleistungsbetriebe; Handelsbetriebe, Arten der; Handelsbetriebe, Rechnungswesen der; Handelsspanne; Handelsverkehrslehre; Kooperation, zwischenbetriebliche; Sortiment und Sortimentspolitik; Waren- und Kaufhäuser.]

I. Der Gegenstand der Handelsbetriebslehre; II. Einschaltung von Handelsbetrieben in die Handelsketten; III. Leistungsbereitschaft der Handelsbetriebe; IV. Leistungsbewirkung der Handelsbetriebe; V. Betriebsformen der Handelsbetriebe; VI. Rationalisierung der Handelsbetriebe.

I. Der Gegenstand der Handelsbetriebslehre

1. Wesen der Handelsbetriebe

Objekt der Handelsbetriebslehre sind die als → *Handelsbetriebe* oder Handlungen bezeichneten Betriebe. Ihr Wesen läßt sich folgendermaßen kennzeichnen: Handelsbetriebe beschaffen Güter und setzen sie unverändert ab. Sie handeln im eigenen Namen und für eigene Rechnung. Der Handelsbetrieb reinen Typs betätigt sich nur im Bereich der Distribution, nicht im Bereich der Produktion.

2. Die Untersuchungsbereiche der Handelsbetriebslehre

Die Handelsbetriebslehre kann ihr Untersuchungsobjekt von verschiedenen Aspekten aus angehen. Im Vordergrund der bisherigen Beschäftigung steht ein dreistufiger, am Ablauf des handelsbetrieblichen Geschehens orientierter Untersuchungsansatz. Dieser befaßt sich einmal mit den Möglichkeiten der Einordnung von Handelsbetrieben in die *Handelsketten* zwischen Produzenten und Verwendern (Untersuchungsbereich: *Einschaltung von Handelsbetrieben*). Zweitens beschäftigt er sich mit dem strukturellen Aufbau von Handelsbetrieben und dem Betriebsfaktoreinsatz (Untersuchungsbereich: *Leistungsbereitschaft*). Drittens untersucht er die Tätigkeit der Handelsbetriebe (Untersuchungsbereich: *Leistungsbewirkung*). Ein weiterer, vielangewendeter Untersuchungsansatz analysiert die verschiedenen *Handelsbetriebsformen.* Dazu treten andere Untersuchungsansätze, z.B. solche, die sich betont mit dem Einsatz der distributionspolitischen Instrumente, mit Rationalisierungsfragen oder mit Fragen des Rechnungswesens in Handelsbetrieben (→ *Handelsbetriebe, Rechnungswesen der*) befassen.

II. Einschaltung von Handelsbetrieben in die Handelsketten

1. Die Stellung der Handelsbetriebe in den Handelsketten

Die *Handelskette* ist der Umsatzweg eines unveränderten Gutes vom Produzenten zum Verwender. Eine Handelskette hat mindestens die Glieder absetzender Produzent und einkaufender Verwen-

der. Dazu kann zwischen Produzent und Verwender ein oder eine Mehrzahl aufeinanderfolgender Handelsbetriebe treten. Die Stellung der Handelsbetriebe in der Handelskette ist durch zwei Merkmale gekennzeichnet. Einmal sind sie nicht unbedingt notwendige Glieder. Zweitens haben sie mit ihren Leistungen sowohl die Lieferanten als auch die Abnehmer, deren Interessenlagen oft sehr unterschiedlich liegen können, zufriedenzustellen. Handelsbetriebe müssen also bemüht sein, sich durch ihre Leistungen für beide Seiten zu unentbehrlichen Marktpartnern zu machen. Die Leistungen der Handelsbetriebe für die Umsatzpartner können dabei auf deren Ertragssituation (z.B. für Lieferanten große Absatzmengen und hohe Erlöse je Einheit; für Abnehmer niedrige Einkaufspreise) und auf deren Kostensituation (relativ niedrige Absatz- bzw. Beschaffungskosten der Umsatzpartner) gehen.

2. Die Einordnung der Handelsbetriebe in die Handelsketten

Nach dem Schwergewicht ihrer Tätigkeit lassen sich Typen von → *Handelsbetrieben* unterscheiden. Das meist verwendete Einteilungssystem ist das von *Seyffert.* Es unterscheidet folgende 8 Typen von Handelsbetrieben (HB):

(A) (Typ 1) *Einzelhandelsbetriebe* (Detailleur): HB, die Konsumwaren an Letztverbraucher absetzen.
(B) *Großhandelsbetriebe* (GHB): HB, die an andere HB, gewerbliche Verwender, Großverbraucher absetzen.
  (I) *BinnenGHB:* GHB mit Schwerpunkt der Tätigkeit im Inland
    (a) *kollektierende GHB:* GHB mit Schwerpunkt der Tätigkeit zur Beschaffungsseite
    (Typ 2) *Detailkollekteur:* Sammlung kleiner Partien von Produzenten
    (Typ 3) *Grossokollekteur:* Sammlung großer Partien; dazu meist Manipulation wie Sortieren, Reinigen
    (b) *distribuierende GHB:* GHB mit Schwerpunkt der Tätigkeit zur Absatzseite
    (Typ 4) *Grossierer:* GHB, die an Einzelhandelsbetriebe, gewerbliche Verwender und Großverbraucher absetzen
    (Typ 5) *Zentralgrossierer:* GHB, die an andere GHB absetzen
  (II) *AußenGHB:* GHB mit Schwerpunkt der Tätigkeit im Ausland
    (Typ 6) *Exporteur:* GHB, der ins Ausland absetzt
    (Typ 7) *Importeur:* GHB, der vom Ausland beschafft
    (Typ 8) *Transitär:* GHB, der Güter importiert, um sie wieder zu exportieren.

Durch die Entscheidung für einen Typ bestimmt der Handelsbetrieb seine Stellung in der Handelskette.

III. Leistungsbereitschaft der Handelsbetriebe

Bevor ein Handelsbetrieb in den Umsatzprozessen Leistungen bewirken kann, muß er sich durch die Wahl der Betriebsstruktur und durch Einsatz der Betriebsfaktoren leistungsbereit machen.

1. Die Wahl der Betriebsstruktur

Mit der Wahl der Struktur (→ *Organisation und Organisationsstruktur*) steckt der Betrieb den Rahmen seiner Tätigkeit ab. Da die Strukturentscheidungen relativ langfristig binden, müssen sie sorgfältig abgewogen werden. In der Handelsbetriebslehre werden insbesondere die im folgenden behandelten Komponenten des strukturellen Erscheinungsbildes eines Handelsbetriebes herausgestellt:

a) Die Möglichkeiten der Wahl des *Betriebstyps* sind bereits (II 2) anhand des von *Seyffert* entwikkelten 8 Typen-Systems aufgezeigt.

b) Die Wahl des handelsbetrieblichen *Warenkreises* erwächst aus den Komponenten Orientierung sowie Sortierung. Die *Orientierung des Warenkreises* kann nach Aspekten der Warenherkunft (z. B. Textilwaren, Japanwaren), der Abnehmer (z. B. Bäckereibedarf) und der betrieblichen Distributionspolitik (z. B. selbstbedienungsfähige Waren) erfolgen. Bei der *Sortierung* kann in der Sortenzahl die Tendenz auf relativ viele Sorten gehen (z. B. → *Warenhaus*) oder auf relativ wenige Sorten (z. B. Zucker GH). Für die Strukturierung der Sorten bieten sich die Alternativtendenzen der Breite (Artikel verschiedenen Verwendungszwecks) und der Tiefe (Varietäten eines Artikels) an.

c) Mit der Wahl des *Umsatzverfahrens* legt der Handelsbetrieb den Vollzug seiner Umsatzbetätigung in den Grundzügen fest. Da die meisten Handelsbetriebe ihren Schwerpunkt zur Absatzseite haben, sind Entscheidungen zum Umsatzverfahren vor allem für den → *Absatz* zu treffen. Das Bild der in der Handelsbetriebslehre vorgestellten Absatzverfahren (→ *Absatzmethoden;* → *Absatzorganisation*) ist äußerst vielgestaltig. Im *Einzelhandel* wird es vor allem von den Komponenten Bedienung und Leistungsumfang bestimmt. Nach der *Bedienungsform* gibt es dort die Verfahren der Fernbedienung (z. B. Versandgeschäft), Verkäufer-, Automaten- und Selbstbedienung. Nach dem *Leistungsumfang* lassen sich die mit den Bezeichnungen „*Facheinzelhandel*" (viel Leistungen, rel. hohe Preise) und „*Diskonteinzelhandel*" (wenig Leistungen, rel. niedrige Preise) klassifizierten Grundarten unterscheiden. Noch vielgestaltiger ist das Bild der Absatzverfahren im *Großhandel,* von denen hier nur einige mit den Stichworten „*Strecken-GH, Cash and Carry-GH, Zustell-GH, Regal-GH*" benannt seien.

d) Die *Standortüberlegungen* (→ *Standort und Standorttheorie*) werden vom Zusammentreffen der Marktpartner und der Umsatzentfaltung bestimmt. Auch bei der Standortwahl geben meist Absatzüberlegungen den Ausschlag. Sucht der Abnehmer den Handelsbetrieb auf, ist der Standort vorwiegend unter dem Ertragsaspekt zu wählen,

d. h. es müssen genügend Kunden an den Standort kommen (Bedeutung vor allem im Laden-EH, Cash and Carry-GH). Sucht der Betrieb die Absatzpartner auf, oder trifft er nicht mit dem Absatzpartner zusammen (Versandhandel), kann der Standort vorwiegend unter Kostenaspekten gewählt werden. Die standortliche Umsatzentfaltung steht unter den Prinzipien Zentralisation oder Dezentralisation. Handelsbetriebe wenden das Prinzip der *Dezentralisation (Filialisierung)* meist zur Ausweitung der Ertragsmöglichkeiten, weniger aus Kostengründen, an. Bei Standortüberlegungen kann auch die kooperative Ausbildung von Handelszentren (Shopping Centers, Großhandelszentren) eine wichtige Rolle spielen.

e) Das Problem der → *Betriebsgröße* ist in der Handelsbetriebslehre vor allem unter dem Aspekt von Interesse, daß insgesamt gesehen die Betriebe in kleineren Einheiten arbeiten müssen als die Produktionsbetriebe. Unter dieser Situation ist eine Fragestellung die nach den Bedingungen wirtschaftlicher Betätigung kleinerer Betriebe. Möglichkeiten dazu bieten sich an u. a. durch richtige Wahl des Leistungsbereichs (z. B. individuelle Leistung), gute standortliche Einpassung, → *Kooperation* und allgemein gute Betriebsführung. Ein weiterer Fragenkomplex ist der nach den Möglichkeiten einer Ausdehnung der Betriebsgröße. Ansatzstellen dazu liegen u. a. in der Wahl der Umsatzverfahren (z. B. Versandhandel), in der Ausweitung des Warenkreises (→ *Diversifikation*) und in der Filialisierung.

f) In keinem Wirtschaftsbereich ist die *Koalition* (→ *Betriebsverbindungen;* → *Kooperation, zwischenbetriebliche*) als Rationalisierungsmöglichkeit – vor allem auch für kleinere Betriebe – so viel diskutiert und bereits praktiziert wie bei den Handelsbetrieben. Für die Koalition bieten sich viele Formen an, die von losen Bindungen (z. B. Werbegemeinschaften) bis zu engen Betriebsführungsgemeinschaften (z. B. Freiwillige Ketten, Franchisesysteme) reichen. Handelsbetriebe können vor allem Koalitionen eingehen mit Betrieben desselben Handelsbereichs (z. B. Einkaufsgemeinschaften von Einzelhandelsbetrieben = *horizontale Koalition*) oder mit Umsatzpartnern (z. B. freiwillige Kette zwischen Groß- und Einzelhandelsbetrieben = *vertikale Koalition*). Dem Betrieb bietet die Koalition manche Möglichkeiten zu besserer Zielrealisierung. In übersteigerten Koalitionstendenzen liegen aber auch Gefahren für Selbständigkeit und Existenzfähigkeit des einzelnen Betriebes.

2. Der Betriebsfaktoreinsatz

Mit den *Regiefaktoren* (Waren) und *Arbeitsfaktoren* (Personen und Sachmittel) stellt der Handelsbetrieb Kräfte bereit, welche die zu erbringenden Leistungen bewirken können.

a) Die Leistungsfähigkeit eines Handelsbetriebes wird wesentlich davon bestimmt, wieweit er im Rahmen seines Warenkreises absatzgeeignete Waren beschafft und sie attraktiv im Absatzprozeß anbietet. Es sind vor allem vier Gesichtspunkte, die für die Bereitstellung des Faktors Ware zu beachten sind.

(1) Die Ware muß sich in das Absatzverfahren des Betriebes einpassen; (2) sie muß gut auf den Abnehmerkreis abgestellt sein; (3) preislich muß sie den Umsatzbedingungen entsprechend günstig angeboten werden können; (4) die Warendarbietung muß genügend aktiv erfolgen.

Durch Kontrollen (z. B. Umschlagsgeschwindigkeit von Lagerbestand und Kapitaleinsatz für das Warenlager, → *Deckungsbeiträge* für Artikelgruppen) ist die Wirtschaftlichkeit des Faktors Ware laufend zu überprüfen.

b) In Handelsbetrieben haben *Personen* als Arbeitsfaktoren erhebliche Bedeutung. Von den Gesamtkosten machen die Personalkosten fast 60% aus. Eine wirtschaftliche Handelsbetriebsführung hängt so wesentlich mit vom rationellen Einsatz der Personen ab. Der Komplex umschließt viele Teilaufgaben, z. B. die Personalschulung (→ *Aus- und Weiterbildung, betriebliche*), die Anpassung des Personenbestandes an Umsatzschwankungen durch Teilbeschäftigte, die leistungsfördernde Entlohnung (→ *Anreizsysteme*), die Kontrolle der Personalleistung durch Meßzahlen, welche die tatsächliche Leistung widerspiegeln (→ *Arbeit und Arbeitsleistung*).

c) *Sachmittel* gewinnen auch bei den Handelsbetrieben, trotz der Bedeutung menschlicher Arbeit, zunehmend an Gewicht. Dabei stehen meist der Raum und dessen Einrichtungsmittel an erster Stelle. Aber auch maschinelle Sachmittel kommen, insbesondere im Lager- und Rechnungswesen (Kassier- und → *Datenverarbeitungsanlagen*), immer mehr zum Einsatz und verstärken die aus zunehmender Anlagenintensität erwachsenden Probleme der Anlagenfinanzierung und -nutzung. Zum Teil müssen zur Lösung kooperative Wege (z. B. kooperative Gründung neuer Einzelhandelsläden, gemeinsame Datenverarbeitungsanlagen) oder Möglichkeiten der Ausgliederung (z. B. Datenverarbeitung außer Haus) gesucht werden.

IV. *Leistungsbewirkung der Handelsbetriebe*

Mit den im Rahmen der Betriebsstruktur eingesetzten Betriebsfaktoren kann der Handelsbetrieb seine Leistungen bewirken. Die handelsbetriebliche Leistungsbewirkung kann unter mehreren Aspekten untersucht werden, von denen zwei nachfolgend besprochen sind.

1. *Die Umsatzprozesse*

a) Beim Handelsbetrieb ist der Güterkreis des Beschaffungs- und des Absatzprozesses derselbe. Die → *Beschaffung* ist so absatzorientiert auszu-

richten. Ihrer rationellen Bewirkung kommt aus zwei Gründen besondere Bedeutung zu. Einmal entscheidet sich durch die Beschaffung, ob der Betrieb im Absatz attraktive Güter anzubieten hat. Zweitens wird durch die Beschaffung eine wesentliche Grundlage für die Möglichkeit preisgünstiger Angebote im Absatz gelegt; denn da der Einkaufspreis in der Regel weit über die Hälfte des Verkaufspreises ausmacht (z. T. sogar 90% und mehr), liegen in günstigeren Einkaufskonditionen meist mehr Rationalisierungschancen als bei den Handlungskosten. Viele Handelsbetriebe haben ähnliche → *Sortimente*, ohne direkte Konkurrenten zu sein. Ihnen bieten sich manche Rationalisierungsmöglichkeiten durch kooperative Bewirkung von Beschaffungsaufgaben (z. B. Markterkundung, gemeinsamer Einkauf).

b) Auf die Vielzahl der Gestaltungsmöglichkeiten des Absatzprozesses ist bereits im Abschnitt III 1 c hingewiesen. Ob der Betrieb seine Ziele im → *Absatz* realisieren kann, hängt wesentlich mit von seinen Aktivitäten zur Akquisition von Kunden ab. Diese Aufgabe ist dann besonders schwierig, wenn der Betrieb seinen Absatz nach dem – vor allem in Einzelhandel vielverbreiteten – Verfahren des Laden- bzw. Lagerhandelsbetriebes abwickelt. Dieses weist in der Grundkonzeption dem Betrieb eine passive Rolle bei der Absatzanbahnung zu. Die wesentlichen Möglichkeiten aktiver Anbahnungsgestaltung liegen hier in der Wahl eines kundengünstigen Standorts und in zusätzlicher Umwerbung der Kunden an ihrem Standort (→ *Werbung und Werbelehre*).

Alle Handelsbetriebe unterliegen mehr oder weniger starken Absatzschwankungen. Daraus erwächst das Problem ungenügender Nutzung von Ertragschancen, wenn der Betrieb bestimmte Schwankungshöhen nicht bewältigen kann, bzw. das Problem von Leerkosten für die unter der → *Kapazität* liegenden Schwankungstiefen. Betriebspolitische Mittel zur teilweisen Bewältigung der Absatzschwankungen sind Anpassung des Faktoreinsatzes an sie und Bemühungen um Ausgleich der Schwankungen (z. B. durch sortiments- oder werbepolitische Maßnahmen).

2. *Der Einsatz distributionspolitischer Instrumente*

Mit distributionspolitischen Instrumenten werden die Einwirkungsmöglichkeiten zur Durchsetzung distributionspolitischer Ziele bezeichnet. Man kann als Instrumente *Sortimentspolitik, Leistungspolitik,* → *Werbung, Preispolitik* und *Durchführungsunterstützung* unterscheiden.

Zur *Beschaffungsseite* sind es vor allem Sortiments- und Preispolitik, welche der Betrieb aktiv einsetzen muß, um für den Absatz güter- und preismäßig attraktive Angebote bereitzustellen.

Zur *Absatzseite* bestimmen meist *Sortiments-*

und *Leistungspolitik* die absatzpolitische Linie. Ihr Einsatz erfolgt wesentlich unter den Prinzipien starken oder schwachen Einsatzes sowie individuellen (auf den Einzelfall abgestellten) oder generellen Einsatzes. Je individueller und stärker Sortiments- und Leistungspolitik eingesetzt werden, um so höhere Kosten je Umsatzakt fallen an und umgekehrt entsprechend um so niedrigere Kosten. Die *Preispolitik* wird überwiegend in Anpassung an Sortiments- und Leistungspolitik entwickelt. Sie kann aber auch, vor allem als Politik möglichst niedriger Preise, bestimmend für die absatzpolitische Linie sein, so daß dann Sortiments- und Leistungspolitik an sie anzupassen sind. Die → *Werbung* weist eine Reihe von Besonderheiten auf. Dem Umfange nach wird sie meist akzessorisch eingesetzt. Ihre Wirkung vermag jedoch beachtlich zu sein, da sie in der Regel gut auf die Abnehmer gezielt werden kann und in breitem Umfange am Ort des Verkaufs (pop Werbung) einsetzbar ist. In neuerer Zeit wenden Großhandelsbetriebe zunehmend auch das Instrument der *Durchführungsunterstützung* an, indem sie Abnehmern, mit denen sie in Koalition stehen, Hilfen für die Betriebsführung geben.

V. Betriebsformen der Handelsbetriebe

In breitem Umfange hat sich die Handelsbetriebslehre mit den Erscheinungsformen der Handelsbetriebe (Betriebsformenlehre) befaßt (*Handelsbetriebe, Arten der*). Hier seien nur einige Aspekte angeführt.

Überwiegend sind die Betriebsformen bisher katalogmäßig untersucht, indem die Besonderheiten der einzelnen in der Praxis ausgebildeten Formen dargestellt, analysiert und beurteilt werden. Dabei liegt der Untersuchungsschwerpunkt bei den *Einzelhandelsbetriebsformen* (z. B. Fachgeschäft, Warenhaus, Supermarkt). Stärkeres Interesse finden in neuerer Zeit auch *Kooperationsformen* (z. B. freiwillige Ketten, Franchisesystem, Regal-Großhandel). Noch unzureichend entwickelt ist eine typologische Betriebsformenlehre, die einen systematischen Vergleich der vielfältigen Betriebsformen ermöglicht.

VI. Rationalisierung der Handelsbetriebe

Die Handelsbetriebslehre lenkt in den letzten Jahren wachsend ihre Untersuchungen auf den Aspekt der → *Rationalisierung* der Handelsbetriebe. Die Bemühungen in dieser Richtung sind allerdings deshalb erschwert, weil es bisher für sie noch keine systematisch aufgebaute Führungslehre gibt. Schwerpunkte der bisherigen Bemühungen liegen auf dem Gebiet der Verbesserung der Betriebsführung und des Informationsgrades.

1. Die Verbesserung der Betriebsführung

Die Bestrebungen um Verbesserung der Betriebsführung erwuchsen aus Erkenntnissen empirischer Erhebungen, daß in den meisten Handelsbetrieben die wichtigste Schwachstelle die Betriebsführung ist. Die Handelsbetriebslehre setzt dabei ihre Bemühungen um Verbesserung sowohl bei den Führungspersonen (→ *Führungskräfte*) als auch bei der Führungstätigkeit an. Zur Verbesserung der Führungspersonen sind Konzepte zu ihrer Fortbildung (→ *Bildungs- und Karriereplanung, betriebliche*) entwickelt, zur Verbesserung der Führungstätigkeit Konzepte der Betriebsberatung und einer begrenzten Ausgliederung von Führungsaufgaben an Kooperationsorgane.

2. Die Verbesserung des Informationsgrades

Voraussetzung wirtschaftlicher Betriebsführung ist ein ausreichender Informationsgrad. Auch diese Voraussetzung ist nach empirischen Erhebungen bei den meisten Handelsbetrieben, vor allem den kleineren und mittleren, nicht gegeben. Bestrebungen der Handelsbetriebslehre zur Verbesserung des Informationsgrades gehen insbesondere in drei Richtungen. Sie ist einmal um intensivere Nutzung der Möglichkeiten des → *Rechnungswesens* bemüht. Die Überlegungen richten sich dabei sowohl auf die inhaltliche Komponente (welche Informationen) als auch auf die Problematik der Erstellung der Information (z. B. durch Datenfernverarbeitung). Zweitens wird dem → *Betriebsvergleich* als Mittel zur Verbesserung des Informationsgrades intensive Beachtung zugewendet. Ihm kommt deshalb als Informationsquelle besondere Bedeutung zu, weil viele Handelsbetriebe (anders als die Produktionsbetriebe) in ihren strukturellen Ausprägungen ähnlich liegen, und so ein echter Leistungsvergleich möglich ist. Wichtige Informationen können drittens aus zwischenbetrieblichem Erfahrungsaustausch fließen. Auch er ist bei Handelsbetrieben leichter realisierbar als bei Produktionsbetrieben, da es viele Handelsbetriebe ähnlicher Struktur, die nicht in direkten Konkurrenzbeziehungen stehen, gibt.

Literatur: Hirsch, J.: Der moderne Handel, seine Organisation und Formen und die staatliche Binnenhandelspolitik. 2. A., Tübingen 1925 – *Spoerry, H.:* Das Problem der Handelsrationalisierung in grundsätzlicher Betrachtung. Diss. Genf 1932 – *Tiburtius, J.:* Lage und Leistungen des deutschen Handels in ihrer Bedeutung für die Gegenwart. Berlin u. München 1949 – *Buddeberg, H.:* Über die Vergleichbarkeit der Handelsbetriebe. Köln u. Opladen 1955 – *Lampe, A.:* Umrisse einer Theorie des Handels. Aus dem Nachlaß, hrsg. von *R. Rohling*, Berlin 1958 – *Buddeberg, H.:* Betriebslehre des Binnenhandels. Wiesbaden 1959 – *Kalussis, D.:* Betriebslehre des Einzelhandels. Köln u. Opladen 1960 – *Marré, H.:* Funktionen und Leistungen des Handelsbetriebes. Köln u. Opladen 1960 – *Worpitz, H. G.:* Probleme der Funktionseinengung im mittelständischen Handel. Unter besonderer Berücksichtigung des Einzelhandels (Funktionsausgliederung – Funktionsfortfall). Köln u. Opladen 1960 – *Woll, A.:* Der Wettbewerb im Einzelhandel. Zur

Dynamik der modernen Vertriebsformen. Berlin 1964 – *Behrens, K. Ch.*: Der Standort der Handelsbetriebe. Köln u. Opladen 1965 – *Batzer, E. u. H. Laumer*: Unternehmenspolitik und Erscheinungsbild des Großhandels in der modernen Wirtschaft. Berlin u. München 1966 – *Disch, W. K. A.*: Der Groß- und Einzelhandel in der Bundesrepublik. Köln u. Opladen 1966 – *Tietz, B.*: Konsument und Einzelhandel. Strukturwandlungen in der Bundesrepublik Deutschland von 1950 bis 1975. Frankfurt/M. 1966 – *Deutsch, P.*: Die Betriebsformen des Einzelhandels. Eine betriebswirtschaftliche Struktur- und Entwicklungsanalyse auf internationaler Ebene. Stuttgart 1968 – *Kleinen, H.*: Die Expansion mittelständischer Handelsbetriebe durch Großzusammenschlüsse. Köln u. Opladen 1968 – *Noack, W. H.*: Rechenhafte Betriebsführung im Einzelhandel. Ergebnisse einer empirischen Untersuchung. Köln u. Opladen 1969 – *Priess, F.*: Kooperation im Handel. Ein Arbeitsergebnis der RGH. Frankfurt/M. 1969 – *Klein-Blenkers, F.*: Ansatzstellen und Maßnahmen zur Verbesserung der Betriebsführung des mittelständischen Facheinzelhandels unter besonderer Berücksichtigung staatlicher Gewerbeförderungsmaßnahmen. Köln 1971 – *Behrens, K. Ch.*: Kurze Einführung in die Handelsbetriebslehre. 2. A., Stuttgart 1972 – *Nieschlag, R.*: Binnenhandel und Binnenhandelspolitik. 2. A., Berlin 1972 – *Seyffert, R.*: Wirtschaftslehre des Handels. Hrsg. v. *E. Sundhoff*, 5. A., Opladen 1972.

Fritz Klein-Blenkers

Handelsbilanz → Bilanz, handelsrechtliche

Handelsketten → Handelsbetriebe, Arten der

Handelsklauseln

[s. a.: Geschäftsbedingungen, Allgemeine; Rechtswissenschaft und Betrieb.]

I. Funktion; II. Arten; III. Bedeutung.

I. Funktion

Unter Handelsklauseln versteht man formelmäßige Abkürzungen, die Kaufverträgen einen bestimmten Inhalt geben. Dieser Inhalt wird durch den jeweiligen *Handelsbrauch* definiert. Handelsklauseln können daher nur in Verbindung mit den Handelsbräuchen gesehen werden, da sie durch solche oft recht unterschiedlichen Handelsbräuche ihre Auslegung erfahren.

Handelsklauseln werden insbesondere vom Groß- und Außenhandel benutzt, da die ständige Wiederholung gleichartiger Kaufabschlüsse zu einer → *Rationalisierung* des Vorganges Vertragsabschluß zwingt. Die Benutzung allgemein gebräuchlicher und anerkannter Handelsklauseln dient der Vertragsklarheit sowie der Beschleunigung des Vertragsabschlusses. Bei internationalen Geschäftsabschlüssen trägt die Anwendung der gebräuchlichen Handelsklauseln dazu bei, Kommunikationsprobleme zwischen den vertragschließenden Parteien zu vermeiden und die Kommunikationskosten zu senken. Das Risiko unterschiedlicher Vertragsauslegung und daraus resultierender Vertragsstreitigkeiten wird gemindert.

II. Arten

Handelsklauseln gibt es für alle Bereiche des Kaufvertrages. Wegen ihrer unbegrenzten Vielfalt und ihrer oft auch nur lokalen oder regionalen Bedeutung sind sie einer systematischen und vollständigen Darstellung nur schwer zugänglich.

1. Klauseln bezüglich Menge und Beschaffenheit

Handelsklauseln können sich auf die Menge und Beschaffenheit der Ware beziehen. Während *„circa"* oder *„rund"* lediglich eine Rolle für die Quantitätsbestimmung spielen, deutet eine Klausel wie *„absolutes Trockengewicht"* auf den Zustand hin, in dem die Mengenbestimmung zu erfolgen hat. Aus dem Brauch, die Beschaffenheit einer Ware durch Besichtigung, Muster oder Qualitätsabstufungen festzulegen, haben sich Handelsklauseln wie *„auf Besicht"*, *„auf Nachstechen"* (Kaffee), *„nach Muster"*, *„Ia (prima)"* oder *„Feinst ff"* ergeben, die heute z. T. schon zum täglichen Sprachgebrauch gehören.

2. Klauseln für Preis- und Zahlungsbedingungen

Zu den Klauseln bezüglich der Preis- und Zahlungsbedingungen gehören z. B. *„freibleibend"*, *„netto Kassa"*, *„30 Tage Ziel"*, *„franko Emballage"*, *„Nachnahme"* oder *„gegen Akzept"*. Sie geben u. a. Auskunft darüber, ob der Preis endgültig fixiert ist, ob er die Verpackungskosten einschließt, wie lang die Zahlungsfrist ist und welche Kassa- und Kreditkonditionen eingeräumt werden.

3. Klauseln für die Lieferzeit

Klauseln bezüglich der Lieferungszeit definieren den Zeitpunkt oder den Zeitraum, in dem die Lieferung stattfinden hat. *„Sofort"*, *„prompt"*, *„umgehend"*, *„Loko"*, *„ab Speicher"* oder *„ab Kai"* finden bei Prompt- oder Lokogeschäften Anwendung. Sie legen fest, daß der Vertrag sofort zu vollziehen ist und bestimmen darüber hinaus u. U. auch den Erfüllungsort. Bei Lieferungsgeschäften wird die spätere Erfüllungszeit durch Klauseln wie *„in Verkäufers Wahl"*, *„nach Käufers Abruf"*, *„nach der Ernte"*, *„nach Aufhören des Eisganges"* oder *„Ende des Monats"* bestimmt.

4. Klauseln bezüglich des Transportes

Die Handelsklauseln bezüglich des Transportes gehören zu den wichtigsten und gebräuchlichsten Klauseln überhaupt, da sie nicht nur die Kosten des Transportes regeln, sondern auch die Verteilung des Transportrisikos. Sie bestimmen in der Regel, wann die Gefahrtragung vom Verkäufer auf den Käufer übergeht und u. U. sogar, wer die Kosten einer abzuschließenden → *Transportversicherung* zu tragen hat. *Seyffert* hat die *Transportklauseln* folgendermaßen systematisiert:
a) Ab-Lager-Klauseln (z. B. *„ab Fabrik"*)

b) Frei-Verladestelle-Klauseln (z.B. *„frei Schiffsseite")*

c) Frei-Entladestelle-Klauseln (z.B. *„frei Station")*

d) Frei-Haus-Klauseln (z.B. *„Frei Käufers Lager")*

Die *Incoterms* 1953 (International Commercial Terms 1953) gehören ebenfalls zu den Transportklauseln und stellen den Versuch dar, die international gebräuchlichsten Handelsklauseln einheitlich zu definieren. Das Fehlen eines supranationalen Privatrechts und die dadurch bedingte Rechtsunsicherheit (→ *Rechtswissenschaft und Betrieb*) der vertragschließenden Parteien veranlaßte die Internationale Handelskammer bereits 1936, *„Internationale Regeln für die Auslegung handelsüblicher Vertragsformeln"* aufzustellen. Diese wurden 1953 noch einmal revidiert und den wirtschaftlichen Erfordernissen angepaßt. Erklärtes Ziel der Incoterms 1953 ist die einheitliche Regelung der Käufer- und Verkäuferpflichten in Außenhandelsverträgen (→ *Außenhandel, betriebswirtschaftliche Aspekte*), wobei diese Regelungen ohne Rücksicht auf nationale Usancen gelten sollen. Die Incoterms haben keinerlei Gesetzescharakter, sondern ihre Anwendung ist freiwillig und in das Belieben der Vertragsparteien gestellt. Die Internationale Handelskammer empfiehlt ihre Anwendung jedoch insbesondere den Firmen, *„welche die Sicherheit einheitlicher internationaler Regeln der Unsicherheit der verschiedenartigen Auslegung der gleichen Formeln in den verschiedenen Ländern vorziehen"*.

Im einzelnen werden in den Incoterms 1953 folgende Handelsklauseln ausgelegt, wobei die Reihenfolge der Klauseln mit dem wachsenden Maß an Verantwortung korrespondiert, das der Verkäufer für die Ware übernimmt.

(1) ab Werk; (2) frei Waggon; (3) fas (free alongside ship = frei Längsseite Schiff); (4) fob (free on board = frei an Bord); (5) c & f (cost and freight = Kosten und Fracht); (6) cif (cost, insurance, freight = Kosten, Versicherung, Fracht); (7) frachtfrei (benannter Bestimmungsort); (8) ab Schiff (benannter Bestimmungshafen); (9) ab Kai (benannter Bestimmungshafen). 1964 wurden zwei weitere Klauseln hinzugefügt, die aber nicht offiziell in die Incoterms aufgenommen wurden: Delivered at frontier = frei Grenze und Delivered duty paid = frei Bestimmungsort und verzollt. Weitere Klauseln, die den besonderen Erfordernissen des Luftfrachtverkehrs und des Containerverkehrs Rechnung tragen, sind in Vorbereitung.

Bei der Auslegung der Klauseln werden in erster Linie solche Punkte behandelt, die sich auf die Preiskalkulation des Käufers auswirken können. Im Mittelpunkt stehen daher

a) die Aufteilung der Kosten und

b) die Bestimmung von Ort und Zeitpunkt des Gefahrüberganges.

Außerdem werden u.a. folgende Fragenkomplexe geregelt:

c) die Erfüllung der Lieferungsverpflichtung

d) die Warenbeförderung

e) die → *Transportversicherung*

f) die Verpflichtung im Hinblick auf Aus- und Einfuhr.

III. Bedeutung

Die Anwendung der Handelsklauseln konzentriert sich heute weitgehend auf die Transportklauseln. Dies gilt insbesondere, seit Investitionsgüter einen größeren Anteil am Handelsvolumen ausmachen, da es sich hierbei weniger um wiederkehrende, quasi standardisierte Vertragsabschlüsse handelt, sondern um Einzelverträge. Gerade die Vertragskonditionen bezüglich der Warenbeschaffenheit (Produktgestaltung), des Preises und der Zahlungsmodalitäten sind bei Investitionsgütern mehr und mehr zu absatzpolitischen Instrumenten (→ *Absatzpolitik*) geworden und dementsprechend kaum einer Standardisierung zugänglich.

Literatur: Leistritz, H.K.: Außenhandelslexikon, hrsg. v. *K. Ringel,* 4. A., Frankfurt/M. 1956 – *Henzler, R.:* Betriebswirtschaftslehre des Außenhandels. Wiesbaden 1962 – *Eisemann, F.:* Die Incoterms in Handel und Verkehr. Wien 1963 – *Seyffert, R.:* Wirtschaftslehre des Handels. 5. A., hrsg. v. *E. Sundhoff,* Opladen 1972 – *Nerreter, W.:* Der Import und Export. 2. A., Herne u. Berlin 1973.

Bernd Kortüm

Handelspolitik → Binnenhandelspolitik, staatliche, und Betrieb

Handelsrechtliche Bewertung → Bewertung, handels- und steuerrechtliche

Handelsspanne

[s.a.: Absatzkalkulation; Beschaffungskalkulation; Deckungsbeitrag und Deckungsbeitragsrechnung; Handelsbetriebe, Rechnungswesen der; Kalkulationsformen und -verfahren; Kennzahlen, betriebliche; Kosten und Leistung; Kostenrechnung; Kostenverursachung, Prinzipien und Probleme; Preisbindung und Preisempfehlung; Preistheorie; Preisuntergrenzen; Rabatte und Boni; Rechnungswesen; Umsatz und Erlös; Wert und Preis; Zurechnung.]

I. Die Handelsspannenarten; II. Die Handelsspannenstaffeln; III. Die Handelsspannenbemessung; IV. Die Handelsspannenkritik.

I. Die Handelsspannenarten

Bevor ein im Exploitationsprozeß gewonnenes Urprodukt oder ein im Transformationsprozeß hergestelltes Produkt dem privaten Verbrauch oder der gewerblichen Nutzung zugeführt werden kann, müssen Erzeuger, Händler und Verwender als Glieder der Distributionskette eine Anzahl von Funktionen erfüllen, damit die Sachleistungen durch die Verbindung mit distributiven Dienstleistungen in konsumreife Leistungskomplexe umgewandelt werden. Im Verlauf dieses Transpositionsprozesses erfahren die Sachgüter, während sie als stofflich gleichbleibende Waren den Weg vom Erzeuger über die Händler zum Verwender nehmen, eine fortgesetzte Wertsteigerung, die teils in den Ein- und Verkaufspreisen der Distributionskettenglieder sichtbar wird, teils sich in ihren innerbetrieblichen Verrechnungspreisen niederschlägt. Diese kommen u. a. vor als Herstellkostenpreis beim Erzeuger, als Einstands- und Ausstandspreis bei den Händlern sowie als Bereitstellungspreis beim Verwender. Distributions- oder Handelsspannen (i. w. S.) sind alle Differenzen zweier solcher Kauf- oder Verrechnungspreise einer Ware.

Die volle Differenz zwischen dem Herstellkostenpreis und dem Bereitstellungspreis wird als *Distributionsketten-* oder *Handelskettenspanne* bezeichnet. Sie setzt sich aus der Erzeugerabsatzspanne, den Händlerspannen (Handelsspannen i. e. S.) und der Verwenderbeschaffungsspanne zusammen. Die *Händlergesamtspanne* ist hingegen nur die Summe der Händlerspannen, also die Differenz zwischen dem Erzeugerverkaufspreis und dem Verwendereinkaufspreis. Je nach dem Aufbau der Distributionskette vereinigt sie in sich Außenhandels-, Großhandels- und Einzelhandelsspannen. Aus den Bruttospannen der Händler (den Differenzen zwischen ihren Ein- und Verkaufspreisen) werden durch Bereinigung um die kostenmäßigen Auswirkungen von Preisstellungs- und Zahlungsbedingungen die Nettospannen (als Differenzen von Ein- und Ausstandspreisen bei prompter Kasse) ermittelt, die als bereinigte Werte für Vergleichszwecke oft besser geeignet sind.

Im Wege der Durchschnittsrechnung ergeben sich aus den *Stückspannen der einzelnen Waren* die *mittleren Warenspannen der Rechnungsperiode*, aus ihnen weiter die abgeleiteten *Warengruppen-*, *Abteilungs-* und *Betriebsspannen* der Handlungen. Diese informieren im allgemeinen richtiger über den betrieblichen Wertauftrieb als die Stückspannen, weil sie weniger von den Zufälligkeiten und Besonderheiten beim Umsatz der einzelnen Ware beeinflußt sind. Werden die Spannenhöhen in einem Geldbetrag ausgedrückt, so wird von absoluten oder *Betragsspannen* gesprochen, werden sie hingegen in Prozenten von Preisen angegeben, so heißen sie relative oder *Prozentspannen*. Je nach der Bezugsgröße, als welche fast nur der Einkaufs-, Einstands- oder Verkaufspreis, seltener der Ausstandspreis in Betracht kommt, sind sie Auf- oder Abschlagspannen.

Die Anwendung *autonomer Spannen* setzt Freiheit in der Preisbildung voraus. Wo sie fehlt, hat der Betrieb es mit *gebundenen Spannen* zu tun, die als *Zwangsspannen* auf behördlicher Vorschrift, als *Vertragsspannen* auf horizontalen Absprachen (Kartellvereinbarungen und Verbandsabreden (→ *Betriebsverbindungen*)) oder vertikaler → *Preisbindung* beruhen. Gebundene Spannen gelten als kollektive Spannen generell für eine Kategorie von Betrieben oder nehmen als individuelle Spannen auf Besonderheiten einzelner Unternehmungen Rücksicht. Sie werden je nach der Zielsetzung als einseitig limitierte Höchst- oder Mindestspannen, als beiderseitig begrenzte Zonenspannen sowie als Festspannen entweder verbindlich in Form von Pflichtspannen fixiert oder elastischer (und oft nur an gewisse Voraussetzungen geknüpft) als Richtspannen angezeigt.

II. Die Handelsspannenstaffeln

Volks- und betriebswirtschaftspolitische Überlegungen vieler Art führen, besonders augenfällig bei behördlicherseits oder durch Markenartikelfabrikanten preisgebundenen Waren, zu Handelsspannenstaffelungen nach Kosten-, Leistungs-, Markt- und anderen Gesichtspunkten. Neben einfachen gibt es mehrfache Staffelungen nach Wareneigenschaften und -qualitäten, Preislagen und Mengen, Erzeuger- und Verwendergruppen, Produktions- und Absatzgebieten, Fertigungsverfahren und Verbrauchszwecken, Transport- und Lagerungsprozessen sowie Abschluß- und Auslieferungszeiten, was mitunter zu komplizierten Rabattsystemen führt. Schon bei einfacher Staffelung kommen mehrere Staffelungsarten in Betracht; z. B. können im Vergleich zu den Einkaufspreisen die Betragsspannen überproportional, proportional oder unterproportional zunehmen, gleich bleiben oder fallen. Entsprechend ergeben sich progressive, konstante, schwach oder mittel oder stark degressive Prozentsätze.

Die *wirtschaftlichen Wirkungen* gestaffelter Handelsspannen richten sich nach dem *Ausmaß der Spannendifferenzierung* und der *Art der Relationen, die zwischen der Spannenhöhe und den Maßgrößen der Staffelungsgründe* bestehen.

Bei überproportionaler Spannenstaffelung, die sich etwa auf eine den Qualitätsabstufungen der Ware entsprechende Preisreihe bezieht, ergibt sich eine stärkere absolute Belastung der höheren Preislagen (Qualitäten) als der niedrigeren. Eine solche Kalkulationspolitik verfolgt einerseits oft den Zweck, die Bedarfsdeckung der weniger kaufkräftigen Nachfrager zu begünstigen, bewirkt jedoch andererseits nicht selten, daß sich das Interesse des Verkäufers besonders auf den Absatz der zu höheren Spannen führenden Artikel richtet. Gleichbleibende Betragsspannen fördern hingegen eher den Absatz der billigeren Waren, weil so die mit zunehmendem Preisniveau wachsenden Risiken, denen keine adäquaten Entgelterhöhungen gegenüberstehen, vermieden werden; außerdem ziehen sie eine relative Verteuerung der Waren mit niedriger Qualität nach sich. Die proportionale Spannenstaffelung führt zu einer verhältnismäßig gleichen Berücksichtigung der Qualitätsunterschiede im Verkaufspreis wie im Einkaufspreis. Infolge ihrer bequemen Handhabung wird sie besonders bevorzugt. Der Kostenstaffelung würde oft eine unterproportionale Spannenstaffelung am ehesten entsprechen.

Das *Spannenstaffelungsproblem* ist demnach das einer zweckgerechten Differenzierung der Vertriebs- oder Handelsaufschläge. Davon zu unterscheiden, wenn auch meist mit ihm verknüpft, ist die Frage des *Spannenniveaus*. Beide vereinigt ergeben das Problem der *Spannenhöhe*.

III. Die Handelsspannenbemessung

Handelsspannen sind als Entgelt für Handelsleistungen zu verstehen, deren Erfüllung nur erwartet werden kann, wenn den Betrieben auf lange Sicht wenigstens die volle Kostendeckung möglich ist. Dies zu kontrollieren ist jedoch meist nur anhand der Betriebsspanne möglich, weil sie allein eine genaue Zerlegung in die Kosten- und die Gewinnspanne zuläßt (→ *Handelsbetriebe, Rechnungswesen der*). Für den einzelnen Artikel dagegen können Kosten- und Ergebnisanteil der Spanne fast nie festgestellt werden. Einmal gibt es keine Schlüssel, die eine sichere, der Verursachung entsprechende Umlegung der Handelsgemeinkosten auf die vielerlei Arten von Kostenträgern gestatten, die in jeweils sehr verschiedenem Ausmaß gleiche Betriebseinrichtungen und gleiches Personal in Anspruch nehmen. Zum anderen hat es der Handel häufig mit verbundenen Leistungen zu tun, da mit Rücksicht auf die Nachfragestruktur auch solche Waren in das Sortiment aufgenommen werden müssen, an denen, für sich betrachtet, nichts zu verdienen ist, die aber, wenn sie geführt werden, auch Umsätze in vorteilhafteren Artikeln nach sich ziehen. Für die Kalkulation ergeben sich daraus Probleme, die denen der Kuppelproduktion verwandt sind (→ *Kalkulationsformen und -verfahren*). Die Stückspannen werden daher im Wege des sogenannten kalkulatorischen Ausgleichs so festgelegt, daß wenigstens ihr gewogenes Mittel die durchschnittlichen Kosten übersteigt. Das geht vielfach nicht ohne eine weitreichende Lösung der Stückspanne von den Stückkosten, weshalb bei der Preiskalkulation im Handel auch vielfach nur mit einem Kosten und Gewinn gemeinsam berücksichtigenden Zuschlag, der Kalkulationsspanne, gearbeitet wird.

Im einzelnen sind für die Bemessung der Spannenhöhe vier Wege zu unterscheiden.

(1) Soweit die Stückspannen behördlich oder vertraglich gebunden sind, stellen sie für die Handlung Daten dar, von denen die Sortiments- und Mengendisposition unter Berücksichtigung der Kostenlage auszugehen hat. (2) Bei freien Spannen liegen die Dinge ähnlich, sobald auf dem Absatzmarkt einer Ware annähernd vollständige Konkurrenz herrscht; Kostenerwägungen beeinflussen zwar den Anteil des Artikels am Gesamtabsatz, nicht aber die Spannenhöhe. (3) Liegt hingegen eine monopolistische Elemente aufweisende Situation vor (→ *Markt, Marktformen und Marktverhaltensweisen*), so geht das Streben dahin, entweder eine Spanne zu ermitteln, durch die das Produkt aus Stückgewinn und Umsatzmenge (als Funktion des Preises und damit der Handelsspanne) möglichst hoch wird, oder aus der Kostenspanne durch Hinzurechnung einer als „angemessen" betrachteten Gewinnspanne die Handelsspannenhöhe zu errechnen; je-

doch gilt beides wegen mangelnder Kenntnis der Stückkosten nur tendenziell. (4) Eine Mittelstellung bezüglich der Möglichkeit, die Spannen an den Kosten auszurichten, und der Notwendigkeit, die Marktdaten zu berücksichtigen, liegt bei dem weitaus überwiegenden Fall der heterogenen Konkurrenz vor. Mit dem Ziel der Kostendeckung orientieren sich die Stückspannen einerseits an den Betriebsspannen vergangener Jahre, wobei jedoch der kalkulatorische Ausgleich einige Elastizität gestattet; andererseits richten sie sich nach den Spannen konkurrierender Betriebe, die aber infolge der unterschiedlichen mit den Waren verknüpften Dienstleistungen, differierenden Qualitäten, herrschenden Präferenzen und mangelnden Marktübersicht ebenfalls Abweichungen erlauben, so daß schließlich in ihrer Gesamtheit die Spannen sowohl der Markt- als auch der Kostenlage der Unternehmung Rechnung tragen.

Bei begrenzter Streuungsbreite lassen sich aus diesen Spannen charakteristische Warengruppen- und Branchenspannen erkennen, die mitunter zu der Vorstellung von handelsüblichen und traditionellen Kalkulationsquoten führen und als solche das Preisverhalten passiver Betriebe mit gering entwickeltem Rechnungswesen bestimmen können. Demgegenüber suchen aktive Handlungen, besonders der neueren Betriebsformen, die Spannen unter Berücksichtigung der Leistungskomponenten und ihrer Kosten festzusetzen, wobei sie Waren und Dienste, die nicht zu auskömmlichen Erlösen führen, aus dem Sortiment entfernen und dadurch manchmal, bei allerdings begrenztem Warenkreis und eingeschränkter Präsentationsleistung, zu erheblichen Kosten- und Spannensenkungen gelangen.

IV. Die Handelsspannenkritik

Wegen ihres Beharrungsvermögens in Zeiten sich verändernder Kostenrelationen und steigender Preise sind die gleichbleibenden Prozentspannen oft herber Kritik ausgesetzt. Doch gründet sich diese nicht selten auf interlokale und -temporale Spannenvergleiche, die Besonderheiten oder Unterschiede von Spannenart und -form außer acht lassen oder die Leistungs- und Kostenunterschiede der Betriebe nicht genügend berücksichtigen. So kommt es vielfach auch zu schiefen Vorstellungen von der Höhe der Gewinnspannen, bei deren Beurteilung u. a. immer die Warenumschlagdauer und das branchenbedingte Risiko zu berücksichtigen sind.

Das Problem der *Begrenzung der Handelsgewinne* ist jedoch nur ein Teil des Handelsspannenproblems, das überdies nicht vom einzelnen Handelsbetrieb aus lösbar ist, weil dessen Kosten und Spannen infolge der organisatorischen Austauschbarkeit der Distributionsleistungen auch von der Absatzaktivität der Erzeuger, dem Beschaffungsverhalten der Verwender und dem Bündel der Handelsfunktionen der anderen Handlungen in der Distributionskette abhängen. Zunächst ist erforderlich, durch Ein- oder Ausschaltung von

Handlungen und (im einzelnen Betrieb) durch An- oder Ausgliederung von Funktionen und Prozessen zu Ketten zu gelangen, die hinsichtlich der Glieder- zahl und der zwischenbetrieblichen Arbeitsteilung optimal strukturiert sind. Sodann kommt es darauf an, in jedem Betrieb, vor allem in den Einzelhand- lungen, die mit der Ware verbundenen Dienstlei- stungen auf das von den Verwendern allgemein oder bestimmten Zielgruppen von Verwendern benötigte und verlangte Maß zu beschränken. Weiter gilt es, bei der Hervorbringung der ge- wünschten Leistungen alle Möglichkeiten der Kostensenkung wahrzunehmen, z.B. durch tech- nische Verbesserungen bei der Warenabpackung oder durch eine ökonomischere Sortimentsgestal- tung zwecks Umschlagsbeschleunigung. Endlich ist zu prüfen, ob nicht auch bei Reduzierung der Stückspanne infolge dadurch zunehmender Men- genumsätze der angestrebte, vielleicht sogar der maximale Periodengewinn erzielt werden kann. Falls dieser und mit ihm die Betriebsspanne infolge besonderer Umstände als überhöht anzusehen ist (wofür es allerdings kaum sichere Maßstäbe gibt), so helfen nur die Einsicht der Betriebsverantwort- lichen oder – als Außeneinwirkungen – behördli- cher Zwang, auf Autorität sich gründende Appelle und die Beseitigung von Konkurrenzbeschränkun- gen.

Größere Handelskettenspannen anderer Länder oder Zeiten brauchen kein Beweis für einen un- wirtschaftlichen Distributionsapparat zu sein. In- dustrielle Standortkonzentration, Produktspezia- lisierung und verfahrenstechnische Rationalisie- rung bedingen häufig eine Vermehrung und Kom- plizierung der Distributionsleistungen. Zuneh- mende Handelskosten und damit der Tendenz nach auch höhere Handelsspannen sind aber, falls alle Möglichkeiten der Spannensenkung ausge- nutzt wurden, nicht bedenklich, solange sie durch abnehmende Produktionskosten überkompensiert werden.

Literatur: Hirsch, J. u. *K. Brandt:* Die Handelsspanne. Berlin 1931 – *Behrens, K.Ch.:* Senkung der Handels- spanne. Köln u. Opladen 1949 – *Sundhoff, E.:* Die Han- delsspanne. Köln u. Opladen 1953 – *Mellerowicz, K.:* Die Handelsspanne bei freien, gebundenen und empfoh- lenen Preisen. Freiburg i. Br. 1961 – Institut für Handels- forschung (Hrsg.): Umsatz, Kosten, Spannen und Ge- winn des Einzelhandels in der Bundesrepublik Deutsch- land in dem Jahrzehnt 1949 bis 1958. Köln u. Opladen 1962 – *Klein-Blenkers, F.:* Die Handelsspannenkritik. In: Mitteilungen des Instituts für Handelsforschung, Nr. 117, Köln u. Opladen 1963 – Institut für Handelsfor- schung (Hrsg.): Wege und Kosten der Distribution von industriell gefertigten Konsumwaren. Köln u. Opladen 1966 – Institut für Handelsforschung (Hrsg.): Wege und Kosten der Distribution des Geflügels, der Eier und der Molkereiprodukte. Köln u. Opladen 1967 – Institut für Handelsforschung (Hrsg.): Umsatz, Kosten, Spannen und Gewinn des Einzelhandels in der Bundesrepublik Deutschland in dem Jahrzehnt 1959 bis 1968. Köln u. Opladen 1970 – *Seyffert, R.:* Wirtschaftslehre des Han- dels. 5. A., Opladen 1972.

Edmund Sundhoff

Handelsverkehrslehre

[s. a.: Absatz und Absatzlehre; Absatztheorie; Außenhandel, betriebswirtschaftliche Aspekte; Handelsbetriebslehre; Methodenprobleme in der Betriebswirtschaftslehre.]

I. Vorläufer; II. Hauptvertreter; III. Wirkun- gen.

I. Vorläufer

Der Begriff hat heute kaum noch Geltung. Die Entfaltung der Denkinhalte ist jedoch *lehrge- schichtlich* von Bedeutung. Die Wortbildung re- flektiert diesen Vorgang. Bis in unser Jahrhundert interessierten sich die *Vorläufer der Betriebswirt- schaftslehre* vor allem für den *Handel* (→ *Be- triebswirtschaftslehre, Dogmengeschichte der*). In der Folge dominierten zunächst innerbetriebliche Fragen. Das Interesse an einzelwirtschaftlichen Außenbeziehungen verschärfte sich erst in den jüngsten Dezennien. Die Betrachtungsebenen wa- ren sehr unterschiedlich. Den handelskundlichen Interessen (*J. Savary, P. J. Marperger, C. G. Ludo- vici, J. G. Büsch, J. M. Leuchs*) folgten erste Syste- matisierungsansätze. Die Schwerpunktbildung führt nach Wien. *I. v. Sonnleithner* brachte sein „Lehrbuch der Handelswissenschaften" als Or- dinarius der Vorläuferin der heutigen Technischen Hochschule Wien 1819 heraus. *R. Sonndorfer* ver- öffentlichte etwa 70 Jahre später „Die Technik des Welthandels"; schließlich folgte 1910 *J. Hellauers* „System der *Welthandelslehre*" als wesentlicher Meilenstein.

„Wir sehen daher, daß die Techniken des Handels die historischen Vorläufer der Betriebswirtschaftslehre bil- deten und daß unter ihnen die Beziehungstechniken eine dominierende Stellung einnahmen" (*D. Kalussis*).

II. Hauptvertreter

K. Oberparleiter war es schließlich, der 1909 in der k. u. k. Exportakademie – der Vorläuferin der heutigen *Hochschule für Welthandel* – die Vorle- sungen *Hellauers* nach dessen Berliner Ruf über- nahm. *Außenhandel* und *Verkehrsbeziehungen* beherrschten seine Interessen. Typisch übrigens für das offene Weltbild jener Forschergeneration, die durch die weiträumigen Beziehungen der Österr.- Ungar. Monarchie geprägt war.

Oberparleiters Leistungen traten in geschichtlicher Reihung zweifach auf den Plan: einerseits auf die Span- nungen zwischen den Endpunkten des Wirtschafts- verkehrs gerichtet, also auf jene Unterschiede zwischen Erzeugung und Verbrauch, die alles Wirtschaften auslö- sen und von deren Umfang auch das Ausmaß und die Art der betrieblichen Leistungen bestimmt werden. Seine

Funktionen- und *Risiken*lehre erschien 1930 erstmalig als geschlossenes *Erklärungsmodell* (→ *Funktionen, betriebliche*). *Oberparleiter* ging es aber nicht bloß um die Analyse dieser Kausalitäten, sondern auch um die Darstellung von Organisation und Technik des *interpersonalen Wirtschaftsverkehrs.* Dieser bedeutete seiner Meinung nach zweierlei: „die Übertragung von materiellen und immateriellen Gütern von Person zu Person im rechtlich-wirtschaftlichen Sinn, aber auch die räumliche Überwindung durch Güter, Personen und Nachrichten. Die Wissenschaft unterscheidet daher zwischen *interpersonalem* und *interlokalem Verkehr*" (aus der Einleitung seiner Einführung in die betriebswirtschaftliche Verkehrslehre, 1947).

Gegenstand der betriebswirtschaftlichen Verkehrslehre sollte demnach die Lehre von den Außenbeziehungen der Betriebe im Rahmen der Betriebswirtschaftslehre sein. *Hellauer* wollte schon damals den Warenhandel aus der volkswirtschaftlichen Betrachtung lösen. *Nicklisch* forderte eine Vierteilung der *Handelswissenschaften,* und zwar in Handelslehre und Handels(verkehrs)technik einerseits, in eine Handelsbetriebslehre und eine Betriebstechnik anderseits. Während er die Techniken als *Kunstlehre* ansah, wollte er die kaufmännische Betriebslehre als Beschreibung der anerkannten Tatsachen, Vorgänge und Zustände innerhalb der Betriebe der Einzelwirtschaft und die Handelslehre als Zusammenfassung der Erkenntnisse der Vorgänge zwischen den einzelnen Wirtschaften als strenge wissenschaftliche Disziplinen der *Privatwirtschaftslehre* behandelt wissen. Diese Gliederung setzte sich in der Entwicklung zur Betriebswirtschaftslehre anfangs insoweit durch, als die *Handelslehre* im Gegensatz zur *Betriebslehre* als *Verkehrslehre* bezeichnet wurde. Eine parallele Entwicklung und die entsprechende Erklärung aus der Gegenwart sind von Interesse: die *Absatzwirtschaftslehre E. Schäfers;* sie ist deutlich gesamtwirtschaftlich beeinflußt.

„Vergleicht man die *Absatzwirtschaftslehre* einerseits und die merkantile Aufgabe der Unternehmung einschließlich des *Absatzes* andererseits mit dem → *Marketing,* so findet man, daß die *Absatzwirtschaftslehre* keine Vorläuferin der *Marketinglehre* sein kann, weil sie die Gesamtheit der Distributionsvorgänge der Volkswirtschaft sieht, während die *Marketinglehre* in stärkstem Maße einzelwirtschaftlich orientiert ist" (*E. Kulhavy*) (→ *Betriebswirtschaftslehre, Dogmengeschichte der*).

III. Wirkungen

Heute ist die einzelwirtschaftliche Strukturierung vollzogen. *Betriebs- bzw.* → *Unternehmenspolitik* sind an die Seite der Theorie getreten. Die Außenbeziehungen der Unternehmungen wurden im Gesamt der Betriebswirtschaftslehre eingereiht. Die vielfältigen Entwicklungsschritte der Handelsverkehrslehre waren fruchtbare Anstöße. So wäre der Ast der *„Wiener Verkehrslehre"* geeignet gewesen, die *funktionale Gliederung* der Betriebswirtschaftslehre durchzusetzen. Dies blieb bislang

versagt. Noch ist die *Brancheneinteilung* stark. Es zeigen sich jedoch ermutigende Aspekte, der *funktionalen Gliederung* erhöhte Aufmerksamkeit zu widmen. Organisation und Technik des *interpersonalen Wirtschaftsverkehrs* sind heute unter *entscheidungs-* und *systemorientierten Ansätzen,* einschließlich des *funktionalen Erklärungsmodells* in der Theorie und der Politik von der Unternehmung unter marktwirtschaftlichen Voraussetzungen integriert.

Literatur: Hellauer, J.: System der Welthandelslehre. Berlin 1910 – *Oberparleiter, K.:* Einführung in die betriebswirtschaftliche Verkehrslehre. Wien 1947 – *ders.:* Funktionen- und Risikenlehre des Warenhandels, 2. A., Wien 1955 (1. A. 1930) – *Bouffier, W.* (Hrsg.): Funktionen- und Leistungsdenken in der Betriebswirtschaftslehre. Wien 1956 – *Leitherer, E.:* Geschichte der handels- und absatzwirtschaftlichen Literatur. Köln u. Opladen 1961 – *Bouffier, W. u. D. Kalussis:* Die betriebswirtschaftliche Verkehrslehre in Österreich. In: ÖB, 16. Jg 1966, H. 4 – *Schenk, H. O.:* Geschichte und Ordnungstheorie der Handelsfunktionen. Berlin 1970.

Gottfried Theuer

Handlungstheorie

[s. a.: Betriebswirtschaftslehre, Entwicklungstendenzen der Gegenwart; Entscheidungstheorie; Information; Modelle; Theorienbildung, betriebswirtschaftliche; Wissenschaftstheorie.]

I. Die Informationszwecke der ökonomischen Theorie; II. Das Ungenügen bisheriger Konzeptionen der ökonomischen Theorie; III. Gegenstand und Struktur der ökonomischen Theorie nach der handlungstheoretischen Konzeption; IV. Die Modellstruktur der exakten Handlungstheorie, erläutert an der exakten betriebswirtschaftlichen Theorie; V. Struktur, Methode und Grenzen der Handlungsanalytik, erläutert an der betriebswirtschaftlichen Entscheidungsanalytik; VI. Konsequenzen aus der Anwendung der handlungstheoretischen Konzeption für die betriebswirtschaftliche Forschung.

I. Die Informationszwecke der ökonomischen Theorie

Die Handlungstheorie ist eine bestimmte Konzeption, d. h. ein bestimmtes Gesamt-Verständnis der ökonomischen Theorie. Ihre Grundlage bildet die Überlegung: eine ökonomische Theorie hat all jenen Aktoren, welche den Wirtschaftsprozeß bestimmen, allgemeinbegrifflich gehaltene Informationen zukommen zu lassen, damit diese folgende Aufgaben erfüllen können (s. a. → *Theorienbildung, betriebswirtschaftliche*):

a) Prognose bzw. Erklärung des Handelns fremder Aktoren,

b) Bestimmung der optimalen Eigenhandlungs-

weise im konkret-individuellen Entscheidungs-
fall.

II. Das Ungenügen bisheriger Konzeptionen der ökonomischen Theorie

Die derzeit explizit vertretenen oder in ökonomischen Einzelanalysen implizierten Konzeptionen
der ökonomischen Theorie – gemeint sind die *Neoklassik* (Gütertauschtheorie; → *Volkswirtschaftslehre*), → *Spieltheorie* sowie die normative
→ *Entscheidungstheorie* – erfüllen diese Informa-
tionsfunktionen nur unzureichend.

1. Die Konzeption der *Neoklassik* (*A. Marshall,
Walras, Pareto* u. a.) – auf ihr fußt auch der *Keyne-
sianismus* – begreift die ökonomische Theorie als
eine *Gütertauschanalyse*. Nach ihr bilden die
Preis-Mengen-Relationen der in einem gesamtwirtschaftlichen System transferierten Güter den
Gegenstand der ökonomischen Theorie. Dementsprechend ist diese in Statik und Dynamik eine
gleichgewichtsbezogene Analyse, die jeweils auf
die objektiv gegebenen exogenen gesamtwirtschaftlichen Daten bezogen ist.

Die Handlungsweisen der Wirtschaftssubjekte werden
nur insoweit analysiert (s. die *Theorie der Wahlakte – Pareto*), als dies zur Ableitung der Theoreme über die Preis-
Mengen-Relationen der transferierten Güter beiträgt.
Handlungsanalysen bilden also lediglich die Vorstufe der
Gütertauschanalyse. Demgemäß wird die neuerdings immer stärker in den Vordergrund rückende Analyse der
Handlungsweisen der Wirtschaftssubjekte ausschließlich
auf der Basis solcher Prämissen betrieben, die notwendig
der Gütertauschtheorie zugrunde zu legen sind. Dies aber
engt die Analyse der Handlungsweisen so stark ein, daß
die oben genannten Funktionen der ökonomischen
Theorie nicht erfüllt werden können.

So geht z. B. die Gütertauschtheorie notwendig von der
Prämisse *vollkommener Voraussicht* sämtlicher Subjekte
des Wirtschaftssystems aus. Damit aber nimmt sie auf die
o. a. Informationszwecke der ökonomischen Theorie
kaum Bezug. Denn Handeln gründet sich, soweit es ra-
tional bestimmt ist, auf die subjektiven Vorstellungen des
Aktors, gleichgültig, ob diese richtig sind oder nicht.
Ebenso engt die Prämisse der homogenen Erwartungen,
wie sie in der → *Kapitaltheorie* gestellt wird, die ungewiß-
heitstheoretische Analyse über Gebühr ein.

Ferner erlaubt die neoklassische Konzeption, insofern
sie konsequent auf die Analyse des totalen *Konkurrenz-
gleichgewichts* ausgerichtet ist, lediglich die Bildung
marginalanalytischer Handlungstheoreme. Diese aber
setzen voraus, daß sich differenzierbare Gewinnfunktio-
nen bilden lassen und das *Gewinnmaximum* innerhalb
der Restriktionen (Kapazität, Absatzhöchstmengen und
dgl.) liegt. Für alle übrigen Fälle lassen sich keine Allge-
meinsätze über die individuelle Handlungsweise bilden.
Es gibt somit eine Vielzahl von Entscheidungen, für die
der Aktor Informationen benötigt, aber von der Neoklassik nicht erhält.

2. Die spieltheoretische Konzeption (→ *Spieltheorie*) stellt zwar unmittelbar auf das Handeln
der Wirtschaftssubjekte ab, bildet aber, wie die
Neoklassik, eine Gesamtanalyse des Handelns
mehrerer Subjekte mit unterschiedlichen Interes-

sen. Sie ist somit streng gleichgewichtsbezo-
gen.

3. Die Konzeption der (im Gegensatz zur empirischen Analyse) normativen → *Entscheidungstheorie* – sie ist unmittelbar auf die Entscheidungen
des individuellen Aktors bezogen und will dem
Handelnden durch Aufstellung von *Entschei-
dungsregeln* und durch Entwicklung von Methoden der quantitativen Unternehmensanalyse
(*Dorfmann, Samuelson* u. *Solow; Boulding* u. a.,
siehe auch die Gesamtdarstellungen zur → *Unternehmensforschung* und zur mikroökonomischen
Theorie) behilflich sein – hat sich ebenfalls als problematisch erwiesen.

a) Wer Handlungsnormen setzen will, muß die Totali-
tät einer Entscheidungssituation (z. B. die Interdependenz
zwischen Zielen und Mitteln) berücksichtigen und das
zweckfreie Streben des Aktors nach *Selbstverwirklichung*
in Rechnung stellen. Gerade dies aber ist einer quantitativen Analyse verwehrt.

b) Diese Konzeption sieht eine ganz unstrukturierte
quantitative Handlungsanalyse vor. Sie faßt zwei katego-
rial verschiedenartige Bereiche zusammen, die unter Anwendung unterschiedlicher Forschungskriterien gesondert betrieben werden müssen.

Einmal werden exakte marginalanalytische Allge-
meinsätze über die unternehmerische Handlungsweise
gebildet (z. B. Aussagen über die optimale Kombination
von Zeit und Intensität, über die *optimale* → *Losgröße*,
über das optimale Mengensortiment und dgl.). Dabei
wird auf die vom Aktor jeweils angewandte Optimierungsmethode und auf die damit verbundenen Optimierungskosten keinerlei Rücksicht genommen.

Zum andern nimmt die normative Entscheidungstheorie unmittelbar auf die Optimierungsüberlegungen
des Aktors Bezug. Dabei beschränkt sie sich auf die
Herausarbeitung von Anwendungsmöglichkeiten der
mathematischen Programmierung auf komplexe unternehmerische Entscheidungsprobleme – dieses Vorgehen
stellt überhaupt keine *ökonomische Analyse,* sondern nur
ein *technologisches Bemühen* dar.

Neuerdings werden ökonomische Untersuchungen
angestellt in der Weise, daß man unter mehreren alternativ anwendbaren Verfahren der Verifikation eines gegebenen Optimalitätskriteriums (z. B. *ganzzahlige* → *Programmierung,* → *heuristische Verfahren in der Unternehmensforschung* und dgl.) die kostensparendste Methode
zu bestimmen sucht. Diese Analysen passen nicht unter
die normative → *Entscheidungstheorie,* sondern nur unter die handlungstheoretische Konzeption. Aber sie stehen
unter einem anderen Forschungskriterium als die allgemeinbegriffliche marginalanalytische Bestimmung optimaler Handlungsweisen. Sie sind daher von dieser strikt
getrennt durchzuführen.

III. Gegenstand und Struktur der ökonomischen Theorie nach der handlungstheoretischen Konzeption

1. Nach der handlungstheoretischen Konzeption bildet die individuelle Handlungsweise des
einzelnen Aktors den Gegenstand der ökonomischen Theorie. Unter der *Handlung* wird das instrumentale Verhalten eines Menschen verstanden.
Dabei wird der „ökonomische" Bereich im weite-

sten Sinne gefaßt und auf sämtliche Lebensbereiche bezogen.

Die Konzeption der Handlungstheorie versteht sich als eine *empirische Analyse:* ihre Theoreme wollen anhand der Erfahrung mit Hilfe experimenteller Tests überprüfbar sein.

Die Handlungstheorie stellt allein auf entscheidungsdeterminiertes, nicht auf zwangsweises Handeln ab. Sie besteht darin, daß über die entscheidungsrelevanten Vorstellungen des Aktors bestimmte Annahmen gebildet und hieraus allgemeinbegriffliche Aussagen über die Handlungsweise abgeleitet werden. Mithin rekurriert sie auf die *subjektiven Vorstellungsinhalte des Individuums.* Diese betreffen vor allem:

Das vom Aktor (aufgrund intuitiv-originärer Entscheidungen) gesetzte Ziel („Zielvorstellung"), Art und Umfang der dem Aktor zur Verfügung stehenden Mittel, wie etwa eigene Arbeitskraft und Eigenkapital („Mittelvorstellung"),

die vom Aktor als realisierbar angesehenen alternativen Handlungsweisen. Diese „Alternativenvorstellung" umschließt die „Umweltvorstellung" des Aktors. Gemeint ist die Vorstellung über die zukünftige Beschaffenheit und Entwicklung jener Größen, die nicht *Entscheidungsparameter* des Aktors sind, wohl aber den *Zielerreichungsgrad* beeinflussen. Es handelt sich um die von der Handlungsweise des Aktors unabhängigen Größen („*Daten*") sowie um die Verhaltensweisen fremder Aktoren des gesellschaftlichen Systems, insbesondere der Handlungspartner.

2. Die Analyse des menschlichen Handelns kann sich auf verschiedenen Ebenen der Abstraktion und des Geltungsumfangs vollziehen.

Als Basisdisziplin dient die allgemeine Theorie des Handelns („allgemeine ökonomische Theorie"). Diese bildet Theoreme über die Handlungsweise schlechthin, d. h. für jeden Aktor und für jeden Handlungszweck.

Spezielle Handlungstheorien lassen sich zunächst nach der Art des Aktors bilden. Unter diesem Aspekt sind u. a. die Theorie des Handelns eines privaten Subjekts, die Theorie des Handelns des staatlichen Aktors sowie die Theorie des Handelns einer Gruppe zu unterscheiden.

Die *Totalanalyse* des Handelns eines speziellen Aktors läßt sich je nach den Handlungssektoren bzw. nach einzelnen Handlungsmerkmalen in *Partialanalysen* unterteilen. So kann die Theorie des privaten Handelns in die *Theorie des Haushalts* (→ *Haushalt, Wirtschaftslehre des privaten*) sowie in die *Theorie des Einkommenserwerbs* (Unternehmens) zerlegt werden. Oder: Die Analyse des Handelns des staatlichen Aktors wird in die partiellen Analysen des wirtschaftspolitischen Handelns, des staatspolitischen, insbesondere außenpolitischen Handelns, des militärischen Handelns und dgl. unterteilt.

3. Nach der handlungstheoretischen Konzeption wird die ökonomische Theorie in zwei verschiedenen analytischen Bereichen durchgeführt:

a) Die *exakte Handlungstheorie*. Sie bildet den Kern der betriebswirtschaftlichen Theorie. Sie ist dadurch gekennzeichnet, daß über die Handlungsweise des Aktors auf axiomatischem Wege quantitativ gehaltene Allgemeinaussagen gebildet werden. Hierzu müssen die Unternehmensmerkmale als quantifizierbare Größen definiert werden. Da hier sämtliche Varianten der jeweils betrachteten Unternehmensvariablen vollständig erfaßt werden, sind die exakten Handlungstheoreme nicht nur gedanklich voll abgesichert, vielmehr zeichnen sie sich auch durch eine zeitlich-räumlich unbeschränkte Verwendbarkeit aus, die natürlich nur auf die zugrunde liegenden Prämissen bezogen ist (s. a. → *Axiomatisierung in der BWL*).

b) Die *Handlungsanalytik*. Sie versteht sich ebenfalls als eine auf allgemeinbegrifflicher Ebene operierende empirische Analyse und bildet eine Ergänzung zur exakten Theorie. Sie erstreckt sich ausschließlich auf solche Handlungsmerkmale, die, konkret definiert, nicht quantifizierbar sind. Sie knüpft an die hierüber in der exakten Theorie gebildeten Basistheoreme an und besteht darin, daß diese sehr abstrakt gehaltenen Theoreme auf dem Wege der Spezifikation weitestgehend konkretisiert werden.

Und zwar ist die Handlungsanalytik im Prinzip so konkret, daß ihre Sätze zur praktischen Optimumbestimmung, wie sie der Aktor in einer historisch einmaligen Entscheidungssituation durchzuführen hat, unmittelbar anwendbar sind. So wird z. B. das Optimum unter alternativen Finanzierungsmethoden, wie: Aufnahme eines Schuldscheindarlehns, Inanspruchnahme eines langfristigen Bankkredits, Emission einer Anleihe und dgl. in bezug auf allgemeinbegrifflich definierte Entscheidungsbedingungen bestimmt.

Derart konkret gehaltene Aussagen können in der Regel nicht völlig exakt abgeleitet werden. Ihnen kommt daher nur eine tendenzielle Gültigkeit zu. Auch besitzen solche Aussagen nur eine zeitlich-räumlich eingeschränkte Verwendbarkeit. Da sich nämlich die Gesamtheit der alternativen Varianten nicht ein für allemal erfassen läßt, ist nicht auszuschließen, daß in Zukunft z. B. neue Finanzierungsmethoden entwickelt werden. Dadurch aber wird die bisher getroffene Optimumdefinition unvollständig und somit unaktuell. An ihre Stelle muß ein neues, erweitertes Theorem treten.

Die Handlungsanalytik läßt sich in zwei Unterbereiche gliedern:

Einmal befaßt sie sich mit den, konkret definiert, nichtquantifizierbaren Merkmalen der *Objekthandlungen.* Hierunter werden die unmittelbar auf die Zielerreichung bezogenen Tätigkeiten (z. B.

Beschaffung, Fertigung, Absatz, Finanzierung und dgl.) verstanden. Dieser Zweig wird als die *Objekthandlungs-Analytik* bezeichnet.

Zum andern erstreckt sich die Handlungsanalytik auf die in concreto nichtquantifizierbaren Merkmale der *Metahandlungen* (das ist der Entscheidungsprozeß im weitesten Sinne gefaßt). Im Mittelpunkt dieses Zweiges – er sei als die *Entscheidungsanalytik* bezeichnet – steht die Entscheidungsmethode. Hiermit ist der Inbegriff sämtlicher Verfahrensmerkmale des → *Entscheidungsprozesses* (z.B. die organisatorische Leitungsstruktur, die Verfahrensmerkmale der Informationsgewinnung und -verarbeitung sowie der Informationsübermittlung) gemeint. Insbesondere richtet sich das analytische Interesse auf die Methoden der Datenprognose, der Alternativensuche und der Optimierung.

Die exakte Handlungstheorie und die Handlungsanalytik bilden ein einheitliches wissenschaftliches System. Denn die Sätze der Handlungsanalytik werden ausschließlich durch Spezifikation von exakten Handlungstheoremen gebildet.

IV. Die Modellstruktur der exakten Handlungstheorie, erläutert an der exakten betriebswirtschaftlichen Theorie

1. Die Analyse der Handlungsweise eines Aktors läßt sich unter verschiedenen Kriterien strukturieren. So lassen sich je nach dem Umfang der Analyse Totalanalysen und Partialanalysen unterscheiden.

Im Rahmen der totalen *Theorie der Einzelwirtschaft* werden Aussagen über die Handlungsweise des privaten Aktors im ganzen, d.h. über sämtliche durch den Aktor beeinflußbaren Handlungsmerkmale zugleich getroffen. Sie werden durch In-Beziehung-Setzung von Mittel- und Zielvorstellung (Mittelknappheit) abgeleitet. Die optimale Handlungsweise ist durch den maximalen Zielerreichungsgrad (Gewinnmaximum oder dgl.) definiert. Diese Aussagen („*Totale Basistheoreme*") bilden die Grundlage für jegliche Partialanalyse.

Die partiellen Analysen des privaten Handelns erstrecken sich auf Handlungsteilbereiche (Erwerbsunternehmen, Finanzierung, Absatz oder dgl.) bzw. einzelne Handlungsmerkmale.

2. Was die Partialanalysen anlangt, so ist je nach Abstraktionsgrad und Geltungsumfang zwischen partiellen Basistheoremen und Spezifikationstheoremen zu unterscheiden.

Partielle Basistheoreme werden in gleicher Weise wie die totalen Basistheoreme abgeleitet. Dabei werden allerdings die jeweils nicht betrachteten Handlungsvariablen, soweit sie nicht von den jeweils zu analysierenden Variablen abhängig sind, als konstant gesetzt. Diese auf die übrigen Handlungsvariablen bezogene „ceteris-paribus-Klausel" ist das Charakteristikum der partiellen Handlungsanalyse. Durch diese Annahme wird zwar der im Prinzip zwischen sämtlichen Variablen bestehende Interdependenz-Zusammenhang negiert, aber die Bildung konkreterer Aussagen ermöglicht.

Die *Spezifikationstheoreme* werden in der Weise gebildet, daß einzelne Prämissen des jeweils zugrundeliegenden Basistheorems zu konkreter gehaltenen, aber begrenzter gültigen Annahmen spezifiziert werden.

Derartige Spezifikationen sind allerdings nur bei quantifizierbaren Handlungsvariablen möglich (z.B. Absatzmengen, Faktoreinsatzmengen, Einsatzdauer usw.).

Es gibt Spezifikationstheoreme unterschiedlichen Charakters, so z.B.

a) *Restriktionstheoreme* (anwendbar auf einzelne quantifizierbare Variable), z.B.: Der Unternehmer sucht die bei gegebener Anlagenkapazität größtmögliche Ausbringungsmenge zu realisieren;

b) *Rangfolgetheoreme* (anwendbar auf Mengenkombinationen bei Vorliegen von Restriktionen), so z.B.: Der Unternehmer nimmt in das Absatzprogramm der Reihe nach bis zur Absatzhöchstmenge und endlich bis zur Vollausnutzung der Kapazität jene Produkte auf, welche jeweils den höchsten partiellen Grenzgewinn (je Engpaßeinheit) aufweisen;

c) *Funktionaltheoreme*, so z.B.: Der Unternehmer realisiert bei gegebenem Ausnutzungsgrad der Anlagenkapazität jenes Absatzprogramm, welches sich durch den Ausgleich der partiellen gewogenen Grenzgewinne sämtlicher vorausgesetzter Produktarten auszeichnet.

3. Je nach der „Qualität" der *Umweltvorstellung* wird zwischen Modellen mit „einwertiger" und mit „mehrwertiger" Umweltvorstellung unterschieden. „Einwertig" besagt, daß sich der Aktor infolge begrenzter Phantasie oder dgl. die zukünftige Umweltvorstellung lediglich in einer einzigen eindeutig definierten Ausprägung vorstellt – mit der „Richtigkeit" der Umweltvorstellung hat diese Einwertigkeit nichts zu tun.

Mehrwertige Umweltvorstellungen sind das Charakteristikum von Ungewißheitsmodellen. Ein besonders wichtiger Fall ist hier das Modell des Oligopolisten: Die Handlungsweise des bzw. der Konkurrenten wirkt auf den Grad der Zielerreichung des betrachteten Aktors ein; aber dieser weiß nicht, welche von mehreren alternativ eintrittswahrscheinlichen Handlungsweisen der Konkurrenten ergriffen werden (→ *Preistheorie*).

4. Je nach der Zahl der Entscheidungen, durch welche der Aktor seine Handlungsweisen im ganzen, d.h. bis zur Beendigung des Unternehmens festlegt, lassen sich jetzt *Zeitpunktmodelle* und *Zeitfolgemodelle* unterscheiden.

Als „Zeitpunktmodelle" werden jene Modelle bezeichnet, in welchen vorausgesetzt wird, daß der Aktor zu einem bestimmten Zeitpunkt eine (einzige) Entscheidung trifft. Ausgehend von der zu diesem Zeitpunkt gehegten Vorstellung über die zukünftige Beschaffenheit und Entwicklung der relevanten Umweltmerkmale wird die aus dieser Entscheidung resultierende Handlungsweise determiniert.

Die „Zeitfolgemodelle" hingegen sind durch die Annahme charakterisiert, daß der Aktor in periodischer Folge mehrere Entscheidungen nacheinander trifft. Jede dieser Entscheidungen basiert auf einer spezifischen Umweltvorstellung, und jede spätere Entscheidung korrigiert die jeweils vorausgehende Entscheidung. Die für sämtliche Perioden zu determinierende Handlungsweise im ganzen stellt somit eine Folge von periodenspezifischen Handlungsweisen dar und beruht demnach auf mehreren „Entscheidungsakten". Diese sind ihrerseits auf unterschiedliche Umweltvorstellungen zurückzuführen.

5. Die Zeitfolgemodelle lassen sich je nach Art der intertemporalen Beziehungen zwischen den Handlungsweisen mehrerer Perioden in statische und in dynamische Handlungsanalysen unterteilen.

V. Struktur, Methode und Grenzen der Handlungsanalytik, erläutert an der betriebswirtschaftlichen Entscheidungsanalytik

1. Die Entscheidungsanalytik läßt sich nach dem Umfang des analytischen Objekts in Totalanalysen und Partialanalysen des Entscheidungsprozesses strukturieren. Die Partialanalysen können einmal das Gesamtverfahren in einzelnen Phasen des → Entscheidungsprozesses (z.B. Suchmethode, Optimierungsmethode) betreffen. Noch detaillierter ist die Analyse einzelner Merkmale des Entscheidungsprozesses. Hierbei kann es sich um

a) gemeinsame Merkmale aller Phasen des Entscheidungsprozesses (z.B. organisatorische Leitungsstruktur),

b) um Merkmale einer einzelnen Phase des → Entscheidungsprozesses (z.B. Einzelmerkmale der → Informationsbeschaffung, der Alternativensuche, der Optimierung) handeln.

2. Die Methode der Entscheidungsanalytik sei am Beispiel der Optimierungsanalytik erläutert. Diese sucht Allgemeinaussagen darüber abzuleiten, welche von verschiedenen alternativen Optimierungsmethoden unter den jeweils vorausgesetzten Entscheidungsbedingungen optimal ist. Die Optimierungsmethode ist durch das Optimalitätskriterium und durch das Verfahren der Verifikation dieses Kriteriums definiert (→ Optimierung).

Ausgegangen wird von einem in der exakten Handlungstheorie gebildeten Allgemeinsatz über die Optimierungsmethode. Unter der Annahme eines bestimmten, vom Aktor ausbedungenen Informationsniveaus, gekennzeichnet durch die Quali-

tät, die die zu treffende Optimumaussage aufweisen soll (Genauigkeitsgrad, Grund-Gesamtmenge der Alternativen, Umfang der Berücksichtigung von Interdependenzen, Optimierungsfrist und dgl.), ergibt sich etwa der Satz: Der Aktor realisiert jene Optimierungsmethode, welche die geringsten Optimierungskosten verspricht.

Diese höchst abstrakte Aussage wird nun auf die Ebene konkreter Optimierungsmethoden projiziert, also in bezug auf die vorausgesetzte spezifische Entscheidungssituation (Entscheidungsproblem, Optimierungsbedingungen) spezifiziert.

Hierbei geht man zweckmäßigerweise in zwei Schritten vor: Zunächst werden die unter der vorausgesetzten Entscheidungssituation alternativ anwendbaren Optimierungsmethoden (Optimalitätskriterium und Verifikationsverfahren) bestimmt, sofern sie dem vorausgesetzten qualitativen Niveau der konkreten Optimumaussage genügen („*Praktikabilitätsanalyse*"). Alsdann wird unter den praktikablen Optimierungsmethoden das Optimum ermittelt („*Optimalitätsanalyse*").

3. Der Entscheidungsanalytik sind durch verschiedene Umstände Grenzen gesetzt. Einmal werden diese durch einige unumgängliche Voraussetzungen bestimmt (Prognoseungenauigkeit, Begrenztheit der Entscheidungskapazität und dgl.). Zum andern bereitet es Schwierigkeiten, das vorauszusetzende Informationsniveau (Genauigkeitsgrad, Grund-Gesamtmenge der Alternativen, Optimierungsfrist, Grad der Berücksichtigung von Interdependenzen und dgl.) exakt zu spezifizieren. Schließlich müssen Optimierungsmethode und Optimierungsbedingungen relativ grob definiert werden, sollen die Analysen nicht zu unübersichtlich sein.

Daher können die in der Entscheidungsanalytik gebildeten Allgemeinaussagen über die optimale Optimierungsmethode in der Regel lediglich den Anspruch einer tendenziellen Gültigkeit erheben. Sie garantieren z.B. nicht völlig, daß die als „optimal" ermittelte Optimierungsmethode in jedem Einzelfall, der sich den betreffenden generellen Optimierungsbedingungen subsumieren läßt, optimal ist. Überdies führen die Schwierigkeiten, den jeweiligen Entscheidungsbedingungen eine optimale Entscheidungsmethode zuzuordnen, vielfach zu Verkürzungen und Partialisierungen der Entscheidungsanalytik.

Partialisierungen der Entscheidungsanalytik werden dann vorgenommen, wenn die Analyse nur auf ein (oder wenige) Merkmal(e) des Entscheidungsprozesses abstellt oder wenn die entscheidungsanalytischen Forschungen auf einzelne Teilphasen des Entscheidungsprozesses (Datenprognose, innerbetrieblicher Informationsprozeß, Alternativensuche, Optimierung) beschränkt werden.

Verkürzungen der Entscheidungsanalytik liegen dann vor, wenn man von den praktikablen Entscheidungsmethoden nur einige wenige Alternativen in die Analyse einbezieht. Sie werden auch dann vorgenommen, wenn man sich auf die Vorstufe der Bestimmung der optimalen Entscheidungsmethode, nämlich auf die Bestimmung der Gesamtheit der jeweils praktikablen alternativen Entscheidungsmethoden („Praktikabilitätsanalyse") beschränkt.

In der neuesten Literatur zur → *Unternehmensforschung* sind manche Beispiele für partialisierte und verkürzte Analysen des Optimierungsprozesses anzutreffen. Auch derartig vereinfachte Informationen können für die Praxis durchaus wertvolle Anhaltspunkte bieten.

VI. Konsequenzen aus der Anwendung der handlungstheoretischen Konzeption für die betriebswirtschaftliche Forschung

Eine durchgehende Basierung der betriebswirtschaftlichen Forschung auf der Konzeption der Handlungstheorie zeitigt sowohl für die exakte unternehmenstheoretische Analyse als auch für die Handlungsanalytik, insbesondere für die Entscheidungsanalytik weitgehende Konsequenzen.

1. Für die exakte unternehmenstheoretische Forschung bedeutet sie zunächst generell die Abkehr von der Gleichgewichtsanalyse. Die Bestimmung von allgemeinen oder speziellen Konkurrenzgleichgewichten auf den Gütermärkten (→ *Preistheorie*) und Kapitalmärkten (neoklassische und neuere betriebswirtschaftliche → *Kapitaltheorie*) fällt weg. An ihre Stelle treten individualbezogene Handlungsanalysen, die jeweils auf *subjektive Vorstellungsinhalte* abstellen.

Im einzelnen bedeutet dies:

a) Wegfall der gleichgewichtsorientierten statischen und dynamischen Oligopoltheorie (Neoklassik und Spieltheorie). Stattdessen: handlungstheoretische Ungewißheitsanalyse unter der Voraussetzung, der Aktor wähne sich als Oligopolist, er hege u. a. eine mehrwertige Vorstellung über das Konkurrenzverhalten und dgl. und somit über eine entsprechende Preis-Absatz-Funktion für die jeweils nächste Periode. Analysiert wird die aufgrund dieser Vorstellungen in der jeweils nächsten Periode zu realisierende Handlungsweise.

b) Berücksichtigung des Machtphänomens, soweit es in den subjektiven Vorstellungen des Aktors über die Preis-Absatz-Funktion und die Absatzhöchstmengen zum Ausdruck gelangt (→ *Macht, betriebswirtschaftliche Aspekte*).

c) Einführung zusätzlicher Kategorien von Handlungstheoremen: Restriktionstheoreme, Rangfolgetheoreme, Optimumdefinitionen durch kritische Mengen und dgl. Die Neoklassik gestattet, soweit in ihrem Rahmen Aussagen über die Handlungsanalyse getroffen werden, lediglich die Bildung von Funktionaltheoremen (das sind Allgemeinaussagen, in denen das Optimum mit Hilfe von differenzierbaren Funktionen definiert wird). Da die Anwendung von Funktionaltheoremen an sehr enge und häufig gar nicht von vornherein auszumachende Voraussetzungen gebunden ist, bedeutet die Einführung der handlungstheoretischen Konzeption eine erhebliche Ausweitung der analytischen Möglichkeiten.

d) Ausweitung der bislang ausschließlich auf das Erwerbsunternehmen abstellenden betriebswirtschaftlichen Theorie auf die Theorie des privaten Haushalts.

e) Schaffung eines neuen Forschungszweiges der betriebswirtschaftlichen Theorie: Analyse der unselbständigen Erwerbstätigkeit sowie des gemischten Erwerbshandelns (teils Vermögensanlage, teils unternehmerisches Handeln, teils unselbständige Erwerbstätigkeit).

2. Soweit es die betriebswirtschaftliche Handlungsanalytik anlangt, bedeutet die Einführung der handlungstheoretischen Konzeption, daß nunmehr auch die bei konkreter Definition nicht quantifizierbaren Unternehmensvariablen zum Gegenstand der axiomatischen Analyse erhoben werden: Es gilt, (unter Bezug auf jeweils vorauszusetzende Entscheidungsbedingungen) bedingte Allgemeinaussagen über die optimale Variante einer nichtquantifizierbaren Variable zu gewinnen. Allerdings lassen sich diese allgemeinbegrifflichen Optimumdefinitionen nur mit tendenzieller Gültigkeit bilden. Auch besitzen sie nur eine zeitlichräumlich begrenzte Anwendbarkeit.

Mit der Inangriffnahme der betriebswirtschaftlichen Handlungsanalytik wird es zugleich möglich, eine sinnvolle Abgrenzung zwischen der betriebswirtschaftlichen Analyse einerseits und den technologischen Bemühungen der Herausarbeitung von organisatorischen Leitungsstrukturen, Finanzierungsmethoden, Absatzverfahren, Prognosetechniken, Optimierungsmethoden und dgl. zu ziehen.

Die Entwicklung bzw. systematisierende Beschreibung derartiger möglicher Handlungsweisen – sie bedient sich der Forschungsergebnisse verschiedenster empirischer Disziplinen (z. B. Physiologie, Chemie, Soziologie, Psychologie und dgl.) – vollzieht sich lediglich im Vorfeld der betriebswirtschaftlichen Analyse. Sie dient der Vorbereitung der im Rahmen der betriebswirtschaftlichen Handlungsanalytik durchzuführenden Untersuchungen.

Die betriebswirtschaftliche Handlungsanalytik stellt derzeit noch eher ein Programm, denn ein bereits festgefügtes Gedankengebäude dar. In der Literatur finden sich häufig die Vorteile und Nachteile bestimmter Handlungsweisen (z. B. bestimmte Fertigungsverfahren, Absatzwege, Finanzierungsmethoden und Optimierungsmethoden) erörtert.

Derartigen Untersuchungen haftet meist der Mangel an, daß ihre Aussagen nicht auf explizit definierte Rahmenbedingungen bezogen sind und oft nur von Gefahren und möglichen Vorzügen gesprochen wird. Hier wäre in Richtung der systematischen Bildung von bedingten Allgemeinsätzen über die optimale Handlungsweise noch viel zu tun. Unbeschadet dessen aber sind derartige Vorteils- und Nachteilsanalysen als rudimentäre Ansätze der betriebswirtschaftlichen Handlungsanalytik zu interpretieren.

Literatur: *Morgenstern, O.:* Vollkommene Voraussicht und wirtschaftliches Gleichgewicht. In: ZfN, 6. Bd 1935, S. 337–357 – *Koch, H.:* Über einige Grundfragen der Betriebswirtschaftslehre. In: ZfhF, 8. Jg 1957, S. 569–597 – *Albert, H.:* Marktsoziologie und Entscheidungslogik. In: ZfSt, 114. Bd 1958, S. 269–296 – *Boulding, K.E.:* The Skills of the Economist. London 1958 – *Wittmann, W.:* Unternehmung und unvollkommene Information. Köln u. Opladen 1959 – *Albert, H.:* Reine Theorie und politische Ökonomie. In: ZfSt, 117. Bd 1961, S. 438–467 – *Koch, H.:* Über eine allgemeine Theorie des Handelns. In: Zur Theorie der Unternehmung. Festschrift für *E. Gutenberg,* Wiesbaden 1962, S. 385–423 – *Gutenberg, E.:* Betriebswirtschaftslehre als Wissenschaft. 3. A., Krefeld 1967 – *Gräfgen, G.:* Theorie der wirtschaftlichen Entscheidung. 2. A., Tübingen 1968 – *Koch, H.:* Die theoretische Ökonomik als individualanalytische Handlungstheorie. In: ZfSt, 127. Bd 1971, S. 686ff. – *ders.:* Die betriebswirtschaftliche Theorie als Handlungsanalyse. In: Wissenschaftsprogramm und Ausbildungsziel der Betriebswirtschaftslehre, hrsg. v. *G. von Kortzfleisch.* Berlin 1971, S. 61ff. – *ders.:* Die zeitliche Modellstruktur einer handlungsanalytisch betriebenen Theorie der Unternehmung – dargestellt anhand der Theorie des Absatzes. In: Zur Theorie des Absatzes. Festschrift für *E. Gutenberg,* Wiesbaden 1973, S. 215 –261.

Helmut Koch

Handwerksbetriebe

[s. a.: Arbeitswissenschaft; Betriebsvergleich; Dienstleistungsbetriebe; Funktionen, betriebliche; Handelsbetriebe, Arten der; Industriebetriebe, Arten der; Kennzahlen, betriebliche; Kooperation, zwischenbetriebliche; Rationalisierung; Unternehmungsberatungsbetriebe.]

I. Handwerksbegriff; II. Bedeutung der Handwerkswirtschaft; III. Abgrenzung der Handwerksbetriebe von den industriellen Großbetrieben; IV. Leistungsbereiche; V. Handwerksförderung.

I. Handwerksbegriff

Die handwerklichen Betriebswirtschaften decken einen vorwiegend individuell geprägten Bedarf durch individualisierte Erzeugnisse oder Leistungen. Den Gedankengängen *A. Gutersohns* (1954) folgend, ist das Handwerk als jene Art der selbständig betriebenen *Stoffbearbeitung* oder *Leistungserstellung* zu umschreiben, die auf unmittelbar persönlichen Leistungen, meistens *Einzellei-*

stungen beruht, um damit vorwiegend *differenzierte Bedürfnisse* zu befriedigen.

Die Besonderheiten der Leistungen zeigen sich in verschiedener Weise:

Verschiedenheit der Güte der maschinellen Erzeugung und der *Handarbeit,* größere Wandelbarkeit der Handarbeit und größere Anpassungsfähigkeit an wechselnde, vielleicht nur wenig abgestufte Bedürfnisse; Abstimmung der Bauleistungen an wechselnde natürliche und technische Vorbedingungen; Vielfalt der *Reparaturleistungen;* Verkürzung der Wegstrecken für Kunden durch Annäherung des Standortes von Verkaufsläden oder Werkstätten an den Wohnsitz der Verbraucher; Zuschnitt der Erzeugnisse oder der Dienste an die besonderen Bedürfnisse (Kleider, Haarpflege); sorgfältige *Kundenberatung* und schöpferisches Schaffen; Gewährleistung für die Güte der Leistungen und Erzeugnisse.

Nach dem 2. Weltkrieg hat sich eine in Abständen von ein bis zwei Jahren zusammentretende Gemeinschaft von Vertretern der Wirtschaftswissenschaft im Rahmen der „*Rencontres de St. Gall*" unter Leitung von *A. Gutersohn* auf einen neuen *Gewerbebegriff* geeinigt, der das Handwerk einschließt. Die Begriffsbestimmung lautet: „Gewerbe (Handwerk, Kunsthandwerk, Fachhandel, persönliche Dienste) ist selbständige wirtschaftliche Erwerbstätigkeit, gerichtet auf Befriedigung individualisierter Bedürfnisse durch Leistungen, als im Ergebnis der Persönlichkeit des gewerblichen Unternehmers, seiner umfassenden beruflichen Ausbildung und des üblichen Einsatzes seiner personellen Kräfte und Mittel sind".

Der → *Industriebetrieb* dagegen erstellt vorwiegend *Massenerzeugnisse* und Massenleistungen für den Massenbedarf. Eine scharfe Grenzziehung zwischen den Handwerksbetrieben und Industriebetrieben ist deswegen nicht möglich, weil die großen Handwerksbetriebe und die kleineren Industriebetriebe einander in zahlreichen Belangen sehr ähnlich sind. Es gibt Handwerksbetriebe, die im Hinblick auf ihre Planung und Organisation und die Tatsache, daß ein Teil ihres Leistungsprogramms durch die *Kleinserie* geprägt ist, den industriellen Kleinbetrieben sehr nahe kommen.

Die handwerkliche Tätigkeit wurde anfänglich vorwiegend als Handarbeit mit Hilfe von einfachen Werkzeugen und Geräten ausgeübt. Im Laufe der Entwicklung hat die Maschine immer mehr Eingang in die handwerklichen Betriebe gefunden. Schwere Rückschläge für diese Betriebe brachte die Dampfmaschine, da diese bloß in größeren Betrieben eingesetzt werden konnte. Erst die Erfindung des Elektromotors, der für jede → *Betriebsgröße* in den erforderlichen Dimensionen als Kraftquelle geeignet ist, hat weitreichende Möglichkeiten für den Handwerksbetrieb geboten.

II. Bedeutung der Handwerkswirtschaft

In der Bundesrepublik Deutschland folgt das Handwerk als zweitgrößter Wirtschaftszweig nach der Industrie. Die *Handwerkswirtschaft* zählte 1972 (Ergebnis der vierteljährlichen Handwerksberichterstattung) 555100 Betriebe mit rd. 4241000 Beschäftigten. Dies entspricht einer durchschnittlichen Beschäftigtenzahl von 7,6 je Betrieb.

1) *Anzahl der Betriebe und Beschäftigten*
(Handwerkszählung 1968)

Wirtschaftszweig	Betriebe	Beschäftigte
Verarbeitendes Gewerbe		
(ohne Baugewerbe)	346 217	1 718 329
Baugewerbe	154 209	1 643 776
Handel	25 084	127 713
Dienstleistungen	70 386	406 111
Sonstige Handwerke	861	2 722
Insgesamt	596 757	3 898 651

2) *Verteilung auf die Betriebsgrößenklassen*
(Handwerkszählung 1968)

Beschäftigtenzahl	Betriebe in %	Beschäftigte in %
1	24,6	
2–4	39,9	21,0
5–9	22,6	22,5
10–19	7,5	15,4
20–49	3,9	17,4
50–99	1,0	10,5
100 und mehr	0,5	13,2
	100,0	100,0

Mit gesamtwirtschaftlichen Maßstäben gemessen sind fast sämtliche Handwerksbetriebe *Klein- oder Mittelbetriebe*, wobei der Anteil der Betriebe mit einer Zahl bis zu 49 Beschäftigten 98,5% beträgt; bloß 1,5% der Handwerksbetriebe haben 50 und mehr Beschäftigte.

Trotz der allgemeinen Entwicklungstendenz zum größeren Betrieb entfallen noch rund 25% aller Handwerksbetriebe auf den sogenannten *Einmannbetrieb*. Daneben gibt es kleinere, von der Statistik nicht erfaßte Einheiten, nämlich die *Halb- oder Zwergbetriebe*. Hier ist der Inhaber gezwungen, neben der handwerklichen Tätigkeit eine weitere Beschäftigung auszuüben. Diese *Kleinstbetriebe* haben für dünn besiedelte, besonders für ländliche Gebiete große Bedeutung.

Die hier verwendete Beschäftigtenzahl als Maßstab der → *Betriebsgröße* ist auch im Handwerk nur beschränkt aussagefähig, vor allem deswegen, weil in zahlreichen Zweigen das Anlagevermögen stark gestiegen ist. Qualitative und quantitative Merkmale müssen herangezogen werden, um die Betriebsgröße zu kennzeichnen. Es ist geboten, Kombinationen von verschiedenen qualitativen und quantitativen Merkmalen (Kennzahlen) zu bilden und dabei branchenindividuell vorzugehen. Zu den Erstgenannten gehören z.B. Alleininhaberschaft, Personengesellschaft, unmittelbare Überschaubarkeit, Risikoübernahme durch den Inhaber. Beispiele für quantitative Merkmale sind: Beschäftigtenzahl, Betriebsleistung bzw. Umsatz, Anlagevermögen, Gesamtkapital.

3) *Umsätze der Handwerkszweige*
(Handwerkszählung 1968)

Wirtschaftszweig	Gesamtumsatz in Mio. DM
Verarbeitendes Gewerbe	
(ohne Baugewerbe)	70 260,3
Baugewerbe	51 828,5
Handel	8 531,5
Dienstleistungen	5 285,6
Sonstige Handwerke	940,0
Insgesamt	136 845,9

Rund 90% des Gesamtumsatzes des Handwerks entfallen auf die *verarbeitenden Handwerke* und das *Bau- und Ausbauhandwerk*, der Rest des Umsatzes wird im *Handel* und im *Dienstleistungshandwerk* erzielt.

In Österreich gibt es 90 979 Handwerksbetriebe mit 495 362 Beschäftigten (Quelle: Gewerbliche Betriebszählung 1964), daraus ergibt sich die durchschnittliche Beschäftigtenzahl von 5,4 je Betrieb.

III. Abgrenzung der Handwerksbetriebe von den industriellen Großbetrieben

Bei der Abgrenzung der Handwerksbetriebe sind folgende qualitative Merkmale wesentlich:

1. Die persönliche Selbständigkeit des handwerklichen Unternehmers. Er vereinigt Leitung und Kapital in seiner Hand, er ist „*Eigentümer-Unternehmer*". Der Großbetrieb hingegen wird im allgemeinen von einem „*Direktor-Unternehmer*" (*Manager*) geleitet.

2. Der Betrieb ist für den Unternehmer die entscheidende, meistens die alleinige Einkommensquelle. Die enge Betriebsverbundenheit des handwerklichen Unternehmers stellt die Ziele der Nachhaltigkeit, der Betriebserhaltung und der Einkommenssicherung in den Vordergrund.

3. Der Betrieb ist durch die Mitarbeit des Inhabers (Meisters) gekennzeichnet. Dieser ist im kleinen Handwerksbetrieb vorwiegend manuell, im mittleren manuell, leitend und verwaltend, im größeren ausschließlich leitend und verwaltend tätig.

4. Der Unternehmer trägt für den von ihm abhängigen Betrieb die umfassende Verantwortung und das gesamte Risiko.

5. Die persönliche Verbindung zwischen Inhaber und Mitarbeitern schafft eine Betriebsgemeinschaft.

6. Die untere Grenze der Größe des Handwerksbetriebes ist durch die volle Beanspruchung des Unternehmers gegeben. Der Betrieb muß mindestens so groß sein, daß er dem Inhaber volle Beschäftigung und ein ausreichendes Einkommen sichert.

7. Neben dem Inhaber sind sehr oft Familienangehörige im Betrieb tätig.

8. Hinsichtlich der Rechtsform überwiegen Einzelfirmen und Personengesellschaften; die G.m.b.H. kommt gelegentlich in größeren Handwerksbetrieben vor.

9. Im Handwerksbetrieb ist der Unternehmer *Fachmann* seiner Branche; im Großbetrieb ist er als Unternehmer bzw. Manager Fachmann auf dem Gebiete der Führungsaufgaben (→ *Führungskräfte*) (vgl. *Aengenendt-Papesch* 1962).

IV. Leistungsbereiche

Die *Leistungsbereiche* (*Funktionsbereiche*) müssen im Hinblick auf die Besonderheiten der handwerklichen Betriebswirtschaft gestaltet und geführt werden.

1. Planung, Organisation und Hilfsfunktionen der Organisation (Rechnungswesen)

Die Gestaltung dieser Aufgabengebiete ist in hohem Ausmaß von der Betriebsgröße abhängig.

Während in den kleineren und auch in vielen mittleren Betrieben diese Bereiche oft durch Improvisation ersetzt werden, finden wir in den größeren Betriebswirtschaften systematische → *Planung* und → *Organisation*, die aus dem Betriebszweck, unter Beachtung der Leistungseigenart, der Marktgröße und anderer struktureller Gegebenheiten abgeleitet sind. Sowohl die grundsätzliche Planung (*Rahmenplanung*) als auch die aktuelle Planung (*Detailplanung*) werden im allgemeinen durch den Unternehmer durchgeführt. Das → *Rechnungswesen* wird in Form der Einnahmen-Ausgabenrechnung erledigt, doch sind im Laufe der letzten Jahre immer mehr kleinere Betriebe zur doppelten → *Buchhaltung* übergegangen. Die Selbstkostenrechnung wird im allgemeinen als Zuschlagskalkulation geführt. Größere Betriebswirtschaften bedienen sich im Rechnungswesen moderner Verfahren. Die → *Deckungsbeitragsrechnung* und die Anwendung der *EDV* auf Gemeinschaftsgrundlage finden hier zunehmend Eingang. Das gesamte Rechnungswesen oder Teile davon werden von Betrieben aller Größen im allgemeinen an Buchstellen, Rechenzentren oder Steuerberater übertragen. Mit Hilfe dieser Organe werden von fortschrittlichen Unternehmern die Ergebnisse von → *Betriebsvergleichen* als Grundlage für die Verbesserung der Wirtschaftlichkeit herangezogen.

Die unmittelbare Überschaubarkeit durch den Unternehmer ist im Hinblick auf die Unternehmung als wirtschaftliches und als soziales Gebilde gegeben. Industrielle Großbetriebe können allein durch organisatorische Maßnahmen unter Einsatz eines komplizierten Instrumentariums mittelbar überschaubar gemacht werden. Das gelingt in betriebswirtschaftlicher Hinsicht weitgehend, in sozialer oft bloß in engen Grenzen. Mit wachsender Betriebsgröße zeigt sich auch im Handwerksbetrieb die Tendenz zu „*Institutionalisierung*" der betrieblichen → *Funktionen;* d.h. die Funktionen werden zu Abteilungen ausgestaltet. Im kleinen und mittleren Handwerksbetrieb ist der Unternehmer der Träger sämtlicher Funktionen, im größeren ist er nur noch Träger einiger vorgeordneter Funktionen, die übrigen werden von Sachbearbeitern ausgeführt; die *Abteilungsbildung* ist nicht sehr weit ausgebaut, einige wenige Funktionen sind als Abteilungen ausgebildet (z.B. Verkauf, Einkauf, Buchhaltung). Der industrielle Großbetrieb hingegen ist durch Abteilungsbildung für fast sämtliche Funktionen gekennzeichnet; es bestehen Linien- und Stabsabteilungen.

2. Betriebliches Vorschlagswesen, Entwicklungsarbeiten

Die Förderung von *Vorschlägen* von seiten der Mitarbeiter ist in größeren Betrieben zu finden. Entwicklungsarbeiten werden zum Teil mit Hilfe von *Gemeinschaftseinrichtungen* (Branchenlabors, Versuchsanstalten), aber auch selbständig in den handwerklichen Betrieben vorgenommen. Auch kleinere Betriebe bieten Problemlösungen auf Grund eigener Konstruktions- und Versuchsarbeiten, Entwicklung von besseren Qualitäten (z.B.

Backversuche bei Bäckern und Zuckerbäckern, Entwicklung neuer Rezepte und Backverfahren) und zahlreiche Lösungen auf dem Gebiet der Formgebung (z.B. Möbel, Beleuchtungskörper).

3. Auswahl, Ausbildung, Weiterbildung und Betreuung der Mitarbeiter

Für die handwerkliche Leistungserstellung ist die *Einzelfertigung* oder Einzelleistung entscheidend, die durch unmittelbare Mitwirkung oder unter Anleitung des Unternehmers von den Betriebsangehörigen vollbracht wird. Es besteht eine enge persönliche Verbindung zwischen *Meister, Gesellen* und *Lehrlingen*. Der Meister vollbringt mit der fachlichen Ausbildung der Lehrlinge und der Weiterbildung der Gesellen auch eine wichtige Erziehungsarbeit (→ *Aus- und Weiterbildung, betriebliche*). Im handwerklichen Betrieb gibt es keine Beschränkung des handwerklichen Könnens auf Teilaufgaben. Diese Betriebe sind auf Mitarbeiter mit hohem Ausbildungsstand angewiesen. Der *Facharbeitermangel* trifft daher den Handwerksbetrieb wesentlich stärker als den Industriebetrieb, da Hilfsarbeiter bloß in sehr engen Grenzen eingesetzt werden können. Für jeden Lehrling und Gesellen steht der Weg zum selbständigen Unternehmer offen.

4. Finanzierung

Die *Eigenfinanzierung* ist bei Gründung und Übernahme wesentliche Grundlage der *Kapitalbeschaffung* (→ *Finanzierungsformen und -arten*). Im Zuge der zunehmenden Technisierung und Maschinenausstattung ist eine wesentliche Erhöhung des Bedarfes an langfristigem Kapital eingetreten. In derselben Weise wirkt sich die Betriebsvergrößerung aus. Die Angliederung von Einzelhandels-Teilbetrieben macht es oft notwendig, ein umfangreiches Angebot an Handelswaren lagernd zu halten, womit zusätzlicher Kapitalbedarf auftritt. In diesem Zusammenhang gewinnen die *Fremdfinanzierung* und *Selbstfinanzierung* wachsende Bedeutung. Neben den bekannten Finanzierungsmöglichkeiten, die allen Betrieben unabhängig von ihrer Größe offenstehen, kommen als typische Formen für Handwerksbetriebe Familiendarlehen und durch Bürgschaftseinrichtungen (z.B. *Kreditgarantiegemeinschaften, Bürgschaftsgenossenschaften*) verbürgte Kredite in Frage.

5. Absatz

Der handwerkliche Betrieb ist im allgemeinen auftragsorientiert; sein → *Standort* ist in der Nähe der Kunden. Zusätzlich zur Erzeugung bzw. Dienstleistungserstellung werden Handelssparten angegliedert, wo fremdbezogene Waren verkauft werden. Neben der → *Werbung* durch die Qualität der Arbeit, die Individualität der Ausführung und die Termintreue versuchen moderne Betriebe durch das Schaufenster, die Geschäftsausstattung und durch einen besonders ausgebauten → *Kundendienst* zu werben. Den kundennahen, räumlich dezentralisierten Handwerksbetrieben ist die Anpassung an Marktänderungen im allgemeinen leichter möglich als Großbetrieben. Diese bessere Anpassungsfähigkeit wird aber dadurch eingeschränkt, daß den Unternehmern das Wissen um die Notwendigkeit der rechtzeitigen Anpassung und auch um die vorhandenen Möglichkeiten oft fehlt. Sie verfügen auf betriebswirtschaftlicher Ebene in vielen Fällen nicht über das entsprechende Instrumentarium zur Erhellung des Marktes.

6. Einkauf und Lagerhaltung

Im Hinblick auf die Auftrags- bzw. Kundenproduktion werden die Rohstoffe oft erst nach Auftragseingang beschafft. Die dem individuellen Bedarf entsprechenden Erzeugnisse können im allgemeinen nicht als *Lagerware* hergestellt werden. Im Handwerksbetrieb hat das → *Lager* hauptsächlich die Aufgabe, Ersatzteile und Handelswaren aufzunehmen, die in vielen Zweigen einen erheblichen Teil des eingesetzten Kapitals binden.

7. Transport

Bei der Gründung haben die Handwerksbetriebe meistens geringe Größen. *Betriebsvergrößerungen* erfolgen im Laufe längerer Zeitabschnitte, wobei die Aufstellung von zusätzlichen Maschinen und notwendige Zubauten aus Raummangel in der Mehrzahl der Fälle nicht optimal erfolgen. Dadurch ist der *innerbetriebliche Transport* infolge zahlreicher kostenerhöhender *Leerlaufwege* belastet (z.B. Unterbringung von Werk- und Lagerräumen in anderen Gebäuden, Fehlen von Verlademöglichkeiten). Erst dann, wenn bei neuerlichen Betriebsvergrößerungen auch ein anderer Standort gewählt wird, wo die Neuerrichtung des Betriebes nach einem den Erfordernissen entsprechenden Plan erfolgt, werden durch richtige Raum- und Arbeitsgliederung die Transportfragen nach Wirtschaftlichkeitsgesichtspunkten gelöst (→ *Transportwesen, betriebliches*).

8. Fertigung bzw. Leistungserstellung i.e.S.

Der Handwerksbetrieb erbringt meistens kleindimensionierte Erzeugnisse oder Leistungen, während der Großbetrieb klein- und großdimensionierte erbringt. Die vorwiegend angewandten → *Produktionsverfahren (Werkbankfertigung, maschinelle Werkstättenfertigung, Baustellenfertigung)* geben der innerbetrieblichen Arbeitsteilung geringere Möglichkeiten als die vorwiegend in industriellen Großbetrieben anzutreffenden Verfahren (Reihenfertigung, Fließbandfertigung, Automation).

Die Leistungserstellung erfolgt durch erzeugende, dienstleistende, instandhaltende und instandsetzende Tätigkeiten. Es wird u.a. die Werterhaltung langlebiger Erzeugnisse und die Verlängerung der Lebensdauer von Bauten, Maschinen, Geräten, Kraftfahrzeugen, Haushaltgeräten und Einrichtungsgegenständen erreicht. Das ist besonders wichtig in einer Zeit, die sich von der bisher geförderten umweltzerstörenden Schunderzeugung und Wegwerfwirtschaft abwendet und der Förderung langlebiger Erzeugnisse zuzuwenden gezwungen ist. Daneben kommt auch die *Kleinserienerzeugung* in Frage; dies gilt vor allem für solche Betriebe, die sich der Zusammenarbeit mit Großbetrieben durch Zulieferungen und Unterlieferungen widmen.

Die Kenntnis der Ergebnisse der → *Arbeitswissenschaft* (besonders *Refa*) hat in den Handwerksbetrieben noch nicht ausreichend Eingang gefunden, obwohl dafür sehr weitreichende Anwendungsmöglichkeiten gegeben wären.

V. Handwerksförderung

Als *Handwerksförderung* werden alle Maßnahmen von Verbänden und Einrichtungen der wirtschaftlichen Selbstverwaltung bezeichnet, die der Steigerung der Wirtschaftlichkeit des Handwerkszweiges oder des einzelnen Betriebes dienen. Die Träger dieser Maßnahmen sind vorwiegend *Gewerbeförderungsanstalten*, Handwerkskammern, *Wirtschaftsförderungsinstitute*, Fachverbände und Arbeitsgemeinschaften. Die Grundlagen für die Maßnahmen werden von unabhängigen wissenschaftlichen Instituten durch betriebsvergleichende Untersuchungen in den einzelnen Zweigen gewonnen. Dabei bieten *Kennzahlenvergleiche* und der Vergleich der verschiedenen Verfahren der Führung der einzelnen Funktionsbereiche die Kenntnisse über die immer wiederkehrenden *Verlustquellen* in den verschiedenen Betrieben (→ *Betriebsvergleich*).

Diese Arbeiten werden z.B. in der deutschen Bundesrepublik vom „*Deutschen Handwerksinstitut*" (DHI), in Österreich vom „*Institut für Gewerbeforschung*" und in der Schweiz vom „*Schweizerischen Institut für gewerbliche Wirtschaft*" durchgeführt. Maßnahmen zur Förderung der → *Kooperation* von Handwerksbetrieben mit anderen Handwerksbetrieben und mit großen Industriebetrieben, die als Abnehmer für Zu- und Unterlieferungen in Frage kommen, die Förderung der Errichtung von Zulieferer-Börsen, von *Kreditbürgschaftseinrichtungen* und Kapitalbeteiligungsgesellschaften, Gründung von Erfahrungsaustauschgruppen und die Betriebsberatung in betriebswirtschaftlicher und technischer Hinsicht sind Hauptarbeitsgebiete der Handwerksförderung. Dazu kommen Vorkehrungen der Weiterbildung für Meister und Gesellen, die Begabtenförderung, die Durchführung von Handwerksmessen und Ausstellungen.

Nicht Subventionen, sondern vorwiegend planende und organisierende Maßnahmen zur *Stärkung der* Wettbewerbsfähigkeit sind die wesentlichen Inhalte der Förderung. Handwerkliche Betriebe bieten die Lebensgrundlage einer großen Zahl selbständiger Wirtschaftreibender, weshalb ein lebensfähiges Handwerk im Hinblick auf die Krisenfestigkeit der Gesamtwirtschaft von sehr großer Bedeutung ist.

Literatur: Rößle, K.: Betriebswirtschaftslehre des Handwerks. Wiesbaden 1952 – *Laub, K.:* Die Markterkundung im Handwerk. Stuttgart 1953 – *Gutersohn, A.:* Das Gewerbe in der freien Marktwirtschaft. 2 Bde, Zürich u. St. Gallen 1954–1962 – *Voigt, F.:* Handwerk. In: HdSW, 5. Bd, Tübingen, Stuttgart u. Göttingen 1956, S. 24–35 – *Hruschka, E.:* Betriebswirtschaftliche und allgemeine Gewerbeförderung. Wien 1958 – *Rößle, K.:* Handwerksbetrieb. In: HWB, 3. A., 2. Bd, Stuttgart 1958, Sp. 2617–2627 – *Aengenendt-Papesch, R.:* Die Funktionen der Klein- und Mittelbetriebe in der wettbewerblichen Marktwirtschaft. Köln u. Opladen 1962 – *Heinrich, W.:* Probleme des Klein- und Mittelbetriebes in Handwerk und Gewerbe. Münster 1962 – Deutsches Handwerksinstitut (Hrsg.): Wirtschaftslehre des Handwerks. München 1964 – *Beckermann, T.:* Die Handwerkswirtschaft. Essen 1965 – *Hruschka, E.:* Die Kooperation von Klein- und Mittelbetrieben mit Großbetrieben als Marktproblem. In: Der Markt, 65. Jg 1965, S. 32–36 – *Gutersohn, A.:* Das Handwerk – noch zeitgemäß?. In: Kroniek van het Ambacht/Klein- en Middenbedrijf, 25. Jg 1971, S. 313–325 – *Hruschka, E.:* Aktuelle Möglichkeiten der Förderung der Klein- und Mittelbetriebe in Österreich. Ebd., S. 357–375 – *Wernet, W.:* Wie fördert man den Klein- und Mittelbetrieb? Ebd., S. 433–445.

Erich Hruschka

Haushalt, Wirtschaftslehre des privaten

[s. a.: Absatz und Absatzlehre; Arbeit und Arbeitsleistung; Bedürfnis, Bedarf, Gut, Nutzen; Beschaffung und Beschaffungslehre; Betrieb, Betriebswirtschaft und Unternehmung; Betriebswirtschaftslehre, Entwicklungstendenzen der Gegenwart; Einkommen; Entscheidungstheorie; Handlungstheorie; Information; Kommunikation; Marketing; Methodenprobleme in der Betriebswirtschaftslehre; Öffentliche Betriebe; Systemtheorie; Verbraucher; Verbraucherverbände; Verhaltenswissenschaften und Betriebswirtschaftslehre; Warentest, vergleichender; Werbung und Werbelehre; Wissenschaftstheorie; Ziele, Zielsysteme und Zielkonflikte.]

I. Kennzeichnung des privaten Haushalts; II. Wissenschaftstheoretische Aspekte einer Wirtschaftslehre des privaten Haushalts; III. Problembereiche einer Betriebswirtschaftslehre des privaten Haushalts; IV. Zusammenfassung.

I. Kennzeichnung des privaten Haushalts

Der private Haushalt läßt sich als Organisation kennzeichnen, in der Dispositionen über wirtschaftliche Güter primär zwecks Befriedigung individueller → *Bedürfnisse* der Organisationsmitglieder erfolgen. Auch in (privaten und öffentlichen) Unternehmungen wird über wirtschaftliche Güter disponiert, und hieraus ergeben sich zahlreiche Gemeinsamkeiten zwischen Unternehmungen und privaten Haushalten; aber die Unternehmungen sind Institutionen, die primär wirtschaftliche Güter für Dritte erstellen (abgeleitete Betriebe im Sinne *Nicklischs*), während die privaten Haushalte in erster Linie der Deckung des eigenen Bedarfs der Haushaltmitglieder dienen (Fremd- gegenüber Eigenbedarfsdeckung nach *Kosiol*).

Sowohl aus der Verschiedenartigkeit individueller Bedürfnisse als auch aus der Vielfalt dessen, was als wirtschaftliche Güter zu bezeichnen ist, resultiert die große inhaltliche Spannweite der Aktivitäten privater Haushalte. Haushälterisches Handeln erschöpft sich nicht nur in der Deckung unmittelbar konsumbezogener Bedürfnisse wie z.B. dem Verzehr einer Mahlzeit; vielmehr sind auch bestimmte Bedürfnisse nach produktiver Entfaltung, nach Kreativität u.ä., deren Erfüllung im Zusammenhang mit Dispositionen über wirtschaftliche Güter angestrebt wird bzw. werden kann, in die Betrachtung mit einzubeziehen (vgl. III, 1). Der Katalog der wirtschaftlichen Güter wiederum geht über den Bereich der *Sachgüter* weit hinaus, er umfaßt außerdem *Nominalgüter* (z.B. Geld, Darlehen, Wertpapiere) sowie den weiten Bereich der *Dienstleistungen*, sei es, daß es sich dabei um Dienstleistungen Dritter für den Haushalt handelt (z.B. Dienste der Hausgehilfen, Versicherungsleistungen, Ausbildungsleistungen, Informationsleistungen Dritter) oder um Dienstleistungen, die die Haushaltangehörigen im Haushalt selbst erbringen oder als Arbeitsleistungen für Dritte bereitstellen. Nicht zuletzt die Berücksichtigung der Dispositionen über das Arbeitspotential der Haushaltmitglieder führt schließlich u. a. zu der Konsequenz, Zeitdispositionen jeglicher Art als einen Bereich des Haushalthandelns zu betrachten, eine Perspektive, die sich insbesondere auch vom Ansatz der modernen entscheidungsorientierten Betriebswirtschaftslehre her anbietet.

Die Vielfalt der Haushaltaktivitäten (vgl. ausführlicher unter III) wird durch die Grobklassifikation in Konsumtions- und Produktionsaktivitäten innerhalb des Haushalts nur bedingt abgebildet (Konsumtion = Güterverzehr; Produktion im Haushalt = Leistungserstellung). In dieser Grobeinteilung kommt einmal die Verschiedenartigkeit der Produktionsleistungen nicht zum Ausdruck (z.B. produktive Tätigkeit als Vorbereitung des eigenen Konsums, produktive Tätigkeit für den Konsum *anderer* Haushaltmitglieder, produktive Tätigkeit im Zusammenhang mit externen Arbeitsleistungen); zum anderen lassen sich die Spardispositionen dieser Zweiteilung nicht eindeutig zuordnen und sind daher zweckmäßigerweise als gesonderter Dispositionsbereich anzusehen.

Auf einer anderen Ebene, nämlich der monetären, liegt die Einteilung der Haushaltaktivitäten in solche der Einkommenserzielung und der Einkommensverwendung (→ *Einkommen*). Während Konsum und Sparen alternative Formen der Einkommensverwendung darstellen, ist die Zuordnung der im Haushalt erfolgenden Produktionsvorgänge zur Einkommenserzielung oder zur Einkommensverwendung nicht eindeutig möglich: teilweise stehen die Produktionsprozesse in engem Bezug zur

Einkommensverwendung, so etwa die Verarbeitung gekaufter Waren, Informationsaktivitäten als Vorbereitung von Spardispositionen u. ä.; teils sind die Produktionstätigkeiten der Einkommenserzielung zugeordnet (z. B. berufliche Weiterbildung in der Freizeit), teils sind sie bestenfalls nur mittelbar mit der Einkommenssphäre verbunden (z. B. bestimmte Betreuungsleistungen innerhalb des Haushalts).

Aus dem bisher Gesagten geht bereits hervor, daß die häufig vorgenommene Kennzeichnung der Haushalte als *Konsumtions*wirtschaften selbst dann wenig zweckmäßig ist, wenn damit lediglich der Schwerpunkt haushälterischer Aktivitäten zum Ausdruck gebracht werden soll. Die Dominanz des Güter*verzehrs* ergibt sich im modernen Haushalt i. d. R. nur hinsichtlich der *Sach*güter. Bezieht man dagegen die immateriellen Leistungen in die Betrachtung ein, so gewinnt der Bereich der Dienstleistungsproduktion erhebliches Gewicht, nicht zuletzt in Gestalt privater Dienstleistungen für andere Haushaltmitglieder oder für haushaltexterne Personen (z. B. private soziale Aktivitäten, politisches Engagement u. ä.). Schließlich vernachlässigt eine Kennzeichnung des privaten Haushalts als Konsumtionswirtschaft sowohl die Interdependenzen zwischen Haushaltdispositionen und haushaltexterner „Arbeitswelt" als auch den Bereich der Planung und Steuerung individueller Bedürfnisse, der ebenfalls mit den individuellen Güterdispositionen eng verbunden ist.

Die unzweckmäßige Vergröberung haushaltwirtschaftlicher Phänomene schlägt sich auch bei der üblichen Güterklassifikation in Konsum- und Investitions-(bzw. Produktions-)güter nieder. Nach herrschender Auffassung sind Investitions- (bzw. Produktions-)güter solche, die im Rahmen der Leistungserstellung von Produktionswirtschaften eingesetzt werden, während demgegenüber Konsumgüter für die Verwendung in privaten Haushalten bestimmt sind. Eine solche Klassifikation läßt außer acht, daß auch im privaten Haushalt bestimmte Ge- *und* Verbrauchsgüter nicht unmittelbar konsumiert werden, sondern der Erstellung konsumreifer „Endprodukte" dienen. Waschmaschinen, Heimbügler etc. sind also unter diesem Gesichtspunkt Investitionsgüter des Haushalts im Gegensatz zu den „echten" Konsumgütern wie z. B. der fertigen Mahlzeit.

Nach wie vor ist es üblich, den privaten Haushalten als weitere Haushaltstypen Anstaltshaushalte (z. B. Krankenhäuser), öffentliche Haushalte etc. gegenüberzustellen. So faßt *Egner* die nichtprivaten Haushalte unter dem Sammelbegriff „Verbandshaushalte" zusammen, die sich in Anstalts-, Kollektiv- und Vereinshaushalte gliedern. Als Unterscheidungsmerkmal zwischen Verbandshaushalten und privaten Haushalten läßt sich u. E. am zweckmäßigsten das Kriterium: Bezug der Güterdispositionen auf die individuellen Bedürfnisse der Haushaltangehörigen verwenden: ist beim *privaten* Haushalt ein solcher Bezug unmittelbar gegeben, so wird bei den Verbandshaushalten – i. d. R. allein schon durch ihre Größe bedingt – nur eine partielle Anpassung der Bedarfsdeckungsaktivitä-

ten an die individuellen Bedürfnisse der Organisationsmitglieder bewirkt. Bei den sog. Verbandshaushalten handelt es sich also überwiegend um Produktionsbetriebe des Dienstleistungsbereichs, die der Fremdbedarfsdeckung dienen. Sie sollten daher zweckmäßigerweise nicht als Haushalte, sondern als Produktionsbetriebe bezeichnet werden.

Zusammenfassend kann der private Haushalt definiert werden als Institution (im Sinne einer längerfristig intendierten Personen-Sachmittel-Kombination bzw. eines sozio-technischen Systems), in der Dispositionen über wirtschaftliche Güter primär zwecks Befriedigung der individuellen Bedürfnisse der Institutionsmitglieder erfolgen.

II. Wissenschaftstheoretische Aspekte einer Wirtschaftslehre des privaten Haushalts

1. Die Zugehörigkeit zur Betriebswirtschaftslehre

Bedauerlicherweise ist bis in die jüngste Zeit in der betriebswirtschaftlichen Literatur die Frage kontrovers, ob der private Haushalt zum Objektbereich der Betriebswirtschaftslehre gehöre oder diese lediglich als Lehre von den Produktionswirtschaften bzw. Unternehmungen zu konzipieren sei. Die letztere Auffassung wird z. B. von *Ulrich, Heinen, Wöhe* und *K. Hax* vertreten, während etwa *Seyffert, Kosiol, Sandig, Banse, R.-B. Schmidt* und *Dubberke* auch private Haushalte als Lehr- und Forschungsobjekte der Betriebswirtschaftslehre ansehen.

Unseres Erachtens sprechen für die Einbeziehung des Haushalts in den Objektbereich der Betriebswirtschaftslehre vor allem folgende Argumente:

1) Eine Betriebswirtschaftslehre der Unternehmungen wie eine Lehre des Haushalts befassen sich in einem weiten Bereich mit denselben Entscheidungssubjekten bzw. -organisationen (Haushaltangehörige bzw. Haushalte). Dementsprechend ergibt sich für sie eine identische explikative Theorie des Haushaltverhaltens. Die Relevanz einer solchen Theorie für eine Betriebswirtschaftslehre der Unternehmungen wie für eine Wirtschaftslehre der privaten Haushalte läßt es unzweckmäßig erscheinen, derartige wissenschaftliche Zusammenhänge in zwei getrennten Disziplinen zu behandeln. Vielmehr empfiehlt es sich, von einem gemeinsamen realwissenschaftlich-theoretischen Fundament aus eine Betriebswirtschaftslehre der Unternehmung wie eine solche der Haushalte zu entwickeln.

2) Eine Betriebswirtschaftslehre, die sich bei der Erarbeitung von Entscheidungshilfen lediglich auf *eine* Gruppe von Wirtschaftssubjekten bzw. Organisationen beschränkt, läuft Gefahr, ihrer kritischen Funktion nicht ausreichend gerecht zu wer-

den. Es kann u.E. nicht befriedigen, wenn die Betriebswirtschaftslehre z.B. Entscheidungshilfen zur gewinnsteigernden Preis- und Produktdifferenzierung der Unternehmungen entwickelt, *ohne* zugleich auch deren Wirkungen auf die Zielerreichung der Marktpartner – speziell der Konsumenten – aufzuzeigen. Die Betriebswirtschaftslehre hat also *umfassende* Wirkungsanalysen und Entscheidungshilfe-Systeme für *alle* Wirtschaftssubjekte bzw. Organisationen zu entwickeln, damit die Belange bestimmter Gruppen nicht vernachlässigt oder lediglich in einer wissenschaftsorganisatorisch wenig effizienten Weise erfaßt werden. Gerade die Ausweitung, die die marktbezogenen Aktivitäten privater Haushalte erfahren haben (vgl. III, 2a), legt es besonders nahe, daß z.B. unternehmerische → *Marketing*-Maßnahmen auch in ihren Auswirkungen auf die Zielerreichung von Haushalten bzw. Konsumenten erfaßt und Entscheidungshilfen auch für den Haushalt von der Betriebswirtschaftslehre entwickelt werden. In dieselbe Richtung zielt nicht zuletzt auch der Denkansatz der → *Systemanalyse,* der für die Betriebswirtschaftslehre bereits heute Bedeutung erlangt hat (vgl. II, 3b).

3) Durch eine Wirtschaftslehre des privaten Haushalts neben der Betriebswirtschaftslehre der Unternehmungen bzw. Produktionswirtschaften würden zusammenhängende Problemkreise noch in einem weiteren Punkt auseinandergerissen: Es ist heute in der Betriebswirtschaftslehre unbestritten, daß auch solche Produktionswirtschaften zum betriebswirtschaftlichen Objektbereich gehören, die nicht privatwirtschaftlicher Art sind (z.B. → *öffentliche Betriebe*). Dazu zählen auch Organisationen, die durch Ausgliederung bestimmter Funktionen aus privaten Haushalten geschaffen wurden bzw. werden können, etwa staatliche Warentestinstitute und → *Verbraucherverbände*. Es wäre willkürlich, derartige Institutionen als zur Betriebswirtschaftslehre gehörend anzusehen, nicht aber die funktionsübertragenden Organisationen, also die privaten Haushalte selbst.

Was die Eingliederung einer Betriebswirtschaftslehre des privaten Haushalts in das Lehrsystem der Betriebswirtschaftslehre angeht, so empfiehlt sich aufgrund der Eigenständigkeit der Haushaltprobleme u.E. die Bildung einer speziellen Betriebswirtschaftslehre, die neben die institutionellen Betriebswirtschaftslehren wie Industriebetriebslehre, Bankbetriebslehre etc. tritt. Eine solche *spezielle Betriebswirtschaftslehre des privaten Haushalts* hätte sowohl die allgemeinen betriebswirtschaftlichen Aussagen auf die spezifischen Haushaltprobleme anzuwenden als auch neue Erkenntnisse zu gewinnen.

2. Das Problem der (primären) Werturteile

Es bedarf keiner Frage, daß auch im Konzept einer sog. wertfreien Betriebswirtschaftslehre des privaten Haushalts (primäre) Werturteile auftreten, sei es, daß diese als Voraussetzung wissenschaftlicher Betätigung gefällt werden (in der Terminologie *Alberts* 1971): Werturteile im Basisbereich; z.B. der Entschluß des Wissenschaftlers, sich mit Problemen des privaten Haushalts zu befassen), oder daß sie das Objekt wissenschaftlicher Analyse bilden (z.B. Untersuchung der ethischen Zielstruktur von Haushaltmitgliedern – Werturteile im Objektbereich nach *Albert*). Umstritten ist hingegen, inwieweit derartige Werturteile im Aussagenzusammenhang von Wissenschaft notwendig bzw. zweckmäßig sind und ggf. als unbedingte Handlungsvorschriften seitens der Wissenschaft vorzugeben seien (→ *Wissenschaftstheorie*).

Interessanterweise wird gerade bei der wissenschaftlichen Behandlung privater Haushalte das Wertfreiheitspostulat (Wertfreiheit im Sinne des Verzichts auf Wertungen im Aussagenzusammenhang) z.T. als unzureichend angesehen und eine Einbeziehung (primärer) Werturteile in den Aussagenzusammenhang gefordert. So hat *Egner* bereits vor mehr als zwei Jahrzehnten das normative Prinzip der „haushälterischen Vernunft" in die Diskussion gebracht. Er postuliert damit ein haushälterisches Handeln, das nicht nur individuellen, formalen Wirtschaftlichkeitskriterien genügt, sondern an bestimmten Sinnkriterien orientiert ist. *R. v. Schweitzer* (1971) hat derartige Sinnkriterien im Wege hermeneutischer Interpretation zu präzisieren versucht und damit die Gefahr des Leerformelcharakters solcher Globalprinzipien vermindert.

Der Ansatz der haushälterischen Vernunft läßt sich mit zwei wesentlichen Problemen der jüngeren wissenschaftstheoretischen Diskussion in Verbindung bringen: Zum einen handelt es sich um die Kritik an jenem Konzept des „Ökonomismus" (*Albert*), das wirtschaftliche Handlungen nur unter sehr speziellen ökonomischen Kriterien (z.B. individuellen Kosten) analysiert, eventuell – wenn auch nur bedingte – Handlungsempfehlungen daraus ableitet und den Komplex der weiterreichenden Wirkungszusammenhänge („Nebenwirkungen") negiert. *Egner* nennt z.B. den Fall des Morphinisten, dessen Verhalten man lediglich daraufhin analysieren kann, inwieweit es eine ökonomisch effiziente Beschaffung von Morphium darstellt. Die im Rahmen der modernen wissenschaftstheoretischen Diskussion erhobene Forderung nach *umfassenden*, das Individuum wie die Gesamtheit betreffenden Wirkungsanalysen wird damit bereits von *Egner* nachdrücklich gefordert.

Der zweite von *Egner* aufgegriffene Problemkomplex läßt sich als der Versuch kennzeichnen, über den Bereich lediglich *formaler* Rationalität hinaus zu einem wissenschaftlich fundierten *materialen* Rationalitätskonzept zu gelangen. Es geht *Egner* um die Integration primärer Werturteile in das Prinzip der haushälterischen Vernunft, die die Grundlage für eine kritische Analyse faktischen haushälterischen Handelns abgeben und zu wissenschaftlich begründeten (unbedingten) Handlungsempfehlungen führen sollen. *R. v. Schweitzer* hat das Prinzip der haushälterischen Vernunft (von ihr auch als haushälterische Verantwortung bezeichnet), in die drei Komponenten der *existenz*notwendigen haushälterischen Vernunft (Lebenserhaltung), der *personalen* haushälterischen Vernunft (Persönlichkeitsbildung und -entfaltung) und der *sozialen* Komponente der haushälterischen Vernunft (Berücksichtigung altruistischer Zielelemente) zerlegt.

Sicherlich wirft auch die durch *R. v. Schweitzer* vorgeschlagene Präzisierung viele Probleme auf. So bleibt etwa die Frage nach den konkreten Kriterien der Persönlichkeitsentfaltung, der ausreichenden Berücksichtigung der sozialen Dimension u. ä. offen. Aber man muß u. E. erwägen, ob nicht bereits eine derart grobe Konkretisierung haushälterischer Vernunft als Maßstab geeignet ist, um zumindest bestimmte Extremformen haushälterischen Verhaltens zu bewerten und auf der Basis einer solchen Bewertung Verhaltensvorschläge (z. B. für den Gesetzgeber) wissenschaftlich begründet vorzulegen.

3. Die Betriebswirtschaftslehre des privaten Haushalts in system- und entscheidungsorientierter Sicht

a) Haushaltrelevante Perspektiven der entscheidungsorientierten Betriebswirtschaftslehre

Insbesondere von der Konzeption einer system- und entscheidungsorientierten Betriebswirtschaftslehre (→ *Betriebswirtschaftslehre, Entwicklungstendenzen der Gegenwart*) her lassen sich fruchtbare Ansatzpunkte für eine Betriebswirtschaftslehre des privaten Haushalts gewinnen. Wesentliches Merkmal der gegenwärtigen entscheidungsorientierten Betriebswirtschaftslehre ist ihre Problemorientiertheit in dem Sinne, daß sie die inhaltliche Vieldimensionalität eines Problems (bzw. eines „Erfahrungsobjekts") zu erfassen sucht und sich nicht nur auf eine Dimension (die „ökonomische", und damit auf ein künstlich präpariertes „Erkenntnisobjekt") beschränkt. Eine solche Problemorientiertheit hat notwendig den Versuch einer Integration von Erkenntnissen betriebswirtschaftlicher Nachbardisziplinen zur Folge, die hinsichtlich der jeweiligen betriebswirtschaftlichen Fragestellung als Hilfswissenschaften fungieren. Ein so verstandener interdisziplinärer Ansatz ist insofern speziell für eine Betriebswirtschaftslehre des privaten Haushalts wichtig, als gerade im Haushalt der ökonomische Bereich mit verhaltenswissenschaftlichen Dimensionen untrennbar verbunden ist. Das gilt nicht nur für Familienhaushalte. Unabhängig von der Haushaltgröße bildet jede auf wirtschaftliche Güter gerichtete Disposition eines Haushaltmitglieds eine unlösbare Einheit mit geistig-psychischen Vorgängen im Individuum; hinzu kommen die soziale Dimension von Haushaltentscheidungen und die mit zahlreichen Güterdispositionen verbundenen sozialen Interaktionen. Die Nichtbeachtung derartiger verhaltenswissenschaftlicher Kategorien muß zu einseitigen, oft unergiebigen wissenschaftlichen Ergebnissen führen. Dies zeigt sich deutlich bei der im Rahmen der → *Volkswirtschaftslehre* entwik-kelten Mikrotheorie des privaten Haushalts: einer ihrer Hauptmängel ist darin zu erblicken, daß sie die individuellen Bedürfnisse, ihre Entstehung und ihre Dynamik als nicht näher zu analysierende Daten ihrer Analyse betrachtet und soziale Verhaltensdeterminanten und -prozesse bestenfalls implizit berücksichtigt. Damit wird ein entscheidender Forschungsbereich aus dem Wissenschaftsprogramm ausgeklammert, und die geringe empirische Relevanz der Mikrotheorie des Haushalts hat hierin eine ihrer wesentlichen Ursachen.

Weiterhin liegt es im Forschungsansatz der gegenwärtigen entscheidungsorientierten Betriebswirtschaftslehre begründet, daß den mit wirtschaftlichen Entscheidungen verbundenen *Problemen der* → *Information* zentrale Bedeutung beigemessen wird. Es muß beim heutigen Forschungsstand u. E. noch offenbleiben, inwieweit sich ein informatorisches Gesamtkonzept in Gestalt des Informationsverarbeitungs-Ansatzes für eine Betriebswirtschaftslehre des privaten Haushaltes als fruchtbar erweist. Daß aber unabhängig davon der Informationssektor in einer modern konzipierten Betriebswirtschaftslehre des privaten Haushalts eine wichtige Rolle zu spielen hat, steht u. E. außer Frage (vgl. auch III, 3).

Auch hinsichtlich des Informationssektors weist die volkswirtschaftliche Mikrotheorie des Haushalts beträchtliche Schwächen auf: in ihr wird weitestgehend die Prämisse der vollkommenen Information zugrunde gelegt und damit ein wichtiger empirischer Problembereich ausgeklammert. Die – aufs Ganze gesehen nicht sehr zahlreichen – Versuche der mikrotheoretischen Haushaltanalyse, der Unvollkommenheit der Information stärker Rechnung zu tragen, befriedigen insofern wenig, als auch in ihnen verhaltenswissenschaftliche Kategorien ausgeklammert sind; ohne sie dürfte jedoch eine wissenschaftliche Bewältigung des Informationskomplexes nicht möglich sein.

Ein weiteres Kennzeichen der entscheidungsorientierten Betriebswirtschaftslehre liegt darin, daß der Entscheidungsprozeß als Problemlösungsprozeß verstanden wird, der sich auch auf die Entscheidungs*durchsetzung* erstreckt und in allen seinen (untereinander rückgekoppelten) Phasen personalen Interaktionen Rechnung trägt. Damit gelangt die Behandlung von *Fragen der* → *Macht* ins Blickfeld, die gerade bei einer Analyse der Anbieter-Konsumentenbeziehungen von erheblicher Bedeutung sind. Auch derartige personale Interaktionsprozesse und Machtprobleme wurden von der Mikrotheorie des Haushalts weitestgehend übersehen.

b) Systemkategorien in ihrer Anwendung auf den privaten Haushalt

Wenn sich auch über die Ergiebigkeit des Systemansatzes für die Betriebswirtschaftslehre im jetzigen Stadium u. E. noch kein endgültiges Urteil fällen läßt, so spricht immerhin einiges dafür, daß der Systemansatz zumindest ein brauchbares heuristisches Instrument für den Ordnungs- und Ent- deckungszusammenhang wissenschaftlicher Er- kenntnis und für das Entwickeln von Gestaltungs- hilfen abgeben kann. Bereits durch die Darstellung komplexer Sachverhalte mit Hilfe von Systemka- tegorien läßt sich eine Problemtransparenz errei- chen, die auch für eine Betriebswirtschaftslehre des privaten Haushalts vorteilhaft ist (s. a. → *Systema- nalyse im Betrieb;* → *Systemtheorie*).

Was die Frage der Zugehörigkeit des privaten Haushalts zur Betriebswirtschaftslehre angeht (vgl. oben II, 1), so läßt sich diese mit Systemkategorien gut veranschaulichen: innerhalb des Supersystems Natur und Gesellschaft umfaßt die Betriebswirt- schaftslehre alle Einzelwirtschaften, in denen Dis- positionen über wirtschaftliche Güter erfolgen und die durch Gütertransaktionen miteinander verbunden sind. In aggregierter Darstellung ergibt sich folgendes Schaubild:

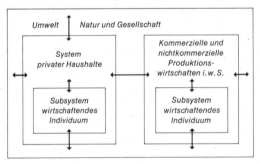

Abb. 1

Das einzelne System privater Haushalt unter- hält wirtschaftliche Beziehungen mit kommerziel- len und nichtkommerziellen Produktionswirt- schaften sowie mit anderen Haushalten. Die wirtschaftenden Individuen bilden die personalen Subsysteme der Haushalte wie der Produktions- wirtschaften. Die durch unmittelbare wirtschaftli- che Transaktionen verbundenen Systeme sind in eine Umwelt Natur und Gesellschaft eingebettet. Letztere umfaßt ideelle wie materielle Systeme (z.B. gesetzliche und kulturelle Normen einerseits, Organisationen, zu denen keine wirtschaftlichen Transaktionsbeziehungen bestehen, anderer- seits).

Unter entscheidungsorientiertem Aspekt läßt sich der private Haushalt zunächst in ein *Bedürf- nis- und Bedarfssystem* einerseits, ein *Bedarfsdek- kungssystem* andererseits zerlegen. Diese Subsy- steme umfassen sowohl Bestandsstrukturen als auch Prozesse. So erstreckt sich das Bedürfnis- und Bedarfssystem auf die im Insystem des Haushalt- mitglieds vorhandenen Bedürfnisse und Bedarfe (einschließlich Motivationen und Einstellungen) sowie auf die durch externe und interne Stimuli bewirkten Bedürfnis- und Bedarfsänderungen. In Mehrpersonenhaushalten kommen zu diesem *in- tra*personalen Sektor die *inter*personalen Vorgänge

der Bedürfnis- und Bedarfsbildung hinzu. Beim *Bedarfsdeckungssystem* lassen sich ein Produk- tions- (= Leistungserstellungs-) und ein mit diesem teilweise deckungsgleiches Konsumtions- (= Gü- terverzehrs-)system unterscheiden. Die teilweise Deckungsgleichheit des Produktions- und des Konsumtionssystems ergibt sich aufgrund jener Bestände und Prozesse, bei denen Konsumtion uno actu mit Produktion gekoppelt ist (z.B. die Lei- stungen, die bei dem Verzehr einer Mahlzeit er- bracht werden). Das Produktionssystem zerfällt in die *haushaltinterne* und die *marktbezogene* Pro- duktion. Das haushaltinterne Produktionssystem ist mit der innerbetrieblichen Leistungserstellung identisch und umfaßt z.B. die hauswirtschaftlichen Tätigkeiten als einen wichtigen Bereich. Das marktbezogene Produktionssystem kann in ein Be- schaffungs- und in ein Absatzsystem gegliedert werden, die den entgeltlichen wie unentgeltlichen Transaktionen mit den haushaltexternen Systemen dienen. Es ergibt sich also folgendes Schema:

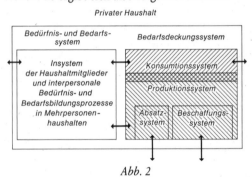

Abb. 2

In allen Subsystemen treten Informationsbe- stände und Informationsprozesse auf, wie auch die Subsysteme untereinander und mit der Umwelt durch Informationen verbunden sind. Insofern kann man als weitere Dimension der angegebenen Subsysteme das → *Informationssystem* ansehen. Dabei läßt sich innerhalb des Informationssystems ein spezielles System von Entscheidungshilfen aus- sondern. In allen Subsystemen tauchen Zielgrößen auf, so daß das Zielsystem, ähnlich wie das Infor- mationssystem, alle Subsysteme berührt. Die fol- gende Behandlung der Problembereiche einer Be- triebswirtschaftslehre des privaten Haushalts folgt der Gliederung in Bedürfnis- und Bedarfssystem, Bedarfsdeckungssystem und Informationssystem.

III. Problembereiche einer Betriebswirtschafts- lehre des privaten Haushalts

1. Das Bedürfnis- und Bedarfssystem

Wichtigstes Steuerungsinstrument für Entschei- dungen des Haushalts und seiner Mitglieder ist das Bedürfnis- und Bedarfssystem. Es umfaßt einmal die Bedürfnisse des Individuums (Bedürfnisse ver- standen als physische und psychische Zustände mit

Antriebscharakter), seien diese *angeboren* oder über Informationen aus der Umwelt langfristig (Sozialisation), mittel- und kurzfristig *erlernt (erlernte* Bedürfnisse). So strittig die Grenze zwischen angeborenen und erlernten Bedürfnissen ist: nicht zuletzt die Ergebnisse der Lern- und Sozialisationsforschung haben ergeben, daß der Formbarkeitsbereich von Bedürfnissen außerordentlich groß ist. Die *Plastizität der Bedürfnisse* kann damit als Grundmerkmal haushälterischen Handels wie menschlichen Verhaltens überhaupt angesehen werden (→ *Bedürfnis, Bedarf, Gut, Nutzen*).

Aufgabe einer (noch ausstehenden) explikativen *Theorie der Bedürfnisse* ist es, ein System von Gesetzmäßigkeiten zu entwickeln, das vorhandene Bedürfnisstrukturen und ihre Veränderungen zu erklären und zu prognostizieren vermag. Bausteine einer solchen Theorie bilden die Erforschung einer Reihe weiterer hypothetischer Konstrukte wie Einstellungen, Motivationen, Wahrnehmungs-, Lern- und Denkprozesse und die Aufdeckung der sie determinierenden Faktoren (z.B. Geschlecht, Alter, soziale Schicht, Standort und Lebensphase des Haushalts u.ä.).

Von gewissem heuristischen Wert ist die *Bedürfnispyramide Maslows*, deren erste Schicht die physiologischen Bedürfnisse bilden, gefolgt von der zweiten Schicht der Sicherheitsbedürfnisse, den Zugehörigkeits- und Liebesbedürfnissen als dritter Schicht, den Wertschätzungsbedürfnissen in der vierten Schicht und – an der Pyramidenspitze – dem Bedürfnis nach Selbstverwirklichung.

Es ist allerdings durchaus unbestimmt und damit Ausdruck der Bedürfnisplastizität, ob z.B. Selbstverwirklichung vom Individuum überhaupt als Bedürfnis empfunden und – sofern das der Fall ist – in welcher Weise Selbstverwirklichung angestrebt wird: mangels bestimmter Lern- bzw. Sozialisationsprozesse vermag sich subjektive Selbstverwirklichung z.B. auf der Ebene gemeinschaftsschädigender egozentrischer Verhaltensweisen oder in Gestalt sozial hochwertiger Handlungen zu vollziehen. In ähnlicher Weise können sich in einer Gesellschaft Normen herausbilden, aufgrund derer die Individuen Wertschätzungsbedürfnisse (Schicht vier bei *Maslow*) am effizientesten durch bestimmte Formen des Prestigekonsums decken zu können glauben, wobei dies tatsächlich auch zutrifft. Bereits für den Bereich der Bedürfnisse wird somit sichtbar, welchen Nutzen eine wissenschaftlich begründete, wertende Bedürfnisanalyse bringen könnte, um auf diese Weise eine rationale Basis für Gestaltungsmaßnahmen im Haushaltbereich zu schaffen.

In enger Beziehung zur Bedürfnisstruktur und ihrer Dynamik steht das *Bedarfssystem* des Haushalts, das je nach Konkretisierungsgrad die auf bestimmte Güterarten oder auf spezifizierte Güter gelenkte Bedürfnisse umfaßt. Wie bei den erlernten Bedürfnissen erfolgt die Verbindung zwischen Insystem Konsument und seiner Umwelt über das Informationssystem, das die Kenntnis konkreter Güter – vielfach in Verbindung mit Suchaktivitäten der Haushaltsangehörigen – vermittelt und damit

eine Bedürfniskonkretisierung zum Bedarf hin ermöglicht. Der Plastizität der Bedürfnisse entspricht eine im Vergleich zu dieser meist noch größere *Bedarfsplastizität*, größer deshalb, weil Bedürfnisse auf vielfältige Weise in spezielle Güterbedarfe transformiert werden können.

Es steht außer Frage, daß bestimmte Umwelteinflüsse – etwa die Marketingaktivitäten der Anbieter – nicht nur die Bedarfsstrukturierung in starkem Maß prägen, sondern auch bei der Bedürfnisformung und -entstehung beteiligt sind. Ließ sich zwar der exakte Wirkungsbeitrag, der z.B. von der unternehmerischen Werbe- und Produktpolitik auf die Haushaltentscheidungen ausgeht, bisher nicht ermitteln, so kann er gerade im „Wirkungsverbund" mit einem bestimmten gesellschaftlich-kulturellen Klima („Leistungs- und Konsumgesellschaft") als beträchtlich angesehen werden.

Um den Gesamtbereich haushälterischen Verhaltens zu erfassen und ihn nicht einseitig auf Konsumprozesse zu verengen, ist es weiterhin zweckmäßig, Bedürfnisse der Haushaltmitglieder in *Konsumbedürfnisse* und *Produktivbedürfnisse* bzw. *Konsum-* und *Produktivbedarf* zu gliedern.

Zu den Konsumbedürfnissen bzw. zum Konsumbedarf zählt z.B. das Bedürfnis, seinen Hunger zu stillen, der Wunsch nach dem Hören einer Schallplatte u.ä. Produktivbedürfnisse bzw. -bedarfe erstrecken sich dagegen auf das Hervorbringen von Gütern – etwa im Zusammenhang mit dem Versorgen anderer –, auf die Entfaltung von Kreativität u.ä. So fließend die Übergänge zwischen Konsumbedürfnissen bzw. -bedarf einerseits, Produktivbedürfnissen bzw. -bedarf andererseits sind und so oft sie sich überlagern: die genannte Klassifikation deutet nicht nur den großen Aktionsspielraum der Haushaltmitglieder an; vielmehr erleichtert sie zugleich die Herstellung eines direkten Bezugs zwischen Haushaltbereich und haushaltexterner „Arbeitswelt". Haushalt und Arbeitsleistung in haushaltfremden Organisationen sind nun nicht mehr lediglich über die Konsumbedürfnisse und die zu ihrer Realisation erforderliche Einkommenserzielung verbunden, sondern direkt durch die – effektiven oder potentiellen – Produktivbedürfnisse und -bedarfe. Daraus lassen sich Mindestansprüche ableiten, die bei der Gestaltung der Arbeitsbedingungen i.w.S. im Interesse des „Arbeitnehmers" zu formulieren sind (vgl. z.B. die Diskussion um die Fließbandarbeit).

Im Bedürfnis- und Bedarfssystem spielen *Ziele* des Individuums wie des Haushalts eine je nach Persönlichkeitsmerkmalen und Haushalttyp differierende Rolle (→ *Ziele, Zielsysteme und Zielkonflikte*). Grundsätzlich kann es in allen Teilsystemen des Haushalts zur Formulierung von Zielen (im Sinne angestrebter Zustände oder Prozesse) kommen (z.B. neben Zielen im Bereich der Bedürfnisse die Fixierung von Informationszielen). Für das Bedürfnis- und Bedarfssystem ist es charakteristisch, daß es in einer besonderen Affinität zu bestimmten *Ober*zielen des Individuums steht und sich hier vielfach eine Identität von Zielen und Bedürfnissen ergeben kann (z.B. Bedürfnis nach sinnhaftem Handeln). Auf der Basis einer (noch ganz in den Anfängen steckenden) Zielforschung im Bereich der Haushalte lassen sich sowohl auf Grund unterschiedlicher Zielinhalte als auch an Hand der Kriterien: Intensität von → *Zielbildungsprozessen* und Konsistenz des Zielsystems unterschiedliche *Haushalttypen* bilden (z. B. Haushalte mit großer Planungstiefe und expliziten Sozialkomponenten im Zielsystem u. ä.).

Auch im Kontext des Bedürfnis- und Bedarfssystems wie des Zielsystems von Haushalten taucht die Frage auf, inwieweit Kosten-Nutzen-Kalküle für das Haushalthandeln relevant sind. Obwohl umfassende Untersuchungen fehlen, sprechen Detailergebnisse für die Hypothese, daß auch im Haushalt der Bereich (subjektiv) rationalen Handelns beträchtlich ist. Sicherlich werden hier grobe Kosten-Nutzen-Schätzungen an die Stelle exakter Kalküle treten. In speziellen, ausreichend definierten Entscheidungssituationen dürfte aber sogar das Streben nach maximalem Nutzen relevant sein, so sehr hier die einzelnen Haushalttypen differieren. In jedem Fall ist es u. E. unzulässig, etwa aus dem beträchtlichen Umfang von Routinehandlungen im Haushalt (zu Lasten extensiver Problemlösungsprozesse) auf dessen Mangel an Rationalitätsstreben zu schließen. Vielmehr wird das Routinehandeln vielfach von den Haushaltmitgliedern als jenes Verhalten angesehen, das die günstigste Kosten-Nutzen-Relation gewährt.

Im Bedürfnis- und Bedarfssystem und damit auch für einen Teilbereich des Zielsystems ergeben sich wichtige Besonderheiten, sobald – in Mehrpersonenhaushalten – multipersonale Zielbildungs- und Entscheidungsprozesse ablaufen. Auch hinsichtlich der Erhellung multipersonaler → *Entscheidungsprozesse* steckt die Betriebswirtschaftslehre des privaten Haushalts noch in den Anfängen. Multipersonale Bedürfnis-, Bedarfs- bzw. Zielbildungsprozesse hängen wesentlich von den jeweiligen *Rollen* der Haushaltmitglieder ab, wie sie sich etwa aufgrund gesellschaftlicher Faktoren (z. B. Emanzipationsgrad der Ehefrau) ergeben.

2. Das Bedarfsdeckungssystem

a) Das Beschaffungs- und Absatzsystem

Der marktbezogene Bereich des Bedarfsdeckungssystems, gegliedert in ein Beschaffungs- und in ein Absatzsystem, umfaßt neben den in diesen Funktionsbereichen auftretenden Güterbeständen nicht nur die entgeltlichen Prozesse der Güterbeschaffung und des Güterabsatzes (z. B. Kauf von Sachgütern und Dienstleistungen, entgeltliche Veräußerung von Arbeitsleistungen an Unternehmungen), sondern auch unentgeltliche oder zumindest nicht unmittelbar entgoltene Gütertransaktionen zwischen dem Haushalt und anderen Organisationen bzw. haushaltexternen Personen.

Die Inanspruchnahme der sog. *öffentlichen Güter* (*public goods*), die Entgegennahme von Parteiprogrammen u. ä. wird also ebenso zu den marktbezogenen Haushaltdispositionen gezählt wie z. B. karitative Leistungen oder politische Aktivitäten, die ohne monetäres Äquivalent gegenüber haushaltexternen Personen und Organisationen erbracht werden. Eine solche Sichtweise der Marktdispositionen entspricht in hohem Maß dem erweiterten Marktbegriff, wie er in der modernen Marketingdiskussion verwendet wird.

Als formales Basisziel der Bestands- und Prozeßentscheidungen im Bedarfsdeckungssystem kann die Herbeiführung einer möglichst weitgehenden Deckungsgleichheit zwischen (1) der Bedürfnis- und Bedarfsmatrix einerseits, (2) der Eigenschaftsmatrix der erstellten Güter, der Gütererstellungs- und der Konsumtionsprozesse andererseits angesehen werden. Damit stellt sich das grundsätzliche Problem, inwieweit die Interaktionen zwischen Haushalt und Marktpartner eine solche Matrix-Patrix-Identität tendenziell herbeizuführen vermögen, oder in welcher Weise Bedürfnisse und Bedarfe ungedeckt bleiben und ggf. zu Anspruchsanpassungsprozessen im Bedürfnis- und Bedarfssystem führen. Im *Beschaffungssystem* ist es allein schon bei den *private goods* eine durchaus offene Frage, inwieweit die privaten Anbieter Anregungen, die von Konsumenten ausgehen, bei ihren Marketingaktivitäten (etwa bei der Produktgestaltung) ausreichend berücksichtigen (z. B. Sicherheitseigenschaften). Die wirklichkeitsferne Idealvorstellung der „Konsumentensouveränität" hat mit dazu geführt, daß derartige Probleme, die zugleich mit Machtfragen eng verbunden sind, bisher weitgehend unbeachtet blieben. Bei der Beschaffung (entgeltlicher) private goods ist weiterhin zu fragen, inwieweit das Fehlen ausreichender monetärer Mittel eine – u. U. auch gesellschaftlich wünschbare – Deckung von Bedürfnis-/Bedarfsmatrix und Güterpatrix verhindert.

In nicht geringerer Schärfe stellt sich das Problem einer zufriedenstellenden Matrix-Patrix-Identität bei der Beschaffung *öffentlicher Güter*. Dabei geht es nicht nur darum, ob und in welchem Umfang die als Ergebnis politischer Prozesse produzierten öffentlichen Güter den haushaltindividuellen Bedürfnissen und Bedarfen ausreichend gerecht werden (z. B. Angebotsdefizite im Bildungssektor, im Gesundheitsbereich u. ä.). Vielmehr taucht das Problem auf, inwieweit der seitens der Haushalte geäußerte und von den Unternehmungen wesentlich mitbestimmte Bedarf an private goods und die Formen seiner Deckung nicht einer Korrektur bedürfen, sei es, um dadurch den augenblicklichen Grad der „öffentlichen Armut" zu reduzieren, sei es, um damit bestimmte langfristige Versorgungsprozesse ausreichend sicherzustellen (z. B. Schonung natürlicher Ressourcen, umweltschützende Maßnahmen, u.U. auch *gegen* den Willen einer großen Zahl von Konsumenten und Produzenten u.ä.). Derartige aus dem Bedarfsdeckungssystem resultierende Erfordernisse stehen in einem besonders engen Zusammenhang zum Bedürfnis- und Bedarfssystem und den darin u.U. notwendigen Änderungen. Gleichzeitig zeigt sich die Notwendigkeit, auf wissenschaftlicher Basis ein plausibles Wertsystem zu erarbeiten, das die Rationalität der mit dem Bereich der öffentlichen Güter verbundenen politischen Entscheidungen zu erhöhen vermag.

Im *Absatzsystem* des Haushalts, das in beträchtlichem Umfang durch die entgeltliche Abgabe von Arbeitsleistungen geprägt ist, stellt sich das Problem ausreichender Matrix-Patrix-Identität insofern mit besonderer Dringlichkeit, als ein großer Teil des dem Haushalt insgesamt zur Verfügung stehenden Zeitpotentials für entgeltliche Arbeit in anderen Organisationen aufgewendet werden muß. Es geht darum, Lösungen zu finden, die einerseits die Produktivbedürfnisse (vgl. III, 1) im Arbeitsprozeß ausreichend zum Tragen kommen lassen (und damit „Entfremdung" vermindern), ohne daß dabei andererseits der konkrete Güteroutput (und damit die Befriedigung der eigenen und fremden Konsumtivbedürfnisse) Schaden nimmt. Auch Art und Umfang der Matrix-Patrix-Identität im Arbeitsbereich wirken unmittelbar auf das Bedürfnis und Bedarfssystem zurück: von den Arbeitsbedingungen hängt es wesentlich ab, ob z.B. Freizeit überwiegend zur Reproduktion der Arbeitskraft, als Gestaltungsbereich in Polarität zur („entfremdeten") Arbeitswelt, als Phase passiver Konsumerlebnisse u.ä. disponiert wird. Auch bei dem nicht einfachen Problem der Messung von Matrix-Patrix-Identitäten stellt sich die Frage, ob die wissenschaftlichen Aussagen bis zu expliziten Wertungen bzw. Handlungsempfehlungen hin ausgedehnt werden sollten. Es liegt auf der Hand, daß ein bloßes Aufdecken von subjektiven Zufriedenheits- bzw. Unzufriedenheitserlebnissen (als Ausdruck subjektiver Matrix-Patrix-Identität) nur bedingt befriedigt. Denn das jeweilige Anspruchsniveau bei den Haushaltmitgliedern kann derart niedrig liegen, daß Zufriedenheit subjektiv auch dort vorhanden ist, wo die Verwirklichung „objektiv" wünschbarer Zustände noch in weiter Ferne liegt. Vordringlich ist daher in jedem Fall - anders als im Konzept der „praktisch-normativen Betriebswirtschaftslehre" - der Entwurf *möglicher* Alternativsysteme, die über den Status quo hinausgehen. Es spricht außerdem u.E. viel dafür, über die bloße Darlegung alternativer Technologien und ihrer vermutlichen Wirkungen hinaus zu versuchen, eine Rangordnung der Alternativen wenigstens im Groben vorzunehmen.

Ein beträchtlicher Teil der Entscheidungen im Bedarfsdeckungssystem betrifft Informationen; wegen ihrer besonderen Bedeutung werden sie in einem besonderen Abschnitt (III, 3) behandelt.

b) Das haushaltinterne Bedarfsdeckungssystem

Das haushaltinterne Bedarfsdeckungssystem umfaßt neben dem Konsumsystem die „innerbetriebliche Leistungserstellung" des Haushalts in ihren verschiedenen hauswirtschaftlichen Ausprägungen wie z.B. Verköstigung, Wohnungsgestaltung und -pflege, Kindererziehung und -pflege u.ä. Art und Umfang der Erfüllung dieser hauswirt-schaftlichen Funktionen stehen in engem Zusammenhang mit der Entscheidung: „make or buy" (→ *Eigenfertigung und Fremdbezug*). Sie hat sich - bedingt durch Faktoren wie geschrumpfte Haushaltgröße, Berufstätigkeit der Ehefrau, leistungsstarke Angebote der Unternehmungen u.ä. - in wachsendem Maße zugunsten des Güterfremdbezugs hin entwickelt.

Gerade die Prozesse im haushaltinternen Bedarfsdeckungssystem sind in starkem Maß durch das Vorhandensein bestimmter Sachgüter geprägt. Der Bestand an solchen Gütern bestimmt nicht nur die Konsumprozesse (Eigenheim, Pkw, Fernsehgerät, Stereoanlage, Kunstwerke u.ä.), sondern ist auch für den Rationalisierungsgrad der Haushaltführung maßgebend. Von hier aus ergeben sich wiederum Bezüge zum Freizeitvolumen und Arbeitspotential für Dritte.

Die Input-Output-Prozesse im haushaltinternen Bedarfsdeckungssystem lassen sich durch formale produktionstheoretische Kalküle erfassen. Ihr Erkenntnisbeitrag ist aber aufgrund ihrer wirklichkeitsfernen Prämissen ähnlich gering wie der der mikroökonomischen Haushalttheorie.

Die Konsumtionsphase, die sich - wie erwähnt - z.T. uno actu mit haushaltinternen Produktionsprozessen vollzieht, ist zwar einerseits eng mit physischen Prozessen des Güterverzehrs verbunden; sie bietet andererseits jedoch ein besonders weites Feld, die sich hier abspielenden materiellen Vorgänge in höherwertige Dimensionen zu überführen (z.B. Konsum als Anstoß und Realisation von Kreativität). Auch dieser in den Bereich der Konsumpsychologie fallende Problemkreis ist noch weitgehend unbearbeitet. Sodann ist gerade in modernen Konsumgesellschaften der Konsum mehr und mehr zum Element sozialer Prozesse geworden, so etwa, wenn das Streben nach sozialer Differenzierung mittels Besitz und Konsum bestimmter Güter realisiert wird.

3. Das Informationssystem

Als Informationssystem des Haushalts sei jenes Mittlersystem verstanden, das Nachrichten aufnimmt, verarbeitet, speichert und abgibt und das eine eigene Dimension sowohl des Bedürfnis- und Bedarfssystems als auch des Bedarfsdeckungssystems darstellt (→ *Informationssysteme*). Nur ein Teil der Nachrichten des Informationssystems führt zu Wissen im Bewußtsein des Individuums. Innerhalb des Informationsbedarfssystems läßt sich zwischen einem *objektiven* und einem *subjektiven* → *Informationsbedarf* unterscheiden. Der objektive Informationsbedarf ergibt sich aufgrund der zu einer Problemlösung objektiv notwendigen Informationen, während der subjektive Informationsbedarf die vom Entscheidungssubjekt als erforderlich erachteten und/oder effektiv nachgefragten Informationen umfaßt. Im informatorischen Bedarfsdeckungssystem des Haushalts spielen - anders als in Informationssystemen der Produktionswirtschaften (vor allem der Mittel- und Großbetriebe) - sachliche, insbesondere maschinelle Hilfsmittel nur eine untergeordnete Rolle.

Aus einer solchen Dominanz des personalen kognitiven Systems ergibt sich die beschränkte Informationsaufnahme- und -verarbeitungskapazität des privaten Haushalts. Grundsätzlich besteht auch im Bereich der Konsumenteninformation die Möglichkeit einer Funktionsausgliederung auf besondere Institutionen. Die Diskussion um derartige sich der modernen Datentechnik bedienenden *Konsumenteninformationssysteme* (KIS als Parallele zu den Management-Informationssystemen – MIS) hat jedoch noch kaum begonnen.

Als relevante Ziele des Informationssystems können das Streben nach Bedürfnis- und Bedarfstransparenz, das Streben nach Markttransparenz sowie der Erwerb eines sich auf alle Entscheidungsbereiche erstreckenden Methodenwissens („Know how") – speziell auch für den haushaltinternen Produktionsbereich – angesehen werden.

Der Input des Informationssystems resultiert aus den verschiedenen Informationsquellen. Neben langfristigen Lernprozessen im Zuge von Ausbildung und Erziehung spielen die laufenden Informationen aus der Umwelt des Haushalts eine wichtige Rolle, insbesondere die Informationen der Unternehmungen. Dabei will das unternehmerische Absatz- und Personalmarketing die Haushaltmitglieder nicht nur sachlich informieren, sondern zugleich zu einem bestimmten Kauf- bzw. Arbeitsverhalten veranlassen und dadurch das Bedürfnis- und Bedarfssystem sowie das Bedarfsdeckungssystem nachhaltig beeinflussen. Die aus dem Zielsystem der Unternehmungen zwangsläufig folgende Einseitigkeit derartiger Informationsprozesse ist neben der begrenzten Informationskapazität des Haushalts eine weitere wesentliche Ursache für den geringen Grad an *Markttransparenz,* über den der einzelne Haushalt im allgemeinen auf seinen Beschaffungs- und Absatzmärkten verfügt. Güterbzw. Marktinformationen neutraler Insitutionen (z.B. Warentestinstitute, Institutionen der Arbeitsvermittlung) sind grundsätzlich geeignet, hier Abhilfe zu schaffen. Durchweg – und nicht zuletzt in der Bundesrepublik – sind Umfang und Verbreitungsgrad derartiger neutraler Güterinformationen jedoch noch zu gering, um den Informationsgrad des Haushalts ausreichend zu verbessern.

Einen weiteren Bereich extern zugeführter Informationen stellt das im Wege der Privatkommunikation gewonnene Wissenspotential dar, das durch den Kontakt mit Freunden, Bekannten, Arbeitskollegen etc. vermittelt wird. Inhalt und Gestaltung derartiger personaler Kommunikation im nichtkommerziellen Bereich hängen wesentlich vom Einfluß der Bezugsgruppen und Meinungsführer ab. Im Wege *mehrstufiger Kommunikation (Katz)* versuchen auch die Unternehmungen, sich die Privatkommunikation zunutze zu machen; indem sie ihre Nachrichten nicht nur an Massenkommunikationsmittel, sondern auch an Mei-

nungsführer senden, sollen diese dazu veranlaßt werden, in besonders wirksamer Weise ihre „Meinungsgefolgschaft" in dem von den Anbietern gewollten Sinn zu beeinflussen. Schließlich kommen als haushaltinterne Informationsquellen die Informationen der eigenen Güterverwendung sowie die von anderen Haushaltmitgliedern gesendeten Informationen in Betracht.

Von grundlegender Bedeutung für Informationsstock und Art der Informationsprozesse ist einmal die Frage nach den Mechanismen der *selektiven Wahrnehmung,* wie sie insbesondere durch Erziehung, Ausbildung, durch momentane Bedürfnislage und Stimmungen sowie durch die Art der Informationen bestimmt werden (vgl. z.B. *Krech* u. *Crutchfield* 1968). Zum anderen ergibt sich gerade bei den Informationsprozessen des Haushalts das Risiko selbstbewirkter Informationsverzerrungen, hinsichtlich derer vor allem *Festingers Theorie der kognitiven Dissonanz* (1957) Aufschlüsse liefert.

So neigen Konsumenten vielfach dazu, negative Verwendungserfahrungen, die ein psychisches Störungsgefühl (kognitive Dissonanz) hervorrufen, „abzuwiegeln", um auf diese Weise ihr psychisches Gleichgewicht wiederherzustellen. Auch die Phase der Informationssuche vor dem Kauf kann bereits durch derartige Dissonanzreduktionsprozesse verfälscht sein. Durch einen solchen Mechanismus wird ein kritisches Käuferurteil ebenso beeinträchtigt wie bestimmte Aktivitäten, die z.B. mittels Reklamationen, Warenumtausch etc. – Korrekturprozesse bei der Haushaltversorgung wie generell im gesamtwirtschaftlichen Wettbewerbsprozeß herbeiführen sollen.

Auf einer anderen Ebene des Informationssystems des Haushalts liegen die *Haushaltrechnungen,* die über Einnahmen- und Ausgabengestaltung in Form von Kontroll- und Planungsrechnungen Aufschluß geben sollen. Ihr Beitrag zu einer rationalen Haushaltführung kann erheblich sein, obwohl dieses Instrument gerade von jenen Haushalten am wenigsten benutzt wird, die es aufgrund ihrer Einkommens- und Vermögenssituation besonders benötigten. Hier tritt ein generelles Merkmal des Informationssystems privater Haushalte in Erscheinung: es ist gerade bei jenen Haushalten am wenigsten entwickelt, bei denen es den höchsten „Grenznutzen" abwerfen würde.

Einen speziellen Bereich des effektiven oder potentiellen Informationssystems stellt das *Entscheidungshilfesystem* dar, wie es in Gestalt exakter und inexakter Methoden für das Haushalthandeln relevant sein kann. Allerdings ist der Problemlösungsbeitrag (die „heuristische Kraft" exakter Methoden) für den privaten Haushalt gering, sei es, daß in den verwendeten Algorithmen nur eine begrenzte Zahl von Variablen erfaßt wird, daß das Informationsproblem die Anwendbarkeit exakter Methoden beeinträchtigt und/oder die Informationsverarbeitungskapazität des einzelnen Haushalts überfordert wird bzw. der Rechenaufwand zu hoch ist.

So sind z. B. aus der Literatur die auf *Stigler* zurückgehenden Ergebnisse bekannt, wonach sich unter bestimmten Bedingungen eine optimale Nahrungsmittelkombination des Haushalts mit Hilfe der *linearen → Programmierung* ermitteln läßt. Abgesehen davon, daß das Modell nur wenige und in ihrer Quantifizierung unproblematische Variable enthält und damit lediglich sehr spezielle Entscheidungssituationen isomorph abbildet, dürfte die Anwendung selbst solcher einfachen Modelle an der ungünstigen Relation zwischen Informationsaufwand und Informationsertrag scheitern.

Für den Bereich der Sparentscheidungen ist zu fragen, ob Modelle der *Portfolio-Selection (→ Wertpapieranalyse)* für Haushaltentscheidungen relevant sind. Für den einzelnen Haushalt scheiden sie wegen des erforderlichen hohen Rechenaufwands (der auch den Einsatz von Computern erforderlich macht) aus. Erwägenswert wäre die Anwendung solcher Modelle durch ausgegliederte Informationsinstitutionen. Es ist jedoch u. E. fraglich, ob (nicht zuletzt aufgrund der Informationsproblematik der Modelle der Portfolio-Selection) ihre Verwendung durch Drittinstitutionen der Verbraucherinformation eine ausreichend günstige Kosten-/Nutzen-Relation erbringt.

Von erheblicher Bedeutung und teilweise noch wenig erforscht sind die inexakten Problemlösungsmethoden (Entscheidungsheuristiken) für den privaten Haushalt. Bereits das *Satisficer-Konzept* kann als heuristische Strategie bezeichnet werden: Insbesondere bei Suchaktivitäten gibt sich das Individuum mit einem subjektiv festgelegten, u. U. von Fall zu Fall variierenden Quantum an Suchaktivitäten zufrieden in der Erwartung, damit zwar nicht die beste, aber wenigstens eine zufriedenstellende Lösung zu realisieren (→ *Heuristische Verfahren und Entscheidungsbaumverfahren*).

Im Bereich der Handlungsstrategien kommt sodann das Konzept des *„Muddling through"* (*Lindblom* 1964) als Entscheidungsheuristik des Haushalts in Betracht, jenes schrittweise „Sich-Durchwursteln", das gerade in einer wenig überschaubaren Umwelt für private Haushalte naheliegt. Wie viele Heuristiken, so läßt sich auch das „Muddling through" in seiner Zweckmäßigkeit nicht eindeutig beurteilen: es kann einerseits ein nicht verantwortbares „In-den-Tag-Hineinleben" darstellen und damit Ausdruck einer unterentwickelten Planungsdimension des Haushalts sein. Andererseits stellt das Muddling through vielfach ein wohlkalkuliertes Vorgehen dar, das z. B. im materiellen Bereich gerade jenes Maß an Reduktion von Komplexität und Entlastung von Planungsaktivitäten gewährleistet, das ein Freisein für anderes (nichtmaterielles) Handeln ermöglicht.

Überhaupt stehen Entscheidungsheuristiken mit dem *Prinzip der Entlastung* in enger Verbindung, so etwa, wenn im Konsumgüterbereich eine am Image bestimmter Anbieter orientierte Verhaltensweise praktiziert wird (z. B. Vermeidung bestimmter Einkaufsstätten, Bevorzugung bestimmter Marken u. ä.; analog im Bereich der Arbeitsplatzsuche: Firmen-Image als Determinante der Arbeitsplatzwahl). Zu solchen Faustregeln gehört auch die Verwendung der Preishöhe als Qualitätskriterium, oft vorschnell als Ausdruck nicht rationalen Käuferverhaltens kritisiert. Eine solche Kritik übersieht jedoch, daß in einem Milieu der Marktintransparenz dem einzelnen Verbraucher oft gar keine andere Wahl bleibt, als die Preishöhe als Auswahlkriterium bei vermuteten Qualitätsdifferenzen zu verwenden.

Das in der Betriebswirtschaftslehre der Unternehmungen ausgiebig diskutierte Problem der → *Substanzerhaltung* haben *Engels* u. *Müller* (1970) als Element einer betriebswirtschaftlichen Konsumtheorie anzuwenden versucht. In der Tat steht das Ziel der Unternehmungserhaltung – wie immer es auch operationalisiert wird – in enger Beziehung zum Konsumspielraum der Organisationsmitglieder. Das Ziel der Unternehmungserhaltung ist also ein Faktor, der für das Abstecken maximaler Konsumspielräume relevant ist. Allerdings muß der Gesichtspunkt der Substanzerhaltung mit anderen Problembereichen, insbesondere dem der Substanz*verteilung* bzw. Vermögensbildung der Arbeitnehmer in Verbindung gebracht werden, um als heuristische Leitlinie bei der Bestimmung von Einkommensansprüchen der Arbeitnehmer brauchbar zu sein.

Auch im Bereich der Entscheidungsheuristiken besteht ein großer Spielraum der Formbarkeit und Beeinflußbarkeit. Abgesehen von unterschiedlichen persönlichen Erfahrungen, die Umfang und Inhalt von Entscheidungsheuristiken prägen, sind es vor allem wissenschaftliche Erkenntnisse und – daraus z. T. abgeleitet – die Aktivitäten der Verbraucheraufklärung im weitesten Sinne, die bestimmte Heuristiken teils entbehrlich machen, teils inhaltlich verändern können. So verliert bei einem funktionsfähigen, auf besondere Institutionen ausgegliederten Konsumeninformationssystem der Preis als Orientierungsgröße hinsichtlich der Güterqualität seine Bedeutung. In ähnlicher Weise können Stereotype bzw. Vorurteile aufgebaut werden, die z. B. das Auffinden der preiswürdigsten Güteralternative behindern (z. B. „Handelsmarken sind schlechter als Industriemarken"). Im Bereich der Leistungs- und Zeitdisposition gilt es, Heuristiken zu entwickeln, die nicht nur Effizienz, sondern gleichzeitig primäre Motivation der Haushaltmitglieder möglich machen.

IV. Zusammenfassung

Die Darstellung der Elemente und Problembereiche einer Betriebswirtschaftslehre des privaten Haushalts an Hand der Teilsysteme: Bedürfnis- und Bedarfssystem, Bedarfsdeckungssystem, Informationssystem hat gleichzeitig die besonderen Engpässe der Haushaltforschung verdeutlicht. Innerhalb des Bedürfnis- und Bedarfssystems liegen sie in der Erarbeitung einer Theorie der Bedürfnisse, die sowohl die Determinanten der Bedürfnis- und Bedarfsbildung als auch die Grundlagen für eine rationale Bedürfnis- und Bedarfsbewertung und deren Steuerung umfaßt. Einen wesentlichen Engpaß stellt sodann das Informationssystem des privaten Haushalts dar, dessen Schwächen die Qualität der Marktentscheidungen wie auch den Anwendungsbereich effizienter Hauswirtschaftstechniken (z. B. unter gesundheitlichen Aspekten) beeinträchtigen. Eine Stärkung der Marktstellung des Verbrauchers ist wesentlich davon abhängig.

inwieweit es gelingt, seine Informationssituation zu verbessern. Von hieraus ergeben sich positive Einflüsse auch auf Inhalt und Wirkungsweise von Entscheidungsheuristiken. Im Bedarfsdeckungssystem verdient der grundlegende Problembereich ausreichender Identität von Bedürfnis-/Bedarfsmatrix einerseits, Eigenschaften der Bedarfsdeckungspatrix andererseits verstärkte Aufmerksamkeit. Im Zusammenhang damit bedürfen die Probleme der Bedarfsdeckung durch öffentliche Güter einer intensiveren Berücksichtigung, als es bisher in der Betriebswirtschaftslehre der Fall war. Vom Sektor der öffentlichen Güter her lassen sich in Verbindung mit einer (normativen) Bedürfnistheorie auch jene Problembereiche einbeziehen, die in der heutigen Diskussion als „Qualität des Lebens" zunehmende Bedeutung gewinnen.

Literatur: Egner, E.: Der Haushalt. Berlin 1952 – Maslow, A.H.: Motivation and Personality. New York 1954 – Dubberke, H.A.: Betriebswirtschaftliche Theorie des privaten Haushalts. Berlin 1958 – Egner, E.: Studien über Haushalt und Verbrauch. Berlin 1963 – Lindblom, Ch.E.: The Science of „Muddling Through". In: Readings in Managerial Psychology, hrsg. v. H.J. Leavitt u. L.R. Pondy. Chicago u. London 1964, S. 61–78 – Raffée, H.: Der private Haushalt als Forschungsobjekt der Betriebswirtschaftslehre. In: ZfbF, 18. Jg 1966, S. 179–195 – Becker, K.O.: Die wirtschaftlichen Entscheidungen des Haushalts. Berlin 1967 – Burk, M.C.: Consumption Economics. New York (u.a.) 1968 – Engel, J.F., D.T. Kollat u. R.D. Blackwell: Consumer Behavior. New York (u.a.) 1968 – Krech, D. u. R.S. Crutchfield: Grundlagen der Psychologie. Weinheim u. Berlin 1968 – Schweitzer, R.v.: Haushaltsanalyse und Haushaltsplanung. In: Beiträge zur Ökonomie von Haushalt und Verbrauch, hrsg. v. E. Egner und H. Schmucker, H. 5. Berlin 1968 – Raffée, H.: Konsumenteninformation und Beschaffungsentscheidung des privaten Haushalts. Stuttgart 1969 – Weber, H.H.: Zur Bedeutung der Haushaltstheorie für die Betriebswirtschaftliche Absatztheorie. In: ZfB, 21. Jg 1969, S. 773–783 – Engels, W. u. H. Müller: Substanzerhaltung: Eine betriebswirtschaftliche Konsumtheorie. In: ZfbF, 22. Jg 1970, S. 349–358 – Hörning, K.H.: Ansätze zu einer Konsumsoziologie. Freiburg 1970 – Kuhlmann, E.: Das Informationsverhalten der Konsumenten. Freiburg 1970 – Albert, H.: Wertfreiheit als methodisches Prinzip. In: Logik der Sozialwissenschaften, hrsg. v. E. Topitsch, 7. A., Köln u. Berlin 1971, S. 181–210 – Hax, K.: Betriebswirtschaftslehre und Hauswirtschaftslehre. In: ZfbF, 23. Jg 1971, S. 670–674 – Meffert, H.: Modelle des Käuferverhaltens und ihr Aussagewert für das Marketing. In: ZfSt, 127. Bd 1971, S. 326–353 – Schulz–Borck, H.: Versuch der Abgrenzung der Haushaltwissenschaften und der Überführung systemtheoretischer Aspekte auf eine Betriebswirtschaftslehre des Haushalts. In: Hauswirtschaft und Wissenschaft, 19. Jg 1971, S. 205–211 – Biervert, B.: Wirtschaftspolitische, sozialpolitische und sozialpädagogische Aspekte einer verstärkten Verbraucheraufklärung. Köln 1972 – Kroeber-Riel, W. (Hrsg.): Marketingtheorie. Köln 1972 – Wiswede, G.: Soziologie des Verbraucherverhaltens. Stuttgart 1972 – Kroeber-Riel, W.: Konsumentenverhalten und Marketing. Opladen 1973 – Raffée, H., B. Sauter u. G. Silberer: Theorie der Kognitiven Dissonanz und

Konsumgüter-Marketing. Wiesbaden 1973 – Scherhorn, G.: Gesucht: Der mündige Verbraucher. Düsseldorf 1973 – Tschammer-Osten, B.: Der Haushalt in einzelwirtschaftlicher Sicht. In: Beiträge zur Ökonomie von Haushalt und Verbrauch, hrsg. v. E. Egner u. H. Schmucker, H. 7, Berlin 1973 – Raffée, H.: Konsumenteninformation. In: HWA, Stuttgart 1974, Sp. 1013–1020 – Raffée, H.: Konsumentenverhalten. Ebd., Sp. 1025–1044.

Hans Raffée

Haushaltsverbände → Verbraucherverbände
Herstellkosten → Kostenrechnung

Heuristische Verfahren und Entscheidungsbaumverfahren

[s. a.: Ablaufplanung; Investitionsplanung; Programmierung, dynamische; Programmierung, ganzzahlige; Programmierung, lineare; Reihenfolgemodelle; Unternehmensforschung.]

I. Die Lösung kombinatorischer Probleme mit Entscheidungsbaumverfahren und heuristischen Verfahren; II. Systematik der Entscheidungsbaumverfahren und heuristischen Verfahren; III. Das Beispiel des Knapsack-Problems.

I. Die Lösung kombinatorischer Probleme mit Entscheidungsbaumverfahren und heuristischen Verfahren

In allen Bereichen des täglichen Lebens und der industriellen Planung treten *kombinatorische Optimierungsprobleme* in großer Vielfalt auf. Zur Lösung derartiger Probleme wurde innerhalb der Disziplin der → *Unternehmensforschung* (*Operations Research*) ein reichhaltiges Instrumentarium geschaffen, das überwiegend aus *Entscheidungsbaumverfahren* und *heuristischen Verfahren* besteht.

Die *Entscheidungsbaumverfahren*, die oft auch als implizite *Enumerationsverfahren* bezeichnet werden, führen immer auf die Optimallösung, benötigen dafür aber oft unangemessen hohe Rechenzeiten. Demgegenüber garantieren die *heuristischen Verfahren* nicht die optimale Lösung, erfordern dafür aber auch meist wesentlich geringeren Rechenaufwand. Der Begriff „heuristisch" kommt aus dem Griechischen und bedeutet in freier Übersetzung soviel wie „zum Finden geeignet".

Kombinatorische Optimierungsprobleme, für die die genannten Verfahrenstypen entwickelt sind, lassen sich unterteilen in *Reihenfolgeprobleme*, *Zuordnungsprobleme* und *Auswahlprobleme*. *Reihenfolgeprobleme* bestehen im wesentlichen darin, Elemente einer Menge in eine optimale Reihenfolge zu bringen. Die gesamte Anzahl der Reihenfolgen oder Lösungen beträgt $n! = 1 \cdot 2 \cdot 3 \cdot \ldots \cdot n$. Das bekannteste und in der Literatur am häufigsten behandelte Reihenfolgeproblem ist wohl das *Rundreiseproblem* (*Traveling Salesman Pro-*

blem), bei dem die optimale Reiseroute von einem bestimmten Ausgangsort durch n bestimmte Zwischenorte zurück zum Ausgangsort gesucht ist. Auch *Maschinenbelegungsprobleme* können reine Reihenfolgeprobleme sein; hier sind die einzelnen Fertigungsaufträge in eine Reihenfolge zu bringen, bei der möglichst alle zugesagten Liefertermine eingehalten werden und gleichzeitig ein Minimum an Umrüstkosten, Lagerkosten, innerbetrieblichen Transportkosten etc. entsteht (→ *Reihenfolgemodelle*).

Gegenüber den Reihenfolgeproblemen besteht die Aufgabe bei den *Zuordnungsproblemen* darin, n Elemente einer Menge je einem der n Elemente einer anderen Menge zuzuordnen. Auch hier gibt es maximal n! verschiedene Lösungen, unter denen die optimale gesucht wird. Bekannte Vertreter dieses Problemtyps sind vor allem das (leicht lösbare) „lineare" Zuordnungsproblem (→ *Programmierung, lineare*) und das (nur sehr schwer lösbare) „quadratische" Zuordnungsproblem. Letzteres liegt häufig bei *Raumzuordnungsproblemen* vor, bei denen beispielsweise vorhandene Büroräume so den verschiedenen Arbeitsbereichen einer Verwaltung zuzuteilen sind, daß die gewichtete Summe aller zwischen den Arbeitsbereichen zurückgelegten Weglängen minimal ist (vgl. *Müller-Merbach* 1970, S. 158 ff.).

Neben den Reihenfolgeproblemen und den Zuordnungsproblemen bilden die *Auswahlprobleme* die dritte Gruppe der kombinatorischen Optimierungsprobleme. Bei ihnen geht es darum, aus einer vorgegebenen Menge von n Elementen eine Untermenge von z.B. m Elementen auszuwählen, die ein gegebenes Ziel in größtmöglicher Weise erfüllt. Bei Problemen dieser Art gibt es

$$\binom{m}{n} = \frac{n!}{m! \cdot (n-m)!}$$ verschiedene Lösungen. In den

meisten Beispielen der Praxis ist jedoch m nicht explizit definiert, sondern durch Nebenbedingungen umschrieben. Ein sehr häufig anzutreffendes Auswahlproblem ist das sog. *Knapsack-Problem*. An einem Beispiel dazu werden im Abschnitt III die verschiedenen Typen von *Entscheidungsbaumverfahren* und *heuristischen Verfahren* erläutert.

Viele *kombinatorische Optimierungsprobleme* der Praxis sind kombinierte Reihenfolge-, Zuordnungs- und Auswahlprobleme. Typische Beispiele dafür bilden das klassische *Schulstundenproblem* und sonstige *Dienstplanprobleme*. Viele weitere Beispiele ließen sich nennen.

II. Systematik der Entscheidungsbaumverfahren und heuristischen Verfahren

1. Die Vollenumeration

Für alle kombinatorischen Probleme existiert bei begrenzter Elementezahl eine begrenzte Anzahl von Lösungen. Aus diesem Grunde lassen sich prinzipiell sämtliche kombinatorischen Probleme durch vollständige *Enumeration* lösen, d.h. durch Berechnung sämtlicher Lösungen und Auswahl der besten Lösung. Praktisch stößt die vollständige Enumeration jedoch wegen der mit steigender Elementezahl überproportional steigenden Anzahl an Lösungen rasch an die Grenze ihrer Verwendbarkeit. So existieren bei Reihenfolgeproblemen mit n = 10 Elementen bereits 10! = 3 628 800 und bei n = 20 Elementen bereits $20! \approx 2,4 \cdot 10^{18}$ verschiedene Lösungen. Um sie alle zu berechnen, brauchte ein Elektronenrechner, selbst wenn er pro Sekunde 100 000 verschiedene Lösungen berechnen kann, rd. 7,5 Millionen Jahre!

2. Die Entscheidungsbaumverfahren

In vielen Fällen kann man bereits während des Enumerationsprozesses erkennen, daß bestimmte im Aufbau befindliche Lösungen nicht optimal sein können. Der Aufbau dieser Lösungen braucht dann also nicht weiter fortgesetzt zu werden. Von diesem Vorteil machen die *Entscheidungsbaumverfahren* Gebrauch. Man nennt sie auch „implizite" Enumerationsverfahren, da sie „implizit" tatsächlich alle Lösungen betrachten und miteinander vergleichen.

Die *Entscheidungsbaumverfahren* haben ihren Namen daher, daß man den Prozeß des Aufbaus der Lösungen als Baum darstellen kann, an dessen Knoten Entscheidungen über den Weiterbau getroffen werden.

Man unterscheidet drei Typen von Entscheidungsbaumverfahren: die *dynamische Programmierung (Optimierung)*, *Branch(ing) and Bound(ing)* sowie die *begrenzte Enumeration* (vgl. Tab. 1).

Bei der *dynamischen* → *Programmierung* werden die einzelnen Lösungen parallel zueinander, d.h. gleichzeitig aufgebaut. Auf jeder Stufe dieses Prozesses werden die inhaltlich identischen (bzw.inhaltlich vergleichbaren) Teillösungen miteinander verglichen und dominierte gegenüber dominierenden Teillösungen gestrichen (vgl. Abb. 1). Für jeden Problemtyp, auf den die *dynamische Programmierung* angewendet werden soll, müssen die Aufbaustufen, die „Zustände" (Teillösungen) in den einzelnen Stufen sowie das Dominanzkriterium problemtypindividuell definiert werden. Das Verfahren geht auf *Bellman* (1957) zurück.

Gegenüber der parallelen Organisation der dynamischen Programmierung ist das Verfahren der *begrenzten Enumeration* sequentiell organisiert. Das bedeutet, daß sich stets nur eine einzige Lösung im Aufbau befindet. Der Aufbau einer weiteren Lösung wird erst dann begonnen, wenn eine Lösung vollständig berechnet ist oder der Aufbau derselben abgebrochen wird. Ein Abbruch ist dann möglich, wenn die Nichtoptimalität einer Lösung eindeutig zu erkennen ist (vgl. Abb. 3). Die Nichtoptimalität ergibt sich aus dem Vergleich mit der jeweils besten bisher bekannten Lösung. Diese kann mit einem vorgeschalteten heuristischen Verfahren oder im bisherigen Teil des Enumerationsprozesses bestimmt worden sein. Problemtypspezifisch sind bei der *begrenzten Enumeration* die Reihenfolgevorschriften für den Lösungsaufbau und die Abbruchkriterien für nichtoptimale Lösungen zu definieren.

Im Vergleich mit der dynamischen Programmierung hat die begrenzte Enumeration den Vorteil, daß nur je-

Verfahren zur Lösung kombinatorischer Optimierungsprobleme

Enume-ration	Entscheidungsbaumverfahren			Heuristische Verfahren			
	parallel organisiert:	knotenaus-wahlorien-tiert:	sequentiell oganisiert:	Eröffnungsverfahren		iterative Verfahren	
	Dynamische Programmie-rung	Branch and Bound	Begrenzte Enumeration	mit abnehmendem Freiheitsgrad	mit zuneh-mendem Frei-heitsgrad	mit unge-zielter Auswahl	mit geziel-ter Aus-wahl
				Prioritäts-regelver-fahren	Voraus-schau-regelver-fahren		

Tab. 1: Typisierung von Entscheidungsbaumverfahren und heuristischen Verfahren

weils die im Aufbau befindliche Lösung zu speichern ist. Demgegenüber müssen bei der dynamischen Programmierung alle Lösungen der jeweiligen Stufe gleichzeitig gespeichert werden. Bei Problemtypen mit sehr breitem Entscheidungsbaum (d.h. mit sehr vielen Teillösungen auf den einzelnen Stufen) ist daher die dynamische Programmierung weniger gut geeignet als die begrenzte Enumeration. Bei sehr schlanken, aber sehr langen Entscheidungsbäumen (d.h. bei Entscheidungsbäumen mit vielen Stufen, aber wenigen Teillösungen pro Stufe) ist dagegen die dynamische Optimierung gegenüber der begrenzten Enumeration vorteilhaft. Der Grund liegt darin, daß bei diesen Strukturen die Abbruchkriterien bei der begrenzten Enumeration meist recht unbefriedigend sind.

Gegenüber der parallelen Organisation der dynamischen Optimierung und der sequentiellen Organisation der begrenzten Enumeration nimmt das Verfahren *Branch and Bound* eine Mittelstellung ein. Bei diesem Verfahren wird jeweils an derjenigen Teillösung weitergebaut, die unter den bekannten Teillösungen am vorteilhaftesten erscheint (vgl. Abb. 2). Die Vorteilhaftigkeit der einzelnen Teillösungen erkennt man an dem entsprechenden Zielfunktionswert. Das Verfahren des *Branch and Bound* geht auf *Land* und *Doig* (1960) zurück. Der Name wurde erstmals von *Little, Murty, Sweeney* und *Karel* (1963) benutzt, die diese Methode besonders bekannt machten.

Häufig wird die generelle Vorgehensweise des Branch and Bound in folgender Weise beschrieben. Man denkt sich anfangs die Menge aller zulässigen Lösungen und bestimmt eine *Zielfunktionsuntergrenze* (bei Minimierungsproblemen bzw. eine Zielfunktionsobergrenze bei Maximierungsproblemen), die mit Sicherheit von keiner Lösung unterschritten werden kann. Das Berechnen dieser Zielfunktionsgrenze wird als „Bounding" bezeichnet. Nun spaltet man diese Lösungsmenge nach bestimmten Kriterien in (mindestens) zwei disjunkte Untermengen auf („Branching"). Für jede Untermenge berechnet man dann wieder die entsprechenden Zielfunktionsgrenzen. Die weitere

Aufspaltung in Untermengen wird an derjenigen Untermenge vorgenommen, die die niedrigste Untergrenze (bzw. höchste Obergrenze) aufweist. Dieses „Verzweigen und Begrenzen" wird so lange fortgesetzt, bis für diejenige Lösungsmenge mit der geringsten Untergrenze (bzw. höchsten Obergrenze) eine Lösung explizit bekannt ist, deren Zielfunktionswert genau dieser Grenze entspricht. Dieses ist die Optimallösung.

Bei der Anwendung des *Branch and Bound* sind problemtypspezifisch die Verzweigungskriterien, die Berechnungsverfahren für die Zielfunktionsgrenzen und die Feststellung von expliziten Lösungen innerhalb der Lösungsmengen zu definieren.

Gegenüber der begrenzten Enumeration hat Branch and Bound den Vorteil, daß die Anzahl der zu berechnenden Teillösungen (Knoten des Entscheidungsbaums) häufig geringer ist. Dagegen besteht der Nachteil, daß sämtliche noch nicht weiter aufgespalteten Teillösungen gleichzeitig gespeichert werden müssen. Gegenüber der dynamischen Programmierung ist Branch and Bound ähnlich wie die begrenzte Enumeration dann vorteilhaft, wenn der Entscheidungsbaum sehr breit ist, d.h. viele Teillösungen auf den einzelnen Stufen zu berechnen sind.

3. Die heuristischen Verfahren

Bei den meisten *großen kombinatorischen Optimierungsproblemen* sind weder die Enumeration noch die Entscheidungsbaumverfahren geeignet, in angemessener Rechenzeit die gesuchte Lösung zu erzeugen. Hier beginnt das Einsatzgebiet der *heuristischen Verfahren*. Sie lassen sich in „Eröffnungsverfahren" und in „iterative Verfahren" untergliedern (vgl. Tab. 1). Die Eröffnungsverfahren führen jeweils zu einer ersten Ausgangslösung, die iterativen Verfahren beginnen dagegen mit einer vorgegebenen Ausgangslösung und versuchen, diese schrittweise zu verbessern.

Bei den *Eröffnungsverfahren* kann man zwischen solchen mit *abnehmendem* und solchen mit *zunehmendem Freiheitsgrad* unterscheiden. Bei denen mit abnehmendem Freiheitsgrad nimmt die Anzahl der Alternativen mit Fortschritt des Lösungsverfahrens ab. Dagegen steigt bei den Verfahren mit zunehmendem Freiheitsgrad die Zahl der Auswahlmöglichkeiten mit dem Rechenfortschritt. Die Eröffnungsverfahren mit zunehmendem Freiheitsgrad sind daher in sehr vielen Fällen denen mit abnehmendem Freiheitsgrad überlegen (vgl. u. a. *Müller-Merbach* 1970, S. 72 ff.).

Bei den Eröffnungsverfahren mit abnehmendem Freiheitsgrad kann man wiederum zwischen den *Prioritätsregelverfahren* und den *Vorausschauregelverfahren* unterscheiden. Die *Prioritätsregelverfahren* bestehen im allgemeinen aus sehr einfachen Auswahlkriterien, nach denen eine Lösung aufgebaut wird. Sie führen in vielen Fällen auf Ausgangslösungen, die vom gesuchten Optimum noch weit entfernt sind. Dagegen wird bei den *Vorausschauregelverfahren* die Entscheidung über den Aufbau der Lösung von solchen Kriterien abhängig gemacht, die die Folgen einer Entscheidung auf die Gesamtlösung rechtzeitig aufzudecken versuchen.

Sowohl die *Prioritäts-* als auch die *Vorausschauregelverfahren* lassen sich als verkürzte *Entscheidungsbaumverfahren* verstehen, wobei in dem Entscheidungsbaum auf jeder Stufe grundsätzlich nur ein einziger Zweig fortgesetzt wird.

Prioritätsregelverfahren eignen sich nur für solche Probleme, bei denen die Anzahl der fast optimalen Lösungen sehr hoch ist, und in den Fällen, in denen die Lösungen durch iterative Verfahren weiter verbessert werden. In allen anderen Fällen ist es vorteilhaft, effiziente *Vorausschauregelverfahren* oder Eröffnungsverfahren mit zunehmendem Freiheitsgrad zu entwickkeln.

In vielen Fällen lassen sich die mit *Eröffnungsverfahren* gefundenen Lösungen durch *iterative Verfahren* weiter verbessern. Man unterscheidet dabei *iterative Verfahren mit ungezielter* und solche mit *gezielter Auswahl* der Verbesserungsmöglichkeiten. Die Verfahren mit ungezielter Auswahl benötigen im allgemeinen sehr viele, aber auch schnell zu berechnende Verbesserungsversuche. Demgegenüber kommen die Verfahren mit gezielter Auswahl meistens mit weniger Versuchen aus, die aber im einzelnen längere Rechenzeiten erfordern.

Alle Entscheidungsbaumverfahren und alle heuristischen Verfahren sind für jeden Problemtyp neu zu formulieren. Das Lehren und Lernen dieser Methoden kann daher nur unter dem Aspekt gesehen werden, die Fähigkeit zu vermitteln, kombinatorische Optimierungsprobleme jeglicher Art lösen zu können. Diese Fähigkeit kann dadurch erreicht werden, daß die Systematik der Verfahren (wie sie in Tab. 1 gezeigt ist) bewußt wird und man durch Beschäftigung mit vielen kombinatorischen Problemen Erfahrung in ihrer speziellen Anwendung erlangt. Aus diesem Grunde und zur Erhöhung der Anschaulichkeit der bisherigen Aussagen werden im folgenden an einem Beispiel die verschiedenen Methoden vorgeführt.

III. Das Beispiel des Knapsack-Problems

Ein häufig auftretendes kombinatorisches Optimierungsproblem ist vom Typ des sog. *Knapsack-Problems* (englisch für Rucksack). Hier geht es um die Frage, mit welchen Dingen ein Wanderer seinen Rucksack füllen soll, so daß der Gesamtnutzen für ihn maximal ist, die Rucksackkapazität aber nicht überschritten wird.

Der gleiche Problemtyp taucht bei sehr vielen anderen Fragestellungen auf, bei denen unter einer bestimmten Menge von Elementen, die dem gleichen Zweck dienen, eine solche Untermenge auszuwählen ist, mit der dieser Zweck am besten erfüllt werden kann. Dabei darf eine Kapazitätsbegrenzung, die sich über alle Elemente erstreckt, nicht verletzt werden.

Ein Beispiel möge diesen Problemtyp veranschaulichen. Ein Geldanleger verfügt über ein Kapital von 20 Mio DM. Ihm sind fünf interessante Anlageprojekte angeboten, die unterschiedliche Investitionssummen erfordern und unterschiedliche Renditen bringen. Die Zahlen dieses Beispiels sind in Tab. 2 zusammengestellt. Für alle fünf Anlageprojekte besteht die Bedingung der „Unteilbarkeit". Das bedeutet, daß der Anleger ein Projekt entweder voll oder überhaupt nicht übernimmt (→ *Investitionsrechnung*).

Gesucht ist diejenige Kombination von Projekten, mit der unter Einhaltung der verfügbaren Kapitalmenge eine maximale Rendite erreicht wird. Diese optimale Kombination soll nun mit verschiedenen Verfahren bestimmt werden.

Projekt Nr. j	1	2	3	4	5
Rendite c_j (Mio DM/a)	0,9	1,2	0,8	0,7	1,5
Investitionssumme a_j (Mio DM)	7	8	6	5	9

Tab. 2: Daten zum Knapsack-Problem

Mathematisch lassen sich Probleme dieser Art als Modelle der ganzzahligen Optimierung (→ *Programmierung, ganzzahlige*) darstellen. Man definiert dazu die Variablen x_j (j = 1, 2, ..., 5), deren Wert ausdrückt, ob das Projekt j übernommen wird ($x_j = 1$) oder nicht ($x_j = 0$). Mit c_j als Rendite des Projekts j lautet die Zielfunktion allgemein:

$$\text{Maximiere } R = \sum_j c_j x_j$$

Mit a_j als Investitionssummen und b als verfügbarem Kapital lautet die Nebenbedingung:

$$\sum_j a_j x_j \leqq b$$

Ferner gilt für alle Variablen x_j die (0, 1)-Bedingung:

$$x_j = 0 \text{ oder } 1.$$

Man bezeichnet solche Variablen auch als Binär-Variablen oder bivalente Variablen.

Für das obige Beispiel lautet das System aus Zielfunktion und Nebenbedingung wie folgt:

Maximiere $R = 0,9x_1 + 1,2x_2 + 0,8x_3 + 0,7x_4 + 1,5x_5$

unter der Nebenbedingung

$$7x_1 + 8x_2 + 6x_3 + 5x_4 + 9x_5 \leqq 20$$
$$\text{und } x_1, x_2, ..., x_5 = 0 \text{ oder } 1.$$

Ohne die Unteilbarkeitsbedingung würde das kombinatorische Optimierungsproblem in ein kontinuierliches

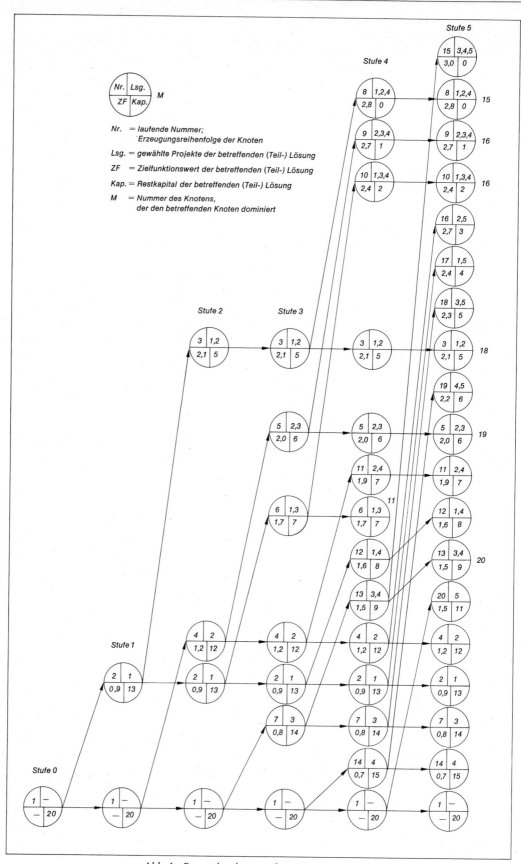

Abb. 1: Baum der dynamischen Programmierung

Optimierungsproblem übergehen. Kontinuierliche Probleme dieser Art lassen sich sehr schnell lösen. In diesem Fall wären für alle Variablen die Werte $0 \leqq x_j \leqq 1$ zugelassen. Die optimale Lösung erhielte man dadurch, daß man die Variablen in der Reihenfolge der Quotienten c_j/a_j sortiert und die Projekte in dieser Reihenfolge auswählt, bis das verfügbare Kapital verbraucht ist. Für das obige Beispiel erhielte man die Lösung
$x_5 = 1$; $x_2 = 1$; $x_4 = 0,6$; $x_3 = 0$; $x_1 = 0$ und $R = 3,12$.

Unter Berücksichtigung der Ganzzahligkeitsbedingung lautet dagegen die gesuchte Optimallösung $x_1 = x_2 = 0$; $x_3 = x_4 = x_5 = 1$ und $R = 3,0$. Diese Lösung soll nun mit den drei genannten Entscheidungsbaumverfahren berechnet werden. Anschließend werden auf das gleiche Problem heuristische Verfahren angewandt.

Bei einigen Verfahren zur Lösung des Knapsack-Problems wird zur Bestimmung von Zielfunktionsgrenzen die Lösung des korrespondierenden kontinuierlichen Problems verwendet; sie wird dann als LP-Lösung (LP = Lineare Programmierung → *Programmierung, lineare*) gekennzeichnet.

1. Lösung mit dynamischer Programmierung

Als erstes Entscheidungsbaumverfahren wird die *dynamische Programmierung* auf das Knapsack-Problem angewendet. Der Lösungsprozeß ist in der Abb. 1 protokolliert.

Ausgehend von der Stufe 0, der noch kein Projekt zugeordnet ist, werden in den Stufen 1 bis 5 die Projekte 1 bis 5 alternativ zugeordnet bzw.nicht zugeordnet. Dabei schließen sich die Entscheidungen auf der Stufe j an die Zustände der Stufe j − 1 an. Für jeden Zustand der Stufe j − 1 werden jeweils die Alternativen betrachtet, das Projekt j entweder hinzuzufügen oder es nicht hinzuzufügen. Bei Überschreiten der Kapazitätsgrenze scheidet die erste Alternative aus.

Dieser Prozeß würde zur Vollenumeration führen, wenn nicht einzelne Lösungen und Teillösungen gestrichen werden könnten. Eine Streichung der Lösung Y gegenüber der Lösung Z ist immer dann möglich, wenn der Zielfunktionswert von Y kleiner oder gleich dem Zielfunktionswert der Lösung Z und gleichzeitig das verwendete Kapital der Lösung Y größer oder gleich dem verwendeten Kapital der Lösung Z ist. Im Beispiel tritt dieser Fall einmal in der Stufe 4 und sechsmal in der Stufe 5 auf.

Die hier beschriebene Form der Anwendung der dynamischen Optimierung auf Knapsack-Probleme geht auf *Gerhardt* (1970) zurück. Je größer das Problem ist, d.h., je mehr Projekte zu berücksichtigen sind, desto mehr Teillösungen werden durch andere Teillösungen dominiert und desto stärker unterscheidet sich der Lösungsprozeß von der Vollenumeration.

2. Lösung mit Branch and Bound

Die Lösung von Knapsack-Problemen mit dem Entscheidungsbaumverfahren *Branch and Bound* geht auf *Kolesar* (1967) zurück. Die Anwendung dieses Verfahrens auf das obige Problem zeigt Abb. 2. Hier wird die Tatsache ausgenutzt, daß die LP-Lösung stets eine Obergrenze für die ganzzahlige Lösung darstellt. Mit der LP-Lösung wird die jeweilige Zielfunktionsobergrenze definiert.

In jedem Knoten des Entscheidungsbaumes der Abb. 2 ist die Entscheidung gekennzeichnet, ob ein bestimmtes Projekt in der Lösung enthalten ist oder nicht. Die Projekte werden in der Reihenfolge der Relativrendite (c_j/a_j)

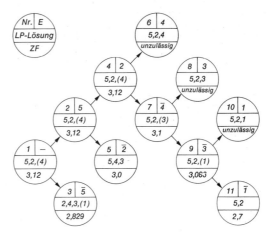

Nr. = laufende Nummer; Erzeugungsreihenfolge der Knoten

E = Entscheidung, ob das Projekt j in der betreffenden Lösungsmenge enthalten ist (j), oder nicht (j̄)

LP-Lösung = Nummer der Projekte, die unter den gegebenen Bedingungen des Entscheidungsbaumes in der LP-Lösung enthalten wären; in Klammern sind diejenigen Elemente genannt, die nicht ganz in der betreffenden Lösung enthalten sind

ZF = Zielfunktionswert der LP-Lösung

Abb. 2: Baum des Branch and Bound Verfahrens

zur Entscheidung gestellt, hier also in der Reihenfolge 5, 2, 3, 4, 1.

Der Verzweigungsprozeß wird immer an den Knoten fortgesetzt, die den höchsten Zielfunktionswert der LP-Lösung aufweisen. Hier werden also die Knoten in der Reihenfolge 1, 2, 4, 7 und 9 aufgespalten. Als nächster müßte der Knoten 5 mit dem Zielfunktionswert 3,0 aufgespalten werden, da nun diese Grenze die höchste ist. Diese Aufspaltung erübrigt sich aber, da die LP-Lösung dieses Knotens bereits die Unteilbarkeitsbedingung erfüllt.

Die Verzweigungsentscheidungen betreffen hier stets die Hereinnahme bzw. die Ausschließung bestimmter Projekte. Diese Ausschlußentscheidungen sind charakteristisch für die meisten Anwendungen des Branch and Bound. Man findet sie bei den anderen Entscheidungsbaumverfahren in expliziter Form dagegen nur selten.

3. Lösung mit der begrenzten Enumeration

Am dritten Entscheidungsbaumverfahren, der *begrenzten Enumeration*, entsteht bei der Lösung des obigen Knapsack-Problems der in der Abb. 3 gezeigte Baum (vgl. auch *Müller-Merbach* 1971, S. 358 ff.). Wie bei den anderen Entscheidungsbaumverfahren sind auch hier die Verfahrensdetails problemtypindividuell festzulegen.

Bei diesem Problemtyp ist besonderes Gewicht auf das Abbruchkriterium zu legen. Dieses wurde hier wie folgt definiert. Die größte relative Rendite (c_j/a_j) bringt das Projekt 5 mit 0,167. Eine theoretische Obergrenze für die Gesamtrendite liegt daher bei dieser Relativrendite multipliziert mit dem verfügbaren Kapital $b = 20$, d.h. bei 3,333. Für jedes im Enumerationsprozeß ausgewählte Projekt läßt sich nun die Renditedifferenz zu 0,167, multipliziert mit der Investitionssumme a_j, die Mindestdifferenz zur theoretischen Maximalrendite 3,333 errechnen. Übersteigt die Summe der Renditedifferenzen für eine bestimmte Teillösung die Renditedifferenz der bisher besten Lösung, so ist die Nichtoptimalität dieser

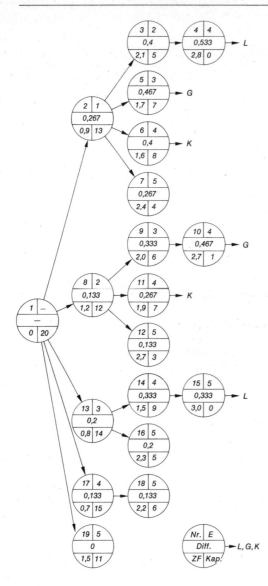

Wegen der Tatsache, daß die Zielfunktionskoeffizienten ganzzahlige Vielfache von 0,1 sind, kann nun gefolgert werden, daß eine bessere Lösung höchstens die Renditedifferenz von 0,433 aufweisen darf. Daher werden im folgenden alle Teillösungen, deren Renditedifferenz diese Grenze übersteigt, als nichtoptimal verworfen.

4. Lösung mit einem Prioritätsregelverfahren

Nachdem in den bisherigen Abschnitten alle drei *Entscheidungsbaumverfahren* auf das obige Knapsack-Problem angewendet wurden, sollen hier und im folgenden verschiedene *heuristische Verfahren* gezeigt werden. Als erstes wird ein *Prioritätsregelverfahren* vorgeführt, das zwar einfach ist, aber keine Garantie für gute Lösungen gibt.

Dieses Prioritätsregelverfahren besteht darin, daß die Projekte in der Reihenfolge ihrer relativen Rendite (c_i/a_i) ausgewählt werden, solange noch Restkapazität verfügbar ist. Für die Projekte werden also die relativen Renditen (0,128; 0,15; 0,133; 0,14; 0,167) berechnet; danach wird die Reihenfolge der Projekte 5, 2, 4, 3, 1 festgelegt. Nun wird als erstes Projekt 5 zugeordnet, dann Projekt 4, so daß nur noch drei Kapitaleinheiten von b = 20 übrigbleiben. Da mit ihnen kein weiteres Projekt finanziert werden kann, liegt die Näherungslösung bereits vor, mit der eine Rendite R = 2,7 (gegenüber 3,0 in der Optimallösung) erzielt wird.

Man könnte auch andere Auswahlkriterien wählen. Dennoch bleibt die typische Eigenschaft aller Prioritätsregelverfahren bestehen, daß keine Garantie für eine annähernd optimale Lösung gegeben ist.

5. Lösung mit einem Vorausschauregelverfahren

Der Nachteil schlechter Ausgangslösungen bei der Anwendung von Prioritätsregelverfahren kann durch *Vorausschauregelverfahren* oft verringert werden, obwohl auch diese keine optimale Lösung garantieren. Eine Vorausschauregel unterscheidet sich von einer Prioritätsregel dadurch, daß vor jeder Entscheidung die Auswirkung auf die Gesamtlösung abgeschätzt wird.

Für das obige Beispiel könnte man dabei wie folgt vorgehen. In der ersten Stufe werden alle, in der i-ten Stufen werden alle bis auf die i ausgewählten Projekte miteinander verglichen und jeweils eines ausgewählt. Dabei wird für jedes zur Wahl stehende Projekt eine Renditeschätzung durchgeführt, die angeben soll, was zu erreichen ist, wenn die übrigen Projekte (wie im Abschnitt III.4) nach der Reihenfolge der Relativrendite ausgewählt würden.

In der Stufe 1 würde das wie folgt ablaufen: Dem Projekt 1 würde nur Projekt 5 folgen, so daß eine Rendite von 2,4 zu erwarten wäre. Das Projekt 2 würde ebenfalls nur die Folge von Projekt 5 erlauben, so daß eine Rendite von 2,7 erwartet würde. Das Projekt 3 würde von Projekt 5 und (da Projekt 2 wegen der hohen Investitionssumme nicht mehr hinzugefügt werden kann) von Projekt 4 gefolgt werden, was auf eine Rendite von 3,0 führte. Auf entsprechende Weise würde man auch für das Projekt 4 eine erreichbare Rendite von 3,0 ausrechnen. Für das Projekt 5 ergibt sich bei dieser Methode jedoch nur eine Renditehoffnung von 2,7. Am günstigsten scheinen also die Projekte 3 und 4 zu sein. Hier sei das Projekt 3 ausgewählt.

Nun wiederholt sich die gleiche Rechnung, wobei jedoch nur noch $b - a_3 = 14$ Kapitaleinheiten verfügbar sind. In der Stufe 2 wird nun das Projekt 4 gewählt, in der anschließenden Stufe 3 wird das Projekt 5 gewählt. Dadurch wird in diesem Beispiel die optimale Lösung mit einer Renditesumme von R = 3,0 erreicht.

Nr. = *laufende Nummer; Erzeugungsreihenfolge der Knoten*

E = *Nummer des Projekts, das in die Lösung aufgenommen wird*

Diff. = *Mindestdifferenz des Zielfunktionswertes der im Aufbau befindlichen Lösung gegenüber dem theoretischen Maximum von 3,333*

ZF = *Zielfunktionswert des kontinuierlichen LP-Problems*

Kap. = *Restkapital der betreffenden (Teil-) Lösung*

L = *»neue« (verbesserte) Lösung gefunden*

G = *Grenze der maximalen Differenz zu 3,333 erreicht oder überschritten: Abbruch*

K = *Kapitalgrenze erreicht : Abbruch*

Abb. 3: Baum der begrenzten Enumeration

Teillösung erkannt, und sie braucht nicht weiter verfolgt zu werden.

Eine erste Grenze der Renditedifferenz könnte mit einem heuristischen Verfahren berechnet werden. In diesem Beispiel ist darauf verzichtet worden. Hier wird vielmehr die erste Grenze (0,533) durch die erste während des Enumerationsprozesses gefundene Lösung bestimmt.

6. Lösung mit einem Eröffnungsverfahren mit zunehmendem Freiheitsgrad

Prioritätsregelverfahren und Vorausschauregelverfahren sind Eröffnungsverfahren mit abnehmendem Freiheitsgrad. Ihnen soll das folgende *Eröffnungsverfahren mit zunehmendem Freiheitsgrad* gegenübergestellt werden. Auch hier besteht allerdings keine Garantie für die Optimalität der Lösung.

Bei diesem Verfahren werden die Projekte in aufsteigender Reihenfolge der Relativrendite (c_j/a_j) betrachtet, also hier in der Folge 1, 3, 4, 2, 5. Auf jeder Stufe wird jetzt in der genannten Reihenfolge ein Projekt hinzugenommen und in bestmöglicher Weise in eine der Lösungen der bisherigen Stufen eingefügt. Diese Einfügung kann in der Hinzunahme dieses Projektes bestehen oder in dem Ersatz eines bisher enthaltenen Projektes durch dieses neue Projekt.

Auf der ersten Stufe wird Projekt 1 zugeteilt. Auf der zweiten Stufe wird Projekt 3 betrachtet, das entweder dem Projekt 1 hinzugefügt wird oder dieses ersetzt. Die Hinzufügung führt auf die höhere Rendite und wird daher durchgeführt. Auf der dritten Stufe wird Projekt 4 betrachtet, das mit den Kombinationen der Vorstufen folgende vier Teillösungen ermöglicht: 4 oder 1 + 4 oder 3 + 4 oder 1 + 3 + 4. Die letzte Teillösung ist mit einer Rendite von 2,4 Einheiten am günstigsten und wird daher gewählt. In der vierten Stufe kommt Projekt 2 hinzu, das mit den Kombinationen der Vorstufen auf folgende sechs Teillösungen führen kann: 2 oder 1 + 2 oder 2 + 3 oder 2 + 4 oder 1 + 2 + 4 oder 2 + 3 + 4. Die Kombination 1 + 2 + 4 ist mit einer Rendite von 2,8 Einheiten am günstigsten. In der letzten Stufe wird Projekt 5 in die Betrachtung einbezogen. Dabei bestehen die fünf Alternativen: 5 oder 1 + 5 oder 3 + 5 oder 1 + 3 + 5 oder 3 + 4 + 5. Die letzte Lösung ist mit einer Rendite von 3,0 die beste. Sie stellt für dieses Beispiel bereits die Optimallösung dar.

Man sieht am Protokoll des Lösungsverfahrens deutlich den zunehmenden Freiheitsgrad, d. h. die Tendenz einer zunehmenden Anzahl an Alternativen. Generell kann man feststellen, daß die Verfahren mit zunehmendem Freiheitsgrad tendenziell solchen mit abnehmendem Freiheitsgrad bezüglich der Qualität der Lösung überlegen sind.

7. Lösung mit iterativen Verfahren

Da die in den Abschnitten III.4 bis III.6 beschriebenen Eröffnungsverfahren die optimale Lösung nicht garantieren, ist es generell empfehlenswert, mit anschließenden *iterativen Verfahren* die Lösungen zu verbessern. Hier sei nur ein iteratives Verfahren mit ungezielter Auswahl besprochen, da für Knapsack-Probleme iterative Verfahren mit gezielter Auswahl (s. Tab. 1) schwierig zu entwickeln sind.

Iterative Verfahren mit ungezielter Auswahl bestehen im allgemeinen darin, nach bestimmten Regeln Vertauschungen vorzunehmen. Das bedeutet für das Knapsack-Problem, daß hier solche Projekte, die bisher nicht zur Lösung gehörten, gegen solche Projekte, die zur Lösung gehörten, vertauscht werden.

Für das Beispiel sei angenommen, daß die Ausgangslösung die Projekte 1 und 5 bei einer Rendite von 2,4 Einheiten enthalte. Eine Austauschregel kann nun darin bestehen, daß versucht wird, jedes einzelne Projekt außerhalb dieser Lösung gegen jedes einzelne Projekt innerhalb dieser Lösung zu tauschen. Dabei führt nur die Vertauschung der Projekte 2 und 1 auf eine Verbesserung, die eine Rendite von 2,7 Einheiten bringt. Durch eine weitere Vertauschung von Einzelprojekten läßt sich keine Lösungsverbesserung erreichen. Man kann nun das Vertauschen von Kombinationen versuchen, beispielsweise von jeweils zwei nicht in der Lösung enthaltenen Projekten gegen ein in der Lösung enthaltenes Projekt. Unter sechs theoretisch möglichen Vertauschungen (von denen aber nur drei die Kapitalbegrenzung einhalten) führt der Ersatz des Projektes 2 durch die Projekte 3 und 4 zur optimalen Lösung.

Je größer die Zahl der Projekte (oder allgemein: der Elemente) ist, desto mehr Vertauschungen und Vertauschungsregeln sind möglich und desto mehr Rechenschritte durchzuführen. Bei komplizierten Vertauschungsregeln erreicht die Anzahl der möglichen Vertauschungen für große Probleme schnell die Grenze der Rechenbarkeit.

Literatur: Bellman, R. E.: Dynamic Programming. Princeton 1957 – *Land, A. H.* u. *A. G. Doig:* An Automatic Method of Solving Discrete Programming Problems. In: Econometrica, 28. Jg 1960, S. 497–520 – *Little, J. D. C.* (u. a.): An Algorithm for the Traveling Salesman Problem. In: OR, 11. Jg 1963, S. 972–989 – *Kolesar, P. J.:* A Branch and Bound Algorithm for the Knapsack Problem. In: Man. Sc., 13. Jg 1967, S. 723–735 – *Weinberg, F.* (Hrsg.): Einführung in die Methode Branch and Bound. Berlin, Heidelberg u. New York 1968 – *Weinberg, F.* u. *C. A. Zehnder* (Hrsg.): Heuristische Planungsmethoden. Berlin, Heidelberg u. New York 1969 – *Gerhardt, C.:* Gedanken zur Lösung des Knapsack-Problems. In: Ablauf- und Planungsforschung, 11. Jg 1970, S. 69–83 – *Mitten, L. G.:* Branch – and – Bound Methods: General Formulation and Properties. In: OR, 18. Jg 1970, S. 24–34 – *Müller-Merbach, H.:* Optimale Reihenfolgen. Berlin, Heidelberg u. New York 1970 – *Klein, H. K.:* Heuristische Entscheidungsmodelle. Wiesbaden 1971 – *Müller-Merbach, H.:* Operations Research – Methoden und Modelle der Optimalplanung. 2. A., München 1971 – *Slagle, J. R.:* Einführung in die heuristische Programmierung (dt. Übers.). München 1972 – *Müller-Merbach, H.:* Heuristische Verfahren. In: Management-Enzyklopädie, Erg.bd., München 1973.

Heiner Müller-Merbach

Hörfunk- und Fernsehbetriebe → Rundfunkbetriebe

Holzwirtschaftsbetriebe → Forstbetriebe und Forstliche Betriebslehre

Hotel- und Gaststättenbetriebe

[s. a.: Dienstleistungsbetriebe; Fixkosten; Investition; Kapazität und Beschäftigung; Konzentration; Konzerne; Personalbeschaffung; Standort und Standorttheorie; Tourismusbetriebe.]

I. Begriff und Wesen; II. Betriebstypen – Einteilungsprinzipien; III. Art der Leistung – Labilität der Nachfrage; IV. Starrheit des Angebotes; V. Folgen; VI. Konzentrations-Tendenzen.

I. Begriff und Wesen

1. Terminologisch gesehen ist das gebräuchliche Begriffspaar „Hotel- und Gaststätten" (Ho-Ga)-Betriebe nicht recht zufriedenstellend, da es eine gewisse Tautologie einschließt: Nach dem Sprach-

gebrauch ist eine Gaststätte ein Verpflegungsbetrieb (ohne Beherbergung), ein Hotel aber grundsätzlich ein kombinierter Beherbergungs- und Verpflegungsbetrieb, der insoweit also die Gaststätten-Funktion mit einschließt (vergl. Gaststättengesetz v. 4. 8. 1961). Da jedoch die Gemeinsamkeiten von Beherbergungs- und andererseits Verpflegungsbetrieben durchaus überwiegen (und im Hotel ein kombiniertes Modell vorliegt), können sie hier weitgehend zusammen behandelt werden.

2. Das *Wesen* der Ho-Ga-Betriebe liegt in der gewerbsmäßigen Bereitstellung von Wohnung und/oder Ernährung in konsumreifem Zustand; sie setzen also an ihre Kunden – die hier „Gäste" heißen, obwohl sie selbstverständlich bezahlen müssen – jene Leistungen ab, die gewöhnlich von deren eigenem Haushalt geboten werden („Haushaltsfunktionen").

a) Damit gehören die Ho-Ga zu den *eigentlichen*, weil die Anwesenheit des Kunden grundsätzlich bedingenden → *Dienstleistungsbetrieben*.

b) Wegen der charakteristischen Darbietung der Haushaltsfunktionen sind sehr viele Ga- und alle Hotels zugleich *Fremdenverkehrsbetriebe*: Der Fremde – seinem Wesen entsprechend vom eigenen Haushalt entfernt – muß Nahrung und Wohnung anderwärts entgegennehmen; sofern er nicht in einen anderen Haushalt (z. B. bei Verwandten oder Freunden) aufgenommen oder nicht zum „Selbstversorger" (z. B. Camping, Ferienwohnung) wird, sucht er regelmäßig die Ho-Ga-Betriebe an seinem Aufenthaltsort auf.

Charakteristischerweise müssen diese Haushaltsfunktionen auch von anderen kundenpräsenzbedingten Betriebsarten übernommen werden; so im Speise- und Schlafwagen der Eisenbahn, beim Ozeandampfer (dem „schwimmenden Hotel"), bei langen Flügen usw.

II. Betriebstypen-Einteilungsprinzipien

Der außerordentlich weit gespannte Fächer von unterschiedlichen Betriebstypen reicht bei den Ga vom Stehausschank und der „Wirtschaft an der nächsten Ecke" bis zur Großgaststätte mit mehreren tausend Plätzen, vom Schnellimbiß- und Selbstbedienungslokal bis zum Feinschmecker-Restaurant; bei den Betrieben mit Beherbergungsfunktion vom Dorfgasthof bis zum Groß-Hotel (bis zu 6000 Betten wie in Chicago oder Moskau) und von der Berghütte bis zum sog. Luxus-Hotel (mit einem Angestellten pro Bett).

Da eine Gesamtdarstellung hier nicht möglich ist, seien die wichtigsten Systematisierungsmerkmale in Stichworten angegeben:
a) Wirtschaftsprinzip: Allgemein erwerbswirtschaftlich; jedoch arbeitet eine Reihe von Betrieben nicht oder nur teilweise nach diesem Prinzip (aus sozialen, charitativen u. ä. Gründen): Volksküche, Kantine, Mensa usw. – Hospiz, Zunfthaus, Gästehaus usw.
b) Rechtsform sowie Betriebsgröße

c) Vollständigkeit der Leistung: Lizenz für Alkoholausschank – Hotel garni (ohne Verpflegung), Pension (Verpflegung nur für Hausgäste) usw.
d) Prägung durch den Standort:
(1) Saisonbetrieb (ein- oder zweimal geschlossen) oder ganzjährig geöffnet
(2) Hoteltyp: Kurhotel, Winter- oder Sommer-Sport-Hotel, Geschäftsreisendenhotel, Kongreß- (= Groß-) Hotel, Grand- oder „Luxus"-Hotel u.a.
(3) Verbindung mit Verkehrsmittel: Hotel zur Post, Terminus (bei uns: Bundesbahnhotel), Berghotel (Symbiose mit Bergbahn), Hafenhotel, Motel, Flughafenhotel usw.
e) Aufenthaltsdauer: Passanten- und Familienhotel
f) Güte- und Preisklassen: Durch die bekannten Sterne und Buchstaben; die Bundesrepublik gehört zu den wenigen Ländern ohne offizielle Klassifizierung.

III. Art der Leistung – Labilität der Nachfrage

1. Typisch für die Leistungen der Ho-Ga-Betriebe ist deren Abstraktheit: Sie werden vom anwesenden Gast an Ort und Stelle mit dem Konsum „verbraucht"; diese notwendige Kundenpräsenz macht die Leistungen also a) nicht lagerfähig und daher nicht auf Vorrat produzierbar, b) nicht versendbar: Der Betrieb kann erst „produzieren" und absetzen, wenn der Gast anwesend ist (→ *Kapazität und Beschäftigung*).

2. Da Produktion und Absatz vom (oft sehr kurzfristig motivierten) Verhalten der Gäste abhängen, ergibt sich eine äußerste Labilität der Nachfrage: Sie kann in Extremen von Null bis über 100% schwanken, und zwar stündlich (speziell Ga), täglich, wöchentlich (z. B. Wochenende – leere Städte, überfüllte Ausflugsorte), saisonal, aber auch unerwartet und unregelmäßig, da viele Faktoren wie Wetter, Mode-Trend u. dgl., aber bes. auch binnen- und außenwirtschaftliche, ja politische Strömungen darauf einwirken.

Nicht umsonst gilt der Fremdenverkehr – verschiedentlich wird heute das Wort „Tourismus" vorgezogen – neben Land- und Bauwirtschaft als Saisongewerbe; nur daß hier die Betriebe sehr wohl produzieren, jedoch nicht absetzen können, weil kein Kunde kommt; sie müssen also wegen Ausbleibens der Nachfrage schließen (→ *Tourismusbetriebe*).

3. Als kundenpräsenzbedingte Betriebe sind die Ho-Ga stark personal-intensiv (Personalkosten stehen stets an erster Stelle und erreichen 45%); die vom Gast gewünschte persönliche Dienstleistung ist nur wenig ersetzbar (und meist nur unter Qualitätseinbuße). Dadurch ergeben sich extreme Arbeitszeiten und -bedingungen (Schicht-, Nacht-, Sonn- und Feiertags-Arbeit; geteilte Arbeitszeit mit „Zimmerstunde"; dies alles als „normale" Arbeitszeit ohne Zuschläge in einer 6-Tage-Woche) (→ *Arbeitszeit*).

Trotzdem wird die Diskrepanz zwischen der Öffnungszeit des Betriebes (z. B. Hotel: 365 Tage à 16 bis teilweise 24 Stunden) und der tendenziell sinkenden Arbeitszeit des Angestellten immer größer; die bisherigen Entlohnungsformen des Bedienungspersonals (sog. Bedienungsgeld mit garantiertem Mindestlohn als %-Anteil am Umsatz, dazu das „Trinkgeld") erscheinen in Konkurrenz mit Arbeitszeit und Lohn z.B. der Industrie zu wenig attraktiv, weshalb die Ho-Ga vor sehr schwierigen Nachwuchsproblemen stehen. Die Einführung der 5-Tage-Woche bedingte jedoch rund 15% mehr Personal, und die Bezahlung von Überstunden, Nacht- und Feiertagszuschlägen, 13. Monatsgehalt u. dgl. würde derzeit für die Kalkulation der Ho-Ga-Betriebe große Probleme bringen. Hier kann auf die Dauer wohl nur eine langfristige und konsequente Planung Abhilfe schaffen.

IV. *Starrheit des Angebotes*

Der Labilität der Nachfrage steht die Starrheit des Angebotes gegenüber.

1. Zunächst ist sie dadurch gegeben, daß die hohen Personalkosten sich zum immer größeren Teil als Fixkosten auswirken; von Aushilfskräften abgesehen (die sich bei der gespannten Lage des Arbeitsmarktes kaum anbieten – Gastarbeiterfrage) benötigt der Betrieb sein Fachpersonal zur Aufrechterhaltung der Dienstbereitschaft; viele eigentliche Saisonbetriebe schließen heute nicht mehr, um wenigstens ihr Stammpersonal zu halten, das sonst zu Saisonbeginn nicht verfügbar wäre.

2. Tritt hierzu noch die strukturell typische Kapital-Intensität, so ergeben sich zusätzliche betriebswirtschaftliche Besonderheiten:

a) Wie auch anderswo ist Kapital-Intensität vorwiegend eine Frage der Betriebsgröße (→ *Betriebsgröße und Unternehmungsgröße*): Der Kleinbetrieb hat geringere Kapital- und damit Fixkosten; er kann sich besser einer sinkenden Nachfrage anpassen. Zudem sind im Ho-Ga im Klein- (= Familien-) Betrieb für den Inhaber mit Familie Wohnung und Ernährung mit allem Zubehör frei (geringer Steuer-Ansatz für „Selbstverbrauch"). Daß jedoch selbst dieser Kleinbetrieb Kapital benötigt, erhellt aus der Zahl der Pachtbetriebe, insbes. im Ga-Gewerbe.

(Nach der Arbeitsstättenzählung 1970 haben 72,3% aller Ho-Ga in der Bundesrepublik unter 10 Beschäftigte; hier wirken sich die vielen Klein-Gaststätten aus, die überwiegend (Brauerei-eigene) Pachtbetriebe sind).

b) Im Großbetrieb – hier das Hotel als deutlichstes Beispiel genommen – zeigen sich die strukturellen Besonderheiten am schärfsten: Verhältnis Anlage- zu Umlaufvermögen etwa 9:1; Investition heute pro Zimmer bei gutem Stadthotel 100 000.– und mehr; entsprechend hohe Fremdkapitalanteile, → *Fixkosten* der Beherbergung bis 80%.

3. Diese Struktur bringt mit sich, daß das Hotel gewissermaßen in zwei (ungleichen) Stufen „produziert": Es muß täglich alle Räume dienstbereit (d.h. hier: ohne Lieferfrist verkaufsfähig) machen, dafür also die Fixkosten (bis 80%) vorfinanzieren,

ohne Rücksicht darauf, ob der Gast kommt oder nicht. Erst bei seiner Anwesenheit kommt mit dem „Verkauf" die zweite Leistungsstufe durch Dienstleistung und Verbrauch hinzu (hier: 20% proportionale Kosten), die der Gast direkt verursacht. Jedes heute bereitgestellte, aber nicht belegte Zimmer wirkt daher als „verlorene" Produktion.

V. *Folgen*

Das Aufeinandertreffen dieser spezifischen Angebots- und Nachfragestruktur ergibt folgendes:

1. Strukturelle Überkapazität: Wie ähnlich gelagerte Betriebe (z.B. Bundesbahn oder Lufthansa) müssen die Ho-Ga-Betriebe ihre Kapazität möglichst nach dem Spitzenbedarf richten; nicht nur, weil sie bei voller Auslastung sehr gut verdienen, sondern auch, weil sie bei dauernd zu geringer Kapazität ihre eigene Konkurrenz wachsen lassen würden. Anderseits ergibt das Überwiegen von Zeiten schlechter Belegung einen für den Außenstehenden erschreckenden Ausnutzungsgrad (lt. Stat. Bundesamt bei Beherbergung in der Bundesrepublik 1971: 36,0% insges., in Großstädten 49,2%). Natürlich kennt das Hotel seine durchschnittliche Belegung (als kostendeckend gilt für ein erstklassiges Jahreshotel etwa 60%, für einen Neubau mehr, für ein einfacheres oder ein Saisonhotel entsprechend weniger) und kalkuliert seine Preise demgemäß; der Kunde muß hier die „Leer-Kosten" im eigentlichen Sinne des Wortes mitbezahlen – falls nicht das Hotel subventioniert wird, was (zumindest i.w.S.) nicht selten ist: Durch Länder, Gemeinden, Körperschaften, die ein Hotel „brauchen", auch wenn es nicht rentiert; durch Unternehmungen und Mischkonzerne, denen ein Hotel als steuerliche Verlustquelle, aber auch aus Prestigegründen und als Wertanlage (Grundstück!) willkommen ist; durch Konzerne (vgl. unter VI.).

2. Die Marktsituation des Hotels wird von der öffentlichen Meinung (und meist auch von der Literatur) als Oligopol oder auch Monopol (→ *Markt, Marktformen und Marktverhaltensweisen; → Preistheorie*) betrachtet, prägt sich doch die Erinnerung, an einem Ort zur Hochsaison keine Hotelunterkunft bekommen zu haben, viel nachhaltiger ein als der Normalfall, daß man bei der Ankunft sein Zimmer wählen kann. Kombiniert man jedoch die steigende Intensität der Nachfrage mit dem durch wachsende Belegung des Hotels versteiften Angebot, so ergibt sich folgendes Schema der wechselnden Marktsituationen:

(Dabei bedeutet: Spalte I keine Nachfrage, da Saisonschluß – II: Gast kann Ort und Zeit frei wählen – III: Ort liegt fest, Zeit kann gewählt werden, oder umgekehrt – IV: Gast muß zu dieser Zeit an diesem Ort sein – V: organisierte (Gesellschafts-) Reise; das vom Reiseveranstalter zusammengefaßte Nachfrage-Oligo – oder auch Monopol.

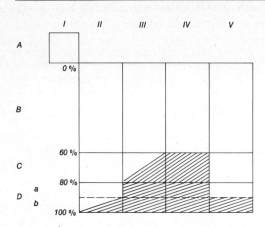

Zeile A bedeutet: Kein Angebot, da Hotel außer Saison geschlossen – B: Hotel ist unter Kostendeckungspunkt „KDP" belegt; dieser hier mit 60% der Kapazität angenommen – C: Belegung über KDP – D: a) Hotel voll belegt; es findet noch ein ‚kleiner Markt' um die abbestellten Zimmer statt; b) Hotel hat Hochsaison oder bes. Attraktion am Ort, wie etwa Messe, Festspiele o. dgl.).

Als Marktformen ergeben sich also in den Zonen:

A Kein Markt, da weder Nachfrage noch Angebot.

B Käufermarkt, da Belegung unterhalb des KDP; Preis kann notfalls bis nahe an die proportionalen Kosten gedrückt werden.

C Ausgewogene Marktsituation; Hotel verlangt und erhält vollkostendeckenden Preis, der nach oben durch Konkurrenz der anderen Anbieter begrenzt wird.

D Hier liegt (bes. bei D, b) ein typisches Anbietermonopol oder -Oligopol vor; Gast II wird diese Zeit meiden, Gast III wird zumindest zögern, Gast IV muß den Hochsaisonpreis bezahlen.

3. Die Preispolitik des Hotels ist hiernach anders als in den meisten anderen Betrieben, z. B. denen der Industrie (nur *Henry Ford* machte einmal einen ähnlichen Versuch): Der Hotelpreis reagiert nicht – wie sonst üblich – kostenbedingt, sondern umgekehrt zur Kostenlage: Bei besserer Kapazitätsauslastung (also sinkenden Kosten pro Leistung) steigt der Preis, bei steigenden Kosten (da Belegung unter KDP) sinken dagegen die Preise.

Diese scheinbare Inkonsequenz erklärt sich als offenbar erzwungenes Marktverhalten:

Für den Gast sind die Ho-Ga-Leistungen grundsätzlich Mittel zum Zweck, den er – als „Koppelprodukt" – zusammen mit dem eigentlichen Zweck seiner Reise bewertet: Hotel + Messe in Hannover; + Festspiele in Bayreuth; + März-Schnee in St. Moritz; + August-Sonne auf Sylt usw. lassen ihn für diese Zeit für Ho-Ga-Leistungen ein „Mehr" bezahlen (in dieser „Hochsaison" übrigens auch für andere Waren, z. B. die des Einzelhandels). Umgekehrt muß das Hotel seine Preise herabsetzen, wenn – von ihm unverschuldet – die Anziehungskraft seines Standortes nachläßt.

So kann auch das Hotel z. B. in Zermatt für ein Zimmer „hinten hinaus" nur etwa den halben Preis nehmen wie für eines mit Matterhornblick (der dem Hotel keine Kosten verursacht!): Maßgebend ist hier für die Preisbildung die Zahlungsbereitschaft des Gastes für besondere Attraktivität des Ortes – auch wenn sie ohne Zusammenhang mit den Kosten des Hotels ist.

Offenbar reagiert das Hotel bei seiner Preispolitik verschieden, wobei diese Verhaltensweise nicht nur bei Saison-Betrieben auftritt, sondern sich nun auch in vielen Stadthotels – insbes. ausländischer → *Konzerne* – durchzusetzen scheint:

Unterhalb des KDP strebt es Verlustminimierung an; wenn es bei Unterbelegung dem Gast 50% Rabatt gibt, seine → *Fixkosten* aber 75% betragen, so vermindert es seinen Verlust um 25%; dieser wäre ihm nämlich ganz (also mit 75%) entstanden, wenn der Gast wegen eines zu geringen Rabattes zur Konkurrenz gegangen wäre.

Jenseits des KDP geht das Hotel jedoch gewinnmaximierend vor; es verlangt und erhält kostendeckende Preise und gibt Rabatte nur noch für werbewirksame oder zusätzliche Umsätze (z. B. 10% an das Reisebüro).

VI. Konzentrations-Tendenzen

Es erscheint nur als konsequent, daß ein so im Blickpunkt des allgemeinen Interesses stehendes Gewerbe wie die Ho-Ga-Betriebe bei der Entwicklung zur Massengesellschaft besonderen Strukturwandlungen unterworfen ist: Die → *Konzentration* – typisch zuerst in den Großstädten – vollzieht sich hier zur Zeit in ungewöhnlicher Geschwindigkeit und Größenordnung. Durch organisatorische und technologische Veränderungen (wie elektronische Reservierung, wachsende Luftfahrt-Kapazitäten, genormte Leistung incl. Massenwerbung) entstehen Ho-Ga-Konzerne bisher nicht gekannten Ausmaßes, hinter denen wiederum meist Verkehrs- (hauptsächlich Luftfahrt-), aber auch Nahrungsmittel- sowie gemischte oder staatliche Gesellschaften stehen.

Dazu gehören u. v. a. Holiday Inns (z. Zt. 1462 Hotels mit 220000 Zimmern), Hilton International (TWA), Intercontinental Hotels (Pan Am), Sheraton (ITT), Esso-Motor-Hotels (Bass-Charrington), Loews, Wiener-Wald-Konzern, Intourist (Aeroflot, UdSSR), Interhotel (Interflug, DDR) usw.

Rationalisierung, Uniformierung, „Markenartikel" sind die zwangsläufigen Folgen. Offensichtlich ist diese Entwicklung für den Massenkonsum mit allen Vor- und Nachteilen der Zivilisation verbunden. So wird es wohl den kleineren, individuellen und (wohl unvermeidbar) immer teureren Hotels und Restaurants vorbehalten bleiben, was mancher „Verbraucher" auch künftig als kulturellen Teil der Haushaltsfunktionen empfinden und wünschen mag.

Literatur: Glücksmann, R.: Privatwirtschaftslehre des Hotelgewerbes. Berlin 1917 – ders.: Das Gaststättenwesen. Stuttgart 1927 – *Münch, T.:* Die Hotelunternehmung im Lichte betriebswirtschaftlicher Lehre und Praxis. Zürich u. Leipzig 1930 – *Rauers, F.:* Kulturgeschichte der Gaststätte. 2. Bd. Berlin 1941 – *Hunziker, W. u. K. Krapf:* Allgemeine Fremdenverkehrslehre. Zürich 1942

– *Thoms, W.*: Handbuch für Fremdenverkehrsbetriebe. Gießen 1952 – *Walterspiel, G.*: Ursache und Bedeutung immaterieller Faktoren im Hotelbetrieb. In: Jahrbuch f. Fremdenverkehr 1954/55, H.1 – *ders.*: Grundlagen der Betriebswirtschaftslehre des Fremdenverkehrs. Ebda 1955/56, H. 1 und 1956/57, H. 1 u. H. 2. – *Bernecker, P.*: Die Stellung des Fremdenverkehrs im Leistungssystem der Wirtschaft. Wien 1956 – *Hunziker, W.*: Betriebswirtschaftslehre des Fremdenverkehrs. Bern 1959 – *ders.*: Betriebsführung im Hotel- und Gaststättengewerbe. In: Jahresber. d. Forschungsinst. f. Fremdenverkehr, Bern 1960 – *Hoffmann, M.*: Geschichte des deutschen Hotels. Heidelberg 1961 – *Walterspiel, G.*: Gemeinsame Besonderheiten investitions-intensiver und kunden-präsenz-bedingter Dienstleistungsbetriebe. In: ZfbF, 18. Jg 1966, S. 12–27 – *ders.*: Einführung in die Betriebswirtschaftslehre des Hotels. Wiesbaden 1969. Ferner diverse Veröffentlichungen der Fremdenverkehrsinstitute an den Hochschulen bzw. Universitäten in Bern, Frankfurt/M, München, St. Gallen, Wien.

Georg Walterspiel

Hüttenbetriebe → Bergwerksbetriebe
Human Relations → Betriebsklima; → Sozialpolitik, betriebliche
Hypotheken → Forderungen und Verbindlichkeiten

I

Industriebetriebe, Arten der

[s. a.: Baubetriebe; Bergwerksbetriebe; Fließprinzip; Ingenieurbetriebe; Kalkulationsformen und -verfahren; Produktionsverfahren; Technologie und Produktion; Typologie und Morphologie in der Betriebswirtschaftslehre; Werkstattfertigung.]

I. Industriebetriebsarten in der Umgangssprache; II. Artenmorphologie der Industriebetriebe durch Nachbarwissenschaften; III. Betriebswirtschaftliche Artenmorphologie der Industriebetriebe.

I. Industriebetriebsarten in der Umgangssprache

Die Fachterminologie der Betriebswirtschaftslehre bedient sich weitgehend der Umgangssprache, damit gegen die Verbreitung ihrer wissenschaftlichen Erkenntnisse keine semantischen Hindernisse aufgerichtet werden. Diese Umgangssprache verfügt im Deutschen über eine bemerkenswerte Anzahl eigenständiger Ausdrücke für besondere Arten von Industriebetrieben, die u. a. in vielen Firmennamen vorkommen. Solche Ausdrücke haben entweder einen eigenen Wortstamm, oder sie kennzeichnen die Hauptverrichtung im Betriebsprozeß, oder sie charakterisieren den Ort, an dem die betriebliche Tätigkeit ausgeübt wird (→ *Sprache und sprachliche Kommunikation*).

Jeweils eine besondere Art Industriebetrieb ist in der Umgangssprache – mehr oder weniger eindeutig – mit folgenden eigenstämmigen Worten bezeichnet:
Fabrik (z.B. Farbenfabrik, Sodafabrik, Kleiderfabrik . . .),
Werft (z.B. Schiffswerft, Bootswerft, Reparaturwerft . . .),
Werk (z.B. Bergwerk, Sägewerk, Walzwerk, Stahlwerk . . .),
Anstalt (z.B. Scheideanstalt, Maschinenbauanstalt, Gasanstalt . . .),
Zeche (z.B. Steinkohlenzeche, Erzsinterzeche).

Die in einem Industriebetrieb zu verrichtenden Haupttätigkeiten finden sich in Ausdrücken wie:
Mühle (z.B. Weizenmühle, Walzenmühle, Zementmühle . . .),
Schmiede (z.B. Gesenkschmiede, Silberschmiede, Federnschmiede . . .),
Gießerei (z.B. Eisengießerei, Graugießerei, Feingießerei . . .),
Spinnerei (z.B. Jutespinnerei, Wollspinnerei, Seidenspinnerei . . .),
Weberei (z.B. Drahtweberei, Leinenweberei, Tuchweberei . . .),
Gerberei (z.B. Pelzgerberei, Ledergerberei . . .),
Brennerei (z.B. Ziegelbrennerei, Kornbrennerei . . .),
Brauerei (z.B. Bierbrauerei . . .),
Kokerei,
Raffinerie (z.B. Zuckerraffinerie, Erdölraffinerie, Schwefelraffinerie . . .).

Ausdrücke der Umgangssprache, die den Ort kennzeichnen, an dem die industrielle Produktion vollzogen wird, sind:
Kellerei (z.B. Weinkellerei, Sektkellerei),
Grube (z.B. Braunkohlengrube, Tongrube, Kies- und Sandgrube . . .),
Hütte (z.B. Eisenhütte, Glashütte, Kupferhütte . . .).

Dazu kommen noch Ausdrücke, die in erster Linie historisch zu erklären sind, so etwa:
Meierei,
Manufaktur (z.B. Porzellanmanufaktur, Zigarrenmanufaktur . . .),
wobei letzterer außerdem erkennen läßt, daß in den so bezeichneten Betrieben die geschickte Handarbeit auch heute noch eine zentrale Rolle spielt.

II. Artenmorphologie der Industriebetriebe durch Nachbarwissenschaften

Die vorstehende Liste mit Ausdrücken für spezifische Arten von Industriebetrieben, die beim Berücksichtigen regionaler Idiome gewiß noch verlängert werden müßte, kennzeichnet die deutsche Umgangssprache als äußerst nuancenreich. Trotzdem genügt sie nicht den Ansprüchen der wissenschaftlichen Kommunikation, wo die Wahl der Worte dazu dient, möglichst präzise Vorstellungen von den in Rede stehenden Phänomenen zu vermitteln. Deshalb muß sich die betriebswirtschaftliche Fachsprache einer Terminologie bedienen, die der Mannigfaltigkeit der Betriebsarten in der jeweils modernen Industrie gerecht wird. Da Begriffe außerdem Werkzeuge zur Lösung von Problemen sind und ebenso wie Handwerkszeuge dem Arbeitszweck angepaßt sein müssen, werden die Arten der Industriebetriebe von verschiedenen problemsichtbedingten Standorten aus betrachtet und dementsprechend bezeichnet. Hierbei sind außerhalb der Betriebswirtschaftslehre vor allem Standorte in den folgenden Nachbardisziplinen dieses Faches auszumachen: Volkswirtschaftslehre, Ingenieurwissenschaften, Soziologie und Psychologie.

1. Arten der Industriebetriebe von volkswirtschaftlichen Standpunkten aus betrachtet

Im gesamtwirtschaftlichen Güterkreislauf folgen aufeinander *Gewinnungsbetriebe, Aufbereitungsbetriebe, Verarbeitungsbetriebe, Weiterverarbeitungsbetriebe* und schließlich *Wiedergewinnungsbetriebe.* Der Stoff (oder das Material) steht im Zentrum der Betrachtungsweise, aus der eine solche Abgrenzung der Industriebetriebsarten folgt. So – als Stufen im arbeitsteiligen Materialfluß – werden die Industriebetriebe vor allem in Zeiten des Rohstoffmangels angesehen, wobei u. a. die Relation zwischen Gewinnungs- und Wiedergewinnungskosten sowie die Verwertung oder Beseitigung der Abfallstoffe interessiert.

Eine ähnliche Sicht, wenn auch begrenzt auf Bereiche, in denen vorwiegend die Öffentliche Hand wirkt, ist erkennbar, wo von → *Versorgungsbetrieben, Verwertungsbetrieben* und *Entsorgungsbetrieben* zur Kennzeichnung von spezifischen Industriebetriebsarten gesprochen wird. Dabei sind mit Versorgungsbetrieben in erster Linie die Wasser-, Gas- und Elektrizitätswerke gemeint, mit Verwertungsbetrieben solche, die Umweltbelastungen durch Abfallstoffe und unerwünschte Nebenprodukte so weitgehend wie möglich beseitigen. Bei allen diesen Betrieben der Öffentlichen Hand ist zwangsläufig zweifelhaft, ob sie der Industrie oder dem Dienstleistungsbereich, also dem tertiären Sektor der Wirtschaft, zuzurechnen sind.

Wenn bei einer Betrachtung des volkswirtschaftlichen Güterkreislaufes der Blick mehr auf den Output als auf den Input der industriellen Prozesse gerichtet ist, dann wird zwischen *Halbzeugindustrie-, Investitionsgüterindustrie-* und *Konsumgüterindustriebetrieben* als spezifischen Arten unterschieden. Halbzeuge zwischen der Eisen schaffenden und der Eisen verarbeitenden Industrie produzieren Gießereien, Walzwerke und Schmieden. Ihnen entsprechen im Bereich der Textilindustrie Spinnereien, Webereien und Färbereien. Investitionsgüter werden in Betrieben der Bauindustrie und Maschinenbauanstalten hergestellt, wobei letzte noch nach *Schwermaschinenbau-* und *Leichtmaschinenbaubetrieben* unterschieden werden.

Teils der Investitionsgüter- und teils der Konsumgüterindustrie sind einige Industriebetriebe zuzurechnen, deren Erzeugnisse heute in so großen Stückzahlen nachgefragt werden, daß sie schon deshalb als eigene Betriebsart gelten; dazu gehören vor allem die *Fahrzeugindustriebetriebe* und unter diesen speziell die *Automobilindustriebetriebe.*

Die Arten der Industriebetriebe, die Konsumgüter herstellen, werden vom volkswirtschaftlichen Standpunkt aus auch nach der Häufigkeit des Bedarfsaufkommens unterschieden und zwar in *Verzehrsgüterbetriebe,* dazu gehören *Nahrungs- und Genußmittelindustriebetriebe;* Betriebe zur Herstellung von kurzlebigen Gebrauchsgütern, dazu gehören *Bekleidungsindustrie-* und *Schuhindustriebetriebe;* Betriebe zur Herstellung von langlebigen Konsumgütern, dazu gehören *Möbelindustrie-, Elektroindustrie-* und *Haushaltsgeräteindustriebetriebe.* Gemeinsam ist allen *Konsumgüterindustriebetrieben,* daß ihre Produktionssortimente durchweg dem wechselnden Geschmack der Konsumenten anzupassen sind. Viele der zu dieser Art gehörenden Industriebetriebe sind außerdem saisonbedingten Absatzschwankungen ausgesetzt.

Der Blick von einem gesamtwirtschaftlichen Standpunkt aus auf die Industriebetriebe sieht vor allem die volkswirtschaftliche Arbeitsteilung, wenn *Zuliefer- und Montagebetriebe* sowie sogenannte *Industriebetriebe ohne Fabrik* als besondere Industriebetriebsarten herausgestellt werden. Bei letzteren handelt es sich um Ingenieurbüros, die im Auftrag anderer Industriebetriebe Forschungs- und Entwicklungsarbeiten ausführen (→ *Ingenieurbetriebe*). Arbeitsteilung zwischen Zulieferer- und Montagebetrieben ist im gesamten Bereich der Investitionsgüterindustrie und in der Fahrzeugindustrie, einschließlich der Automobilindustrie, allenthalben üblich. Reine Montagebetriebe sind nur solche, die schlüsselfertige Anlagen, etwa für die Grundindustrie, vollständig mit von anderen Industriebetrieben gelieferten Bauelementen errichten; sie gehören durchweg zu *Forschungs- und Entwicklungsbetrieben,* wo die Verfahren erarbeitet werden, nach denen die Anlagen zu betreiben sind. Im Hinblick auf die zunehmende Bedeutung der Dienstleistungen bei steigendem technischen Standard und ebenso mit Rücksicht auf den Transfer von industriellem Know How aus den entwickelten Ländern in die Entwicklungsländer werden Montagebetriebe und Industriebetriebe ohne Fabrik immer wichtiger.

Eine weitere volkswirtschaftliche Sicht auf die Industrie unterscheidet die dort vorkommenden Betriebsarten nach den jeweils dominierenden Produktionsfaktoren in *arbeitsintensive, anlagen- oder kapitalintensive* und *material- oder rohstoffintensive Industriebetriebe.* Dazu kommt noch im

Hinblick auf den volkswirtschaftlichen Produktionsfaktor Boden die Unterscheidung in *standortgebundene oder standortabhängige* und *nicht standortgebundene bzw. standortunabhängige Industriebetriebe.* Bei den Industriebetrieben zur Gewinnung von Bodenschätzen, den sogenannten *Abbau- und Förderbetrieben*, wird außerdem unterschieden zwischen *Tagebau-, Untertagebau- und Bohrbetrieben* (→ *Bergbaubetriebe*).

Besonders die arbeitsintensiven Industriebetriebe werden den Arbeitsanforderungen entsprechend vielfach noch weitgehend unterschieden, so etwa *handarbeitsintensive* und *maschinenarbeitsintensive Industriebetriebe*, wobei dann allerdings vielfach mehr arbeitsphysiologische und arbeitspsychologische Problemsichten gegenüber den volkswirtschaftlichen überwiegen.

2. Arten der Industriebetriebe von ingenieurwissenschaftlichen Standpunkten aus betrachtet

Von einem ingenieurwissenschaftlichen Standpunkt entsprechend den naturwissenschaftlichen Grundlagen der Produktionstechnik aus werden *Chemiebetriebe, Mechanische Betriebe, Betriebe der Elektrotechnischen Industrie* und hier als besondere *Betriebe der Computerindustrie* als artenkennzeichnend voneinander unterschieden. Dabei sind – dem weiten Feld der Mechanik als Teil der Physik entsprechend – zusätzlich z.B. *Feinmechanische Betriebe, mechanisch verformende Betriebe, Schmelzbetriebe, Walzbetriebe* usw. herausgestellt, in denen Erkenntnisse der Metallurgie und der Kalorik die Grundlagen für die Produktionstechnik liefern (→ *Ingenieurwissenschaften und Betrieb*). In der Chemischen Industrie werden dagegen nur zwei Betriebsarten unterschieden: *chemisch-analytisch* und *chemisch-synthetisch arbeitende Industriebetriebe.*

Ungewöhnlich sind heute noch die Artenkennzeichnungen für Industriebetriebe, in denen zum Ausdruck kommt, daß Erkenntnisse der Biologie oder ganz allgemein biologische Vorgänge die Produktionsprozesse bestimmen. Zur Lösung der bei weiter wachsender Erdbevölkerung aufkommenden Ernährungsprobleme werden diese Betriebe jedoch sicherlich eine bedeutende Expansion erfahren. Dann kann es auch sinnvoll sein, zwischen solchen Industriebetrieben, die mehr biologisch-vegetabilische Prozesse durchführen, und solchen zu unterscheiden, deren Produktion mehr auf animalischen Vorgängen basiert. In beiden Fällen kann man sicher auch von *biochemischen Industriebetrieben* sprechen.

Als eine eigenständige Disziplin der Ingenieurwissenschaften gilt heute die Verfahrenstechnik, deren naturwissenschaftliche Grundlagen Erkenntnisse sind, die teils von Chemikern und teils von Physikern, größtenteils jedoch von Physikochemikern gewonnen worden sind. Wohl deshalb

ist die Arbeitbezeichnung *Betriebe der Verfahrenstechnischen Industrie* üblich geworden.

Der wissenschaftlichen Disziplin gemäß werden auch die *Bauindustrie-Betriebe* gekennzeichnet. Bei ihnen ist die Abgrenzung zu den Betrieben des Baugewerbes ziemlich willkürlich, soweit es sich nicht um *Betriebe der Baustoffindustrie* handelt, z.B. Ziegeleien, Betonsteinwerke, Zementfabriken, Kalksteinwerke usw., die durchweg keine *Baustellenbetriebe*, sondern ortsgebunden sind. Diese jetzt so erscheinende Willkür ist hier wie bei anderen Abgrenzungen in der Organisationsstruktur der industriellen und nichtindustriellen Wirtschaftsverbände begründet, deren Ursachen – wenngleich heute nicht mehr allgemein geläufig – in der Zeit des Zustandekommens dieser Verbände berechtigt gewesen sein mögen (→ *Baubetriebe*).

Die im Bereich des Bauwesens, und zwar in der Bauindustrie ebenso wie in den ingenieurwissenschaftlichen Fakultäten, erfolgte Spezialisierung kommt in Bezeichnungen wie *Schiffsbaubetriebe, Maschinenbaubetriebe, Stahlbaubetriebe, Hoch- und Tiefbaubetriebe* und dergleichen zum Ausdruck, wobei noch weitergehende Präzisierungen wie *Schwermaschinen-Baubetriebe, Leichtmaschinen-Baubetriebe, Textilmaschinenfabriken, Schuhmaschinenfabriken* usw. ebenfalls üblich sind.

Die im Vordergrund stehenden Haupteinsatzfelder für die ingeniuse Intelligenz kommen zum Ausdruck in folgenden Bezeichnungen für besondere Arten von Industriebetrieben: *Forschungsintensive, entwicklungsintensive* und *konstruktionsintensive Betriebe*, die im Extrem auch reine *Forschungsbetriebe, Entwicklungsbetriebe* oder *Konstruktionsbetriebe* sein können. Dagegen steht die Bezeichnung *Fertigungs- oder Produktionsbetriebe* für eine ganze Artengruppe im industriellen Bereich zur Abgrenzung etwa gegenüber den Gewinnungs- oder Montagebetrieben. Wenn einzelne Teile oder Abschnitte des technischen Prozeßablaufes in erster Linie oder sogar ausschließlich die ingenieurwissenschaftlich ausgebildeten Kräfte beanspruchen, dann kann die Art solcher Industriebetriebe gekennzeichnet sein mit Adjektiven wie *materialspezialisiert* und *verfahrensspezialisiert*. Ähnlich verhält es sich, wo von *materialfluß-spezialisierten Industriebetrieben* die Rede ist, wobei zum Materialfluß außer den innerbetrieblichen Transporten auch die gesamte Lagerhaltung, besonders die Zwischenlager und alle Umladevorgänge gehören.

Den technischen → *Produktionsfaktoren* entsprechend werden *materialintensive, anlagenintensive* und *energieintensive Industriebetriebe* als besondere Arten herausgestellt, wenn einer dieser technischen Einsätze für den Produktionsprozeß charakteristisch ist. Dabei kann diese Charakteristik sowohl aus dem relativen Umfang des jeweiligen technischen Einsatzes als auch aus dessen besonders hohen Ansprüchen an die Fähigkeiten des Ingenieurpersonals hergeleitet sein.

Der klassische technische Fortschritt ersetzt den Produktionsfaktor menschliche Arbeit, und zwar ursprünglich vorwiegend oder gar ausschließlich körperliche Arbeit, durch Maschinenarbeit. Nach dem Stand oder der Weite des so verstandenen technischen Fortschritts werden besondere Arten von Industriebetrieben gekennzeichnet, wenn von *teilmechanisierten* und *vollmechanisierten, teilautomatisierten* und *vollautomatisierten,* von *automatisch gesteuerten* und *programmgesteuerten* sowie von *Transferstraßen-Betrieben* die Rede ist (→ *Produktion, Automatisierung der*).

Die Anzahl der in einem Industriebetrieb nebeneinander oder nacheinander zum Einsatz kommenden Technologien wird deutlich, wenn von *einstufigen* und *mehrstufigen Industriebetrieben* sowie von *Verbundbetrieben* die Rede ist. Mit dem Ausdruck Verbundbetrieb wird im Bereich der Energiewirtschaft der Zusammenschluß von Versorgungsnetzen zum Ausgleich regionaler Bedarfsspitzen und zum Erhalt der Lieferfähigkeit bei begrenzten Friktionen gekennzeichnet. In der Eisenschaffenden Industrie dient der Verbund von Stahlwerken und Walzwerken der Produktion in einer Hitze; in der Textilindustrie soll der Verbund von Spinnereien, Webereien und Färbereien die Elastizität des Materials gewährleisten.

3. Arten der Industriebetriebe von Standpunkten der Soziologie und der Psychologie aus betrachtet

In entwickelten Volkswirtschaften sind die meisten Erwerbstätigen in der Industrie beschäftigt; man spricht mit Recht von einer industriellen Gesellschaft, der eine landwirtschaftlich orientierte Epoche vorausgegangen ist und der eine nachindustrielle Dienstleistungsgesellschaft folgen soll. Daraus mußte sich notwendig eine Klassifikation für die in der Industrie vorkommenden Betriebe nach den Phänomenen ergeben, die hier für den arbeitenden Menschen, sei es als einzelnen oder sei es als Mitglied einer Gruppe, durch Sozialkontakte ausgelöst werden. Daß dem noch nicht in gängigen Bezeichnungen für Industriebetriebsarten Rechnung getragen wird, läßt lediglich Rückschlüsse auf den Stand der Industriesoziologie als Teil der Soziologie zu, dieser Nachbarwissenschaft der Betriebswirtschaftslehre, in der angesichts der vielen zur Lösung drängenden Probleme offenbar eine Flucht nach vorn, d.h. in die Richtung angetreten wird, wo wissenschaftliche Erkenntnisse direkt in politische Aktionen umgemünzt werden können (→ *Betriebssoziologie*).

Ähnlich verhält es sich mit der Psychologie in ihrer Nachbarschaft zur Betriebswirtschaftslehre. Wenngleich z.B. seelische Belastungen durch manche industrielle Prozesse und psychologische Komponenten im Marktgeschehen der Industrie seit langem Gegenstand wissenschaftlicher Analysen sind, ist es bisher noch kaum dazu gekommen, Industriebetriebe nach psychologischen Artkriterien zu klassifizieren. Ein Grund dafür mag sein, daß die Organisationslehre als Teil der Betriebswirtschaftslehre zwar Erkenntnisse der Psychologie ebenso wie solche der Soziologie sehr weitgehend rezipiert, daß bisher aber kaum ein Gegenstrom gesicherten Wissens zu beobachten ist. Außerdem sind Probleme der Soziologen fast immer auch zugleich Probleme der Psychologen; ein Umstand, der den wissenschaftlichen Fortschritt sicher nicht beschleunigt, wie die – gemessen an ihrer großen Bedeutung – langsame Entwicklung der Sozialpsychologie deutlich macht (→ *Betriebspsychologie*).

Von den möglichen Klassifikationen der Industriebetriebsarten durch die Sozialpsychologie ist die Unterscheidung von *Groß-, Mittel- und Kleinbetrieben* gemeinhin geläufig. Bei dieser Sicht gilt die Zahl der Beschäftigten vorwiegend, wenn nicht ausschließlich, als Kriterium für die Betriebsgröße, wobei die Grenzen zwischen den so bezeichneten Größenklassen willkürlich und durchaus nicht einheitlich für alle Industriebranchen sind. So mag die Obergrenze für die Klasse der Mittelbetriebe ebenso bei 1000 Beschäftigten wie bei 2000 festgelegt sein, während die Grenze zwischen Klein- und Mittelbetrieben bei 20 oder bei 100 Beschäftigten liegen kann.

Nicht die Größe der Gruppe, die durch Zusammenwirken im gleichen Betrieb entsteht, sondern eine Ansicht von der bei einer Wirtschaftseinheit konzentrierten Macht kommt zum Ausdruck, wo von *Großindustrie, Mittel- und Kleinindustrie* die Rede ist. Zwar wird in diesem Kontext vorzugsweise an Bilanzsummen, Kapitalverflechtungen und Marktpositionen gedacht, also an Kriterien für die Position von Wirtschafts*unternehmen* in ihrer ökonomischen und sozialen Umwelt; aber auch die Art der Industrie*betriebe*, die Teil solcher Unternehmen sind, ist irgendwie ausgeprägt: So weist ein zur Großindustrie gehörender Betrieb sowohl für seine Betriebsangehörigen, etwa hinsichtlich der Sicherheit des Arbeitsplatzes oder der Altersversorgung oder dergl., als auch für seine Geschäftspartner, etwa hinsichtlich der Investitions- und Beschaffungsplanung oder der Zahlungsmodalitäten, charakteristische Merkmale auf.

Mit den Fachtermini Sozialisation und Personalisation kennzeichnet die Sozialpsychologie bedeutende Phänomene für alle sozialen Gebilde. Sozialisieren ist das kollektive Erziehen des einzelnen Menschen zu Lebensweisen, die in den Gruppen, denen er angehört, üblich sind; Personalisieren heißt für den einzelnen, sich seiner sozialen Umgebung aktiv anpassen. Dabei gilt die Hypothese, daß die Einordnung eines Individuums in seine Gruppenumwelt beiderseits um so vollkommener gelingt, je mehr Sozialisation und Personalisation einander die Waage halten. Bei einseitiger Sozialisation würden einem Individuum die erforderlichen Gewöhnungen, Fertigkeiten und Verhaltensweisen ohne Rücksicht auf eigene Neigungen von außen oktroyiert; der Effekt wäre passive Dressuren und Routinen. Beim Gleichgewicht von Sozialisation und Personalisation lerne ein Individuum sich mit eigener wacher Intelligenz anzupassen und dabei gleichzeitig die äußeren Umstände auf sein eigenes Tun und Können immer mehr auszurichten. Dem Extrem der passiven Dressuren und Routinen steht so das Extrem der aktiven, hochgradig elastischen Künste gegenüber, und es liegt nahe, die Industriebetriebsarten danach zu unterscheiden, welchem dieser beiden Extreme die Wirklichkeit im Betrieb am nächsten kommt.

Wo zwischen den angedeuteten Extremen ein Industriebetrieb seiner Art nach einzuordnen ist, kommt in gängigen Bezeichnungen nur indirekt, nämlich in Adjektiven zum Ausdruck, durch die Arbeiten gekennzeichnet sind. So spricht man etwa von *Betrieben, in denen monoton-repetitive Verrichtungen auszuführen sind,* von *die Aufmerksamkeit der Arbeitenden beanspruchenden Betrieben,* von *Kreativität* und von *Teamgeist fordernden Betrieben* und dergleichen.

Mit solchen und ähnlichen Bezeichnungen werden Konsequenzen der → *Arbeitsteilung* und der Arbeitsvereinigung für die in den Industriebetrieben arbeitenden Menschen und Gruppen summarisch angedeutet. Solche Konsequenzen der organisatorischen Gestaltung von industriellen Prozessen sind: Der Arbeitsfluß, das Statussystem, das Sanktionssystem und das Kommunikationssystem. In dem davon gesetzten Rahmen für seine individuelle Tätigkeit im Betrieb fordert jeder Industriearbeiter: Als Mensch respektiert zu werden, ein Mindestmaß an kreatürlichem Wohlbefinden, einen Spielraum für kontrollfreies eigenes Tun und Lassen, das Verstehen der Zweck- und Mittelbeziehungen, in die sein eigenes Wirken eingebunden ist, eine angemessene Auslastung seiner Fähigkeiten sowie schließlich, daß ein erkennbarer Sinn in der eigenen Arbeit liegt. Wenngleich sich auch bis jetzt noch keine festen Begriffe für Industriebetriebsarten durchgesetzt haben, mit denen ausgedrückt wird, in welchem Umfange die vorstehenden Anforderungen für die in einem Industriebetrieb arbeitenden Menschen erfüllt sind, so besteht doch kein Zweifel, daß solche Kriterien heute schon und mit zunehmendem Bildungsniveau immer mehr entscheidend für die Entwicklung der gesamten Industrie und damit der ganzen Wirtschaft sind. Von besonderer Art sind auch die *Rüstungsindustriebetriebe,* wobei diese Klassifikation mehr von sozialpsychologischen als von volkswirtschaftlichen Kriterien getragen ist. Die Ansprüche der Rüstungsindustrie an die Zuverlässigkeit und Verschwiegenheit der dort beschäftigten Personen wiegen offenbar schwerer als die Tatsache, daß Staaten als Träger der äußeren Sicherheit mit ihren militärischen Einheiten Abnehmer der von dieser Industrie hergestellten Waffen, Geräte und Ausrüstungen sind.

III. Betriebswirtschaftliche Artenmorphologie der Industriebetriebe

Systematische Morphologien der im Bereich der Industrie vorkommenden Betriebsarten können – je nach Ansicht über die Betriebswirtschaftslehre als Wissenschaft – auch innerhalb dieses Faches aus verschiedenen Blickrichtungen gesehen werden. Wird die Betriebswirtschaftslehre als Realwissenschaft aufgefaßt, und dies ist – schon bedingt durch die enge Verbindung zu den Ingenieurwissenschaften – unter Industriebetriebswirten heute allgemein üblich, dann sind die anwendbaren Verfahren zur Vorbereitung von Entscheidungen im Zuge der Planung, insbesondere der → *Produktionsplanung,* Kriterien zur Abgrenzung und Kennzeichnung für die Arten der vorkommenden Industriebetriebe. Zu diesen Planungshilfen gehören alle betriebswirtschaftlichen Rückschau- und Vorschaurechnungen, von den einfachsten Kalkulationen über die Erfolgsrechnungen und die An-

sätze der Unternehmensforschung bis hin zu den Simulationsmodellen der Systemforschung. Die gemeinhin übliche Einteilung der → *Planung,* und so auch der Produktionsplanung, in kurzfristige, mittelfristige und langfristige Planung oder in strategische, taktische und operative Planung ist zu unbestimmt und zu wenig allgemeingültig, als daß sie einer an den Planungsmethoden orientierten Morphologie dienen könnte. Statt dessen erscheint es sinnvoll, zu differenzieren in den Teil der Planung, dessen Ziel die Schaffung der Produktionskapazitäten ist, und den Teil, dem die planmäßige Auslastung dieser Kapazitäten obliegt.

1. Industriebetriebsarten nach den anzuwendenden Kalkulationsverfahren

Vor- und Nachkalkulationen der Kosten, die für bestimmte, exakt abzugrenzende Leistungen in Ansatz zu bringen sind, dürften immer noch die wichtigsten Unterlagen für betriebswirtschaftliche Entscheidungen in Industriebetrieben sein (→ *Kalkulationsformen und -verfahren*). Das gilt sowohl für Entscheidungen, wie sie bei Forschungs- und Entwicklungsplanungen oder Investitions- und Personalplanungen anfallen, als auch für Entscheidungen im Zuge von Planungen für Marktaktivitäten, für Maschinenauslastungen und für Materialeinsätze. Wo Vor- und Nachkalkulationen zur Unterstützung der Preispolitik als eines Teiles der → *Absatzplanung* einseitig im Vordergrund des Interesses stehen, wird übersehen, daß Kosten-Leistungs-Kennziffern gehaltvolle Informationen für ökonomische Entscheidungen in allen Betriebsbereichen sind.

Die Verfahren zur Kalkulation von Kosten für Leistungen sind ihrerseits danach zu unterscheiden, in welchem Maße die unkomplizierte divisive Aufteilung von bewerteten Güter- und Diensteinsätzen für einen abgrenzbaren Betriebsprozeß auf die Ergebnisse aus diesem Prozeß brauchbare Erkenntnisse vermittelt. Von der einfachen Divisionskalkulation mit ihren verschiedenen Varianten über die Äquivalenzziffernkalkulation in allen Spielarten bis hin zur Zuschlagkalkulation in ihren mehr feinen und mehr groben Formen reicht die Skala der Kalkulationsverfahren. Die Ergebnisse solcher Kalkulationen sind um so überzeugender, je schlichter die angewendeten Verfahren, d. h., je mehr sie einfache Divisionen sind.

Industriebetriebe können sich nur dann der einstufigen totalen *Divisionskalkulation* bedienen, wenn sie als Ganze, also mit allen ihren Produktions- und Verwaltungsabteilungen, vollkommen homogene Leistungen an den Markt abgeben. Solche *Industriebetriebe mit homogener Massenproduktion* sind eigentlich nur die Elektrizitätswerke, in denen keine Zwischenlager für halbfertige Erzeugnisse entstehen können. Die einstufige totale Divisionskalkulation setzt – soll sie verwertbare Erkenntnisse für die Planung liefern – außerdem voraus, daß sich alle Kostenarten gegenüber Veränderungen des Ausbringens in gleicher Weise verhalten. Das jedoch ist auch bei Elektrizitätswerken nicht der Fall, weshalb hier die Gruppe der Betriebskosten von der Gruppe der Anlagenkosten in allen Kalkulationen getrennt wird (→ *Produktionsverfahren*).

Industriebetriebe mit stufenweise homogener Massenproduktion können die stufenweise Divisionskalkulation anwenden, wobei zur Erfassung der Leistungen die Veränderungen der Zwischenlager während der Abrechnungsperioden berücksichtigt werden müssen. In der Grundindustrie zur Herstellung von Vorprodukten für die Metallindustrie, in der Textilindustrie und in der Bauindustrie ist die homogene Massenproduktion auf einzelnen Produktionsstufen üblich.

Der stufenweisen partiellen Divisionskalkulation bedienen sich *Industriebetriebe mit stufenweise wechselnder Massenproduktion*, wobei die vom Produktwechsel, der üblicherweise in längeren Zeitabständen erfolgt, beeinflußten und die vom Produktwechsel nicht beeinflußten Kosten gesondert behandelt werden. Wenn, wie in der Chemischen Industrie, einzelne Produktionsabschnitte oder -stufen durch sogenannte Chargen gekennzeichnet sind, spricht man von Chargenkalkulation und von *Industriebetrieben mit Chargenproduktion*.

Eine Abart der Divisionskalkulation ist die *Äquivalenzziffernkalkulation*, bei der bestimmte Kosten nicht direkt durch die Leistungsmengen, sondern durch die Anzahl der Recheneinheiten dividiert werden, die sich als Produkt aus Leistungseinheiten und Äquivalenzziffern ergeben. Diese Äquivalenzziffern sollen demnach unterschiedliche Leistungseinheiten rechnerisch gleich behandelbar machen, was möglich und nötig ist, wenn mit den im wesentlichen gleichen Produktionseinrichtungen los- oder serienweise verschiedene Sorten einer Erzeugnisart nacheinander hergestellt werden. Man nennt die Äquivalenzziffernkalkulation deshalb auch Sorten- oder Serienkalkulation und die entsprechenden Fertigungsstätten *Industriebetriebe mit Sortenproduktion* oder *Industriebetriebe mit Serienproduktion*, wobei noch zwischen *Großserienproduktion* und *Kleinserienproduktion* unterschieden wird. Sorten- oder Serienproduktion sind typisch für die gesamte Kostengüterindustrie, also ebenso für Konfektionsfabriken wie für Schuhfabriken, Haushaltsmaschinenfabriken und Möbelfabriken.

Die methodische Verwandtschaft mit der Divisionskalkulation ist bei der *Zuschlagkalkulation* am wenigsten offensichtlich, denn bei diesem Verfahren der Kostenzurechnung werden, gewöhnlich aus Anlaß von Preis- oder Verfahrensänderungen, die Relationen zwischen den Zuschlaggrundlagen und den zuzurechnenden Kosten divisiv als sogenannte Zuschlagsätze ermittelt. Diese Zuschlaggrundlagen und Zuschlagsätze dienen der Verrechnung von nicht direkt für die einzelnen Leistungseinheiten zu erfassenden Kosten auch dort, wo diese Leistungen sehr stark verschieden sind, wie es für *Industriebetriebe mit Einzelproduktion* typisch ist. Die Ergebnisse von Zuschlagkalkulationen werden im Falle der *Einzelfertigung mit Wiederholung* zuverlässiger im Sinne des Rechnungszweckes als im Falle der *Einzelfertigung ohne Wiederholung*. Werften sind Beispiele für Einzelfertigungsbetriebe mit Wiederholung, u. U. auch für Industriebetriebe mit Kleinserienfertigung; Brückenbaubetriebe können zur Einzelfertigung ohne Wiederholung genötigt sein, wenn die Gegebenheiten an den Baustellen oder deren räumliche Entfernung voneinander keine gleichzeitige oder zeitlich aufeinanderfolgende Produktion von einzelnen Bauelementen zuläßt.

2. Industriebetriebsarten nach den erforderlichen Kurzfristigen Erfolgsrechnungen

Alle industriellen Unternehmen sind vom Gesetz gehalten, Jahreserfolgsrechnungen zu erstellen. Darüberhinaus werden von vielen, besonders von den betriebswirtschaftlich gut geleiteten Industrieunternehmen in kürzeren Zeitabständen die Erfolge des eigenen Handelns errechnet. Der Zweck von Kurzfristigen Erfolgsrechnungen kann sein, entweder den Unternehmenserfolg oder den Betriebserfolg oder den reinen Betriebserfolg zu bestimmen. Welchem dieser drei möglichen Erfolge das Interesse gilt, richtet sich weitgehend nach der Art des Industriebetriebes und der davon abhängenden Organisation seines Rechnungswesens und seiner Planung (→ *Erfolgsrechnung und Erfolgsanalyse*).

Die kurzfristige Rechnung zur Ermittlung des Unternehmenserfolges hat in erster Linie den Zweck, den Jahreserfolg des Unternehmens und sein Zustandekommen im Laufe des Jahres vorab so frühzeitig wie möglich zu erkennen. Das ist wichtig für alle *industriellen Saisonbetriebe*, wobei es sich um *absatzbedingte Saisonbetriebe*, wie in der Bekleidungsindustrie, *beschaffungsbedingte Saisonbetriebe*, wie bei den Zuckerraffinerien, oder *produktionsbedingte Saisonbetriebe*, wie in der Bauindustrie, handeln kann. Auch weil die saisonbedingt schwankende Kapazitätsauslastung in erster Linie die Kosten der eigentlichen Produktionsstätten beeinflußt, Maßnahmen zum Saisonausgleich aber vor allem im Absatzbereich und bei der Lagerhaltung ansetzen können, ist der *Unternehmenserfolg* sowohl für die stillen Monate des Jahres als auch für die Zeit der Kampagne das Erkenntnisziel von Kurzfristigen Erfolgsrechnungen.

Der Kurzfristigen Erfolgsrechnung sollte der Zweck gesetzt sein, den *Betriebserfolg* zu ermitteln, wo der Erfolg des gesamten Unternehmens vorwiegend oder sogar ausschließlich von der Wirtschaftlichkeit der industriellen Produktionsprozesse bestimmt wird, also weder die Beschaffung noch der Absatz oder gar die Finanzierung das Unternehmensergebnis entscheidend beeinflussen können. Solche Betriebe arbeiten normalerweise nicht für einen anonymen Markt, sondern auf Bestellung oder aufgrund von längerfristigen Liefervereinbarungen für feste Kunden; es handelt sich also um *bestellungsorientierte Industriebetriebe*. Eine derartige Bestellungsorientierung, wie sie für viele Zulieferer z. B. der Elektrotechnischen

Industrie oder der Automobilindustrie typisch ist, führt nur dann nicht zu einer risikoreichen Abhängigkeit, wenn die Zahl der Kunden nicht klein und der Kundenkreis nicht homogen ist. Bestellungsorientierte Industriebetriebe müssen demnach über vielfältig verwendungsfähige Produktionskapazitäten verfügen, deren wirtschaftlicher Einsatz immer schwerer zu überwachen ist als der von Betrieben, die lediglich eine Produktart ausbringen.

Den *reinen Betriebserfolg*, d. h. den von Preisschwankungen auf den Beschaffungsmärkten und auf den Absatzmärkten bereinigten Erfolg der betrieblichen Aktivitäten, müssen diejenigen industriellen Unternehmen ermitteln, deren Beschaffung spekulative Elemente enthält und deren Absatz auf artverschiedenen Märkten erfolgt. Wo Rohstoffe, deren Preise täglich an Produktenbörsen gebildet werden, einzusetzen sind, und wo inländische und ausländische Märkte über verschiedene Handelskettenglieder beliefert werden, liegen solche Verhältnisse vor; man spricht dann von *marktorientierten Industriebetrieben* oder auch von *handelsorientierten Industriebetrieben*. Bei ihnen kann es durchaus sinnvoll sein, die Kurzfristige Erfolgsrechnung so auszugestalten, daß die jeweiligen Beiträge des Einkaufs und des Verkaufs zum Unternehmenserfolg als Teilbetriebserfolge ausgewiesen werden.

3. Industriebetriebsarten nach den anwendbaren Methoden der Unternehmensforschung

Seit dem fast gleichzeitigen Beginn der Entwicklung von leistungsfähigen Rechenanlagen und von Algorithmen zur operationalen Lösung von Entscheidungsproblemen wandelt sich die Kunst der Unternehmensführung, die sich vor allem bei der Planung erweist, immer mehr zu einer exakten Wissenschaft. Dabei können die bis jetzt bekannten Methoden der → *Unternehmensforschung* (Operations Research), deren Vielzahl im einzelnen kaum mehr zu übersehen ist, ohne unzulässige Verallgemeinerungen drei verschiedenen Kategorien zugeordnet werden: Zur ersten Kategorie gehört die *lineare* → *Programmierung* mit ihren Erweiterungen als der älteste und am häufigsten angewendete Methodenbereich, zur zweiten Kategorie zählen die Verfahren, die auf der → *Wahrscheinlichkeitstheorie* basieren, und zur dritten Kategorie all das, was unter der Bezeichnung Netzwerktechnik subsummiert wird, bzw. irgendwie Erkenntnisse der Graphentheorie verwertet (→ *Netzwerke und Netzplantechnik*).

Die lineare Programmierung dient vor allem dem Bestimmen von Auftragsprogrammen in *mehrstufigen Mehrproduktbetrieben*, die insoweit eine eigene Industriebetriebsart sind, als es bei ihnen darauf ankommt, in der Produktionslinie hintereinander angeordnete, artverschiedene Kapazitäten mit Aufträgen zur Herstellung von Erzeugnissen auszulasten, die an diese Kapazitäten ungleiche Ansprüche stellen. Dazu ist eine Zielfunktion zu formulieren, nach der entweder der Beitrag des Auftragsprogramms zum Betriebsgewinn und zur Deckung der fixen Kosten oder die Kapazitätsauslastung maximiert werden soll. Die Kapazitäten und deren Inanspruchnahme durch die verschiedenen Erzeugnisse sind als Gleichungen für die Restriktionen festzulegen, in deren Rahmen das zu errechnende optimale Auftragsprogramm abgefahren werden kann. Sogar die Produktionsplanung von *mehrstufigen Kuppelproduktionsbetrieben* kann mit einem Ansatz der linearen Programmierung rechnerisch unterstützt werden.

Auf der Wahrscheinlichkeitsrechnung basierende Methoden dienen der betriebswirtschaftlichen Planung, wo die Inanspruchnahme von Personal- und Betriebsanlagen unregelmäßig und mehr oder weniger zufällig erforderlich werden kann und wo außerdem diese Kapazitätsbeanspruchungen, ebenfalls zufällig, längere oder kürzere Zeit dauern. Solche Bedingungen liegen etwa bei Telefonvermittlungen vor, wo die Fernsprechwünsche unregelmäßig auftreten und die Gesprächsdauer stark schwankt (→ *Wartemodelle*). Ähnlich liegen die Verhältnisse aber auch bei Reparaturbetrieben und Transportbetrieben, die Teile von industriellen Unternehmen sind; man kann sie *industrielle Abfertigungsbetriebe* nennen. Da solche Betriebe außerdem nur auf Abruf tätig werden, könnte für sie auch die Bezeichnung *Betriebe mit Abrufproduktion* in Frage kommen. Das Zentralproblem für die Planung besteht bei solchen Betrieben darin, optimale Kapazitätsquerschnitte unter Berücksichtigen des wahrscheinlichen (aber unbestimmten) Kapazitätsbedarfs zu errechnen.

Eine andere Anwendung der Wahrscheinlichkeitsrechnung, wenn auch mehr im Dienste der Produktionsüberwachung, ist die statistische → *Qualitätskontrolle*, mit deren Hilfe die Produktion von solchen Erzeugnissen verfolgt wird, die in großen Stückzahlen benötigt werden und an deren Qualität bestimmte, meistens hohe Anforderungen zu stellen sind. Die entsprechenden Produktionsstätten sind *industrielle Qualitätsbetriebe* im Gegensatz zu *industriellen Präzisionsbetrieben,* in denen gewöhnlich eine hundertprozentige Kontrolle der Erzeugnisse vorgenommen werden muß, während sich die statistische Qualitätskontrolle mit Stichproben begnügen kann, deren Umfang und Zustandekommen in Prüfplänen so festgelegt ist, daß die Zusammensetzung der Stichproben mit relativ großer Wahrscheinlichkeit für die Gesamtproduktion repräsentativ ist (→ *Stichprobentheorie*).

Schematische Graphiken zur Erkenntnis und zur Erklärung von Zusammenhängen der verschiedensten Art dienen der betriebswirtschaftlichen Planung seit jeher, jedenfalls schon lange, bevor die mathematische Graphentheorie Mitte der 30iger Jahre unseres Jahrhunderts entwickelt wurde. Als rechnerische Planungshilfen haben von den graphentheoretisch fundierten Algorithmen vor allem diejenigen Eingang in die Betriebspraxis gefunden, die unter der Sammelbezeichnung Netzwerktechnik der abstimmenden Termingestaltung dienen. Eine solche Termingestaltung ist erforderlich, wo zur Erstellung von komplizierten Großbauobjekten, die einmalig sind oder erstmalig in Angriff genommen werden, viele verschiedene Verrichtungen mit sehr unterschiedlichem Zeitbedarf nebeneinander und nacheinander auszuführen sind. Dazu genötigt sind *Objektentwicklungs- und Ausführungsbetriebe.*

Bei ihnen kommt es darauf an, für jede der Verrichtungen, in der Fachsprache: Vorgänge, den Anfangs- und Endtermin zu bestimmen, wobei der Endtermin des letzten und der Anfangstermin des ersten Vorganges als Start und Abschluß des Gesamtprojektes eine besondere Rolle spielen, denn je näher diese beiden Zeitpunkte beieinander liegen, desto besser sind die verfügbaren Kapazitäten genutzt. Die zwischen Start und Abschluß in direkter, unabänderlicher Folge anzuordnenden Vorgänge bestimmen die Gesamtzeit für die Entwicklung und Ausführung des Objektes. Bei diesen Vorgängen ist zu prüfen, ob sich durch Zeiteinsparungen Kostenvorteile beim Ausführen des Gesamtprojektes ergeben.

Wo nach komplizierten Stücklisten Bauteile und Baugruppen zunächst gefertigt und dann zu umfangreichen Erzeugnissen zusammengefügt werden, sind sogenannte → *Gozinto-Graphen* wichtige Planungshilfen. Der Bedarf an Einzelteilen und an Teilegruppen für die Enderzeugnisse wird sowohl hinsichtlich der einzelnen Mengen als auch hinsichtlich der Bereitstelltermine auf der Basis schematisierter Produktionsablaufpläne errechnet. So erfolgt eine Integration der Absatzplanung mit der Produktions- und Beschaffungsplanung, die dann nur noch um die Finanzplanung zu ergänzen ist, damit von einer integrierten Gesamtplanung die Rede sein kann. Industriebetriebe, in denen solchermaßen Gozinto-Graphen im Zentrum stehen, können *Betriebe mit Bauteile – und Baugruppenproduktion* genannt werden.

4.Industriebetriebe, in denen Methoden der Systemforschung anzuwenden sind

Während die Methoden der Unternehmensforschung (Operations Research) die betriebswirtschaftliche Planung unterstützen, wenn die zur Vorschau, zur Vorgabe und zur Kontrolle von industriellen Prozessen im weitesten Sinne zu lösenden Probleme soweit strukturiert sind, daß sie eindeutig zu beschreiben und die Randbedingungen deterministisch oder stochastisch festgelegt werden können, sind die später entwickelten Methoden der Systemforschung (Systems Research) geeignet, auch „bösartige" Probleme zu lösen. Kennzeichen dieser Probleme, die bösartig genannt werden, sind u.a. ihre Einzigartigkeit, die es nicht zuläßt, anderenorts oder früher bewährte Problemlösungen zu übernehmen, ihre Komplexität, die keine Isolation der Problemstellung ermöglicht und keine Grenze für die Auswirkungen der Problemlösung erkennen läßt sowie ihre Unbestimmtheit („Fuzzyness"), die etwas anderes ist als Unsicherheit und die nicht erlaubt, daß die Problemlösungen nach den Kategorien richtig und falsch, sondern allenfalls als besser oder schlechter beurteilt werden können, und schließlich die Tatsache, daß es beim Behandeln von solchen bösartigen Problemen kein Recht auf Irrtum gibt, weil Entscheidungsfehler existenzbedrohend sind (→ *Systemtheorie*).

Solchen hier grob gekennzeichneten bösartigen Problemen sieht sich das Management industrieller Unternehmen und Betriebe vor allem bei Entscheidungen über die Forschungs- und Entwicklungspolitik und bei den damit zusammenhängenden Innovationsentscheidungen gegenüber (→ *Forschung und Entwicklung, betriebliche*). Technischer Fortschritt entsteht durch wirtschaftliches Verwerten von neuen Technologien, durch das Nutzen von naturwissenschaftlichen Erkenntnissen, die durch ingeniöse Erfindungen nach ökonomischen Kriterien zur Erfüllung von Wünschen der menschlichen Gesellschaft heranzuziehen sind. So müssen denn auch naturwissenschaftliche, ingenieurwissenschaftliche, wirtschaftswissenschaftliche und gesellschaftswissenschaftliche Kriterien bei Entscheidungen über → *Innovationen* und damit über Weite und Richtung von technischen Fortschritten berücksichtigt werden. Da außerdem für Teilbereiche des Unternehmens und für einzelne seiner Teilmärkte kurzfristig durchaus positiv zu beurteilende Problemlösungen für das Gesamtunternehmen in seiner Umwelt langfristig sehr negative Auswirkungen haben können, müssen Methoden der Systemforschung die Folgen von Innovationen so weitgehend wie möglich durchsichtig machen. Dazu eignen sich besonders die Verfahren zur Computersimulation von Unternehmensmodellen, mit der die Dynamik der vielfältig verflochtenen Ursache-Wirkungsbeziehungen in sozio-ökonomischen Systemen und die Resultate von Entscheidungsalternativen sichtbar zu machen sind. Dies ist besonders für *innovative Industriebetriebe* erforderlich, die durchweg *Multiproduktbetriebe* und *Multimarktbetriebe* sind.

Literatur: Beste, Th.: Die optimale Betriebsgröße als betriebswirtschaftliches Problem. Leipzig 1933 – *Henzel, F.*: Verlustquellen in der Industrie. Wiesbaden 1951 – *Kilger, W.*: Produktions- und Kostentheorie. Wiesbaden 1958 (8. A. 1972) – *Forrester, J. W.*: Industrial Dynamics. Cambridge (Mass.) 1961 – *Kortzfleisch, G. v.*: Betriebswirtschaftliche Arbeitsvorbereitung. Berlin 1962 – *Churchman, C. W., R. L. Ackoff u. E. L. Ansoff*: Introduction to Operations Research. New York 1963 – *Agthe, K., H. Blohm u. E. Schnaufer* (Hrsg.): Industrielle Produktion. Baden-Baden u. Bad Homburg 1967 – *Bergner, H.*: Der Ersatz fixer Kosten durch variable Kosten. In: ZfbF, 19. Jg 1967, S. 141–162 – *Forrester, J. W.*: Principles of Systems. Cambridge (Mass.) 1969 – *Funke, H. u. H. Blohm*: Allgemeine Grundzüge des Industriebetriebes. Essen 1969 – *Schäfer, E.*: Der Industriebetrieb. 2 Bde, Köln u. Opladen 1969/1971 – *Kern, W.*: Industriebetriebslehre. Stuttgart 1970 – *Kortzfleisch, G. v.*: Äquivalenzziffernkalkulation. In: HWR. Stuttgart 1970, Sp. 41–49 – *ders.*: Divisionskalkulation. Ebd., Sp. 418–430 – *Grochla, E.*: Grundlagen der Materialwirtschaft. Wiesbaden 1971 – *Heinen, E.* (Hrsg.): Industriebetriebslehre. Wiesbaden 1972 – *Jacob, H.* (Hrsg.): Industriebetriebslehre in programmierter Form. 3 Bde, Wiesbaden 1972 – *Kalveram, W.*: Industriebetriebslehre. 8. A., Wiesbaden 1972 – *Rowley, Ch.* (Hrsg.): Readings in Industrial Economics. Bungay (Suffolk) 1972 – *Hen-*

zel, F.: Führungsprobleme der industriellen Unternehmung. Berlin 1973 – *Müller-Merbach, H.:* Operations Research, 3. A., München 1973 – *Schweitzer, M.:* Einführung in die Industriebetriebslehre. Berlin u. New York 1973 – *Yamey, B.S.* (Hrsg.): Economics of Industrial Structure. Harmondsworth 1973.

Gert v. Kortzfleisch

Industriebetriebslehre

[s. a.: Ablaufplanung; Arbeitswissenschaft; Betriebswirtschaftslehre, Entwicklungstendenzen der Gegenwart; Handwerksbetriebe; Industriebetriebe, Arten der; Ingenieurwissenschaften und Betrieb; Planung, betriebswirtschaftliche; Produktionsplanung; Technologie und Produktion; Typologie und Morphologie in der Betriebswirtschaftslehre.]

I. Die Position und die Aufgabe der Industriebetriebslehre; II. Die Erkenntnisobjekte; III. Die Forschungsrichtungen; IV. Verbindungen zu Nachbarwissenschaften.

I. Die Position und die Aufgabe der Industriebetriebslehre

Die Industriebetriebslehre (IBL) ist die Lehre vom Aufbau (Morphologie) industrieller Betriebe und dem sich in ihnen vollziehenden Geschehen (Katallaktik) sowie von ihren Beziehungen zu anderen Wirtschaftssubjekten. Da sie eine Teildisziplin der Betriebswirtschaftslehre ist, sind ihre Fragestellungen primär wirtschaftlicher Art. Als eine *besondere* (spezielle) *Betriebswirtschaftslehre* ergänzt sie mit ihren speziellen Fragestellungen die Allgemeine Betriebswirtschaftslehre und zielt durch deren Behandlung auf eine größere Konkretisierung und Verwertbarkeit ihrer Aussagen. Im Gegensatz zu den besonderen *Industriezweiglehren*, wie z.B. einer Betriebswirtschaftslehre des Maschinenbaus, der Chemiebetriebe, der Textil- und der Bauindustrie, strebt sie jedoch nach Erkenntnissen, die für → *Industriebetriebe* jeder Art weitgehend generelle Gültigkeit besitzen. Sie ist somit eine *Wirtschaftszweiglehre*, die bei einer institutionellen (sektoralen) Gliederung der besonderen Betriebswirtschaftslehren neben den anderen Wirtschaftszweiglehren wie der Handels-, Bank-, Versicherungs-, Verkehrsbetriebslehre usw. steht. Die IBL schließt im Gegensatz zur Industrie-Betriebswirtschaftslehre, die sich nur mit den rein betriebswirtschaftlichen Problemen der Industriebetriebe befassen soll (*Rößle* 1931; *Beckmann* 1961), eine Einbeziehung metaökonomischer Fragen benachbarter Wissenschaftsgebiete (vgl. IV.) nicht aus, wenn sich deren Erkenntnisse zur Erklärung betriebswirtschaftlicher Zusammenhänge und Fragen als brauchbar oder gar nötig erweisen. Die Aufgabe der IBL erstreckt sich somit generell darauf, die Eigentümlichkeiten industrieller Betriebe, und zwar sowohl deren Zustände als auch die Vorgänge in ihnen zu erfassen, zu analysieren, zu systematisieren, darzustellen und für sie ggf. optimale Lösungen zu finden. Dazu hat die IBL Regelmäßigkeiten zu erkennen (deskriptive Aufgabe), die sie dann als Basis für zukunftsorientierte ökonomische Verhaltensvorschläge zwecks Erreichung eines gewünschten Handlungszieles verwenden kann (instrumentale Aufgabe).

II. Die Erkenntnisobjekte

1. Industriell produzierende Betriebe

Erkenntnisobjekte der IBL sind grundsätzlich die Sachleistungen erbringenden → *Industriebetriebe* jeweils als Ganzes und deren Elemente im einzelnen. Diese Kennzeichnung der Erkenntnisobjekte bedarf noch einer weiteren Konkretisierung, weil sich Industriebetriebe sowohl institutional als auch funktional unterschiedlich abgrenzen lassen. Verbindendes Merkmal aller Betriebsarten, die von der IBL erfaßt werden, ist grundsätzlich, daß sich in ihnen eine *technologische Transformation* von Stoffen, Energien und Vorprodukten in verkaufsfähige (marktfähige) Güter vollzieht (→ *Technologie und Produktion*). Diese Prozesse sind unabhängig von der Art der Transformation (Stoffgewinnung, -umwandlung, -verformung sowie Veredelung und Montage in mechanischen, energetischen oder chemischen, diskontinuierlich oder kontinuierlich ablaufenden Prozessen) und unabhängig von der Art der erzeugten Güter (Urprodukte, Produktions- und Konsumgüter).

Nicht erfaßt werden von der IBL wegen ihrer grundlegend abweichenden Problemstrukturen jedoch diejenigen Betriebe, in denen sich die Transformation in Form des Anbaus vollzieht (Land- und Forstwirtschaft), sowie die Fischereibetriebe. Eingeschlossen werden dagegen durch das Merkmal der Transformation anderseits, und zwar in Abweichung von der offiziellen Statistik (→ *Statistik, amtliche*), die Bereiche der Energiewirtschaft und der Bauwirtschaft. Eingeschlossen werden ferner solche, formal als → *Handwerksbetriebe* klassifizierten Betriebswirtschaften, in denen sich die Leistungserstellungsprozesse nach den Merkmalen und Prinzipien einer industriellen Produktion vollziehen wie z.B. in Kraftfahrzeugreparatur- und Druckereibetrieben.

Der Sachverhalt der *industriellen Produktion* (Erzeugung, Fertigung, Fabrikation, Herstellung) läßt sich nur umschreiben als das Hervorbringen von Gütern (Erzeugnissen) mit dem Charakter ökonomisch zu verwertender Leistungen, hergestellt aus Roh- oder Werkstoffen nach einer der vorstehend genannten Transformationsarten unter weitgehender *Arbeitszerlegung* (→ *Arbeitsteilung, betriebliche*) bei *räumlicher Konzentration* der → *Produktionsfaktoren* (in Fabriken) und unter prozeßprägender Anwendung mechanisierter, maschinisierter und automatisierter Betriebsmittel (→ *Produktion, Automatisierung der*). Nach dieser Definition vollziehen sich in Industriebetrieben zum Teil auch *handwerkliche Fertigungsprozesse* wie z. B. beim Modellbau (Guß-, Schuh- oder Kleidermodelle), im Werkzeug- und Vorrichtungsbau, bei Instandsetzungen (Reparaturen) und Anlagenüberholungen. Bei materieller Deutung der industriellen Produktion sind die Erkenntnisobjekte der IBL die industriell produzierenden Betriebe, unabhängig von ihrer Größe, Rechtsform und Produktionsstruktur. Die letztere wird geprägt insbesondere durch das Produktionsprogramm, den Produktions- und Organisationstyp der Erzeugung sowie die Kostenstruktur des Betriebes.

Jeder Industriebetrieb weist neben der Transformation als zentraler Funktion auch sämtliche anderen Funktionen einer Betriebswirtschaft (→ *Funktionen, betriebliche*) (z. B. → *Absatz,* → *Beschaffung,* → *Finanzierung* und → *Kontrolle*) auf. Produktionswirtschaftlich gesehen sind diese jedoch nur Anlaß (Absatz) oder Konsequenz der Transformation, die aber wiederum mit den Gegebenheiten der Märkte in Übereinstimmung zu bringen ist, wenn der wirtschaftliche Erfolg des Betriebes nicht in Frage gestellt werden soll. Wegen dieser Interdependenzen weisen die vorstehend genannten Funktionen ihrerseits manche produktionsbedingten und somit industriellen Eigenheiten auf (z. B. das Erfordernis relativ langfristiger Finanzierung eines umfangreichen Betriebsmittelbestandes, das Erfordernis innerbetrieblicher Leistungsverrechnungen bei Eigenverwendung selbsterstellter Güter, das Erfordernis produktionstypadäquater Kalkulationsformen). Sie finden in der IBL um so eher Beachtung, je typischer sie für die Betriebe sind und je enger ihre Verzahnung mit der Produktion ist (z. B. das Führen von Handelswaren im Absatzprogramm). Andernfalls sind solche Probleme von der Allgemeinen Betriebswirtschaftslehre zu erfassen.

In jüngerer Zeit greift in zunehmendem Maße eine Ablösung der ursprünglichen Wirtschaftszweiglehren durch *funktional orientierte besondere Betriebswirtschaftslehren* Platz. Die Folge ist, daß sich mit ihr – weitgehend unmerklich – auch das Erkenntnisobjekt der IBL insofern wandelt, als sich in Forschung und Lehre – teilweise unter geänderten Bezeichnungen wie z. B. Lehre von der Erzeugungs- oder Fertigungswirtschaft – eine immer stärkere Betonung und Erforschung der Probleme in der technologischen Produktionsphase beobachten läßt. Die Berücksichtigung der übrigen Funktionen wird dann den anderen funktional ausgerichteten besonderen Betriebswirtschaftslehren (z. B. Absatzwirtschaftslehre, Finanzierungslehre, Lehre von der Unternehmungsrechnung) überlassen.

Die letzte Konsequenz einer solchen Neuorientierung, nämlich die Erfassung sämtlicher betrieblicher Leistungserstellungsprozesse, d. h. auch derjenigen, die sich in nichtindustriellen Betrieben durch Hervorbringen von (immateriellen) Dienstleistungen zeigen, in eine besondere Betriebswirtschaftslehre der Produktion – im Sinne jeder wirtschaftlichen Wertschöpfung – wurde bis heute noch nicht gezogen. Die Gründe hierfür sind vor allem in der Vielschichtigkeit der Problemstellung zu erkennen,

die sich allein schon aus den vielgestaltigen Arten von Industriebetrieben und industriellen Produktionsprozessen ergibt (vgl. die umfassende Typologie von *Schäfer* 1969) und die Forschungsressourcen gegenwärtig noch voll absorbiert. Versuche, diese Vielschichtigkeit allein schon begrenzt auf Industriebetriebe zu bewältigen, verlangen wie z. B. in der → *Produktionstheorie* und der → *Kostentheorie* ein entsprechend hohes Maß an Abstraktion oder zwecks stärkerer Konkretisierung der Aussagen eine exemplarische Ausrichtung der IBL oder deren grundsätzliche Beschränkung auf einzelne Branchen, wie es in den Industriezweiglehren geschieht.

2. Die industriebetrieblichen Funktionen

Gegenstand industriebetrieblicher Forschung und Lehre sind neben den vorstehend genannten Elementarfunktionen Produktion, Absatz und Beschaffung sowie den Komplementärfunktionen Finanzierung und Kontrolle eine Mehrzahl aus ihnen abgeleiteter Spezialfunktionen. Darüber hinaus muß sich die IBL nicht nur der Erkenntnisse von Nachbardisziplinen der Betriebswirtschaftslehre bedienen, sondern auch das Erfahrungsmaterial phasenorientierter besonderer Betriebswirtschaftslehren wie insbesondere der betriebswirtschaftlichen Organisationslehre und der betriebswirtschaftlichen Planungslehre auswerten.

Unmittelbar produktionsorientierte Elementarfunktionen sind alle Aufgaben, die mit der Gestaltung von Erzeugungspotentialen und der Gestaltung von Erzeugungsprozessen zusammenhängen (→ *Produktionsplanung*).

Hierzu zählen zum einen u. a. die Probleme der Verfahrenswahl einschließlich derjenigen von → *Eigenfertigung und Fremdbezug,* die Aufgaben der Bereitstellung von Potential- und Repetierfaktoren, der Kombination dieser Produktionsfaktoren in Raum und Zeit. Zum anderen zählen dazu die Aufgaben der → *Ablaufplanung* unter Beachtung eines ebenfalls zu planenden Repetierfaktorbedarfs bei markt- und auftragsorientierter Erzeugung einschließlich der → *Arbeitsvorbereitung.* Ferner sind hier die erst jüngst stärker beachteten vielseitigen Probleme betrieblicher → *Forschung und Entwicklung* sowie auch die der Produktgestaltung, der Konstruktion und der Strukturierung von Produktionsprogrammen zu nennen, durch die in gleicher Weise die Funktion des Absatzes tangiert wird.

Mittelbar produktionsorientierte Elementarfunktionen sind eine Reihe von Hilfsfunktionen, die der Aufrechterhaltung von Produktionsprozessen dienen.

In diesem Zusammenhang ist auf die untereinander interdependenten Bereiche der → *Materialwirtschaft,* der Lagerhaltung (→ *Lager und Lagerhaltung*), der betriebswirtschaftlichen → *Logistik* und des innerbetrieblichen → *Transportwesens* zu verweisen. Deren Ausrichtung braucht im allgemeinen nicht speziell industriebezogen zu sein, sie erlangen aber gerade in der arbeitsteiligen industriellen Erzeugung besondere Bedeutung. Ein Gleiches gilt auch für den Bereich der Anlagenwirtschaft (→ *Anlagen und Anlagenwirtschaft*) einschließlich der Probleme der → *Instandhaltungsplanung* und → *Investitionsplanung* sowie für die Grundsatzfrage nach dem geeigneten → *Standort* für industrielle Betriebe.

Aus dem Bereich der *Komplementärfunktionen* erfahren insbesondere die Zeit- und Mengenkontrollen, die (statistischen) → *Qualitätskontrollen* und die Kostenkontrollen mittels der → *Kostenrechnung* (Industrielles Rechnungswesen) und hier vor allem in jüngerer Zeit die Teilkostenrechnungen Beachtung.

Während Fragen der Bilanzierung kaum industriebetriebliche Besonderheiten zeigen, haben im Rahmen der Finanzierung die → *Investitionsrechnung* und hier insbesondere die produktionstheoretischen Modelle für Programmentscheidungen ebenso Bedeutung erlangt wie die Möglichkeiten der Leistungsmotivierung von Angestellten und Arbeitern (→ *Arbeitsbewertung*; → *Lohnformen*) im Rahmen der Personalwirtschaft sowie die Notwendigkeit des → *Marketings* und des → *Kundendienstes* im Rahmen der Absatzwirtschaft.

Dieser keinen Anspruch auf Vollständigkeit erhebende Überblick zeigt, daß in Industriebetrieben wie kaum in anderen Wirtschaftszweigen fast alle betriebswirtschaftlich relevanten Fragen auftreten. Insbesondere aber die Produktionsphase läßt sie besonders augenscheinlich werden, weil sich in ihr die maßgebenden Prozesse durch ihre weitgehend körperliche Konkretisierung anschaulich und somit greifbar vollziehen. Obwohl oder gerade weil diese Probleme aufgrund der Vielgestaltigkeit industrieller Leistungsstrukturen ein weitgehendes Maß an Generalisierung verlangen, haben sich die industriellen Problemstellungen als besonders geeignete Demonstrationsobjekte auch im Rahmen der Allgemeinen Betriebswirtschaftslehre erwiesen. Nicht zuletzt deshalb läßt sich vielerorts in der Vergangenheit und auch noch in der Gegenwart bei materieller Betrachtung eine weitgehende Kopplung der Allgemeinen Betriebswirtschaftslehre mit der IBL feststellen.

III. Die Forschungsrichtungen

1. Historische Entwicklung

Die historische Entwicklung der IBL verläuft im allgemeinen parallel zur geschichtlichen Entwicklung der Industrie und der durch die Technik immer komplizierter werdenden Formen industrieller Produktion und der Vielfalt der mit ihrer Hilfe herzustellenden Erzeugnisse.

Als früheste Publikationen lassen sich die Beschreibungen des *Manufakturwesens* in der zweiten Hälfte des 17. Jahrhunderts und in der Folgezeit nennen (*Becher* 1668; *Marperger* 1707; *v. Justi* 1758). Diese und noch einzelne spätere Publikationen können mit ihren deskriptiven Aussagen noch kaum den Anspruch erheben, eine IBL im vorstehend gekennzeichneten Sinn zu sein. Eine schon eingehendere Befassung mit den Problemen der sich erst jetzt entwickelnden Industrie findet sich in dem 1868 erschienenen Werk des Professors für Wirtschaftslehre am Großherzoglichen Polytechnikum Karlsruhe, *A. Emminghaus*, über „*Allgemeine Gewerkslehre*". Mit dem *Gewerksbetrieb* meint er in neuzeitlicher Terminologie den Industriebetrieb. Dessen Besonderheiten wie seine Stellung in der Gesamtwirtschaft, die Probleme des Faktors Arbeit (Entlohnung usw.), die Kapitalbe-

darfsermittlung und Investition, die Bedingungen der Ergiebigkeit des Einsatzes von Betriebsmitteln und Werkstoffen, die Verkehrslehre und die Buchführung werden hier erstmals differenziert und industriebezogen dargestellt.

Mit dem Aufkommen der Handelshochschulen um die Jahrhundertwende beginnt auch die Entwicklung einer systematisch ausgerichteten IBL (Fabrikbetriebslehre) als einer Wirtschaftszweiglehre. Besondere Beachtung fand in dieser Zeit vor allem das 1923 erschienene Werk von *Heidebroek*, einem Ingenieur und Professor an der Technischen Hochschule Darmstadt. Im angloamerikanischen Sprachbereich findet diese Entwicklung eine Entsprechung in dem von *Taylor, Gilbreth, Gantt* und *Emerson* kreierten und weitgehend auf Arbeitsstudien beschränkten *Scientific Management* (→ *Wissenschaftliche Betriebsführung*), welches im Vergleich zur IBL stärker technisch und arbeitswissenschaftlich orientiert war. In Deutschland folgt nach ursprünglich breiter Erfassung und Darstellung sämtlicher industriebetrieblicher Funktionen – insbesondere durch *Kalveram* (1960) und *Mellerowicz* (1968) – eine Phase der Vertiefung und der bereits erwähnten Konzentration.

2. Gegenwärtiger Stand

Die Phase der Vertiefung und Konzentration wird durch mehrere Forschungsrichtungen geprägt. Die erste von ihnen führte zu der inzwischen selbstverständlich gewordenen *theoretischen Fundierung und Ausrichtung* der IBL und mit ihr der Allgemeinen Betriebswirtschaftslehre. Sie beginnt 1951 mit dem Erscheinen der „*Grundlagen der Betriebswirtschaftslehre, Band I: Die Produktion*" von *Gutenberg* und wird insbesondere von seinen Schülern weiter ausgebaut.

Die zweite stützt sich auf diese Grundlagen und zieht die mathematischen und statistischen Methoden der → *Unternehmensforschung* (Operations Research) sowie auch die elektronische → *Datenverarbeitung* hinzu. Dadurch gewinnt die IBL zunehmend eine *entscheidungsorientierte Ausrichtung.*

Das Instrumentarium der Unternehmensforschung erlaubt nämlich nicht nur die Befassung mit komplexeren Problemstrukturen, sondern weist zwangsläufig auch den Weg auf eine Beschäftigung mit den zeitabhängigen (kinetischen und dynamischen) Fragen der → *Ablaufplanung* und → *Ablauforganisation,* die bislang weitgehend den Ingenieurwissenschaften überlassen worden waren. Eine Vielzahl von Monographien und Sammelwerken befaßt sich jetzt mit den unterschiedlichsten Aufgaben aus allen denkbaren Produktionsbereichen einschließlich ihrer Komplementärfunktionen. Sie bietet insbesondere Optimierungs- und Simulationsmodelle an (vgl. hierzu die Modelle der linearen, nichtlinearen, dynamischen → *Programmierung*), mit denen optimale Verhaltensweisen im Hinblick auf ein zu erreichendes Ziel (z.B. Kostenminimierung) erkannt werden sollen (vgl. z.B. *Bussmann* u. *Mertens* 1968).

Die hierfür erforderlichen Problemanalysen und die Notwendigkeit, alle maßgebenden Einflußgrößen zu quantifizieren, sobald nicht nur Erklärungs-, sondern auch Entscheidungsmodelle entwickelt werden (→ *Modelle*), bedingen nunmehr definitiv die bereits erwähnte Einbeziehung metaökonomischer Erkenntnisse in die IBL und ferner eine Intensivierung der → *empirischen Forschung*. Dies gilt u. a. auch für die der → *Innovation* dienende → *Forschung und Entwicklung*. Als spezifischer Produktionsprozeß erlangt sie zunehmend an Bedeutung.

Gleichzeitig gebieten aber alle diese meist nur auf Teilprobleme ausgerichteten Untersuchungen, daß die *Gesamtschau* in der IBL nicht vernachlässigt wird. Sie zu erhalten, bieten sich die Konzeptionen der → *Kybernetik* und der → *Informationstheorie* an (vgl. *Haberfellner* u. *Rutz* 1971; *Hahn* 1972). Die Entwicklung eines allumfassenden und zugleich operationalen Erklärungs- und Entscheidungsmodells für die Gesamtplanung industrieller Betriebe wird wegen der Vielschichtigkeit der industriellen Problemstrukturen und ihrer fortwährenden Wandlungen im Zeitablauf trotz dieser Möglichkeiten aber ein wohl nicht zu erreichendes Ideal bleiben.

IV. Verbindungen zu Nachbarwissenschaften

Neben den erwähnten Wissenschaftsgebieten der → *Entscheidungstheorie*, → *Informationstheorie*, → *Kybernetik*, → *Systemtheorie* und → *Unternehmensforschung*, die für die IBL und ihre Forschungsanliegen eigentlich nur den Charakter von Hilfswissenschaften besitzen, findet in der IBL das Gedankengut nicht nur der → *Volkswirtschaftslehre*, sondern auch anderer metaökonomischer Wissenschaften Berücksichtigung. Zu nennen sind insbesondere die → *Ingenieurwissenschaften*, die betriebswirtschaftliche → *Organisationstheorie*, die → *Betriebssoziologie*, die → *Betriebspsychologie* und ferner alle unter dem Oberbegriff → *Arbeitswissenschaften* subsumierten Fachgebiete. Für die industrielle Erzeugung verdienen auch die vielseitigen Bemühungen des Verbandes für Arbeitsstudien – REFA – e. V. (gegründet 1924) und des Ausschusses für wirtschaftliche Fertigung (AWF) im Verein Deutscher Ingenieure (VDI), seit 1923 zugeordnet dem → *Rationalisierungs-Kuratorium der deutschen Wirtschaft e. V. (RKW)*, Erwähnung, deren Arbeiten die IBL nicht unmaßgeblich befruchteten.

Während sich die der Betriebswirtschaftslehre zugewandte IBL gegenüber den metaökonomischen Wissenschaften öffnete und dabei auch dem Menschen als handelndes Subjekt stärkere Beachtung schenkt, ist seitens der *Betriebswissenschaft*, welche ihre Wurzeln in der technischen Seite industrieller Betriebe hat, ebenfalls eine Öffnung festzustellen, und zwar hin zu den ökonomischen Fragen. Diese Disziplin, die sich mit den Voraussetzungen und optimalen Gestaltungsmöglichkeiten von Erzeugungsprozessen zunächst weitgehend unter technischen Aspekten befaßte (z. B. im Forschungsinstitut für Rationalisierung der RWTH Aachen und im Betriebswissenschaftlichen Institut der ETH Zürich), fand ihre angloamerikanische Entsprechung im Bereich des *Industrial Engineering*. Es entwickelte sich aus dem oben erwähnten Scientific Management heraus. Der Aufgabenbereich des Industrial Engineering und entsprechend der Betriebswissenschaft weitete sich insbesondere in den letzten zwei Jahrzehnten über die ursprünglich anliegenden Fragen der Zeit- und Bewegungsstudien sowie der Leistungsentlohnung auf alle mit den Produktionsprozessen verbundenen sogenannten Stabsfunktionen hinaus. Zu nennen sind die Probleme der Fabrikeinrichtung und Anlagenplanung, der Gestaltung von Erzeugnissen, Fabrikanlagen und Betriebsmitteln, der Planung und Steuerung industrieller Arbeit und Kontrolle einschließlich der Kostenüberwachung.

Es läßt sich deshalb feststellen, daß die produktionsbezogene IBL, die Betriebswissenschaften und das Industrial Engineering in weiten Bereichen deckungsgleich sind und sich häufig nur durch ihre Akzentsetzungen einerseits und die Herkunft ihrer Vertreter andererseits unterscheiden. In der *Interdisziplinarität* dieser mit dem Erkenntnisobjekt „Industriebetrieb" befaßten Disziplinen in ihrer Gesamtheit, in ihrer gegenseitigen Koordinierung und im internen Erfahrungsaustausch zeigen sich die Möglichkeiten einer weiteren fruchtbaren Durchdringung industrieller Probleme, die sich im Zuge des raschen technischen Fortschritts nicht minder rasch wandeln und erweitern.

Literatur: Becher, J. J.: Politischer Diskurs von den eigentlichen Ursachen des Auf- und Abnehmens der Städte, Länder und Republiken. Frankfurt 1668 (8. A., 1759) *Marperger, P. J.*: Das neu eröffnete Manufacturen-Hauß. Hamburg 1707 – *von Justi, J. H. G.*: Vollständige Abhandlung von denen Manufacturen und Fabriken. 2 Bde, Koppenhagen 1758 – *Emminghaus, A.*: Allgemeine Gewerkslehre. Berlin 1868 – *van den Daele, W.*: Der moderne Fabrikbetrieb und seine Organisation. 2. A., Stuttgart 1911 – *Stern, R.*: Die kaufmännische Organisation im Fabrikbetriebe. Leipzig 1911 – *Woldt, R.*: Der industrielle Großbetrieb. Stuttgart 1911 – *Ballewski, A.*: Der Fabrikbetrieb. 3. A., Berlin 1912 – *Calmes, A.*: Der Fabrikbetrieb. 4. A., St. Gallen 1916 – *Hippler, W.*: Arbeitsverteilung und Terminwesen in Maschinenfabriken. Berlin 1921 – *Heidebroek, E.*: Industriebetriebslehre – die wirtschaftlich-technische Organisation des Industriebetriebes mit besonderer Berücksichtigung der Maschinenindustrie. Berlin 1923 – *Leitner, F.*: Betriebslehre der kapitalistischen Großindustrie. In: Grundriß der Sozialökonomie. Bd VI, 2. A., Tübingen 1923 – *Dürheim, J.*: Terminwesen und Produktion im Fabrikbetriebe. Stuttgart 1925 – *Lehmann, M. R.*: Zur Systematik der Industriebetriebslehre. In: ZfB, 2. Jg 1925, S. 250–260 – *Rahm, W.*: Fabrikorganisation für den mittleren und kleineren Betrieb. Berlin 1927 – *Grull, W.*: Die Organisation von Fabrikbetrieben. 3. A., Leipzig 1928 – *Hennig, K. W.*: Betriebswirtschaftslehre der Industrie. Berlin 1928 – *Fayol, H.*: Allgemeine und industrielle Verwaltung. München u. Berlin 1929 – *Alford, L. P.*: Handbuch für industrielle Werkleitung. Berlin 1930 – *Rößle, K. F.*: Einführung in die Industrie-Betriebswirtschaftslehre. Leipzig 1931 – *Schlesinger, G.*: Technische Vollendung und höchste Wirtschaftlichkeit im Fabrikbetrieb. Berlin 1932 – *Heideck, E. u. O. Leppin*: Der Industriebetrieb. Teil II: Planung und Ausführung von Fabrikanlagen. Berlin 1933 – *Gaillard, J.*: Industrial Standardization. Its Principles and Application. New York 1934 – *Cornell, W. E.*: Industrial Organization and Management. New York 1938 – *Huth, F. H.*: Wirtschaftlicher Fabrikbetrieb. Berlin 1938 – *Penndorf, B.:* Industriebetriebslehre. In: Die Handels-Hochschule, Bd III, Teil 2, Kap. 11, 2. A., Berlin u. Wien 1938 – *Mitchell, W.N.:* Organization and Management of Production. New York 1939 – *Riedel, W.:* Die Fabrikorganisation. Leipzig 1939 – *Davis, R.C.:* Industrial Organization and Management. New York u. London 1940 – *Landburgh, R.H.* u. *W.R. Spriegel:* Industrial Management. New York 1940 – *Meißner, F.* (Hrsg.): Die industrielle Planung. Bad Oeynhausen 1941 – *Schlitzer, W.:* Die organisatorische Abgrenzung von Handwerk und Industrie. Stuttgart 1941 – *Anderson, A.G.:* Industrial Organization. New York 1942 – *Böhrs, H.:* Grundlagen der Arbeitsorganisation im Fabrikbetrieb. Berlin 1943 – *Cornell, W.B.:* Organization and Management in Industry and Business. New York 1943 – *Rautenstrauch, W.:* Modern Industrial Organization. New York 1943 – *Schleip, W.:* Totale Rationalisierung des Industriebetriebes. Berlin u. Wien 1944 – *Bethel, L.L.* (u.a.): Industrial Organization and Management. New York u. London 1945 – *Kimball, D.S.* u. *D.S. Kimball jr.:* Principles of Industrial Organization. 6. A., New York u. London 1947 – *Huber, S.:* Der Industriebetrieb. In: Betriebswirtschaftslehre, hrsg. v. *E. Gsell.* 3. A., Zürich 1948 – *Alford, L.P.* u. *J.B. Bangs* (Hrsg.): Production Handbook, New York 1949 – *Wrba, M.:* Industrielle Betriebswirtschaft und praktische Betriebsführung. München 1949 – *Landy, T.M.:* Production, Planning and Control. New York, Toronto u. London 1950 – *Owens, R.N.:* Management of Industrial Enterprises. Chicago 1950 – *Pentzlin, K.:* Rationelle Produktion. Methodik, Grundregeln und praktische Beispiele. 3. A., Kassel 1950 – *Staniar, W.:* Plant Engineering Handbook. New York, Toronto u. London 1950 – *Alford, L.P.:* Principles of Industrial Management. Bearb. v. *H.R. Beatty,* New York 1951 – *Beacham, A.:* Economics of Industrial Organization. 2. A., London 1951 – *Moore, F.G.:* Production Control. New York, Toronto u. London 1951 – *Willsmore, A.W.:* Modern Production Control. 2. A., London 1951 – *Waffenschmidt, W.G.:* Technik und Wirtschaft der Gegenwart. Berlin, Göttingen u. Heidelberg 1952 – *Krähe, W. (Arbeitskreis):* Aufgaben- und Abteilungsgliederung in der industriellen Unternehmung. 2. A., Köln u. Opladen 1954 – *Funke, H.:* Die Betriebswirtschaft im Maschinenbau und in verwandten Industrien. 2. A., Freiburg/Brsg. 1955 – *Lehmann, M.R.:* Zur Lehre vom Industriebetrieb. In: ZfB, 25. Jg 1955, S. 142–157 – *Riebel, P.:* Die Kuppelproduktion. Betriebs- und Marktprobleme. Köln u. Opladen 1955 – *Hax, K.:* Industriebetrieb. In: HdSW, 5. Bd, Göttingen 1956, S. 243–257 – *Rößle, K.:* Industriebetrieb. In: HWB, 3. A., 2. Bd, Stuttgart 1958, Sp. 2746–1763 – *Ellinger, Th.:* Ablaufplanung. Stuttgart 1959 – *Gerwig, E.:* Organisation und Führung industrieller Unternehmungen. 3. A., Stuttgart 1959 – *Pawel, R.:* Industriebetriebslehre – Kurzgefaßt. Wiesbaden 1959 – *Kalveram, W.:* Industriebetriebslehre. 7. A., Wiesbaden 1960 – *Beckmann, L.:* Industriebetriebswirtschaftslehre. Stuttgart 1961 – *Koepke, C.A.:* Plant Production Control. 3. A., New York u. London 1961 – *Baldamus, W.:* Efficiency and Effort. An Analysis of Industrial Administration. London 1961 – *Böhrs, H.:* Organisation des Industriebetriebes. Wiesbaden 1963 – *Mac Garrah, R.E.:* Production and Logistics Management. Text and Cases. New York 1963 – *Maynard, H.B.* (Hrsg.): Handbuch des Industrial Engineering. Bd I–IX, Berlin, Köln u. Frankfurt/M. 1963 – *Radford, J.D.* u. *D.B. Richardson:* The Management of Production. London 1963 – *Gedye, G.R.:* Scientific Method in Production Management. London 1965 – *Buffa, E.S.:* Modern Production Mana-

gement. 2. A., New York 1966 – *Beste, Th.:* Fertigungswirtschaft und Beschaffungswesen. In: HdW, Bd I: Betriebswirtschaft. Köln u. Opladen 1966, S. 111–275 – *Aghte, K., H. Blohm* u. *E. Schnaufer* (Hrsg.): Industrielle Produktion. Baden-Baden u. Bad Homburg 1967 – *Broom, H.N.:* Production Management. Homewood/Ill. 1967 – *Ammer, D.S.:* Manufacturing. Management and Control. New York 1968 – *Bussmann, K.F.* u. *P. Mertens:* Operations Research und Datenverarbeitung bei der Produktionsplanung. Stuttgart 1968 – *Bussmann, K.F.* u. *P. Mertens:* Operations Research und Datenverarbeitung bei der Instandhaltungsplanung. Stuttgart 1968 – *Denyer, J.C.:* Industrial Administration. London 1968 – *Mellerowicz, K.:* Betriebswirtschaftslehre der Industrie. 6. A., 2 Bde, Freiburg/Brsg. 1968 – *Moore, F.G.:* Manufacturing Management. 5. A., Homewood/Ill. 1969 – *Funke, H.* u. *H. Blohm:* Allgemeine Grundzüge des Industriebetriebes. 2. A., Essen 1969 – *Hennig, K.W.:* Betriebswirtschaftslehre der industriellen Erzeugung. 5. A., Wiesbaden 1969 – *Harding, H.A.:* Production Management. London 1970 – *Kern, W.:* Industriebetriebslehre. Stuttgart 1970 – *Haberfellner, R.* u. *K. Rutz:* Integrierte Produktionssteuerung. In: IO, 39. Jg 1970, S. 514–524 und 40. Jg 1971, S. 21–36 – *Arnold, H.* u.a.: Der Produktionsprozeß im Industriebetrieb. 3. A., Berlin 1971 – *Schäfer, E.:* Der Industriebetrieb. Bd 1, Köln u. Opladen 1969; Bd 2, Opladen 1971 – *Seyffert, R.:* Über Begriff, Aufgaben und Entwicklung der Betriebswirtschaftslehre. 6. A., Stuttgart 1971 – *Gutenberg, E.:* Grundlagen der Betriebswirtschaftslehre. Bd I: Die Produktion. 19. A., Berlin, Heidelberg u. New York 1972 – *Hahn, D.:* Industrielle Fertigungswirtschaft in entscheidungs- und systemtheoretischer Sicht. In: ZfO, 41. Jg 1972, S. 269–278, 369–370 und 427–439 – *Heinen, E.* (Hrsg.): Industriebetriebslehre. Entscheidungen im Industriebetrieb. Wiesbaden 1972 – *Jacob, H.* (Hrsg.): Industriebetriebslehre in programmierter Form. 2 Bde, Wiesbaden 1972 – *Grochla, E.:* Materialwirtschaft. 2. A., Wiesbaden 1973 – *Henzel, F.:* Führungsprobleme der industriellen Unternehmung. 2 Bde, Berlin 1973 – *Schweitzer, M.,*Einführung in die Industriebetriebslehre. Berlin u. New York 1973.

Werner Kern

Industriebilanzen → Bilanz, allgemein; → Bilanz, handelsrechtliche
Industrieobligationen → Obligationen
Industrie- und Handelskammern → Kammern

Industrie- und Gewerbepolitik, staatliche, und Betrieb

[s. a.: Arbeits- und Sozialrecht und Betrieb; Außenhandelspolitik, staatliche, und Betrieb; Europäische Gemeinschaften und Betrieb; Finanzierungshilfen, öffentliche; Gewerbeordnung, Gewerbeaufsicht und Betrieb; Kammern; Kartelle; Konzentration; Öffentliche Betriebe; Regionalpolitik, staatliche, und Betrieb; Standort und Standorttheorie; Tarifrecht und Betrieb; Umweltschutz und Betrieb; Wettbewerbsordnung und Betrieb; Wirtschaftsordnung und Betrieb.]

I. Einführung, Begriffe, Gegenstand; II. Ziele und Mittel; III. Träger und Organe sowie deren

Techniken; IV. Grenzen staatlicher Gewerbepolitik; V. Staatliche Gewerbepolitik und grundsätzliche betriebliche Entscheidungen; VI. Gewerbepolitik in Wirtschaftsgemeinschaften.

I. Einführung, Begriffe, Gegenstand

Erst die interpersonelle → *Arbeitsteilung,* welche zu den wichtigsten Voraussetzungen des wirtschaftlichen und sozialen Fortschritts gehört, hat zur Bildung von Gewerben geführt. Der Begriff *Gewerbe* konnte allerdings noch nicht restlos abgeklärt werden. Faßt man den Begriff sehr weit, dann kann dazu jede auf Dauererwerb gerichtete berufsmäßige Ausübung einer bestimmten Tätigkeit gerechnet werden. Diese Definition umfaßt dann außer der technischen Produktion von Gütern auch Bergbau und Energiewirtschaft sowie Handel und Verkehr und reicht somit weit in den sog. Dienstleistungssektor hinein. Dieser weitgefaßte Gewerbebegriff orientiert sich an der → *Gewerbeordnung,* die diesbezüglich jedoch kaum auf ökonomischen Überlegungen fußt. Unter Gewerbe (im engeren Sinn) versteht man deshalb heute jede zu Erwerbszwecken betriebene Stoffbe- und -verarbeitung einschließlich der Reparatur der daraus hervorgehenden Produkte. Diese Definition umfaßt die Heimarbeit, das Handwerk und die Industrie.

Gegenstand der *Gewerbepolitik* im Sinne der vorliegenden Abhandlung sind also nur diejenigen Eingriffe und Einwirkungen, mit welchen die Träger der staatlichen Gewerbepolitik versuchen, die gesamte nicht naturgebundene Güterproduktion zu beeinflussen. Die *Industriepolitik* ist demgemäß ein Teilgebiet der Gewerbepolitik und wird im folgenden unter diesen Begriff subsummiert; dies ist um so mehr berechtigt, als eine exakte Abgrenzung „Handwerk – Industrie" nur auf organisatorischer Ebene (Eintragung in die Handwerksrolle) möglich ist (→ *Handwerksbetriebe*).

II. Ziele und Mittel

Die Einflußnahme des Staates auf die gewerbliche Wirtschaft dient ganz allgemein der Ermöglichung, Erhaltung, Anpassung und Erweiterung der gewerblichen Betriebe. Durch die Gewerbepolitik versucht der Staat, im Hinblick auf die von ihm verfolgten Ziele, den rationalen Entscheidungsspielraum der Wirtschaftssubjekte einzuengen. Die Zielsetzung und die zu ihrer Verfolgung eingesetzten gewerbepolitischen Mittel sind, auch aus historischer Sicht, ein Abbild der jeweiligen → *Wirtschaftsordnung.* Die Mittel der Gewerbepolitik können von sehr unterschiedlicher Intensität sein und reichen von der Information und Beratung über Verhaltensappelle und das Bieten von Anreizen bis hin zu Gesetzen und Verordnungen. Im ideellen System der *freien Marktwirtschaft* ist nur eine staatliche Gewerbepolitik durch Information

und unverbindliche Beratung denkbar. Dagegen würde im ideellen Wirtschaftssystem der *kollektivistischen Zwangswirtschaft* die totale staatliche Gewerbepolitik herrschen. In den *realen Wirtschaftsordnungen* ist der Staat in der Wahl seiner gewerbepolitischen Mittel mehr oder weniger eingeschränkt, weil diese immer systemkonform sein müssen. So stehen ihm in den marktwirtschaftlich orientierten Wirtschaftsordnungen, abgesehen von den grundsätzlichen gesetzlichen Rahmenbestimmungen, nur sehr schwache gewerbepolitische Mittel zur Verfügung. Die Problematik besteht darin, daß z.B. die gewerbliche Wirtschaft durch Anbieten von Subventionen für eine bestimmte Verhaltensweise nur mittelbar beeinflußt werden kann, während die unmittelbare Entscheidung – diesen Anreizen zu folgen oder nicht – dem Eingriffsbereich des Staates entzogen bleibt.

III. Träger und Organe sowie deren Techniken

Die Träger der Gewerbepolitik sind die staatliche Obrigkeit, die Selbstverwaltungskörper der gewerblichen Wirtschaft und die Organisationen der Tarifpartner. Oberstes Organ der staatlichen Gewerbepolitik ist in der Bundesrepublik der Wirtschaftsminister, jedoch haben auch die Ressorts für Arbeit, Bildung, Finanzen, Städtebau, Umweltschutz – um nur einige zu nennen – einen nicht zu unterschätzenden Einfluß auf die Entscheidungen der gewerblichen Wirtschaft. Durch Gesetze und Verordnungen regelt der Staat nur grundsätzliche Fragen der Gewerbepolitik. Darüber hinaus bedient er sich heute mehr und mehr der Einflußnahme auf das Verhalten der Wirtschaftssubjekte durch Apelle („moral persuasion", „konzertierte Aktion"), Aufklärung und Schulung, um so die Einsicht und Unterstützung für gewerbepolitische Notwendigkeiten zu gewinnen.

Die Selbstverwaltungsorgane der verschiedenen Berufsstände werden in der Bundesrepublik → *Kammern* genannt. Sie sollen einerseits die Interessen des Gewerbes gegenüber der Gesetzgebung und Verwaltung des Staates vertreten, andererseits staatliche Aufgaben zu Gunsten der gewerblichen Wirtschaft übernehmen, deren Wahrnehmung im öffentlichen Interesse liegt (z.B. Berufsausbildung und deren Überwachung). Die Zugehörigkeit zu einer Kammer richtet sich nach dem Berufsstand (Handwerker, Industrieunternehmen, Kaufmann usw.); die Mitgliedschaft ist obligatorisch. Innerhalb des Berufsstandes der Handwerker existieren als weitere Interessengemeinschaften und Organe der Gewerbepolitik die nach Berufen (Bäcker, Schlosser) organisierten *Innungen*; die Mitgliedschaft ist hier freiwillig. Die Arbeit der Innungen ist mehr auf die informellen Verhältnisse ihrer Mitglieder untereinander und zu ihrer Umgebung ausgerichtet, während die Kammern sich aufgrund der vom Staat übertragenen Aufgaben mehr um die offiziellen Beziehungen innerhalb des jeweiligen Berufsstandes und zur wirtschaftlichen Umwelt kümmern. Die regionalen Kammern bzw. Innungen sind in nationalen Verbänden zusammengeschlossen, welche die übergeordneten Interessen des jeweiligen Berufsstandes bzw. Berufes wahrnehmen.

Weitere Organe der Gewerbepolitik sind die Vertreter und Funktionäre der → *Arbeitgeberverbände* und → *Arbeitnehmerverbände;* der Schwerpunkt ihrer Arbeit liegt auf den Gebieten Sozial-, allgemeine Tarif- und insbesondere Lohnpolitik. Die Einflußnahme des Staates ist – bei garantierter Tarifautonomie – auf Verhaltensappelle beschränkt.

IV. Grenzen staatlicher Gewerbepolitik

Die staatliche Gewerbepolitik hat sich im Rahmen der von der jeweiligen Verfassung errichteten Schranken zu halten. Die gewerbepolitisch wichtigste Bestimmung des Grundgesetzes der Bundesrepublik Deutschland ist der Artikel 12, welcher allen Deutschen das Recht garantiert, Beruf, Arbeitsplatz und Ausbildungsstätte frei zu wählen, jedoch auch bestimmt, daß die Berufsausübung durch Gesetz geregelt werden kann. Erst dieser einschränkende Zusatz bildet die gesetzliche Grundlage zur staatlichen Einflußnahme auf die gewerbliche Wirtschaft und damit zur staatlichen Gewerbepolitik überhaupt. Die sozialpolitische Komponente der staatlichen Gewerbepolitik basiert auf den Artikeln 14 und 15 des Grundgesetzes, welche u. a. das Eigentum garantieren, aber auch eine gesellschaftspolitische Verpflichtung daraus ableiten.

V. Staatliche Gewerbepolitik und grundsätzliche betriebliche Entscheidungen

Zur Aufrechterhaltung oder Veränderung der bestehenden Wirtschaftsordnung bedient sich der Staat eines vielseitigen wirtschaftspolitischen Instrumentariums. Nur wenn diese wirtschaftspolitischen Mittel vom Staat z.B. direkt zur Förderung des Gewerbes eingesetzt werden, sind sie eindeutig der Gewerbepolitik zuzurechnen. Die Abgrenzung anderer wirtschaftspolitischer Maßnahmen, z.B. regionalpolitischer oder sozialpolitischer Zielrichtung, von gewerbepolitischen Eingriffen ist häufig nicht eindeutig möglich, da viele staatliche Interventionen mit an und für sich anderweitiger Zielsetzung auch eine gewerbepolitische Komponente beinhalten und umgekehrt. Als prägnantes Beispiel läßt sich hierzu das Heimarbeitergesetz der Bundesrepublik Deutschland anführen, das – obwohl von der Zielsetzung her der Sozialpolitik zuzurechnen – so starke gewerbepolitische Auswirkungen hat, daß man auch von einer gewerbepolitischen Norm sprechen kann. In diesem Sinne ist die folgende Betrachtung über den Einfluß staatlicher Gewerbepolitik auf einige grundsätzliche Entscheidungen in der gewerblichen Wirtschaft zu verstehen.

1. Staatliche Gewerbepolitik und Gründungsentscheidung

In marktwirtschaftlich orientierten Wirtschaftsordnungen wird zwar grundsätzlich *Gewerbefreiheit* herrschen, jedoch beeinflußt auch hier der Staat die Entscheidung, ob es zur Gründung eines Gewerbebetriebes kommt, durch Ausnahmeregelungen, Vergünstigungen oder Auflagen. So kann der Staat z.B.
- bestimmte Mindestanforderungen an die Berufsausbildung des Gründers stellen (z.B. Meisterprüfung),
- im Interesse der Öffentlichkeit oder des betreffenden Gewerbezweiges nur eine beschränkte Anzahl von Gewerbetreibenden dieses Berufes zulassen (sog. Konzessionen),
- eine bestimmte Mindesthöhe des bei der Gründung aufzubringenden Kapitals festlegen,
- günstige Finanzierungsmöglichkeiten für die Erstausstattung gewähren,
- die Vergabe öffentlicher Aufträge in Aussicht stellen,
- seine Außenhandelsbeziehungen so gestalten, daß die Gründung von gewerblichen Betrieben gefördert oder gebremst wird,
- das geistige Eigentum an Erfindungen schützen oder aufheben.

2. Staatliche Gewerbepolitik und Standortentscheidung

Die Standortwahl ist für viele gewerbliche Betriebe von grundlegender Bedeutung (→ *Standort und Standorttheorie*). In Gewerben mit stark durchrationalisierten Techniken sind die Kostenvorteile, welche sich aus der Festlegung eines günstigen Standortes ergeben, oft die einzigen erzielbaren Präferenzen gegenüber den Mitbewerbern. Die Aufgabe der staatlichen Gewerbepolitik besteht nun darin, die *Standortentscheidung* durch Manipulation der standortbedingten Kostenvorteile dahingehend zu beeinflussen, daß im Hinblick auf die Gesamtwirtschaft ein Optimum erreicht wird. Da der Staat dabei die räumliche Verteilung der Gewerbebetriebe beeinflußt, spricht man von Standortpolitik. Eine exakte Abgrenzung dieser staatlichen Standortpolitik von der regionalen Strukturpolitik oder → *Regionalpolitik* ist nicht möglich, da gerade hier sehr starke Interdependenzen auftreten. Mögliche staatliche Mittel zur Beeinflussung der betrieblichen Standortentscheidung sind z.B.
- Veränderung der Transportkosten über die Gütertransporttarife oder Beförderungssteuern,
- Schaffung günstiger Verkehrsverbindungen,
- Bereitstellung von Bauland oder sogar fertigen Betriebsanlagen zu vorteilhaften Bedingungen,
- Erlaß von Vorschriften zum Schutze der Umwelt, welche den Aufbau von (weiteren) Gewerbebetrieben in bestimmten Regionen verteuern,
- Verbilligung oder Verteuerung von Roh- oder Hilfsstoffen bzw. Energie,
- Gewährung von Investitionszulagen, Sonderabschreibungen oder von verbilligten Darlehen bei Investitionen in bestimmten Zonen,
- Bereitstellung von zollfreien Gebieten,
- Anlocken von qualifizierten Arbeitskräften durch Vergünstigungen, um dadurch Gewerbebetriebe nachzuziehen,
- gezielte Umschulung von freigesetzten Arbeitskräften aus schrumpfenden Gewerbezweigen, um ganz bestimmte andere Gewerbearten anzulocken,
- Einrichtung von qualifizierten Ausbildungsstätten, um durch Ausnutzung der Immobilität der Ausgebildeten einen Anreiz zur Ansiedlung von Gewerbebetrieben zu bilden,
- Betreiben einer für die gewerbliche Wirtschaft vorteilhaften Währungspolitik,

- entsprechende verfahrensrechtliche Ausgestaltung des Tarifrechts, um eine geringere Streikrate gegenüber anderen Volkswirtschaften zu erreichen.

Die obige Aufzählung wurde deshalb so ausführlich gebracht, um einmal, am Beispiel der staatlichen Standortpolitik, zu zeigen, welche Breite die Palette der möglichen Mittel bei der Verfolgung eines gewerbepolitischen Zieles haben kann. Außerdem tritt hierbei noch einmal die Überschneidung der staatlichen Gewerbepolitik mit Handlungen anderer politischer Zielrichtung sehr deutlich zutage. Die staatliche Gewerbepolitik zur Beeinflussung der betrieblichen Standortentscheidung hat meist eine gewollte regionalpolitische Wirkkomponente. Die Problematik dieser staatlichen Eingriffe liegt deshalb darin zu erkennen, durch welche Maßnahmen das Verhalten der Gewerbebetriebe so beeinflußt werden kann, daß eine nachhaltige Verbesserung der regionalen Struktur erreicht wird. So ist gewerblich schwach entwickelten Gebieten nicht damit geholfen, daß dort z.B. reine Produktionsstätten errichtet werden, deren Arbeitsplätze keinerlei oder geringe spezifische Anforderungen an den Menschen stellen. Von solchen Arbeitsplätzen geht erfahrungsgemäß nur eine geringe Initiativwirkung auf die soziale Umgebung aus, und häufig werden diese Betriebe bei Wegfall der Subventionen oder bei wirtschaftlichen Krisen wieder verkleinert oder gar aufgelöst. Besser erscheint hier die staatliche Hilfe beim Ausbau schon vorhandener Gewerbezweige; diese Unterstützung darf sich dann aber nicht in der Gewährung günstiger finanzieller Bedingungen erschöpfen, sondern muß auf ausreichende Information, Bildung und Beratung der Gewerbetreibenden ausgedehnt werden.

3. Staatliche Gewerbepolitik und Entscheidung über Unternehmensform, -größe und Branche

In diesen Bereich der Gewerbepolitik gehören vor allem die Wettbewerbspolitik, die Wachstumspolitik und die sektorale Strukturpolitik, aber auch die diesbezüglichen gewerbepolitischen Komponenten der Steuerpolitik, Sozialpolitik und Außenwirtschaftspolitik. Die *Wettbewerbspolitik* ist zum wichtigsten Teilgebiet der staatlichen Gewerbepolitik in entwickelten, hochindustrialisierten Gesellschaften geworden. Ziel der Wettbewerbspolitik ist, ein Höchstmaß an Produktivität, Bedarfsdeckung, Wohlstand und wirtschaftlicher Freiheit zu vereinen. Dieses Ziel ist in einer freiheitlichen Wirtschaftsordnung nur durch einen funktionsfähigen Wettbewerb zu erreichen, welcher wiederum – nach den Erkenntnissen aus der Vergangenheit – nicht dadurch verwirklicht werden kann, daß man die Wirtschaft sich selbst überläßt und auf ein ihr evtl. immanentes Regulativ hofft; vielmehr ist dazu die Setzung und Verwirklichung von einschränkenden Rechtsnormen erforderlich.

Die Wettbewerbspolitik zielt heute nicht mehr darauf ab, einen Markt mit vollkommener Konkurrenz zu schaffen, jedoch auch die alleinige Verhinderung von Monopolen ist nicht mehr ihr Ziel. Statt dessen scheint in realen, freiheitlichen Wirtschaftsordnungen das Wettbewerbsoptimum dann erreicht, wenn ein Markt mit einer begrenzten – jedoch nicht zu geringen – Anzahl von Wettbewerbern existiert, welche sich gegenseitig beobachten und ihre Handlungen danach ausrichten können und deren Güter eine annähernde Produkthomogenität aufweisen (sog. Oligopol). Hier greifen Wettbewerbspolitik und Wachstumspolitik ineinander. Denn einerseits soll die Wettbewerbspolitik die Bildung marktbeherrschender Betriebsgrößen verhindern, andererseits muß sie jedoch soviel Raum lassen, daß ein erwünschtes Wachstum der Gewerbebetriebe durch inneren Ausbau,

aber auch durch äußere Verflechtung möglich ist. Ziel der *Wachstumspolitik* ist, die Erweiterung der Unternehmensgröße zu fördern, soweit sie wirtschaftlich und technisch notwendig ist und die Produktivität dadurch erhöht wird. In diesem Sinne steht die Wachstumspolitik erst dann im Widerspruch zu den Zielen der Wettbewerbspolitik, wenn die → Konzentration wirtschaftlicher Macht zu einer Verfälschung oder Behinderung des Wettbewerbs führt. Ein allgemeines Urteil über die optimale Größe von gewerblichen Betriebssystemen ist nicht möglich. Aus rein wettbewerbspolitischer Sicht erscheint das Oligopol als günstigste Marktform. Bei Betrachtung der Produktionsfunktion des Gewerbebetriebes ergibt sich eine Abhängigkeit der *optimalen* → Unternehmensgröße von Produkt und Produktionsverfahren. Im Bereich der → *Innovation* zeigt sich häufig eine Überlegenheit des anpassungsfähigen Klein- und Mittelbetriebes; dasselbe gilt für die Einführung neuer Erzeugnisse und die Erschließung neuer Märkte. Der Großbetrieb hat demgegenüber deutliche Vorteile bei der Gestaltung seiner Finanzierung und bei der Organisation des Absatzes seiner Güter. Ein Teilziel der Gewerbepolitik bezüglich der Betriebsgröße muß also sein – abweichend vom rein marktwirtschaftlichen Optimum des Oligopols – die Klein- und Mittelbetriebe zu erhalten und den Marktzugang des kreativen Nachwuchses zu fördern, um ein ausgeglichenes Wachstum und einen funktionsfähigen Wettbewerb zu sichern. Hieraus ergibt sich die Minimalforderung an die Gewerbepolitik nach ausreichender Berücksichtigung der Klein- und Mittelbetriebe beim Erlaß gesetzlicher Bestimmungen, um wenigstens die Chancengleichheit zwischen Gewerbebetrieben unterschiedlicher Größe zu wahren. Denn nicht selten unterliegen die kleineren Betriebe Benachteiligungen durch staatliche Interventionen, die zu sehr auf die Belange des Großbetriebes zugeschnitten sind. So kann es zwar angebracht sein, die Kooperation zweier Großbetriebe derselben Branche zu beschränken oder gar zu unterbinden, da diese sonst die Möglichkeit hätten, die Marktfreiheit zu beschneiden; die Absicht zweier Kleinbetriebe derselben Branche, dieselben vertraglichen Bindungen miteinander einzugehen, sollte jedoch geduldet oder sogar gefördert werden. Hier liegt die Problematik dieses Teils der staatlichen Gewerbepolitik: In keinem anderen Bereich arbeitet der Staat so häufig mit gesetzlichen Bestimmungen und Normen und hinkt damit – infolge der Trägheit des gesetzgebenden Systems – der laufenden Entwicklung meist nach. Da sich aus dieser zeitlichen Diskrepanz zwischen Ursache und Wirkung häufig neue Mißstände in der gewerblichen Wirtschaft ergeben, sind weitere staatliche Eingriffe notwendig, welche wiederum erst verspätet erfolgen usw. Eine solche dirigistische Wettbewerbspolitik ist dann einerseits nicht in der Lage, die Bildung marktbeherrschender Unternehmen zu verhindern, andererseits behindert sie selbst wiederum den Wettbewerb, wodurch der Fall eintreten kann, daß bestimmte Gewerbebetriebe weiter existieren, obwohl das betriebswirtschaftlich nicht sinnvoll ist. Eine allgemeine Verringerung der staatlichen Interventionen auf dem Gebiet der Wettbewerbspolitik bietet jedoch, nach den Erfahrungen aus der liberalen Epoche der Gewerbepolitik (vor 1900), auch keine Alternative, nachdem damals der unbehinderte Marktprozeß zu wettbewerbsverzerrenden, ja teilweise monopolistischen Marktverhältnissen in der gewerblichen Wirtschaft geführt hat. Ein Ausweg aus dem Dilemma ist nur in einer dynamischeren und flexibleren Wettbewerbspolitik zu erkennen.

Werden die staatlichen Eingriffe zu Gunsten bestimmter Branchen vorgenommen, spricht man von *sektoraler*

Strukturpolitik. Hierbei können sich Wettbewerbsverfälschungen bezüglich der Substitutionskonkurrenz ergeben. Die Schwierigkeit besteht in der Unterscheidung zwischen förderungswürdigen Sektoren, von denen man sich eine rasche Entwicklung erhofft, und rückläufigen Sektoren, die ständige technische Fortschritt alle langfristigen Prognosen umwerfen kann. Problematisch ist auch der Umfang der Unterstützung technologischer Spitzenbetriebe, welche unbestritten notwendig sind, damit die betreffende Volkswirtschaft den Anschluß hält an die allgemeine technologische Entwicklung; werden nämlich darüber die herkömmlichen Gewerbe vernachlässigt, so fehlt der Rückfluß der Erträge aus den subventionierten Entwicklungen in dem volkswirtschaftlichen Kreislauf. Ein weiteres sehr aktuelles Problem der sektoralen Strukturpolitik ist die verursachungsgerechte Umlage der Belastungen der Allgemeinheit auf die gewerblichen Betriebssysteme, um deren Chancengleichheit zu erhalten. Die Hauptlast entsteht hier durch Maßnahmen zum Schutze der Umwelt, außerdem durch Aufwendungen für Bildung und sonstige soziale Aufgaben.

VI. Gewerbepolitik in Wirtschaftsgemeinschaften

Im Rahmen wirtschaftlicher Zusammenschlüsse verschiedener Volkswirtschaften treten dieselben Probleme auf wie in der nationalen Gewerbepolitik, jedoch meist in viel krasserem Ausmaß und erschwert durch nationale Ressentiments. Besondere Schwierigkeiten bringt hier die Übergangsphase mit sich, in welcher außer der Festlegung der formalen Regeln der zukünftigen gemeinschaftlichen Gewerbepolitik auch die Bildung eines Bewußtseins der wirtschaftlichen Zusammengehörigkeit aller Beteiligten vor sich gehen muß. Dabei wird besonders deutlich, daß in liberalen Wirtschaftsordnungen der Mensch im Zentrum der staatlichen Bemühungen um eine gewerbliche Ordnung stehen sollte und daß ohne ausreichende Aufklärung, Information und Bildung des einzelnen die staatliche Gewerbepolitik ein Fragment bleiben wird (→ *Europäische Gemeinschaften und Betrieb*).

Literatur: Wernet, W.: Handwerks- und Industriegeschichte. Stuttgart 1963 – *Weddingen, W.:* Grundzüge der Gewerbepolitik. Berlin 1967 – *Günther, E.:* Wege zur Europäischen Wettbewerbsordnung. Baden-Baden 1968 – *Klein, H.:* Teilnahme des Staates am wirtschaftlichen Wettbewerb. Stuttgart (u.a.) 1968 – *Schneider, H.K.* (Hrsg.): Grundlagen der Wettbewerbspolitik. Berlin 1968 – *Ehrhardt, C.A.:* Gemeinsame Industriepolitik – Mehr Wettbewerb oder mehr Dirigismus? In: Europäische Gemeinschaft, 1971, H. 4, S. 22 ff. – Europäische Gemeinschaften, Büro Bonn (Hrsg.): Industriepolitik der Gemeinschaft, 1. und 2. Europäische Dokumentation, Bonn 1972 – *Meinhold, W.:* Volkswirtschaftspolitik. 2. A., 2. T. München 1973.   *Karl Ferdinand Bussmann*

Informale Organisation → Organisationssoziologie

Informatik → Betriebsinformatik

Information

[s. a.: Betriebsinformatik; Informationsbedarf; Informationsbewertung; Informationssysteme; Informationstheorie, nachrichtentechnische; Informationsverhalten; Informationswesen, Organisation des; Kommunikation; Wahrscheinlichkeitstheorie.]

I. Begriffliche Grundlagen und Abgrenzungen; II. Sprachliche Dimensionen; III. Betriebliche Bedeutung; IV. Informationseigenschaften.

I. Begriffliche Grundlagen und Abgrenzungen

Information ist zweckorientiertes *Wissen*: derjenige Ausschnitt aus der Gesamtheit des Wissens, der für Handlungen und ihre Vorbereitung benötigt wird. Die Zweckeignung erscheint als generelles Definitionsmerkmal aus zwei Gründen sinnvoll: Ohne ihre Hinzunahme wären „Information" und „Wissen" verschiedene Termini für gleiche Begriffe; die Zweck- oder Verwendungsbezogenheit des Wissens wird als besonders wesentlich angesehen: sie ist der Ausgangspunkt für jede rationale (= zweckbezogene) Wissenskanalisierung, sie ist zudem maßgebliches Kriterium für die → *Informationsbewertung*. Dies gilt unbeschadet der Tatsache, daß eine Zweckeignung bestimmtem Wissen nicht notwendig und ab ovo vorgegeben anhaftet, sondern daß erst eine spezifische Verwendungsorientierung Wissen zu Informationen werden läßt.

Zentrum betrieblicher informationeller Zweckorientierung sind die *Aufgaben*, mit deren Erfüllung die Erreichung der *Betriebsziele* angestrebt wird. Ihre planvolle Erledigung erfordert Vorgänge der Verarbeitung speziellen Wissens, das auf die betrieblichen Aufgaben, deren Erfüllungszweck und Vollzugsbedingungen zugeschnitten ist.

Wissen ist eine psychische Kategorie: der Zustand, sich bestimmter Denkgegenstände bewußt zu sein, und damit stets an Menschen gebunden (*Bocheński*). Denkgegenstände sind Sachverhalte der Realität oder auch idealer (nicht existenter) Art: Sachverhalte werden im *Denken* abgebildet.

Das Erfordernis oder der Wille zu extrapersonaler Wissensspeicherung und/oder interpersonaler Wissensübermittlung macht eine weitere Abbildung der Sachverhalte (außer auf der Denk-Ebene) notwendig: die Formulierung der Sachverhalte in Sätzen einer *Sprache* und deren Niederlegung in *Zeichen*. Dies ist eine Sachverhalts-Abbildung auf der Sprach-Ebene (→ *Sprache und sprachliche Kommunikation*). Ein Zeichen ist Symbol kraft seiner Zuordnung zu Dingen, Eigenschaften, Relationen und Sachverhalten. Die Zuordnung ist beliebig: Sie ist entweder Ergebnis einer allgemein anerkannten Setzung oder aber basiert auf einer besonderen Übereinkunft. Formal geschieht eine Zeichenzuordnung also gleichermaßen bei der Formulierung eines Satzes in einer allgemein verwendeten Umgangssprache wie auch bei der Wahl von *Code*-Zeichen aus einem speziell vereinbarten Zeicheninventar.

Für beide Abbildungs-Kategorien sind, um Wissen als Information zu identifizieren, zusätzliche Denk-Operationen erforderlich: die Erkenntnis seiner Zweckzugehörigkeit (Problemlösungs-Eignung). Bei der Sprachabbildung kommt die Notwendigkeit ihrer inhaltlichen Bewußtmachung auf der Denkebene hinzu. Zur interpersonalen Informationsübermittlung (→ *Kommunikation*) ist darüber hinaus für die Verständigungsfunktion der Sprache von Interesse, wie und inwieweit die Sprache das Denken bzw. das Denken die Sprache beeinflußt: Lenken durch Festsetzung, Konvention oder Sprechsitte festgelegte Ausdrücke und sprachliche Strukturgesetze das Denken in bestimmbare (vorhersehbare) Bahnen (*Whorf* 1963)? Oder vollzieht sich im Gegenteil das Denken unabhängig von der Sprache, und hat diese nur die Funktion, Denkergebnisse mitzuteilen? Diese Zusammenhänge sind jedoch umstritten und konnten bislang befriedigend nicht geklärt werden (*Kainz* 1964).

Mit der Niederlegung von Sätzen (in denen Sachverhalte formuliert sind) in Zeichen werden *Nachrichten* geschaffen. Der Ausdruck „*Daten*" wird überwiegend als Synonym für Nachrichten in diesem Sinne verwendet (→ *Informationstheorie, nachrichtentechnische*). Daten oder Nachrichten sind Träger potentieller Informationen (in ganz anderen, hiervon unabhängigen Definitions-Zusammenhängen werden Daten in der → *Entscheidungstheorie* auch zur Bezeichnung von gegebenen, d.h. nicht änderbaren Sachverhalten gebraucht).

Daten und Nachrichten müssen zwecks Speicherung und Übermittlung (maschinell auch: Verarbeitung) in geeigneter Form verkörpert werden. Dies geschieht mit Hilfe von *Signalen*, die damit zu Nachrichten- und Datenträgern werden. Erscheinungsformen von Signalen sind Schallwellen (z.B. für gesprochene Wörter), auf dem Papier fixierte Farbe (geschriebene Zeichen), elektrische Impulse (z.B. beim Fernschreiber), Magnetpunkte (in EDV-Anlagen) u.a.m.

Der Verdeutlichung dieser begrifflichen Zusammenhänge dient Abb. 1.

II. Sprachliche Dimensionen

Für betriebliche Belange steht die intersubjektive Handhabung von Informationen im Vordergrund; ihrer Abbildung auf der Sprachebene gilt daher das Hauptinteresse. Informationelle Untersuchungen (z.B. zum Informationsnutzen, zur Informationsmessung etc.) haben daher auf den Grunderkenntnissen zum Phänomen der Sprache aufzubauen. Sie werden durch die *Semiotik (Sprachtheorie)* geliefert, die nicht konkrete Sprachen zum Gegenstand ihrer Untersuchungen erhebt (wie etwa die Germanistik, Anglistik, Romanistik etc.), sondern die Sprache schlechthin. Sie unterscheidet dabei als semiotische Ebenen vier Dimensionen, in denen Zeichen von Sprachsystemen untersucht werden können:

(1) Auf der syntaktischen Ebene (Syntax, *Syntaktik*) interessieren ausschließlich die Beziehungen von Zeichen(mehrheiten) zu anderen Zeichen(mehrheiten), wie ihre strukturellen Eigenschaften, die relative Häufigkeit ihres Auftretens innerhalb bestimmter, meist mit Hilfe statistischer Kriterien abgegrenzter Grundgesamtheiten u.a.m.

(2) Auf der sigmatischen Ebene (*Sigmatik*) werden Beziehungen zwischen Zeichen und den Gegenständen (Designata), die sie bezeichnen, behandelt: die operative oder Abbildungs-Funktion der Zeichen also.

(3) Die semantische Ebene (*Semantik*) hat die Beziehung von Zeichen zu dem, was sie inhaltlich bedeuten, zum Gegenstand. Die Semantik geht über die Sigmatik hinaus: ein- und demselben Gegenstand der Realität können unterschiedliche Sinngehalte beigelegt werden. Diese jeweils zugeordneten Zeichen haben dann unterschiedliche Aussagekraft.

(4) Auf der pragmatischen Ebene (*Pragmatik*) werden die Beziehungen zwischen Zeichen und ihren Benutzern (Schöpfern, Empfängern, Sendern) untersucht; hier rücken die Wirkungen von Informationen auf die sie verarbeitenden Verwender (Menschen, Maschinen) ins Blickfeld.

Diese vier Dimensionen sind jedoch nicht einan-

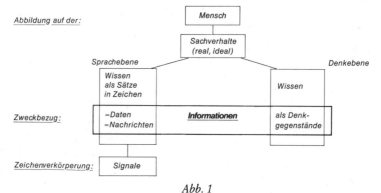

Abb. 1

der ausschließende oder voneinander abgetrennte Forschungsgebiete: Jede der genannten Ebenen schließt die jeweils vorgenannten ein (so setzt z.B. die Pragmatik die Semantik, Sigmatik und Syntaktik voraus), nicht jedoch die nachgenannten (z.B. die Syntaktik nicht alle anderen: es ist möglich, für eine ganz sinnlose Sprache eine vollständige Syntax aufzustellen). Diese Zusammenhänge verdeutlicht Abb. 2.

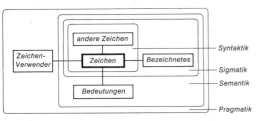

Abb. 2

Die vier Dimensionen der Semiotik sind für informationelle, betriebswirtschaftlich belangvolle Untersuchungen als Bezugsebenen beachtenswert, um den Aussagegehalt von Untersuchungsergebnissen richtig beurteilen zu können. So ist der betriebliche *Informationsnutzen* eine offensichtlich pragmatische Größe, die die zweckorientierten Verwendungswirkungen für Informationsbenutzer betrifft. Andererseits liegen Maße, in denen z.B. die mathematische Informationstheorie *Informationsmengen* mißt (in bit, mit *Entropie*), lediglich auf der syntaktischen Ebene (→ *Informationstheorie, nachrichtentechnische*). Sie sind technisch-statistisch orientierte Größen, die über den Bedeutungsgehalt einer Nachricht (semantische Dimension) oder über ihren Verwendungsnutzen z.B. für eine Entscheidung (pragmatische Dimension) keinerlei Aussage zulassen. Eine quantitative Bedeutungsmessung von Zeichen natürlicher Sprachen ist bislang wegen Fehlens geeigneter Maßeinheiten nicht gelungen. Hilfsweise werden Approximationslösungen versucht, z.B. mittels „semantischer Differentiale" (*Osgood, Suci, Tannenbaum* 1964).

III. Betriebliche Bedeutung

1. Information als Wirtschaftsgut

Informationen sind *Wirtschaftsgüter*, und zwar (als geistige Phänomene) immaterielle; nur bestimmte *Datenträger* (z.B. Schriftstücke, Lochkarten) haben materielle Substanz. Informationen sind für den Betrieb werthabende Güter deswegen, weil sie zur Produktion i.w.S. auf die *Betriebsziele* hin beitragen: Ziele sind ohne Informationen und Informationsprozesse in vorhersehbarer und effizienter Weise nicht erreichbar (Näheres siehe unter 2). Die betriebsinterne Informations-Entstehung wie auch die Beschaffung von externen Institutionen verursachen Kosten. Die intern erzeugten In-

formationen überwiegen insgesamt; insofern hat nur ein kleiner Teil der in sämtlichen Betrieben verwendeten Informationen einen Marktpreis.

2. Informationen als Mittel betrieblicher Steuerung

Informationen und *Informationsprozesse* (→ *Informationsbeschaffung, -speicherung, -verarbeitung, -übermittlung*) nehmen gegenüber den anderen Wirtschaftsgütern (z.B. Gebäude, Maschinen, Vorräte, Arbeit, Geld) eine Sonderstellung ein: Sie haben in bezug auf diese und auf die Realisation der mit ihnen im Betriebe zu vollziehenden Aktionsphasen (Erzeugungsstrom: Beschaffung, Lagerung, Herstellung, Absatz und entgegengesetzt verlaufender Finanzstrom des Geldes) Lenkungscharakter. Informationsprozesse laufen mit dem Vollzug von Tätigkeiten ab, die die Realisation der betrieblichen Zielerreichung steuern und gleichbedeutend sind mit als *Prozeßsteuerung* begriffener *Führung*, die sich in verschiedenen Teilphasen abspielt: Vor der Realisation geschehen Tätigkeiten der Planung i.w.S. (Zielbildung, Problemerkenntnis, Planung i.e.S., Entscheidung, Durchsetzung), nach der Realisation Tätigkeiten der *Überwachung* (Kontrolle, Abweichungsanalyse) (*Wild* 1971a). Sie alle sind Handlungen (→ *Handlungstheorie*), die sich an geistigen Objekten (Wissen, Informationen) vollziehen und die ihrerseits wiederum (potentielle) Informationen produzieren: informationelle Handlungs-Prozeßphasen. Jede einzelne macht die Durchführung der oben

Abb. 3

genannten Informationsprozesse erforderlich: mit je spezifischen Informationen als Arbeitsobjekten und (meist) individuellen Arbeitsvorgängen (der Informationsverarbeitungsprozeß einer Planung ist ein anderer als der einer Kontrolle). Dies ist in Abb. 3 dargestellt.

IV. Informationseigenschaften

Die Gesamtheit der zur Erfüllung informationeller Handlungs-Prozeßphasen notwendigen Informationen wird → *Informationsbedarf* genannt. Seine sachlich-inhaltliche Bestimmung beschreibt die ihn ausmachenden *Informationsarten*. Kriterien der Notwendigkeit von Informationen sind der Sachgehalt der (informationellen und Realisations-)*Aufgabe*, die Ziele, auf die hin Aufgabenerfüllung geschieht, sowie der situationsbezogene interne und externe *Bedienungsrahmen* des Zeitraumes, auf den die Informationsverarbeitungs-Aufgabe gerichtet ist.

Der Informationsbedarf ist mit den Inhalten seiner Informationsarten noch nicht vollständig beschrieben. Eine Mehrzahl weiterer Eigenschaften ist wichtig, die zur Erreichung des Zustandes *optimaler Informiertheit* zu erfüllen sind. Eigenschaften, die Informationen haben müssen, mit denen Informationsbedarf gedeckt wird und in denen letzterer daher zu konkretisieren ist. Zuerst liegt eine formale Differenzierung der Informationsarten nach ihrem *Aussage-Charakter* nahe: faktische, logische, normative, prognostische u. a. Aussagen. Welche weiteren Eigenschaften wie z. B. *Wahrscheinlichkeit, Genauigkeit, Aktualität, Klarheit* etc. für Informationsarten überhaupt relevant sein können, kann im Zusammenhang mit der formalen Eigenschaft des Aussage-Charakters logisch festgestellt werden (siehe Abb. 4, nach *Wild* 1971 b).

Bis zu welchem Grade bzw. in welchen Ausprägungen sie im einzelnen erfüllt sein müssen, um insgesamt optimale Informiertheit zu ermöglichen, kann hingegen nur auf empirischem Wege ermittelt werden: Gesucht ist damit eine Mehrzahl von *Suboptima*, die in ihrer Gesamtheit (bei teilweise möglichen Gegensätzlichkeiten: z. B. Genauigkeit vs. Wahrscheinlichkeit) ein komplexeres Optimum des *Vollkommenheitsgrades* eines *Informationsstandes* ausmachen, in dem ein Informationsbedarf bestenfalls gedeckt werden sollte. Werden die zu optimierenden Informationseigenschaften als abhängige Variable einzelner Optimierungsfunktionen genommen, so sind die jeweils unabhängigen Variablen von besonderem Interesse: ihr Inhalt, insbes. Richtung und Stärke ihres Einflusses. Sicherlich gehören dazu: Zahl und Höhe der Anspruchsniveaus der *Handlungsziele*, der *Aktionsspielraum* des Handlungsvollzuges (Alternativen, Rahmenbedingungen), wohl auch der Verwender (Motive, Fähigkeiten), Techniken der Informationsbearbeitung u. a. m.

Unabhängig von konkreten Gegebenheiten scheinen Tendenzaussagen des folgenden Musters generell aufstellbar: Der Grad der notwendigen *Wahrscheinlichkeit* von stark ergebniswirksamen Informationen für Entscheidungen unternehmungspolitischer Tragweite (z. B. über Erweiterungsinvestitionen) ist negativ korreliert mit dem Ausmaß der *Flexibilität* (→ *Elastizität*) der Unternehmung, auf Fehlschläge infolge Fehlinformationen (Abweichungen tatsächlicher von erwarteten Ereignissen) mit Maßnahmen zu reagieren, die eine Zielerreichung doch noch ermöglichen. Eine solche Flexibilität sinkt mit abnehmender Größe des Aktionsspielraumes, d. h. sinkender Zahl von Handlungs-(Reaktions-)Alternativen und steigender Zahl und Stringenz restriktiver Nebenbedingungen. Die Neigung wiederum, vorhandene Anpassungselastizitäten tatsächlich auszunutzen, wird größer mit zunehmender Zahl und Höhe der Anspruchsniveaus der Unternehmungsziele.

Ergebnisse systematischer Untersuchungen liegen zu diesem Problemkomplex bislang nicht vor, obwohl sie auch von erheblicher praktischer Bedeutung wären. Denn einerseits wären sie geeignet, zu beobachtende Übertreibungen im Streben nach jeweils höchster Genauigkeit, größtmöglicher Aktualität etc. zu erarbeitender oder zu beschaffender Informationen zu verhindern. Andererseits würden sie die Aufmerksamkeit auf Informationseigenschaften lenken, die den Erfolg von Führungstätigkeiten maßgeblich beeinflussen, bisher jedoch nicht (kaum) beachtet, jedenfalls nicht gebührend berücksichtigt wurden, wie z. B. Klarheit und Eindeutigkeit von Informationen zur Durchsetzung von Entscheidungen.

Literatur: Shannon, C. E. u. *W. Weaver:* The Mathematical Theory of Communication. Urbana 1949 – *Page, T.:* The Value of Information in Decision Making. In: Proceedings of the First International Conference on Operations Research, Oxford 1957, S. 396 ff. – *Kloidt, H.:* Information und Dokumentation im Betrieb. In: HWB, 3. A., Bd 2, Stuttgart 1958, Sp. 2805–2811 – *Bocheński, I. M.:* Die zeitgenössischen Denkmethoden. 2. A., München 1959 – *Marschak, J.:* Remarks on the Economics of Information. In: Contributions to Scientific Research in Management. Los Angeles 1959, S. 79 ff. – *Meyer-Eppler, W.:* Grundlagen und Anwendungen der

Aussage-Charakter	Wahrscheinlichkeit	Bestät. grad	Prüfbarkeit	Objektivität	Aktualität
(1) faktisch	×	×	empir.	×	×
(2) prognostisch	×	×	empir.		×
(3) explanatorisch	×	×	empir.		
(4) konjunktiv					
(5) normativ				(×)	
(6) logisch			logisch		
(7) explikativ					
(8) instrumental	(×)	(×)		× / ×	×

Abb. 4

Informationstheorie. Berlin, Göttingen u. Heidelberg 1959 – *Wittmann, W.*: Unternehmung und unvollkommene Information. Köln u. Opladen 1959 – *Albach, H.*: Entscheidungsprozeß und Informationsfluß in der Unternehmensorganisation. In: Organisation. TFB-Handbuchreihe, Bd 1, Berlin u. Baden-Baden 1961, S. 355–402 – *Stigler, G.J.*: The Economics of Information. In: JPol.E, 69. Jg 1961, S. 213 ff. – *Whorf, B.L.*: Sprache, Denken, Wirklichkeit. Beiträge zur Metalinguistik und Sprachphilosophie. Frankfurt/M. 1963 – *Kainz, F.*: Das Denken und die Sprache. In: Hb d. Psychologie. 1. Bd: Allgemeine Psychologie. I: Der Aufbau des Erkennens. 2. Halbbd: Lernen und Denken, hrsg. von *R. Bergius.* Göttingen 1964, S. 564–614 – *Marschak, J.*: Problems in Information Economics. In: Management Controls, hrsg. von *C.P. Bonini, R.K. Jaedicke* u. *H.M. Wagner.* New York (u.a.) 1964, S. 38–74 – *Osgood, C.E., G.J. Suci* u. *P.H. Tannenbaum:* The Measurement of Managing. 4.A., Urbana (Ill.) 1964 – *Blohm, H.u. L.J. Heinrich:* Schwachstellen der betrieblichen Berichterstattung, Rationalisierung durch Ausschaltung von Störungen. Baden-Baden u. Bad Homburg v.d.H. 1965 – *Kramer, R.*: Information und Kommunikation. Berlin 1965 – *Kosiol, E.*: Die Unternehmung als wirtschaftliches Aktionszentrum. Hamburg 1966 – *Berthel, J.*: Informationen und Vorgänge ihrer Bearbeitung in der Unternehmung. Berlin 1967 – *Bössmann, E.*: Die ökonomische Analyse von Kommunikationsbeziehungen in Organisationen. Berlin, Heidelberg u. New York 1967 – *Cherry, C.*: Kommunikationsforschung – eine neue Wissenschaft. 2. A., Hamburg 1967 – *Mohr, C.*: Normen und Begriffe der Nachrichtenverarbeitung. In: Taschenb. d. Nachrichtenverarbeitung. 2. A., hrsg. v. *K. Steinbuch.* Berlin, Heidelberg u. New York 1967, S. 39–56 – Informationsverarbeitung, Begriffe. DIN 44300, Fachnormenausschuß Informationsverarbeitung (FNI) im Deutschen Normenausschuß (1968) – *Klaus, G.* (Hrsg.): Wörterbuch der Kybernetik. 2 Bde, Berlin 1968 – *Albach, H.*: Informationswert. In: HWO, Stuttgart 1969, Sp. 720–727 – *Chmielewicz, K.*: Wirtschaftsgut und Rechnungswesen. In: ZfbF, 21. Jg 1969, S. 85–122 – *Wittmann, W.*: Information. In: HWO, Stuttgart 1969, Sp. 699–707 – *Berthel, J.* u. *D. Moews:* Information und Planung in industriellen Unternehmungen. Eine empirische Studie. Berlin 1970 – *Schulz, A.*: Gedanken zu einer Informationsbetriebslehre. In: ZfB, 40. Jg 1970, S. 91–104 – *Wild, J.*: Input-, Output- und Prozeßanalyse von Informationssystemen. In: ZfbF, 22. Jg 1970, S. 50–72 – *Köhler, R.*: Informationssysteme für die Unternehmensführung. In: ZfB, 41. Jg 1971, S. 27–58 – *Teichmann, H.*: Die Bestimmung der optimalen Information. In: ZfB, 41. Jg 1971, S. 745–774 – *Wacker, W.H.*: Betriebswirtschaftliche Informationstheorie. Grundlagen des Informationssystems. Opladen 1971 – *Wild, J.*: Management-Prozesse und Informationsverarbeitung. In: Datascope 2, 1971, H. 4, S. 1–8 – *ders.*: Zur Problematik der Nutzenbewertung von Informationen. In: ZfB, 41. Jg 1971, S. 315–334 – *Dworatschek, S.* u. *H. Donike:* Wirtschaftlichkeitsanalyse von Informationssystemen. Berlin u. New York 1972 – *Witte, E.*: Das Informationsverhalten in Entscheidungsprozessen. Tübingen 1972.

Jürgen Berthel

Informationsbedarf

[s. a.: Betriebsinformatik; Datenbanken und Datenbanksysteme; Datenerfassung; Entscheidungsprozesse; Information; Informationsbeschaffung; Informationsbewertung; Informationssysteme; Informationswesen, Organisation des; Systemanalyse im Betrieb.]

I. Grundlegungen; II. Zentralprobleme des Informationsbedarfs; III. Die Methoden der Informationsbedarfsanalyse; IV. Informationsbedarfsorientierte Gestaltungsziele und -instrumente.

I. Grundlegungen

Die betriebswirtschaftlich-organisatorische Interpretation des Begriffs Informationsbedarf kennzeichnet aus der Sicht des Bedarfsträgers (des Informationsempfängers) einen Mangel an denjenigen Informationen, die für diese Aktionseinheit (Person und Aufgabe) *zweckorientiertes Wissen* (*Wittmann* 1959) darstellen. Dieser Informationsbedarf wird durch Informationsangebote vollständig oder teilweise gedeckt.

Sofern der Grad der Bedarfsdeckung (Informationsgrad) das aktuelle (objektive bzw. subjektive) Anspruchsniveau noch nicht erreicht hat, wird der Bedarfsträger den verbleibenden Informationsbedarf durch eigeninduzierte Prozesse der Informationssammlung zu decken versuchen. Diese Prozesse verdienen u. a. wegen ihres Zeitaufwandes, der Flexibilität des Informationssuchverhaltens, der Stabilität der verschiedenen Angebote und des mit dem Informationsgrad steigenden Informationswiderstandes (*Kosiol* 1972) besonderes Interesse (→ *Informationsbeschaffung;* → *Informationsverhalten*).

II. Zentralprobleme des Informationsbedarfs

Angesichts der ökonomischen Zweckmäßigkeit, den jeweiligen Bedarfsträgern die bedarfsgerechten Informationsangebote im richtigen Zeitpunkt bereitzustellen, ergeben sich unter dem Aspekt des Informationsbedarfs u. a. als Zentralprobleme die *Bestimmung* des jeweiligen Informationsbedarfs und die *Stabilität* des Informationsbedarfs im Zeitablauf.

1. Die Bestimmung des Informationsbedarfs

Die Globalgröße Informationsbedarf kann unter verschiedenen Gesichtspunkten analysiert werden. Ein erstes Unterscheidungsmerkmal bietet sich in der Gegenüberstellung des *Objekts*, über das aufgabenadäquates Wissen verfügbar sein soll.

In dieser Gegenüberstellung kann der *institutionale Informationsbedarf* (der Bedarf an Informationen über die betrachtete organisatorische Einheit) und der *operative Informationsbedarf* (der Einzelbedarf eines Sachbearbeiters dieser organisatorischen Einheit) unterschieden werden.

Unter einem bestimmten Aspekt der *Periodizität* von Bedarfselementen kann der *konstitutive* Informationsbedarf dem *situativen* Informationsbedarf gegenübergestellt werden.

In dieser Interpretation wäre der konstitutive Bedarf einmalig durch Schulung, Arbeitsvorbereitung etc. zu decken, während der situative Bedarf durch periodische bzw. ereignisgebundene Angebote gedeckt werden muß.

Aus einer Gegenüberstellung derjenigen Einflußfaktoren einer Aktionseinheit, die einen Mangel konstituieren, können die sich teilweise überlagernden Kategorien des *objektiven*, des *subjektiven* und des *geäußerten Informationsbedarfs* abgeleitet werden.

Der *objektive Informationsbedarf* wird als Menge derjenigen Informationen (Bedarfselemente) aufgefaßt, die in einem unmittelbaren sachlichen Kontext zu der betrachteten Aufgabe stehen. Aus der direkten Beziehung ergibt sich, daß die Elemente des objektiven Informationsbedarfs ebenso exakt bestimmbar sind wie die jeweilige Aufgabe. Damit besteht eine Korrelation zwischen dem Grad der Fixierbarkeit des objektiven Informationsbedarfs und den Entscheidungsrechten des Aktionsträgers (der Unbestimmtheit der Aufgabe).

Der *subjektive Informationsbedarf* enthält solche Bedarfselemente, die einen unmittelbaren Kontext zum Bedarfsträger besitzen und von denen ein Teil sein Verhalten beeinflußt. Da sich die Kategorien des subjektiven und des objektiven Informationsbedarfs im allgemeinen überlappen, sind zunächst Bedarfselemente feststellbar, die sowohl zum objektiven als auch zum subjektiven Informationsbedarf gehören. Von größerer organisatorischer Bedeutung sind jedoch die ausschließlich zum subjektiven Informationsbedarf gehörenden Elemente (auch *Informationsbedürfnis* genannt). Die Maßgeblichkeit dieser Elemente für organisatorische Gestaltungsprozesse ist umstritten. Einerseits wird die Auffassung vertreten, sie seien für die Aufgabenerfüllung nicht relevant und demzufolge zu vernachlässigen, andererseits wird aus den Prestige- und Statuswirkungen dieser Elemente die Notwendigkeit ihrer Berücksichtigung im Angebot abgeleitet, und schließlich wird hervorgehoben, daß gerade diese Elemente das Informationssuch- und Entscheidungsverhalten des Bedarfsträgers maßgeblich bestimmen (→ *Informationsverhalten*).

Die Kategorie des *geäußerten Informationsbedarfs* enthält schließlich alle Informationen, die durch die verschiedenen Formen der Artikulation als für diese Aktionseinheit erforderlich geäußert werden. Diese Bedarfselemente (auch als *Informationsnachfrage* zu interpretieren) können mit den Elementen des objektiven und/oder des subjektiven Informationsbedarfs übereinstimmen und außerdem mit Elementen des Informationsangebots identisch sein. In den meisten Fällen lassen sich jedoch Abweichungen des geäußerten Informationsbedarfs sowohl vom objektiven und/oder subjektiven Informationsbedarf als auch vom Informationsangebot nicht vermeiden.

Neben diesen *formalen* Unterscheidungen, die ihre Bedeutung bei der Beurteilung von Bedarfselementen hinsichtlich ihrer Adäquanz für definierte Aktionseinheiten erlangen (→ *Informationsbewertung*), lassen sich auch *inhaltliche* Merkmale zur Bestimmung des Informationsbedarfs darstellen. Sie orientieren sich an Kriterien, durch die Informationen beschrieben werden können.

Von besonderer Bedeutung ist das Merkmal der *Informationsart*, also die inhaltliche Präzisierung der einzelnen Bedarfselemente (→ *Information*).

Dabei lassen sich zunächst Gruppierungen wie Wert- und Mengendaten, beschreibende Daten, Ordnungsdaten (-begriffe) u. a. darstellen. Eine weitere Präzisierung führt zur inhaltlichen Beschreibung des jeweiligen Feldes (Einzeldatum).

Bei der Präzisierung besitzen die (absoluten oder relativen) Ordnungsbegriffe insofern ein Primat, als im allgemeinen nur mittels der Ordnungsbegriffe und der zwischen ihnen definierten Strukturen die gewünschten Wert- und Mengenfelder fixiert werden können.

In Ergänzung zur Informationsart kann die *Qualität* der Bedarfselemente von Interesse sein. Dabei wird u. a. unterschieden, welche *Genauigkeit* (rechnerische, statistische, wahrscheinlichkeitstheoretische) die Feldinhalte besitzen.

In unmittelbarer Beziehung zur Informationsqualität stehen weitere Merkmale wie die *Häufigkeit*, mit der ein artgleicher Informationsbedarf auftritt, die *Aktualität* der fixierten Bedarfselemente, ihr *Volumen* sowie die *bedarfsauslösenden Bedingungen* (Ereignis, Termin). In der *Darstellungsform*, die relativ unabhängig sein kann von anderen inhaltlichen Merkmalen, können zusätzliche Aspekte des Informationsbedarfs sichtbar werden.

2. Die Stabilität des Informationsbedarfs

Im allgemeinen unterliegt der Informationsbedarf einer Aktionseinheit im Zeitablauf bestimmten Veränderungen (Bedarfsverlagerungen, -expansionen und -reduktionen), die durch die Aufgabenstellung und durch die Person des Aktionsträgers induziert werden können.

Diese *Bedarfsveränderungen* werfen u. a. organisatorische Probleme der Bedarfsartikulation (Identifizierung und inhaltliche Bestimmung der stattgefundenen bzw. zu erwartenden Bedarfsveränderungen) und der sofortigen bzw. fristgemäßen Angebotsanpassung auf.

Bei den *aufgabeninduzierten Bedarfsveränderungen*, d. h. bei Veränderungen der Elemente des objektiven Informationsbedarfs, lassen sich mehrere Fälle gegenüberstellen.

Einmal können diese Veränderungen durch eine *Präzisierung* der Aufgabe entstehen, so daß Anzahl oder Inhalt der fixierten Elemente des objektiven Informationsbedarfs verändert werden. Aufgabenbezogene Bedarfsveränderungen können sich zum anderen ergeben, wenn bestehende Aufgabenkomplexe nach anderen Merkmalen in Teilaufgaben zerlegt und verschiedenen Aktionsträgern zugeordnet werden. Bei diesen, durch *andere Aufgabenbündelung* entstehenden Bedarfsverlagerungen bleibt die Gesamtmenge des objektiven Informationsbedarfs aller betrachteten Aktionsträger konstant, während sich nur die zum objektiven Informationsbedarf einzelner Aktionsträger gehörenden Bedarfselemente verändern. Beide Fälle stehen in unmittelbarem Zusammenhang mit organisatorischen Änderungen, in deren Verlauf bereits die Bedarfsartikulation vollzogen werden kann. Schließlich werden aufgabenbezogene Bedarfsveränderungen durch *Wandlungen der Aufgabenstellung* einer Aktionseinheit induziert. Diese Veränderungen können sich bei jeder Aufgabe in der Unternehmung ergeben; die dadurch aufgeworfenen Probleme sind jedoch um so größer, je mehr die Veränderungen dispositive und strategische Aufgaben betreffen. Dafür sind die geringere Bestimmbarkeit der dispositiven und strategischen Aufgaben und ihre Einmaligkeit bzw. geringe Periodizität maßgeblich. Diese Bedarfsveränderungen kennzeichnen sich u. a. dadurch, daß sie häufig nicht durch organisatorische Gestaltungen ausgelöst werden und daß mit ihnen keine Initiative zur Bedarfsartikulation verbunden ist.

Die *personenbezogenen Bedarfsveränderungen,* bei denen die zum subjektiven Informationsbedarf gehörenden Elemente betroffen sind, können verschiedene Ursachen haben.

Entstehen sie durch den Wechsel des Bedarfsträgers, dann interessieren insbesondere solche Bedarfsveränderungen, die bisher geäußerte bzw. zukünftig zu äußernde subjektive Bedarfselemente betreffen. Da der Personenwechsel durch organisatorische Maßnahmen induziert oder identifiziert werden kann, beinhalten diese Bedarfsveränderungen geringere Probleme der Bedarfsartikulation. Personenbezogene Bedarfsveränderungen ergeben sich auch durch Veränderungen des subjektiven Informationsbedarfs einer Person, ohne daß gleichzeitig ihre Aufgabenstellung verändert wird. Solche Bedarfsveränderungen treten entweder unabhängig von organisatorischen Maßnahmen auf, oder sie können organisatorisch beeinflußt bzw. ausgelöst werden. Diese Bedarfsveränderungen besitzen um so größere organisatorische Relevanz, je mehr Macht der Bedarfsträger ausüben kann, seinen Informationsbedarf im Informationsangebot durchzusetzen und je mehr verhaltensbeeinflussende Elemente des subjektiven Informationsbedarfs im Informationsangebot aufgenommen werden. Deshalb ist der Artikulation dieser personenbezogenen Bedarfsveränderungen besondere Aufmerksamkeit zu widmen.

3. Die Bewertung des Informationsbedarfs

Im Anschluß an die Fixierung des Informationsbedarfs sind die Bedarfselemente daraufhin zu überprüfen, ob ihre Aufnahme in das Angebot bzw. ihr Verbleib im Angebot zu vertreten ist. Diese Bewertung der Bedarfselemente kann unter mehreren Aspekten vorgenommen werden.

Unter dem *Verwendungsaspekt* ist zu analysieren, welchen Gebrauch der Bedarfsträger von einem bereits vorhandenen Angebot macht. Dabei kann festgestellt werden, ob die Informationsangebote nur in Empfang genommen werden (und beim Bedarfsträger das Bewußtsein erzeugen, darauf zugreifen zu können), ob die Informationsangebote aufgenommen (gelesen, gehört) werden sowie ob und in welchem Maße sie den Aufgabenerfüllungsprozeß und/oder dessen Ergebnis beeinflussen.

Unter dem *Wirkungsaspekt* ist festzustellen, mit welchen Konsequenzen für Prozeß und Ergebnis der Aufgabenerfüllung zu rechnen ist, wenn ein dem jeweiligen Bedarfselement entsprechendes Angebot vorhanden ist. Dabei ist zunächst zu analysieren, ob und in welcher Größenordnung das einzelne Bedarfselement überhaupt in der Lage ist, einen Einfluß auf die Aufgabe bzw. deren Ergebnis oder auf das Informationssuch- und Entscheidungsverhalten des Aktionsträgers auszuüben. Daneben ist zu ermitteln, ob sich die Wirkung eines Bedarfselements bereits durch ein einmaliges Informationsangebot realisieren läßt (konstitutive Bedarfselemente) oder ob ein wiederholtes Angebot erforderlich ist (situative Bedarfselemente).

Da die Bewertung der Bedarfselemente häufig zunächst nur in qualitativen und artverschiedenen quantitativen Größen vorgenommen werden kann, wird eine anschließende monetäre Bewertung der Bedarfselemente zweckmäßig sein (→ *Informationsbewertung*).

III. Die Methoden der Informationsbedarfsanalyse

Für die *Informationsbedarfsanalyse,* die im allgemeinen mit den Prozessen der *Systemplanung* (Entwicklung neuer und Veränderungen bestehender → *Informationssysteme*) verbunden ist, wurden zahlreiche unterschiedlich stark formalisierte Vorgehensweisen und Hilfsmittel geschaffen (→ *Systemanalyse im Betrieb*). Diese Methoden der Informationsbedarfsanalyse können nach verschiedenen Merkmalen gegliedert werden.

Eine Gegenüberstellung kennzeichnet den Ausgangspunkt der Analyse: entweder wird vom gegenwärtigen Istzustand ausgegangen (*induktive Methoden,* Methoden der Istaufnahme) oder es wird zunächst ein Sollzustand erarbeitet (*deduktive Methoden*). Da die induktiven Methoden primär vergangenheitsorientiert, die deduktiven Methoden dagegen primär zukunftsorientiert sind, wird häufig versucht, die daraus resultierenden Vor- und Nachteile auszugleichen. Deshalb kennzeichnen sich die konkreten Vorgehensweisen meist als eine Mischform beider Möglichkeiten.

Eine andere Gegenüberstellung basiert auf der Frage, ob die verschiedenen Grundformen der Bedarfsanalyse miteinander kombiniert werden können. Dementsprechend lassen sich isolierte Methoden kennzeichnen sowie solche Methodenkombinationen, die entweder mehrere (isolierte) Methoden zu einer Methode höherer Komplexität verbinden oder die durch parallele bzw. sukzessive Verwendung isolierter Methoden deren spezifische Schwächen reduzieren oder ausschalten.

Die nachfolgende Darstellung der Methoden der Informationsbedarfsanalyse enthält ausschließlich isolierte Methoden; sie werden entsprechend der Mitwirkungsbelastung der Bedarfsträger diskutiert.

Die *Aufgabenanalyse* kennzeichnet sich dadurch, daß aus der Aufgabe jeweils einer Aktionseinheit auf die Elemente des objektiven Informationsbedarfs geschlossen wird. Dabei sind zwei Varianten zu unterscheiden. Die Aufgabenanalyse kann die notwendigen Aktivitäten (Informationsverarbeitungs- bzw. Entscheidungsprozesse) in den Mittelpunkt stellen und daraus die prozeßbedingten Bedarfselemente ableiten, oder sie kann vom Unternehmungsteilziel ausgehen, das mit dieser Aufgabe korreliert, und die zielstabilisierenden Bedarfselemente erarbeiten.

Aufgrund der unmittelbaren Relationen zwischen Aufgabenanalyse und objektivem Informationsbedarf kann die Auffassung vertreten werden, daß dies die einzige Methode der Informationsbedarfsanalyse ist, die auf Elemente des zweckorientierten Wissens verweist. Es darf jedoch nicht verkannt werden, daß die Aktivitätenanalyse bei operativen Aufgaben und die Zielanalyse bei dispositiven und strategischen Aufgaben akzeptable Ergebnisse induzieren können, daß aber mit abnehmender

Präzision der Aufgabenbeschreibung bzw. der Zieldefinition der Anteil der fixierbaren objektiven Bedarfselemente am gesamten objektiven Informationsbedarf, d. h. der Grad der Bestimmbarkeit, ebenfalls sinkt.

Im Mittelpunkt der *Dokumentenanalyse* stehen diejenigen Datenträger, die jeweils einem Aktionsträger zur Verfügung stehen. Dabei kann die Dokumentenanalyse sowohl von qualitativen und quantitativen Eigenschaften des Dokuments und vom Dokumenteninhalt ausgehen als auch die Bearbeitungsbeweise durch den Bedarfsträger einbeziehen.

Die besondere Problematik der Dokumentenanalyse, insbesondere der Eigenschafts- und Inhaltsanalyse, liegt darin, daß das gegenwärtige Informationsangebot dieses Bedarfsträgers im Mittelpunkt steht. Demzufolge besteht nicht notwendig eine Übereinstimmung mit dem aktuellen subjektiven und/oder objektiven Informationsbedarf dieses Bedarfsträgers. Dagegen sind durch die Bearbeitungsanalyse erste Hinweise auf den aktuellen Bedarf erkennbar. Der gesamte, durch nicht dokumentierte Informationsangebote befriedigte Informationsbedarf des Bedarfsträgers wird bei der Dokumentenanalyse nicht erfaßt.

Bei der *Spiegelbildmethode* werden die Sender (Lieferanten) von Informationen analysiert. Dabei wird u. a. festgestellt, welchen anderen Bedarfsträgern die Informationen des betrachteten Senders auch noch angeboten werden.

Diese Methode der Bedarfsanalyse kann in hohem Maße auf solche Bedarfsträger aufmerksam machen, die den betrachteten Sender beanspruchen, ohne daß ein Datenträger verwendet wird. In Fällen eines geregelten Dokumentenflusses können solche Aktionsträger entdeckt werden, die als Verteil- bzw. Sammelstation die Dokumente nur erhalten bzw. weitergeben.

Der *Ableitungsmethode* (Analogieschlußmethode) liegt die Auffassung zugrunde, daß aus dem fixierten Informationsbedarf eines Bedarfsträgers auf den Bedarf eines anderen Bedarfsträgers geschlossen werden kann. Dabei wird eine Analogie der Bedarfsstrukturen bei artgleichen Aufgaben- und Entscheidungsbereichen einer Unternehmung, bei inhaltsgleichen Aufgaben- und Entscheidungsbereichen einer Branche bzw. eines Wirtschaftszweiges oder bei grundsätzlich homogenen (weil gesetzlich fixierten) Aufgabenstellungen unterstellt.

Diese Methode bietet einige Vorteile, insbesondere bei nachweislich homogenen Aufgaben. Es muß jedoch geprüft werden, ob mit dieser Methode nicht nur eine Grundmenge der Bedarfselemente (Modellbedarf) fixiert wird und ob nicht ergänzende Bedarfselemente, in denen die konkrete Situation der Aktionseinheit zum Ausdruck kommt, zu berücksichtigen sind. Die Ableitungsmethode orientiert sich tendenziell an einer Bedarfsstruktur in der Vergangenheit.

Die *Beobachtung* des Bedarfsträgers stellt die tatsächlichen Erfüllungsprozesse und -ergebnisse sowie die effektiv verwendeten Angebotselemente in den Mittelpunkt der Betrachtung.

In Abhängigkeit von Beobachtungsdauer und Wiederholungshäufigkeit artgleicher Aufgaben werden einerseits nur bestimmte Erfüllungsprozesse beobachtet und es kann demzufolge nur der diesbezügliche Informationsbedarf ermittelt werden. Demgegenüber bleibt der Informationsbedarf aufgrund von nicht beobachteten repetitiven bzw. einmaligen Aufgaben ausgeschlossen. Andererseits bietet die Einsichtnahme in das tatsächliche Geschehen die Gewähr für eine präzise Bedarfsfixierung, sofern der beobachtete Aktionsträger nicht aus Anlaß der Beobachtung die Aufgaben variiert bzw. sein Informationssuch- und Entscheidungsverhalten ändert.

Das *Interview* kennzeichnet sich durch eine mehr oder weniger stark strukturierte Befragung einzelner oder mehrerer Bedarfsträger (Einzelinterview, Gruppeninterview).

Je nach den Persönlichkeiten von Interviewer und Bedarfsträger und in Abhängigkeit vom Strukturierungsgrad des Interviews können konkrete Elemente des Informationsbedarfs identifiziert werden, es können deutliche Hinweise über ihre Zugehörigkeit zum objektiven und/oder subjektiven Informationsbedarf erbracht werden und es können zu erwartende Bedarfsverlagerungen angesprochen werden. Von Interesse ist, daß noch im Verlaufe des Interviews Schwerpunktverlagerungen durchgeführt werden können.

Bei der *Fragebogenmethode* erhalten alle zu analysierenden Bedarfsträger einen Fragebogen, den sie ohne Anwesenheit von (bzw. ohne Rücksprache mit) anderen Personen auszufüllen haben.

Von besonderer Bedeutung ist, daß der Fragebogen das gesamte Bedarfsspektrum umfassen muß und keine bedarfsträgerinduzierten Schwerpunktverlagerungen und Vertiefungen möglich sind. Deshalb ist damit zu rechnen, daß nur solche Elemente des subjektiven und/oder objektiven Informationsbedarfs identifiziert werden, nach denen entweder ausdrücklich gefragt wird oder die dem Bedarfsträger gegenwärtig bewußt sind. Damit werden Bedarfselemente geringer Häufigkeit stark vernachlässigt, und zu erwartende Bedarfsverlagerungen können nur recht global angesprochen werden.

Wesentliches Kennzeichen der *Berichtsmethode* ist, daß jeder Bedarfsträger einen Bericht über seine Aufgaben und die dafür erforderlichen Informationen zu erstellen hat. Dabei kann der Bericht entweder vorstrukturiert oder in seiner Struktur dem Bedarfsträger überlassen sein.

Aus dem Arbeitsaufwand bei der Berichterstellung ist abzuleiten, daß diese Methode bei einheitlicher Belastung der Bedarfsträger entweder zu detaillierten Berichten führen wird (geringes Aufgabenspektrum des Bedarfsträgers) oder recht globale Berichte induziert (großes Aufgabenspektrum).

IV. Informationsbedarfsorientierte Gestaltungsziele und -instrumente

Die inhaltliche Bestimmung aller Elemente des Informationsbedarfs der Bedarfsträger sowie deren Beurteilung wird im allgemeinen nur ein erster Schritt sein. Den nachfolgenden Gestaltungshandlungen werden verschiedene Ziele zugrunde liegen und sie werden auf differierende Gestaltungsinstrumente zurückgreifen (→ *Informationssysteme;* → *Informationswesen, Organisation des*).

Im Vordergrund der bedarfsorientierten Gestaltungs*ziele* steht die gegenseitige *Anpassung von Bedarf und Angebot*, im wesentlichen das bewußte Induzieren (bzw. Reduzieren) von Bedarfsverlagerungen und die Erhöhung der inhaltlichen, zeitlichen und formalen Angebotsflexibilität. Andere bedarfsorientierte Gestaltungsziele basieren auf dem monetären Wert der jeweiligen Bedarfselemente, der durch entsprechende Angebote realisiert werden kann.

Diese bedarfsorientierten Gestaltungsziele lassen sich durch mehrere Gestaltungs*instrumente* realisieren, die auch oder primär für andere organisatorische Gestaltungsprozesse verwendbar sind. Zu diesen Gestaltungsinstrumenten gehören unter dem formalen Aspekt die organisatorischen Aufgaben der Bedarfsfixierung und -bewertung; sie sind zu verselbständigen und einer speziellen Aktionseinheit (Personenmehrheit) zu übertragen.

Unter dem inhaltlichen Aspekt sind als bedarfsorientierte Gestaltungsinstrumente u. a. zu nennen: die Aufstellung eines die ganze Unternehmung (den Konzern) umfassenden Katalogs der potentiellen Informationsangebote, eine Intensivierung des Informationsmarketing, die systematische Auswertung der aufgabenbezogenen und personenbezogenen Informationsbedarfsprofile sowie Maßnahmen zur Erhöhung der Bedarfsartikulation durch die Bedarfsträger.

Literatur: Wittmann, W.: Unternehmung und unvollkommene Information. Köln u. Opladen 1959 – *Sieber, E. H.*: Der wachsende Informationsbedarf der Unternehmungen. In: Nachrichten für Dokumentation, 11. Jg 1960, H. 4, S. 174–180 – *Daniel, D. R.*: Management Information Crisis. In: Harv. Bus. R, 39. Jg 1961, Nr. 5, S. 111–121 – *Koreimann, D.*: Aufgaben und Organisation einer betrieblichen Informationsstelle. In: BFuP, 15. Jg 1963, S. 160–171 – *Pietsch, J.*: Die Information in der industriellen Unternehmung. Köln u. Opladen 1964 – *Bayer, S.*: Methoden zur Erfassung des Istzustandes mit Hilfe der SOP-Formulare. In: IBM-Nachr., 17. Jg 1967, H. 184, S. 628–644 – *Berthel, J.*: Informationen und Vorgänge ihrer Bearbeitung in der Unternehmung. Eine programmatische Problem- und Aussagenanalyse. Berlin 1967 – *Hirsch, R. E.*: Informationswert und -kosten und deren Beeinflussung. In: ZfbF, 20. Jg 1968, S. 670–676 – *Krämer, F., R. Sender* u. *K. Däumichen*: Die Bestimmung des Informationsbedarfs. In: Deutsche Finanzwirtschaft, 1968, H. 7, S. 9–12 – *Witte, E.*: Die Organisation komplexer Entscheidungsverläufe – Materialien zum Forschungsbericht. Mannheim 1968 – *Grosch, G.* u. *K. Thämelt*: Zur Ermittlung des Informationsbedarfs der Leiter. In: Rechentechnik – Datenverarbeitung, 6. Jg 1969, H. 1, S. 7–11 – *Jordt, A.*: Ist-Aufnahme. In: HWO. Stuttgart 1969, Sp. 790–794 – *Popp, A.*: Grundfragen der Bestimmung des Informationsbedarfs einer Wirtschaftseinheit unter besonderer Berücksichtigung des semantischen Aspekts der Information. Diss., Berlin 1969 – *Wittmann, W.*: Information. In: HWO. Stuttgart 1969, Sp. 699–707 – *Berthel, J.* u. *D. Moews*: Information und Planung in industriellen Unternehmungen. Berlin 1970 – *Wild, J.*: Input-, Output- und Prozeßanalyse von Informationssystemen. In: ZfbF, 22. Jg 1970, S. 50–72 – *Grochla, E.*: Das Büro als Zentrum der Informationsverarbeitung im strukturellen Wandel. In: Das Büro als Zentrum der Informationsverarbeitung. Aktuelle Beiträge zur bürowirtschaftlichen Forschung, hrsg. v. *E. Grochla*, Wiesbaden 1971, S. 11–32 – *Koreimann, D.*: Methoden und Organisation von Management-Informationssystemen. Berlin 1971 – *Wacker, W. H.*: Betriebswirtschaftliche Informationstheorie. Grundlagen des Informationssystems. Opladen 1971 – *Witte, E.*: Das Informationsverhalten in Informationssystemen. Die These von der unvollkommenen Informationsnachfrage. In: Management-Informationssysteme. Eine Herausforderung an Forschung und Entwicklung, hrsg. v. *E. Grochla* u. *N. Szyperski*. Wiesbaden 1971, S. 831–842 – *Garbe, H.*: Die Diskrepanzen zwischen Informationsbedarf und Informationsangebot – Instrumente einer Beeinflussung und ihre Konsequenzen. In: Fortschrittliche Unternehmensführung und Verwaltung durch rationelle Datenverarbeitung. Forderungen an das Management. Köln 1972, S. 120–157 – *Jordt, A. C.* u. *K. Gscheidle*: Erfassung betrieblicher Informationssysteme. Baden-Baden 1972 – *Kosiol, E.*: Die Unternehmung als wirtschaftliches Aktionszentrum. Hamburg 1972 – *Studienkreis Dr. Pärli*: Istaufnahme und automatisierte Datenverarbeitung. Wiesbaden 1972 – *Zimmermann, D.*: Produktionsfaktor Information. Neuwied u. Berlin 1972 – *Grochla, E., H. Garbe* u. *R. Gillner*: Gestaltungskriterien für den Aufbau von Datenbanken. Opladen 1973.

Helmut Garbe

Informationsbeschaffung

[s. a.: Beschaffung und Beschaffungslehre; Beschaffungsplanung; Betriebsinformatik; Datenbanken und Datenbanksysteme; Datenerfassung; Datenverarbeitung; Eigenfertigung und Fremdbezug; Entscheidungsprozesse; Entscheidungstheorie; Information; Informationsbedarf; Informationsbewertung; Informationswesen, Organisation des; Kommunikation; Ungewißheit und Unsicherheit.]

I. Die Information als Einsatzfaktor; II. Informationsbegriff und Informationsfeld; III. Begriff, Umfang und Inhalt der Informationsbeschaffung; IV. Informationsquellen; V. Methoden der Informationsbeschaffung; VI. Das Ausmaß der Informationsbeschaffung; VII. Die Organisation der Informationsbeschaffung.

I. Die Information als Einsatzfaktor

Für jede unternehmerische Tätigkeit sind verschiedene Einsatzfaktoren erforderlich: Arbeitskräfte, Betriebsmittel, Werkstoffe, Energie und Kapital. Da sich die Kombination der Einsatzfaktoren nicht von selbst vollzieht, ist eine planende und organisierende Instanz notwendig, die man (mit *Gutenberg*) als „dispositiven Faktor" oder allgemein als Unternehmensleitung bezeichnen könnte. Um aus allen denkbaren Faktorkombinationen jene auszuwählen, die technisch möglich, ökonomisch sinnvoll oder sogar bei gegebenen Zielen optimal sind, benötigt die Unternehmensleitung ein bestimmtes Wissen über die Kombinationsmöglichkeiten, Kombinationsbedingungen und Kombinationsauswirkungen. Bejaht man einen Zusammenhang zwischen dem Wissensstand der Unternehmensleitung und der Kombinationseffizienz, dann folgt daraus, daß die Wissens- oder Informationsbeschaffung ebenso zu jeder erfolgreichen unternehmerischen Tätigkeit gehört wie die Beschaffung der sog. Elementarfaktoren. Daß Informationen in dieser Weise als Einsatzfaktoren oder Einsatzgüter angesehen werden, ist drei jüngeren Entwicklungen in der Betriebswirtschaftslehre zu verdanken:

(1) Früher sah man das typisch „Unternehmerische" im Kapitaleinsatz und der Risikoübernahme, in der produktionstheoretischen Faktorenkombination und/oder in der Durchsetzung neuer Verfahren oder Produkte (*Schumpeter*). Heute steht die Entscheidung (→ *Entscheidungstheorie*), insbesondere ihre systematische Vorbereitung durch die Planung (→ *Planung, betriebliche*), im Mittelpunkt der betriebswirtschaftlichen Betrachtung. Hauptaufgabe der Planung ist hierbei die Beschaffung der für die Entscheidung benötigten Informationen; diese werden zum wichtigsten Einsatzfaktor für Entscheidungen (*Beckmann 1956, Will 1968*). Den wirtschaftlichen Gutscharakter haben die Informationen mit den genannten Elementarfaktoren gemein: sie sind knapp, kosten Geld und stiften dem Informationssuchenden einen Nutzen.

(2) Die Informationsbeschaffung ist nur dann ein Problem, wenn nicht von vornherein die Prämisse der vollkommenen → *Information* beim Entscheider gesetzt wird (wie es die ökonomische Theorie mit dem „homo oeconomicus" lange getan hat): ein Entscheidungsproblem, für das Informationen beschafft werden müßten, existiert dann nicht. Die Mehrzahl der Entscheidungen in der Unternehmung muß jedoch unter unvollkommenen Informationen (→ *Ungewißheit*) gefällt werden, so daß die Informationsbeschaffung zu einer sehr wichtigen Aufgabe wird.

(3) Aus der unipersonalen Unternehmertheorie ist weitgehend eine multipersonale Unternehmungstheorie geworden. Mit der zunehmenden Arbeitsteilung und Aufgabenverteilung in der Unternehmung geht eine Delegation der Entscheidungsbefugnis (in Abstufungen) an die Organisationsmitglieder einher, die im jeweils eingeschränkten Rahmen Entscheidungen unter unvollkommenen Informationen zu fällen haben. Zum umfangreichen Informationsbeschaffungsproblem kommt hier ein Informationsverteilungs- oder Kommunikationsproblem hinzu. Die Unternehmungstheorie mündet damit in eine → *Organisationstheorie*.

Alle drei genannten Gründe rechtfertigen die Zuordnung der Informationsbeschaffung neben der Personal-, Kapital- und Sachgüterbeschaffung zu den unternehmerischen Tätigkeiten.

II. Informationsbegriff und Informationsfeld

Unter „Informationen" soll im folgenden allgemein ein zweckorientiertes sicheres und/oder wahrscheinliches Wissen verstanden werden (*Wittmann 1959*). Da Unternehmenszwecke durch ökonomische Handlungen erfüllt, diese wiederum durch Entscheidungen verursacht und eingeleitet werden, beziehen sich Informationen immer auf eine konkrete Entscheidungssituation und auf ein Entscheidungssubjekt, das für die Entscheidung Informationen benötigt. Um möglichst rationale Entscheidungen zu fällen, wird sich der Entscheider durch den Unternehmensplaner – beide Funktionen können auch in einer Person vereinigt sein – Informationen besorgen lassen, so daß die Information auch als planungs- oder entscheidungsbezogenes Wissen bezeichnet werden kann. Somit erweist sich die Informationsbeschaffung als ein abgeleitetes Problem: Informationen sind nicht einfach vorhanden, sondern werden durch ein Entscheidungssubjekt für ein gegebenes oder selbst gestelltes Entscheidungsproblem gezielt gesucht. Demgegenüber lassen sich „Daten" als medienverbundene „Informationen" abgrenzen: sie lassen sich vorproduzieren, speichern und bei Bedarf wiedergewinnen, wodurch sie in der Regel zu Informationen werden. So enthalten die gesamte amtliche Statistik und die betriebliche Statistik eine Fülle von Daten (→ *Statistik, amtliche*; → *Statistik, betriebliche*). Für den Sortimentsplaner einer Schuhfabrik z. B. ist die Kenntnis der Absatzentwicklung in der Lederbranche in den letzten zehn Jahren eine wichtige Information; das Statistische Jahrbuch der Bundesrepublik Deutschland kann dann für ihn zur Informationsquelle werden.

Wenn für ein bestimmtes Planungs- und Entscheidungsproblem Informationen benötigt werden, dann richtet sich der → *Informationsbedarf* nach den Bestimmungsgrößen des Entscheidungsproblems (→ *Entscheidungstheorie*):

(1) Informationen über die jeweilige Zielsetzung, insbesondere über die Merkmale „Zieldauer" und „Zielgröße" (Zielinformation);

(2) Informationen über Art und Anzahl der Instrumental- oder Aktionsvariablen oder Handlungsmöglichkeiten a_i (i = 1, ..., m);

(3) Informationen über Art und Anzahl der Erwartungsvariablen oder Umweltlagen oder Zustände b_j (j = 1, ..., n);

(4) Informationen über die Eintrittswahrscheinlichkeiten $p(b_j)$ für die Erwartungsvariablen;

(5) Informationen über die ökonomischen Konsequenzen e_{ij} bei Realisierung einer Handlungs-

möglichkeit a_i, wenn ein b_j eintritt, d.h. über die bewerteten Zielbeiträge $u(e_{ij})$.

Die erforderlichen Informationen für das Entscheidungsproblem werden in der der Entscheidung vorgelagerten Planung beschafft; wir nennen sie daher *Planungsinformationen*. Da keine Unternehmung darauf verzichten kann, Erfolg oder Mißerfolg realisierter Planungen festzustellen, ist eine Abweichungsanalyse (Soll-Ist-Vergleich) erforderlich. Die hierbei gewonnenen Erkenntnisse nennen wir *Kontrollinformationen*. Sie können für nachfolgende Entscheidungsprobleme wieder zu Planungsinformationen werden. Damit wird deutlich, daß letztlich alle Informationen als Planungsinformationen aufgefaßt werden können, denn eine Auswertung vergangener Planungen und Realisierungen geschieht in der Erwartung, daß für zukünftige Planungen Lehren daraus gezogen werden können (→ *Planung, betriebswirtschaftliche;* → *Kontrolle, betriebliche*).

III. Begriff, Umfang und Inhalt der Informationsbeschaffung

Ebenso wie das Informationsproblem ist die Beschaffung eine abgeleitete oder derivative unternehmerische Funktion (vgl. Abb. 1). Bei der Materialbeschaffung etwa geht man von den Absatzerwartungen aus und plant zunächst das Produktionsprogramm; die → *Arbeitsvorbereitung* plant und organisiert den praktischen Vollzug der Produktion und legt den Bedarf an Roh-, Hilfs- und Betriebsstoffen fest, die vom Einkauf nach Art und Menge zum richtigen Zeitpunkt beschafft werden müssen. Bei der Informationsbeschaffung ist das nicht anders: von der zu erfüllenden Aufgabe (z.B. Einführung eines neuen Produkts, Errichtung eines Zweigwerkes, Ankauf einer Konkurrenzunternehmung) über die Problemformulierung wird dem Planer aufgetragen, ganz bestimmte Informationen zum Entscheidungsproblem zu beschaffen. Der Begriff „Informationsbeschaffung" enthält also mit → „*Information*" und „*Beschaffung*" (→ *Beschaffung und Beschaffungslehre*) gleich zwei abgeleitete oder relativierte Begriffsbestandteile. Das

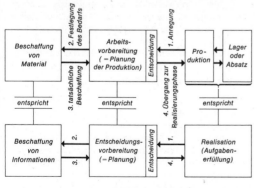

Abb. 1

Problem der Informationsbeschaffung setzt die Existenz eines formulierten Entscheidungsproblems voraus.

Mit *Informationsbeschaffung* soll hier die Bereitstellung der für das Entscheidungsproblem relevanten Informationen beim Entscheider bezeichnet werden; wenn der Entscheider die praktische Durchführung der Informationsbeschaffung einer anderen Stelle (z.B. der Planungsabteilung) überläßt, dann soll unterstellt werden, daß der Planer die erlangte Information ohne Einbuße an den Entscheidungsträger weitergibt. Die *Informationsbeschaffung* oder Informationserschließung besteht aus den beiden Stufen der *Informations(quellen)suche* und der *Informationsgewinnung;* ist die Informationsquelle (z.B. eine Datenbank oder die amtliche Statistik) dem Informationssuchenden bekannt, verbleibt nur die Informationsgewinnung als Problem. Jedoch bedeutet die Kenntnis der Informationsquelle nicht schon automatisch die Kenntnis des Inhalts der Informationsquelle (darin kann die gesuchte Information enthalten sein). Erst im Rahmen der Informationsgewinnung werden die Inhalte der Quellen abgefragt.

Umfang und Inhalt der Informationsbeschaffung richten sich nach den Anforderungen, die das Entscheidungsproblem stellt. Der Planer bzw. der Entscheider informiert sich über die Bestimmungsgrößen des Entscheidungsproblems, um nach Möglichkeit eine optimale Entscheidung zu fällen. Oft wird das Optimum deswegen nicht erreicht, weil die Information des Entscheiders nicht nur nicht vollkommen, sondern ausgesprochen unzureichend war. Unvollkommenheit einer Information kann bedeuten: Unvollständigkeit, Unbestimmtheit und/oder Unsicherheit. Daraus erwächst dem Planer bzw. dem Entscheider ein quantitatives und ein qualitatives Informationsbeschaffungsproblem. Im Rahmen seiner technischen und finanziellen Möglichkeiten kann er sich erstens über Art und Anzahl der Instrumentalvariablen (a_i) und Erwartungsvariablen (b_j) informieren und dadurch die Unvollständigkeit der Information beheben (*extensive Informationsbeschaffung*); er kann zweitens eine Präzisierung der vorhandenen Informationen wie z.B. der Eintrittswahrscheinlichkeiten $p(b_j)$ oder der Zielbeiträge $u(e_{ij})$ anstreben und dadurch die Unsicherheit oder Unbestimmtheit verringern (*intensive Informationsbeschaffung*).

Unsicherheit und Unbestimmtheit von Informationen stehen allerdings in einem reziproken Verhältnis zueinander: Unter sonst gleichen Bedingungen gewinnt eine Information mit zunehmender Unbestimmtheit an Sicherheit und umgekehrt. So ist z.B. die Aussage, daß der Gewinn im nächsten Jahr genau DM 73 186,78 betrage, sehr genau, aber relativ unsicher. Umgekehrt ist die Aussage, der Gewinn liege zwischen DM 20 000,-- und DM 110 000,--, sehr unbestimmt, aber relativ sicher. Auf diese Wechselbeziehung ist bei der Informationsbeschaffung zu achten.

Neben dem quantitativen und dem qualitativen Aspekt ist die Zeitbedingung bei der Informationsbeschaffung zu berücksichtigen. Informationen haben nur dann einen Wert für eine Entscheidung, wenn sie zum richtigen Zeitpunkt, d. i. der Entscheidungszeitpunkt, vorliegen. Kommen sie zu spät, dann sind sie in jedem Fall wertlos; kommen sie früher oder gar allzu früh vor dem Entscheidungszeitpunkt, dann können sie zwar noch grundsätzlich berücksichtigt werden, die Entscheidung aber wegen ihrer Inaktualität nicht nachhaltig beeinflussen.

Der Vorgang der Informationsbeschaffung ist erst beendet, wenn der Entscheider im Besitz der Information ist, wenn er also die Information für die Entscheidung nutzen kann. Das bedeutet einerseits, daß die Speicherung der Information (der Lagerung im Materialbereich vergleichbar) nicht zur Beschaffung gehört; andererseits muß aber die Beschaffung sowohl den Informationsbezug von außerhalb der Unternehmung als auch die interne Informationsbereitstellung umfassen. Die Einbeziehung der innerbetrieblichen Informationsbeschaffung soll sicherstellen, daß in der Unternehmung vorhandene Daten genutzt werden, auch wenn der Entscheider von ihrer Existenz nichts weiß.

IV. Informationsquellen

1. Begriff

Ist dem Planer bzw. Entscheider die Informationsquelle nicht bekannt, so besteht der erste Schritt der Informationsbeschaffung in der Suche der Informationsquelle. Es wird an jenen Orten gesucht, an denen sich (medienverbunden) Daten befinden, die für den Fall des Auffindens der Quelle zu (planungsbezogenen) Informationen werden.

Die sprachliche Anlehnung an den Begriff der Wasserquelle ist unverkennbar, aber nicht ganz signifikant: sie ist der Ort, an dem Wasser zu Tage tritt und an dem geschöpft werden kann (*Mertens*). Gemeinsam ist Wasserquelle und Informationsquelle nur, daß Wasser und Informationen erst an der Quelle erfaßt werden können. Ein wesentlicher Unterschied ist dagegen darin zu sehen, daß das Wasser auch dann fließt, wenn es gar nicht benötigt wird, während die Informationen als benutzerorientierte Daten nicht von selbst von der Informationsquelle abgegeben werden – ja definitionsgemäß gar nicht abgegeben werden können, weil sie erst durch ihre Entnahme aus der Quelle *und* Verwendung im Planungsproblem des Entscheiders zu Informationen werden. Informationen können im Gegensatz zu Daten nicht einfach vorrätig sein, sie müssen erst nachgefragt werden. Datensammelstellen oder Datenbanken im weitesten Sinne wären demnach eher mit einer Wasserquelle vergleichbar.

Der Begriff *Informationsquelle* steht hier für den Ort, an dem Information gefunden werden kann, wo also potentielle Information ruht. „Ort" ist nicht nur lokal zu sehen, sondern auch als Ereignis, das die Zweckorientierung der Daten herbeiführt: das Zusammentreffen eines Entscheidungssubjek-tes, eines Entscheidungsproblems und sinnlich wahrnehmbarer Tatbestände, die für das Entscheidungsproblem relevant sind. Der Informationsbegriff erfordert dieses Junktim.

Das Gegenstück zur Informationsquelle ist die *Informationssenke.* Sie ist der „Ort", an dem die Information gebraucht wird und an dem die Information untergeht („versickert"). Definitionsgemäß kann das auch wieder nur durch die Entscheidung geschehen. Es bleiben Daten zurück, die gespeichert oder vernichtet werden, je nachdem, ob Aussicht besteht, daß sie nochmals verwendet werden können.

2. Klassifikationen

Für die Unternehmung kommen als Informationsquellen alle jene Datenaufbewahrungsorte in Frage, die irgendwann einmal für das Unternehmensgeschehen bedeutungsvoll werden könnten. Das kann praktisch überall sein. Eine erschöpfende Aufzählung aller möglichen Informationsquellen kann hier jedoch nicht gegeben werden. Stellvertretend dafür werden drei Klassifikationen mit Fallbeispielen diskutiert.

a) Für die wichtigste Klassifikation der Informationsquellen wird die *nach dem Standort* gehalten: Je nachdem, ob sich die Informationsquelle innerhalb oder außerhalb der (institutionalen) Unternehmensorganisation befindet, unterscheidet man zwischen internen und externen Informationsquellen. Im Anschluß daran werden Informationen, die aus internen Quellen stammen, als interne Informationen, und solche, die aus externen Quellen stammen, als externe Informationen bezeichnet. Als interne Informationsquellen treten hauptsächlich die Organisationsmitglieder sowie alle Formen des betrieblichen Rechnungswesens auf; an externen Informationsquellen sind die Beschaffungs- und Absatzmärkte, andere Unternehmungen, Haushalte, Behörden, Kammern, Verbände und ähnliche Institutionen zu nennen.

b) Die Aufzählung macht deutlich, daß eine Klassifikation nur nach dem Standort der Informationsquellen allein sehr abstrakt bleiben müßte. Will man Beispiele für interne oder externe Informationsquellen bringen, muß man sich an konkreten Zeichenträgern orientieren, auf die auch der informationssuchende Entscheider angewiesen ist: er erfährt eine Information durch den Menschen oder eine Menschengruppe, durch Sachen oder Tätigkeiten. Damit ist aber eine zweite Klassifikation nach dem Information vermittelnden Medium eingeschoben: tritt eine Person oder eine Personengruppe auf, sprechen wir von einer *personalen* Informationsquelle, in allen anderen Fällen (Nicht-Person) sprechen wir von einer *sachlichen* oder sachbezogenen Informationsquelle (z.B. Papier, Band, Platte). Als Beispiele für *interne personale* Informationsquellen sind die Geschäftsführung im Kleinbetrieb aufgrund der persönlichen Informiertheit des Inhabers und seiner wenigen Mitarbeiter, die Unterstützung des Managements durch Stabsassistenten, der persönliche Informationsaustausch in Kollegialorganen und die Informierung durch Forschung und Planung (= Nachdenken) zu nennen. Das betriebliche Rechnungswesen mit all seinen Bestandteilen (Geschäftsbuchhaltung, Betriebsbuchhaltung, Statistik, Anlagebuchhaltung, Lagerbuchhaltung, Lohnbuchhaltung, Kontokorrentbuchhaltung) und Auswertungsmöglichkeiten (Zeit-Vergleich, Soll-Ist-Vergleich, Betriebsvergleich, Branchen-Vergleich) wird in erster Linie zur *internen sachbezogenen* Informationsquelle. *Externe personale* Informationsquellen können u.a. Kunden, Lieferanten, Bankenvertreter, Unternehmensberater, Wirtschaftsprüfer, Steuerberater, Rechtsanwälte, interviewte Hausfrauen und Passanten sein. Unübersehbar wird die Vielfalt der *externen sachbezogenen* Informationsquellen: Gesetzestexte, Verordnungen, Briefe, Bücher, Zeitungen und Zeitschriften, Verzeichnisse, Prospekte, Kataloge, Rechnungen, Auftragsbestätigungen, Geschäftsberichte, veröffentlichte Jahresabschlüsse anderer Unternehmungen, amtliche Statistiken, Verbandsberichte, Veröffentlichungen von Nachrichtenagenturen, Auskunftsbüros und Warentestinstituten, Gutachten von Marktforschungsinstituten, Gerichtsurteile und Sachverständigengutachten.

c) Eine dritte Klassifikation der Informationsquellen kann *nach dem Zeitpunkt der Informationsentstehung* erfolgen: bei *ursprünglichen* (originären, primären) Informationsquellen wird planungs- oder entscheidungsorientiertes Wissen zum erstenmal gewonnen, bei *abgeleiteten* (derivativen, sekundären) Informationsquellen liegt ein Verarbeitungs- und Auswertungsgang (oft auch ein Speichervorgang) vor der Informationsgewinnung. Typisch ursprüngliche Informationsquellen sind alle schöpferischen und wissenschaftlichen Produktionen wie z.B. Erfindungen oder Beweisführungen, Beispiele für abgeleitete Informationsquellen sind die fortgeschriebenen Unterlagen des Rechnungswesens und deren Auswertungen.

Klassifikationen können nur typische Erscheinungsformen bringen, nicht alle aufzählen. Das gilt auch für die Informationsquellen. Geordnete Übersichten können aber dem Planer helfen, die Informationsquellensuche und -auswahl systematisch vorzubereiten und durchzuführen.

V. Methoden der Informationsbeschaffung

1. Make or buy?

Mit der Unterscheidung in externe und interne Informationsquellen ist eine methodische Frage schon angesprochen: make or buy? Dieses Entscheidungsproblem stellt sich in Analogie zum Materialeinkauf (→ *Eigenfertigung und Fremdbezug*) auch bei der Informationsbeschaffung immer dann, wenn nicht aus Gründen der Geheimhaltung die Alternative „buy" und wegen der Unmöglichkeit der Beschaffung eine der Alternativen „buy" oder „make" entfällt. Sind beide Beschaffungsmöglichkeiten gegeben, ist zu fragen und zu kalkulieren, welcher veranschlagte Aufwand welchem erwarteten Nutzen gegenübersteht und in welcher Zeit die Informationsbeschaffung realisiert werden kann. Verspätete Informationen sind für die Lösung des Entscheidungsproblems in jedem Fall wertlos. Die Beantwortung der Frage „make or buy?" ist gleichbedeutend mit der Wahl einer bestimmten internen oder externen Informationsquelle. Es ist hierbei keineswegs ein strenges Entweder – Oder zwingend; Mischlösungen sind ebenso denkbar.

2. Erhebung oder Sammlung?

Neben der grundsätzlichen Entscheidung für die Nutzung einer Informationsquelle ist das Problem zu lösen, in welcher Form die Informationsquelle angezapft werden soll. Es bieten sich hier die Informationsgewinnung durch *primär-statistische Erhebung* und durch *sekundär-statistische Sammlung und Aufbereitung* an. Bei der primär-statistischen Erhebung handelt es sich um einen gezielten Akt der Informationsbeschaffung für die Deckung des Informationsbedarfs aufgrund des anstehenden Entscheidungsproblems.

Als Beispiele sind hierfür Marktuntersuchungen (Befragungen, Tests, Panels) auf Stichprobenbasis oder Vollerhebungen zu nennen, die sowohl von einer eigenen Abteilung als auch von einem damit beauftragten Marktforschungsinstitut durchgeführt werden können (→ *Marktforschung*). Im Gegensatz dazu knüpft der Informationssuchende bei der sekundär-statistischen Methode an bereits vorliegendes, für frühere Zwecke gewonnenes und in der Zwischenzeit in einer Datenbank gespeichertes Datenmaterial in der Hoffnung an, daß es nach der Wiedergewinnung (information retrieval) auch für das aktuelle Entscheidungsproblem als Information dienen kann. Der weitaus größte Teil des Informationsbedarfs der Unternehmungen wird auf diese Art und Weise gedeckt, und zwar durch interne und externe Informationsquellen (z.B. die Auswertung des eigenen Rechnungswesens und der veröffentlichten Zahlen anderer Unternehmungen). Zum Teil findet eine Permanent-Verarbeitung der Daten statt (insbesondere beim Einsatz von EDV-Anlagen), so daß der Entscheider bei Bedarf ohne Zeitverlust für Suche, Gewinnung und Aufbereitung die gewünschten Informationen erlangen kann. Der Beschaffungsvorgang ist dann nur noch ein Abrufvorgang.

3. Einstufige oder mehrstufige Informationsbeschaffung?

Informationssuche und Informationsgewinnung können *einstufig* oder *mehrstufig* erfolgen. *Einstufig* ist die Informationsbeschaffung dann, wenn nach der einmaligen Erlangung der Information auf der Basis des neuen Informationsstandes die Entscheidung gefällt wird; sie ist *mehrstufig*, wenn vor der Entscheidung mindestens zweimal Informationen derart beschafft werden, daß der nächste Informationsschritt vom Ausgang (Erfolg oder Mißerfolg) der vorigen Informationsbeschaffung abhängig gemacht wird.

Zwei Gründe können für die mehrstufige (sequentielle oder sukzessive) Informationsbeschaffung sprechen:

a) Es könnte ökonomisch sinnvoll sein, nicht gleich zu umfangreiche Informationsbeschaffungsprogramme zu realisieren. Es empfiehlt sich z.B., zunächst kleine Stichproben (→ *Stichprobentheorie*) zu ziehen; dann stellt man fest, ob sie eine Informationsvermehrung und/oder -verbesserung gebracht haben und leitet daraus ab, ob man sich weiter informieren sollte oder nicht.

b) Informationen müssen vom Planer bzw. Entscheider auch verarbeitet werden. Es entspricht der limitierten menschlichen Rechen- und Denkfähigkeit des Entscheidungsträgers eher und besser, die Informationen sukzessiv in kleinen Portionen zu sammeln (incremental analysis).

Die Vorteile der mehrstufigen Informationsbeschaffung können nur genutzt werden, wenn die Informationen „teilbar" sind und die Entscheidung nicht unter Zeitzwang steht. Die Teilbarkeit hängt von der benötigten Informationsart und der angezapften Informationsquelle ab; der Entscheidungszeitpunkt richtet sich nach der Dringlichkeit des zugrunde liegenden Problems.

VI. Das Ausmaß der Informationsbeschaffung

Die Informationsbeschaffung ist einmal ein technisches Problem. Folgende Fragen sind dabei zu beantworten: Welche Informationen werden gebraucht? Wo gibt es Informationsquellen? Welche Informationsquellen sollen angezapft werden? Soll die Information auf primär- oder sekundärstatistischem Wege gewonnen werden? Das ist die eine Seite des Informationsproblems. Für den Ökonomen hingegen, der wirtschaftliche Entscheidungen fällen will, ist die Informationsbeschaffung wie jede andere betriebliche Aktivität eine Veranstaltung, die sich nach ökonomischen Prinzipien zu richten hat. Bei der Informationsbeschaffung mit den beiden Stufen der Informations(quellen)suche und der Informationsgewinnung gilt es daher nicht nur, alle gewünschten Informationen zu beschaffen, „koste es, was es wolle", oder zu unterstellen, die Informationsbeschaffung verursache keine Kosten; es gilt auch, die Kosten explizit zu berücksichtigen und mit dem Ertrag der Informationen zu vergleichen. Die dahinter stehende theoretische Fragestellung ist die des *Informationsoptimums*. Es besagt, daß die Informationsbeschaffung höchstens bis zu dem Punkt ausgedehnt werden sollte, bei dem die Kosten für die zusätzlich beschafften Informationen (*Informationsgrenzkosten*) gleich dem Wert (*Informationsgrenzwert*) dieser zusätzlichen Informationen sind. Wert und Kosten von Informationen gehen dabei zu Nutzen bzw. zu Lasten des Informationen verursachenden und verbrauchenden Planungs- und Entscheidungsproblems; Informationen haben einen hohen Wert, wenn sie den Zielbeitrag (z.B. Ertrag, Gewinn, Einzahlungsüberschuß) des Entscheidungsproblems nachhaltig steigern. Damit ist über die ökonomische Effizienz wiederum die enge Verbindung von Entscheidungs- und Informationsproblem gezeigt.

Oft ist der Planer bzw. Entscheider nicht in der Lage, diese theoretische Grenzaussage bei seiner Informationsbeschaffung operational anzuwenden. Besondere Schwierigkeiten liegen in der Informationswertermittlung (→ *Informationsbewertung*). Dann beschränkt er sich darauf, ein bestimmtes Kostenbudget nicht zu überschreiten, denn die knappen Mittel in der Unternehmung konkurrieren um ihren produktiven oder informa-

torischen Einsatz. Aufgabe einer geordneten Informationswirtschaft (*A. Adam 1960*) in einer Unternehmung ist die Überwachung der ökonomisch sinnvollen Informationsbeschaffung.

VII. Die Organisation der Informationsbeschaffung

Die → *Organisation des Informationswesens* regelt die Informationsbeschaffung, die Informationsspeicherung, die Informationswiedergewinnung, die Informationsverarbeitung und die Informationsweitergabe (→ *Kommunikation*). Ebenso wie die Informationsbeschaffung eine abgeleitete Funktion ist, richtet sich die organisatorische Gestaltung der Informationsbeschaffung danach, wie die übrigen und nachfolgenden Informationsprozesse organisiert sind (→ *Datenbanken*; → *Datenerfassung*; → *Datenverarbeitung*). Entscheidend wird die Organisation der Informationsbeschaffung dadurch beeinflußt, ob vorwiegend interne oder externe Informationsquellen benutzt werden bzw. benutzt werden müssen. Das wiederum ist u. a. abhängig von der Branche des betreffenden Unternehmens, dem praktizierten Führungsstil (Führung durch aktive oder passive Informationspolitik) und vor allem von der Unternehmensgröße. Das zuletzt genannte Merkmal bestimmt weitgehend die Möglichkeit eines Einsatzes von elektronischen Datenverarbeitungsanlagen (EDVA) zur Informationsspeicherung, (abgeleiteten) Informationswiedergewinnung und Informationsverarbeitung; kleinere und mittlere Unternehmungen werden dazu aus finanziellen Gründen weit weniger in der Lage sein als größere Unternehmungen. Das führt tendenziell zur stärkeren Nutzung interner Informationsquellen. Andererseits haben kleinere und mittlere Unternehmungen immerhin die Möglichkeit, sich für den Erwerb und Betrieb von EDV-Anlagen zusammenzuschließen oder die Informationsverarbeitung und Informationswiedergewinnung in externen Rechenzentren außer Haus durchführen zu lassen.

Die wachsende Unternehmensgröße zeigt noch eine zweite Tendenz: die *Dezentralisierung* der Informationsbeschaffung. Während Informationsspeicherung und Informationsverarbeitung in zentralen Abteilungen vorgenommen werden können, kann es zweckmäßig sein, die Informationsbeschaffung den dezentralisierten Entscheidungsträgern zu überlassen. Sie fordern bei Bedarf die benötigten Informationen an, werden aber ansonsten nicht mit Datenmaterial versorgt (oder gar überschwemmt), aus dem nur der allergeringste Teil für sie je zu Informationen wird. Effiziente Entscheidungen setzen keineswegs voraus, daß *jeder* Entscheidungsträger in der Unternehmung *alle* zugänglichen Daten erhält. „Überinformation" ist nicht nur aus informationstechnischen Gründen bedenklich, weil sie zu verstopften Informationswegen führen kann, sondern auch ökonomisch nachteilig, weil sie eine Verschwendung knapper Mittel darstellt.

Literatur: Marschak, J.: Towards an Economic Theory of Organization and Information. In: Decision Processes, hrsg. v. R. M. Thrall, C. H. Coombs u. R. L. Davis. New York u. London 1954, S. 187–220 – Beckmann, M. J.: A Flow Model of Communication – Towards an Economic Theory of Information. Cowles Foundation Discussion Paper No. 20 (1956) – Kloidt, H.: Information und Dokumentation im Betrieb. In: HWB, 3. A., 2. Bd, Stuttgart 1958, Sp. 2805–2811 – Adam, A.: Betriebliche Verfahrensforschung (Operations Research) und Informationswesen. In: Führungsentscheidungen und ihre Dispositionshilfen, hrsg. v. Dt. Ges. f. B. Berlin 1959, S. 34–47 – Feurer, W.: Innerbetriebliche Information. In: Innerbetriebliche Information als Führungsaufgabe, hrsg. von A. Ackermann, W. Feurer u. H. Ulrich. Bern 1959, S. 9–39 – Ulrich, H.: Organisatorische Aspekte der innerbetrieblichen Information. Ebd., S. 40–55 – Wittmann, W.: Unternehmung und unvollkommene Information. Köln u. Opladen 1959 – Adam, A.: Informationstheorie und Entscheidungspraxis. In: Betriebsanpassung und Unternehmerentlastung, hrsg. v. Dt. Ges. f. B. Berlin 1960, S. 81–85 – Elsner, H.: Beschaffen und Verteilen von Informationen für den Betrieb. Stuttgart 1960 – Albach, H.: Entscheidungsprozeß und Informationsfluß in der Unternehmensorganisation. In: Organisation. TFB-Handbuchreihe, 1. Bd, Berlin u. Baden-Baden 1961, S. 355–402 – Fairthorne, R. A.: Towards Information Retrieval. London 1961 – Mertens, P.: Maßnahmen zur Verbesserung des Informationsstandes industrieller Betriebswirtschaften unter besonderer Berücksichtigung der organisatorischen Aspekte. Diss., Darmstadt 1961 – Gutenberg, E.: Unternehmensführung – Organisation und Entscheidungen. Wiesbaden 1962 – Stratoudakis, P.: Das Kommunikationssystem als organisatorisches Problem. In: ZfB, 32. Jg 1962, S. 204–216 – Becker, J. u. R. M. Hayes: Information Storage and Retrieval. New York 1963 – Koreimann, D.: Aufgaben und Organisation einer betrieblichen Informationsstelle. In: BFuP, 15. Jg 1963, S. 160–171 – Mayntz, R.: Soziologie der Organisation. Reinbek 1963 – McDonough, A. M.: Information Economics and Management Systems. New York (u.a.) 1963 – Pietzsch, J.: Die Information in der industriellen Unternehmung. Köln u. Opladen 1964 – Kramer, R.: Information und Kommunikation. Berlin 1965 – Mertens, P.: Betriebliche Dokumentation und Information. Meisenheim 1965 – Pastoors, H.: Die Informationswirtschaft industrieller Unternehmungen. Diss., Köln 1965 – Göbel, H.: Information und Datenverarbeitung. In: ZfbF, 18. Jg 1966, S. 487–490 – Berthel, J.: Informationen und Vorgänge ihrer Bearbeitung in der Unternehmung. Berlin 1967 – Niederberger, A. R.: Das betriebliche Informationssystem. Wiesbaden 1967 – Arbeitskreis Pietzsch der Schmalenbach-Gesellschaft: Zur Frage der Risiken externer Informationsverarbeitung. In: ZfbF, 20. Jg 1968, S. 370–376 – Bierfelder, H.: Optimales Informationsverhalten im Entscheidungsprozeß der Unternehmung. Berlin 1968 – Kosiol, E.: Einführung in die Betriebswirtschaftslehre. Wiesbaden 1968 – Will, H.: Betriebliche Informationssysteme – Versuch einer intelligenztechnischen Definition. In: ZfbF, 20. Jg 1968, S. 648–669 – Blohm, H.: Informationswesen. In: HWO, Stuttgart 1969, Sp. 727–735 – Heinrich, L. J.: Zur Frage „Eigenfertigung oder Fremdbezug" bei der Informationsverarbeitung. In: ZfbF, 21. Jg 1969, S. 676–688 – Wittmann, W.: Information. In: HWO, Stuttgart 1969, Sp. 699–707 – Berthel, J. u. D. Moews: Information und Planung in industriellen Unternehmungen. Berlin 1970 – Schulz, A.: Gedanken zu einer Informationsbetriebslehre. In: ZfB, 40. Jg 1970, S. 91–104 – Wild, J.: Input-, Output- und Prozeßanalyse von Informationssystemen. In: ZfbF, 22. Jg 1970, S. 30–72 – Grochla, E.: Forschung und Entwicklung auf dem Gebiet der Informationssysteme als Aufgabe der Betriebswirtschaftslehre. In: ZfB, 41. Jg 1971, S. 563–582 – ders.: Das Büro als Zentrum der Informationsverarbeitung im strukturellen Wandel. In: Das Büro als Zentrum der Informationsverarbeitung, hrsg. v. E. Grochla. Wiesbaden 1971, S. 15–32 – Hoffmann, M.: Dokumentation als Entscheidungshilfe. In: Computergestützte Entscheidungen in Unternehmungen, hrsg. v. E. Grochla. Wiesbaden 1971, S. 147–160 – Mag, W.: Planungsstufen und Informationsteilprozesse. In: ZfbF, 23. Jg 1971, S. 803–830 – Strunz, H.: Der Einfluß der automatischen Datenverarbeitung auf die Gewinnung von Informationen für die Unternehmungsführung. In: Das Büro als Zentrum der Informationsverarbeitung, hrsg. v. E. Grochla. Wiesbaden 1971, S. 315–369 – Wacker, W. H.: Betriebswirtschaftliche Informationstheorie. Köln u. Opladen 1971 – Mag, W.: Modellansätze zur Bestimmung eines Informationsoptimums im Rahmen der Unternehmensplanung. Habilschr. Frankfurt a. M. 1973 – Naegler, H.: Management-Informations-Systeme für Klein- und Mittelbetriebe? In: BFuP, 25. Jg 1973, S. 20–26 – Wild, J.: Informationskosten – Die Fünf-Milliarden-Verschwendung. In: Wirtschaftswoche, Nr. 5 v. 26. 1. 1973, S. 55–57.

Wolfgang Mag

Informationsbewertung

[s. a.: Bewertungstheorie; Entscheidungstheorie; Information; Informationsbedarf; Informationsbeschaffung; Informationstheorie; Informationsverhalten; Ungewißheit und Unsicherheit; Wert und Preis.]

I. Begriffe: Information, Informationswert; II. Ermittlung des Informationswertes.

I. Begriffe: Information, Informationswert

Informationen sind die Rohstoffe der Entscheidungen. Je besser der Entscheidende informiert ist, desto besser ist seine Entscheidung. Bestimmte Informationen haben für den Entscheidenden deshalb Wert, weil sie seine Entscheidung verbessern können.

Der Entscheidende kann seine Information vermehren: er erwirbt von einem anderen bestimmte Informationen, ist mithin Käufer (K) von Informationen. Er kann seine Information aber auch vermindern: er veräußert an einen anderen bestimmte Informationen, ist mithin Verkäufer (V) von Informationen. Der *Informationswert des K* ist der Preis, den er für bestimmte Informationen höchstens bezahlen darf, will er seine Entscheidung durch den Kauf nicht verschlechtern; der *Informationswert des V* ist der Preis, den er für bestimmte Informationen mindestens erlösen muß, will er seine Entscheidung durch den Verkauf nicht verschlechtern (→ *Wert und Preis*). Die Ermittlung dieser Preisgrenzen für bestimmte Informationen ist das Problem der *Informationsbewertung*.

II. Ermittlung des Informationswertes

1. Informationswert des K

a) Vor und Nachteil des Informationskaufs

Der Wert bestimmter Informationen bemißt sich für K nach ihrem Vorteil und Nachteil für seine Entscheidung. K muß seine Entscheidung bei unvollkommenem Wissen treffen (→ *Entscheidungstheorie*, → *Ungewißheit und Unsicherheit*). Kauft er Informationen, wird sein Wissen zwar nicht vollkommen, meist wird er sein Problem aber in hellerem Licht sehen können: er kann bislang völlig übersehene Alternativen bzw. weitere Eigenschaften bislang nur in ihren Umrissen gesehener Alternativen erkennen; weiter kann er die Alternativen seiner Umwelt besser erkennen: er kann bislang völlig übersehene Umweltalternativen bzw. weitere Eigenschaften bislang nur in ihren Umrissen gesehener Umweltalternativen erkennen, und schließlich kann er auch die Wahrscheinlichkeiten der Realisierung dieser Umweltalternativen besser einschätzen. Im Licht der erweiterten Information kann er dann möglicherweise erkennen, daß die bislang für optimal gehaltene Alternative schlechter ist als eine andere; das ist der Vorteil des Informationskaufs.

Sein Nachteil liegt in den Kosten: K muß sich die Mittel zum Kauf der Informationen durch Umbau seiner Alternativen beschaffen; er muß sie um bestimmte Investitionsobjekte verkürzen oder/und um bestimmte Finanzierungsobjekte verlängern. Dieser Umbau verkleinert den Erfolg seiner Alternativen; ihr Erfolgsverlust sind die *Informationskosten*.

b) Der Kalkül

Der Kalkül ist die Form, in der der Vorteil und der Nachteil des Informationskaufs gegenübergestellt werden können.

(1) Um seine Entscheidung treffen zu können, muß K zunächst die verfügbare Information verarbeiten: Resultat der Informationsverarbeitung ist die Entscheidungsmatrix. Auf letztere muß er dann ein Entscheidungskriterium, z.B. das Bernoulli-Kriterium, anwenden.

Die Erweiterung der Information kann die Matrix ändern: Die aus der Verarbeitung der erweiterten Information resultierende Matrix (Matrix 2) kann von der aus der Verarbeitung der bisherigen Information resultierenden Matrix (Matrix 1) abweichen; sie kann in dem Alternativenfeld oder/und in der Konstellationserwartung von ihr abweichen, in jedem Fall weicht sie in den Ergebnissen von ihr ab: das Ergebnis einer bestimmten Alterna-

tive bei einer bestimmten Konstellation ist um die Informationskosten niedriger.

Der Kalkül besteht aus Matrix 1 und Matrix 2. Mit ihm kann K den Wert bestimmter Informationen wie folgt ermitteln: er hat zunächst den Bernoulli-Wert zu errechnen, den die im Licht seines bisherigen Wissens (Matrix 1) beste Alternative im Licht des erweiterten Wissens hat, wenn die Informationskosten außer Ansatz bleiben (Matrix 2a). Dieser Wert (B_1) repräsentiert den Erfolg seiner Entscheidung im Licht des erweiterten Wissens für den Fall des Verzichts auf den Informationskauf.

Dann hat K den Wert zu errechnen, der den Erfolg seiner Entscheidung im Licht des erweiterten Wissens für den Fall des Informationskaufs repräsentiert. Hierbei droht jedoch ein Dilemma: er kann die Ergebnisse seiner Alternativen im Fall des Kaufs erst ermitteln, wenn er den Preis der Informationen kennt; ohne diese Ergebnisse zu kennen, kann er aber nicht den Wert der Informationen ermitteln, also den Preis, den er höchstens für sie zahlt. Diesem Dilemma entkommt K nur dadurch, daß er für jeden der möglichen Preise eine Matrix aufstellt, in der die dem jeweiligen Preis entsprechenden Informationskosten angesetzt sind (Matrix 2b). Er hat nun aus jeder Matrix 2b die Alternative mit dem größten Bernoulli-Wert zu bestimmen. Ihre Werte (B_2) repräsentieren die Erfolge seiner Entscheidung im Licht des erweiterten Wissens für den Fall des Informationskaufs zu dem jeweiligen Preis.

Der Wert der Informationen ist der Preis, bei dem der diesem Preis entsprechende B_2-Wert gleich dem B_1-Wert ist. Bezahlt K diesen Preis für die Informationen, verbessert er zwar seine Entscheidung durch den Kauf nicht, er verschlechtert sie aber auch nicht; bezahlte er einen nur geringfügig höheren Preis, würde er seine Entscheidung durch den Kauf verschlechtern.

(2) Ist sein Wissen über den Gehalt der Informationen nicht, wie oben angenommen, vollkommen, weiß K nicht, welches der Vorteil und welches der Nachteil ihres Kaufs ist. Aufgrund seines Wissens, das er über ihren Gehalt hat, hat er über sie aber Erwartungen, und das heißt über das Aussehen von Matrix 2, denn in ihr schlagen sie sich nieder. Diese Erwartungen sind mehrwertig: er hat mehrere Vermutungen über das Aussehen von Matrix 2, weiß aber nicht, welche von ihnen zutrifft.

Gelten die Informationen den Umweltalternativen, ist die Matrix, in der seine Erwartung über das Aussehen von Matrix 2 dargestellt ist, einseitig doppelt mehrwertig: Die Konstellationserwartung ist aufgrund der Unvollkommenheit seines Wissens ohnehin schon mehrwertig; mehrwertig ist überdies die Erwartung der dem Informationskauf erwachsenden Konstellationserwartung.

Die Matrix enthält auch die Konstellationserwartung der Matrix 1; diese gibt die Erwartung wieder, daß der

	$k_1\ p_1$				$k_2\ p_2$		$\cdots$		$k_j\ p_j$		$\cdots$		$\sum_j p_j = 1$
	k_1 p_1	k_2 p_2	$\cdots$	k_j p_j	$\cdots$	k_1 p_1	$\cdots$		k_1 p_1	$\cdots$	k_j p_j	$\cdots$	$\sum_j p_j = 1$
x_1													
x_2													
$\vdots$													
x_i													
$\vdots$													

Abb. 1: Einseitig doppelt mehrwertige Matrix

Es bedeutet

x_i $_{i=1,2,\ldots}$ Alternative
k_j $_{j=1,2,\ldots}$ Konstellation
p_j Wahrscheinlichkeit von k_j wobei $p_j > 0$ und $\sum_j p_j = 1$

Informationskauf ohne Vorteil ist, das Bild von der Umwelt also nicht verbessert wird (die Ergebnisse der Alternativen jedoch um die Informationskosten niedriger sind). Der Informationskauf kann aber auch von Vorteil sein; die Matrix ist also gegenüber Matrix 1 um die Konstellationserwartungen erweitert, die von deren Konstellationserwartung abweichen.

Gelten die Informationen den eigenen Alternativen, ist jene Matrix zweiseitig mehrwertig: Die Konstellationserwartung ist mehrwertig und die Erwartung über das dem Informationskauf erwachsende Alternativenfeld.

Die Matrix enthält auch die Alternativen der Matrix 1; $p_1 \{x_1, x_2, \ldots\}$ gibt die Erwartung wieder, daß der Informationskauf ohne Vorteil ist, also zwischen den alten Alternativen zu entscheiden ist (deren Ergebnisse jedoch um die Informationskosten niedriger sind). Gegenüber Matrix 1 ist die Matrix um die Erwartung erweitert, daß der Informationskauf von Vorteil ist: $p_{ii} \{x_{ii}\}$, $i = 1, 2, \ldots$, gibt die Erwartung neuer Alternativen wieder.

Weil K nicht (sicher) weiß, wie Matrix 2 aussehen wird, sind die B_1-Erwartung und die den möglichen Preisen der Informationen entsprechenden B_2-Erwartungen mehrwertig. K hat zunächst seine mehrwertige Erwartung über den B_1-Wert in einem

(Bernoulli) Wert B_1' zusammenzufassen. Der Wert B_1' repräsentiert seine Erwartung über den Erfolg seiner Entscheidung für den Fall, daß er die Informationen nicht kauft. Dann hat er seine mehrwertigen Erwartungen über die den möglichen Preisen der Informationen entsprechenden B_2-Werte in jeweils einem (Bernoulli) Wert B_2' zusammenzufassen. Die Werte B_2' repräsentieren seine Erwartungen über den Erfolg seiner Entscheidung für den Fall, daß er die Informationen zu dem jeweiligen Preis kauft.

Mit dem Preis, bei dem der diesem Preis entsprechende B_2'-Wert gleich dem B_1'-Wert ist, ist der Informationswert ermittelt: diesen Preis darf K höchstens für die Informationen bezahlen, wenn er seine Entscheidung durch den Kauf nicht verschlechtern will.

2. Informationswert des V

V kann den Wert bestimmter Informationen analog dem K ermitteln.

a) Der Vor- und Nachteil des Informationsverkaufs

Bestimmte Informationen zu verkaufen heißt für

		$k_1\ p_1$	$k_2\ p_2$	$\cdots$	$k_j\ p_i$	$\cdots$	$\sum_j p_i = 1$
	x_1						
p_1	x_2						
	$\vdots$						
$p_{i1}\ x_{i1}$							
$p_{i2}\ x_{i2}$							
$\vdots$ $\vdots$	x_i						
$p_{ii}\ x_{ii}$							
$\vdots$ $\vdots$							

$p_1 + \sum_i p_{ii} = 1$

Abb. 2: Zweiseitig mehrwertige Matrix

V, auf ihre (alleinige) Nutzung für seine Entscheidung zu verzichten; das verkleinert den Erfolg seiner Entscheidung. Diesem Nachteil des Informationsverkaufs steht aber ein Vorteil gegenüber. K fließen Mittel zu, die er zum Umbau seiner Alternativen verwenden kann: er kann sie um bestimmte Investitionsobjekte verlängern oder/und um bestimmte Finanzierungsobjekte verkürzen. Dieser Umbau vergrößert den Erfolg seiner Alternativen.

b) Der Kalkül

(1) V hat zunächst den Wert B_1 zu errechnen: er gibt den Erfolg seiner Entscheidung für den Fall wieder, daß er die Informationen nicht verkauft. Dann hat er die den möglichen Preisen der Informationen entsprechenden Werte B_2 zu errechnen: sie geben den Erfolg seiner Entscheidung für den Fall wieder, daß er die Informationen zu den jeweiligen Preisen verkauft.

Mit dem Preis, bei dem der diesem Preis entsprechende B_2-Wert gleich dem B_1-Wert ist, ist der Informationswert ermittelt: diesen Preis muß V mindestens für die Informationen erlösen, will er seine Entscheidung durch den Verkauf nicht verschlechtern.

(2) Meist kennt V den Gehalt der Informationen; kennt er ihn nicht, ist er in einer der des K vergleichbaren Situation: wie für K der Kauf der Informationen ist für ihn ihr Verkauf ein Risiko.

Ist V über den Gehalt der Informationen nur unvollkommen informiert, sind seine Erwartungen über den B_1-Wert sowie die den möglichen Preisen der Informationen entsprechenden B_2-Werte mehrwertig. V hat zunächst seine mehrwertige B_1-Erwartung in einem (Bernoulli) Wert B_1' zusammenzufassen. Der Wert B_1' gibt seine Erwartung über den Erfolg seiner Entscheidung für den Fall wieder, daß er die Informationen nicht verkauft. Dann hat er seine den möglichen Preisen entsprechenden mehrwertigen B_2-Erwartungen in jeweils einem (Bernoulli) Wert B_2' zusammenzufassen. Die Werte B_2' geben seine Erwartungen über den Erfolg seiner Entscheidung für den Fall wieder, daß er die Informationen zu dem jeweiligen Preis verkauft.

Mit dem Preis, bei dem der diesem Preis entsprechende B_2'-Wert gleich dem B_1'-Wert ist, ist der Informationswert ermittelt: diesen Preis muß V mindestens erlösen, will er seine Entscheidung durch den Verkauf nicht verschlechtern (→ *Ungewißheit und Unsicherheit*; → *Investitionsrechnung*).

Literatur: *Marschak, J.*: Towards an Economic Theory of Organization and Information. In: *Thrall, R.M., C.H. Coombs* u. *R.L. Davis* (ed): Decision Processes, London 1954, S. 187–220 – *Beckmann, M.J.*: A Flow Model of Communication – Towards an Economic Theory of Information (Cowles Foundation Discussion Paper No. 20.) o. O. [New Haven, Conn.] 1956 – *Schlaifer, R.*: Probability and Statistics for Business Decisions. New York, Toronto, London 1959 – *Marschak, J.*: Remarks on the Economics of Information. In: Contribution to Scientific Research, Berkeley 1960 (Neudr. als Cowles Foundation Paper No. 146, New Haven 1960) *Drèze, J. H.*: Le Paradoxe de l'Information. In: Economie Appliquée, Bd 13, 1960, S. 71–80 – *Grayson, C. J. jr.*: Decisions Under Uncertainty. Boston (Mass.) 1960 S. 320–347 – *Raiffa, H.* u. *R. Schlaifer*: Applied Statistical Decision Theory. Ebd. 1961 – *Modigliani, F.* u. *K.J. Cohen*: The Role of Anticipations and Plans in Economic Behavior and their Use in Economic Analysis and Forecasting. Urbana (Ill.) 1961 – *Albach, H.*: Die Prognose im Rahmen unternehmerischer Entscheidungen. In: *H. Giersch* u. *K. Borchardt* (Hrsg.): Fiagnose und Prognose als wirtschaftswissenschaftliche Methodenprobleme. (Schriften des Vereins für Socialpolitik, N.F., Bd 25). Berlin 1962, S. 201–214 – *Marschak, J.*: Problems in Information Economics. In: *Bonini, Ch. P.* u. *R. K. Jaedicke* (ed.): Management Controls. New Directions in Basic Research, New York (u. a.) 1964, S. 38–74 – *McCall, J.J.*: The Economics of Information and Optimal Stopping Rules. In: J. Bus., 38. Vol. 1965, S. 300–317 – *Hax, H.*: Die Koordination von Entscheidungen. Köln (u.a.) 1965, S. 42–49 – *Hirsch, R. E.*: Informationswert und -kosten und deren Beeinflussung. In: ZfbF, 20. Jg 1968, S. 670–676 – *Albach, H.*: Informationswert. In: HWO, Stuttgart 1969, Sp. 720–727 – *Wild, J.*: Zur Problematik der Nutzenbewertung von Informationen. In: ZfB, 41. Jg 1971, S. 315–334 – *Teichmann, H.*: Die Bestimmung der optimalen Information. In: ZfB, 41. Jg 1971, S. 745–774 – *Mag, W.*: Planungsstufen und Informationsteilprozesse. In: ZfbF, 23. Jg 1971, S. 803–830 – *zur Nieden, M.*: Zur Anwendbarkeit von Informationswertrechnungen. In: ZfB, 42. Jg 1972, S. 493–512 – *Niggemann, W.*: Optimale Informationsprozesse in betriebswirtschaftlichen Entscheidungssituationen. Wiesbaden 1973 – *Teichmann, H.*: Zum Wert und Preis von Informationen. In: ZfB, 43. Jg 1973, S. 373–390 – *Drukarczyk, J.*: Zum Problem der Bestimmung des Wertes von Informationen. Ebd., 44. Jg 1974, S. 1–18 – *Schneider, D.*: Investition und Finanzierung. 3. A., Opladen 1974.

Heinz Teichmann

Informationssysteme

[s. a.: Betriebsinformatik; Büro- und Verwaltungsbereich, Organisation des; Datenbanken und Datenbanksysteme; Datenverarbeitung; Entscheidungsprozesse; Information; Informationswesen, Organisation des; Planung, betriebswirtschaftliche.]

I. Begriffliche Abgrenzung und Funktionen von Informationssystemen; II. Grundstruktur von Informationssystemen; III. Systemdifferenzierung mit Hilfe informationeller Stufungen; IV. Elementarer Aufbau von Informationssystemen; V. Verknüpfungen und Transformationen in Informationssystemen; VI. Aktivierungsformen von Informationssystemen; VII. Anforderungen an die Gestaltung von Informationssystemen.

I. Begriffliche Abgrenzung und Funktionen von Informationssystemen

Unter Informationssystemen soll jede organisatorische und informationstechnische Ausprägung von *Aktorsystemen* verstanden werden, die *Informationsaufgaben* in zielgerichteten, soziotechnischen Umsystemen (Organisationen) erfüllen. Nach der Art der produzierten Informationen können *deskriptive* und *präskriptive* unterschieden werden. Informationssysteme im engeren Sinne liefern keine Anweisungen oder Präskriptionen, sondern dienen dem jeweiligen Entscheidungsträger mit deskriptiven Aussagen. *Planungs-* und *Kontrollsysteme* oder allgemeiner *Entscheidungssysteme* schließen ihre Aktivitäten mit verbindlichen und kompetenten Entschlüssen ab, die in Präskriptionen, d.h. fordernden und wertenden Aussagen ihren Ausdruck finden. Wenn die Stellung des *Informationsbenutzers* differenziert wird, so können u.a. auch *Management-Informationssysteme* (MIS) herausgestellt werden, die auf die jeweiligen Aufgaben innerhalb der gestuften strategischen, dispositiven und operativen Planungs- und Steuerungsfunktionen auszurichten sind. Durch eine Differenzierung der Aktoren im Informationssystem gewinnt man den Ansatz für *computer-gestützte Informationssysteme*, die damit als eine besondere Klasse von Informationssystemen zu kennzeichnen sind. Damit wird auch deutlich, daß jede Organisation als ein zielgerichtetes System zur Erfüllung ihrer Aufgaben notwendigerweise Informationssysteme besitzt. Die zweckmäßige Gestaltung und verfahrenstechnische Verbesserung dieser Systeme kann demnach niemals mit einer Einführung eines Informationssystems bezeichnet, sondern nur als eine Verbesserung des Informationssystems verstanden werden.

II. Grundstruktur von Informationssystemen

Informationssysteme sind auf einen bestimmten abgrenzbaren Bereich als *Bezugs-* oder *Objektsystem* (O) gerichtet (vgl. Abb. 1); (Marketing-, Produktions-, Personal-Informationssysteme sind Beispiele dafür). Auf diesen Objektbereich ist der *Informationsgenerator* (G) gerichtet, dessen Aufgabe es ist, Informationen zu generieren, die an einen potentiellen oder benennbaren *Benutzer* (B) adressiert sind. Informationsgenerator und Informationsbenutzer sind die beiden tragenden Elemente in jedem Informationssystem. Wo sie nicht direkt miteinander kommunizieren, kann sich ein spezielles *Interpretationsorgan* (T) dazwischenschalten, das der wechselseitigen → *Kommunikation* dienen soll. Da der Informationsbenutzer in aller Regel nicht in der Lage ist, den Informationsgenerator nach seinen eigenen Bedürfnissen zu gestalten, muß er sich eines *Systemspezialisten* (S) bedienen. Der Systemspezialist hat die Aufgabe, den

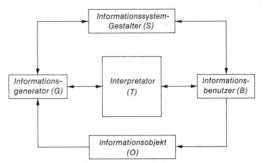

Abb. 1: *Grundstruktur von Informationssystemen*

Generatorteil im Informationssystem auf die Informationsbedürfnisse des Benutzers (→ *Informationsbedarf*) auszurichten und diesen unter wirtschaftlichen Gesichtspunkten zu entsprechen. In computer-gestützten Informationssystemen wird ein Teil der Informationsgeneratoraufgabe vom *Computer* übernommen (→ *Datenverarbeitung;* → *Datenverarbeitungsanlagen*). Die vereinfachte Grundstruktur eines Informationssystems zeigt, daß der Systemgestalter ständiges Element eines anpassungsfähigen und sich selbst organisierenden Informationssystems bleiben muß und daß sich aus der unterschiedlichen Position von Generatorbenutzer und Systemgestalter zahlreiche Kommunikationsprobleme und Konfliktfälle ergeben können.

III. Systemdifferenzierung mit Hilfe informationeller Stufungen

Informationssysteme haben die Eigenart, Ereignisse einer Bezugsebene mit Signalen in Beziehung zu setzen. Dieser Zusammenhang ist aber durch etliche Stufen gekennzeichnet, die in Abb. 2 zusammengefaßt sind.

Ausgangsebene ist die Realität, die hier als *Phänomenebene* (P) bezeichnet wird. Auf sie sind die → *Informationen* gerichtet. Die Phänomenebene ist durch raum-zeitliche Wandlung und grundsätzliche Unabhängigkeit von Informations- und Wissensprozessen, die auf sie gerichtet sind, charakterisiert.

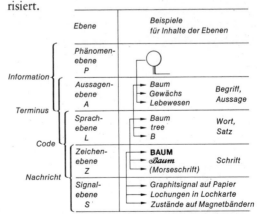

Abb. 2: *Informationelle Stufung und terminologische Abgrenzungen*

Die *Aussagenebene* (A) ist durch die verschiedenen Aussagenelemente und -mittel (Begriffe/Gedankenmodelle), Aussagenformen (Beschreibungen, Theorien, Hypothesen, Vermutungen) und die in Regeln formulierten Anforderungen an diese einzelnen Elemente und Formen gekennzeichnet. Aussagen können als Bewußtseinsinhalte des Menschen aufgefaßt werden (s. a. → *Modelle*).

Aussagen müssen in sprachlicher Form fixiert werden. Die *Sprachebene* (L) umfaßt daher Sprachelemente (Worte) und Verknüpfungen dieser Elemente (Sätze) sowie die Regeln für deren Handhabung (Sprachkalkül) (s. a. → *Sprache und sprachliche Kommunikation*). Auf der *Zeichenebene* (Z) finden wir die verschiedenen Möglichkeiten, sprachliche Elemente und Ausdrücke zu bezeichnen, wie z. B. durch verschiedene Schriften oder Ziffernsysteme.

Zeichen wiederum gewinnen nur dadurch eine raumzeitliche Beziehung, daß ihnen reale (physisch-chemische) Signale zugeordnet werden, worunter man Zustände und Prozesse in physischchemischen Medien zu verstehen hat. Die so und nur so wohl unterscheidbaren Signale werden zu Zeichenträgern. Mengen vorrätiger Signale, mögliche Signalkombinationen und die Regeln signaltechnischer Operationen kennzeichnen die *Signalebene* (S). Sie ist in gleicher Weise wie die Phänomenebene Bestandteil der empirisch faßbaren Realität.

Reale signaltechnische Verfahren und das reale Geschehen der Phänomenebene sind die beiden Pole, zwischen denen sich alle Informations- und Kommunikationsprozesse sowie alle kybernetischen Steuerungsvorgänge in der Wirklichkeit abspielen. Auf den dazwischengeschalteten Aussage-, Sprach- und Zeichenebenen vollzieht sich kein reales Geschehen. Sie dienen vielmehr als Zuordnungs- und Interpretationsschichten.

Die *Phänomenebene* und die *informationsrelevante Signalebene* werden als unabhängig existierbar bezeichnet, da der reale Baum z. B. nicht in einem Zwangsverband mit dem Begriff Baum oder mit dem deutschen Wort ‚Baum‘ steht und die verschiedenen Signale (wie z. B. gedruckte Buchstaben, Lochungen auf einer Lochkarte) ein Eigenleben führen können, ohne Träger eines Symbolzeichens sein zu müssen. Die geistigen Zuordnungsebenen (kognitive Aussagen-, Sprachen- und Zeichenebene) befinden sich demgegenüber in mehrfachen *Abhängigkeitsverhältnissen:* Jede diskursive Information ist notwendigerweise in einer Sprache ausgedrückt; die Elemente der Sprache sind stets mit Hilfe eines bestimmten Zeichensystems codiert; die Zeichen selbst wiederum stehen in einer existentiellen Abhängigkeit zu realen Signalkombinationen, durch die sie realiter erst fixiert werden. So ist jede Operation auf der Aussagenebene notwendigerweise mit sprachlichen, zeichen- und signaltechnischen Operationen verbunden, während es Operationen auf der Signalebene gibt, die von der Zeichenebene unabhängig sein können. Die Trennungen zwischen den verschiedenen Ebenen dienen der besseren Erklärung und Interpretation der beobachtbaren und zu differenzierenden Prozesse in Informationssystemen. Dabei muß deutlich gesehen werden, daß die einzelnen Ebenen nicht unabhängig voneinander zu verstehen sind, sondern vielmehr in einem wechselseitigen Bezug Beachtung finden müssen. So ist eine vorhandene Sprache Voraussetzung, um überhaupt erst Phänomene wahrnehmen und verstehen zu können. Ein Begriff wird nie ohne einen Namen auftreten können.

Zwischen den Größen der einzelnen Ebenen lassen sich gewisse begriffliche Beziehungen herausarbeiten:

(1) Signal und Zeichen (d. h. das Zeichen mit seinem existentiellen Zeichenträger, bzw. das Signal mit seinem zugeordneten Zeichenwert) bilden die *Nachricht*.
(2) Der sprachliche Ausdruck bildet zusammen mit dem Zeichen, das ihn kennzeichnet, den *Code*.
(3) Sprachliches Element und Aussagenelement (d. h. der sprachliche Ausdruck – Wort oder Satz – und seine kognitive Bedeutung – Begriff oder Aussage – bzw. das kognitive Element mit seiner sprachlichen Bezeichnung) formen den *Terminus*.
(4) Aussage und Phänomen (d. h. die Beziehung zwischen der kognitiven Größe und den Bestandteilen der Phänomenebene) bilden die → *Information*.

Information, Terminus, Code und Nachricht bilden so eine nicht unterbrochene Beziehungskette, die vom realen Phänomen bis zum darauf bezogenen realen Signal reicht. Informationen und Nachricht, die jeweils mit einem Glied der realen und der idealgeistigen Sphäre angehören, werden durch die terminologisch-semantischen Beziehungen im nicht realen Bereich miteinander verbunden. Die hier dargestellte Schichtung der informationell relevanten Ebenen darf weder mit einer semiotischen Metastufung noch mit den sogenannten *semiotischen Dimensionen* (Syntax, Semantik und Pragmatik) verwechselt werden.

Die aufgezeigten fünf Schichten (einschließlich der Phänomen- oder informatorischen Objektebene) und die auf sie bezogene Viergliederung der Relationskette (Information, Terminus, Code, Nachricht) stellen ein Beschreibungsschema extremer Ausprägung dar; es zeichnet sich aus durch (1) weitestgehende Differenzierung der informationstechnischen Ebene, (2) minimale Spannweite der hier nur zweiwertigen Relationsbegriffe und (3) zwangsweise Verbindung aller vier Relationen zu einer Kette diskursiver Informationen.

IV. Elementarer Aufbau von Informationssystemen

Verbindet man die Gesichtspunkte der Grundstruktur und der informationellen Stufungen, so gewinnt man eine Grundlage für den elementaren

Aufbau der Informationssysteme. Dabei können die *Inhalte der Aussagenebene*, d. h. das *verfügbare Wissen*, in vier Kategorien zusammengefaßt werden:

(1) Faktisches Wissen über raum-zeitliche Tatbestände des betrachteten Objektsystems (*Daten*);
(2) Empirisch-nomologisches Wissen über Gesetzmäßigkeiten im Verhalten relevanter Größen im Objektsystem (*Hypothesen*);
(3) Zielorientiertes Wissen über Aufbau und Funktionsweise des Objektsystems (*Modelle*);
(4) Methodisches Wissen über die Manipulation und Lösung gegebener Modelle (*Methoden*).

Diese Wissenselemente werden durch → *Sprachen* erst formulier- und verknüpfbar. Da Sprachen zugleich auch die inhaltliche → *Kommunikation* zwischen den Aktoren (Menschen und Computer) ermöglichen, müssen sie den Wissenselementen, den Kommunikations- und den Verarbeitungsbedingungen der Aktoren gerecht werden.

Programme sind codierte Befehlsfolgen, die in verschiedenen Signalformen informationstechnisch speicher- und verarbeitbar sind (→ *Programmierung und Programmiersprachen*). Sie bilden das Verbindungsstück zwischen den Komponenten der Geistigen Sphäre (Wissen und Sprache) und der Realen Sphäre (Signale und Phänomene).

Das Zusammenspiel der verschiedenen Komponenten kennzeichnet den elementaren Aufbau der Informationssysteme (Abb. 3).

V. Verknüpfungen und Transformationen in Informationssystemen

Die informationellen Stufen bilden die Basis für ein Grundschema der Verknüpfungs- und Transformationsprobleme in Informationssystemen (Vgl. Abb. 4). Die *Verknüpfungsketten* ab- und aufsteigender Richtung geben die Zuordnungsschritte an, die beim *Abbilden* über die verschiedenen Stufen hinweg auftreten (Informieren, Terminieren, Codieren, Signalisieren, Nachricht entschlüsseln, Code erkennen, Terminus verstehen). Jede Stufe hat die ihr eigentümlichen Transformationen: Die Aussagentransformation kann zu pragmatisch oder semantisch modifizierten Infor-

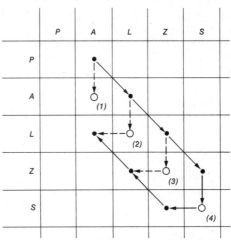

Abb. 4: Informationelle Verknüpfungen und Transformationen

mationsgehalten der Aussagen führen und interessiert denjenigen, der die Wissensinhalte des Informationssystems nützen möchte. Die sprachliche Transformation oder Übersetzung kann auf verschiedene Umgangs-, Fach- oder Computersprachen bezogen sein oder innerhalb einer Sprache die Aussagentransformationen begleiten. Entsprechendes gilt für die Zeichenebene; auch hier sind die Zeichentransformationen innerhalb einer Schrift, die zur sprachlichen Transformation notwendig sind, vom Übertragen in eine andere Schrift (Umcodieren) zu unterscheiden. Signale Transformationen schließlich können gleichfalls in einem Signalsystem der Zeichen- und damit der Sprach- und Aussagenmanipulation dienen oder nur einen Übergang in ein anderes Signalmedium bezwecken (Umwandeln).

Die verschiedenen Probleme der Verknüpfung und Transformation erklären auch, unter welchen Aspekten Informationssysteme behandelt werden können (Vgl. Abb. 5); und zwar unter nachrichtentechnischen, datenverarbeitungstechnischen, sprachtheoretischen, wissenstheoretischen und schließlich fachinhaltlichen Gesichtspunkten.

VI. Aktivierungsformen von Informationssystemen

Die bisherigen Überlegungen ließen unberück-

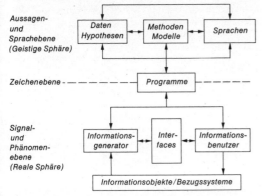

Abb. 3: Elementarer Aufbau von Informationssystemen

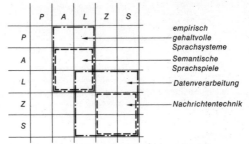

Abb. 5: Relativitätsmatrix informationeller Ebenen und Abgrenzung wissenschaftlicher Bereiche

sichtigt, daß jedes Informationssystem in sich Kommunikationsprozesse zwischen den verschiedenen Subsystemen realisiert und daß seine Wirkung vom Abgestimmten *Agieren* des Informationsgenerators und des -benutzers abhängt. Wenn die Arbeit des Informationssystems nicht durch externe Eingriffe gelenkt werden soll, dann müssen die Elemente des Systems sich selbst aktivieren. Die folgenden Formen sollen unterschieden werden:

1. Generatoraktive Informationssysteme

a) Berichtssysteme

– *Starre Berichtssysteme:*
Feste Inhalte, feste Formen und fester Berichtsrhythmus.
– *Flexible Berichtssysteme:*
Parameterisierte Berichtssysteme, die Modifizierungen des Inhaltes, des Formats, des Termins usw. ermöglichen. Ihre besondere Bedeutung liegt darin, daß sich das Augenmerk des Benutzers je nach den besonderen Planungs- und Kontrollsituationen mit unterschiedlicher Intensität auf verschiedene Aspekte zu unterschiedlichen Zeitpunkten richten kann. Hier wird die systemtechnische Voraussetzung eines aktiven Managements gelegt.

b) Melde- oder Warnsysteme

– *Exzeptionelle Berichterstattung:*
Bedingte Meldungen aufgrund vorgegebener oberer und unterer Schwellenwerte. Dabei ist die besondere Problematik der Schwellenwertbestimmung, die in vielen Fällen gar nicht genereller Natur sein kann, hervorzuheben.
– *Frühwarnsysteme:*
Nicht tatsächliche Ereignisse, sondern prognostizierte, d. h. erwartete tatsächliche Ereignisse sind in Verbindung mit den vorgegebenen Soll- und Schwellenwerten die Ausgangsbasis für eine Warnung, die so rechtzeitig kommt, daß noch Maßnahmen zum Abwenden des zu befürchtenden Ereignisses möglich sind.

2. Benutzeraktive Informationssysteme

a) Auskunfts- oder Abfragesysteme als reine Informations-Rückgewinnungssysteme

Aufgrund der Benutzeraktivität werden vorhandene und gespeicherte Informationen aufgerufen und in einer für den Benutzer geeigneten Form zur Verfügung gestellt. Hier ist ganz deutlich zwischen der Zugriffszeit (response time) und der Aktualität der Datenbasis (z. B. Echtzeitbasis) zu unterscheiden.

b) Auskunfts- oder Abfragesysteme zur Datenrückgewinnung, verbunden mit Auswertungsprozeduren

Die verfügbaren Daten können nach angegebenen Zielen und aufgrund vorbestimmter oder auszuwählender Methoden aufbereitet und so einer Benutzeraufgabenstellung entsprechend verfügbar gemacht werden.

3. Generator- und benutzeraktive Informationssysteme

Bei *Dialogsystemen* muß eine wechselseitige Aktivität möglich sein. Tritt der Computer als Informa-

tionsgenerator auf, so muß er über problemklassenspezifische Stop- und Rückfrageroutinen, wie z. B. bei einem Suchprozeß im Rahmen der Dokumentenanalyse, verfügen. Die Aktivitäten des Benutzers sind hier aber nicht nur auslösende Bestandteile, sondern wesentliche Teilaufgabenerfüllungen in diesen computer-gestützten Mensch-Maschine-Kommunikationssystemen. Dialogsysteme treten immer mehr in den Vordergrund des Interesses.

VII. Anforderungen an die Gestaltung von Informationssystemen

Als generelle Anforderung mag die *evolutionäre Gleichgewichtsthese* gelten, derzufolge alle Elemente im Entwicklungsprozeß auf eine qualitativ abgestimmte Übereinstimmung gebracht und Verbesserungen der Informationssysteme in kleinen Schritten vorgenommen werden sollten. Dabei muß stets die Wirkung für den Benutzer und dessen Effizienz als Entscheidungsträger im Vordergrund stehen, die ökonomisch zweckgerechte Lösung der datenverarbeitungstechnischen Probleme muß sich dem anschließen. Detaillierte Anforderungen betreffen die einzelnen realen Elemente (Generator, Benutzer), die Software (Programmsysteme) sowie die einzelnen Wissens- und Sprachkomponenten. Während den DV-technischen Aspekten bei der → *Systemanalyse* und -*planung* meist sehr große Aufmerksamkeit gewidmet wird, finden die informationellen Interpretationsebenen und vor allem das Interpretations- und Entscheidungsverhalten der Benutzer nicht genügend Beachtung (→ *Informationsverhalten*).

Literatur: Köhler, R.: Theoretische Systeme der Betriebswirtschaftslehre im Lichte der neueren Wissenschaftslogik. Stuttgart 1966 – *Langefors, B.:* Theoretical Analysis of Information Systems. 2 Bde, Lund 1966 – *Prince, Th. R.:* Information Systems for Management Planning and Control. Homewood, Ill. 1966 – *Ackoff, R. L.:* Management Misinformation Systems. In: Man. Sc., Vol. 14 1967, S. B–147 – B–156 – *Dearden, J.* u. *W. F. McFarland:* Management Information Systems. Homewood, Ill. 1967 – *Martino, R. L.:* Betriebliche Informationssysteme. In: F B, 16. Jg 1967, H. 3/4, S. 85–93 – *Meadow, Ch. T.:* The Analysis of Information Systems. New York 1967 – *Rosove, P. E.* (Hrsg.): Developing Computer-based Information Systems. New York, London u. Sydney 1967 – *Amstutz, A. E.:* The Evolution of Management Information Systems. In: European Business, Juli 1968, S. 24–33 – *Kriebel, C. H.* u. *R. L. van Horn* (Hrsg.): Management Information Systems. Progress and Perspectives. Pittsburgh 1968 – *Lutz, Th.* u. *H. Beutler:* „Management Information Systems" (MIS). Begriffe und Konzeption für Management-Informationssysteme. In: IBM-Nachr., 18. Jg 1968, S. 370 ff. – *Poensgen, O. H.:* Möglichkeiten und Grenzen elektronischer Informationssysteme. In: Entscheidung und Information, hrsg. v. *G. Menges.* Frankfurt/M. u. Berlin 1968, S. 79–102 – *Roelle, H.:* Konzeptionen für die Gestaltung von Management Informations Systemen. BIFOA-Arbeitsbericht 68/3. Köln 1968 – *Sage, D. M.:* Information Systems: A brief look into history. In: Datamation, Vol. 14 1968, No. 11, S. 63–69 – *Szyperski, N.:* Unternehmungsinformatik. Grundlegende Überlegungen zu einer Informationstechnologie für die Unternehmung. BI-

FOA-Arbeitsbericht 68/2. Köln 1968 – *Walz, D.:* Allgemeine Voraussetzungen zur Gestaltung des Informationssystems in einem Unternehmen. In: ZfO, 37. Jg 1968, S. 16–23 – *Will, H. J.:* Betriebliche Informationssysteme. Versuch einer intelligenztechnischen Definition. In: ZfbF, 20. Jg 1968, S. 648–669 – *Zannetos, Z. S.:* Toward Intelligent Management Information Systems. In: Ind. Man. R, Vol. 9 1968, No. 3, S. 21–37 – *Blumenthal, Sh. C.:* Management Information Systems. A framework for planning and development. Englewood Cliffs 1969 – *Diamond, D. S.:* A Model for Information System Design, Evaluation, and Resource Allocation. Diss., Boston MIT 1969 – *Langefors, B.:* Management Information System Design. In: IAG Quarterly, Vol. 4 1969, S. 7–17 – *Szyperski, N.:* Management Science and Management Information Systems. In: IAG Quarterly, Vol. 2 1969, No. 4, S. 81–95 – *Tricker, R. I.:* Management Information Systems. An ann. bibliography. London 1969 – *Zettl, H.:* Der Prozeß der Entwicklung und Einführung betriebswirtschaftlicher Informationssysteme. Diss., München 1969 – *Frese, E.:* Zur wirtschaftlichen Gestaltung komplexer Informationssysteme. In: Die Wirtschaftlichkeit automatisierter Datenverarbeitungssysteme, hrsg. v. *E. Grochla.* Wiesbaden 1970 – *Krauss, L. I.:* Computer-based Management Information Systems. 2. A., New York 1970 – *Wild, J.:* Input-, Output- und Prozessanalyse von Informationssystemen. In: ZfbF, 22. Jg 1970, S. 50–75 – *Brightman, R. W.:* Information Systems for Modern Management. New York 1971 – *Buss, D.* (u. a.): Stand und Entwicklungstendenzen von Management-Informationssystemen in der BRD. BIFOA-Arbeitsbericht 71/3. Köln 1971 – *Dworatschek, S.:* Management-Informations-Systeme. Organisationskybernetische Aspekte. Berlin u. New York 1971 – *Fasshauer, R.:* Informationssysteme in Wirtschaft und Verwaltung. Neuwied u. Berlin 1971 – *Goldberg, W.* (u. a.) (Hrsg.): Management Information Systems. Selected Papers from MIS Copenhagen 70. An IAG Conference. Princeton (u. a.) 1971 – *Grochla, E.:* Forschung und Entwicklung auf dem Gebiet der Informationssysteme als Aufgabe der Betriebswirtschaftslehre. In: ZfB, 41. Jg 1971, S. 563–582 – *Grochla, E.* u. *N. Szyperski* (Hrsg.): Management-Informationssysteme. Eine Herausforderung an Forschung und Entwicklung. Wiesbaden 1971 – *Kaufmann, O.:* Systemes d' information et structures d' organisation. Etude analogique. Bruxelles 1971 – *Koreimann, D. S.:* Methoden und Organisation von Management-Informations-Systemen. Berlin u. New York 1971 – *Lutterbeck, E.* (Hrsg.): Dokumentation und Information. Auf dem Weg ins Informationszeitalter. 27 Fachleute berichten über Probleme und Methoden, über den gegenwärtigen Stand und zukünftige Entwicklungen. Frankfurt/M. 1971 – *Mans, G.* (u. a.): Annotierte Bibliographie „Management Informationssysteme". Teil 1 u. 2. BIFOA-Arbeitsbericht 71/4. Köln 1971 – *McRae, Th. W.:* Management Information Systems. Selected Readings. Harmondsworth 1971 – *Murdick, R. G.* u. *J. L. Ross:* Information systems for Modern Management. Englewood Cliffs 1971 – *Szyperski, N.:* Vorgehensweise bei der Gestaltung computer-gestützter Entscheidungssysteme. In: Computer-gestützte Entscheidungen in Unternehmungen, hrsg. v. *E. Grochla.* Wiesbaden 1971, S. 39–64 – *Szyperski, N., F. Meller* u. *H. Roelle:* Modellgestützte Management-Informations-Systeme in den USA. Erfahrungen und Entwicklungstendenzen. BIFOA-Arbeitsbericht 71/1. Köln 1971 – *Gabele, E.:* Die Entwicklung komplexer Systeme. Elemente einer Theorie der Gestaltung von Informations- und Entscheidungssystemen in Organisationen. Diss., Mannheim 1972 – *Kanter, J.:* Management-oriented Management-Information-Systems. Englewood Cliffs 1972 – *Lindemann, P.* u. *K. Nagel* (Hrsg.): Management-Informationssysteme. Beiträge aus der Praxis. Neuwied u. Berlin 1972 – *Meindl, U.:* Überlegungen zur Informationsbedarfsanalyse bei der Entwicklung von Informationssystemen. München-Pullach u. Berlin 1972 – *Witte, E.* (Hrsg.): Das Informationsverhalten in Entscheidungsprozessen. Tübingen 1972 – *Dreger, W.:* Management-Informationssysteme. Systemanalyse und Führungsprozeß. Wiesbaden 1973 – *Grochla, E.:* Gestaltung und Überwachung computergestützter Informationssysteme zur Unterstützung des Managements im Entscheidungsprozeß. In: Zeitschrift Interne Revision, 8. Jg 1973, S. 1–17 – *Hansen, H. R.* u. *M. P. Wahl* (Hrsg.): Probleme beim Aufbau betrieblicher Informationssysteme. Beiträge zum Wirtschaftsinformatiksymposium 1972 der IBM Deutschland. München 1973 – *Lutz, Th.:* Das computerisierte Informationssystem (CIS). Eine methodische Einführung. Berlin u. New York 1973 – *Schmitz, P.:* Computergestützte Management-Informationssysteme. In: Unternehmungsführung. Festschrift für Erich Kosiol zu seinem 75. Geburtstag, hrsg. v. *J. Wild.* Berlin 1974, S. 465–484.

Norbert Szyperski

Informationstheorie (nachrichtentechnische)

[s. a.: Information; Informationssysteme; Informationswesen, Organisation des; Kommunikation; Kybernetik; Organisation und Organisationsstruktur; Organisationsplanung.]

I. Begriff und Grundfragen; II. Beschreibung einer Anwendung; III. Ausblick.

I. Begriff und Grundfragen

Die Informationstheorie im Sinne von *Shannon* und *Wiener* beschäftigt sich mit dem statistischen Verhalten von *Signal- und Symbolfolgen,* die über einen gestörten *Kommunikationskanal* transportiert werden, beziehungsweise mit der optimalen *Speicherung von Informationen* unter Verwendung physischer Medien.

Sowohl der Name „Informationstheorie" als auch der *Entropiebegriff* für nachrichtentechnische Einsatzkoeffizienten ist irreführend und hat auf dem Anwendungssektor dieser Theorie einiges Unheil angerichtet. Mittlerweile ist diese Theorie in den Händen der Formalwissenschaftler zum „mathematischen Objekt" erklärt und dergestalt der Anwendbarkeit noch mehr entrückt worden.

Trotzdem ist die (nachrichtentechnische) Informationstheorie für die Konzipierung einer *Meßtheorie von Organisationsstrukturen* bemerkenswert.

Es zeigt sich nämlich, daß die *Bit-Statistik* (*Shannon*) zur *Varietätsstatistik* (*Ashby*) strukturell isomorph ist und zwar entsprechen den

$$(1) + (1) + \ldots + (1) = (n) \quad \text{Binärentscheidungen (Shannon)}$$

$$\updownarrow \updownarrow \updownarrow \updownarrow \quad \text{Zuordnungen} \quad \updownarrow \updownarrow \updownarrow \updownarrow$$

$$(2) \times (2) \times \ldots \times (2) = (2^n) \quad \text{unterscheidbare Zustände (Ashby).}$$

Die Informationstheorie verfügt über eine große Anzahl aktueller Theoreme, die bei entsprechender Interpretation auch auf eine strukturkonforme Organisationstheorie übertragbar sind (→ *Organisation und Organisationsstruktur*). Interessanterweise ist das *ästhetische Maß* von *Birkhoff*, ein Index, der das Ordnungsverhalten (Gehalt an Isomorphismen) zur Komplexität des Systems (oder der effektiven Varietät) in Beziehung setzt, durchaus geeignet, den *Grad der Organisiertheit* so abzuschätzen, daß dieses Verhältnismaß für systemtheoretische Kriterien sinnvoll herangezogen werden kann (→ *Systemtheorie*).

Der axiomatische Aufbau der klassischen Informationstheorie ist für metasprachliche Zwecke geeignet, aber für ein objektsprachliches Verständnis unbrauchbar. In sachlogischer Hinsicht genügt es, einen Erhaltungssatz der Unterscheidungsinformationen (*Bilanzaxiom der Informationstheorie*) und die virtuell maximale Dekodierbarkeit der verschlüsselten Nachrichten zu fordern.

II. Beschreibung einer Anwendung

Ohne auf die Technik der optimalen beziehungsweise quasioptimalen Kodierung einzugehen, möge nunmehr eine „betriebswirtschaftliche" Einführung in die nachrichtentechnische Informationstheorie skizziert werden. Das Beispiel ist so gewählt, daß eine *optimale Kodierung* des gesamten Prozesses möglich ist.

Ein Text der Länge m über ein n-wertiges Alphabet mit vorgegebener Häufigkeitsverteilung der Buchstaben soll in ein binäres (zweiwertiges) Standardalphabet mit Buchstabengleichverteilung so transponiert werden, daß bei minimaler Länge des verschlüsselten Textes der ursprüngliche Text eindeutig rekonstruierbar ist.

Der folgende Satz soll ohne Beweis hingestellt werden:

„Eine Menge M wohlunterscheidbarer Elemente der Kardinalzahl m kann durch eine Symbolmenge

$\sigma(M) = m \log m / \log 2 = m \, ld \, m$ als solche beschrieben werden." Mit „ld" wird der dyadische Logarithmus (Basis 2) bezeichnet.

Nun möge nach dem Merkmal A (dem Generalisat) eine Klassifikation durch die Spezifikate A_i, i = 1, 2, ... k mit den Belegungen $m(A_i) \equiv m_i$ so erfolgen, daß $\sum_{i=1}^{k} m_i = m$ gilt.

Der Symbolmengendefekt beträgt durch diese Klassifikation

$\sigma(A) = \sum_{i=1}^{k} m_i \, ld \, m_i$ und die Symbolmenge zur Kodierung der Statistik A ist sodann durch die Anzahl von

$\sigma(M) - \sigma(A)$ Symbolen gegeben.

Zum Beispiel

Merkmale	A_1	A_2	A_3	A_4	M
Häufigkeitsbelegung	4	2	1	1	8
Kode (optimal)	O	LO	LLO	LLL	.
Symbolmengen	8	2	0	0	24

Nach der obigen Formel folgen $\sigma(M) - \sigma(A)$ = 24 − 10 = 14 Symbole der Standardsprache und der ursprüngliche Text $A_1 A_1 A_3 A_2 A_1 A_4 A_1 A_2$ der Länge 8 (Symbole) erscheint als verschlüsselter Text 00LL0L00LLL0L0 der Länge 14 (Symbole) im binären Standardalphabet.

Shannons „Entropie" ist daher ein nachrichtentechnologischer Einsatzkoeffizient und besagt, wieviel Symbole im standardisierten Text im Durchschnitt auf ein Symbol des ursprünglichen Textes entfallen; hier etwa ist dieses Verhältnis H = 14/8 = 1.75. Diese Größe ist dimensionslos und faktisch keine Entropie. Die strukturelle Übereinstimmung mit der Entropie von *Boltzmann* hat zu vielen Fehldeutungen hingeführt.

Der kodierte Text soll nun über einen störungs- und verlustbehafteten Kanal transportiert werden, wobei die Empfangsstatistik sich wie folgt darbieten möge:

Merkmale	B_1	B_2	B_3	M
Häufigkeitsbelegung	4	2	2	8
Kode (optimal)	O	LO	LL	.
Symbolmengen	8	2	2	24

Die Textausgabe umfaßt daher
$\sigma(M) - \sigma(B)$ = 24 − 12 = 12 Symbole.
Der Kanal (Doppelquelle) sei ebenfalls durch eine Statistik erfaßt,

Merkmale	$A_1 B_1$	$A_2 B_2$	$A_2 B_3$	$A_3 B_2$	$A_4 B_3$	M
Häufigkeitsbelegung	4	1	1	1	1	8
Kode (optimal)	O	LOO	LOL	LLO	LLL	.
Symbolmengen	8	0	0	0	0	24

und der „*Kanaltext*" besitzt den Umfang von $\sigma(M) - \sigma(AB)$ = 24 − 8 = 16 Symbolen. Mit anderen Worten: der gestörte Kanal kann mit 16 Symbolen des Standardalphabetes beschrieben werden.

Die Doppelquelle (nachrichtentechnisches Einsatz-Ausstoß-System) kann durch eine Tabelle oder einen Graphen beschrieben werden; hier möge der *informationstheoretische Graph* den Kommunikationsvorgang erläutern.

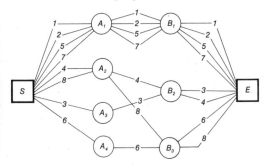

Die Kanten des Graphen sind durch die Kommunikationsfolge (Arbeitstakte) numeriert.

Wir entnehmen daraus, daß die Arbeitstakte 3, 4, 6, 8 infolge mehr-eindeutiger Zuordnung *Symbolverluste* verursachen, und die Arbeitstakte 4,8 infolge ein-mehrdeutiger Zuordnungen *Störsymbole* (Blindsymbole) in den Empfang einbringen.

Ergänzend wird das einschlägige Geschehen durch das nachstehende *Transformationsdiagramm* erläutert, wobei die Störungssymbole und Symbolverluste durch Sterne (*) gekennzeichnet erscheinen:

1. Sender	A_1	A_1	A_3	A_2	A_1	A_4	A_1	A_2
2. Kodierer	O	O	LLO	LO*	O	LLL	O	LO*
3. Kanal	O		LLO	LOO	O	LLL	O	LOL
4. Dekodierer	O	O	*LO	LO*	O	LL*	O	L*L
5. Empfänger	B_1	B_1	B_2	B_2	B_1	B_3	B_1	B_3

Nach dem Bilanzaxiom der Informationstheorie wäre das

Kommunikationskonto

Symboleinsatz	14	Symbolverluste	4
Störsymbole	2	Symbolausstoß	12
Systembeschreibung	16	Systembeschreibung	16

durch die entsprechenden Symbolanzahlen zu belegen:

	Symbolverluste: $\sigma(B) - \sigma(AB) = 12 - 8 = 4$ Symbole	
Symboleinsatz: $\sigma(M) - \sigma(A)$ $= 24 - 10$ $= 14$	Nutzsymbol-Durchsatz: $\sigma(M) - \sigma(A) -$ $-\sigma(B) + \sigma(AB) =$	

Symbole	$= 24 - 10 - 12$ $+ 8 = 10$ Symbole (Transinformation)	Smybolausstoß: $\sigma(M) - \sigma(B) =$ $= 24 - 12 = 12$ Symbole
Störsymbole: $\sigma(A) - \sigma(AB) =$ $= 10 - 8 = 2$ Symbole		

Systembeschreibung:
$\sigma(M) - \sigma(AB) = 24 - 8 = 16$ Symbole

Durch diese Darstellungsart ist der Kern der klassischen Informationstheorie von jeder Esoterik befreit.

In der Theorie einschlägiger Organisationsstrukturen entsprechen die Symbolverluste dem Gehalt an Homomorphismen (mehr-eindeutige Aktivitätszuordnungen) und die Störsymbole dem Gehalt an Polymorphismen (ein-mehrdeutige Aktivitätszuordnungen), ausgedrückt in geeigneten Varietätsmaßen. Diese Maße gehören der Klasse der strukturkonformen Mittelwerte an.

Der *Organisationsgrad* nach dem Konzept von *Birkhoff* ist somit gleichbedeutend mit dem Kehrwert des Produktes der beiden Organisationsmängel im effektiven Varietätsmaß, und das ist eine sehr plausible Definition.

III. Ausblick

Diese Theorie gewinnt besondere Bedeutung bei der Untersuchung linear-relationaler Systeme, zum Beispiel bei Prognosenrechnungen (→ *Prognose und Prognoseverfahren*) im Rahmen einer Ziel- und Zukunftsforschung oder einer Futurokybernetik unter Berücksichtigung zeitlich vor- und nacheilender Systemargumente. Als besonderes mathematisches Instrument treten hierbei die Generalinversen von *rechteckigen Matrizen* auf.

Auch das *statistische Planen und Auswerten von Versuchen* und die aussagenlogische Deutung von Versuchsplänen ist von hier aus systematisch begründbar, womit neue Ansätze zu einer problemangemessenen Informationstheorie nahegelegt werden.

Nicht zu vergessen wäre die Berücksichtigung der Merkmalsausprägungen und die damit verbundenen Invarianten der komplexen Systeme: Nominalskalen, Ordinalskalen, Intervallskalen, Verhältnisskalen, Differenzskalen und absolute Skalen (Zählskalen) sind durch bestimmte skalenerhaltende Transformationen operativ charakterisiert. Demzufolge ist der Organisationszustand nicht nur von den Zuordnungseigenschaften, sondern auch von den Merkmalsausprägungen der Systemaktivitäten abhängig, ein Ergebnis, das bisher die einschlägige → *Systemtheorie* noch zu wenig berücksichtigt hat.

Literatur: Adam, A.: Messen und Regeln in der Betriebswirtschaft. Würzburg 1959 – *Meyer-Eppler, W.:* Grundlagen und Anwendungen der Informationstheorie. Berlin 1959 – *Zemanek, H.:* Elementare Informationstheorie. Wien u. München 1959 – *Adam, A.:* Informationstheorie und Entscheidungspraxis. In: Betriebsanpassung und Unternehmerentlastung, hrsg. v. d. D. G. f. Betriebswirtschaft, Berlin 1960, S. 81 ff. – *Jaglom, A. M.* u. *I. M. Jaglom:* Wahrscheinlichkeit und Information. Berlin 1960 – *Shannon, C. E.* u. *W. Weaver:* The Mathematical Theory of Communication. Urbana 1962 (1. A. 1949) – *Cherry, C.:* Kommunikationsforschung – eine neue Wissenschaft. o. O. 1963 – *Neidhardt, P.:* Informationstheorie und automatische Informationsverarbeitung. Stuttgart 1964 – *Henze, E.:* Einführung in die Informationstheorie (Beiheft 3 zur Elektronischen Datenverarbeitung). Braunschweig 1965 – *Kramer, R.:* Information und Kommunikation. Berlin 1965 – *Pastoors, H.:* Die Informationswirtschaft industrieller Unternehmungen. Diss. Köln 1965 – *Coenenberg, A. G.:* Die Kommunikation in der Unternehmung. Wiesbaden 1966 – *Fano, R. M.:* Informationsübertragung. München 1966 – *Fey, P.:* Informationstheorie. Berlin 1966 – *Adam, A.:* Informationstheorie. In: HWO, Stuttgart 1969, Sp. 707–714 – *ders.:* Von der Erhaltung der Information. Utrecht 1972.

Adolf Adam

Informationsverhalten

[s. a.: Betriebsinformatik; Datenverarbeitung; Entscheidungsprozesse; Information; Informationsbedarf; Kommunikation; Verhaltenswissenschaften und Betriebswirtschaftslehre.]

I. Nachricht und Information; II. Informationsverhalten; III. Komponenten des Informationsverhaltens; IV. Effizienz des Informationsverhaltens; V. Bedingungen des Informationsverhaltens; VI. Vitalisierung des Informationsverhaltens.

I. Nachricht und Information

Als *Nachrichten* werden Zeichen(kombinationen) verstanden, die in Form von Symbolen und Signalen optisch oder akustisch wahrnehmbar sind (*Zemanek* 1956, 1959; *Adam* 1959; *Cherry* 1963).

Zur → *Information* werden Nachrichten durch zweierlei Eigenschaften: Sie besitzen für den Nachrichtenempfänger *Zweckbezug* und sie erhöhen seinen *Wissensstand* (*Wittmann* 1959, 1969). Demgemäß ist nur der nichtredundante Teil von Nachrichten als Information zu bezeichnen (*Mirow* 1969). Angesichts der Subjektgebundenheit des Zweckbezuges sowie des vorhandenen Vorwissens beim Nachrichtenempfänger wird deutlich, daß Information nur im Zusammenhang mit dem menschlichen Informationsträger gesehen werden kann (pragmatische Dimension des Informationsproblems). Die nachrichtentechnische Abbildung (*Shannon* u. *Weaver* 1949) des Wissensin-

haltes in Zeichen (syntaktische und semantische Dimension) tritt bei der notwendigen verhaltenswissenschaftlichen Betrachtung des Informationsproblems zurück (→ *Informationstheorie, nachrichtentechnische*).

Das Informationsproblem hat in jüngster Zeit durch den Einsatz von automatisierten Instrumenten in Informations- und Kommunikationsprozessen erhöhte Bedeutung erlangt (→ *Datenverarbeitung*). Den höchsten Rang moderner Informationssysteme erreicht in dieser Entwicklung der *Mensch-Maschine-Dialog*. Dabei tritt eine Verschiebung des Entwicklungsengpasses von der Hardware zur Software und schließlich zur sog. „Behaveware" des Menschen in Erscheinung. Das *menschliche Informationsverhalten* rückt in den Mittelpunkt der Informationsforschung (*Bierfelder* 1968; *Grochla* u. *Szyperski* 1971; *Witte* 1972).

II. Informationsverhalten

Informationsverhalten ist das auf Information gerichtete Tun und Unterlassen von Menschen. Es umfaßt die Entgegennahme, die Verarbeitung sowie die Abgabe von Informationen. Informationsverhalten vollzieht sich also *intra*personal und *inter*personal. Als Betrachtungseinheiten sind demzufolge Einzelpersonen, Gruppen und organisierte Institutionen einzubeziehen.

Natürliches Mitteilungsbedürfnis und Wissenstrieb des Menschen bilden zusammen mit der Mehrpersonalität sozialer Situationen Grundbedingungen für die Tatsache des Informationsverhaltens. Hinzu treten Rollenerwartungen, denen sich Personen in solchen Aufgabensituationen gegenübersehen, die der soziale Arbeitskontext an sie stellt (→ *Betriebssoziologie*). Auch die Zufriedenstellung derartiger Erwartungen verursacht bei den betroffenen Einzelpersonen Informationsverhalten (→ *Motivation*).

Daneben wird Informationsverhalten veranlaßt durch die arbeitsteilige *formale* Struktur moderner Organisationen (→ *Organisation und Organisationsstruktur*). Der Funktionentrennung (*Kosiol* 1962) entspricht als regulatives Pendant die geregelte → *Kommunikation* zwischen getrennten, aber untereinander arbeitsabhängigen Stellen. Dafür sieht der aufbauorganisatorische Rahmen definitive Kommunikationswege als offizielle Kanäle für die Lenkung arbeitsbezogener Informationsströme vor (*Holzinger* 1962; *Kramer* 1965). Die Wege orientieren sich nicht nur an hierarchischen Leitungslinien, sondern auch an funktionalen Zusammengehörigkeiten (→ *Aufbauorganisation*). Sie gewährleisten *Koordinationsverbindungen* zwischen Kommunikationszentren, die parallel zueinander verschiedene Aufgabenerfüllungsprozesse abwickeln: materielle Produktionsprozesse und geistige Leistungsprozesse.

Informationsverhalten begleitet alle Arbeitsprozesse, um sie zielgerichtet zu steuern, zu kontrollieren und aufeinander abzustimmen. Der formale Kommunikationsvorgang wird durch *informales* Informationsverhalten außerhalb offizieller Dienstwege ergänzt.

Als logischer Ausgangspunkt aller Problemlösungsprozesse bietet sich der objektive → *Informationsbedarf* an (*Berthel* u. *Moews* 1970). Er ist aus der inhaltlichen Struktur eines zu lösenden Problems abzuleiten (Parameter in Problemlösungsmodellen). Berücksichtigt man das Vorwissen des menschlichen Funktionsträgers, so gliedert sich der Informationsbedarf in einen subjektiv bereits gedeckten und einen noch zu deckenden Teil. Je höher der bereits gedeckte Teil ist, desto höher ist der realisierte Informationsgrad (das Verhältnis von Informationsstand und Informationsbedarf).

Auch der noch zu deckende Teilbedarf enthält eine *subjektive* Komponente. Der Funktionsträger strebt nicht zwingend eine vollständige Deckung an, sondern begnügt sich mit einer *hinreichenden Bedarfsdeckung*, die ihm zur Handlungsbereitschaft ausreicht (*March* u. *Simon* 1958; *Cyert* u. *March* 1963). Im übrigen ist davon auszugehen, daß der menschliche Problemlöser seinen (objektiven) Informationsbedarf nicht vollständig kennt. Dies mag einmal auf unvollständige Definition der Problemsituation zurückzuführen sein, zum anderen auf mangelnde Transparenz der Aufgabenerfüllung anderer Funktionsträger sowie auf die objektive Unmöglichkeit, Gewißheit über zukünftige Daten zu erhalten (→ *Ungewißheit und Unsicherheit*).

Die Erfassung des Informationsbedarfs ist wissenschaftlich bisher nur unzureichend gelöst. Der Grund hierfür ist in dem abstrakten Charakter des Informationsbedarfs zu suchen, der sich in keinen meßbaren Verhaltensweisen niederschlägt.

Das Informationsproblem hat dominante Bedeutung innerhalb der → *Entscheidungstheorie* gewonnen. Der Zusammenhang von Information und Entscheidung wird dadurch betont, daß man Informationen als „Einsatzgüter" oder „Rohstoffe" von Entscheidungsprozessen bezeichnet (*Beckmann* 1956; *Bierfelder* 1968). Da im übrigen Klarheit darüber besteht, daß die Regelung und Steuerung der Unternehmung über Entschlüsse erfolgt, sieht die Wissenschaft in der → *Information* das grundlegende Element der Erhaltung und Fortentwicklung jeder Unternehmung. Mit der Konzeption, daß eine Entscheidung durch Informationen aufgebaut wird (*Baustein*-Erklärung), wird der Effizienz-Bezug zwischen Information und Entscheidung hergestellt: Die Baustein-Erklärung behauptet einen positiven Zusammenhang zwischen Informationsmenge und Entscheidungsqualität (*Wittmann* 1959, 1969; *Meltzer* 1967; *Witte* 1972).

Neben der Bausteinfunktion erfüllen Informa-

tionen einen *psychologischen Zweck:* Sie reduzieren die subjektive *Unsicherheit* (Ungewißheit) von Entscheidungsträgern   (*Reduktoren*-Erklärung). Denn Wissen verleiht Sicherheit. Sogar vom wiederholten Zugang derselben Nachricht geht noch eine solche Wirkung aus, weil auch das Wissen, daß man alles Nötige weiß, dabei hilft, Unsicherheit abzubauen (*Mayntz* 1958). Unsicherheit ist aber gerade das charakteristische Merkmal für eine Problemsituation, die durch *Entscheidung* gelöst werden soll. Sie wirkt als subjektiv empfundenes Gefühl beteiligter Entscheidungspersonen. Mit der Reduktoren-Erklärung wird daher der Blick über die rein intellektuell-kognitive (Wissens-)Wirkung der Information hinaus auf die subjektiv-psychologische → *Motivation* des Informationsverhaltens ausgedehnt.

Da Unwissenheit und Ungewißheit in der Entscheidungsrealität niemals den Wert Null annehmen – sonst läge keine Entscheidung vor –, gilt für die Entscheidungstheorie die prinzipielle Prämisse: Entscheidungen verlaufen unter *unvollkommener Information* (*Wittmann* 1959; *Coenenberg* 1966).

III. Komponenten des Informationsverhaltens

Informationsverhalten sucht den Zustand der unvollkommenen Information zu verringern. Auf der Grundlage des subjektiv erkannten und noch nicht durch Vorwissen gedeckten Informationsbedarfs entwickelt sich die *Informationsnachfrage*. Bei diesem Verhaltensvorgang artikulieren Personen(gruppen) Fragen, die eine Deckung von Informationsbedarf begehren. Die Nachfrage wird an andere Personen oder automatisierte Datenspeicher gerichtet. Das Begehren zielt auf *Informationsversorgung*. Es signalisiert beim Nachfragenden *Informations-Verarbeitungsbereitschaft*. Der Informationsnachfrage steht ein *Informationsangebot* gegenüber, das durch Personen oder automatisierte Datenspeicher *potentielle Informationsversorgung* bereithält. Unter dem Verhaltensaspekt entsteht hier das Problem, welches der beiden Phänomene die *aktive Komponente* darstellt: Die Nachfrage kann aggressiv auf das Angebot zukommen; das Angebot kann jedoch auch aggressiv Nachfrage auslösen wollen (→ *Informationssysteme*).

Im Zentrum des interpersonalen Teils von Informationsprozessen steht die *Übermittlung* von Informationen an Entscheidungsträger. Dabei kann die Versorgung auf Deckung einer artikulierten Nachfrage gerichtet sein, andererseits aber auch ungefragte Informationen umfassen. Geht die Versorgung *mengenmäßig* über die Nachfrage oder sogar über die Verarbeitungskapazität hinaus, so liegt die Situation des „*information overload*" vor (*Roby* u. *Lanzetta* 1957; *Miller* 1962; *Ackoff* 1970).

Der letzte Schritt im Gesamtprozeß besteht in der *Verarbeitung* (Transformation) der Information zum problemlösenden Entschluß. Dieser intrapersonale Vorgang ist wiederum schwer meßbar, da er über keinen von außen beobachtbaren Verhaltensvorgang zugänglich ist.

Die betriebswirtschaftliche Verhaltensforschung konzentriert sich auf die beobachtbaren und meßbaren prozessualen Vorgänge der *Informationsnachfrage,* des *Informationsangebotes* und der *Informationsversorgung.* Empirische Forschungsergebnisse zeigen, daß der Anteil an Informations-Aktivitäten im Durchschnitt 54% der Gesamtaktivitäten eines Entscheidungsprozesses ausmacht (*Grün, Hamel* u. *Witte* 1972). Eine tiefergehende Analyse ergibt, daß die Informationsaktivitäten zu mehr als zwei Dritteln aus Versorgungsaktivitäten bestehen.

Nehmen wir die Informationsnachfrage zum Maßstab für die *gewollte Versorgung,* so lassen die vorliegenden Felduntersuchungen den Schluß zu, daß eine *Überversorgung* mit Informationen vorliegt. Die zulässige Alternativfolgerung könnte lauten: Die Informationsnachfrage ist unvollkommen. Eine solche Aussage setzt voraus, den objektiven Informationsbedarf in die Überlegung einzubeziehen und ihn mit der tatsächlich geäußerten Nachfrage zu konfrontieren.

Das Informations*experiment* bietet die geeignete Forschungsanordnung, um den Deckungsgrad von objektivem Informationsbedarf und Informationsnachfrage festzustellen. Im Verhaltensexperiment konnte nachgewiesen werden, daß die Informationsnachfrage nur zwischen 6 und 11% des objektiv *deckbaren* Informationsbedarfs in Anspruch nimmt (*Witte* 1972; *Bronner, Witte* u. *Wossidlo* 1972). Damit wird als Schwachstelle sichtbar, daß nahezu 90% eines Informations-Versorgungssystems verhaltensbedingt ungenutzt bleiben.

Zur Realität des gemessenen Informationsverhaltens zählen im Rahmen einer erweiterten theoretischen Konzeption die Fragen: In welchem Systembezug stehen die Verhaltenskomponenten mit der *Effizienz* des Informationsprozesses (Entschlußqualität) und welche *Bedingungsvariablen* beeinflussen die Ausprägung des Informationsverhaltens.

IV. Effizienz des Informationsverhaltens

Soweit man der obengenannten generellen Effizienzbehauptung für Informationen folgt, die einen unmittelbaren positiven Zusammenhang zwischen Informationsmenge und Entscheidungs-Effizienz (Zielerreichungsgrad der Entscheidung; *Gzuk* 1973) annimmt, müßte auch eine generelle Effizienzhypothese des Informationsverhaltens vertreten werden. Sie würde lauten: Mit steigender Menge der Informationsaktivitäten wächst die Effizienz des erarbeiteten Entschlusses. Diese Hypothese unterscheidet nicht zwischen einzelnen Komponenten und Varianten des Informationsverhaltens. Es müßte also jedes „handling with information" einen Beitrag zur Effizienzsteigerung erbringen.

Empirische Studien haben jedoch belegt, daß eine derartige undifferenzierte Effizienzwirkung irgendeines Informationsverhaltens in der Realität nicht nachweisbar ist. Die beiden Variablen stehen in keinem durchgehend positiven Verhältnis zueinander.

Da die Gesamtinformations-Aktivitäten in Verhaltensweisen aufteilbar sind, die sich auf Informationsnachfrage und auf Informationsversorgung richten, können zwei Unterhypothesen formuliert werden. Die erste besteht aus dem Behauptungssatz, daß mit steigender *Informationsversorgung* die Effizienz der erarbeiteten Entschlüsse steigt. In Wissenschaft und Praxis wird diese Hypothese offensichtlich als richtig unterstellt, da alle Anstrengungen unternommen werden, die Entscheidungspersonen mit einem höheren Informationsgrad zu versorgen. Man glaubt, daß mit steigender Versorgungsaktivität Baustein auf Baustein der Information zusammengefügt wird, um dem Ideal der vollkommenen Information näherzukommen. Unsicherheitsreduktion vermutet man als verstärkende Erscheinung.

Dieser positiven Effizienzvermutung steht lediglich das Argument von der begrenzten Verarbeitungskapazität der Entscheidungsperson gegenüber (*Miller* 1956; *Kirsch* 1971). Daraus wird die Gegenhypothese entwickelt, daß eine Informationsversorgung, die über die Verarbeitungskapazität der Entscheidungsträger hinaus gesteigert wird, zu einer Effizienzminderung des Entschlusses führt (*Gilchrist, Shaw, Walker* 1954; *Schroder, Driver, Streufert* 1967; *Lanzetta, Roby* 1957). Dieser *Sättigungseffekt* des „information overload" kann naturgemäß nur für Versorgungsaktivitäten gelten, die die maximale Aufnahmefähigkeit der Entscheidungspersonen übersteigen. Bis zu diesem Maximum widerspricht die Sättigungshypothese nicht der allgemeinen Effizienzvermutung.

Empirische Befunde zeigen, daß sich ein signifikanter Zusammenhang zwischen Informationsversorgungsaktivität und Entschlußeffizienz nicht nachweisen läßt (*Witte* 1972). Diese Ergebnisse wecken starke Zweifel am Wahrheitsgehalt der Effizienzbehauptung unbedingter Informationsversorgung.

Wendet man sich der anderen Aktivitäts-Teilmenge – der *Informationsnachfrage* – zu, so lautet die diesbezügliche Effizienzvermutung: Die Menge der Informationsnachfrage-Aktivität steht in positivem Zusammenhang mit der Effizienz der erarbeiteten Entschlüsse. Diese Hypothese hat sich im empirischen Test *innovativer* Entscheidungsprozesse mit hinreichender Signifikanz bewährt (*Witte* 1972).

Die Gegenüberstellung der Informationsnachfrage-Aktivitäten mit den Versorgungsaktivitäten führt zum Gedanken des *Informations-Gleichgewichtes.* Es konnte nachgewiesen werden, daß die Entschlußeffizienz mit steigendem Ungleichgewicht sinkt (Überversorgung an Information). Informationsgleichgewicht steht demzufolge mit hoher Effizienz in Zusammenhang (*Witte* 1972).

Die Effizienz der Informationsnachfrage hat sich auch im Verhaltensexperiment unter *Laborbedingungen* bestätigen lassen. Hierbei wurde als Effizienz nicht lediglich die Entschlußqualität, sondern darüber hinaus der Gesamterfolg (Gewinn oder Verlust) im Rahmen von Unternehmungsplanspielen gemessen (*Witte* 1972; *Bronner; Witte* u. *Wossidlo* 1972).

Einen mehrstufigen Wirkungszusammenhang hat die *Kommunikationsnetz*-Theorie aufgedeckt. Spezifische Strukturen von Kommunikationsnetzen führen – in Abhängigkeit von der Komplexität der zu lösenden Probleme – zu prognostizierbaren Ausprägungen der Problemlösungs-Effizienz

(*Shaw* 1964) (→ *Gruppenverhalten im Betrieb*).
Das Informationsverhalten wirkt hier als intervenierende Variable.

V. Bedingungen des Informationsverhaltens

Sofern ein artspezifisches Informationsverhalten
oder eine gewünschte Menge an Informationsaktivitäten herbeigeführt werden sollen, ist zuvor nach
den Bedingungen des Informationsverhaltens zu
fragen. Die *Verhaltens-Beeinflussung* könnte an
der Variation dieser Bedingungen ansetzen. Im
Zusammenhang mit Effizienzüberlegungen ist
ausschließlich dasjenige Informationsverhalten
förderungswürdig, das nachgewiesene Effizienzeffekte hervorruft.

Als erstes sind *personale* Bedingungen zu nennen. In der sozialpsychologischen Forschung
konnten Persönlichkeitsvariablen isoliert werden,
die mit Art und Menge des Informationsverhaltens
in Zusammenhang stehen (*March* u. *Simon* 1958;
Lanzetta u. *Kanareff* 1962; *Kelley* u. *Thibaut*
1969). Eine Verbindung von Personenmerkmalen
zeigt sich in Gestalt von Promotorenkonstellationen in Innovationsprozessen. So strahlt das Gespann von Machtpromotor und Fachpromotor einen positiven Einfluß auf die Höhe der Informationsaktivität aus (*Witte* 1973). Aufgabeninterdependenz mehrerer Personen steht in engem
Zusammenhang mit erhöhter gemeinsamer Informationsaktivität der Aufgabenträger (*Lanzetta* u.
Roby 1957).

Der Bezug zu *organisatorischen* Bedingungen
wird vollends hergestellt, wenn die Kommunikationsnetz-Theorie beachtet wird. Bestimmte
Strukturtypen von *Kommunikationsnetzen* (*Shaw*
1964) sowie spezifische Typen organisatorisch
vorgegebener *Aufgabenstellungen* (*Morris* 1966)
führen zu prognostizierbarem Informationsverhalten. Dabei tritt im Zusammenhang mit der Aufgabenart eine weitere Bedingungsvariable in den
Vordergrund: Während habituelle, programmierbare Routineentscheidungen ein schwächeres Informationsverhalten auslösen, führen innovative
unternehmenspolitische Problemstellungen zu
tendenziell höherer Informationsaktivität. Dies
liegt in der aktivitätsauslösenden Ungewißheitssituation innovativer Problemstellungen begründet
(*Sieber* u. *Lanzetta* 1964).

Ein dritter Bedingungskomplex geht aus dem
ökonomischen Rahmen des Informationsverhaltens in Unternehmungen hervor: Informationsverhalten verursacht Kosten. Das *Kostenbewußtsein*
führt zu einer tendenziellen Dämpfung des Informationsverhaltens (*Lanzetta* u. *Kanareff* 1962).
Dieser Tendenz steht andererseits die Wertschätzung der Informationseffekte als positiver Impuls
gegenüber (*McDonough* 1963; *Wild* 1971). Unter
der Bedingung, daß sich Personen in Entscheidungsprozessen der Ertrags- und Kostenkompo

nente ihres Informationsverhaltens auch bewußt
werden, richten sie ihr Informationsverhalten nach
dem subjektiven Bewertungsergebnis des vermuteten Informationserfolges aus (*Albach* 1961, 1969;
Smith 1964). Die Existenz von *Zeitdruck* wirkt als
weitere restriktive Nebenbedingung auf das Informationsverhalten (*Bronner* 1973).

Selektives Informationsverhalten ist im Zeitbereich *nach* getroffenen Entschlüssen feststellbar. Es
wird durch die Theorie der *kognitiven Dissonanz*
erklärbar: Entscheidungspersonen vermeiden nach
ihrem Entschluß dissonanzerhöhendes Informationsverhalten, indem sie solche Informationen bevorzugen, die ihre Festlegung bestätigen (*Festinger*
1964).

Weitere beeinflussende Bedingungen des Informationsverhaltens sind *kontextualer* Natur: die
Größe der Unternehmung, die Existenz externer
Berater und der Konzerneinfluß (*Grün, Hamel* u.
Witte 1972; *Klein* 1973; *Knorpp* 1972). Dagegen
wurden für die Rechtsform und den Wirtschaftszweig bisher keine Zusammenhänge mit Ausprägungen des Informationsverhaltens festgestellt.

Ein *kontingenz*theoretischer Forschungsansatz
müßte in Zukunft dazu führen, daß das Auftreten
typischer Ausprägungen des Informationsverhaltens durch spezifische Bedingungskonstellationen
von personalen, organisatorischen, ökonomischen
und kontextualen Bestimmungsfaktoren erklärt
werden kann.

VI. Vitalisierung des Informationsverhaltens

Folgt man dem empirischen Nachweis der Effizienz von Informationsnachfrage-Aktivitäten, so
bietet sich – angesichts der unvollkommenen Informationsnachfrage – die verhaltensgerichtete
Maßnahme an, die Nachfrage durch *vitalisierende
Impulse* zu beeinflussen. Hierzu ist experimentell
erhärtet worden, daß eine Nachfragevitalisierung
durch persönliche Aufforderung nicht erreicht
werden kann. Informationsverhalten ist offensichtlich nicht befehlbar. Dagegen hat sich ein *werbendes Informationsangebot*, das Information
über verfügbare Informationsmöglichkeiten enthält, als nachfragebelebend erwiesen (*Witte* 1972;
Bronner, Witte u. *Wossidlo* 1972).

Literatur: Shannon, C.E. u. *W. Weaver* (Hrsg.): The
Mathematical Theory of Communication. Urbana, Ill.
1949 – *Gilchrist, J.C., M.E. Shaw* u. *L.C. Walker:* Some
Effects of Unequal Distribution of Information in a
Wheel Group Structure. In: Journal of Abnormal and
Social Psychology, Vol. 49 1954, S. 554–556 – *Beckmann, M.J.:* A flow model of communication. Towards
an Economic Theory of Information. Cowles Foundation
Discussion Paper No. 20, 1956 – *Lanzetta, J.T.* u. *T.B.
Roby:* Group Performance as a Function of Work Distribution and Task Load. In: Sociometry, Vol. 19 1956,
S. 95–104 – *Miller, G.A.:* The Magical Number Seven:
plus or minus two – Some Limits on our Capacity for
Processing Information. In: Psychological Review, Vol.

63 1956, S. 81–97 – *Zemanek, H.:* Informationstheorie. In: Ufo, 1. Jg 1956, S. 30–36 – *Lanzetta, J. T. u. T. B. Roby:* Group Learning and Communication as a function of Task and Structure ‚Demands'. In: Journal of Abnormal and Social Psychology, Vol. 55 1957, S. 121–131 – *Roby, T. B. u. J. T. Lanzetta:* Conflicting Principles in Man-Machine System Design. In: Journal of Applied Psychology, Vol. 41 1957, S. 170–178 – *March, J. G. u. H. A. Simon:* Organizations. New York u. London 1958 – *Mayntz, R.:* Die soziale Organisation des Industriebetriebes. Stuttgart 1958 – *Adam, A.:* Messen und Regeln in der Betriebswirtschaft. Würzburg 1959 – *Wittmann, W.:* Unternehmung und unvollkommene Information. Köln u. Opladen 1959 – *Zemanek, H.:* Elementare Informationstheorie, Wien u. München 1959 – *Albach, H.:* Entscheidungsprozeß und Informationsfluß in der Unternehmungsorganisation. In: Organisation. TFB – Handbuchreihe, 1. Bd, hrsg. v. *E. Schnaufer* u. *K. Agthe.* Berlin u. Baden-Baden 1961, S. 355–402 – *Holzinger, D.:* Die organisatorischen Verbindungswege und Probleme ihrer allgemeinen und gegenseitigen Abhängigkeiten in kaufmännischen Unternehmungen. Berlin 1962 – *Kosiol, E.:* Organisation der Unternehmung. Wiesbaden 1962 – *Lanzetta, J. T. u. V. T. Kanareff:* Information Cost, Amount of Payoff, and Level of Aspiration as Determinants of Information-seeking and Decision Making. In: Behavioral Science, Vol. 7 1962, S. 459–473 – *Miller, J. G.:* Information Input Overload. In: *Jovitz, M. C., G. T. Jacobi* u. *G. D. Goldstein* (Hrsg.): Selforganizing Systems. Washington 1962, S. 61–78 – *Cherry, C.:* Kommunikationsforschung – eine neue Wissenschaft. Frankfurt/M. 1963 – *Cyert, R. M. u. J. G. March:* A Behavioral Theory of the Firm. Englewood Cliffs, N. J. 1963 – *Mc Donough, A. M.:* Information Economics and Management Systems. New York 1963 – *Festinger, L.:* Conflict, Decision and Dissonance. Stanford, Cal. 1964 – *Shaw, M. E.:* Communication Networks. In: Advances in Experimental Social Psychology, hrsg. v. *L. Berkowitz,* Vol. 1 New York 1964, S. 111–147 – *Sieber, J. E.* u. *J. T. Lanzetta:* Conflict and Conceptual Structure as Determinants of Decision–making Behavior. In: Journal of Personality, Vol. 32 1964, S. 622–641 – *Smith, W. A. S.:* Effects of Differential Instructions of Value and Cost as Determiners of Decision. In: Perception and Motor Skills, Vol. 18 1964, S. 321–324 – *Kramer, R.:* Information und Kommunikation. Berlin 1965 – *Coenenberg, A. G.:* Die Kommunikation in der Unternehmung. Wiesbaden 1966 – *Kosiol, E.:* Die Unternehmung als wirtschaftliches Aktionszentrum. Reinbek bei Hamburg 1966 – *Morris, C. G.:* Task Effects on Group Interaction. In: Journal of Personality and Social Psychology, Vol. 4 1966, S. 545–554 – *Berthel, J.:* Informationen und Vorgänge ihrer Verarbeitung in der Unternehmung. Berlin 1967 – *Meltzer, M. F.:* The Information Center. Binghampton, N. Y. 1967 – *Schroder, H. M., M. J. Driver* u. *S. Streufert:* Human Information Processing. New York, Toronto u. London 1967 – *Bierfelder, W. H.:* Optimales Informationsverhalten im Entscheidungsprozeß der Unternehmung. Berlin 1968 – *Adam, A.:* Informationstheorie. In: HWO. Stuttgart 1969, Sp. 707–714 – *Albach, H.:* Informationswert. In: HWO. Stuttgart 1969, Sp. 720–727 – *Wittmann, W.:* Information. In: HWO. Stuttgart 1969, Sp. 699–707 – *Kelley, H. H.* u. *J. W. Thibaut:* Group Problem Solving. In: The Handbook of Social Psychology, hrsg. v. *G. Lindzey* u. *E. Aronson,* Vol. IV., Reading, Mass. 1969, S. 1–101 – *Mirow, H. M.:* Kybernetik. Wiesbaden 1969 – *Ackoff, R. L.:* Management Misinformation Systems. In: Computers and Management, hrsg.

v. *D. H. Sanders,* New York (u. a.) 1970, S. 19–29 – *Berthel, J.* u. *D. Moews:* Information und Planung in industriellen Unternehmungen. Berlin 1970 – *Grochla, E.* u. *N. Szyperski* (Hrsg.): Management-Informationssysteme. Wiesbaden 1971 – *Kirsch, W.:* Entscheidungsprozesse. II. Band: Informationsverarbeitungstheorie. Wiesbaden 1971 – *Wild, J.:* Zur Problematik der Nutzenbewertung von Informationen. In: ZfB, 41. Jg 1971, S. 315–334 – *Witte, E.:* Das Informationsverhalten in Entscheidungsprozessen. In: Das Informationsverhalten in Entscheidungsprozessen, hrsg. v. *E. Witte,* Tübingen 1972, S. 1–88 – *Grün, O., W. Hamel* u. *E. Witte:* Felduntersuchungen zur Struktur von Informations- und Entscheidungs-Prozessen. In: Das Informationsverhalten in Entscheidungsprozessen, hrsg. v. *E. Witte, Tübingen* 1972, S. 110–164 – *Bronner, R., E. Witte* u. *P. R. Wossidlo:* Betriebswirtschaftliche Experimente zum Informationsverhalten in Entscheidungsprozessen. In: Das Informationsverhalten in Entscheidungsprozessen, hrsg. v. *E. Witte,* Tübingen 1972, S. 165–203 – *Knorpp, J.:* Die Beeinflussung komplexer Entscheidungen in verbundenen Organisationen. Diss., Mannheim 1972 (Veröffentlichung in Vorbereitung: Tübingen 1974) – *Bronner, R.:* Entscheidungen unter Zeitdruck. Tübingen 1973 – *Gzuk, R.:* Die Messung von Effizienzen in Entscheidungsprozessen. Diss., München 1973 (Veröffentlichung in Vorbereitung: Tübingen 1974) – *Klein, H.:* Die Konsultation externer Berater in Innovationsprozessen. Diss., München 1973 (Veröffentlichung in Vorbereitung: Tübingen 1974) – *Witte, E.:* Organisation für Innovationsentscheidungen – Das Promotorenmodell. Göttingen 1973.

Eberhard Witte

Informationswesen, Organisation des

[s. a.: Information; Informationsbeschaffung; Informationssysteme; Informationsverhalten; Kommunikation; Organisation und Organisationsstruktur].

I. Grundlagen; II. Das Organisationsziel; III. Gestaltungsalternativen der Organisationsaufgabe; IV. Methoden des Organisierens.

I. Grundlagen

1. Begriffe

Das *Informationswesen,* auch „*Berichtswesen*", hier behandelt als Gegenstand organisatorischen Gestaltens, umfaßt alle Einrichtungen, Mittel und Maßnahmen eines Unternehmens oder Betriebes (hier synonym verwendet) zur Erarbeitung, Weiterleitung, Verarbeitung und Speicherung von → *Informationen* über den Betrieb und seine Umwelt. Informations- oder Berichtswesen bezeichnet also Strukturen und Abläufe (Prozesse) des Informationsaustausches (der → *Kommunikation*). Organisatorisch bedeutsam ist auch der engere Begriff (betriebliche) *Berichterstattung.* Darunter werden nur die Abläufe zur Vermittlung von Informationen über den Betrieb und seine Umwelt an inner- und außerbetriebliche Empfänger verstanden.

Die Organisation des Informationswesens ist

eine wesentliche Aufgabe der Leitungsorgane (*Blohm* 1970, *Schwarz* 1969). Damit nicht verwechselt werden darf die *Datenorganisation*, die nur eine Teilaufgabe darstellt. Darunter versteht man die Anordnung von gespeicherten Daten zum Zwecke ihrer schnellen Wiederauffindung (*Wedekind* 1970).

2. Der zu organisierende Aufgabenbereich

Das Informationswesen soll alle betrieblichen Stellen als Informationsgeber und -empfänger zu einem auf gemeinsame Ziele hinwirkenden Ganzen integrieren, den Betrieb mit seiner Umwelt verbinden und die Umwelt über betriebsrelevante Tatbestände und Zusammenhänge unterrichten, soweit es im Interesse des Betriebes liegt.

Letztlich geht es bei der Organisationsaufgabe, das Informationswesen in seinen Strukturen und Abläufen zu gestalten, darum, durch Schaffung geeigneter Voraussetzungen sicherzustellen, daß der Informationsaustausch zielorientiert erfolgt. Ausgehend von der Frage: „Wozu ist zu berichten?" sind generell oder von Fall zu Fall die weiteren Fragen zu beantworten: „Was soll wann (oder unter welchen Umständen), wie, von wem an wen berichtet werden?"

Die Möglichkeiten des Organisierens sind zunächst von der Variabilität der Informationsvorgänge abhängig. Mit zunehmender Variabilität nimmt die Möglichkeit, zu sinnvollen generellen Festlegungen zu gelangen, ab. Weiterhin ist der bestehende Freiheitsgrad bedeutsam. Dieser ist vor allem davon abhängig, ob weitgehend selbständige (nicht gebundene) Informationsprozesse vorliegen (z.B. Erarbeitung spezieller Entscheidungsunterlagen), oder ob es sich um gebundene bzw. die Leistungsvorgänge begleitende Informationsprozesse handelt (z.B. die in Vollzugsunterlagen wie den Begleitpapieren beim Fertigungsprozeß vermittelten Informationen).

Völlig isolierbar aus dem Leistungsbereich ist das Organisieren des Informationswesens nur gedanklich.

II. Das Organisationsziel

Allgemeines Ziel organisatorischen Gestaltens ist es, Strukturen und Abläufe zu „optimieren". Dieses Orientierungsziel wird für den Organisator erst durch Vorgabe konkreter Teilziele praktikabel. Für das Informationswesen anzustreben im Sinne eines *Anforderungskataloges* ist der folgende Entwicklungsstand der wichtigsten aus dem Orientierungsziel abgeleiteten Teilziele:

– Der erforderliche, wirtschaftlich vertretbare → *Informationsbedarf* für jeden betrieblichen Aufgabenbereich bis zu dem einzelnen Aufgabenträger wird laufend ermittelt.
– Die Aufgabenträger aller Stufen sind bemüht und auch fähig, die ihnen übermittelten Informationen sinngemäß zu verwerten.

– Für die Berichterstattung ist nicht primär der Rhythmus der Ausarbeitung, sondern der Rhythmus der Auswertungsnotwendigkeit maßgebend. Dementsprechend werden nur solche Informationen, die der allgemeinen Unterrichtung und als „Auslöser" bestimmter Entscheidungen oder Handlungen dienen, ohne Anforderung im Einzelfall, in der Regel laufend, zu bestimmten Terminen, den Empfängern zugeleitet. Alle anderen Informationen (insbesondere Entscheidungsunterlagen) werden zum Abruf in Speichersystemen bereitgehalten (s. a. → *Informationsbeschaffung*).
– Die Betriebe sind, soweit erforderlich, an überbetriebliche Informationsspeicher angeschlossen.
– Das Informationswesen ist weitgehend entstört. Man kann sich in hohem Maße darauf verlassen, daß weder durch subjektiv unbewußte noch durch subjektiv bewußte, noch durch objektive Störungen Fehlerquellen gegeben sind.
– Das Informationswesen ist ein *lernendes (Sub)-System*, das sich durch gezielte Auswertung von Rückmeldungen schrittweise optimalen Formen, Inhalten und Methoden annähert (→ *Systemtheorie*).

Die gegenwärtigen Bestrebungen zur inhaltlichen Gestaltung des Informationswesens zielen darauf ab, die verschiedenen klassischen Zweige (insbes. des → *Rechnungswesens*) mit den neueren Komponenten wie Marktprognosen, technische Prognosen, usw. zu einem aussagefähigen Gesamtsystem, z.B. einem *Integrierten Management-Informationssystem* zu verbinden.

III. Gestaltungsalternativen der Organisationsaufgabe

Zur organisatorischen Hinwirkung auf die im Anforderungskatalog genannten Teilziele sind zunächst die Fragen zur Organisation des Organisierens zu klären, wie: wer soll den Istzustand aufnehmen, den Sollzustand konzipieren, den Sollzustand durchsetzen, für die laufenden Soll-Ist-Vergleiche organisatorischer Art (also für den Lernprozeß) verantwortlich sein? Eine Zentralfrage hierbei ist es, welche Organisations-Teilaufgaben zentralisiert und welche dezentralisiert werden sollen, und wieweit die Organisationsaufgabe mit der Berichtsaufgabe oder auch mit anderen Aufgaben [wie z.B. → *Rechnungswesen, Controller, Innenrevision* (→ *Revision, interne*)] verbunden werden soll. Einige typische Lösungsmöglichkeiten sind: Schaffung der Stelle eines *Berichtskoordinators*, Einrichtung eines *Informationszentrums*, Einrichtung einer *Zentralstelle für das Berichtswesen*.

1. Berichts-Koordinator

Der *Berichtskoordinator* hat die Aufgabe, alle

neuen, wiederkehrenden Berichte auf ihre Zweckmäßigkeit zu beurteilen und für ihren sinnvollen Einbau in das bestehende Berichtssystem zu sorgen. Der Berichtskoordinator dient vor allen Dingen der Verbesserung der von den Leistungsprozessen weitgehend unabhängigen Berichterstattung. Er kann nur erfolgreich arbeiten, wenn eine Reihe flankierender Maßnahmen ergriffen werden; z.B.: alle bestehenden Berichte mit einem Code zu versehen und in einer *Berichtsdatei* zu speichern.

2. Informationszentrum

Das *Informationszentrum* stellt eine Fortentwicklung des bereits in den 30er Jahren bei Du Pont de Nemours verwirklichten Gedankens dar, Führungsinformationen zentral, damit koordiniert, zu speichern und zugänglich zu machen. Die Informationen werden z.B. in einem „chart room" bereitgehalten, können in Form von graphischen Darstellungen und Tabellen vervielfältigt und für Konferenzen als Unterlagen geliefert werden. Das Zentrum soll als „Informationsschau" eine zentrale Übersichtsinformation gewährleisten, als Beratungszentrum der weiteren Informationssuche dienen und auch Verwertungsstelle für kritische Rückäußerungen sein. Insofern ist das Informationszentrum von der Aufgabenstellung her anspruchsvoller als → *Datenbanken,* die als Bestandteile von Management-Informationssystemen der möglichst vollständigen und zeitgerechten Erfassung unternehmerischer Tatbestände dienen (*Wahl* 1969).

3. Zentralstelle Berichtswesen

Für eine sinnvolle Abstimmung zwischen mehreren für die Organisation des Informationswesens verantwortlichen Stellen kann eine *Zentrale Berichtsstelle* zweckmäßig sein. Damit ist in der Regel keine Zentralisierung der Berichterstattung verbunden, weil hierbei Nachteile wie Verzögerung der Berichterstattung, Doppelarbeit leicht überwiegen können. Der Aufgabenbereich einer Zentralstelle Berichtswesen ist im Normalfall:
- Planung, Organisation, Koordinierung und Überwachung des gesamten Berichtswesens (Überwachungs- und Steuerungsstelle);
- Beschaffung, Verarbeitung, Speicherung und Vermittlung ganz bestimmter Informationen (Dokumentationsstelle → *Dokumentation, betriebliche*).

Eine enge Zusammenarbeit – sogar eine aufbauorganisatorische Verbindung – mit den Stellen für Organisation und Innenrevision ist u.U. anzustreben. Sofern im Unternehmen die Controller-Aufgabe institutionalisiert ist, könnte eine Zuordnung zu dem Controller erwogen werden.

IV. Methoden des Organisierens

Die Wege zur Verwirklichung der im Anforderungskatalog enthaltenen organisatorischen Zielvorstellungen sind:
- Orientierung bei der Neu- oder Umgestaltung des Informationswesens an bewährten, speziell auf das Informationswesen bezogenen *Organisationsgrundsätzen*. Vorteile: Leichte Handhabung. Nachteile: Grundsätze muten häufig trivial an oder ihr Anwendungsbereich ist nicht klar genug abgesteckt. Sie haben normalerweise nur „Erwägungscharakter", allenfalls „Empfehlungscharakter" (s.a. → *Organisation und Organisationsstruktur*).
- Verbesserung eines bestehenden Berichtswesens durch *Beseitigung von Schwachstellen* (im Sinne typischer Störungskomplexe). Vorteile: Praxisnähe, leichte Weitergabe von Erfahrung. Nachteile: Im Prinzip nur für bereits bestehende Berichtssysteme geeignet, weniger für eine grundlegende Neuorganisation.
- *Orientierung an Real- oder Idealmodellen*. Vorteile: Formulierung von Prämissen ermöglicht den Nachvollzug und präzisiert den Anwendungsbereich; Formalisierung ist zugleich Voraussetzung zur Anwendung quantitativer Methoden. Nachteile: Neigung zur Entfernung von den praktischen Gegebenheiten je nach Abstraktionsgrad und Prämissen.

Ganz gleich, welche dieser Methoden oder welche Kombination von Methoden angewendet wird, stets sollte auf diesem Weg eine schrittweise Annäherung an ein Optimum in Form eines → *Lernprozesses* angestrebt werden.

Das bedeutet, ein schlagartiger Aufbau eines den Anforderungen entsprechenden Berichtswesens ist nur in Sonderfällen möglich. Andererseits muß aber eine Gesamt-(Rahmen-)konzeption erarbeitet werden, die zu beurteilen erlaubt, wie sich jede Einzelmaßnahme in das Ganze einfügt.

1. Organisationsgrundsätze des Informationswesens

Repräsentative Grundsätze lauten:
- Es sollen nur solche außer- und innerbetriebliche Informationen vermittelt werden, die tatsächlich auch ausgewertet werden.
- Die Genauigkeit der Zahlenangaben soll sich nach den Erfordernissen der Auswertung richten.
- Die in der Berichterstattung verwendeten Begriffe sollen einheitlich, klar definiert, den Empfängern bekannt und vergleichbar sein.
- Die einzelnen Bearbeitungsvorgänge der Berichte sollen dort erfolgen, wo sie unter organisatorisch-wirtschaftlichen Aspekten am besten untergebracht sind.
- Es soll eine ausreichende Elastizität der Berichterstattung sichergestellt sein, um sich ändernde Aufgaben erfüllen zu können.
- Das Informationswesen soll als Ganzheit gesehen werden, deren Teile bezüglich Inhalt, Form und Zeitpunkt des Erscheinens und Organisation stets aufeinander abgestimmt sind.

2. Schwachstellenbeseitigung

Ein nicht auf bestimmte Branchen oder Betriebsgrößen beschränkter Katalog enthält u. a. folgende Schwachstellen (*Blohm* u. *Heinrich* 1965):

- Manipulierte Informationen (subjektiv-bewußte Störungen zur Täuschung des Empfängers).
- Inoffizielle (bzw. informelle) Berichterstattung wird gegenüber der offiziellen (bzw. formellen) bevorzugt.
- Doppelberichterstattung.
- Fortführung nicht mehr benötigter Berichte.
- Fehlschlüsse aus der Berichterstattung.
- Ungeeignete Form der Berichte.
- Überfüllte Registraturen.
- Überflüssige Briefträgerfunktionen einzelner Stellen.
- Laufende Berichterstattung bei gelegentlicher Auswertung.
- Sachlich nicht gerechtfertigte Terminierung.
- Erstellung, Bearbeitung und Auswertung an falscher Stelle.

Die Schwachstellen sind nicht einfach die Umkehrung der Organisationsprinzipien. Es handelt sich um typische Kombinationen von Verstößen gegen diese Prinzipien.

3. Orientierung an Modellen

Stark diskutiert wird die Orientierung an einem kybernetischen Modell des Betriebes (→ *Kybernetik*). Danach wird der Betrieb als ein äußerst komplexes, probabilistisches, mehrschichtiges *System von Regelkreisen* aufgefaßt. Regelkreise beinhalten Kreisprozesse zur Aussteuerung von Sollgrößen durch methodische Auswertung von Rückmeldungen (Vergangenheits- oder Prognose-Ist) und Ausschalten von zufallsbedingten (stochastischen) Störgrößen, die der Erreichung oder Beibehaltung des Soll entgegenwirken.

Man kann auch das Organisieren als eine Regelkreisdimension auffassen (*Metaregelkreissystem*). Die Führungsgröße ist der Anforderungskatalog, der seinerseits einem wieder übergeordneten → *Lernprozeß* unterliegt. Spezielle (Meta-) Rückmeldungen unterrichten über die Erfüllung der im Anforderungskatalog verzeichneten Teilziele und bewirken über geeignete Maßnahmen (Meta-) Stellgrößen die Entwicklung zu immer höheren Erfüllungsgraden.

Literatur: Blohm, H. u. *L. J. Heinrich:* Schwachstellen der betrieblichen Berichterstattung. Baden-Baden u. Bad Homburg 1965 – *Bartram, P.:* Die innerbetriebliche Kommunikation. Berlin 1969 – *Flik, H.:* Kybernetische Ansätze zur Organisation des Führungsprozesses der Unternehmung. Berlin 1969 – *Schwarz, H.:* Betriebsorganisation als Führungsaufgabe. München 1969 – *Wahl, M. P.:* Grundlagen eines Management-Informationssystems. Neuwied u. Berlin 1969 – *Blohm, H.:* Die Gestaltung des betrieblichen Berichtswesens als Problem der Leitungsorganisation. Herne u. Berlin 1970 – *Wedekind, H.:* Datenorganisation. Berlin 1970 – *Wacker, W. H.:* Betriebswirtschaftliche Informationstheorie. Opladen 1971 – *Zimmermann, D.:* Strukturgerechte Datenorganisation. Neuwied u. Berlin 1971 – *Grochla, E.:* Unternehmungsorganisation. Reinbek bei Hamburg, 1972 – *Kappler, E.:* Systementwicklung. Wiesbaden 1972 – *Zimmermann, D.:* Produktionsfaktor Information. Neuwied u. Berlin 1972.

Hans Blohm

Ingenieurbetriebe

[s. a.: Dienstleistungsbetriebe; Ingenieurwissenschaften und Betrieb; Innovation; Technologie und Produktion.]

I. Definition und Stellung in der Wirtschaft;
II. Betätigungsgebiete für Ingenieurbetriebe.

I. Definition und Stellung in der Wirtschaft

Der Gegenstand der wirtschaftlichen Betätigung der Ingenieurbetriebe ist die – meist technologisch hochspezialisierte – Lösung von Ingenieurproblemen in einer handelsrechtlich eigenständigen Institution.

Ingenieurerfahrung und Ingenieurlösungen sind in der Regel die Grundlage der industriellen Betätigung (→ *Technologie und Produktion*). Der Einzug der Wissenschaft in die Führung der industriellen Betriebe begann historisch betrachtet mit der Ingenieurwissenschaft. In allen größeren Industriebetrieben findet man daher auch eine Ingenieursparte, die bis zur Direktion hinauf reicht (→ *Ingenieurwissenschaften und Betrieb*). Wenn sich dennoch daneben eigenständige Ingenieurbetriebe entwickelt haben, so hat das die folgenden 4 Hauptgründe:

1. Es werden *ingenieurmäßige Spezialerfahrungen* angeboten, die nicht zur Allgemeinbildung eines jeden Ingenieurs gehören.
2. Man bietet Ingenieurleistung *kleineren Firmen* an, die sich auf Dauer keinen aufwendigen „Ingenieurkopf" leisten können, sondern nur von Zeit zu Zeit zur Lösung besonders schwieriger Probleme.
3. Die Ingenieurerfahrung unserer „Hochtechnik" wird *Entwicklungsländern* für ihre Aufbauprojekte angeboten (→ *Entwicklungsländer, Fragen betriebswirtschaftlicher Projektplanung*).
4. Bestimmte Ingenieurleistungen, insbesondere das *Angebotswesen*, werden aus der Hauptfirma ausgegliedert, um sie den Kunden gesondert verrechnen zu können. Der Aufwand der *Projektbearbeitung* für Angebote für individuelle Hochtechnik-Lösungen steigt derartig an, daß er auf die Dauer nicht als Kundendienst den potentiellen Abnehmern geboten werden kann, ohne daß Sicherheit besteht, daß der Auftrag auch erteilt wird.

Trotz der zunehmenden wirtschaftlichen Bedeutung von Ingenieurbetrieben ist diese Bezeichnung und dieser Begriff bisher nicht allgemein eingeführt. Darauf wies bereits *G. Thiel* (1958, Sp. 2817) hin:

„Der ,Ingenieurbetrieb' als neue Betriebsform entstand erst in den letzten Jahrzehnten. Er ist nicht nur ein Gebilde ohne jede Tradition, sondern faktisch auch ein Gebilde ohne anerkannte Existenz".

Der „Deutsche Industrie- und Handelstag" (DIHT) äußerte sich damals (1951) äußerst skeptisch und meinte:

„Die beiden Begriffe Ingenieur und Betrieb schlössen sich in der Regel gegenseitig aus".

Auf erneute Anfrage (November 1972) ist die Stellungnahme etwas positiver:

„Nach unserer Kenntnis handelt es sich bei Unternehmen für *Prototypenbau* oder solchen, in denen das *Angebotswesen* zusammengefaßt ist, nach wie vor in der Regel um *Ingenieurbüros*, die, wenn sie z.B. eine gewisse Rechtsform annehmen, als sog. Formkaufleute (in der Regel GmbH) im Handelsregister eingetragen werden, und zwar nach unserer Erfahrung auch nicht unter der Bezeichnung ‚Ingenieurbetrieb' ".

Trotz dieser Skepsis erscheint es auch im Hinblick auf zukünftige Entwicklungen sinnvoll, die Bezeichnung Ingenieurbetrieb beizubehalten oder stärker einzuführen. Allerdings sind wir im Gegensatz zu *G. Thiel* der Ansicht, daß die Frage, ob ein Ingenieurbetrieb zu den → *Handwerksbetrieben* oder → *Industriebetrieben* gezählt werden sollte, ganz nebensächlich ist und ein Scheinproblem darstellt.

Tatsächlich reichen Ingenieurbetriebe heute von Ein-Mann-*Ingenieurbüros* bis zu *Beratungsgesellschaften* mit mehreren Hundert Spezialisten etwa vom Typ des Batelle-Instituts in Frankfurt oder von Arthur D. Little in Boston. In der Bundesrepublik unterscheiden sich die Klein- und Mittelunternehmen (KMU-Gruppe) lediglich durch die unterschiedliche Registrierung in der Industrie- und Handelskammer oder Handwerkskammer, aber sonst in keinem anderen wesentlichen Zug voneinander. Auch in → *Handwerksbetrieben* findet man hochspezialisiertes Ingenieurwissen, Erfindergeist und einen wesentlichen Beitrag zur → *Innovation* in unserer Volkswirtschaft. Außerdem werden neuerdings (1968) die Abschlußprüfungen der Universitäten und Fachhochschulen nach dreijähriger beruflicher Tätigkeit für die Eintragung in die Handwerksrolle anerkannt, ohne daß eine Meisterprüfung erforderlich ist.

Charakteristisch für Ingenieurbetriebe jeder Art ist jedoch das Überwiegen der ingenieurmäßigen – oft auch schöpferischen – Leistung im Rahmen des Gesamtangebots.

II. Betätigungsgebiete für Ingenieurbetriebe

Die Betätigungsbereiche für Ingenieurbetriebe sind vielfältig. Daher erfolgt zunächst eine schematische Übersicht:

1. Forschung und Entwicklung (F + E)
   (Innovation)
   1.1 Technologische Systeme
   1.2 Geräte (Prototypen)
   a) Eigenfertigung (Labor/Werkstatt/Spezialbetrieb)
   b) Fremdbezug (Unterlieferanten/industrieller Auftraggeber selbst)
2. Erprobung im Versuchsstand oder Begleituntersuchung bei Praxisläufen und Weiterentwicklung bis zur Anwendungs- und Marktreife

3. Ingenieurmäßiger Entwurf und fertigungsreife Konstruktion oft auch mit Angebotskalkulation
   3.1 Angebotsbearbeitung (in der Regel auf dem Stand der gegenwärtigen Technik)
   a) als rechtlich eigenständiger Betrieb, der aus einem Großunternehmen ausgegliedert wurde
   b) in Kooperation mehrerer Betriebe
   c) im Kundenauftrag an ein privates, meist technologisch spezialisiertes Ingenieurbüro
   3.2 Auftragskonstruktion (in der Regel auf dem Stand der gegenwärtigen Technik) meist von Firmen, denen eigene Konstruktionsingenieure (Know How) auf diesem Feld fehlen.
4. Ingenieurmäßige Planung und Steuerung von Projekten
   a) als Generalübernehmer und Generalunternehmer
   b) in Kooperation mehrerer Betriebe
   c) im Kundenauftrag an Ingenieurbüro
5. Erfindertätigkeit (Anbieten von Ideen und Lösungen)
6. Betriebsberatung (Rationalisierung)
7. Ingenieur-Gutachter, insbesondere für Banken, Versicherungen, Gerichte.

Im folgenden soll auf die in dieser Übersicht herausgestellten Betätigungsbereiche im einzelnen kurz eingegangen werden.

1. Forschung und Entwicklung

Eine Reihe von Ingenieurbetrieben befassen sich heute mit der *Entwicklung technologischer Systeme*, oft unter Einsatz von Computern. Meist geht es hierbei um die Entwicklung von „*Anwendersystemen*", die sozusagen maßgeschneiderte Befriedigung von Kundenbedürfnissen erbringen und zum andern um die *Mitwirkung an Forschungsprojekten*, bei denen technologische Systemspezialisten benötigt werden.

Ein mehr klassisches Gebiet ist die Entwicklung von Geräten zu *Prototypen* bis zur *Funktionsreife* und ggf. *Fertigungsreife*. Inwieweit hierbei in Eigenregie der Ingenieurbetriebe Labors oder Werkstätten eingeschaltet werden, ist von Fall zu Fall unterschiedlich. Einige Ingenieurbetriebe haben sich mit der Zeit Spezialbetriebe angegliedert, in denen in der Regel Eigenentwicklungen oder Eigenerfindungen mit besonderer Hochtechnik hergestellt werden.

2. Erprobung im Versuchsstand

Dies ist eine Aufgabe für spezialisierte Ingenieurbetriebe, die die entsprechenden Versuchseinrichtungen besitzen oder die Erprobung beim Kunden vornehmen, der selbst auf solche Versuchsfeldarbeiten gut eingerichtet ist. Dies ist auch häufig die zweite Stufe nach dem Entwurf eines Systems, das dann bis zur Praxisreife über die normalerweise zu erwartenden Kinderkrankheiten hinweg entwickelt werden muß.

3. Ingenieurmäßiger Entwurf und fertigungsreife Konstruktion, oft auch mit Angebotskalkulation

Dies ist das *klassische Arbeitsgebiet* der Ingenieurbetriebe. Die Aufgabe spricht für sich und bedarf keiner näheren Erläuterung.

4. Ingenieurmäßige Planung und Steuerung von Projekten

Diese Aufgabe tritt vor allem im Bauwesen auf (→ *Baubetriebe*), wenn Ingenieurbüros oder Architektenbüros als *Generalübernehmer* die gesamte Projektabwicklung vom Entwurf bis zur Fertigstellung in einheitlicher Regie und Planung durchführen oder als *Generalunternehmer* z. B. die Rohbauaktivitäten koordinieren. Der Vorteil dieser Vorgehensweise ist die gezielte Planung unter Einsatz neuzeitlicher Planungsmittel in einer Hand. Die Ersparnisse können bei 20–30% der Bausumme liegen.

5. Erfindertätigkeit (Anbieten von Ideen und Lösungen)

Erfinder sind oft eigenwillige Persönlichkeiten, die es vorziehen, in einem *eigenen Ingenieurbetrieb* ihren Ideen nachzugehen, anstatt sich in die Zwangsordnung eines Betriebes einzufügen. Häufig gliedern sich derartige Ingenieurbetriebe Labors oder kleine Werkstätten an, um ihre Ideen und Lösungen auch praktisch zu verwirklichen und damit den potentiellen Kunden überzeugender anbieten zu können.

Eine besonders häufige Sparte von Ingenieurbetrieben sind die *Betriebsberatungs*-Unternehmungen, die *Rationalisierungsprojekte* auf Zeit durchführen. Auch hier geht es um das Anbieten von Spezialerfahrungen, meist für eine auch zeitlich definierte Aufgabe, so daß auch kleine und mittlere Firmen von dieser Ingenieurerfahrung profitieren können.

6. Ingenieur-Gutachter

In einer immer technischer und immer komplizierter werdenden Umwelt wird der Ingenieur in vielen Fällen als Gutachter herangezogen werden müssen. Auch darauf haben sich Ingenieurbetriebe spezialisiert.

Die Entwicklung unserer technischen Zivilisation zur Hochtechnik bringt einen steigenden Bedarf an hochspezialisierten Ingenieurerfahrungen mit sich, die im In- und Ausland anzubieten sind. Die heute überschaubaren wesentlichen Betätigungsfelder wurden dargestellt.

Literatur: Thiel, G.: Ingenieurbetrieb. In: HWB, 3. A., 2. Bd, Stuttgart 1958, Sp. 2815–2818.

Günter Rühl

Ingenieurwissenschaften und Betrieb

[s. a.: Arbeitsstudien; Arbeitswissenschaft; Fließprinzip; Forschung und Entwicklung, betriebliche; Ingenieurbetriebe; Normung, Typung und Standardisierung; Produkt und Produktgestaltung; Produktion, Automatisierung der; Produktionssteuerung; Produktionsverfahren (Produktionstypen); Prozeßfunktion, technische; Qualitätskontrolle; Rationalisierung; Technologie und Produktion; Transportwesen, betriebliches; Wissenschaftliche Betriebsführung.]

I. Ingenieur und Ingenieurwissenschaften; II. Stellung der Ingenieurwissenschaften im Betrieb und betriebliche Ingenieuraufgaben.

I. Ingenieur und Ingenieurwissenschaften

Das Wort *Ingenieur* (von lat. ingenium = „erfinderischer Sinn") macht die Uraufgabe des *schöpferischen Entwerfens* deutlich. Dazu nutzt der Ingenieur die Erkenntnisse der Technik-Wissenschaften, die überwiegend aus der Physik stammen und im Laufe der Entwicklung als mathematische Gesetzmäßigkeiten formuliert werden konnten. Mit Hilfe experimentell ermittelter Daten, z. B. Dauerfestigkeitswerten, berechnet der Ingenieur dann seine Entwürfe mit entsprechenden Sicherheiten für die realen Belastungen bzw. verlangten Leistungen voraus. Schließlich plant, erprobt und kontrolliert er die Realisierung.

Historisch betrachtet bezogen sich die ersten Ingenieur-Aufgaben auf Hochbau (Gebäude, Brücken), Tiefbau (Straßen, Kanäle, Bewässerung), Bergbau und Militärtechnik (Festungen, Artillerie, Pionierwesen). Die systematische Entwicklung von Forschung und Lehre in den Ingenieurwissenschaften entwickelte sich vom militärischen Geniewesen (vom frz. „Ingenieur − Kriegskunst"), das schon im römischen Heer eine bedeutende Rolle spielte, über die Bergakademien (ab 1765) und Gewerbeschulen zu den Technischen Hochschulen (erste 1825 in Karlsruhe), die 1899 in Preußen als Diplomierungs- und Promotionsrecht erhielten.

Die heutige *Ausbildung* erfolgt über Technikerschulen (4 Sem., Vorauss. Facharbeiterprüfung); Fachhochschulen (8 Sem., Vorauss. Abitur, Ing. (grad.); geplant Dipl. Ing.) anstelle der früheren Ingenieurakademien (ab 1967) bzw. Ingenieurschulen (6 Sem., Vorauss. mittl. Reife, Ing. (grad.)), die nicht mehr bestehen, aber eine Ausbildungslücke hinterlassen haben; Universitäten bzw. Technische Universitäten bzw. Technische Hochschulen (9 Sem., Vorauss. Abitur, Dipl. Ing.).

In der Bundesrepublik gibt es ca. 400000 Ingenieure, davon 120000 Diplom-Ingenieure und ca. 6000 Doktor-Ingenieure. Die verschiedenen *Gebiete der Ingenieurwissenschaften* können der folgenden Tabelle entnommen werden, die aufgrund einer Repräsentativerhebung des Vereins Deutscher Ingenieure − VDI − aus dem Jahre 1968 mit einer Stichprobe von 1500 Personen aus den damals 55000 persönlichen Mitgliedern gewonnen wurde (*Rink* 1968, S. 8). (Vgl. Abb. 1).

In die Rubrik Sonstiges gehören z. B. die nicht aufgeführte Textiltechnik als klassischer Wirtschaftszweig und die neueren Gebiete wie Kernenergietechnik und Infor-

Bergbau	1,46%
Energiewirtschaft	4,97%
Hüttenwesen	3,00%
Stahl- und Metallbau	5,57%
Maschinenbau	31,16%
Fahrzeug- und Schiffbau	7,62%
Elektrotechnik	9,85%
Chemie	6,59%
Bau- und Baunebengewerbe	6,68%
Schule, Bildung, Forschung	4,37%
Sonstiges	12,59%
Keine Angaben	6,16%

Abb. 1: Prozentuale Verteilung der Ingenieure auf Wirtschaftszweige im Jahre 1968

Forschung, Entwicklung und Versuch	14,04%
Konstruktion und Projektierung	24,66%
Betrieb, Fertigung, Montage, Bau	24,74%
Einkauf und Vertrieb	2,57%
Verkauf und Werbung	7,11%
Industrielle Verwaltung als Unternehmensleiter	5,48%
Sachverständiger, Gutachter, Schätzer	3,25%
Prüfwesen	1,46%
Lehrtätigkeit und Ausbildung	3,42%
Behörden- und Verwaltungstätigkeit (außer Lehrtätigkeit)	3,51%
Archiv, Dokumentation, Publizistik	0,34%
Sonstiges	4,37%
Keine Angaben	5,05%

Abb. 2: Tätigkeitsbereiche von Ingenieuren in der Wirtschaft in prozentualer Aufteilung (1968)

matik. Die Einteilung der Ingenieurgebiete ist jedoch noch relativ grob und muß in bezug auf den Betrieb weiter verfeinert werden.

Das *Aufgabenfeld des Ingenieurs* ist die *Technik*. Mit Hilfe der Ingenieurwissenschaften in Verbindung mit schöpferischen Entwürfen entwickelt der Ingenieur die Grundlage für den *technischen Fortschritt*. Auf dieser Grundlage erfolgt dann die betriebliche → *Innovation* von Produkten, Prozessen und Systemen.

Dies hat zur Entwicklung unserer Industriegesellschaft und Zivilisation und zur schnellen Steigerung des Sozialproduktes geführt. Die materielle Versorgung der Gesellschaft stellt bei einer um Exaktheit bemühten Definition der „*Lebensqualität*" (OECD) den größten Einflußfaktor dar, zu dem dann allerdings auch noch weitere positive und negative Faktoren, z.B. Umweltverschmutzung, treten (→ *Umweltschutz und Betrieb*). Die *Umweltverschmutzung* hat ihrerseits wieder zur Entwicklung neuerer Techniken zu ihrer Beseitigung geführt und hat eine neue Wachstumsbranche entstehen lassen.

Die hauptsächlichen *Entwicklungstendenzen der Technik* sind für den überschaubaren Horizont: optimale und rationale Nutzung der Naturschätze unter dem Gesichtspunkt der Nutzwertanalyse; Miniaturisierung, um Werkstoff, Platz und Gewicht und schließlich auch Kosten zu spa-

ren; Prozeßautomatisierung mit Regelung; technische Hilfen für die Humanisierung der Arbeitswelt (→ *Arbeitsstudien*). Zur zivilisatorischen Humanisierung gehören auch die Beseitigung der nachteiligen Begleiterscheinungen der Technik, insbesondere der Wasser- und Luftverunreinigungen, der Lärmbelästigungen und der Verkehrsbelästigungen und -gefahren.

II. Stellung der Ingenieurwissenschaften im Betrieb und betriebliche Ingenieuraufgaben

Größere → *Industriebetriebe* haben in der Regel eine arbeitsteilige Führungsorganisation, in der gewisse Sparten von Ingenieuren wahrgenommen werden. Einen Spezialfall stellen die → *Ingenieurbetriebe* dar, in denen überwiegend oder ausschließlich Ingenieuraufgaben wahrgenommen werden, meist in Form von Auftragsvergaben durch andere Betriebe.

Um einen Überblick über den Einsatz von Ingenieuren für bestimmte Funktionen zu geben, wird auf die VDI-Erhebung von 1968 (*Rink 1968*) zurückgegriffen (vgl. Abb. 2).

Eine Aufteilung nach dem Ausbildungsstand der Ingenieure zeigt die folgende Zusammenstellung aus der gleichen Erhebung (vgl. Abb. 3).

Der Einzug der Wissenschaft in die Führung der industriellen Betriebe ging in drei großen Stufen vor sich:

1. Einzug der *Ingenieurwissenschaft* (Ingenieurwissenschaftlicher Entwurf der Erzeugnisse). In dieser Phase leistete der wissenschaftlich vorgebildete Ingenieur die Forschungs- und Konstruktionsarbeit, die sich schließlich in einer Fertigungszeichnung niederschlug, nach der Konsum- und Investitionsgüter hergestellt werden konnten.

2. Einzug des *Scientific Management* und des Rechnungswesens. Systematisierung der internen Betriebsführung durch die → *Wissenschaftliche Betriebsführung* (Scientific Management) *F. W. Taylors*.

3. Einzug einer umfassenden *Betriebsführungs-Wissenschaft* (Management-Science).

Erst durch die Beschäftigung mit der externen Betriebsführung entwickelte sich die wissenschaftliche Betriebsführung alter Art zu der umfassenden Betriebsführungs-Wissenschaft unserer Tage. → *Marketing* und insbesondere → *Absatzplanung* als Grundlage der Unternehmensplanung werden damit zu den übergeordneten Schlüsselaufgaben der Unternehmensführung (→ *Unternehmungsführung, Lehre von der*).

Die *Unternehmensplanung* schlägt sich in lang- und kurzfristigen *Programmen* nieder. Unter dem Gesichtspunkt der Programmabwicklung läßt sich ein System der Führungsstellen in der Strukturorganisation eines typischen Betriebes aufbauen, aus dem die funktionale Rolle der Ingenieursparten im Betrieb zu entnehmen ist (vgl. Abb. 4, nach *Rühl* 1967).

Tätigkeitsbereich	Dr.-Ing. %	Dipl.-Ing. %	Ingenieur (grad.) %	Ingenieur (mit Ingenieurschulausbildg.) %	Ingenieur (Ingenieurgesetz) %	Sonstiges %	keine Angabe %
Forschung, Entwicklung und Versuch	30,9	20,9	12,0	9,7	7,3	24,1	–
Konstruktion und Projektierung	14,5	16,4	28,9	25,2	33,3	–	–
Betrieb, Fertigung, Montage, Bau	10,9	18,7	26,5	31,0	30,2	3,4	–
Einkauf und Vertrieb	3,6	1,3	2,3	4,0	4,2	–	–
Verkauf und Werbung	1,8	5,8	7,3	8,4	10,4	–	25,0
Industrielle Verwaltung als Unternehmensleiter	14,5	7,1	3,6	5,3	6,3	10,3	–
als Sachverständiger, Gutachter, Schätzer	5,5	7,6	3,0	0,4	–	–	25,0
Prüfwesen	3,6	0,9	2,1	0,9	–	–	–
Lehrtätigkeit und Ausbildung	5,5	8,9	2,1	2,2	–	3,4	–
Behörden und Verwaltungstätigkeit (außer Lehrtätigkeit)	3,6	4,4	4,3	2,7	–	–	–
Archiv, Dokumentation, Publizistik	1,8	–	0,4	0,4	–	–	–
Sonstiges	–	6,2	3,9	4,4	2,1	10,3	25,0
keine Angabe	3,6	1,8	3,8	5,3	6,3	48,3	25,0

Abb. 3

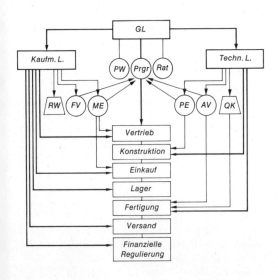

□ operationale Führung	GL = Geschäftsleitung
○ prospektiver Führungsbeitrag	PW = Personalwesen
	Prgr = Programmvorbereitung
△ retrospektiver Führungsbeitrag	Rat = Rationalisierung
	RW = Rechnungswesen
→ primäre Linien direkter Führung	FV = Finanzvorbereitung
	ME = Marktentwicklung
→ sekundäre Linien indirekter Führung (ohne Rückmeldungen und Interdependenzen)	PE = Produktentwicklung
	AV = Arbeitsvorbereitung
	QK = Qualitätskontrolle

Abb. 4: Systembedingte Typen von Führungsstellen im Betrieb

Aus diesem Bild ergibt sich das Zusammenwirken eines *horizontalen Führungssystems*, das im wesentlichen die geistige Vorbereitung und auch die Kontrolle aller Geschehnisse wahrzunehmen hat und zum andern eines *vertikalen Führungssystems*, in dem überwiegend die Abwicklung der operationalen Routinen durchgeführt wird. Ausgangspunkt für das vertikale System, d. h. die operationale Führung, ist das Programm, das von der Geschäftsleitung als Aufgabe in Verbindung mit zeitlichen und anderen Zielen gestellt wird. Seine Durchführung gehört zu den primären betrieblichen *Funktionen*. Sie wird in dem Schema durch die primären Linien der direkten Führung charakterisiert. Im horizontalen Führungssystem werden die prospektiven Führungsbeiträge erbracht, die in die Zukunft gerichtet sind und insbesondere mit Marktentwicklung (→ *Marketing*) und Produktentwicklung (→ *Produkt und Produktgestaltung*) zusammenhängen und mit Hilfe der Finanzvorbereitung und der → *Arbeitsvorbereitung* zu den Programmen für eine Periode führen.

Davon zu unterscheiden sind die retrospektiven Führungsbeiträge, die der nachträglichen Überwachung mit Hilfe des → *Rechnungswesens* und der → *Qualitätskontrolle* dienen. In obigem Schema der systembedingten Typen von Führungsstellen im Betrieb sind die typisch ingenieurwissenschaftlichen Sparten:

a) Produktentwicklung – PE und Konstruktion (→ *Produkt und Produktgestaltung*; → *Normung, Typung und Standardisierung*; → *Wertanalyse*). Der ingenieurwissenschaftliche Beitrag ergibt sich aus der Technik der jeweiligen Produktion, z. B. Maschinenbau, Fahrzeugbau, Flugzeugbau, Verfahrenstechnik, Werkzeugmaschinen etc. Die ingenieurwissenschaftlichen Grundlagen sind angewandte Naturwissenschaften, insbesondere Physik und Mathematik. Die Darstellung der Ergebnisse erfolgt vielfach in Form von Zeichnungen, die „die Sprache des Ingenieurs" darstellen.

b) → *Arbeitsvorbereitung* und Fertigung (→ *Ablaufplanung;* → *Arbeitswissenschaft;* → *Produktion, Automatisierung der;* → *Produktionssteuerung;* → *Transportwesen, betriebliches*). Die Beiträge der Ingenieurwissenschaften hierzu sind vor allem Fertigungstechnik, Werkstofftechnik, Werkzeugmaschinen, Betriebstechnik. Diese Aufgabe steht in besonders enger Beziehung zur Betriebswirtschaftslehre, auch deswegen, weil hier in der Regel die größten Kostenposten der industriellen Produktion anfallen. Dies ist auch der bevorzugte Bereich der → *Wissenschaftlichen Betriebsführung.*

c) Qualitätskontrolle – QK. Die → *Qualitätskontrolle* muß insbesondere in Form der Endkontrolle organisatorisch von der Fertigung getrennt sein, um Unabhängigkeit zu wahren. Dagegen ist man heute bestrebt, im Zuge der Arbeitsstrukturierung (→ *Arbeitsstudien*) die Zwischenkontrollen in möglichst großem Umfange auf die arbeitenden Einzelpersonen bzw. teilautonomen Gruppen zu verlagern, um sie qualitätsbewußt zu machen und zu motivieren. Die ingenieurwissenschaftlichen Beiträge zur Qualitätskontrolle stammen aus der Fertigungstechnik und der Statistik.

d) → *Rationalisierung.* Die Rationalisierungs- oder auch Organisationsabteilungen werden sehr häufig von Ingenieuren geleitet, weil traditionell und von den Auswirkungen her meist zunächst an technologische Rationalisierung gedacht wird. In der heutigen Zeit muß diese sich jedoch zu einer *soziotechnologischen Systemgestaltung* weiterentwickeln. Dazu gehört in bedeutendem Umfang auch der ökonomische Aspekt. Besonders geeignet sind für diese Aufgabe Wirtschaftsingenieure.

Die ingenieurwissenschaftlichen und sonstigen wissenschaftlichen *Anforderungen* bei der Lösung solcher Aufgaben lassen sich am besten aus dem Anforderungsprofil an den *Wirtschaftsingenieur* bzw. international den *Industrial Engineer* ableiten.

Wie aus der Aufstellung über die Tätigkeitsbereiche von Ingenieuren in der Wirtschaft hervorgeht (Abb. 2), sind die Ingenieure überwiegend in Forschung, Entwicklung, Konstruktion und Fertigung tätig (ca. 63%). Aus der Tabelle geht jedoch auch hervor, daß Ingenieure in geringerem Umfang in Einkauf und Vertrieb (2,57%), Verkauf und Werbung (7,11%), industrieller Verwaltung und als Unternehmensleiter (5,48%) tätig sind. Abgesehen vom persönlichen Lebensweg und den Neigungen entscheidet hier im wesentlichen, wieweit technische Gesichtspunkte bei den genannten Funktionen vorherrschend sind. Bei Einkauf, Vertrieb, Verkauf und Werbung geht es dabei vor allem um die *„Erklärungsbedürftigkeit" der Güter* und diese ist, um ein Beispiel zu geben, bei Großprojekten der Einzelfertigung in der Regel sehr hoch. Bei der industriellen Verwaltung und als Unternehmensleiter kommt es fast immer auf eine Kombination technischer und ökonomischer Gesichtspunkte an, wobei die Schwerpunkte allerdings jeweils auf der einen oder anderen Seite liegen werden. In Betrieben der Einzelfertigung, die in der Regel nur erfolgreich sind, wenn die schöpferischen Konstrukteurleistungen über dem Durchschnitt liegen, ergibt es sich häufig, daß Ingenieure an der Spitze der Betriebe stehen.

Nach dieser Darstellung der typischen Einsatzgebiete für Ingenieurwissenschaften im Betrieb an einem repräsentativen Beispiel soll noch eine Betrachtung zur Entwicklung der betrieblichen Wissenschaft aus Ingenieursicht folgen. Zu beginnen ist hier mit der → *Wissenschaftlichen Betriebsführung* F. W. Taylors, der mit seinen Büchern „Shop management" (1903, übersetzt von A. *Wallichs* „Betriebsleitung", 1914), „The principles of scientific management" (1911) den Auftakt für eine neue Wissenschaftsrichtung setzte, die in erster Linie aus ingenieurmäßigen Ansätzen bestand. In Deutschland wurde diese Richtung insbesondere von *Georg Schlesinger* (1949) entwickelt, der sie *Betriebswissenschaft* nannte. *Schlesinger,* der im Jahre 1904 auf Anordnung von Kaiser Wilhelm II. den ersten Lehrstuhl für Werkzeugmaschinen und Fabrikbetriebe an der Technischen Hochschule Berlin einnahm und bis 1933 innehatte (Emigration nach England), wirkte mit seinen Publikationen „Psychotechnik und Betriebswissenschaft" (1920), und „Technische Vollendung und höchste Wirtschaftlichkeit im Fabrikbetrieb" (1932) bahnbrechend auf diesem Gebiet. Die Betriebswissenschaft befaßte sich vorwiegend mit Problemen der internen Betriebsführung, insbesondere mit Konstruktion, Fertigung, Mensch, Arbeit und Lohn sowie Wirtschaftlichkeitsfragen im Gegensatz zur Betriebswirtschaftslehre, die man damals mehr in den Feldern der Finanzierung, des Rechnungswesens, des Einkaufs und Verkaufs sah. Diese Unterscheidung ist heute in dieser Form nicht mehr üblich und die Weiterentwicklung führte zum *Industrial Engineering* und zum *Wirtschaftsingenieurwesen.*

In der Rahmenordnung für die Diplomprüfung der Wirtschaftsingenieure heißt es: „Durch die Diplomprüfung soll der einzelne Kandidat nachweisen, daß er in der Lage ist, den Inhalt seiner Fächer und deren methodisches Instrumentarium bei der Planung, dem Entwurf und der Einführung soziotechnologischer Systeme zu integrieren. Darüber hinaus soll er eine systematische Orientierung über das Anwendungsfeld besitzen, so daß er das Verhalten und die Ergebnisse der entwickelten Systeme vorhersagen und bewerten kann."

Die Ausbildung des Wirtschaftsingenieurs – oder im internationalen Sprachgebrauch des Industrial Engineer – befähigt diesen in besonderem Maße, solche interdisziplinäre Systemforschung und -gestaltung zu betreiben. So wird beispielsweise in der Rahmenordnung der Diplomprüfung der Studiengang etwa gleichwertig auf vier Studienblöcke verteilt:

1. Mathematische und naturwissenschaftliche Grundlagen,
2. Ingenieurwissenschaften,
3. Wirtschaftswissenschaften,
4. Integrationsfächer, z.B. Organisationstheorie, Operations Research, Informatik, Fertigungswirtschaft, Arbeitswissenschaft.

Nach einer Untersuchung des Verbands der Wirtschaftsingenieure – VWI – aus dem Jahr 1972 verteilen sich deren Einsatzbereiche im Betrieb wie folgt (vgl. Abb. 5):

Einsatzbereiche	Linie	Stab	gesamt
Gesamtunternehmensleitung	61	43	104 (25%)
EDV/Systemplanung	27	30	57 (14%)
Marketing/Vertrieb	36	10	46 (11%)
Beratung (Entwicklungs-, Unternehmens-)	30	12	42 (10%)
Organisation	12	25	37 (9%)
Fertigung/Produktion	15	10	25 (6%)
Lehre	14	8	22 (5%)
Forschung/Entwicklung	13	7	20 (5%)
Beschaffung	11	6	17 (4%)
Kostenrechnung	8	7	15 (4%)
Planung	3	5	8 (2%)
Personal	4	2	6 (2%)
Projektmanagement	3	–	3 (1%)
Sonstiges	4	2	6 (2%)
	241	167	408 (100%)

Quelle: „Der Wirtschaftsingenieur – Berufsbild", VWI, Berlin, 2. A., 1974

Abb. 5

Die Ausbildung als Wirtschaftsingenieur befähigt in besonderem Maße zur Integration technisch-ökonomisch-verhaltenswissenschaftlicher Probleme. Daneben wird es auf dem Ingenieurgebiet weiterhin Spezialisten der Forschung, Entwicklung, Konstruktion und der Fertigung geben müssen, um die betrieblichen Aufgaben in der Industrie zu erfüllen.

Literatur: Kesselring, F.: Technische Kompositionslehre. Anleitung zu technisch-wirtschaftlichem und verantwortungsbewußtem Schaffen. Berlin, Göttingen u. Heidelberg 1954 – *Maynard, H. W.* (Hrsg.): Handbuch des Industrial Engineering. Berlin, Köln u. Frankfurt/M. 1956 – *Rühl, G.:* Der Rationalisierungs-Ingenieur (Industrial Engineer) in der amerikanischen Wirtschaft. In: Zeitschrift für wirtschaftliche Fertigung, Juni/Juli 1960, S. 263–276 – *Opitz, H.:* Technische und wirtschaftliche Aspekte der Automatisierung. Köln u. Opladen 1961 – *Hanssmann, F.:* Operations Research in Production and Inventory Control. New York 1962 – *VBI (Verein Beratender Ingenieure)* (Hrsg.): Der Beratende Ingenieur in der modernen Industriegesellschaft. Essen 1962 – *Pentzlin, K.* (Hrsg.): Meister der Rationalisierung. Düsseldorf u. Wien 1963 – *Betriebshütte (Taschenbuch f. Betriebsingenieure).* Bd I: Fertigungsverfahren; Bd III: Fertigungsbetrieb. 6. A., Berlin u. München 1965 – *Kesselring, F.:* Technisch-wirtschaftliches Konstruieren. In: Engpaß Konstruktion, Fortschrittsberichte, VDI Reihe 1, Nr. 1, 1965 – *Rühl, G.:* Fertigungswirtschaft. Wiesbaden 1965 – *Beste, Th.:* Fertigungswirtschaft und Beschaffungswesen. In: HdW, Bd 1, Köln u. Opladen 1966, S. 111–276 – *Kesselring, F.:* Konstruktion nach wirtschaftlichen Gesichtspunkten im Zusammenhang mit der Automatisierung. Düsseldorf 1966 – *Agthe, K., H. Blohm* u. *E. Schnaufer:* Industrielle Produktion. Baden-Baden 1967 – *American Society of Tool and Manufacturing Engineers* (Hrsg.): Value Engineering in Manufacturing. New Jersey 1967 – *Green, J. H.:* Production Control. Homewood 1967 – *Opitz, H.:* Wege zur Kostensenkung in der Produktgestaltung und -fertigung. Dortmund 1967 – *Rühl, G.:* Arbeitswissenschaftliche Optimierung technischer und organisatorischer Systeme. In: Unternehmensführung auf neuen Wegen, hrsg. v. *R. W. Stöhr.* Wiesbaden 1967 – *Seidel, N.:* Praktische Fertigungsvorbereitung. 2. A., München 1967 – *Brankamp, K.:* Terminplanungssysteme für Unternehmen der Einzel- und Serienfertigung. Würzburg u. Wien 1968 – *Thumb, N.:* Grundlagen und Praxis der Netzplantechnik. München 1968 – *Demmer, K. H.:* Wertanalyse. München 1969 – *Hahn, R., W. Kunert* u. *K. Roschmann:* Die Fertigungssteuerung mit elektronischer Datenverarbeitung. In: Betriebstechnische Fachberichte des RKW, Frankfurt 1969 – *Kern, N.:* Netzplantechnik. Betriebswirtschaftliche Analyse von Verfahren der industriellen Terminplanung. Wiesbaden 1969 – *Mertens, E.:* Industrielle Datenverarbeitung. Wiesbaden 1969 – *Rink, J.:* Tätigkeit und Einkommen der Ingenieure in Deutschland. VDI-Information Nr. 18, Juni 1969 – *Rühl, G.:* Fertigungswirtschaftliche Problemlösungen durch Wertanalyse. In: Rechnungswesen und Betriebswirtschaftspolitik. Festschrift für *G. Krüger.* Berlin 1969 – *Rumpf, H.:* Gedanken zur Wissenschaftstheorie der Technik-Wissenschaften. In: VDI–Z, 111. Bd 1969, S. 2–10 – *Opitz, H.:* Moderne Produktionstechnik. Essen 1970 – *Opitz, H., K. Brankamp* u. *W. Olbrich:* Arbeitsablaufplanung mit Hilfe elektronischer Datenverarbeitungsanlagen. Forschungsberichte des Landes Nordrhein-Westfalen Nr. 2095, Köln 1970 – *Schmelzer, H.:* Das soziale Ansehen von Naturwissenschaft, Technik und Ingenieurberuf in der Gegenwartsgesellschaft. VDI-Information Nr. 17, März 1970 – *Brankamp, K.:* Planung und Entwicklung neuer Produkte. Berlin 1971 – *Dathe, H. M.:* Moderne Projektplanung in Technik und Wissenschaft. München 1971 – *Kernler, H.:* Fertigungssteuerung mit EDV. Köln 1971 – *Metzlaff, F.:* Fabrikationsbetriebslehre. Teil 1 u. 2, Düsseldorf 1971 – *Opitz, H.* (Hrsg.): Auslegung und Nutzung rechnergesteuerter Fertigungseinrichtungen. Essen 1971 – *Opitz, H.* (Hrsg.): Produktionsplanung. Konstruktion – Arbeitsvorbereitung. Essen 1971 – *REFA:* Methodenlehre des Arbeitsstudiums. Bd 1–4, München 1971, 1972 – *Wild, R.:* The Techniques of Production Management. London u. New York 1971 – *English, J. M.:* Economic of Engineering Socialsystem. New York 1972 – *Haussmann, D.* (Hrsg.): Automatisierte Läger. Mainz 1972 – *Radford, J. D.* u. *D. B. Richardson:* The Management of Production. New York 1972 – *Grochla, E.:* Grundlagen der Materialwirtschaft. Wiesbaden 1973 – *Gudehuus, D.:* Grundlagen der Kommissioniertechnik. Essen 1973 – *Heinen, E.* (Hrsg.): Industriebetriebslehre. Wiesbaden 1974 – *REFA:* Methodenlehre der Planung und Steuerung. Teil 1–3, München 1974 – *VDMA-Verein Deutscher Maschinenbau-Anstalten* (Hrsg.): Statistisches Handbuch für den Maschinenbau. Frankfurt, jährliche Neuerscheinung.

Günter Rühl

Innerbetriebliche Leistungsverrechnung → Leistungsverrechnung, innerbetriebliche
Innerbetrieblicher Aufstieg → Bildungs- und Karriereplanung, betriebliche
Innerbetrieblicher Standort → Standort, innerbetrieblicher
Innerbetrieblicher Transport → Transportwesen, betriebliches

Innovation

[s. a.: Diversifikation; Forschung und Entwicklung, betriebliche; Forschung und Entwicklung, Planung und Organisation der; Marktforschung; Planung, betriebliche; Technologische Prognosen.]

I. Innovation als Gestaltung von und Anpassung an soziotechnische Entwicklungen; II. Richtungen der Innovationsforschung; III. Innovation als Ergebnis von Erfindungen und/oder neuen Verwendungen; IV. Durchführung von Innovationen.

I. Innovation als Gestaltung von und Anpassung an soziotechnische Entwicklungen

Die Unternehmung verknüpft zur Erstellung ihres Leistungsprozesses sozial-menschliche mit technologischen Elementen. Dieses *soziotechnische System Unternehmung* ist eingebettet in ein wirtschaftliches System und dieses wiederum in ein gesellschaftliches System. Die Unternehmung ist letztlich nur Subsystem eines übergeordneten soziotechnischen Systems, das sich aus der Perspektive der Unternehmung in seinem zeitlichen Verlauf in zwei Dimensionen zugleich verändert (→ *Systemtheorie*). Es sind zum einen Veränderungen der Umweltbedingungen, die sich aus gesellschaftlichen und politischen Entwicklungen und dem Wandel im Verhalten von Abnehmern, Konkurrenten und staatlicher Gewalt ergeben. Zum anderen die Veränderung des Wissensstandes durch die Schaffung neuer Erkenntnisse in → *Forschung und Entwicklung* (Strebel 1968). Um sich diesen Veränderungen anzupassen oder gar gestaltend dabei mitzuwirken, sind für die Unternehmung Innovationen (= Neuerungen) notwendig.

Im Unterschied zur *Invention*, die lediglich die Erfindung bzw. Entdeckung neuer Problemlösungspotentiale beschreibt, impliziert die *Innovation* auch neue Verwendungen und Anwendungen von Problemlösungspotentialen. Daraus wird deutlich, daß mit Innovation eigentlich das Ergebnis zweier Prozesse beschrieben wird. Auf der einen Seite steht der potentielle Wandel der Verfügbarkeit bzw. des Angebots von Problemlösungen durch neue Ideen, Erfindungen und Entdeckungen, auf der anderen Seite die Nachfrage nach Problemlösungen, die ebenfalls veränderlich ist (Arbeitskreis Hax 1968). Werden beide Seiten zur Deckung gebracht, also eine Anwendung bzw. Verwendung

erreicht bzw. durchgesetzt (*Kieser* 1969), wobei auf mindestens einer Seite etwas „Neues" auftritt, so spricht man von Innovation.

II. Richtungen der Innovationsforschung

Die Vielfalt des Wandels und der damit verbundenen Neuerungen führt dazu, daß das Phänomen „Innovation" nicht nur in der Wirtschaftswissenschaft, sondern auch in den anderen Bereichen der Gesellschaftswissenschaften, wie Geschichte, Soziologie, Politikwissenschaften, Sozialpsychologie und Kulturanthropologie Beachtung findet.

Je nach Aufgabenstellung und Forschungsinteresse werden deshalb in der Literatur verschiedene Teilaspekte der Innovation hervorgehoben oder isoliert als „Innovation" bezeichnet. Das Spektrum reicht dabei von Betrachtungen, die den Schöpfungsprozeß von neuen Informationen, z.B. in Form von Produkten, naturwissenschaftlich-technischen Verfahren und Strukturierungsvorschlägen für die Organisation soziotechnischer Systeme (*Grochla* 1971, 1966, 1964) in den Vordergrund stellen, über die einseitige Analyse des Durchsetzungsprozesses von Neuerungen, wobei deren Entstehung vernachlässigt wird, bis hin zu Thesen, die Innovationen monokausal durch die Nachfrage, also den Anwender, erklären und die Betonung auf den *Diffusionsprozeß* legen.

Die Betonung des schöpferischen Prozesses findet sich insbesondere bei Kulturanthropologen, die den „genialen Erfinder" und seine Leistungen für die Entwicklung hervorheben (*Kroeber* 1944, *Barnett* 1953). Auch *Ogburn* und *Gilfillan*, die als die bekanntesten Vertreter der „*Soziologie der Erfindung*" gelten, betrachten die Entstehung der technischen Entwicklung als einen rein kognitiven Vorgang (*Ogburn* 1922, *Gilfillan* 1935). In Anlehnung an eine Untersuchung des Kulturanthropologen *Kroeber* (1917) betonen sie jedoch besonders die gegenüber der individuellen Begabung vorrangige Bedeutung gesellschaftlicher Faktoren als Determinanten der Entwicklungsdynamik. Ihre Hypothese von der technischen Entwicklung als einem sozialen Prozeß erweist sich bis heute als fruchtbarer Ansatz zur Analyse der Dynamik der technischen Entwicklung.

Die mittels dieser Hypothese gewonnenen Einsichten in den Prozeß der technischen Entwicklung gaben zwar *Ogborns* methodischer These, daß die Prozesse der kulturellen und technischen Evolution allein durch soziale Bedingungsfaktoren erklärt werden müßten (*Ogburn* 1922), eine gewisse Berechtigung, doch ist in einem solchen Methodenmonismus die Ursache dafür zu suchen, daß die Soziologie der Erfindung bis heute über die sehr undifferenzierte Aussage des *Akkumulationsprinzips* (*Gilfillan* 1935, *Ogburn* 1922) nicht hinauskam. Es besagt, daß eine Erfindung nur eine neue Kombination schon bekannter Elemente ist. Dies bedeutet wiederum, daß im Ablauf der Entwicklung grundsätzlich früher erworbene Kenntnisse nicht durch neue ersetzt, sondern lediglich ergänzt werden. So können aber nur ganz spezielle Entwicklungstrends hinreichend erklärt werden. Das Akkumulationsprinzip versagt dagegen bei der Erklärung von empirischen Tatbeständen, die *Schumpeter* (1950) mit dem Begriff der „Schöpferischen Zerstörung" umschreibt.

Eine Klärung solcher komplexer Zusammenhänge, die

auch die Rückwirkungen neuen Wissens auf den Wissensstand beschreibt, bedarf des Rückgriffs auf die Ergebnisse anderer Wissenschaftsbereiche. Daß dabei die gesellschaftlichen Aspekte keineswegs verdeckt zu werden brauchen, zeigt eine Untersuchung des Wirtschaftshistorikers *Usher* (1954, 1. A. 1929). mit Hilfe des Instrumentariums der Gestaltpsychologie ist es ihm gelungen, die Hypothese von der technischen Entwicklung als einem sozialen Prozeß zu präzisieren und die von *Ogburn* und *Gilfillan* vertretene Erfindungsmechanik überzeugend zu kritisieren. Mit *Ushers* „Prinzip der vierphasigen kumulativen Synthese", einer Weiterentwicklung des Akkumulationsprinzips, können weit mehr und auch präzisere Aussagen über den Prozeßcharakter der technischen Entwicklung gewonnen werden. Bei der Klärung einer der zentralen Fragen einer dynamischen Theorie der technischen Entwicklung versagt *Ushers* Prinzip jedoch genauso wie das globale Akkumulationsprinzip. Es gelingt nicht, hinreichend zu erklären, wie man nach der Lösung eines Problems zu objektiv neuen Problemen kommt bzw. wie der Übergang von einer gegebenen Entwicklungsstufe zur nächst höheren erfolgt. Das zeigt auch die Untersuchung *Barnetts* (1953), der auf der Grundlage kulturanthropologischer und lernpsychologischer Theorien und entsprechender empirischer Befunde eine „allgemeine Theorie innovatorischer Prozesse" entwickelte. Durch den interdisziplinären Aspekt werden vertiefte Einblicke in den Prozeß der Produktion und Diffusion neuen Wissens gewonnen. In dieser Arbeit ist die Vorstellung von der Erfindungstätigkeit als einem kognitiven Prozeß konsequent zu Ende gedacht worden und sind erstmals in umfassender Weise psychologische Lerntheorien als Instrument der Analyse sozialer Entwicklungsprozesse eingeführt worden (→ *Lernprozesse, betriebliche*). Doch auch hier ist das Handeln mehr Kulisse als aktives Element des Informationsgewinnungsprozesses. *Barnett*, wie auch *Usher*, beschränken sich bei ihren Analysen des Erfindungsprozesses zu sehr auf den sogenannten Entdeckungszusammenhang, d. h. auf den Ablauf von Denkvollzügen, die zu der Entstehung eines neuen Gedankens oder einer neuen Hypothese bzw. zur Einsicht führen. Sie vernachlässigen den Begründungszusammenhang und die dafür notwendigen realen Operationen. Diese sind jedoch nicht nur zur Kontrolle der Denkergebnisse notwendig, sondern zugleich aktives Element der Entwicklung (vgl. z. B. die Rolle des Experiments in der Naturwissenschaft). Denken und Handeln müssen somit als integrierende Bestandteile eines Informationsgewinnungsprozesses zur Schaffung neuer Problemlösungspotentiale betrachtet werden. Insbesondere gilt dies auch für den Durchsetzungs- bzw. *Diffusionsprozeß von Innovationen*, d. h. die Lösung des *Transferproblems*. Deshalb bilden Denken und Handeln auch integrale Bestandteile einer allgemeinen Theorie der technischen Entwicklung (*Pfeiffer* 1971 u. 1967), die als Prototyp einer allgemeinen Theorie innovatorischer Prozesse betrachtet werden kann.

Ein Teilaspekt der Handlungskomponente wird in an *Schumpeter* anknüpfenden ökonomischen Lehrmeinungen vertreten, die Innovation auf den Durchsetzungsprozeß von Neuerungen reduzieren. Die „Durchsetzung neuer Kombinationen" wird bei *Schumpeter* zum Inbegriff unternehmerischer Leistung (1911). Die Schaffung neuer Problemlösungspotentiale wird vollständig negiert (*Ruttan* 1959), sie sind als „tote Möglichkeiten" vorgegeben und brauchen nur aufgegriffen und durchgesetzt zu werden. Innovation wird damit zu „the doing of new things or the doing of things that are already being done in a new way" (*Schumpeter* 1947). Im einzelnen nennt

Schumpeter die Herstellung neuer Güter oder neuer Qualitäten eines Gutes, die Einführung neuer Produktionsverfahren, die Erschließung neuer Absatzmärkte, die Erschließung neuer Bezugsquellen, aber auch die Durchführung von Neuorganisationen. *Schumpeters* Innovationstheorie, die die Entwicklung als komplexe zyklische Bewegung darstellt, in der stoßweise und geballt auftretende Innovationen die Ursache für konjunkturelle und längerfristige Schwankungen sind (*Schumpeter* 1961, 1. A. 1912), gilt, bei allem Verdienst, die Bedeutung der Innovation für wachsende Wirtschaften als erster hervorgehoben zu haben, als kaum haltbar (*Helmstädter* 1970).

Diese einseitige Sicht bzw. Vernachlässigung des Entstehungszusammenhangs von Innovationen im Schumpeterschen Erklärungsversuch der wirtschaftlichen Dynamik (*Schumpeter* 1912) wurde von *Gottl-Ottlilienfeld* (1914) in seinem weit ausholenden und bereits interdisziplinär angelegten Klärungsversuch des Zusammenhangs zwischen technischem Fortschritt und dynamischer Industriewirtschaft (*Pentzlin* 1963) einer Korrektur unterzogen. Er konnte hierbei auf für die Erfindungslehre bedeutsamen Arbeiten von *Du Bois-Reymond* (1906), *Ostwald* (1908), *Kammerer* (1910) und *von Engelmeyer* (1910) zurückgreifen. In *Gottl-Ottlilienfelds* für die theoretische Durchdringung des Investitionsphänomens grundlegender Untersuchung (*von Kortzfleisch* 1969) wurden darüber hinaus in einer Auseinandersetzung mit bereits existierenden Stagnationsthesen u. a. mit *Wolfs* „*Gesetz der technisch-ökonomischen Entwicklungsgrenze*"(1912) die Möglichkeiten eines Umschlagens der technisch-wirtschaftlichen Dynamik in die Stagnation diskutiert. Eine endgültige Klärung dieser Stagnationsproblematik ist bis heute offen (*Klatt* 1959, *Hansen* 1938 u. 1951, *Fleck* 1957). Im Zusammenhang mit den Arbeiten des *Club of Rome* (1972) beginnt man wieder nach dem Sinn der technischen Entwicklung zu fragen (*Moser* 1958 u. 1953), und die vorstehend skizzierte Problematik gewinnt in der Forderung nach *gewollter Stagnation* eine weitere Perspektive (*Frey* 1972).

Auch die Einführung des technischen Fortschritts in der neoklassischen *Wachstumstheorie* geschieht unter dem zu einseitigen Aspekt der Akkumulation. Um die Veränderung der Kapitalproduktivität zu erklären, war es notwendig, neben den traditionellen Faktoren Arbeit und Kapital eine zusätzliche Wachstumsdeterminante einzuführen (*Solow* 1957), die als technischer Fortschritt interpretiert wird. Der technische Fortschritt nimmt die Form von verbesserten Produktionsmethoden an – es werden letztlich nur Investitionsgüter und zwar als Träger des technischen Fortschritts betrachtet und hier nur wieder die sog. *hardware*. Das *soft-ware-Problem* (*Pfeiffer u. Bischof* 1973) und damit auch die Transferproblematik ist dabei ausgeklammert. Ebenso werden technische Fortschritte bei Produktions- und Konsumgüter (*Lancester* 1966) vernachlässigt. Auch wird die Entstehung der neuen Produktionsmethoden nicht in die Analyse einbezogen – sie „fallen praktisch vom Himmel". Entsprechend führt auch im *Embodiment-Modell* die Bindung des technischen Fortschritts an Kapitalgütern nicht zu seiner Erklärung (*Walter* 1967). Lediglich bei *Arrow* finden sich Anstöße, den Prozeß der Wissensfindung als sozialen Prozeß in einem interdisziplinären Modell in die volkswirtschaftliche Theorie einzubauen (*Arrow* 1962 u. 1969, *v. Weizsäcker* 1966). Die Problemlösungspotentiale als eigentliche Ursache dieser Veränderungen werden jedoch auch hier als exogene Größen betrachtet. Es wird lediglich ihre Wirkung beschrieben, der Prozeß selbst nicht erklärt. Für eine retrospektive Betrachtung des *technischen Fortschritts*, der es

darum geht, die realisierte Produktivität eines volkswirtschaftlichen Kapitalstocks zu diskutieren, reicht diese
Dimension des „durchgesetzten" technischen Fortschritts als Grundlage der Analyse aus (*Ihde* 1970).

Zumindest im mikroökonomischen Bereich ist
eine stillschweigende Identifizierung von „*Inven-
tor*" und „*Innovator*", wie sie seit *Schumpeter* üblich ist (*Neumann* 1969), nicht möglich. Gerade
der Unternehmer, der Neuerungen durchsetzt,
muß sich auch die Frage stellen, wie er zu diesen
Neuerungen kommt. Dies berücksichtigt *Neumann* auch unter gesamtwirtschaftlichem Aspekt,
indem er dem Schumpeterschen Modell eine selbständige *Erfindungsindustrie* gegenüberstellt.

Zu einfach ist auch für die Erklärung der Entwicklung die Hypothese, wie sie besonders von
Schmookler vertreten wird, daß nämlich die Hervorbringung von neuen Problemlösungspotentialen prinzipiell den gleichen Bestimmungsgründen
unterliege wie die Produktion anderer Güter auch,
und deshalb einseitig von der Nachfrage her stimu-
liert werde (*Schmookler* 1966). Die Tatsache, daß
eine Erfindung große Nachfrage-Wirkungen zeitigt, beweist noch nicht, daß sie nachfrageinduziert
war (*Walter* 1970).

Betrachtet man Innovation nur noch von der
Anwenderseite her, wie dies insbesondere in der
Agrarsoziologie geschieht, so wird der Entstehungsprozeß von neuen Problemlösungspotentialen vollständig aus dem Blickfeld gerückt. Man
konzentriert sich auf die Diffusion von Neuerungen.

Unter zeitlichem Aspekt werden die ersten 2,5% aus
der Gesamtheit der potentiellen Übernehmer als *Innovatoren*, der Rest als *Imitatoren* bezeichnet (*Rogers* 1962,
Kiefer 1967). Diese Typologisierung des Anwenderkrei-
ses stellt nur einen Teilaspekt der Innovationsproblema-
tik dar. In engem Zusammenhang mit dem Diffusions-
problem (*Kroeber-Riel* 1972, *Kaas* 1973) ist auch die
Analyse der gesellschaftlichen Konsequenzen von Innovationen zu sehen, wie sie besonders von der Soziologie
der Technik betrieben wurde (*Heintz* 1955, The Presi-
dents Research Committee on Social Trends 1933).

III. Innovation als Ergebnis von Erfindungen und/oder neuen Verwendungen

1. Induktionsmechanismen

Da die Innovationen letztlich das Ergebnis
zweier prinzipiell zu unterscheidender Wand-
lungsprozesse sind, ergeben sich dementsprechend
zwei Induktionsmechanismen (*Pfeiffer* 1971,
1967, *Brockhoff* 1969):

a) *Autonome bzw. potentialorientierte Induktion*: Durch die Schaffung neuer Problemlösungspotentiale in Form von Produkten, naturwissenschaftlich-technischen Verfahren und Strukturie-
rungsvorschläge von Organisationen.

Hier ist also zunächst das Problemlösungspo-
tential vorhanden und die damit zu lösenden Pro-

bleme bzw. zu deckenden Bedarfe müssen gesucht
werden.

b) *Bedarfsorientierte Induktion:* Durch die Entwicklung neuer Bedarfs- bzw. Nachfrageverhält-
nisse nach Problemlösungen, also neue Anwen-
dungsbereiche bzw. Verwendungsbereiche. Hier
ist demnach zunächst ein Bedarf bzw. ein Problem
vorhanden und die Problemlösungspotentiale
müssen gesucht werden.

2. Innovationsmatrix – Innovationsarten

Relativiert wird der Begriff der Innovation
durch die Perspektive des jeweiligen Beobachters,
denn es herrscht keine Einigkeit darüber, was
„neu" bedeutet. Während aus gesamtwirtschaftlicher Perspektive der Versuch gemacht wird, Neuheit in Bezug auf eine Volkswirtschaft zu objekti-
vieren, kann die gleiche „Neuheit" aus der
Perspektive einer multinationalen Unternehmung
eine Routineangelegenheit sein. Umgekehrt kon-
trastiert eine Betrachtungsweise, die nur die ersten
An- bzw. Verwender als „*Innovatoren*" klassifi-
ziert (*Brozen* 1951), diese mit den „*Imitatoren*",
und unterstellt Schwierigkeiten und Fähigkeiten,
diese zu überwinden, einseitig den erstmaligen
Verwendern, obwohl für die zeitlich nachfolgenden An- bzw. Verwender in einem anderen geogra-
phischen Gebiet oder in einer anderen Industrie
(Transferproblematik, *Siebert* 1967, *Pfeiffer* 1967,
Kern 1973, *Gruber* u. *Marquis* 1969, *Kroeber-
Riehl* 1972, *Kaas* 1973) gleiche oder mitunter noch
größere Schwierigkeiten auftreten können (*Redlich*
1964).

Insbesondere aus der Perspektive der einzelnen
Unternehmung, die sich dem Wandel ihrer Umwelt
anpassen oder ihn mitgestalten will, sind diese
Versuche der Objektivierung und Diskussion um
die Erstmaligkeit wenig operational. Ausschlaggebend für die jeweilige Unternehmung ist ihr subjektiver Wissensstand (*Schätzle* 1965). Von dieser
Basis ausgehend, können im mikroökonomischen
Bereich die Schwierigkeiten bei der Schaffung
neuer Problemlösungspotentiale und der Erschließung neuer An- bzw. Verwendungsmöglichkeiten
erkannt und Methoden zu ihrer Lösung entwickelt
werden.

Entsprechend der beiden Induktionsrichtungen
für Innovationen – neue Problemlösungspotentiale
und neue An- bzw. Verwendungsbereiche – erhält
man einen schematischen Überblick über mögliche
Innovationen durch eine Matrix, ähnlich *Ansoff's
Wachstumsvektor* (1966), die jedoch, will man die
Vielfalt von Innovationen erfassen, nicht auf die
Produktinnovation beschränkt bleiben kann.

Mit dieser allgemeingültigen Klassifizierung
wird das gesamte Spektrum möglicher Innovationen aufgrund der die jeweilige Innovation verursachenden Prozesse beschrieben. Für die Unterneh-

Problemlösungs-potential An- bzw. Verwendung	gegenwärtig	neu
gegenwärtig		Problemlösungs-Innovation
neu	An- bzw. Verwendungs-Innovation	bilaterale Innovation

mung wird deutlich, daß eine *Problemlösungs-Innovation* Forschung und Entwicklung zur Schaffung neuer Produkte oder Verfahren voraussetzt und eine *An- bzw. Verwendungs-Innovation* entsprechender Aktivitäten in der sog. Anwendungs- bzw. Verwendungs- und der Marktforschung bedarf. Während bei der Problemlösungs-Innovation am gegenwärtigen An- bzw. Verwendungsbereich festgehalten wird, also z. B. für den gegenwärtigen Absatzmarkt neue oder verbesserte Produkte entwickelt werden, geht man bei der An- bzw. Verwendungsinnovation von vorhandenen Problemlösungspotentialen aus und sucht z. B. für das vorhandene Produktionsprogramm neue Bedürfnisse. Dasselbe gilt auch für organisatorische Innovationen (*Grochla* 1972).

IV. Durchführung von Innovationen

Beide *Innovationsarten* sind also durch spezifische Aufgabenstellungen für die Unternehmung charakterisiert (*Wittmann* 1961). Die *Problemlösungs-Innovation* setzt die Suche nach neuen oder verbesserten Produkten und Verfahren (Produkt- und Verfahrensinnovation) voraus, die, wenn man sich nicht auf eine Rezeption z. B. durch Lizenznahme beschränkt, in der betrieblichen Forschung und Entwicklung durchgeführt wird. Bei der *An- bzw. Verwendungs-Innovation* müssen neue Absatzmärkte erschlossen, neue Bedürfnisse für die Produkte des Unternehmens gesucht und damit neue Verwendungsmöglichkeiten geschaffen werden. Neben den passiven Suchprozeß tritt auch hier eine aktiv mitgestaltende Komponente durch den Abbau von Diffusionswiderständen.

Bei der *bilateralen Innovation* kommen neue Problemlösungspotentiale in neue An- bzw. Verwendungsbereiche. In gesamtwirtschaftlicher Sicht werden also neue Märkte geschaffen. Aus der Perspektive der Unternehmung handelt es sich um den Bereich der lateralen *Diversifikation*.

Entsprechend dem Wandel auf der Problemlösungs- und der An- bzw. Verwendungsseite, der nur als das rückgekoppelte Zusammenwirken beider Veränderungsprozesse zu erklären ist, ergibt sich für die Unternehmung die Aufgabe, beide Prozesse zu koordinieren. Da die technische Entwicklung als sozialer Prozeß zu verstehen ist, Bedarf und technologisches Potential sich also gegenseitig in-

duzieren, muß die Unternehmung ihre Planung auf umfassende Informationen (*Wittmann* 1959) in diesem Bereich, d. h. auf *technologische Voraussagen* stützen, die integrativ die Zusammenhänge zwischen der Entwicklung auf der An- bzw. Verwenderseite darstellen (*Staudt* 1974, *Pfeiffer* u. *Staudt* 1974).

In diesem Zusammenhang gewinnt die Abschätzung und Bewertung der ökonomischen und sozialen Konsequenzen (*Kosiol* 1967) positiver wie negativer Art dieser Innovationen (RKW 1970, *Bartocha* 1971), d. h. *Innovations- bzw. Technologie-Assessment* (*Staudt* 1973, *Schuhmacher* 1972, *Stöber* 1972, *Kasper* 1972, *von Kortzfleisch* 1972) für die Durchführung bzw. Durchsetzung (*Implementierung*) mehr und mehr an Bedeutung.

Die Durchführung von Innovationen hängt sowohl von zeitlichen (*Mansfield* 1968, *Lynn* 1966, *Mensch* 1971) als auch räumlichen (*Hägerstand* 1967, *Siebert* 1967) Konstellationen ab. Sie wird auch wesentlich bedingt durch den organisatorisch-strukturellen Zustand des Trägers der Innovation z. B. einer Staatsverwaltung (*Menke-Glückert* 1968) oder Unternehmung (*Kieser* 1969; *Argyris* 1965, *Grochla* 1964, 1972, 1966, *Cyert* u. *March* 1963, *Rubenstein* 1966, *Likert* 1961, *Leavitt* 1965) und den situativen Konstellationskomplex (*Merton* 1964) ihrer Umgebung. In diesem Zusammenhang wird die enge Verzahnung einer allgemeiner Theorie der Innovation mit der *Theorie der Infrastruktur* (*Jochimsen* 1966) und der *Theorie des sozialen* Wandels (*Hagen* 1962, *Baier* u. *Rescher* 1969) deutlich.

Literatur: Du Bois – Reymond, A.: Erfindung und Erfinder. Berlin 1906 – Ostwald, W.: Erfinder und Entdecker. Frankfurt 1908 – Engelmeyer, P. K. v.: Der Dreiakt als Lehre von der Technik und der Erfindung. Berlin 1910 – Kammerer, O.: Entwicklungslinien der Technik. In: Technik und Wirtschaft, 3. Jg 1910, S. 1–34 – Kammerer, O.: Die Ursachen des technischen Fortschritts. Leipzig 1910 – Wolf, J.: Die Volkswirtschaft der Gegenwart und der Zukunft. Leipzig 1912 – Gottl-Ottlilienfeld, F. v.: Wirtschaft und Technik. In: Grundriß der Sozialökonomik, II. Abt., II. Teil, Tübingen 1914, S. 199–382 – Kroeber, A. L.: The Superorganic. In: American Anthropologist, 19. Vol. 1917, S. 163–213 – Ogburn, W.F. u. D. Thomas: Are Inventions Inevitable? A Note on Social Evolution. In: Political Science Quarterly, 37. Vol. 1922, S. 83–98 – Gottl-Ottlilienfeld, F.v.: Wirtschaft und Technik. In: Grundriß der Sozialökonomik, II. Abt., II. Teil, 2. neubearb. A., Tübingen 1923, S. 1–216 – Schumpeter, J.: Theorie der wirtschaftlichen Entwicklung. (1911) 2. A., München u. Leipzig 1926 – Gilfillan, S. C.: Sociology of Invention. Chicago 1935 – Hansen, A.H.: Full Recovery or Stagnation. New York 1938 – Schumpeter, J.: The Creative Response in Economic History. In: J of Econ. History, 1947 (Nov.), S. 149–159 – Schumpeter, J.: Kapitalismus, Sozialismus und Demokratie. 2. A., Bern 1950 – Brozen, J.: Invention, Innovation and Imitation. In: AER, 41. Vol. 1951, Papers and Proceedings, S. 239–257 – Hansen, A. H.: Business Cycles and National Income. New York 1951 – Barnett, H. G.: Innovation: The Basis of Cultural Change. New

York, Toronto u. London 1953 – *Moser, S.:* Philosophie an der technischen Hochschule. In: Karlsruher Akademische Reden, N.F., Nr. 10, Karlsruhe 1953, S. 14–24 – *Ogburn, W.F.:* Social Change. (1922) 2. A., New York 1953 – *Heintz, P.:* Von den Ansätzen einer neuen Soziologie der Technik bei Thorstein Veblen. In: ZfSt, 110. Bd 1954, S. 490–509 – *Usher, A.P.:* A History of Mechanical Invention. Cambridge (Mass.) 1954 (Neubearb. v. 1929) – *Heintz, P.:* Die Technik im sozial-kulturellen Wandel – Einige Betrachtungen zur Soziologie der Technik. In: Kölner Z f. Soziologie u. Sozialpsychologie, 7. Jg 1955, S. 214–232 – *Fleck, F.H.:* Untersuchungen zur ökonomischen Theorie vom technischen Fortschritt. Freiburg (Schweiz) 1957 – *Solow, R.M.:* Technical Change and the Aggregate Production Function. In: The Rev. of Econ. and Statistics, 39. Vol. 1957 – *Moser, S.:* Metaphysik einst und jetzt. Berlin 1958 – *Klatt, S.:* Zur Theorie der Industrialisierung. Köln u. Opladen 1959 – *Ott, A.:* Technischer Fortschritt. In: HdSW, 10. Bd, Stuttgart, Tübingen u. Göttingen 1959, S. 302–316 – *Ruttan, v.:* Usher and Schumpeter on Invention Innovation and Technological Change. In: QJE, 73. Vol. 1959, S. 596–606 – *Strassmann, W.P.:* Risk and Technological Innovation. Ithaca (New York) 1959 – *Wittmann, W.:* Unternehmung und unvollkommene Information. Köln u. Opladen 1959 – *Likert, R.:* New Patterns of Management. New York 1961 – *Schumpeter, J.:* Konjunkturzyklen. 2. Bd, Göttingen 1961 – *Wittmann, W.:* Überlegungen zu einer Theorie des Unternehmungswachstums. In: ZfhF, 13. Jg 1961, S. 493–519 – *Arrow, K.J.:* The Economic Implications of Learning by Doing. In: REStud., 29. Vol. 1962, S. 155–173 – *Hagen, E.E.:* On the Theory of Social Change. Homewood (Ill.) 1962 – *Rogers, E.M.:* Diffusion of Innovation. New York u. London 1962 – *Cyert, R.M. u. J.G. March:* A Behavioral Theory of the Firm. Englewood Cliffs (N.J.) 1963 – *Pentzlin, K.:* Meister der Rationalisierung. Düsseldorf 1963 – *Grochla, E.:* Technische Entwicklung und Unternehmungsorganisation. In: Organisation und Rechnungswesen, Festschr. f. E. Kosiol hrsg. v. E. Grochla, Berlin 1964, S. 53–80 – *Merton, R.V.:* Social Theory and Social Structure. Neue A., Glencoe 1964 – *Redlich, F.:* Der Unternehmer. Göttingen 1964 – *Argyris, C.:* Organization and Innovation. Homewood (Ill.) 1965 – *Leavitt, H.J.:* Applied Organizational Change in Industry. In: Handbook of Organizations, hrsg. v. J.G. March. Chicago 1965, S. 1153 ff. – *Schätzle, G.:* Forschung und Entwicklung als unternehmerische Aufgabe. Köln u. Opladen 1965 – *Ansoff, H.J.:* Management – Strategie. München 1966 – *Bauer, R.A.* (Hrsg.): Social Indicators. In der Serie: Technology, Space and Society 1966 – *Fleck, F.H.:* Die Messung des technischen Fortschritts im Rahmen des gesamtwirtschaftlichen Wachstumsprozesses. Wien u. New York 1966 – *Grochla, E.:* Automation und Organisation. Wiesbaden 1966 – *Jochimsen, R.:* Theorie der Infrastruktur. Tübingen 1966 – *Lancaster, K.J.:* Change and Innovation in the Technology of Consumtion. In: AER, Papers and Proceedings, LVI. Vol. (2. H.) 1966, S. 14 ff. – *Lynn, F.:* An Investigation of Rate of Development and Diffusion of Technology in Our Modern Industrial Society. Report of the National Commission on Technology, Automation, and Economic Progress. Washington (D.C.) 1966 – *Rubenstein, A.H.:* Some Common Concepts and Tentative Findings from a Ten-Project-Program of Research on R & D Management. In: Research Program Effectiveness, hrsg. v. M.C. Yovits (u.a.). New York, London u. Paris 1966 – *Schmookler, J.:* Invention and Economic Growth. Cambridge 1966 – *Weizsäcker, C.Chr.v.:* Zur ökonomischen

Theorie des technischen Fortschritts. Göttingen 1966 – *Hägerstrand, T.:* Innovation, Diffusion as a Spatial Process. Chicago u. London 1967 – *Kiefer, K.:* Die Diffusion von Neuerungen. Tübingen 1967 – *Kosiol, E.:* Zur Problematik der Planung in der Unternehmung. In: Rationale Wirtschaftspolitik und Planung in der Wirtschaft von heute. (Schriften d. Ver. f. Socialpolitik, hrsg. v. E. Schneider). Berlin 1967, S. 303–331 – *Pfeiffer, W.:* Überlegungen zu einer allgemeinen Theorie der technischen Entwicklung. In: ZfB, 37. Jg 1967, S. 188–203 – *Rostow, W.W.:* Stadien wirtschaftlichen Wachstums. Eine Alternative zur marxistischen Entwicklungstheorie. 2. A., Göttingen 1967 (The Stages of Economic Growth, 1960, aus d. Engl. übers. v. E. Müller.) – *Siebert, H.:* Zur interregionalen Verteilung neuen technischen Wissens. In: ZfSt, 123. Bd 1967, S. 231–263 – *Walter, H.:* Investitionen und technischer Fortschritt in der neueren Wachstumstheorie und die Problematik wirtschaftspolitischer Rezepte. In: Quaestiones Oeconomicae, hrsg. v. H. Bexters, Bd 1 (Theoretische und institutionelle Grundlagen der Wirtschaftspolitik. Th. Wessels z. 65. Geb.). Berlin 1967 – Arbeitskreis Hax der Schmalenbach-Gesellschaft: Forschung und Entwicklung als Gegenstand unternehmerischer Entscheidungen. In: ZfbF, 20. Jg 1968, S. 549–580 – *Mansfield, E.:* The Economics of Technological Change. London 1968 – *Menke-Glückert, P.:* Europas technologische Lücke. In: Merkur, H. 1/2 1968, Chronik, S. 126–140 – *Sheldon, R.B. u. W.E. Moore* (Hrsg.): Indicators of Social Change, Concepts and Measurements. 1968 – *Strebel, H.:* Unsicherheit und Risiko der industriellen Forschung und Entwicklung. In: BFuP, 20. Jg 1968, S. 193–214 – *Arrow, K.J.:* Classificatory Notes on the Production and Transmission of Technological Knowledge. In: AER, LIX. Vol. May 1969, S. 29–35 – *Baier, K. u. N. Rescher* (Hrsg.): Values and the Future. New York u. London 1969 – *Bertanx, P.:* Innovation als Prinzip. In: Das 198. Jahrzehnt, hrsg. v. Grossner (u.a.). Hamburg 1969, S. 479 ff. – *Brockhoff, K.:* Probleme und Methoden technologischer Vorhersagen. In: ZfB, 39. Jg 1969, 2. Erg.h., S. 1–24 – *Gruber, W. u. D.G. Marquis* (Hrsg.): Introduction. In: Factors in the Transfer of Technology. Cambridge (Mass.) u. London 1969, S. 7 – *Kieser, A.:* Innovationen. In: HWO, Stuttgart 1969, S. 742–750 – *Kortzfleisch, G. v.:* Zur mikroökonomischen Problematik des technischen Fortschritts. In: Die Betriebswirtschaftslehre in der zweiten industriellen Evolution, hrsg. v. G. v. Kortzfleisch. Berlin 1969 – *Kroeber, A.L.:* Configurations of Culture Growth. Berkeley (1944; 3. A.:) 1969 – *Neumann, M.:* Die Erfindungsindustrie – eine Alternative zum Schumpeterschen Innovationsmodell. In: Jb. f. Sozwiss., 20. Jg 1969, S. 310–317 – *Helmstädter, E.:* Die Innovation als Element der wirtschaftlichen Expansion. In: Innovation in der Wirtschaft, hrsg. v. Ifo-Institut für Wirtschaftsforschung. München 1970 – *Ihde, G.-B.:* Grundlagen der Rationalisierung – Theoretische Analyse und praktische Probleme. Berlin 1970 – Rationalisierungs-Kuratorium der Deutschen Wirtschaft (RKW): Wirtschaftliche und Soziale Aspekte des technischen Wandels in der Bundesrepublik Deutschland. Kurzfassung der Ergebnisberichte. Frankfurt 1970 – *Strebel, H.:* Die Bedeutung von Forschung und Entwicklung für das Wachstum industrieller Unternehmen. Berlin 1970 – *Walter, H.:* Zusammenhang zwischen Forschung und Entwicklung, Innovation und technischem Fortschritt. In: Innovation in der Wirtschaft, hrsg. v. Ifo-Institut für Wirtschaftsforschung. München 1970 – *Bartocha, B.:* Prognose gesellschaftlicher Konsequenzen von technischen Entwicklungen und deren wissenschaftspolitische Beeinflussung. In: Wirtschaftliche und gesellschaftliche Auswirkungen des Technischen Fortschritts, hrsg. v. Ver. Deutscher Ingenieure. 1971, S. 197ff. – *Gross, H.* (Hrsg.): Zukunft aus Kreativität. Hamburg, Düsseldorf u. Wien 1971 – *Mensch, G.*: Zur Dynamik des technischen Fortschritts. In: ZfB, 41. Jg 1971, S. 295–314 – *Pfeiffer, W.*: Allgemeine Theorie der technischen Entwicklung als Grundlage einer Planung und Prognose des technischen Fortschritts. Göttingen 1971 – *Rogers, E. M.* u. *F. F. Shoemaker:* Communication of Innovation. 2. A., New York 1971 – *Frey, B.S.*: Umweltökonomie. Göttingen 1972 – *Grochla, E.*: Unternehmungsorganisation. Hamburg 1972 – *Kasper, R. G.* (Hrsg.): Technology Assessment. New York, Washington u. London 1972 – *Köhler, R.*: Das Informationsverhalten im Entscheidungsprozeß vor der Markteinführung eines neuen Artikels. In: Schriftenreihe der ZfB, Bd 4, Wiesbaden 1972 – *Kroeber-Riel, W.* (Hrsg.): Marketingtheorie. Köln 1972 – *Meadows, D. (u. a.):* Die Grenzen des Wachstums. Bericht des Club of Rome zur Lage der Menschheit. Stuttgart 1972 – *Schumacher, D.*: Technische Prognose und politische Planung. In: Technische Prognosen in der Praxis, hrsg. v. *H. Blohm* u. *K. Steinbuch.* Düsseldorf 1972 – *Stöber, G. J.*: Technische Prognose und Technologiepolitik. Ebd. – *Kaas, K. P.*: Diffusion und Marketing. Stuttgart 1973 – *Kern, W.*: Zur Analyse des internationalen Transfers von Technologien – ein Forschungsbericht. In: ZfbF, 25. Jg 1973, S. 85–98 – *Mensch, G.*: Theory of Innovation, International Institute of Management. Berlin 1973 – *Staudt, E.*: Struktur und Methoden technologischer Voraussagen – Beitrag zu einer allgemeinen Planungstheorie. Göttingen 1973 – *Zahn, E.*: Wachstumsbegrenzung als Voraussetzung einer wirksamen Umweltpolitik. In: Umweltpolitik in Europa. Frauenfeld 1973, S. 73–109 – *Pfeiffer, W.* u. *P. Bischof:* Investitionsgüterabsatz. In: HWA, Stuttgart 1974, Sp. 918–938 – *Pfeiffer, W.* u. *E. Staudt:* Voraussage, technologische. Ebd., Sp. 2130–2140.

W. Pfeiffer u. *E. Staudt*

Innungen → Kammern

Input-Output-Analyse

[s. a.: Ablaufplanung; Betriebsmatrizen; Gozinto-Graph; Kostenanalyse; Kostentheorie; Produktionsfaktor; Produktionsplanung; Produktionstheorie; Produktionsverfahren (Produktionstypen); Prognose und Prognoseverfahren.]

I. Aufgaben von Input-Output-Analysen; II. Statische Input-Output-Analyse; III. Zu stochastischen Ansätzen der Input-Output-Analyse; IV. Zu dynamischen Ansätzen der Input-Output-Analyse.

I. Aufgaben von Input-Output-Analysen

Das von *Leontief* in den dreißiger Jahren konzipierte (statische) IO-Modell dient der Analyse von IO-Beziehungen zwischen den einzelnen Sektoren einer Volkswirtschaft (IO = Input-Output). Ausgehend von Gliederungen der gesamten Volkswirtschaft in Sektoren wird die *volkswirtschaftliche IO-Analyse* zur Ermittlung des Inputs und

Outputs der Sektoren eingesetzt, z. B. um verbesserte Projektionen zu gewinnen (→ *Statistik, amtliche*), um die Entwicklung wirtschaftlich unterentwickelter Länder zu planen und um wirtschaftliche Auswirkungen von Aufrüstungs- oder Abrüstungsmaßnahmen zu untersuchen (*Schumann* 1968). Die für volkswirtschaftliche Fragestellungen konzipierten IO-Modelle lassen sich jedoch auch für eine Analyse der IO-Beziehungen zwischen einem Unternehmen und der Umwelt sowie zwischen einzelnen Organisationseinheiten eines Unternehmens verwenden. Die Aufgaben *betriebswirtschaftlicher IO-Analysen* bestehen darin, die zwischen den Beschaffungs-, Produktions- und Absatzstellen eines Unternehmens bestehenden strukturellen (*qualitative IO- oder Strukturanalyse*) und mengenmäßigen Beziehungen (*quantitative IO-Analyse*) zu analysieren und zu erfassen. Somit vermittelt diese Analyse die notwendigen Informationen für eine zielentsprechende Gestaltung unternehmerischer Produktionsprozesse (→ *Produktionsplanung*).

II. Statische Input-Output-Analyse

Im folgenden wird stets von einem Unternehmen ausgegangen, das in B Beschaffungs-, P Produktions- und A Absatzstellen gegliedert ist. In den einzelnen Stellen des Unternehmens werden *originäre Inputs*, das sind Produktionsfaktoren, die ein Unternehmen nicht selbst erstellt, wie z. B. fremdbezogene Rohstoffe, Arbeitsleistungen, oder *derivative Inputs*, das sind Produktionsfaktoren, die ein Unternehmen selbst erstellt, wie z. B. Zwischenprodukte, eingesetzt (→ *Produktionsfaktor*). Zur Erfassung der originären Inputs und der absatzbestimmten Produkte wird zunächst von B fiktiven Beschaffungsstellen und von A fiktiven Absatzstellen in den dargestellten IO-Modellen ausgegangen. Die Outputs dieser Beschaffungsstellen erfassen die originären Inputs und die Outputs dieser Absatzstellen die absatzbestimmten Produkte eines Unternehmens. Die Outputs der Produktionsstellen, einschließlich vorhandener Beschaffungs-, Zwischen- und Absatzlager, fließen als derivative Inputs zu den Produktionsstellen und, sofern es sich um absatzbestimmte Outputs handelt, zu den fiktiven Absatzstellen. In den statischen IO-Analysen wird die Zeit nicht explizit berücksichtigt. Für die in eine statische Analyse einbezogenen Größen wird unterstellt, daß es sich beim Input und Output um Mengengrößen je betrachteter Periode handelt und daß alle Größen konstant für die betrachtete Periode und unabhängig von allen Einflußgrößen späterer Perioden sind. Außerdem wird von einem vorgegebenen Bestand an *Potentialfaktoren* (*Gutenberg* 1972) ausgegangen. Voraussetzung für eine betriebswirtschaftliche, quantitative IO-Analyse ist die qualitative Analyse.

1. Zur qualitativen Input-Output-Analyse

Die im Rahmen der qualitativen IO-Analyse zu diskutierenden Probleme der Stellenbildung, also der Gliederung des Unternehmens in organisatorische Teileinheiten und somit auch in Beschaffungs-, Produktions- und Absatzstellen, werden als gelöst unterstellt (→ *Ablaufplanung*; → *Produktionsbereich, Organisation des*).

Bei insgesamt N Stellen $S = \{S_1, \ldots, S_N\}$, mit $N = M + A$ und $M = B + P$, läßt sich die Struktur der IO-Beziehungen eines Unternehmens durch die zweistellige Relation

$$R_S = \{(S_i, S_j)\ \varepsilon S^2 \,|\, r_{ij} > o\}$$

darstellen (*Czayka* 1972) mit S_i, S_j = i-te, j-te Stelle und r_{ij} = Outputmenge von S_i, die direkt als Inputmenge an S_j pro Periode geliefert wird (i, j = 1, ..., N). R_S gibt infolgedessen alle Stellenpaare an, zwischen denen direkte Output-Input-Beziehungen vorliegen. Zur Darstellung und Erfassung der Struktur von IO-Beziehungen eignen sich insbesondere die *Graphentheorie* und der *Matrizenkalkül*. So definiert die IO-Struktur R_S einen endlichen gerichteten einfachen Graphen

$$G\ (R_S) = [S,\ R_S]$$

(*Henn* 1968; *Czayka* 1972). Außerdem läßt sich R_S durch eine $(N \times N)$ – Strukturmatrix

$$\bar{S} = ||\,s_{ij}\,||$$

mit $s_{ij} = 1$, falls $r_{ij} > o$, und $s_{ij} = o$, falls $r_{ij} = o$, wiedergeben (*Kloock* 1969).

Qualitative IO-Analysen eines Unternehmens haben zur Unterscheidung folgender Grundstrukturen geführt. Ist für ein IO-System
$R_{SP} = \{(S_i, S_j)\ \varepsilon\ (SP)^2 \,|\, r_{ij} > o\} = \emptyset$ (leere Menge) mit $SP = \{S_{B+1}, \ldots, S_{B+P}\}$, dann liegen zwischen den Produktionsstellen keine direkten IO-Beziehungen vor. Solche Strukturen führen zu *einstufigen Produktionssystemen*. Für $R_{SP} \neq \emptyset$ liegen stets *mehrstufige Produktionssysteme* vor. Darüber hinaus können zwischen den Stellen eines Unternehmens *einfach zusammenhängende* oder *komplexe Strukturen* gegeben sein. *Strukturen* heißen *einfach zusammenhängend*, wenn die R_S zugehörige Strukturmatrix $\bar{S}$ eine Dreiecksmatrix ist oder sich nach entsprechender Umnumerierung der Stellen in eine Dreiecksmatrix transformieren läßt. Kann $\bar{S}$ niemals in eine Dreiecksmatrix transformiert werden, dann bestehen Rückkopplungen zwischen den Stellen. Solche *Strukturen* werden als *komplex* bezeichnet (*Münstermann* 1969; *Kloock* 1969). Zur Unterscheidung weiterer Strukturen sei auf die Literatur verwiesen (*Czayka* 1972).

2. Quantitative Input-Output-Analyse

Für eine Erfassung der Beziehungen zwischen den originären Inputs und den absatzbestimmten Outputs über die IO-Beziehungen aller Stellen eines Unternehmens sind zunächst die Abhängigkeiten zwischen dem Input und Output jeder Stelle zu analysieren. Da für die fiktiven Beschaffungs- und Absatzstellen gilt: *originärer Input = Output*

der Beschaffungsstellen und *absatzbestimmter Output = Input der Absatzstellen* einer Periode, bedürfen nur noch die IO-Beziehungen der Produktionsstellen der Analyse. Gemäß der von *Gutenberg* entwickelten Konzeption der *Verbrauchsfunktionen* (→ *Prozeßfunktion, technische*) können für diese Beziehungen nicht nur konstante Produktionskoeffizienten, so wie sie vielfach für volkswirtschaftliche statische IO-Analysen typisch sind, angenommen werden. Der Input r_{ij} für ein S_j hängt in der Regel nicht allein von den pro Periode bereitgestellten Outputmengen r_j der Stelle, sondern von einer Vielzahl von Größen ab wie etwa den technischen Eigenschaften $z_{j1}, \ldots, z_{jE}$ und der Intensität d_j der eingesetzten Anlage (*Gutenberg* 1972), anderen Inputs der Stelle, sofern Substitutionsmöglichkeiten zwischen verschiedenen Inputarten (z. B. Energiesubstitution zwischen Strom und Gas) bestehen, und weiteren Größen $e_{j1}, \ldots, e_{jG}$ wie z. B. andere Produktionsfaktoren (Zahl der Anlagen oder Arbeitskräfte). Gibt jede Stelle nur eine Outputart weiter (diese Annahme, die eine Kuppelproduktion ausschließt (→ *Produktion, verbundene*), läßt sich ohne weiteres aufheben (*Kloock* 1969; *Feltham* 1970)), und wird in jeder Stelle nur eine Anlage oder ein technisch miteinander verbundenes Anlagensystem eingesetzt, dann folgt als *Verbrauchsfunktion* von S_j (*Kloock* 1969; *Heinen* 1970; *Gutenberg* 1972) für i = 1, ..., M:

$$(1)\ r_{ij} = f_{ij}(z_{j1}, \ldots, z_{jE}, d_j, \frac{r_{1j}}{r_j}, \ldots, \frac{r_{i-1,j}}{r_j}, \frac{r_{i+1,j}}{r_j},$$
$$\ldots, \frac{r_{Mj}}{r_j}, e_{j1}, \ldots, e_{jG}, r_j)\cdot c_j \cdot r_j = f_{ij} \cdot c_j \cdot r_j$$

wobei von vorgegebenen Beziehungen zwischen technischen und ökonomischen Leistungen ausgegangen wird. Der Koeffizient c_j ist ein Korrekturfaktor, der der Ausschußerfassung dient und den

Wert $1 + q_j \cdot \frac{1}{100}$ annimmt, wenn Ausschuß in

Höhe von $q_j\%$ des bereitgestellten verwertbaren Outputs pro Periode anfällt (*Heinen* 1970). Mißt man den *Ausschußprozentsatz* $\bar{q}_j\%$ an den insgesamt erstellten Outputs einer Stelle, so muß $c_j = $

$(1 - \bar{q}_j \cdot \frac{1}{100})^{-1}$ gewählt werden. Um durch (1)

auch outputunabhängigen Bedarf zu erfassen, muß f_{ij} in bestimmter Weise direkt von r_j abhängen.

Bei N Stellen eines Unternehmens gelten folgende Beziehungen:

$$(2)\ r_1 = r_{11} + \ldots + r_{1B} + r_{1, B+1} + \ldots + r_{1, M} +$$
$$r_{1, M+1} + \ldots + r_{1N}$$

$$\vdots$$

$$r_B = r_{B1} + \ldots + r_{BB} + r_{B, B+1} + \ldots + r_{BM} +$$
$$r_{B, M+1} + \ldots + r_{BN}$$

$$r_{B+1} = r_{B+1,\,1} + \ldots + r_{B+1,\,B} + r_{B+1,\,B+1} +$$
$$\ldots + r_{B+1,\,M} + r_{B+1,\,M+1} + \ldots + r_{B+1,\,N}$$

.
.
.

$$r_M = r_{M1} + \ldots + r_{MB} + r_{M,\,B+1} + \ldots + r_{MM} +$$
$$r_{M,\,M+1} + \ldots + r_{MN}$$

In diesem System geben $r_1, \ldots, r_B$ den *originären Input* an, und die fiktiven Absatzstellen nehmen von den Beschaffungs- und Produktionsstellen den absatzbestimmten Output auf. Somit gilt für die IO-Beziehungen der Absatzstellen:

$$(3) \qquad \sum_{j=M+1}^{N} r_{ij} = x_i$$

für $i = 1, \ldots, M$ mit x_i = absatzbestimmte Output-mengen pro Periode, die eine Beschaffungs- oder Produktionsstelle S_i an eine fiktive Absatzstelle liefert. Da jede Absatzstelle den gesamten absatzbestimmten Output nur einer Art erfassen soll, ist in

$$\sum_{j=M+1}^{N} r_{ij}$$

höchstens ein $r_{ij} > o$ für $i = 1, \ldots, M$. Insgesamt wird von $B + P = M$ Absatzstellen ausgegangen, weil jede Beschaffungs- und Produktionsstelle absatzbestimmte Outputs bereitstellen kann. Es gilt also $A = M$.

Durch Einsetzen von (1) und (3) in das Gleichungssystem (2) ergibt sich:

$$(4) \quad r_i = \sum_{j=1}^{M} f_{ij} \cdot c_j \cdot r_j + x_i \text{ für } i = 1, \ldots, M$$

oder in Matrizenschreibweise (→ *Betriebsmatrizen*):

$$(5) \qquad\qquad r = F \cdot r + x_M$$

mit $r' = (r_1, \ldots, r_M)$, $F = \|f_{ij} \cdot c_j\|$ als $(M \times M)$ − Matrix sowie $x'_M = (x_1, \ldots, x_M)$
Bei Auflösung von (5) nach r folgt mit $E = (M \times M)$ − Einheitsmatrix und bei Existenz der inversen Matrix:

$$(E - F)\, r = x_M \text{ oder}$$
$$(6) \qquad\qquad r = (E - F)^{-1} \cdot x_M$$

Die B ersten Gleichungen von (6) geben die Beziehungen zwischen den originären Inputs $r_1, \ldots, r_B$ und den absatzbestimmten Outputs $x_1, \ldots, x_M$ wieder.

Die Matrix F in (6) läßt sich direkt in die vier Untermatrizen: $F_{BB} = \|f_{ij} \cdot c_j\|$ für $i = 1, \ldots, B$; $j = 1, \ldots, B$, $F_{BP} = \|f_{ij} \cdot c_j\|$ für $i = 1, \ldots, B$; $j = B+1, \ldots, B+P = M$, $F_{PB} = \|f_{ij} \cdot c_j\|$ für $i = B+1, \ldots, B+P = M$; $j = 1, \ldots, B$ und $F_{PP} = \|f_{ij} \cdot c_j\|$ für $i = B+1, \ldots, B+P = M$; $j = B+1, \ldots, B+P = M$ aufspalten, wobei weitere Spaltungen der Matrix F_{PP} in Abhängigkeit von der Struktur des Produktionssystems durchaus möglich sind (*Butterworth* u. *Sigloch* 1971;

Chmielewicz 1972). Aufgrund der Annahme fiktiver Beschaffungsstellen zur Erfassung des originären Inputs ergibt sich: $F_{BB} = O_{BB}$ (O = Nullmatrix) und $F_{PB} = O_{PB}$. Für $x'_M = (o, \ldots, o, x_{B+1}, \ldots, x_M) = (o'_B, x')$ mit $o'_B = (1 \times B)$ − Nullvektor und $x' = (x_{B+1}, \ldots, x_M)$ (d. h. zwischen den fiktiven Beschaffungs- und Absatzstellen liegen keine direkten IO-Beziehungen vor) lautet somit (6):

$$(7)\; r = (E - F)^{-1} \cdot x_M = \begin{pmatrix} E_{BB} \text{ -} F_{BP} \\ O_{PB}\; E_{PP} \text{ -} F_{PP} \end{pmatrix}^{-1} \cdot \begin{pmatrix} o_B \\ x \end{pmatrix}$$

$$= \begin{pmatrix} E_{BB}\; F_{BP} \cdot (E_{PP} - F_{PP})^{-1} \\ O_{PB}\; (E_{PP} - F_{PP})^{-1} \end{pmatrix} \cdot \begin{pmatrix} o_B \\ x \end{pmatrix}$$

Aus (7) folgt mit $r'_B = (r_1, \ldots, r_B)$ bei Existenz der inversen Matrix:

$$(8) \qquad r_B = F_{BP} \cdot (E_{PP} - F_{PP})^{-1} \cdot x$$

Aufgabe der betriebswirtschaftlichen IO-Analyse ist es, zu untersuchen, inwieweit sich die Beziehungen (6) oder (8) in Verbindung mit (1) für die verschiedenen Produktionsfaktorarten und unterschiedlichen Produktionsstellen aufstellen lassen. Eine Einteilung der Produktionsfaktorarten in *Repetierfaktoren* (*Heinen* 1970) und *Potentialfaktoren* (*Gutenberg* 1972) (→ *Produktionsfaktor*) ist sicherlich für praktische Anwendungen nicht immer differenziert genug, reicht jedoch für eine grundlegende Diskussion der zu behandelnden Probleme aus.

a) Zur Input-Output-Analyse für den Repetierfaktoreinsatz

Der Bedarf an Repetierfaktoren läßt sich vielfach in Abhängigkeit von technischen Betriebsanlagen und vom Produktionsprogramm ermitteln. Aber auch der produktionsfaktorabhängige Bedarf an Repetierfaktoren, wie z. B. für die Instandhaltung und Reinigung von Gebäuden und Anlagen, kann auf der Basis von Verbrauchsfunktionen erfaßt werden. Für die Ermittlung des Repetierfaktoreinsatzes durch Verbrauchsfunktionen

$$r_i = \sum_{j=1}^{N} r_{ij} = \sum_{j=1}^{M} f_{ij} \cdot c_j \cdot r_j + x_i \text{ für } i = 1, \ldots, M$$

liegen insbesondere für die Chemische Industrie und die Stahlindustrie schon eingehende Untersuchungen vor (*Pichler* 1961; *Haberbeck* 1967; *Laßmann* 1968; *Neuefeind* 1968; *Pressmar* 1971; *Franke* 1972). Ihre Zusammenfassung auf der Basis der Beziehungen (6) oder (8) ist im Falle einstufiger oder mehrstufiger Produktionssysteme mit einfach zusammenhängender Struktur und/oder linearisierten Verbrauchsfunktionen ohne weiteres möglich (*Laßmann* 1968; *Kloock* 1969; *Heinen* 1970), was jedoch für nur stückweise lineare Verbrauchsfunktionen oder für komplexe Strukturen in der Regel nicht mehr gilt (*Kloock* 1969).

b) Zur Input-Output-Analyse für den Potentialfaktoreinsatz von Anlagen

Die statische IO-Analyse geht von einem gegebenen Bestand an Anlagen aus. Infolgedessen kann sich diese Analyse auf die Ermittlung des Bedarfs an *Einsatz-* oder *Stillstandzeiten* für Reinigungen, Reparaturen, Umrüstungen der Anlagen oder infolge mangelnder Kapazitätsauslastung der einzelnen Anlagen beschränken. Mit t_{1j} als Bedarf an *Einsatzzeiten* pro Periode der Anlagen von S_j wird vielfach von der Beziehung: $f_{1j} = f_{1j}(d_j) = \frac{a_j}{d_j}$ ausgegangen (*Krelle* 1969), so daß folgende *Verbrauchsfunktion* vorliegt:

$$t_{1j} = f_{1j}(d_j) \cdot c_j \cdot r_j = \frac{a_j}{d_j} \cdot c_j \cdot r_j \text{ für } j = 1, ..., M$$

a_j ist ein Proportionalitätsfaktor, der die technische Leistungsabgabe (b_j) der Anlagen je Einheit des Outputs von S_j angibt (es gilt also: $b_j = a_j \cdot r_j$). In analoger Weise sind Verbrauchsfunktionen für die *Stillstandszeiten*, gegebenenfalls differenziert nach Zeiten für Reparaturen, Reinigungen und Umrüstungen (t_{wj}), aufzustellen. Bei insgesamt W verschiedenen Arten an Zeiten folgt für $j = 1, ..., M$:

$$t_j = \sum_{w=1}^{W} t_{wj} = \sum_{w=1}^{W} f_{wj} \cdot c_j \cdot r_j = r_j \cdot \sum_{w=1}^{W} f_{wj} \cdot c_j = r_j \cdot g_j$$

Für $t' = (t_1, ..., t_M)$, $G = (M{\times}M)$ − Diagonalmatrix mit g_j als Diagonalelementen ergibt sich aus (6):
$t = G \cdot r = G \cdot (E-F)^{-1} \cdot x_M$ und in Verbindung mit (7) für $t'_P = (t_{B+1}, ..., t_M)$ sowie $G_P = (P{\times}P)$ − Diagonalmatrix mit g_j für $j = B+1, ..., M$ als Diagonalelementen:
(9) $t_P = G_P \cdot (E_{PP} - F_{PP})^{-1} \cdot x$
Gegebenenfalls ist auf die Addition der Zeiten t_{wj} zu verzichten. Als Ergebnis erhält man dann die $(W{\times}P)$ − Matrix $T = \|t_{wi}\|$ mit $j = B+1, ..., B+P = M$.

c) Zur Input-Output-Analyse für den Potentialfaktoreinsatz von Arbeitskräften

In analoger Weise wie beim Potentialfaktoreinsatz von Anlagen läßt sich bei gegebenem Personalbestand der Bedarf an Arbeitszeiten für Arbeiter einer bestimmten Qualifikation in Abhängigkeit von die Arbeitszeit beeinflussenden Größen ermitteln. Es kann also auch für die *Arbeitszeiten* grundsätzlich von den in (1) aufgestellten *Verbrauchsfunktionen* ausgegangen werden.

Für tA_{qj} als *Arbeitszeit* der Arbeiter des q-ten Qualifikationsgrades in der Stelle S_j pro Periode gilt dann:

$$tA_{qj} = f_{qj} \cdot c_j \cdot r_j \text{ und } tA_q = \sum_{j=1}^{M} tA_{qj} = \sum_{j=1}^{M} f_{qj} \cdot c_j \cdot r_j \text{ für}$$
$$q = 1, ..., Q$$

Diese Arbeitszeiten sind eventuell noch nach unterschiedlichen Tätigkeiten zu differenzieren (*Vogel* 1970; *Franke* 1972). Mit $t'_A = (tA_1, ..., tA_Q)$ und $FA = \|f_{qj} \cdot c_j\|$ als $(Q{\times}M)$ − Matrix folgt nach (6):
$t_A = FA \cdot r = FA \cdot (E-F)^{-1} \cdot x_M$ und in Verbindung mit (7) für $FA_{QP} = \|f_{qj} \cdot c_j\|$ als $(Q{\times}P)$ − Matrix mit $j = B+1, ..., B+P = M$:
(10) $t_A = FA_{QP} \cdot (E_{PP} - F_{PP})^{-1} \cdot x$
Zur weiteren Analyse solcher IO-Beziehungen sei auf die Literatur verwiesen (*Meier* u. *Seidel* 1965; *Vogel* 1970; *Franke* 1972).

In einem unternehmerischen statischen IO-Modell sind auch die Gleichungen (9) und (10) in den allgemeinen Ansatz (8) einzubeziehen. Somit ist B, die Zahl der fiktiven Beschaffungsstellen, gleich R + P + Q mit R = Zahl der verschiedenen originären Repetierfaktorarten.

3. Zur Anwendung der statischen Input-Output-Analyse

Die IO-Beziehungen der statischen IO-Analyse haben in einer großen Zahl von Produktions- und Kostenmodellen Eingang gefunden. So lassen sich z.B. die drei Produktionsfunktionen von Typ A, B und C (→ *Produktionstheorie*) anhand statischer IO-Analysen entwickeln und unter anderem anhand der vorhin aufgezeigten Strukturen unterscheiden. Aus der Beziehung (7) kann für $c_j = 1$ bei entsprechendem Verlauf der Verbrauchsfunktionen (1) und unter der Annahme, daß P = 1 ist, die *Produktionsfunktion vom Typ A* hergeleitet werden (*Kloock* 1969). Ebenfalls folgt aus (7) für $c_j = 1$ und bei Annahme eines *einstufigen Produktionssystems* die *Produktionsfunktion vom Typ B* und bei der Annahme eines *mehrstufigen Produktionssystems* mit *einfach zusammenhängender Struktur* die *Produktionsfunktion vom Typ C* (*Kloock* 1969). Da von den diskutierten Strukturen nur noch eine übrig bleibt, bietet es sich an, Produktionsfunktionen für *mehrstufige Produktionssysteme* mit *komplexer Struktur* als *Produktionsfunktionen vom Typ D* zu bezeichnen (*Kloock* 1969a; *Schweitzer* u. *Küpper* 1974).

Die Annahme, daß alle $f_{ij} = a_{ij} =$ konstant und $c_j = 1$ sind, überführt die Beziehungen (7) und (8) in das betriebswirtschaftliche *Leontief-Produktionsmodell* (*Kloock* 1969; *Vogel* 1970; *Butterworth* u. *Sigloch* 1971). Die Anwendung dieses Leontief-Modells auf *einfach zusammenhängende Strukturen* bei *mehrstufigen Produktionssystemen* ergibt dann das *Gozinto-Modell* in der von *Vazsonyi* konzipierten Form (→ *Gozinto-Graph*) (*Vazsonyi* 1962; *Kloock* 1969). Unter der Annahme konstanter f_{ij} (*konstanter Produktionskoeffizienten*) ist in der Regel die Existenz der inversen Matrix $(E_{PP} - F_{PP})^{-1} = (E_{PP} - A_{PP})^{-1}$ (mit $A_{PP} = \|a_{ij}\|$ als $(P{\times}P)$ − Matrix) der Beziehungen (7) und (8) gesichert (*Schumann* 1968; *Kloock* 1969). Mit $F_{BP} = A_{BP}$ und $A_{BP} \cdot (E_{PP} - A_{PP})^{-1} = B_{BP}$ folgt dann nach (8):
$r_B = B_{BP} \cdot x$
Auf solchen Beziehungen für den *originären Input* an *Repetierfaktoren* und an *Einsatzzeiten* für Anlagen sowie an *Arbeitszeiten* für Personal basieren zahlreiche Ansätze *linearer Produktionsplanungsmodelle* (→ *Planung, betriebswirtschaftliche; → Produktionsplanung; → Produktionssteuerung*). Bei diesen Modellen werden vorgegebene Zielfunktionen unter den Nebenbedingungen
(11) $B_{BP} \cdot x = r_B \leqq \bar{r}_B$ und $x \geqq o$ ($o =$ Nullvektor)
mit konstant vorgegebenen originären Imputressourcen $\bar{r}_B$ bezüglich der gesuchten Variablen x extremiert (*Förstner* u. *Henn* 1957; *Schumann* 1968; *Münstermann* 1969; *Vogel* 1970; *Jacob* 1972).

Auch die von *Pichler* (*Pichler* 1961 u. 1966) konzipierten Kostenmodelle lassen sich als Spezialfälle der statischen IO-Modelle herleiten. *Pichler* bezeichnet die Einflußgrößen für den Produktionsfaktorverbrauch als Durchsätze und wählt in der Regel den Input oder Output pro Periode einer Stelle als *Durchsatzgrößen* seiner Modelle. Für den Verbrauch der Produktionsfaktoren nimmt er dann stets eine proportionale Abhängigkeit (mit den Proportionalitätsfaktoren α_{ij}, ß_{ij}, ß_i) von den gewählten Durchsatzgrößen (δ_j) mit $c_j = 1$ an. Infolgedessen stellen seine Verbrauchsfunktionen Spezialfälle der Beziehungen (1) dar:

$$r_{ij} = \alpha_{ij} \cdot \delta_j \text{ für } i = 1, \ldots, B; j = B + 1, \ldots, B + P = M$$
$$r_{ij} = \text{ß}_{ij} \cdot \delta_j \text{ für } i = B + 1, \ldots, M; j = B + 1, \ldots, M$$

Setzt man diese auf der Basis nur einer Durchsatzgröße für jede Stelle aufgestellten Verbrauchsfunktionen in (5) ein, so ergibt sich für $x_i = o$ ($i = 1, \ldots, B$) zunächst:

(12) $r_B = \bar{A} \cdot \delta$

mit $\bar{A} = \|\alpha_{ij}\|$ als $(B x P) -$ Matrix und $\delta' = (\delta_{B+1}, \ldots, \delta_M)$. Weiter folgt aus (4) mit $r_i = \text{ß}_i \cdot \delta_i$ für $i = B + 1, \ldots, M$, wobei im Gegensatz zum *Pichler*-Modell gleiche Produktarten, die in verschiedenen Stellen gefertigt werden, durch produktionsstellenbezogene Indizierungen unterschieden werden:

$$x_i = r_i - \sum_{j=B+1}^{M} r_{ij} = \beta_i \cdot \delta_i - \sum_{j=B+1}^{M} \beta_{ij} \cdot \delta_j = \sum_{j=B+1}^{M} \bar{\beta}_{ij} \cdot \delta_j$$

mit $\bar{\beta}_{ij} = \begin{cases} -\beta_{ij} \text{ für } i \neq j \\ \beta_i - \beta_{ij} \text{ für } i = j \end{cases}$

und für $B = \|\beta_{ij}\|$ als $(P \times P)$-Matrix:

(13) $x = B \cdot \delta$

(12) und (13) führen bei Existenz der inversen Matrix zu

(14) $\delta = \bar{B}^{-1} \cdot x$ und $r_B = \bar{A} \cdot \delta = A \cdot \bar{B}^{-1} \cdot x$

Zusammengefaßt ergibt (14) (*Pichler* 1961; *Neuefeind* 1968; *Schumann* 1968; *Kloock* 1969; *Vogel* 1970):

$$\begin{pmatrix} \delta \\ r_B \end{pmatrix} = \begin{pmatrix} \bar{B}^{-1} \\ \bar{A}.\bar{B}^{-1} \end{pmatrix} \cdot x = Q \cdot x$$

Mit $\delta_i = r_i$ (d.h. $\text{ß}_i = 1$) für $i = B + 1, \ldots, M$ ist wegen $\bar{B} = (E_{PP} - B_{PP}^*)$ mit $B_{PP}^* = \|\text{ß}_{ij}\|$ als $(P x P) -$ Matrix (14) offensichtlich ein Spezialfall von (8).

Die Matrix Q bezeichnet *Pichler* als „Strukturmatrix" der Betriebswirtschaft (→ *Betriebsmatrizen*). Auch bei Erweiterung dieses Ansatzes auf *Verbrauchsfunktionen*, bei denen mehrere Durchsatzgrößen als abhängige Größen berücksichtigt werden (*Pichler* 1961; *Kloock* 1969; *Vogel* 1970; *Zschocke* 1973), bleibt der Modellansatz von *Pichler* grundsätzlich ein Spezialfall statischer IO-Analysen.

Durch Einführung von Bewertungsgrößen für die Inputs und Outputs, die grundsätzlich nur bei Kenntnis des Zielsystems eines Unternehmens angegeben werden können, lassen sich aus allen IO-Modellen entsprechende *Kostenmodelle* herleiten (*Pichler* 1961 u. 1966; *Schumann* 1968 u. 1970; *Neuefeind* 1968; *Kloock* 1969a; *Schuhmann* 1969; *Vogel* 1970; *Franke* 1972).

III. Zu stochastischen Ansätzen der Input-Output-Analyse

Die in die statische IO-Analyse eingehenden Daten sind vielfach unsicher. Diese Unsicherheit (→

Ungewißheit und Unsicherheit) kann umweltbedingt und unternehmensbedingt sein. Durch die umweltbedingten Unsicherheiten können die erforderlichen *originären Inputs* oder die nachgefragten absatzbestimmten Outputs Zufallsgrößen sein, deren Wahrscheinlichkeitsverteilungen in der Regel auf subjektiver Basis ermittelt werden müssen (→ *Prognose und Prognoseverfahren*).

Für Produktionsplanungsmodelle mit stochastisch nachgefragten absatzbestimmten Outputs (d.h., diese Outputs sind Zufallsgrößen mit bekannter mehrdimensionaler Wahrscheinlichkeitsverteilung (→ *Wahrscheinlichkeitstheorie*)) wurden die Modellansätze des „*chance constrained*"-Programms entwickelt. Mit x als Zufallsvektor ist auch $B_{BP} \cdot x$ ein Zufallsvektor. Bezeichnet P_x die Wahrscheinlichkeitsverteilung des letzten Zufallsvektors, dann lautet die Nebenbedingung des „*chance constrained*"-Programms (*Dinkelbach* u. *Kloock* 1969):

$$P_x \{B_{BP} \cdot x \leq \bar{r}_B\} \geq \alpha \ (o < \alpha < 1)$$

Für eine betriebswirtschaftliche IO-Analyse sind die unternehmensbedingten Zufallsgrößen von größerer Bedeutung. Zur Erfassung solcher Größen durch die IO-Analyse werden in der Literatur zwei grundlegende Modellansätze vorgeschlagen. Der eine Modellansatz geht davon aus, daß zwischen einzelnen Inputs und dem Output der Stellen keine funktionalen Abhängigkeiten, wie sie für Verbrauchsfunktionen unterstellt werden, vorliegen. Diese Ansätze mit den Outputs r_j von S_j als Zufallsgrößen versuchen auf der Basis ermittelter Wahrscheinlichkeitsverteilungen für r_j, durch die Wahrscheinlichkeit P_j, daß r_j höchstens einen bestimmten Wert V_j beim Einsatz vorgegebener Inputs ($\bar{r}_{1j}, \ldots, \bar{r}_{Mj}$) erreicht

$$P_j \{r_j \leq V_j | \bar{r}_{1j}, \ldots, \bar{r}_{Mj}\} \text{ für } j = B + 1, \ldots, M$$

die IO-Beziehungen zu erfassen (*Schwarze* 1972). Wenn sich vielleicht solche Verteilungen für IO-Analysen bei Unternehmen mit genau einer Produktionsstelle oder mit *einstufigen Produktionssystemen* ermitteln lassen (z.B. auf der Basis von Wahrscheinlichkeitsverteilungen für den Anfall von Ausschuß), so dürfte es bei mehrstufigen Produktionssystemen, bei denen die Inputs $\bar{r}_{ij}$ als Outputs anderer Stellen selbst wieder Zufallsgrößen sind, recht schwierig sein, solche bedingten Wahrscheinlichkeiten und deren Verteilungen zu bestimmen.

Weitaus praxisrelevanter erweisen sich jedoch Ansätze, die grundsätzlich von funktionalen Beziehungen zwischen dem Input und Output der Stellen ausgehen. Diese Ansätze versuchen, die unsicheren funktionalen Beziehungen zwischen Input und Output der Stellen auf der Basis von Regressionsmodellen zu bestimmen (*Haberbeck* 1967; *Laßmann* 1968; *Pressmar* 1971; *Zschocke* 1973).

IV. Zu dynamischen Ansätzen der Input-Output-Analyse

Geht man zunächst auch bei dynamischen Ansätzen von einem gegebenen Bestand an Potentialfaktoren aus, dann erfordert eine Dynamisierung der IO-Analyse die Einbeziehung des zeitlichen Einflusses späterer Perioden und der betrachteten Periode auf einzelne Größen statischer IO-Analysen. Dieser Einfluß läßt sich insbesondere durch im Zeitablauf veränderliche Parameter erfassen, zu denen die technischen Eigenschaften der Aggregate (die z-Situation), die Ausschußfaktoren, deren Höhe durch die Anlagen sowie die Qualifikation der Arbeiter fixiert werden, und die lernabhängigen Qualifikationsgrade der Arbeiter zählen. Im Gegensatz zu den dynamischen Ansätzen volkswirtschaftlicher IO-Analysen ergibt sich somit die Abhängigkeit des Inputs von der Zeit auch durch die Abhängigkeit der *Verbrauchsfunktionen* von zeitabhängigen Parametern (*Kloock* 1969). Die Hauptschwierigkeiten der Dynamisierung von IO-Analysen dürften infolgedessen in der Ermittlung solcher Verbrauchsfunktionen liegen. Hierzu bedarf die betriebswirtschaftliche IO-Analyse insbesondere der empirischen Untersuchungen der Arbeits- und der technischen Wissenschaften, die zur Zeit noch nicht soweit entwickelt sind, daß sie eine realitätsnahe Quantifizierung *dynamischer Verbrauchsfunktionen* ermöglichen (*Schneider* 1965; *Stein* 1965; *Ihde* 1970).

Bei Dynamisierung der IO-Analyse unter Berücksichtigung mehrerer Perioden ist die Prämisse eines konstanten Potentialfaktorbestandes aufzuheben. Neue Potentialfaktoren erfordern jedoch in der Regel die Ermittlung neuer Verbrauchsfunktionen für die Stellen, in denen diese Faktoren eingesetzt werden. Sofern sich die neuen Verbrauchsfunktionen in analoger Weise wie bei der statischen IO-Analyse ermitteln lassen, dürfte dieser Aspekt einer Dynamisierung eine betriebswirtschaftliche IO-Analyse nicht sehr erschweren.

Symbolliste:

A = Zahl der fiktiven Absatzstellen $S_{M+1}, ..., S_N$

$\overline{A}$ = (BxP) − Matrix $||\alpha_{ij}||$ für $i = 1, ..., B$ und $j = B + 1, ..., M$ mit α_{ij} = Proportionalitätsfaktoren für δ_j

A_{BP} = (BxP) − Matrix $||a_{ij}||$ für $i = 1, ..., B$ und $j = B + 1, ..., M$ mit $f_{ij} = a_{ij}$ = konstant

A_{PP} = (PxP) − Matrix $||a_{ij}||$ für $i, j = B + 1, ..., M$ mit $f_{ij} = a_{ij}$ = konstant

B = Gesamtzahl der fiktiven Beschaffungsstellen $S_1, ..., S_B$

$\overline{B}$ = (PxP) − Matrix $||\overline{\beta}_{ij}||$ für $i, j = B + 1, ..., M$ mit $\overline{\beta}_{ij}$ = Proportionalitätsfaktoren für δ_j

B_{BP} = $\overline{A}_{BP} \cdot (E_{PP} - A_{PP})^{-1}$

c_j = Ausschußkoeffizient von S_j

d_j = Intensität der Anlage oder des Anlagensystems von S_j

δ_j = Durchsatzgröße von S_j

δ' = $(\delta_{B+1}, ..., \delta_M)$

E = (MxM) − mit $E_{BB} = (BxB)$ − und $E_{PP} = (PxP)$ − Einheitsmatrix

f_{ij} = $\dfrac{r_{ij}}{c_j \cdot r_j}$ (in Abhängigkeit von den Verbrauchseinflußgrößen)

f_{qj} = $\dfrac{tA_{qj}}{c_j \cdot r_j}$ (in Abhängigkeit von den Arbeitszeiteinflußgrößen)

f_{wj} = $\dfrac{t_{wj}}{c_j \cdot r_j}$ (in Abhängigkeit von den anlagebedingten Zeiteinflußgrößen)

F = (MxM) − Matrix $||f_{ij} \cdot c_j||$ für $i, j = 1, ..., M$

FA = (QxM) − Matrix $||f_{qj} \cdot c_j||$ für $q = 1, ..., Q$ und $j = 1, ..., M$

FA_{QP} = (QxP) − Matrix $||f_{qj} \cdot c_j||$ für $q = 1, ..., Q$ und $j = B + 1, ..., M$

F_{BB} = (BxB) − Matrix $||f_{ij} \cdot c_j||$ für $i, j = 1, ..., B$

F_{BP} = (BxP) − Matrix $||f_{ij} \cdot c_j||$ für $i = 1, ..., B$ und $j = B + 1, ..., M$

F_{PB} = (PxB) − Matrix $||f_{ij} \cdot c_j||$ für $i = B + 1, ..., M$ und $j = 1, ..., B$

F_{PP} = (PxP) − Matrix $||f_{ij} \cdot c_j||$ für $i, j = B + 1, ..., M$

g_j = $\sum\limits_{w=1}^{W} f_{wj} \cdot c_j$

G = (MxM) − Diagonalmatrix mit g_j als Diagonalelementen

G_P = (PxP) − Diagonalmatrix mit g_j als Diagonalelementen für $j = B + 1, ..., M$

IO = Input-Output

M = $B + P$

N = $A + B + P$

O = Nullmatrix mit $O_{BB} = (BxB)$ − und $O_{PB} = (PxB)$ − Nullmatrix

P = Zahl der Produktionsstellen $S_{B+1}, ..., S_M$

Q = Zahl der verschiedenen Qualifikationsgrade

r_{ij} = Outputmenge von S_i, die direkt als Inputmenge an S_j pro Periode geliefert wird

r_i = pro Periode von S_i bereitgestellte Outputmenge

r' = $(r_1, ..., r_M)$

r'_B = $(r_1, ..., r_B)$

S_j = j-te Stelle

tA_q = $\sum\limits_{j=1}^{M} tA_{qj}$

tA_{qj} = Arbeitszeit der Arbeiter des q-ten Qualifikationsgrades in S_j pro Periode

t' = $\sum\limits_{w=1}^{W} t_{wj}$

t_{wj} = anlagebedingte Zeiten der w-ten Art in S_j pro Periode

t' = $(t_1, ..., t_M)$

t'_A = $(tA_1, ..., tA_Q)$

t'_P = $(t_{B+1}, ..., t_M)$

W = Zahl der verschiedenen anlagebedingten Zeiten

x_i = absatzbestimmte Outputmenge von S_i pro Periode

x' = $(x_{B+1}, ..., x_M)$

x'_M = $(x_1, ..., x_M)$

Literatur: Förstner, K. u. *R. Henn:* Dynamische Produktions-Theorie und Lineare Programmierung. Meisenheim am Glan 1957 – *Pichler, O.:* Kostenrechnung und Matrizenkalkül. In: Ablauf- und Planungsforschung, 2. Jg 1961, S. 29–46 – *Albach, H.:* Produktionsplanung auf der Grundlage technischer Verbrauchsfunktionen. In: Arbeitsgemeinschaft für Forschung des Landes Nordrhein-Westfalen, hrsg. v. *L. Brandt*, H. 105, 1962, S. 45–98 – *Vazsonyi, A.*: Die Planungsrechnung in Wirtschaft und Industrie. Wien u. München 1962 – *Meier, D. u. H. Seidel*: Die Planung der zeitlichen Verteilung des Arbeitszeitbedarfs nach Durchlaufabschnitten im Industriebetrieb mittels eines Matrizenmodells. In: Wirtschaftswissenschaft, 13. Jg 1965, S. 628–643 – *Schneider, D.*: Lernkurven und ihre Bedeutung für Produktionsplanung und Kostentheorie. In: ZfbF, 17. Jg 1965, S. 501–515 – *Stein, C.*: Zur Berücksichtigung des Zeitaspekts in der betriebswirtschaftlichen Produktionstheorie. Diss., München 1965 – *Pichler, O.*: Anwendung der Matrizenrechnung bei der Betriebskostenüberwachung. In: Anwendungen der Matrizenrechnung auf wirtschaftliche und statistische Probleme. 3. A., hrsg. v. *A. Adam* u. a., Würzburg 1966, S. 74–111 – *Haberbeck, H.-R.*: Zur wirtschaftlichen Ermittlung von Verbrauchsfunktionen. Diss., Köln 1967 – *Henn, R.*: Graphen und Relationen. In: Operations-Research-Verfahren V, hrsg. v. *R. Henn*, Meisenheim am Glan 1968, S. 445–452 – *Laßmann, G.*: Die Kosten- und Erlösrechnung als Instrument der Planung und Kontrolle in Industriebetrieben. Düsseldorf 1968 – *Neuefeind, B.*: Betriebswirtschaftliche Produktions- und Kostenmodelle für die Chemische Industrie. Diss., Köln 1968 – *Schumann, J.*: Input-Output-Analyse. Berlin, Heidelberg u. New York 1968 – *Dinkelbach, W. u. J. Kloock*: Mathematische Programmierung. In: Beiträge zur Unternehmensforschung. Gegenwärtiger Stand und Entwicklungstendenzen, hrsg. v. *G. Menges*, Würzburg u. Wien 1969, S. 33–60 – *Kloock, J.*: Betriebswirtschaftliche Input-Output-Analyse. Ein Beitrag zur Produktionstheorie. Wiesbaden 1969 – *Kloock, J.*: Zur gegenwärtigen Diskussion der betriebswirtschaftlichen Produktionstheorie und Kostentheorie. In: ZfB, 39. Jg 1969a, 1. Ergänzungsheft, S. 49–82 – *Krelle, W.*: Produktions-Theorie. Teil I der Preistheorie. 2. A., Tübingen 1969 – *Münstermann, H.*: Unternehmungsrechnung. Untersuchungen zur Bilanz, Kalkulation, Planung mit Einführung in die Matrizenrechnung, Graphentheorie und Lineare Programmierung. Wiesbaden 1969 – *Schumann, W.*: Integriertes Rechenmodell zur Planung und Analyse des Betriebserfolgs. In: Betriebswirtschaftliche Information, Entscheidung und Kontrolle. Festschrift für H. Münstermann, hrsg. v. *W. Busse von Colbe* u. *G. Sieben*, Wiesbaden 1969, S. 31–70 – *Feltham, G. A.*: Some Quantitative Approaches to Planning for Multiproduct Production Systems. In: Acc. R, Vol. 45 1970, S. 11–26 – *Heinen, E.*: Betriebswirtschaftliche Kostenlehre. Kostentheorie und Kostenentscheidungen. 3. A., Wiesbaden 1970 – *Ihde, G.-B.*: Lernprozesse in der betriebswirtschaftlichen Produktionstheorie. In: ZfB, 40. Jg 1970, S. 451–468 – *Schumann, H.*: Input-Output-Analyse. In: HWR, Stuttgart 1970, Sp. 689–702 – *Vogel, F.*: Matrizenrechnung in der Betriebswirtschaft – Grundlagen und Anwendungsmöglichkeiten. Opladen 1970 – *Butterworth, J. E.* u. *B. A. Sigloch*: A Generalized Multi-Stage Input-Output Model and Some Derived Equivalent Systems: In: Acc. R, Vol. 46 1971, S. 700–716 – *Pressmar, D. B.*: Kosten- und Leistungsanalyse im Industriebetrieb. Wiesbaden 1971 – *Chmielewicz, K.*: Integrierte Finanz- und Erfolgsplanung. Stuttgart 1972 – *Czayka, L.*: Qualitative Input-Output-Analyse. Die Bedeutung der Graphentheorie für die inter-industrielle Input-Output-Analyse. Meisenheim am Glan 1972 – *Franke, R.*: Betriebsmodelle. Rechensysteme für Zwecke der kurzfristigen Planung, Kontrolle und Kalkulation. Düsseldorf 1972 – *Gutenberg,*

E.: Grundlagen der Betriebswirtschaftslehre. 1. Bd: Die Produktion. 19. A., Berlin, Heidelberg u. New York 1972 – *Jacob, H.*: Die Planung des Produktions- und Absatzprogramms. In: Industriebetriebslehre in programmierter Form. Bd II: Planung und Planungsrechnungen, hrsg. v. *H. Jacob*, Wiesbaden 1972, S. 39–259 – *Schwarze, J.*: Diskussion eines einfachen stochastischen Produktionsmodells. In: ZfbF, 24. Jg 1972, S. 666–681 – *Zschocke, D.*: Stochastische und technologische Aspekte bei der Bildung von Produktionsmodellen und Produktionsstrukturen. Diss., Heidelberg 1973 – *Schweitzer, M.* u. *H. K. Küpper*: Produktions- und Kostentheorie der Unternehmung. Hamburg 1974.

Josef Kloock

Insolvenz → Konkurs und Vergleich

Instandhaltungsplanung

[s. a.: Anlagen und Anlagenwirtschaft; Produktionsplanung.]

I. Begriff, Wesen, Bedeutung; II. Voraussetzungen; III. Bestimmung einer Instandhaltungsstrategie; IV. Bereitstellungsplanung; V. Terminplanung; VI. Veranlassung; VII. Kontrolle; VIII. Berichtswesen.

I. Begriff, Wesen, Bedeutung

Unter Instandhaltungsplanung im weiteren Sinne versteht man alle Maßnahmen (*Inspektion, Wartung, Reparatur, Austausch von Teilen*), die mit der Planung, Veranlassung und Kontrolle vorbeugender Instandhaltungsmaßnahmen zusammenhängen. Die Instandhaltungsplanung kann man sich aus folgenden Phasen zusammengesetzt denken:

1. Bestimmung einer geeigneten Instandhaltungsstrategie;
2. Bereitstellungsplanung;
3. Mittelfristige Terminplanung der Instandhaltungsmaßnahmen entsprechend der gewählten Strategie (Instandhaltungsplanung im engeren Sinne);
4. Veranlassung der vorbeugenden Maßnahmen;
5. Kontrolle der termingerechten Ausführung;
6. Berichtswesen (Management Information) über die Instandhaltung.

Die Instandhaltungsplanung gewinnt wachsende Bedeutung, weil

– die Anlagenintensität der Betriebe zunimmt (→ *Produktion, Automatisierung der*),

– in modernen automatisierten und integrierten Fertigungen der Ausfall einer Anlage weitreichende Konsequenzen auf andere Anlagen und das Betriebsganze haben kann (→ *Produktionsverfahren*),

– moderne Fertigungsanlagen hochqualifiziertes Instandhaltungspersonal verlangen, das knapp ist und möglichst ökonomisch eingesetzt werden muß.

II. Voraussetzungen

Die planmäßige, *vorbeugende Instandhaltung*

konkurriert mit der Politik, sich auf *Reparaturen* nach ungeplanten Ausfällen zu beschränken (in der Folge kurz „*Zufallsreparatur*" genannt). Die folgenden Voraussetzungen müssen gesichert sein, bevor eine Vorbeugungsstrategie erwogen werden kann:

1. Der Anlagenzustand muß sich im Zeitablauf verschlechtern, präziser: die Ausfallrate $q(t)$ muß im Zeitablauf zunehmen. Dabei ist die Ausfallrate durch die folgende Gleichung definiert:

$$q(t) = \frac{f(t)}{1-F(t)} = \frac{f(t)}{R(t)}$$

$F(t)$ ist die Wahrscheinlichkeit, daß eine Anlage bis zum Zeitpunkt t ausgefallen sein wird, $f(t)$ ist die zugehörige Wahrscheinlichkeitsdichte. $R(t)$ ist die Durchstehwahrscheinlichkeit.

2. Die Kosten K_p einer Planmaßnahme müssen kleiner sein als die Kosten K_z einer Zufallsreparatur. Nur unter dieser Bedingung wird man bereit sein, die sicheren Kosten der Vorbeugungsaktion den nur mit einer Wahrscheinlichkeit $P < 1$ auftretenden Kosten einer Zufallsreparatur vorzuziehen. Diese Voraussetzung ist in der Praxis in sehr vielen Fällen gegeben.

3. Die Vorbeugungsmaßnahme muß eine echte Verbesserung des Anlagenzustandes herbeiführen (Problem der Wartungsfehler).

III. Bestimmung einer Instandhaltungsstrategie

Abb. 1 enthält eine Übersicht über die Vorbeugungsstrategien, zwischen denen es zu wählen gilt.

Die erste Einteilung von Instandhaltungsstrategien erfolgt nach einem *Informationskriterium*. Danach sind diejenigen Verfahren abzusondern, die bei ungenügender Kenntnis der Ausfallverteilung benutzt werden (→ *Ungewißheit und Unsicherheit*).

Im ungünstigsten Fall bedient man sich der *Minimax-Technik*: Aus einer Zahl von Alternativen, die unter den pessimistischsten möglichen Prämissen durchgerechnet wurden, wählt man die mit den niedrigsten Kosten. Minimax-Verfahren kommen dann zum Zug, wenn weder die Art noch die Parameter der Ausfallverteilung bekannt sind.

Abgrenzungsverfahren wurden für den Fall entwickelt, daß die Art der Ausfallverteilung unbekannt, bestimmte Parameter aber gegeben sind. Wie der Name andeutet, wird angestrebt, Grenzen zu nennen, zwischen denen gewisse Instandhaltungsmaßnahmen sinnvoll sind, wenn auch nicht eine optimale Strategie ausgewählt und mit optimalen Parametern versorgt werden kann.

Bei den *adaptiven Verfahren* wird von bestimmten Annahmen ausgegangen, die aufgrund der jüngsten Beobachtungen ständig verbessert werden. Sie kommen vor allem bei neuartigen Geräten in Frage.

Im Zweig der Verfahren bei *sicherer Informa-*

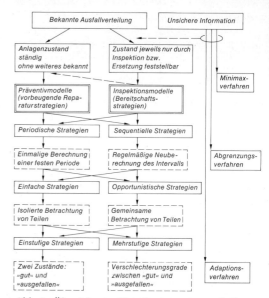

Abb. 1: Übersicht zur Einteilung von Instandhaltungsstrategien

tion über die Ausfallverteilung geschieht die erste Untergliederung danach, ob der Anlagenzustand stets und ohne weiteres bekannt ist oder ob zu seiner Erkundung zunächst eine besondere Instandhaltungsaktion, nämlich eine Inspektion, vorgeschaltet werden muß. Im ersten Fall spricht man von *Präventivmodellen*, im zweiten von *Inspektions- oder Bereitschaftsstrategien*. Im industriellen Bereich erkennt man i. a. während des laufenden Produktionsprozesses ohne besondere Inspektionen den Zustand einer Maschine.

Beide kann man nun wieder nach der zeitlichen Abfolge der Instandhaltungsaktionen in *periodische* und *sequentielle Verfahren* einteilen. Bei den periodischen Strategien wird eine Kette gleicher Instandhaltungsintervalle aufgebaut, wobei man die Intervallänge nur einmal (möglichst optimal) berechnet. Diese Vorgehensweise hat den Vorzug, daß sie vergleichsweise einfach ist. Hingegen ermittelt man bei sequentiellen Strategien nach jeder Instandhaltungsaktion, wann die nächste stattfinden soll (z. B. in Abhängigkeit vom Inspektionsergebnis), und in der Regel werden die Intervalle dann unterschiedlich lang sein.

Oft empfiehlt es sich, dann, wenn ein Teil ausgefallen ist, andere Teile des gleichen Aggregates gleich mit instandzusetzen: Man ergreift die günstige Gelegenheit zu besonders kostengünstigen Instandhaltungsaktionen auch für Teile, bei denen eine Instandhaltungsaktion noch nicht erforderlich ist, und spricht dann von einer *opportunistischen Strategie*. Im Gegensatz dazu wird bei *einfachen Strategien* jedes Teil für sich betrachtet und instandgehalten.

Auf der untersten Ebene des Übersichtstableaus finden wir schließlich noch die Differenzierung in *einstufige* und *mehrstufige Strategien*. Bei einstufigen liegt nur eine Stufe zwischen den beiden Extremzuständen „intakt" und „ausgefallen". Dagegen sind bei mehrstufigen Verfahren noch weitere Qualitätsabstufungen definiert, z. B. „intakt-noch brauchbar-ausgefallen". Nun ist beispielsweise zu entscheiden, ob ein „noch brauchbares" Aggregat stillgelegt wird oder ob man unter Inkaufnahme eines Mehraufwandes (etwa erhöhter Energieverbrauch) das Gerät noch eine Zeitlang benutzt.

Wenn eine Strategie ausgewählt ist, muß sie mit günstigen Parametern versorgt werden. Beispielsweise ist bei einer streng periodischen Strategie das Zeitintervall zwischen den Vorbeugungsaktionen festzulegen.

IV. Bereitstellungsplanung

Bei der Bereitstellungsplanung geht es vor allem darum, die Größe der *Instandhaltungsmannschaft* festzulegen. Eine zu kleine Instandhaltungsmannschaft führt dazu, daß bei gleichzeitigem Anfall mehrerer Instandhaltungsarbeiten die Warte- und Stillstandszeiten der Anlagen zu lang werden. Eine zu große Instandhaltungsmannschaft bedingt naturgemäß ebenfalls unnötige Kosten. Zur Lösung des Problems bietet sich die → *Simulation* an.

V. Terminplanung

Wenn die Instandhaltungsstrategie festgelegt ist, stehen dadurch die Grobtermine der Vorbeugungsmaßnahmen oder zumindest deren Berechnungsweise fest. Unter Umständen empfiehlt es sich jedoch, zwischen einer Grob- und einer Feinterminplanung zu unterscheiden (→ *Terminplanung*). Die Grobtermine werden dann mit bestimmten Toleranzen angegeben. Die Feinterminierung legt den endgültigen Termin innerhalb der Toleranzrahmen fest, wobei z. B. die Kapazität der Instandhaltungsmannschaft oder die jeweils von der Produktionsplanung kommenden Nebenbedingungen berücksichtigt werden.

VI. Veranlassung

Die Instandhaltungsveranlassung sorgt dafür, daß rechtzeitig Veranlassungspapiere (Instandhaltungsaufträge, Entnahmescheine für Ersatzteile, Gemeinkosten-Lohnscheine und Rückmeldedatenträger) ausgeschrieben werden.

VII. Kontrolle

Die Instandhaltungskontrolle überwacht die termingerechte Rückkehr der Rückmeldedaten. Die Daten (z. B. über die gefundenen Mängel) werden ausgewertet und zur Verbesserung der Instandhaltungsstrategie benutzt.

VIII. Berichtswesen (Management-Information)

Das Berichtswesen umfaßt vor allem die folgenden Informationen:

Intervalle zwischen Zufallsausfällen, Ausfallursachen (Schwachstellenforschung!), Wartezeit der Maschinen auf den Instandhaltungsbeginn, Stillstandszeiten, Instandhaltungskosten, Auslastung des Instandhaltungspersonals.

Literatur: Barlow, R. E. u. F. Proschan: Mathematical Theory of Reliability. New York 1967 – *Bussmann, K. F. u. P. Mertens* (Hrsg.): Operations Research und Datenverarbeitung bei der Instandhaltungsplanung. Stuttgart 1968 – *Männel, W.*: Wirtschaftlichkeitsfragen der Anlagenerhaltung. Wiesbaden 1968 – *Mertens, P.*: Die gegenwärtige Situation der betriebswirtschaftlichen Instandhaltungstheorie. In: ZfB, 38. Jg 1968, S. 805 ff. – *Opfermann, K.*: Kostenoptimale Zuverlässigkeit produktiver Systeme. Wiesbaden 1968 – *Männel, W.*: Vorbeugende Instandhaltung. Eine Einführung und Bibliographie. Frankfurt a. M. u. Berlin 1971 – *Ordelheide, D.*: Instandhaltungsplan. Wiesbaden 1973 – *Scheer, A. W.*: Instandhaltungspolitik. Wiesbaden 1974.

Peter Mertens

Instrumente, absatzpolitische → Absatzpolitik
Integrierte Datenverarbeitung → Datenverarbeitung
Interne Revision → Revision, interne

Inventar und Inventur

[s. a.: Bewertung, handels- und steuerrechtliche; Bilanz, allgemein; Buchführung und Bilanzierung, Grundsätze ordnungsmäßiger.]

I. Begriffe, Aufgaben und Bedeutung; II. Gesetzliche Vorschriften; III. Die Menge der aufzunehmenden Gegenstände; IV. Inventurformen; V. Inventurverfahren.

I. Begriffe, Aufgaben und Bedeutung

1. Begriffsabgrenzungen

Die Begriffe Inventar und Inventur werden in der Literatur mit abweichendem Begriffsinhalt gebraucht. Unter Inventur soll hier die Tätigkeit der Feststellung des Vorhandenseins von Vermögensgegenständen bzw. Verpflichtungen verstanden werden.

Das Ergebnis der Tätigkeit Inventur ist das Inventar, d. h. ein Verzeichnis, in dem alle Vermögensgegenstände und alle Verbindlichkeiten der Unternehmung erfaßt sind, sowohl ihrer Art und Menge als auch ihrem Wert nach. Häufig besteht das Inventar aus mehreren Verzeichnissen, die nicht unbedingt im Rahmen der Inventur neu erstellt werden müssen. Während z. B. die Inventurlisten der verschiedenen Lager jeweils neu aufgenommen werden, ist dies bei den Anlagen nach herrschender Meinung nicht notwendig, wenn die Bestände an Hand der *Anlagenkartei* ohne Schwierigkeiten überprüft werden können; die Anlagenkartei wird dann als Teil des Inventars betrachtet (*Adler, Düring, Schmaltz* 1968, TZ 156 zu § 149).

2. Aufgaben und Bedeutung

Diese sind sehr unterschiedlich, je nachdem, ob im betrachteten Unternehmen eine einfache oder eine verfeinerte Buchführung angewandt wird. In kleineren Unternehmen, insbesondere des Handels, in denen keine *Lagerbuchhaltung* geführt wird und die Abgänge nicht laufend von den Warenbestandskonten abgebucht werden, ist die Inventur tragende Säule des → *Jahresabschlusses*: ohne Inventur ist der *Wareneinsatz* und damit der Erfolg nicht zu ermitteln.

In Unternehmen mit ausgebauter Finanz- und Lagerbuchhaltung spielt die Inventur eine ergänzende aber deswegen nicht minder wichtige Rolle: die Aufzeichnungen von Lager- und Finanzbuchhaltung werden an Hand ihrer Ergebnisse kontrolliert und ggfs. korrigiert. Man kann zwischen internen und externen Aufgaben unterscheiden:
- interne Aufgaben: die Buchführungen sind wesentliche Dispositions- und Kontrollinstrumente. Enthalten sie unzutreffende Werte, z.B. über Materialverbrauch oder -bestände, werden die darauf aufbauenden Entscheidungen falsch sein;
- externe Aufgaben: Zwang zur Selbstinformation der Unternehmensleitung im Interesse Dritter (insbesondere der Gläubiger), Selbsttäuschungen über die Vermögenslage werden durch den Inventurzwang erschwert; die Erhöhung des Grades der Verläßlichkeit des Mengengerüsts, das zusammen mit der Bewertung dann die Bilanzansätze ergibt, trägt zur Sicherung der Haftungsmasse für Gläubiger und zu besserer Information der Eigentümer bei.

Die besondere Bedeutung der Inventur für die Ordnungsmäßigkeit des Jahresabschlusses rührt daher, daß die Inventur (zusammen mit den Belegen) die Übergangsstelle zwischen Realität und der Abbildung dieser Realität in der → *Buchführung* ist. Während aber bei Belegen später in aller Regel durch Vergleich mit anderen Beweisstücken die Richtigkeit nachgeprüft werden kann, ist eine nachträgliche Prüfung der Inventur nicht möglich. Die *Grundsätze ordnungsmäßiger Inventur* müssen daher streng gehandhabt werden.

II. Gesetzliche Vorschriften

Die unabhängig von der Rechtsform der Unternehmung allgemeingültige Vorschrift über den Inventurzwang ist in § 39 HGB enthalten; danach hat jeder Kaufmann jährlich seine Vermögensgegenstände und Schulden genau zu verzeichnen. Sowohl das AktG (in § 149) als auch das GmbHG (in § 42) verweisen auf das HGB. Auch ohne diese Verweise bestünde die Inventurpflicht, da nach herrschender Meinung die Vornahme einer Inventur ein *Grundsatz ordnungsmäßiger* → *Buchführung* ist, ein Jahresabschluß also nicht ordnungsgemäß ist, wenn ihm keine Inventur zugrunde liegt.

Im Zusammenhang mit der Formulierung des § 39 HGB ergeben sich drei Problemkreise:
a) was ist aufzunehmen?
b) wann ist aufzunehmen?

c) wie (nach welchem Verfahren) ist aufzunehmen?

Da die gesetzliche Vorschrift karg und ergänzungsbedürftig ist, waren Praxis, Rechtsprechung und Wissenschaft gezwungen, Grundsätze ordnungsmäßiger Inventur zu entwickeln. Die wichtigsten dieser Grundsätze sind: Vollständigkeit, Richtigkeit, Genauigkeit (und Klarheit für das Inventar) (*Schulze zur Wiesch* 1961).

III. Die Menge der aufzunehmenden Gegenstände

Nach *Schulze zur Wiesch* (1961, S. 54 f.) wird die Menge der zu erfassenden Gegenstände durch zwei Grundsätze bestimmt, den der Vollständigkeit und den der wirtschaftlichen Betrachtungsweise. Während die Forderung nach Vollständigkeit unmittelbar einleuchtet, bleibt offen, wie Gegenstände zu behandeln sind, die zwar im Besitz, aber nicht im Eigentum des Kaufmanns stehen, bzw. wie ungewisse Verbindlichkeiten zu behandeln sind. Das Problem wird mit Hilfe der wirtschaftlichen Betrachtungsweise gelöst, wonach es nicht auf das Eigentum, sondern die wirtschaftliche Zugehörigkeit ankommt. Praktisch bedeutsam: unter Eigentumsvorbehalt stehende oder sicherungsübereignete Gegenstände gehören zum Vermögen der Unternehmung, ebenso wie ungewisse Verbindlichkeiten in Form von Rückstellungen zu den Schulden gehören. Noch nicht endgültig geklärt ist die Behandlung von im Wege des *Leasing* beschafften Gegenständen (*Adler, Düring, Schmaltz* 1968, TZ 47 ff. zu § 149 u. *Wöhe* 1972, S. 507 ff.) und die Behandlung von *schwebenden Geschäften*.

IV. Inventurformen

Nach dem Merkmal „Zeitpunkt der Bestandsaufnahme" können drei Formen der Inventur unterschieden werden:

1. Stichtagsinventur

Die Inventur wird an einem Stichtag und zu diesem Stichtag vorgenommen. Da eine Inventur an einem Tag nicht immer durchführbar ist, wird auch die sog. ausgeweitete Stichtagsinventur akzeptiert, d.h. eine „zeitnahe – in der Regel innerhalb einer Frist von 10 Tagen vor oder nach dem Bilanzstichtag" (Abschn. 30 EStR 1969) vorgenommene Aufnahme. Dann muß allerdings sichergestellt werden, daß die Bestandsveränderungen zwischen dem Tag der Aufnahme und dem Bilanzstichtag ordnungsgemäß erfaßt werden. Vorteil: es brauchen keine oder nur sehr beschränkte Aufzeichnungen über Bestandsveränderungen geführt zu werden. Nachteile: die Inventurarbeiten können in die Zeit hoher Beschäftigung fallen; es muß auch unqualifiziertes Personal verwendet werden; die Inventurarbeiten können zu völligem oder zeitweiligem Stillstand des Betriebs führen.

2. Vor- oder nachverlegte Stichtagsinventur

Durch eine Änderung des § 39 HGB ist diese Inventurform 1965 geregelt worden. Danach kann die Inventur an einem Stichtag innerhalb der letzten drei Monate des ablaufenden oder der ersten beiden Monate des folgenden Jahres vorgenommen werden, wenn durch ein den GoB entsprechendes Fortschreibungs- oder Rückrechnungsverfahren sichergestellt ist, daß der Wert des Bestandes am Bilanzstichtag ermittelt werden kann. Vorteil: der Inventurstichtag kann in beschäftigungsschwache Zeiten gelegt werden oder in Zeiten mit geringem Lagerbestand. Nachteil: für den Zeitraum zwischen beiden Stichtagen muß eine Fortschreibung oder Rückrechnung vorgenommen werden, die Zuverlässigkeit ist daher geringer.

3. Permanente Inventur

Durch die erwähnte Neufassung des § 39 HGB wurde die auch vorher schon praktizierte permanente Inventur sanktioniert: bei Vermögensgegenständen, deren Bestand am Bilanzstichtag auch ohne körperliche Bestandsaufnahme (z.B. durch Übernahme der Werte aus einer Lagerkartei) festgestellt werden kann, braucht die jährliche körperliche Bestandsaufnahme nicht zum Bilanzstichtag zu erfolgen, wenn das Verfahren der Bestandsführung den GoB entspricht und mindestens einmal jährlich durch körperliche Aufnahme aller Posten eine Abstimmung des Istbestands mit dem Karteibestand erfolgt. Vorteile: die Bestandsaufnahme kann ohne wesentliche Störungen des Betriebsablaufs und durch qualifiziertes Personal erfolgen. Nachteil: es muß eine ausgebaute Lagerbuchführung vorhanden sein.

V. Inventurverfahren

1. Die körperliche Bestandsaufnahme

Dies ist das Grundverfahren, wenn es auch erstmals in der Neufassung des § 39 HGB explizit erwähnt wird: durch Besichtigen, Identifizieren und Klassifizieren der Gegenstände und anschließendes Zählen, Messen oder Wiegen werden die Art- und Mengenangaben des Inventars (in der Rohform der Inventurlisten) erzeugt. Das Verfahren ist nur bei körperlichen Sachen anwendbar.

2. Aufnahme an Hand von Urkunden

Bei allen immateriellen und auswärts gelagerten Posten muß auf Urkunden oder verbriefende Belege zurückgegangen werden. Zu diesen Posten gehören: Urkunden bzw. Verträge über Lizenzen, Patente etc., Rechnungen mit Versanddokumenten bzw. Verträge bei Forderungen und Verbindlichkeiten, Berechnungen und sonstige Nachweise bei Rückstellungen. Es handelt sich hierbei nicht um eine „buchmäßige" Aufnahme, wie *Schulze zur Wiesch* (1961, S. 86 f.) meint. Eine solche läge vor, wenn z.B. die Kreditoren einfach als Salden aus dem Kontokorrent entnommen würden ohne Vergleich mit den zugrunde liegenden Unterlagen bzw. ohne Saldenabstimmung mit dem Partner.

3. Buchmäßige Aufnahme

Obwohl der Gesetzgeber in § 39 HGB offenkundig von der körperlichen Bestandsaufnahme ausgeht, ist diese nicht das in allen Fällen angewandte Inventurverfahren. Nach herrschender Meinung genügt bei einer Reihe von Positionen die buchmäßige Aufnahme, d.h. die Übertragung der Mengen und Werte von betrieblichen Aufzeichnungen. Beispiele:
- Forderungen und Verbindlichkeiten;
- Sachanlagevermögen, wenn eine ordnungsgemäße Anlagenkartei geführt wird (Abschn. 31 EStR 1969).

4. Aufnahme von Stichproben

In jüngerer Zeit taucht in Vorschlägen und Erfahrungsberichten häufiger das Verfahren der Inventur mit Hilfe von *Stichproben* auf. Hierbei handelt es sich aber nicht um ein Verfahren der Mengenaufnahme, sondern darum, daß nicht für jedes einzelne Glied der Gesamtheit von Gegenständen ein Wert ermittelt und der Gesamtwert dann per Addition festgestellt wird, sondern daß vom ermittelten Durchschnittswert der Stichprobenglieder auf den Wert des Gesamtbestandes geschlossen wird. *Adler, Düring, Schmaltz* sprechen sich vorsichtig für eine Zulassung des Verfahrens aus.

Beide Verfahren der indirekten Aufnahme (buchmäßig und mit Hilfe von Stichproben) sind vom Standpunkt eines externen Bilanzbenutzers gefährlich, da sie manipulationsanfälliger und schwieriger nachprüfbar als eine direkte Aufnahme sind.

Literatur: Spieth, E.: Die Grundsätze ordnungsmäßiger Buchführung und Inventur. Köln 1956 – *Bujack, H.* u. *L. Roth:* Schätzverfahren in der Inventur. In: DB, 1959, S. 577 ff. u. 601 ff. – *Roth, L.* u. *H. Bujack:* Mathematisch-statistische Methoden bei der Inventur der Werkstattbestände. Frankfurt/M 1961 – *Schulze zur Wiesch,* D. W.: Grundsätze ordnungsmäßiger Inventur. Düsseldorf 1961 – *Erhard,* F.: Inventur beim Vorratsvermögen. In: Die steuerliche Betriebsprüfung, 1966, S. 269 ff. – *Roth,* L.: Inventur im Lagerbereich. In: DB, 1966, S. 429 ff. – Arbeitskreis Ludewig der Schmalenbach-Gesellschaft: Die Vorratsinventur. Köln u. Opladen 1967 – *Roth,* W. u. *R. R. Schultheiß:* Inventur auf elektronischen Datenverarbeitungsanlagen. In: DB, 1967, S. 1509 ff. – *Adler, Düring, Schmaltz:* Rechnungslegung und Prüfung der Aktiengesellschaft. 4. A., 1. Bd, bearb. v. *K. Schmaltz* (u. a.). Stuttgart 1968 – *Hofmann,* W.: Probleme der Inventurvereinfachung. In: DB, 1968, S. 1081 ff. – *Leffson,* U.: Die Grundsätze ordnungsmäßiger Buchführung. 2. A., Düsseldorf 1970 – *Wöhe,* G.: Betriebswirtschaftliche Steuerlehre. 3. A., Bd I, München 1972 – Wirtschaftsprüfer-Handbuch 1973. Düsseldorf 1973.

Henning Egner

Investition

[s. a.: Anlagen und Anlagenwirtschaft; Beteiligungen; Finanzierung und Finanzierungslehre; Investitionsplanung; Investitionspolitik, betriebliche; Kapitaltheorie, betriebswirtschaftliche; Rationalisierung.]

I. Der Begriff „Investition"; II. Formen der Investition; III. Der Begriff „Fehlinvestition".

I. Der Begriff „Investition"

Der Investitionsbegriff wird sowohl in der betriebswirtschaftlichen Literatur als auch in der Wirtschaftspraxis nicht einheitlich verwendet. Die verschiedenen Definitionen kann man jedoch zu zwei Gruppen zusammenfassen, d. h. zu weiteren und zu engeren Investitionsbegriffen. Bei den weiteren Begriffen wird unter einer Investition jede Festlegung vorhandener oder beschaffbarer flüssiger Mittel verstanden (z. B. *E. Schneider* 1968 und *R. B. Schmidt* 1970). Investition wird dann mit *Kapitalverwendung* gleichgesetzt. Es handelt sich um den einen Teil der Finanzwirtschaft (der andere Teil ist die Kapitalbeschaffung = *Finanzierung*)

(→ *Kapitaltheorie, betriebswirtschaftliche*). Investitionen weisen zwar nicht nur diesen finanzwirtschaftlichen, sondern auch einen leistungswirtschaftlichen Aspekt auf, doch wird dieser – in Literatur und Praxis – nicht unter dem Stichwort „Investitionen", sondern unter anderen Überschriften (z.B. *Produktion,* → *Kapazität* usw.) erörtert.

Ein engerer Investitionsbegriff (den wir im folgenden verwenden wollen) liegt dagegen vor, wenn man von einer Investition nur spricht, sofern die Festlegung für eine längere Zeit erfolgt (z.B. *H. Brandt* 1964). Soweit es um Betriebe geht, handelt es sich dabei im wesentlichen um die Festlegung in Wirtschaftsgütern des → *Anlagevermögens* sowie um Festlegung in solchen Teilen des → *Umlaufvermögens,* die zur sinnvollen Nutzung der Anlagen benötigt werden. Vielfach wird in neuerer Zeit aber auch die Festlegung von Mitteln zur Aus- und Fortbildung von Personal als Investition bezeichnet (→ *Bildungsbetriebe*).

II. Formen der Investition

Sieht man von der Unterscheidung ab, ob ein Investor eine Erst- oder eine Folgeinvestition vornimmt, so sind vor allem zwei Gliederungen relevant.

1. *nach der Technik in Sachanlage- und Finanzanlageinvestitionen:* Mit Sachanlageinvestition ist der Erwerb (oder die Herstellung für den Eigenverbrauch) von Wirtschaftsgütern des Sachanlagevermögens (Gebäude, Maschinen usw.) und/oder des immateriellen Anlagevermögens (Patente, Lizenzen usw.) gemeint. In der Literatur sind auch die Bezeichnungen „*Realinvestition*" und – wenig glücklich, weil das Gemeinte nicht voll erklärend – „produktionswirtschaftliche" Investition zu finden.

Unter Finanzanlageinvestitionen (oft auch Finanzinvestitionen genannt) versteht man die Festlegung von Mitteln durch Erwerb von Eigen- oder Fremdkapitalanteilen in (anderen) Betrieben (also z.B. den Erwerb von → *Aktien,* GmbH-Anteilen oder → *Obligationen*) (→ *Beteiligungen*). In der Literatur ist hierfür auch die Bezeichnung „*Nominalinvestitionen*" zu finden.

2. *nach dem Motiv* (*bzw. bei mehreren Motiven nach dem vorherrschenden Motiv*): Hier sind vor allem fünf Formen zu unterscheiden:

a) *Ersatzinvestitionen* (das Auswechseln verschlissener, für die Leistungserstellung benötigter Anlagen durch neue, gleiche oder wenigstens gleichartige Anlagen);

b) *Rationalisierungsinvestitionen* (das Auswechseln noch zureichend arbeitender, für die Leistungserstellung benötigter Anlagen durch für besser gehaltene neue, vor allem zum Zwecke der Kostenersparnis und/oder der Herstellung qualitativ besserer Güter oder Erbringung besserer Lei-

stungen, von deren Verkauf man die Erzielung höherer Preise als bisher erwartet) (→ *Rationalisierung*);

c) *Erweiterungsinvestitionen* (Erzeugung oder Beschaffung zusätzlicher Anlagen zum Zwecke der Herstellung zusätzlicher Güter der bisher üblichen oder nur geringfügig anderer Art);

d) *Umstellungsinvestitionen* (Erzeugung oder Beschaffung zusätzlicher Anlagen zum Zwecke der Herstellung anderer Güter oder der Erbringung anderer Leistungen als bisher, und zwar anstelle der bisher erzeugten Güter);

e) *Diversifikationsinvestitionen* (Beschaffung oder Erzeugung von Anlagen zur Herstellung andersartiger Güter *zusätzlich* zu den bisher erzeugten Gütern). Je nach Art der → *Diversifikation* können sich die zusätzlich erzeugten Güter bzw. erstellten Leistungen nur relativ wenig oder sehr stark von den bisher angebotenen unterscheiden.

Beispiel: Es werden jetzt auch bisher nicht erzeugte Medikamente hergestellt. Neben der bisherigen Betätigung im Nahrungsmittelsektor erfolgt jetzt auch ein Engagement im Schiffsbau. Grundsätzlich können alle diese Motive zu Sachanlage- oder Finanzierungsinvestitionen veranlassen. Von praktischer Bedeutung ist diese Unterscheidung jedoch nur bei Erweiterungs- und Umstellungs- sowie besonders bei Diversifikationsinvestitionen.

Neben diesen wichtigsten Formen findet man sehr häufig auch noch andere Investitionen, etwa zur Erfüllung gesetzlicher Vorschriften (z.B. Anlagen zur Reinhaltung der Luft) (→ *Umweltschutz und Betrieb*) oder aus sozialen Gründen (z.B. Errichtung eines Gebäudes für eine Werkskantine) (→ *Sozialpolitik, betriebliche*).

Die für die sinnvolle Nutzung der Anlagen erforderlichen Umlaufmittel sind jeweils der betreffenden Form der Investition hinzuzurechnen (→ *Investitionsplanung*). In praxi findet man sehr häufig Grenzfälle. So stellen vielfach Rationalisierungsinvestitionen zugleich Erweiterungsinvestitionen dar, weil z.B. die anstelle einer alten Maschine beschaffte neue einen größeren Ausstoß ermöglicht. Ein Grenzfall von Umstellungs- und Diversifikationsinvestitionen liegt z.B. vor, wenn man die Betätigung auf einem ganz anderen Wirtschaftsgebiet (etwa im Schiffsbau) zusätzlich zu der bisherigen Betätigung (etwa im Kohlenbergbau) aufnimmt, kurz nach Vornahme der Investition jedoch eine Schrumpfung der alten Produktion erfolgt oder gar ein Auslaufen nötig wird. In der Literatur und in der Praxis werden Ersatz- und Rationalisierungsinvestitionen vielfach zusammengefaßt, weil aufgrund des Zusammentreffens von schnellem technischem Fortschritt und der starken Konkurrenz nur noch verhältnismäßig selten echte Ersatzinvestitionen vorkommen, man also regelmäßig nicht mehr mit der Beschaffung neuer Anlagen wartet, bis die alten verschlissen sind.

III. Der Begriff „Fehlinvestition"

Der Begriff „*Fehlinvestition*" wird in der Wirtschaftspraxis, aber auch in der Fachliteratur häufig verwendet, jedoch fast nie definiert oder auch nur in etwa erklärt. Es liegt nahe, darunter eine Investition zu verstehen, bei der sich nach Festlegung der flüssigen Mittel herausstellt, daß das beabsichtigte Ziel (bzw. die beabsichtigten Ziele) nicht erreicht worden ist (sind). Im konkreten Fall ist es jedoch häufig nicht leicht festzustellen, ob dies zutrifft. Hinzu kommt noch, daß man die Ansicht vertreten kann, daß eine Fehlinvestition dann noch nicht vorliegt, wenn die Erwartungen zwar nicht voll oder selbst nicht einmal annähernd erfüllt wurden, der Effekt aber überwiegend positiv bewertet wird, so daß man der Meinung ist, man hätte sich zur Festlegung der Mittel auch dann entschlossen, wenn man von vornherein nur den später wirklich eingetretenen Effekt erwartet hätte.

Ob eine Fehlinvestition vorliegt, ist insbesondere dann schwer zu beurteilen, wenn es sich um eine Investition handelt, die allein oder überwiegend aufgrund nicht quantifizierbarer Erwartungen erfolgt ist, wie dies zum Beispiel bei Sozialinvestitionen (→ *Sozialpolitik, betriebliche*) der Fall sein kann. Schwierig ist die Beurteilung auch dann, wenn im Augenblick der Investitionsentscheidung den Investoren nicht nur das Erreichen eines bestimmten Zieles, sondern eines Zielbündels vorschwebte. Wie Untersuchungen gezeigt haben (vgl. z. B. *Heinen* 1966), verfolgen gerade Unternehmungen – entgegen den früher üblichen Unterstellungen der meisten Vertreter der betriebswirtschaftlichen Theorie – regelmäßig nicht nur ein Ziel, sondern mehrere Ziele (→ *Ziele, Zielsysteme und Zielkonflikte*). Allerdings dürfte jeweils ein Ziel (jedenfalls von den gesetzlich zur Entscheidung befugten Personen) als das wichtigste (als Hauptziel) angesehen werden, nämlich die Rentabilitätsmaximierung (auf längere Sicht) (→ *Wirtschaftlichkeit und Rentabilität*). Ist dies der Fall, so wird man jedenfalls dann von einer Fehlinvestition sprechen können, wenn die im Augenblick der Investitionsentscheidung geforderte Minimalverzinsung des Kapitaleinsatzes nicht erreicht wird, wenn also z. B. bei Anwendung der *Kapitalwertmethode* als → *Investitionsrechnung* die Summe der nach Zinseszinsregeln abgezinsten Rohgewinne (z. B. der Einzahlungsüberschüsse ohne Berücksichtigung des Kapitaleinsatzes) nicht mindestens so groß ist wie der Kapitaleinsatz. Bei Anwendung der *Methode des internen Zinsfußes* wäre entsprechend eine Fehlinvestition anzunehmen, wenn der (effektive) am Ende der Investitionsperiode festgestellte interne Zinsfuß nicht mindestens so groß ist wie der bei Vorbereitung der Investitionsentscheidung verwendete Kalkulationszinsfuß. Schwieriger dagegen ist die Frage (ob eine Fehlinvestition vorliegt oder nicht) zu beantworten, wenn gleichzeitig durchgeführte Amortisationsrechnungen sich später als unrichtig herausstellen, besonders wenn die Tilgung des Kapitaleinsatzes zu einem späteren Zeitpunkt erfolgt als dem, den man im Augenblick der Investitionsentscheidung äußerstenfalls zu akzeptieren bereit war, sofern die Mindestanforde-

rungen an die Rentabilität erfüllt wurden. Dies gilt jedenfalls dann, wenn auch in bezug auf die Rentabilität günstigere Erwartungen im Entscheidungszeitpunkt bestanden hatten. Ähnliches ist für andere Nebenbedingungen gültig, von deren zu erwartender Erfüllung vielfach eine positive Entscheidung abhängig gemacht wird (z. B. geringe Geräuschbelästigung des Personals und der „Umwelt" oder geringe Störanfälligkeit). Die Schwierigkeit ergibt sich daraus, daß in bezug auf das Hauptziel nicht voll befriedigende, aber ausreichende Ergebnisse erreicht, relevante Nebenbedingungen jedoch nicht erfüllt wurden. Da derartige Gegebenheiten nicht lediglich seltene Ausnahmefälle darstellen dürften, ist festzustellen: Wenn es auch in vielen Fällen leicht sein wird zu beurteilen, ob eine Fehlinvestition vorliegt oder nicht, so ist aber häufig ein eindeutiges Urteil hierüber nicht möglich.

Literatur: Albach, H.: Investition und Liquidität. Wiesbaden 1962 – *Brandt, H.*: Investitionspolitik des Industriebetriebes. 2. A., Wiesbaden 1964 – *Heinen, E.*: Das Zielsystem der Unternehmung. Wiesbaden 1966 – *Schwarz, H.*: Optimale Investitionsentscheidungen. München 1967 – *Schneider, E.*: Wirtschaftlichkeitsrechnung. Theorie der Investitionen. 7. A., Tübingen 1968 – *Schmidt, R.-B.*: Unternehmungsinvestitionen. Reinbek b. Hamburg 1970 – *Schneider, D.*: Investition und Finanzierung. 2. A., Opladen 1971.

Horst Schwarz

Investitionshilfe → Finanzierungshilfen, öffentliche

Investitionsplanung

[s. a.: Finanzierung, Investition und Steuern; Investition; Investitionspolitik, betriebliche; Investitionsrechnung; Planung, betriebswirtschaftliche; Return on Investment; Wirtschaftlichkeit und Rentabilität.]

I. Zum Begriff der Investition – Investitionsbereiche – Aufgaben der Investitionsplanung; II. Investitionsplanung in den Bereichen Personal, Forschung und Entwicklung, Stärkung des Absatzpotentials, innere und äußere Organisation; III. Investitionsimpulse im Produktionsbereich; IV. Bewertung der Investitionsprojekte und Aufstellung des Investitionsprogramms mit Hilfe der klassischen Methoden der Investitionsrechnung; V. Investitionsplanungsmodelle auf der Grundlage der linearen Programmierungsrechnung; VI. Das Problem der Unsicherheit.

I. Zum Begriff der Investition – Investitionsbereiche – Aufgaben der Investitionsplanung

Jedes Unternehmen kann als ein Instrument zur Erreichung bestimmter Ziele aufgefaßt werden. Eine der wesentlichsten Aufgaben der Unternehmensführung besteht darin, das Instrument „Unternehmung" so zu gestalten und mit den Eigenschaften auszustatten, daß mit seiner Hilfe die angestrebten Ziele möglichst gut verwirklicht werden können. Alle Ausgaben, die getätigt werden, um die genannte Gestaltungsaufgabe zu erfüllen, stellen Investitionen dar. Von diesem, auch in der Praxis verwendeten Investitionsbegriff (→ *Investition*) wird im folgenden ausgegangen.

Investitionen können sehr unterschiedliche Gebiete betreffen. Im folgenden sei unterschieden zwischen

1. Investitionen, die dem *Auf- und Ausbau des Produktionsapparates* dienen. Zum Produktionsapparat im weiteren Sinne gehören auch Grundstücke und Gebäude;
2. Investitionen im → *Personalwesen*. Sie werden getätigt, um einen geeigneten Stamm an Personal heranzubilden und zu sichern;
3. Investitionen für die Zwecke der → *Forschung und Entwicklung;*
4. Investitionen, mit deren Hilfe das *Image des Unternehmens* verbessert, insbesondere sein *Absatzpotential* gestärkt werden soll. Hier einzuordnen sind sowohl die Ausgaben für langfristig wirksame Werbemaßnahmen ebenso wie die Ausgaben für den Aufbau einer schlagkräftigen → *Absatzorganisation;*
5. *Finanzinvestitionen*. Es kann sich dabei handeln um → *Beteiligungen*, die das Unternehmen begründet, um Einfluß z.B. auf einem seiner Beschaffungs- oder Absatzmärkte zu gewinnen; die verzinsliche Anlage solcher Mittel, die relativ kurzfristig verfügbar gehalten werden sollen oder für die keine anderweitigen mindestens gleich rentablen Anlagemöglichkeiten bestehen.

Der Katalog kann ergänzt werden um

6. Investitionen zum Auf- und Ausbau der *Innen-* und *Außenorganisation*, sofern derartige Maßnahmen nicht schon unter den Punkten 1, 3 und 4 zu erfassen sind.
7. *Sozialinvestitionen*. Sie dienen dazu, Nebenziele zu verwirklichen, die die Wohlfahrt der Belegschaft betreffen, z.B. Bau von Wohnhäusern, Erholungsheimen, Sportanlagen usw. (→ *Sozialpolitik, betriebliche*).

Investitionsprojekte aus den oben genannten fünf bzw. sieben Bereichen konkurrieren um die Mittel, die der Unternehmung für Investitionszwecke zur Verfügung stehen oder die verfügbar gemacht werden könnten.

Die *Aufgaben der Investitionsplanung* bestehen darin

1. für das Unternehmen günstige Investitionsmöglichkeiten aufzuspüren, vor allem die für den Fortbestand und das Wohlergehen des Unternehmens notwendigen Investitionen rechtzeitig zu erkennen;
2. ausgehend von den in Stufe 1 erkannten Möglichkeiten und Notwendigkeiten wohl umrissene *Investitionsprojekte* herauszuarbeiten und exakt zu beschreiben;
3. die Projekte der Stufe 2 im Hinblick auf die Zielsetzung des Unternehmens zu bewerten (→ *Bewertungstheorie*) – im Vordergrund werden dabei in der Regel Rentabilitäts- und Risikogesichtspunkte stehen (→ *Risiko und*

Risikopolitik; → *Wirtschaftlichkeit und Rentabilität);*
4. das *Investitionsprogramm* aufzustellen, das realisiert werden soll, d.h. aus den möglichen Investitionsprojekten jene auszuwählen, die zu verwirklichen im Hinblick auf die Zielsetzung des Unternehmens am vorteilhaftesten ist.

Der Umfang des Investitionsprogrammes wird bestimmt entweder durch die Zahl der möglichen gemäß der Zielsetzung des Unternehmens lohnenden Projekte oder durch Beschränkungen z.B. im Beschaffungsbereich (Arbeitskräfte, Material usw.) und im Finanzbereich, die die Verwirklichung an sich wünschenswerter Investitionen nicht zulassen. Sehr oft werden es die für Investitionszwecke verfügbaren Mittel sein, die den Umfang des Investitionsprogrammes determinieren.

Während zur Beurteilung von Investitionsprojekten, die dem Aufbau des Produktionsapparates dienen, und von Finanzinvestitionen aufgrund der hier im allgemeinen verfügbaren Daten die Methoden der → *Investitionsrechnung* herangezogen werden können, lassen sich die Wirkungen von Investitionsprojekten aus den Bereichen Personal, Forschung und Entwicklung und Stärkung des Absatzpotentials oft nur sehr vage schätzen. Für die Anwendung rechnerischer Methoden fehlen in der Regel die erforderlichen Daten. Ähnliches gilt für Investitionen zum Aufbau der Innen- und Außenorganisation. Sozialinvestitionen entziehen sich ohnehin den üblichen Maßstäben. Im folgenden erscheint es darum zweckmäßig, zunächst vorab die Investitionsplanung in den zuletzt genannten Bereichen gesondert zu betrachten. Allerdings darf dabei nicht vergessen werden, daß zwischen den Investitionsprojekten aller Bereiche Interdependenzen bestehen – z.B. konkurrieren sie alle um die oft knappen für Investitionen verfügbaren finanziellen Mittel –, die beim Zusammenfügen der Teilinvestitionsprogramme zum Gesamtprogramm gebührend beachtet werden müssen.

II. Investitionsplanung in den Bereichen Personal, Forschung und Entwicklung, Stärkung des Absatzpotentials, innere und äußere Organisation

Die Impulse, *Investitionen im Personalbereich* vorzunehmen, ergeben sich, ähnlich wie die Anregungen zur Anschaffung von Produktionsanlagen, aus der mittelfristigen, gegebenenfalls auch langfristigen → *Produktionsplanung* und → *Absatzplanung* des Unternehmens.

Aus den zukünftigen Produktions- und Absatzplänen lassen sich die Aufgaben herleiten, die das Unternehmen in den kommenden Jahren zu bewältigen hat. Ausgehend von diesen Aufgaben wird ermittelt werden, in welchem Umfange Arbeitskräfte mit welchen Qualifikationen benötigt werden (→ *Personalplanung*). Es ist alsdann zu überlegen, in welcher Weise diese jeweils erforderlichen Arbeitskräfte gewonnen und bereitgestellt werden können (→ *Personalbeschaffung*) und welche Investitionen – z.B. Errichtung und Unterhaltung eigener Ausbildungsstätten – dafür vorgesehen werden sollen. Es liegt auf der Hand, daß der optimale Umfang des Investitionsbudgets dieses Teilbereiches nicht „errechnet" werden kann, sondern in weiten Grenzen dem freien Ermessen des Entscheidenden anheimgestellt ist. Dabei dürfte der

Einfluß, der von der Gesamtlage des Unternehmens (Gewinnaussichten, finanzielle Situation) und den Planungen in anderen Bereichen (Mittelbedarf) ausgeht, relativ stark sein.

Die Bemühungen im *Forschungs- und Entwicklungsbereich* sind darauf gerichtet,

1. neue Erzeugnisse zu entwickeln und bereits angebotene zu verbessern und
2. neue Produktionsmethoden aufzuzeigen oder bereits bekannte zu verbessern, wirkungsvoller und kostengünstiger zu gestalten.

Die Planung der Investitionen in diesem Teilbereich hat von den vorgenannten beiden Aufgabenstellungen auszugehen (→ *Forschung und Entwicklung, Planung und Organisation von*).

Da ein großer Teil der Aufwendungen für Forschung und Entwicklung in der Regel fixe Kosten darstellt, die nicht kurzfristig abgebaut werden können, steht nicht so sehr die absolute Höhe des Budgets zur Diskussion, sondern die Veränderungen in der einen oder anderen Richtung, die von Jahr zu Jahr vorgenommen werden sollen. Insbesondere die folgenden drei Gegebenheiten werden dafür bedeutsam sein:

1. die Altersstruktur des derzeitigen Produktionsprogrammes und das Umsatzpotential (der mit in dem Programm enthaltenen Erzeugnissen insgesamt noch erzielbare Umsatz), das dieses Programm verkörpert;
2. die Entwicklung in den für die Erzeugnisse des Unternehmens und die von ihm angewandten Produktionsverfahren relevanten Wissenschaften und die Intensität der Forschungs- und Entwicklungsanstrengungen der Konkurrenten (→ *Technologische Prognosen*);
3. die Erfolgsaussichten der Forschungs- und Entwicklungsprojekte, die in Angriff genommen werden könnten. Bietet sich ein erfolgversprechendes Projekt an, so wird man es auch dann zu verwirklichen suchen, wenn noch kein direkter Zwang dazu besteht.

Jedes Forschungsvorhaben stellt ein Investitionsprojekt dar. Je nach dem, welche Daten verfügbar sind, müssen zur Beurteilung der Projekte unterschiedliche Methoden herangezogen werden. Sie reichen von den Verfahren der *qualitativen Rangfolgebeurteilung* (*Scoring-Methoden*) bis zu den klassischen Verfahren der → *Investitionsrechnung*. Von den letztgenannten wird allerdings nur selten Gebrauch gemacht werden können.

Auch die *Investitionen zur Stärkung des Absatzpotentials* entziehen sich weitgehend einer rechnerischen Beurteilung. An die Stelle des Rechnens tritt das Ermessen des Entscheidenden. Er wird sich dabei an der Gesamtsituation des Unternehmens, insbesondere an den erkannten Notwendigkeiten, orientieren. Ähnliches gilt im Hinblick auf Investitionen zum Ausbau der äußeren und inneren Organisation.

Die Investitionsplanung in den betrachteten Teilbereichen umfaßt die gleichen Schritte, wie sie in Abschnitt I dargestellt sind. Der wesentliche Unterschied zur Planung der Investitionen im Produktionsbereich und der Finanzinvestitionen besteht darin, daß die Investitionsprojekte aus den oben genannten Teilbereichen einer rechnerischen Bewertung nur schwer oder gar nicht zugänglich sind. Ihre Bewertung (Schritt 3) und Aufnahme

in das Investitionsprogramm (Schritt 4) ist darum weitgehend in das subjektive Ermessen und Urteilen des Entscheidenden gestellt.

III. Investitionsimpulse im Produktionsbereich

Die entscheidenden Impulse, Investitionen im Produktionssektor vorzunehmen, gehen vom Markt aus (→ *Umsystem, betriebliches*): Es ist der Produktionsapparat bereitzustellen, der es ermöglicht, die vom Markt gebotenen Chancen wahrzunehmen. Investitionsplanung und mittelfristige → *Absatzplanung* sind damit auf das engste miteinander verbunden. Im Rahmen der mittelfristigen Programmplanung geht es darum festzulegen, welche Erzeugnisse das Unternehmen in Zukunft anbieten wird (→ *Produktplanung und Produktpolitik*) und welche Mengen davon hergestellt und abgesetzt werden sollen (→ *Produktionsplanung*). Daraus folgt, welche Produktionsanlagen mit welchen Kapazitäten erforderlich sind, um die gewünschte Produktion zu ermöglichen. Welche Anlagen – und damit welche → *Produktionsverfahren* – gewählt werden können, hängt vom gegenwärtigen Stand der Technik ab (→ *Technologie und Produktion*). Neben die Daten des Marktes und der Technologie treten Gegebenheiten im Finanzbereich und in den Beschaffungsbereichen der für die Produktion erforderlichen Faktoren (z.B. Material, Arbeitskräfte); sie können im Rahmen der Investitionsplanung restriktiv wirken. Die folgende Zeichnung veranschaulicht diese Zusammenhänge.

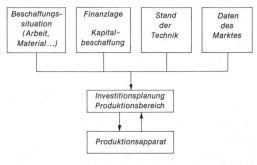

Abb. 1

Änderungen der Marktgegebenheiten erfordern eine Anpassung des Produktionsapparates. Der technische Fortschritt kan den Anstoß für *Rationalisierungs-* und *Modernisierungsinvestitionen* geben (→ *Rationalisierung*), d.h. zu Investitionen, deren Zweck darin besteht, die Produktionskosten zu senken. Lockerungen bisher wirksamer Restriktionen können Anlaß sein, Investitionen vorzunehmen, die bislang wegen dieser Restriktionen unterlassen worden sind.

Der Anstoß, Investitionen vorzunehmen, die der Anpassung des Produktionsapparates an geänderte Marktverhältnisse (Erweiterungen, Verschiebungen der Produktionsschwerpunkte usw.) dienen, muß von der zentralen Unternehmensplanung ausgehen. Anregungen für Rationalisierungsinvestitionen zu geben und darauf zu achten, wann Anlagen durch neue zu ersetzen sind, ist Aufgabe der jeweiligen Produktionsabteilung. Es ist Sorge zu tragen, daß in den Abteilungen laufend nach Rationalisierungsmöglichkeiten Ausschau gehalten und der Geschäftsleitung entsprechende Vorschläge unterbreitet werden.

Alle diese von den verschiedenen Abteilungen vorgeschlagenen Investitionsprojekte sind zu sammeln und bilden zusammen mit den aus der zentralen Planung herrührenden Investitionswünschen die Ausgangsbasis für die Aufstellung des *Investitionsprogrammes*. Im nächsten Schritt (Schritt 3) sind diese Projekte zu bewerten; anschließend (Schritt 4) ist unter Beachtung möglicherweise relevant werdender Restriktionen eine optimale Auswahl zu treffen, d.h. das der Zielsetzung des Unternehmens adäquate Investitionsprogramm aufzustellen.

IV. Bewertung der Investitionsprojekte und Aufstellung des Investitionsprogramms mit Hilfe der klassischen Methoden der Investitionsrechnung

Als klassische Methoden der → *Investitionsrechnung* gelten die *Kapitalwertmethode*, das *Verfahren des internen Zinsfußes* und die *Annuitätenmethode*. Voraussetzung für ihre Anwendbarkeit ist, daß dem zu bewertenden Investitionsprojekt eine Auszahlungs- und eine Einzahlungsreihe zugeordnet werden können. Mit Hilfe der genannten Methoden lassen sich, ausgehend von den Zahlungsreihen, Kennziffern errechnen (→ *Kennzahlen, betriebliche*) – *Kapitalwert der Investition* oder *interner Zinsfuß* oder *durchschnittliche jährliche Einzahlungs-Auszahlungsidfferenz* – die Aufschluß über die Rentierlichkeit des Investitionsprojektes geben.

Der Vergleich mehrerer Investitionsprojekte aufgrund der genannten Kennziffern führt allerdings nur dann zu einer im Hinblick auf die Zielsetzung Gewinnmaximierung richtigen Reihenfolge der Projekte, wenn bestimmte Voraussetzungen erfüllt sind (vgl. V, 2).

In der Regel muß ein Investitionsprojekt nicht nur unter dem Gesichtspunkt seiner Gewinnträchtigkeit, sondern auch unter Beachtung des damit verbundenen Risikos (→ *Risiko und Risikopolitik*) betrachtet werden. Auch zur Kennzeichnung des Risikos lassen sich Kennziffern ermitteln. Einen ersten Hinweis gibt die sog. *Pay-off-Periode*, d.h. die Länge des Zeitraumes, innerhalb dessen der anfangs investierte Betrag wieder zurückgeflossen ist; im allgemeinen sind Daten umso unsicherer, je weiter sie in der Zukunft liegen (→ *Ungewißheit und Unsicherheit*). Die Sicherheit, daß zumindest das eingesetzte Kapital zurückgewonnen wird, ist deshalb umso größer, je kürzer die Amortisationsperiode ist. Eine recht aussagefähige Kennziffer für das mit einer Investition verbundene Risiko läßt sich in folgender Weise gewinnen:

Für jede als möglich angesehene Datenkonstellation ist die Rentierlichkeitskennziffer des betrachteten Investitionsobjektes, also z.B. der Kapitalwert, zu ermitteln. Aus den so gewonnenen unterschiedlich hohen Kapitalwerten läßt sich unter Beachtung der den verschiedenen Datenkonstellationen zuzuordnenden subjektiven

Wahrscheinlichkeiten ein Durchschnittswert ermitteln, der die Rentierlichkeit des betrachteten Investitionsprojektes kennzeichnet. Je stärker die Einzelwerte um diesen Mittelwert streuen, umso größer ist das Risiko, daß die effektive Rentierlichkeit unter der erwarteten liegt (allerdings auch die Chance, daß ein höherer Gewinn erzielt wird). Jedes geeignete Streuungsmaß stellt mithin eine *Risikokennziffer* dar.

Sind für sämtliche nicht von vornherein als zu wenig Gewinn bringend oder zu risikoreich abzulehnende Investitionsprojekte Gewinn- und Risikokennziffern ermittelt worden, so muß nun aufgrund dieser Kennziffern eine Rangordnung gebildet werden. Der Entscheidende muß dabei immer dann, wenn zwei Projekte miteinander zu vergleichen sind, von denen das eine die höhere *Rentierlichkeit*, das andere das geringere *Risiko* aufweist, Rentierlichkeit und Risiko gegeneinander abwägen. Dies kann nur aufgrund subjektiver Erwägungen geschehen.

Eine Möglichkeit, die Menge der Investitionsprojekte, aus denen das Investitionsprogramm zusammenzustellen ist, in eindeutiger Weise zu ordnen, sei nachstehend aufgezeigt: Als Rentierlichkeitsziffer diene der Erwartungswert des internen Zinsfußes. Die Streuung (Standard deviation) der Einzelwerte um diesen Erwartungswert stelle das Risikomaß dar. Der Entscheidende muß nun jedes risikobehaftete Investitionsprojekt auf ein fiktives, den gleichen Kapitaleinsatz erforderndes risikofreies Projekt beziehen und sich überlegen, bei welchem internen Zinssatz des risikofreien Projektes er dieses fiktive Projekt als dem risikobehafteten äquivalent ansehen würde. Dieser von dem Entscheidenden aufgrund seiner subjektiven Einstellung festzulegende Zinssatz stellt alsdann die alleinige Kennziffer des risikobehafteten Investitionsprojektes dar, nach der es einzuordnen ist.

Die Menge der Projekte, die in dieser Weise zu ordnen ist, setzt sich aus Sachinvestitionen *und* Finanzinvestitionen zusammen. Beide Arten von Investitionen lassen sich in gleicher Weise bewerten (→ *Bewertungstheorie*). Von Alternativinvestitionen ist jeweils jene mit der höchsten Kennziffer einzuordnen, während die anderen wegfallen.

Die Menge der geordneten, nicht von vornherein alternativen Investitionsprojekte ist nun den für Investitionszwecken verfügbaren Mitteln einschließlich der Kreditaufnahmemöglichkeiten gegenüberzustellen, und es ist die Frage zu beantworten, welche und wieviele der möglichen Projekte tatsächlich verwirklicht werden sollen; sie bilden das Investitionsprogramm.

In Abb. 2 ist auf der Abszissenachse das Kapital abgetragen, während die Ordinatenachse die Höhe der Verzinsung mißt. Die aufsteigende Treppenkurve K gibt die für Investitionszwecke verfügbaren Mittel einschließlich der Kreditmöglichkeiten wieder. Dabei ist vorab der Betrag abgezogen, der für die in den Bereichen Personal, Forschung und Entwicklung, Stärkung des Absatzpotentials und Innen- und Außenorganisation vorgesehenen Investitionen benötigt wird. Die Breite der ersten Stufe der Kurve K zeigt an, über welche Mittel das Unternehmen ohne zusätzliche Kreditaufnahme verfügen kann.

Als Zinssatz ist jener angesetzt, der jederzeit

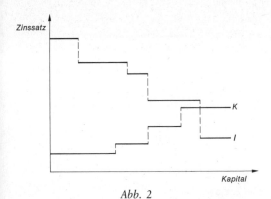

Abb. 2

beim Ausleihen dieser Mittel an eine Bank erzielt werden könnte. Die zweite Stufe gibt die Möglichkeit wieder, einen bestimmten Kredit aufzunehmen usw. Mit wachsender Kapitalnachfrage werden die Zinskosten steigen, bis schließlich eine obere Verschuldungsgrenze erreicht wird, die nicht überschritten werden kann oder soll. Die Reihe der möglichen Investitionen wird durch die absteigende Treppenkurve I dargestellt. Die Breite einer Stufe entspricht dem zur Realisierung der Investition erforderlichen Kapital. (In diesen Betrag ist gegebenenfalls, d.h. sofern die Finanzierung nicht anderweitig sichergestellt ist, auch der Kapitalbedarf einzubeziehen, der sich aus einer Erhöhung des Umlaufvermögens infolge der betrachteten Investition ergibt.) Die Höhe der Stufe gibt den unter Berücksichtigung des Risikos modifizierten internen Zinsfuß der Investition wieder. Der Umfang des Investitionsprogramms und damit zugleich auch die Höhe der dafür einzusetzenden Mittel wird durch den Schnittpunkt der beiden Treppenkurven determiniert. Da für jedes Investitionsprojekt ein bestimmter Kapitalbetrag vorzusehen ist, kann unter Umständen eine Verbesserung der durch den Schnittpunkt der beiden Treppenkurven angegebenen Lösung dadurch erreicht werden, daß Investitionsprojekte „an der Grenze" ausgetauscht werden.

Bei der soeben dargestellten Vorgehensweise wird unterstellt, daß das Investitions- und Finanzierungsprogramm der Planperiode unabhängig von den Verhältnissen in den folgenden Perioden aufgestellt werden kann, also z.B. kein Anlaß besteht, an sich verfügbare Mittel deshalb jetzt nicht einzusetzen, weil sich günstigere Anlagemöglichkeiten in den folgenden Jahren bieten, die ansonsten nicht wahrgenommen werden könnten. Eine approximative Berücksichtigung solcher zeitlicher Verflechtungen läßt sich dadurch erreichen, daß an die Stelle der Treppenkurve K die Linie der langfristigen durchschnittlichen Kapitalkosten, ausgedrückt durch einen einheitlichen Zinssatz, gesetzt wird. Es sind alle jene Projekte zu verwirklichen, deren modifizierter interner Zins über den langfristigen durchschnittlichen Kapitalkosten liegt.

V. Investitionsplanungsmodelle auf der Grundlage der linearen Programmierungsrechnung

1. Kritik an den klassischen Methoden

Damit die klassischen Methoden der → *Investitionsrechnung* angewandt werden können bzw. zu dem erwarteten Ergebnis, dem zieladäquaten Investitionsprogramm führen, müssen bestimmte Voraussetzungen erfüllt sein. Die Kritik an den klassischen Methoden entzündet sich an diesen sehr engen und wirklichkeitsfremden Voraussetzungen. Diese Voraussetzungen sind:

a) Jedem Investitionsprojekt muß in eindeutiger Weise eine Auszahlungs- und eine Einzahlungsreihe zugeordnet werden können. Das bedeutet: Die Investitionsprojekte müssen voneinander *unabhängig* sein; es dürfen weder zeitlich horizontale noch zeitlich vertikale Interdependenzen bestehen.

b) Die aus den Investitionen zurückfließenden Beträge müssen so wiederangelegt werden, daß sie Einnahmen in bestimmter, jeweils von dem angewandten Verfahren abhängiger Höhe erbringen: Bei Anwendung der Kapitalwertmethode muß die Nettoverzinsung dieser Beträge bis zum Ende des längstlebigen der zur Wahl stehenden Investitionsprojekte dem Kalkulationszinsfuß, bei Anwendung der Methode des internen Zinsfußes dem internen Zinsfuß entsprechen. Die Annuitätenmethode führt nur dann mit Sicherheit zu zieladäquaten Investitionsprogrammen, wenn die freigesetzten Beträge, wiederangelegt, bis zum Ende der jeweiligen Investition einen Ertrag in Höhe des Kalkulationszinsfußes, von da an bis zum Ende des längstlebigen Investitionsprojektes einen Ertrag in Höhe des internen Zinsfußes erbringen.

c) Es dürfen keine Absatzbeschränkungen bestehen.

d) Die Liquidität des Unternehmens in den kommenden Jahren ist unabhängig davon, welches Investitionsprogramm realisiert wird, automatisch gewährleistet.

e) Für die Investitionsplanung relevante Beschränkungen bei der Beschaffung von Rohstoffen, Arbeitskräften und sonstigen Produktionsfaktoren liegen nicht vor.

Um die Ermittlung zieladäquater Investitionsprogramme zu ermöglichen, ohne die einengenden Voraussetzungen machen zu müssen, denen die klassischen Methoden der Investitionsrechnung unterliegen, sind Investitionsplanungsmodelle auf der Basis der linearen Programmierungsrechnung (→ *Programmierung, lineare*) entwickelt worden. Nachstehend ist ein Planungsmodell dieser Art dargestellt und erläutert. Das Modell ist so konzipiert, daß ein Kalkulationszinsfuß nicht benötigt wird.

2. Darstellung eines Modells auf der Basis der linearen Programmierungsrechnung

Zielfunktion (Variable mit einem Zeitindex q <1 erhalten den Wert Null):

$$(1) \quad G = \sum_q \left(1 + \frac{\bar{c}_q}{2}\right) \left[\sum_z x_{qz} (p_{qz} - k_{qz}) - \right.$$

$$\underbrace{}$$

Deckungsbeitrag = Einnahmen
abzüglich der variablen Kosten
(= Ausgaben)

Einnahmenüber –...

$$- \sum_i \; \overset{q}{\underset{\tilde{q}=q-n_i+1}{\sum}} a_{\tilde{q}i} \cdot F_{\tilde{q}qi} \qquad\qquad -\hat{F}_q \Big]$$

$\underbrace{}$ $\underbrace{}$

fixe Kosten (= Ausgaben) der im Planungszeitraum angeschafften Anlagen   fixe Ausgaben aller vor Beginn des Planungszeitraumes angeschafften Anlagen in der Periode q

..... schuß Sachinvestitionen

$$\sum_{qi} a_{qi} A^*_{qi} + \sum_{qr} \hat{c}_{qr} FI_{qr} - \sum_{qj} c_{qj} KR_{qj} \Rightarrow \max$$

$\underbrace{}$ $\underbrace{}$ $\underbrace{}$

Anteilige Anschaffungsausgaben   Einnahmen aus Finanzinvestitionen   Kreditkosten (= Ausgaben)

Sie ist unter Beachtung der folgenden *Nebenbedingungen* zu maximieren:

Finanzierungsbedingungen:

(2) $\sum_i a_{qi} A_{qi} + \sum_r FI_{qr} + \sum_j (1+c_{q-1j}) KR_{q-1,j} =$

$\underbrace{}$ $\underbrace{}$ $\underbrace{}$

Anschaffungsausgaben Periode q   Finanzinvestitionen Periode q   Rückzahlung (einschließl. Zinsen) der Kredite, beansprucht in Periode q-1

$$\underbrace{B_q}\qquad + \underbrace{(1 + \hat{c}_{q-1,r})\, FI_{q-1,\,r}}\qquad +$$

durch im Modell nicht erfaßte Ursachen ausgelöste Ein- oder Auszahlungen (z. B. Dividende)   Rückfluß Finanzinvestitionen Periode q-1

$$\left(1 + \frac{\bar{c}_{q-1}}{2}\right)\Big[\sum_z x_{q-1,z}\, (p_{q-1,z} - k_{q-1,z}) -$$

Einnahmenüberschuß.....

$$\sum_i \; \overset{q-1}{\underset{\tilde{q}=q-n_{;+1}}{\sum}} a_{\tilde{q}i} \cdot F_{\tilde{q}qi} - \hat{F}_{q-1}\Big]$$

..... Sachinvestitionen Periode q-1

$$\sum_j KR_{qj} \quad \text{für alle q}$$

$\underbrace{}$

Kreditaufnahme Periode q

Obere Grenzen der Kredite und der Finanzinvestitionen:

(3) $KR_{qj} \leq \overline{KR}_{qj}$ für alle q und j

(4) $FI_{qr} \leq \overline{FI}_{qr}$ für alle q und r

(5) $\sum_j KR_{qj} \leq S_q$ für alle q

Kapazitätsbedingungen:

(6) $\sum_z \alpha_{zi} \cdot x_{qz} \leq T_{oqi} +$

$\underbrace{}$

Kapazität der vor Beginn des Planungszeitraumes bereits vorhandenen, in der Periode q noch nutzbaren Anlagen des Typs i

$$+ \overset{q}{\underset{\tilde{q}=q-n_i+1}{\sum}} a_{\tilde{q}i} \cdot T_{\tilde{q}qi} \quad \text{für alle q und i}$$

$\underbrace{}$

Kapazität der in Periode $\tilde{q}$ angeschafften, in Periode q noch nutzbaren Anlagen des Typs i

Absatzbedingungen:

(7) $x_{qz} \leq N_{qz}$ für alle q und z

Beschaffungsrestriktionen:

(8) $\sum_z \beta_{zv} x_{qz} \leq Q_{qv}$ für alle q und v

Bedeutung der verwendeten Symbole:

— Indices:

i	Index der Produktionsanlagen
j	Index der Kreditmöglichkeiten
q	Periodenindex
r	Index der möglichen Finanzinvestitionen
v	Index der Produktionsfaktoren
z	Index der hergestellten Erzeugnisse

— Konstante:

$\bar{c}_p$	durchschnittliche, in der Periode q effektiv erzielbare Verzinsung kurzfristig ausgeliehener Mittel
c_{qj}	Zinskosten (= Ausgaben) der Kreditmöglichkeit j in der Periode q
$\hat{c}_{qr}$	Verzinsung der Finanzanlage r in der Periode q
k_{qz}	Variable Kosten des Erzeugnisses z in der Periode q
P_{qz}	Verkaufspreis des Erzeugnisses z in der Periode q
A_{qi}	Anschaffungsausgaben für eine Einheit des Investitionsprojektes i in der Periode q
A^*_{qi}	anteilige Anschaffungsausgaben des Aggregates i, angeschafft in der Periode q. Die anteiligen Anschaffungsausgaben stellen die Differenz dar zwischen den Anschaffungsausgaben und dem Restwert des Investitionsprojektes am Ende des Planungszeitraumes. Für Anlagen, die bereits zu Beginn des Planungszeitraumes vorhanden sind, tritt an die Stelle der Anschaffungsausgaben der Restwert.
B_q	durch im Modell nicht erfaßte Ursachen ausgelöste Einnahmen (plus) oder Ausgaben (minus), z.B. für Dividendenzahlungen
$F_{\tilde{q}qi}$	fixe Kosten (= Ausgaben) der Anlage i,

$\hat{F}_q$ die in Periode $\tilde{q}$ angeschafft ist, in der Periode q

fixe Kosten (= Ausgaben) aller bereits vor Beginn des Planungszeitraumes angeschafften, in der Periode q noch in Betrieb befindlichen Anlagen

$\overline{FI}_{qr}$ obere Grenze der Finanzinvestition r, Periode q

G Gesamtgewinn im Planungszeitraum

$\overline{KR}_{qj}$ obere Grenze der Kreditaufnahmemöglichkeit j, Periode q

N_{qz} Absatzgrenze für das Erzeugnis z in der Periode q

Q_{qv} maximal verfügbare Menge des Produktionsfaktors v in der Periode q

S_q obere Verschuldungsgrenze, gültig für Periode q

$T_{\tilde{q}qi}$ Kapazität einer in Periode $\tilde{q}$ angeschafften Anlage des Typs i in der Periode q

T_{oqi} Kapazität der vor Beginn des Planungszeitraums angeschafften Anlagen i in der Periode q

α_{zi} benötigte Kapazität der Anlage i zur Herstellung einer Einheit des Erzeugnisses z

β_{zv} benötigte Menge des Produktionsfaktors v zur Herstellung einer Einheit des Erzeugnisses z

– Variable:

a_{qi} Anzahl der in der Periode q anzuschaffenden Anlagen der Art i; streng genommen sind die a_{qi} Ganzzahligkeitsvariable. Approximativ können sie wie Normalvariable behandelt werden.

$\sum\limits_{\tilde{q}=q-n_i+1}^{q} a_{\tilde{q}i}$ Anzahl der in der Periode q noch nutzbaren Anlagen des Typs i (n_i: Nutzungsdauer einer Anlage des Typs i)

x_{qz} in der Periode q herzustellende Menge des Erzeugnisses z. Es ist unterstellt, daß die abgesetzte Menge der produzierten Menge entspricht.

FI_{qr} Höhe des Betrages, investiert in der Finanzanlage r in der Periode q

KR_{qj} Höhe des in der Periode q in Anspruch genommenen Kredites der Art j

Die Bewertung und Auswahl der Investitionsprojekte erfolgt im Rahmen des soeben beschriebenen Modelles simultan. Damit wird der Tatsache Rechnung getragen, daß sehr oft zwischen den Investitionsobjekten – und zwar auch zwischen solchen, die zu unterschiedlichen Zeitpunkten verwirklicht wurden oder noch werden sollen – Interdependenzen bestehen, die eine eindeutige Zuordnung insbesondere von Einzahlungsreihen unmöglich machen. Eine Bewertung solcher Objekte mit Hilfe von Kennziffern (z.B. Kapitalwert) ist in diesen Fällen nicht möglich; allein eine integrierende Betrachtungsweise, die die Investitionsobjekte – und zwar die bereits verwirklichten (den vorhandenen Produktionsapparat) ebenso wie die in Zukunft möglichen – in ihrem Zusammenwirken erfaßt und beurteilt, kann beim Vorliegen der genannten Interdependenzen zu zieladäquaten Investitionsprogrammen führen.

Zielgröße des durch die Gleichungen bzw. Ungleichungen (1) bis (8) gegebenen Integrationsmodelles ist der Gesamtgewinn G im Planungszeitraum.

Dieser Gewinn hängt davon ab
– welche Investitionen (a_{qi}) im Planungszeitraum verwirklicht und
– welche Mengen der Erzeugnisse z (x_{qz}) hergestellt und abgesetzt werden; ferner davon
– welche Kredite (KR_{qj}) in Anspruch genommen und
– welche Finanzinvestitionen (FI_{qr}) durchgeführt werden.

Das Modell ermittelt simultan die optimalen Werte dieser Größen, d.h. die Werte, die den Gewinn G maximal werden lassen.

Durch Multiplikation der Einnahmenüberschüsse aus Sachinvestitionen mit dem Faktor $(1 + \bar{c}_q/2)$ wird berücksichtigt, daß diese in der Periode q sukzessive anfallenden Überschüsse kurzfristig zinsbringend angelegt werden können. Von den Einnahmenüberschüssen sind die anteiligen Anschaffungsausgaben der Sachinvestitionen, d.h. der Teil der Anschaffungsausgaben, der im Planungszeitraum zu Aufwand wird, abzuziehen. Die beiden folgenden Glieder der Zielfunktion stellen die → *Ausgaben und Einnahmen* im Finanzbereich dar.

Die *Finanzierungsbedingungen* (2) sorgen dafür, daß nur solche Lösungen vorgeschlagen werden, bei deren Verwirklichung die Erhaltung des finanziellen Gleichgewichtes gewährleistet ist. Die linken Seiten der Finanzierungsbedingungen bringen den jeweiligen Kapitalbedarf zum Ausdruck, die rechten zeigen, welche Mittel bereitgestellt werden können. Um die Möglichkeit, Umschuldungen vorzunehmen, einen Kredit durch einen anderen günstigeren zu ersetzen, berücksichtigen zu können, ist bei der Formulierung der Finanzierungsbedingungen unterstellt, daß sämtliche Kredite, die in der Periode q–1 in Anspruch genommen werden, einschließlich der daraus resultierenden Zinsen, zu Beginn der Periode q zurückgezahlt werden müssen. Ferner ist angenommen, daß sämtliche Finanzinvestitionen der Periode q–1 zu Beginn der Periode q aufgelöst werden. Zu Beginn der Periode q können neue Finanzinvestitionen getätigt und neue Kredite aufgenommen werden.

Soll ein Kredit aus der Vorperiode auch noch in der Periode q in Anspruch genommen werden, so kommt dies im Ergebnis der Rechnung dadurch zum Ausdruck, daß der vom Modell erzwungenen Kreditrückzahlung zum gleichen Zeitpunkt (Beginn der Periode q) eine Wiederaufnahme des Kredites gegenübergestellt wird. Ähnliches gilt im Hinblick auf Finanzinvestitionen mit mehrjähriger Anlagedauer.

Auch vorab festgelegte unabänderliche Rückzahlungsvereinbarungen lassen sich leicht durch entsprechende Nebenbedingungen im Modell berücksichtigen.

Dadurch, daß die Einnahmenüberschüsse aus der Periode q–1 auf den rechten Seiten der Finanzierungsbedingungen als verfügbare Mittel eingesetzt sind, die das Modell wiederum in Sach- und Finanzinvestitionen anlegen kann und wird, erübrigt sich die Aufzinsung dieser Beträge mit einem mehr oder weniger willkürlich gewählten Kalkulationszinsfuß: Die Gewinne, resultierend aus diesen Investitionen, sind in den Gewinnen der folgenden Perioden enthalten. Damit wird aber nicht nur der Ansatz eines Kalkulationszinsfußes überflüssig, sondern verbietet sich.

Die Nebenbedingungen (3) und (4) geben die jeweiligen Grenzen an, bis zu denen ein Kredit aufgenommen oder eine Finanzinvestition getätigt werden kann. Die Restriktion (5) sorgt dafür, daß eine obere Verschuldungsgrenze nicht überschritten wird. Sie ist hier als ein absoluter Betrag vorgegeben, kann aber ohne Mühe auch z.B. in Abhängigkeit vom Investitionsvolumen dargestellt werden.

Die *Kapazitätsbedingungen* (6) stellen sicher, daß mindestens so viel an Anlagenkapazitäten vorhanden ist, wie zur Produktion der vorgeschlagenen Mengen x_{qz} benötigt wird.

Zu berücksichtigen sind schließlich noch die *Absatzbedingungen* (7): Es darf nicht mehr hergestellt werden, als abgesetzt werden kann, und die Beschaffungsrestriktionen (8): Nur jene Produktionsprogramme werden zugelassen, die mit den verfügbaren Produktionsfaktoren erstellt werden können. Unter Umständen auftretende substitutive und/oder komplementäre Beziehungen zwischen den Erzeugnissen lassen sich im Rahmen der Absatzbedingungen erfassen.

Das Modell ermöglicht es zu ermitteln:

a) die optimalen Investitionsprogramme (Sachinvestitionen im Produktionsbereich) für die einzelnen Perioden des Gesamtplanungszeitraumes. Die Werte für die Größen a_{1i} stellen das Investitionsprogramm der ersten Periode dar usw.;

b) die gewinnoptimalen Produktionsprogramme für die einzelnen Perioden des Planungszeitraumes. Die Werte für die Größen x_{1z} geben das Produktionsprogramm der ersten Periode wieder usw.;

c) die durchzuführenden Finanzinvestitionen FI_{qr}, unterschieden nach Perioden;

d) schließlich die in den einzelnen Perioden in Anspruch zu nehmenden Kredite KR_{qj}.

Von besonderer Bedeutung sind die Programme für die erste Periode, da sie sofort zu verwirklichen sind und das Unternehmen binden. Die Programme der folgenden Perioden können beim Eintritt ursprünglich nicht vorhergesehener Entwicklungen korrigiert werden.

Das soeben beschriebene Investitionsplanungsmodell kann in verschiedenen Richtungen ausgebaut und erweitert werden.

Die Anwendbarkeit von Investitionsplanungsmodellen auf der Grundlage der linearen Programmierungsrechnung hängt von der jeweils zu betrachtenden konkreten Situation ab. Entscheidend ist der Umfang, den das Modell annehmen muß, um in der jeweiligen Situation zu relevanten Aussagen zu gelangen. Je wirklichkeitsnäher das Modell gestaltet wird, um so umfangreicher und aufwendiger wird es sein. Die Aufgabe besteht darin, einen akzeptablen Kompromiß zwischen Wirklichkeitsnähe und Aussagefähigkeit auf der einen und Rechenbarkeit auf der anderen Seite zu finden.

VI. Das Problem der Unsicherheit

Jede Investitionsplanung beruht notgedrungen auf Daten, die mehr oder weniger unsicher sind. Im folgenden sei darum noch – soweit hier möglich – auf die Frage eingegangen, wie dem Phänomen der *Unsicherheit* (→ *Ungewißheit und Unsicherheit*) begegnet werden kann.

Das in Abschnitt V beschriebene Modell kann einer → *Sensitivitätsanalyse* unterworfen werden. Ferner besteht die Möglichkeit, die Rechnung jeweils unter Zugrundelegung verschiedener für möglich erachteter Datenkonstellationen durchzuführen, um zu sehen, welcher Einfluß von derartigen Datenverschiedenheiten ausgeht. Im folgenden ist ein Verfahren beschrieben, das auf dieser Grundlage der Unsicherheit bestimmter Daten im Rahmen von Investitionsüberlegungen systematisch Rechnung zu tragen sucht.

1. Chancen-Risiken-Vergleich

Unsicher seien die *Absatzerwartungen* des Unternehmens. (Die Einbeziehung unsicherer Deckungsspannen in das Kalkül ist ebenfalls möglich, jedoch sei vereinfachend hier darauf verzichtet.) In der folgenden Tabelle (Abb. 3.) ist das Erwartungsspektrum eines Unternehmens im Hinblick auf den Absatz eines bestimmten Erzeugnisses in einer bestimmten Periode dargestellt.

Wie aus der Tabelle ersichtlich, erwartet die Unternehmensleitung mit Sicherheit (subjektive Wahrscheinlichkeit 1,0), von dem betrachteten Erzeugnis in der betrachteten Periode mindestens 5000 ME absetzen zu können. (Können genau 5000 ME abgesetzt werden, so liegt die Absatzsituation Null vor.) Zwar nicht mit Sicherheit, aber doch mit großer Wahrscheinlichkeit (subjektive Wahrscheinlichkeit 0,8) wird mit einem Mindestabsatz von 6500 ME gerechnet (Absatz genau 6500 = Absatzsituation 1) usw.

Für jedes Erzeugnis und jede Periode des Planungszeitraumes möge ein Erwartungsspektrum, wie es in Abb. 3 wiedergegeben ist, existieren.

Will die Unternehmensleitung keinerlei → *Risiko* eingehen – Risiko hier definiert als negative Abweichung vom Planergebnis – so muß sie für jedes Erzeugnis die Absatzzahlen der Situation Null zugrunde legen. Ausgehend von diesen Zahlen können dann die bezogen auf diese Datenkonstellation günstigsten Investitions- und Produktionsprogramme ermittelt werden. Der Produk-

Absatz-situation	Subjektive Wahrschein-lichkeit	Mindest-absatzmenge (in 1000 ME)
0	1	5
1	0,8	6,5
2	0,6	7,5
3	0,4	9,0
4	0,2	11,0
–	0,0	12,0

Abb. 3

tionsapparat, über den das Unternehmen nach Verwirklichung des Investitionsprogramms der ersten Periode verfügt, sei mit PA_O bezeichnet. Gelten in allen betrachteten Perioden des Planungszeitraumes für alle Erzeugnisse die Absatzzahlen der Situation Null, wird das Unternehmen mit diesem Produktionsapparat das absolut günstigste Ergebnis erzielen. Entspricht der künftige Absatz hingegen – sagen wir – den Zahlen der Absatzsituation 1, so könnte zwar mit dem Produktionsapparat PA_O, da er in der Regel in gewissem Umfange Kapazitätsreserven enthalten wird, mehr produziert werden als die in der Situation Null benötigten Mengen (nach Ablauf der ersten Periode ließe sich überdies durch entsprechende Investitionen eine Anpassung des Produktionsapparates an die dann erwarteten Absatzmöglichkeiten erreichen); das Ergebnis wird aber weniger günstig ausfallen als dann, wenn von Anfang an der Investitionsplanung die Zahlen der Absatzsituation 1 zugrunde gelegt worden wären und dem Unternehmen bereits zu Beginn der Periode 1 die bezogen auf diese Zahlen optimale Produktionsausstattung PA_1 zur Verfügung gestanden hätte.

Allgemein gilt: Für jede der genannten Absatzsituationen läßt sich das bei Eintritt der Absatzzahlen dieser Situation optimale Investitionsprogramm (optimale Produktionsapparat) ermitteln. Es kann alsdann errechnet werden, zu welchem Ergebnis ein auf eine bestimmte Absatzsituation optimal zugeschnittener Produktionsapparat beim Eintreten einer anderen Absatzsituation führen würde. In Abb. 4 sind für einen angenommenen konkreten Fall die Ergebnisse dieser Überlegungen und Rechnungen zusammengestellt.

Die Aufgabe der Unternehmensleitung besteht nun darin, die Risiken und Chancen, die mit dem Übergang von einem Investitionsprogramm zum nächst höheren verbunden sind, gegeneinander abzuwägen und zu entscheiden, ob dieser Schritt

Absatz-situation	Gesamtergebnis in Mio DM bei Verwirklichung des Investitionsprogramms (Produktionsapparats)				
	I_0 (PA_0)	I_1 (PA_1)	I_2 (PA_2)	I_3 (PA_3)	I_4 (PA_4)
0	−10,0	−13,0	−15,5	−19,0	−23,0
1	− 5,0	+ 0,5	− 2,5	− 6,0	−10,5
2	− 2,0	+ 2,0	+ 5,0	+ 3,0	− 2,0
3	+ 1,0	+ 4,5	+ 8,0	+11,0	+ 7,0
4	+ 4,0	+ 7,0	+11,5	+16,0	+22,0

Abb. 4

getan werden soll oder nicht. Sie befindet sich, extrem ausgedrückt, in der Situation eines Spielers, der durch Erhöhung seines Einsatzes seine Gewinnchancen vermehren könnte. Er muß sich dabei zweierlei überlegen:

a) Ist er überhaupt in der Lage, das zusätzliche Risiko einzugehen?

b) Rechtfertigen die gewonnenen zusätzlichen Gewinnchancen das Eingehen des zusätzlichen Risikos?

In dem hier angenommenen Falle muß sich die Unternehmensleitung zunächst darüber schlüssig werden, ob sie die Chancen – verbunden mit dem Investitionsprogramm I_1 im Vergleich zum Programm I_O – beim Eintreten der Absatzsituationen 1 bis 4 besser abzuschneiden, für ausreichend erachtet, das Risiko einzugehen, beim Eintreffen der Absatzsituation Null mit einem um 3 Mio DM schlechteren Ergebnis dazustehen. Während der Übergang von I_O zu I_1 in dem hier angenommenen Beispiel keines allzu großen Wagemutes bedarf, vielmehr von den bei Verwirklichung des Produktionsapparates PA_O in den Absatzsituationen O, 1 und 2 zu erwartenden Verlusten geradezu erzwungen wird, ist die Entscheidung, von I_1 zu I_2 überzugehen, schon nicht mehr ganz so eindeutig.

Welches Investitionsprogramm letztlich gewählt wird, hängt wesentlich von der Risikobereitschaft der Firmenleitung, der Kraft des Unternehmens, gegebenenfalls auch einen Rückschlag hinzunehmen, und ähnlichen Faktoren ab. Im Rahmen der Investitionsplanung sollten die jeweiligen Risiken und Chancen aufgezeigt werden; sie gegeneinander abzuwägen und sich für eines der möglichen Investitionsprogramme zu entscheiden, ist dagegen Aufgabe der Unternehmensleitung, die ihr von keiner Planungsrechnung abgenommen werden kann.

Bei der Bestimmung der Risiken und Chancen, die mit dem Übergang von einem Investitionsprogramm zum nächst höheren verbunden sind, ist unterstellt worden, daß für jedes Erzeugnis und für jede Periode jeweils die gleiche Absatzsituation eintreten wird. Selbstverständlich können sowohl für die einzelnen Erzeugnisse in der gleichen Periode als auch für ein und dasselbe Erzeugnis in verschiedenen Perioden unterschiedliche Absatzsituationen auftreten. Die Zahl der möglichen Kombinationen steigt mit wachsender Zahl der Erzeugnisse, der Perioden und der betrachteten Absatzsituationen sehr rasch an. Zum Glück erübrigt es sich, alle diese Kombinationen durchzurechnen; es genügt in der Regel, einige wenige charakteristische Kombinationen zu betrachten, die als repräsentativ für die große Menge aller möglichen Kombinationen angesehen werden können. Die hier gewählten „reinen" Kombinationen (für alle Erzeugnisse werden in allen Perioden jeweils die gleichen Absatzsituationen angenommen) erscheinen hierzu besonders geeignet. Es steht aber auch nichts im Wege, eine andere Auswahl zu treffen, wenn dies nach Maßgabe der vorliegenden konkreten Situation aufschlußreich erscheint.

2. Flexibilitätsüberlegungen

Je größer die Unsicherheit im Hinblick auf relevante Daten ist, um so wünschenswerter erscheint eine möglichst hohe Flexibilität des Produktionsapparates. Was unter Flexibilität in diesem Zusammenhang zu verstehen ist, sei anhand eines kleinen Zahlenbeispiels gezeigt.

Eine Firma hält mit gleicher subjektiver Wahrscheinlichkeit sowohl das Eintreten der Absatzentwicklung A als auch das der davon wesentlich verschiedenen Absatzentwicklung B für möglich. Es ist über das Investitionsprogramm zu entscheiden. Grundsätzlich bestehen hier die drei folgenden Möglichkeiten:

a) Das Investitionsprogramm wird allein aufgrund der Daten der Absatzkonstellation A (Investitionsprogramm I_A) bestimmt.

b) Es wird allein aufgrund der Daten der Absatzsituation B (Investitionsprogramm I_B) bestimmt.

c) Bei der Ermittlung des Investitionsprogramms werden beide Absatzsituationen berücksichtigt (Investitionsprogramm $I_{A,B}$). Investitionsprogramm $I_{A,B}$ führt zu einem flexiblen Produktionsapparat.

Bei Verwirklichung der verschiedenen Investitionsprogramme mögen folgende Ergebnisse zu erwarten sein: Investitionsprogramm I_A (I_B) führt zwar beim Eintreffen der Absatzsituation A (B) zum Gewinnmaximum; jedoch müßte im Falle des Eintretens der Absatzsituation B (A) mit einem sehr ungünstigen Ergebnis gerechnet werden. Bei Verwirklichung des Investitionsprogramms $I_{A,B}$ wird zwar weder beim Eintreten der Absatzsituation A noch der Absatzsituation B das optimale Ergebnis erzielt, jedoch in beiden Fällen wesentlich bessere Ergebnisse als dann, wenn Programm I_A auf die Absatzsituation B oder Programm I_B auf die Absatzsituation A treffen.

Das Grundmodell des Abschnitts II läßt sich so gestalten und ergänzen, daß bei der Bestimmung der Investitionsprogramme die gleichzeitige Berücksichtigung zweier oder mehrerer Absatzsituationen möglich wird.

Die unter Berücksichtigung einer, zweier oder mehrerer Absatzsituationen ermittelten optimalen Investitionsprogramme unterscheiden sich nicht grundsätzlich voneinander. Sie lassen sich darum nach Maßgabe der mit ihnen verbundenen Risiken und Gewinnchancen eindeutig in einer Reihe anordnen. Die Entscheidung für eines der möglichen Programme hat alsdann in der gleichen Weise zu geschehen, wie bereits beschrieben.

Absatz-entwicklung	I_A	I_B	$I_{A,B}$
A	20	−5	12
B	3	22	14

Abb. 5

Literatur: Lutz, F. u. V. Lutz: The Theory of Investment of the Firm. Princeton (N. J.) 1951 – Hirschleifer, J.:On the Theory of Optimal Investment Decisions. In: JPol.E, Vol. 86 1958, S. 329 ff. – Wittmann, W.: Unternehmung und unvollkommene Information. Köln u. Opladen 1959 – Massé, P.: Le choix des investissements. Critices et Méthodes. Paris 1959 – Albach, H.: Investition und Liquidität. Wiesbaden 1962 – Jacob, H.: Investitionsplanung auf der Grundlage linearer Optimierung. In: ZfB, 32. Jg 1962, S. 651 ff. – Schneider, E.: Wirtschaftlichkeitsrechnung. Tübingen 1962 – Moxter, A.: Lineares Programmieren und betriebswirtschaftliche Kapitaltheorie. In: ZfbF, 15. Jg 1963, S. 285 ff. – Lhermitte, P. u. F. Bessière: Sur les possibilités de la programmation non linéaire appliquée au choix des investissements. In: Proceedings of the 3rd International Conference on Operational Research, Oslo 1963. London 1964, S. 597 f. – Reiter, St.: Choosing an Investment Program among Interdependent Projects. In: REStud., Vol. 30 1963, S. 32 ff. – Hax, H.: Investitions- und Finanzplanung mit Hilfe der linearen Programmierung. In: ZfbF, 16. Jg 1964, S. 430 ff. – Weingartner, H. M.: Mathematical Programming and the Analysis of Capital Budgeting Problems. Englewood Cliffs, N. J. 1964 – Jacob, H.: Neuere Entwicklungen in der Investitionsrechnung. In: ZfB, 34. Jg 1964, S. 487 ff. u. 551 ff. – Dean, J.: Capital Budgeting. 7. A., New York u. London 1964 – Kilger, W.: Zur Kritik am unteren Zinsfuß. In: ZfB, 35. Jg 1965, S. 765 ff. – Swoboda, P.: Die simultane Planung von Rationalisierungs- und Erweiterungsinvestitionen und von Produktionsprogrammen. In: ZfB, 35. Jg 1965, S. 148 ff. – Weingartner, H. M.: Capital Budgeting of Interelated Projects. In: Man.Sc., 12. Jg 1966, S. 485 ff. – Hällsten, B.: Investment and Financing Decisions. Stockholm 1966 – Jacob, H.: Zum Problem der Unsicherheit bei Investitionsentscheidungen. In: ZfB, 37. Jg 1967, S. 153 ff. – ders.: Flexibilitätsüberlegungen in der Investitionsrechnung. In: ZfB, 37. Jg 1967, S. 1 ff. – Seelbach, H.: Planungsmodelle in der Investitionsrechnung. Würzburg u. Wien 1967 – Gutenberg, E.: Grundlagen der Betriebswirtschaftslehre. Bd III: Die Finanzen. Berlin, Heidelberg u. New York 1969 – Scheer, A. W.: Die industrielle Investitionsentscheidung. Wiesbaden 1969 – Dean, J.: Kapitalbeschaffung und Kapitaleinsatz. Wiesbaden 1969 – Jacob, H.: Application of mixed Integer Programming to Capital Investment Problems in the Oil Industry. The Proceedings of the Eigth World Petroleum Congress. Moskau 1971 – ders.: Investitionsplanung und Investitionsentscheidung mit Hilfe der Linearprogrammierung. 2. A., Wiesbaden 1971 – Blohm H. u. K. Lüder: Investition. 2. A., Minden 1972 – Jacob, H.: Unsicherheit und Flexibilität. In: ZfB, 44. Jg 1974, S. 299 ff., 403 ff. u. 505 ff. – Kern, W.: Investitionsrechnung. Stuttgart 1974.

Herbert Jacob

Investitionspolitik, betriebliche

[s.a.: Budgetierung; Diversifikation; Entscheidungsprozesse; Entscheidungstheorie; Informationsbeschaffung; Informationsverhalten; Investition; Investitionsplanung; Investitionsrechnung; Kontrolle, betriebliche; Koordination; Organisationssoziologie; Pretiale Lenkung; Ziele, Zielsysteme und Zielkonflikte.]

I. Gegenstand der betrieblichen Investitionspolitik; II. Entscheidungstheoretische und informatorische Grundprobleme der Investitionspolitik; III. Die Verteilung der Kompetenzen für die Beschaffung von Informationen über Investitionsprojekte; IV. Kompetenzverteilung und Koordination der Investitionsentscheidungen; V. Zwecke und Aussagefähigkeit der Investitionskontrolle.

I. Gegenstand der betrieblichen Investitionspolitik

Die Aufgabe der betrieblichen Investitionspolitik besteht darin, das Verhalten der mit der Lösung von Investitions- und Desinvestitionsfragen betrauten Mitarbeiter so zu steuern, daß die betrieblichen Ziele in bestmöglicher Weise erreicht werden. Diese Steuerungsfunktion umfaßt u. a.: Die Gestaltung der Suche nach Investitions- und Desinvestitionsprojekten, die Regelung des der Suche folgenden Informations- und Entscheidungsprozesses und die Schaffung eines Motivations- und Anreizsystems, das eine im Hinblick auf die betrieblichen Ziele optimale Durchführung von geeigneten Projekten fördert. Da es um eine zielgerichtete Verhaltenssteuerung geht, müssen bei der Festlegung der betrieblichen Investitionspolitik und ihrer Anpassung an veränderte Umweltbedingungen nicht nur ökonomische, sondern auch sozialpsychologische Fakten berücksichtigt werden.

Die Fülle der damit angedeuteten organisatorischen und entscheidungstheoretischen Probleme kann hier nicht erörtert werden. Da die entscheidungstheoretischen Fragen anderweitig behandelt werden (→ *Investition;* → *Investitionsplanung;* → *Investitionsrechnung;* → *Entscheidungstheorie*), sollen hier organisatorische Fragen erörtert werden, insbesondere: Welche Mitarbeiter sollen die zur Beurteilung von Investitionsprojekten notwendigen Informationen beschaffen? Welche Mitarbeiter sollen über die vorgeschlagenen Investitions- und Desinvestitionsprojekte entscheiden, und wie sollen diese Entscheidungen koordiniert werden? Wie soll die Planung und Durchführung von Projekten überwacht und welche Konsequenzen sollen aus den damit gewonnenen Informationen gezogen werden?

Diese Erörterung basiert streckenweise auf empirisch testbaren Hypothesen, streckenweise auf rein theoretischen Aussagen der bzw. über die Ungewißheitstheorie. Ausführliches empirisches Testmaterial zu den einzelnen Hypothesen ist nicht bekannt, jedoch läßt das häufige Auftauchen dieser Hypothesen in der Literatur vermuten, daß ihnen ein Wahrheitsgehalt zukommt. Da die Bedeutung der genannten organisatorischen Fragen von den entscheidungstheoretischen und informatorischen Problemen der betrieblichen Investitionspolitik wesentlich abhängt, sollen diese zunächst skizziert werden.

II. Entscheidungstheoretische und informatorische Grundprobleme der Investitionspolitik

1. Im allgemeinen strebt ein Unternehmen langfristig nicht die Maximierung einer einzelnen Variablen an, sondern die simultane Optimierung mehrerer nicht unmittelbar vergleichbarer Variablen wie z. B. Prestige, Geldvermögenszuwachs, Macht (→ *Ziele, Zielsysteme und Zielkonflikte*). Damit entsteht ein Vektormaximumproblem (→ *Entscheidungstheorie*). Dieses führt im allgemeinen nicht zu einer eindeutigen Lösung des Investitionsproblems, weil keine Gewichtungsvorschrift

für die einzelnen Zielvariablen vorliegt. Bleibt demjenigen Mitarbeiter, der über Investitionsprojekte zu entscheiden hat, die Festlegung dieser Gewichtung überlassen, so kann er diesen Spielraum bei der Entscheidung gemäß seinen Interessen nutzen. Je größer dieser Spielraum ist, um so bedeutsamer ist die organisatorische Entscheidung, wer über Investitionsprojekte zu entscheiden hat.

2. Gerade für langfristige Entscheidungen ist eine große Anzahl unterschiedlicher Entscheidungsmodelle entwickelt worden, die zu unterschiedlichen Ergebnissen führen können. Die Palette dieser Modelle für Investitionsentscheidungen beginnt bei der *ROI-Ziffer* und endet vielleicht mit der *flexiblen Planung.* Überläßt man dem für die Entscheidung zuständigen Mitarbeiter, auf welches Modell er seine Entscheidung stützen will, so vergrößert auch dies seinen Spielraum, seine Interessen bei der Entscheidung durchzusetzen.

3. Je längerfristig eine Entscheidung sich auswirkt, desto größer ist im allgemeinen die Ungewißheit hinsichtlich ihrer Konsequenzen. Die bisher entwickelten Methoden zur Verminderung der Ungewißheit sind noch weit davon entfernt, schematisch anwendbar zu sein und zu verläßlichen Ergebnissen zu führen (→ *Ungewißheit und Unsicherheit*). In die Informationen, die der Beurteilung eines Investitionsprojekts dienen, gehen daher subjektive Schätzungen des Informanten ein. Folglich sind die Informationen kaum überprüfbar.

Daher gewinnen diejenigen Mitarbeiter, die für die Beschaffung und Aufbereitung von Informationen zuständig sind, großen Einfluß auf die Investitionsentscheidungen. Dies ist bei der Organisation des Entscheidungsprozesses zu berücksichtigen. Im folgenden Abschnitt soll daher untersucht werden, welche Mitarbeiter mit der Informationsbeschaffung betraut werden sollen.

III. Die Verteilung der Kompetenzen für die Beschaffung von Informationen über Investitionsprojekte

Um die zur Beurteilung von Investitionsprojekten notwendigen Informationen zu erhalten, muß festgelegt werden, welche Stellen für diese Informationsbeschaffung zuständig sein sollen. Bei der Lösung dieses Zuständigkeitsproblems kann man sich u. a. von folgenden Hypothesen leiten lassen:

a) Die Menge des in die Informationen eingehenden, relevanten Wissens ist um so größer, je mehr die mit der Informationssuche beauftragte Stelle dieses Wissen oder damit eng verknüpftes Wissen auch bei der Erfüllung anderer Aufgaben benötigt.

Soll das in die Informationen eingehende, relevante Wissen möglichst groß sein, dann bedeutet diese Hypothese z. B.: Absatzinformationen sind vom Verkaufspersonal zu beschaffen, technologische Informationen von Mitarbeitern des Entwicklungs- oder Produktionsbereichs. Je heterogener die für die Beurteilung eines Investitionsprojektes benötigten Informationen sind, um so größer ist folglich die Zahl der mit der → *Informationsbeschaffung* betrauten Mitarbeiter.

b) Die von Partikularinteressen verursachte *Manipulation von Informationen* ist um so kleiner, je weniger die Informanten von den auf diesen Informationen beruhenden Entscheidungen betroffen werden.

Diese Hypothese besagt, daß z. B. eine Produktionsabteilung ein Interesse daran hat, Informationen über Investitionsprojekte zu verfälschen, wenn diese Projekte im Fall der Durchführung erhebliche Änderungen in der Abteilung hervorrufen. Diese Verfälschungen sind gemäß Hypothese b) dann am kleinsten, wenn eine neutrale Stelle die Informationen beschafft.

Während Hypothese a) ein dezentralisiertes *Kompetenzsystem* der Informationsbeschaffung nahelegt, spricht Hypothese b) für ein zentralisiertes Kompetenzsystem, z. B. dergestalt, daß eine zentrale Stabsstelle für Informationsbeschaffung eingerichtet wird. Welches Kompetenzsystem zu qualitativ besseren Informationen führt, kann jedoch generell nicht entschieden werden.

IV. Kompetenzverteilung und Koordination der Investitionsentscheidungen

Mit der hier vorgenommenen Trennung von Informationsbeschaffung und Entscheidung soll nicht bestritten werden, daß in der Phase der Informationsbeschaffung bereits Entscheidungen getroffen werden, die die endgültige Entscheidung über Annahme oder Ablehnung einer Alternative präjudizieren können. Insofern kann es dazu kommen, daß die endgültige Entscheidung lediglich der Sanktionierung des Ergebnisses des Informationsbeschaffungsprozesses dient (*Witte* 1969).

Zu dieser Denaturierung der endgültigen Entscheidung kommt es aber im Fall der betrieblichen Investitionspolitik nicht, wie die Ausführungen in Abschnitt II gezeigt haben und auch im folgenden deutlich werden wird. Die Kompetenzverteilung hinsichtlich der Investitionsentscheidungen ist daher nicht belanglos.

Die Skala der Kompetenzverteilungssysteme beginnt mit dem System der *zentralisierten Kompetenz* und endet mit dem System der *Teilbereichskompetenz*, d. h. jeder Teilbereich entscheidet selbständig über die Investitionsalternativen, die im betreffenden Teilbereich durchgeführt werden können. Unter anderem erscheinen folgende Hypothesen für die Verteilung der Entscheidungskompetenzen relevant:

(1) Die Zentrale ist im allgemeinen dank ihrer besseren Übersicht über das gesamte Unternehmen eher als die Teilbereiche in der Lage, die zwischen den Teilbereichen bestehenden Interdependenzen bei der Investitionsentscheidung zieladäquat zu berücksichtigen. Umgekehrt

sind die Teilbereiche eher in der Lage, die innerhalb des Teilbereiches bestehenden Interdependenzen zieladäquat zu berücksichtigen.

(2) Die Zentrale entscheidet eher gemäß den Zielen des gesamten Unternehmens, während die Teilbereiche eher zu einer Verfolgung ihrer Partikularinteressen neigen.

(3) Eine Verlagerung der Kompetenzen zu den Teilbereichen hin erhöht die Innovationsfreudigkeit und *Leistungsmotivation* der Teilbereichsmitglieder.

Diese Hypothesen stoßen denjenigen, der das Kompetenzverteilungssystem festlegen soll, in ein Dilemma: Während Hypothese (2) eindeutig für eine Zentralisierung spricht, befürwortet Hypothese (3) eine Dezentralisierung (sofern eine Erhöhung der Innovationsfreudigkeit als Vorteil angesehen wird) (→ *Motivation*). Hypothese (1) spricht für eine Zentralisierung, wenn die Interdependenzen zwischen den Teilbereichen besonders ausgeprägt sind, für eine Dezentralisierung, wenn die Interdependenzen innerhalb der Teilbereiche besonders ausgeprägt sind.

Den Zusammenhang mit der Informationsbeschaffung verdeutlicht schließlich folgende Hypothese:

(4) Bei personaler Trennung von Informationsbeschaffung und Entscheidung werden die Informationen vom Entscheidenden kontrolliert und ggf. korrigiert. Damit steigt die Qualität der Informationen.

Gemäß dieser Hypothese ist es vorteilhaft, Informationsbeschaffung und Entscheidung verschiedenen Stellen zuzuweisen.

Mit dem Kompetenzverteilungssystem hängt das Koordinationssystem eng zusammen (→ *Koordination*). Das Koordinationssystem der Investitionspolitik soll gewährleisten, daß jede einzelne Investitionsentscheidung nicht unabhängig von allen anderen Entscheidungen getroffen wird, sondern daß die zwischen den einzelnen Entscheidungen bestehenden Abhängigkeiten auch berücksichtigt werden.

Im folgenden sollen zwei Koordinationssysteme der Investitionspolitik erläutert werden, die momentan besonders häufig in Theorie und Praxis erörtert werden. Zum einen handelt es sich um das Budgetsystem (→ *Budgetierung*), zum anderen um die Steuerung des Investitionsprozesses durch Lenkpreise (→ *Pretiale Lenkung*). Bei einem Budgetsystem legt die Zentrale jährlich nach Rücksprache mit den Teilbereichen für jeden Teilbereich einen Etat für Investitionsausgaben fest. Über diesen Etat kann der Teilbereich selbständig verfügen, allerdings oft mit der Maßgabe, daß die Ausgaben für ein Projekt eine bestimmte Summe nicht überschreiten dürfen. Große Projekte bedürfen der ausdrücklichen Genehmigung der Zentrale.

Bei der Steuerung des Investitionsprozesses durch Lenkpreise hat jeder Teilbereich die Ressourcen, die ein Investitionsprojekt verbrauchen bzw. freisetzen wird, anhand vorgegebener Lenkpreise zu bewerten. Aus der Menge der Investitionsprojekte, die in diesem Teilbereich durchgeführt werden können, hat der Teilbereich diejenigen auszuwählen, bei deren Durchführung der erwartete Teilbereichserfolg auf Basis der Lenkpreisbewertung am größten wird.

Beide Koordinationssysteme scheinen die Zentrale im Vergleich zu einer streng zentralen Entscheidung über die Investitionsprojekte zu entlasten. Wie aber kann die Zentrale, die eine optimale *Allokation* ihrer knappen Ressourcen anstrebt, jedem Teilbereich einen Investitionsetat gemäß dem Budgetprinzip vorgeben, ohne sich genaue Informationen über die Investitionsmöglichkeiten in den einzelnen Teilbereichen zu verschaffen? Bei Verzicht auf Information läuft die Zentrale Gefahr, das Kapital bevorzugt denjenigen Teilbereichen zu überlassen, die sich am geschicktesten darum bemühen. (Der Einwand, diese Gefahr lasse sich durch ein entsprechend ausgebautes Kontrollsystem weitgehend ausschließen, wird später erörtert). Eine optimale Verteilung des Kapitals entlastet also die Zentrale weniger, als es zunächst erscheinen mag. Außerdem kann wegen der in Abschnitt II genannten Probleme eine optimale Lösung oft nicht eindeutig ermittelt werden. Die Zentrale erhält damit einen Ermessensspielraum. Dieser sollte von der Zentrale so genutzt werden, daß ihre Entscheidung von den Teilbereichen als faire Schiedsrichterlösung akzeptiert wird (→ *Organisationssoziologie*).

Noch größere Probleme tauchen beim *Lenkpreissystem* auf. Ein Aushandeln der Lenkpreise durch die Teilbereiche ohne Eingriffe der Zentrale bietet bereits theoretisch kaum Aussichten auf Erfolg. Eine Festlegung der Lenkpreise unter weitgehender Mitwirkung der Zentrale kann zwar zu einem geeigneten Lenkpreissystem führen, jedoch benötigt die Zentrale auch dann umfangreiche Informationen, insbesondere um Manipulationen vorzubeugen. Außerdem wird damit die angestrebte Dezentralisierung weitgehend wieder aufgehoben, denn mit der Festlegung der Lenkpreise hat die Zentrale den Schlüssel der → *Investitionsplanung* in der Hand. Lediglich wenn zwischen den Teilbereichen keine Leistungsbeziehungen bestehen, ist ein dezentrales Lenkpreissystem operational. Wenn z. B. die Zentrale zu p% größere Geldbeträge beschaffen kann, bietet es sich an, p als Lenkpreis für die Nutzung von Kapital festzusetzen. Folglich maximiert jeder Teilbereich seinen erwarteten Erfolg dann, wenn er die und nur die Projekte durchführt, deren erwartete Rendite über p % liegt. Dieses Lenkungssystem funktioniert nur dann, wenn jeder Teilbereich sich tatsächlich am erwarteten Teilbereichserfolg orientiert, sei es freiwillig oder erzwungen durch einen Kontrollmechanismus.

Beide Koordinationssysteme erfordern also im allgemeinen eine starke Mitwirkung der Zentrale, wenn eine optimale Allokation der Ressourcen erreicht werden soll. Eine darüber hinausgehende Dezentralisation entlastet zwar die Zentrale, erhöht aber die Gefahr von Fehlentscheidungen. Abschließend soll daher untersucht werden, inwieweit diese Gefahr durch ein Kontrollsystem gebannt werden kann.

V. Zwecke und Aussagefähigkeit der Investitionskontrolle

Die *Investitionskontrolle* erstreckt sich auf die Planung der Investitionsprojekte, die Durchführung von akzeptierten Projekten sowie die nachträgliche Überprüfung der Vorteilhaftigkeit von vollständig abgeschlossenen Investitionen (→ *Kontrolle, betriebliche*).

Zwecke der *Planungskontrolle* sind die Entdeckung von ungewollten Fehlern und *Manipulationen der Planung*. Die *Kontrolle der Durchführung* soll dagegen verhindern, daß die Durchführung vom vorgeschriebenen Plan abweicht, sowie *Anpassungsentscheidungen* vorbereiten helfen, wenn Soll-Ist-Abweichungen eingetreten sind. Außerdem dienen die Durchführungskontrolle und die nachträgliche Überprüfung der Vorteilhaftigkeit vollständig abgeschlossener Investitionen folgenden Zwecken:

(1) Verhinderung zukünftiger Schätzfehler durch Erkennen vergangener Schätzfehler,

(2) Verhinderung zukünftiger Manipulationen durch Erkennen vergangener Manipulationen (*Lüder* 1969, S. 54–58).

Die Kontrolle irgendwelcher Angaben ist dann verhältnismäßig unproblematisch, wenn bereits bei der Planung der Ungewißheitsspielraum vergleichsweise klein ist. Diese Voraussetzung ist bei der Investitionskontrolle oft hinsichtlich der Anfangsauszahlung gegeben, evtl. auch noch hinsichtlich späterer Folgeauszahlungen. Daher sind insoweit Planungs- und Durchführungskontrolle bei reinen Ersatzinvestitionen verhältnismäßig gut fundiert. Erheblich problematischer ist die Kontrolle von Projekten, die das Absatzprogramm beeinflussen. Die a-priori Schätzung der mit einem solchen Investitionsprojekt verbundenen Ein- und Auszahlungen, besonders für die späteren Nutzungsjahre, ist mehr oder minder Ermessenssache. Wird vom Schätzenden lediglich verlangt, für das zu schätzende Datum eine Bandbreite festzulegen und daraus einen Wert als repräsentativ zu wählen, dann läßt sich ein Verdacht auf ungewollte Fehler oder Manipulation in der Planung nur dann erhärten, wenn der tatsächlich eintretende Wert des Datums außerhalb der Bandbreite liegt. Um sich gegen einen solchen Nachweis zu schützen, braucht der Schätzende also nur die Bandbreite entsprechend groß anzusetzen.

Wird vom Schätzenden zusätzlich die Angabe von Wahrscheinlichkeiten für den Eintritt bestimmter Werte des Datums verlangt, dann könnte man versuchen, ex post einen Index der Schätzqualität aus der Wahrscheinlichkeitsverteilung und dem tatsächlich eingetretenen Wert zu errechnen. Zeigt sich bei einer größeren Zahl von Schätzungen wiederholt eine schlechte Schätzqualität, so ist das ein Zeichen dafür, daß der Schätzende die Kunst des Schätzens nur wenig beherrscht. Solche Personen werden dann besser aus der → *Investitionsplanung* herausgenommen.

Bei großem Ungewißheitsspielraum sind also die Möglichkeiten der Kontrolle, ungewollte Fehler und Manipulationen in der Investitionsplanung aufzudecken, gering. Daher sind auch die o. a. Zwecke (1) und (2), wenn überhaupt, dann nur schwer erreichbar. Dies gilt allerdings nicht hinsichtlich von Fehlern im Planungsverfahren, soweit die einzelnen Schritte dieses Verfahrens schriftlich niedergelegt und damit einer Kontrolle zugänglich sind.

All diese Schwierigkeiten der Investitionskontrolle dürften dazu beitragen, daß die Praxis auf eine Investitionskontrolle durch eine unabhängige Instanz meist verzichtet und stattdessen die Kontrolle von den Planungsinstanzen selbst durchgeführt wird (*Lüder* 1969, S. 31 f.). Begründet wird dieses Verhalten von den Praktikern allerdings nicht mit den oben erörterten Schwierigkeiten, sondern mit den hohen Personalkosten einer unabhängigen Kontrollinstanz und der fragwürdigen Hypothese, daß die Planer am ehesten aus ihren Fehlern lernen, wenn sie sich selbst kontrollieren.

Hingegen macht die Ungewißheit (→ *Ungewißheit und Unsicherheit*) die Kontrolle von Investitionsprojekten in der Durchführungsphase zur Vorbereitung von Anpassungsentscheidungen keineswegs nutzlos, im Gegenteil, mit zunehmender Ungewißheit gewinnt die Durchführungskontrolle größeres Gewicht. Denn die im Laufe der Zeit eingehenden Informationen ändern die Erwartungen hinsichtlich der zukünftigen Ein- und Auszahlungen einer Investition oft erheblich und können dadurch einschneidende Anpassungsmaßnahmen auslösen. Wichtig ist daher eine laufende Kontrolle von Investitionen während der Durchführung, um neuen Entwicklungen frühzeitig durch Anpassungsmaßnahmen begegnen zu können.

Literatur: March, J. G. u. *H. A. Simon:* Organizations. New York, London u. Sydney 1958 − *Marschak, J.:* Problems in Information Economics. In: Management Controls, hrsg. v. *C. P. Bonini, R. K. Jaedicke* u. *H. M. Wagner.* New York 1964, S. 38−74 − *Hackney, J. W.:* Control and Management of Capital Projects. New York, London u. Sydney 1965 − *Hax, H.:* Die Koordination von Entscheidungen. Köln (u. a.) 1965 − *Solomons, D.:* Divisional Performance, Measurement and Control. Homewood (Ill.) 1965 − *Blohm, H.* u. *K. Lüder:* Investition. Berlin u. Frankfurt 1967 − *Poensgen, O. H.:* Zentralisa-

tion und Dezentralisation im Licht dreier moderner Entwicklungen. In: ZfB, 37. Jg 1967, S. 373−394 − *Rockley, L. E.:* Capital Investment Decisions − a manual for profit planning. London 1968 − *Lüder, K.:* Investitionskontrolle. Wiesbaden 1969 − *Witte, E.:* Entscheidungsprozesse. In: HWO, Stuttgart 1969, Sp. 497−506 − *Drumm, H. J.:* Theorie und Praxis der Lenkung durch Preise. In: ZfbF, 24. Jg 1972, S. 253−267 − *Poensgen, O. H.:* Geschäftsbereichsorganisation. Opladen 1973.

Günter Franke

Investitionsrechnung

[s. a.: Anlagen und Anlagenwirtschaft; Break-Even-Analysis; Investition; Investitionsplanung; Investitionspolitik, betriebliche; Kapitaltheorie, betriebswirtschaftliche.]

I. Begriff und Ziel der Investitionsrechnung; II. Überblick und Systematik der Methoden; III. Einfache Verfahren der Investitionsrechnung; IV. Komplexe Verfahren der Investitionsrechnung.

I. Begriff und Ziel der Investitionsrechnung

Eine → *Investition* in einer Unternehmung läßt sich unter recht unterschiedlichen Gesichtswinkeln betrachten und damit in verschiedener Hinsicht charakterisieren. Dabei können rein verbale Beschreibungen oder aber → *Kennzahlen* ökonomischer, technischer oder anderer Art Verwendung finden.

Unter den Begriff der Investitionsrechnung im engen betriebswirtschaftlichen Sinne fallen all jene Rechenverfahren, die der Ermittlung von Kennzahlen zur Beurteilung der ökonomisch-einzelwirtschaftlichen Vorteilhaftigkeit von Investitionen dienen. Der Begriff kann aber auch weit interpretiert werden, indem man ihn auf das ganze Investitionsverhalten einer Unternehmung bezieht. Die Investitionsrechnung wird in diesem Falle als umfassendes rechnerisches Hilfsmittel bei der Erarbeitung, Genehmigung, Durchsetzung und Überwachung der betrieblichen → *Investitionspolitik* gesehen (→ *Investitionsplanung*). Zur betriebswirtschaftlichen Investitionsrechnung im weiten Sinne gehören demnach alle Rechenverfahren, die bei der Gestaltung der Investitionspolitik in der Unternehmung Anwendung finden.

Dabei kann die Investitionsrechnung grundsätzlich vor oder nach der Durchführung der Investitionsvorhaben vorgenommen werden. Sie kann also mehr den Charakter einer Planungs- oder einer Kontrollrechnung annehmen. Während die Investitions-Planungsrechnung vor allem der Willensbildung im Hinblick auf die Durchführung möglicher Investitionen dient, findet die Investitions-Kontrollrechnung ihren Sinn in der Überwachung beschlossener Vorhaben und in der Auslösung von Lernprozessen im Hinblick auf die Beurteilung späterer Investitionen. In der Folge wird die Investitionsrechnung primär als Investitions-Planungsrechnung behandelt.

Kriterium	Typen
Grad der methodischen Verfeinerung	– einfache ⎫ Verfahren – komplexe ⎭
Praktikabilität	– praxisorientierte ⎫ Verfahren – theoretisch ausgerichtete ⎭
Berücksichtigung der Zeitdimension	– statische ⎫ Verfahren – dynamische ⎭
Art der verwendeten Daten	– kalkulatorisch ⎫ ausgerichtete Verfahren – pagatorisch ⎭
Sicherheitsgehalt der Erwartungen	Investitionsrechnungsverfahren bei – Sicherheit – Risiko – Unsicherheit
Art der Beurteilungskennziffer	– kosten- – gewinn- – rentabilitäts- ⎫ orientierte Verfahren – liquiditäts- ⎭ – usw.
Anzahl der Beurteilungskennziffern	Verfahren mit – einem – mehreren Beurteilungskriterien
Entscheidungsstufen	– einstufige ⎫ Verfahren – mehrstufige ⎭
Reichweite der Verfahren	Verfahren – mit – ohne Berücksichtigung innerbetriebl. Interdependenzen
Entscheidungstatbestand	Verfahren zur Beurteilung – einzelner Investitionsvorhaben – ganzer Investitionsprogramme

II. Überblick und Systematik der Methoden

Die verschiedenen Verfahren der Investitionsrechnung können aufgrund mehrerer Kriterien in Gruppen gegliedert werden (vgl. Übersicht).

Bei der obenstehenden Darstellung folgen wir der Gliederung nach dem Grade der methodischen Verfeinerung. Dabei ergeben sich Parallelen zu den Gliederungen nach der Berücksichtigung der Praktikabilität und der Zeitdimension.

III. Einfache Verfahren der Investitionsrechnung

Die einfachen Verfahren der Investitionsrechnung sind alle praxisorientiert und zeichnen sich insbesondere durch folgende Besonderheiten aus:

– Verwendung leicht verständlicher Kenngrößen;
– Verwendung von kalkulatorischen Durchschnittsgrößen bei der Berechnung der Kennziffern (z.B. Kosten und Nutzen);
– keine Berücksichtigung des unterschiedlichen zeitlichen Anfalls der für die Kennziffernberechnung relevanten Wertgrößen;

– keine Berücksichtigung von betrieblichen Interdependenzen;
– keine explizite Berücksichtigung des Risikos bzw. der Unsicherheit;
– keine Beurteilung von Investitionsprogrammen, sondern lediglich Bewertung von einzelnen Vorhaben.

Dank dieser Vereinfachungen sind die Verfahren methodisch sowie hinsichtlich der erforderlichen Daten wenig anspruchsvoll, was die praktische Anwendung sehr erleichtert.

1. Die Kostenvergleichsrechnung

Kriterium für die Beurteilung der ökonomischen Vorteilhaftigkeit einer Investition ist bei diesem Verfahren eine Kostengröße. Es basiert also auf der Idee der Kostenminimierung und läßt die Ertragsseite unbeachtet bzw. nimmt gleiche Erträge an. Dieses Kriterium kann in zwei Kennzahlen seinen Ausdruck finden, nämlich
– in den Kosten pro Abrechnungsperiode (Jahr) und
– in den Kosten pro Leistungseinheit.

Die Stückkosten müssen immer dann als Maßgröße verwendet werden, wenn die zu vergleichenden Alternativen sehr verschiedene Kapazitäten aufweisen und demzufolge verschiedene Beschäftigungen zulassen. Dieses Verfahren wird in der betrieblichen Praxis sowohl beim Vergleich eines alten mit einem neuen Investitionsobjekt (Ersatz), als auch bei der Gegenüberstellung alternativer neuer und funktionsgleicher Investitionsobjekte (Erstinvestition) verwendet.

In jedem Falle lautet die Entscheidungsregel so, daß die Alternative mit den geringsten Kosten gewählt werden soll.

In die Kostenberechnung gehen folgende Größen ein:
- die Betriebskosten K_B (z.B. Lohnkosten, Materialkosten, Instandhaltungskosten, Energiekosten, Raumkosten, Werkzeugkosten).
- die Kapitalkosten, d.h. die anteiligen Abschreibungen K_A und die Zinskosten auf das durchschnittlich gebundene Kapital K_Z (evtl. noch Steuern und Versicherungen).

Wählt man folgende Bezeichnungen
T = Nutzungsdauer des Investitionsobjektes in Jahren,
I = Investitionsbetrag (das investierte Kapital),
L = Liquidationserlös des Investitionsobjektes und
p = Zinssatz,
und geht man von einem kontinuierlichen Nutzenverzehr, d.h. von linearen *Abschreibungen* aus, so berechnen sich die jährlichen Abschreibungen und Zinsen auf das durchschnittlich gebundene Kapital wie folgt:

$$\text{Abschreibungen } K_A = \frac{I - L}{T};$$

$$\text{Zinsen } K_Z = (L + \frac{I - L}{2}) \cdot \frac{p}{100} = \frac{I + L}{2} \cdot \frac{p}{100}.$$

Damit werden die Periodenkosten K

$$K = K_B + \frac{I - L}{T} + \frac{I + L}{2} \cdot \frac{p}{100}.$$

Die Kosten pro Leistungseinheit ($\bar{K}$) betragen bei einem Ausstoß von x Einheiten

$$\bar{K} = \frac{K}{x}.$$

In manchen Situationen mag im Sinne einer rudimentären Risikoanalyse eine zusätzliche Untersuchung des Kostenverhaltens bei Beschäftigungsschwankungen von Interesse sein. Dies insbesondere dann, wenn dieses Kostenverhalten für die einzelnen Investitionsalternativen verschieden ist. In einem bestimmten Beschäftigungsintervall kann nämlich unter Umständen die eine, in einem anderen Intervall die andere Alternative kostengünstiger sein (s. Abb. 1).

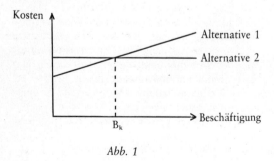

Abb. 1

Unter diesen Voraussetzungen läßt sich analog der → *Break-Even-Analysis* die kritische Beschäftigung B_k errechnen.

2. Erfolgs- bzw. Gewinn-Vergleichsrechnung

In Ergänzung zu den Kosten wird bei diesem Verfahren auch der durch jedes Investitionsvorhaben verursachte Nutzen berücksichtigt.

Die Kosten-Nutzen Differenz (meist in der Form Erfolg = Ertrag − Kosten) wird zum Kriterium für die Beurteilung der Vorteilhaftigkeit einer Investition. Es handelt sich also um ein Verfahren, dem die Gewinnoptimierungsidee zu Grunde liegt (Gewinn = positiver Erfolg). Was die Kennziffer für die Beurteilung der Vorteilhaftigkeit betrifft, so kann die Erfolgsgröße (ähnlich wie die Kostengröße im Abschnitt 1) wiederum auf die Leistungseinheit oder auf eine Abrechnungsperiode bezogen werden.

In der Praxis wird die Gewinnvergleichsrechnung nicht selten auch in der Weise angewendet, daß der bisherige Jahresgewinn mit dem künftigen Jahresgewinn verglichen wird, der im Falle der Durchführung einer Investition entsteht. Der Gewinnzuwachs durch die Investition steht damit im Vordergrund. Solchen Betrachtungen über verschiedene Zeitperioden haftet die zusätzliche Problematik an, daß weitere erfolgswirksame Bedingungen die Vergleichbarkeit stören können (z.B. Preisentwicklungen oder Verschiebungen im Mengengerüst der Kosten).

3. Der einfache Rentabilitätsvergleich

Während beim Gewinnvergleich eine absolute Größe als Kennzahl für die Beurteilung der Vorteilhaftigkeit einer Investition gewählt wird, ist die Rendite insofern eine relative Größe (Quotient), als der Erfolg (E) auf das investierte Kapital (I) bezogen wird.

$$\text{Rentabilität in \%} = \frac{E \cdot 100}{I}.$$

Die Entscheidungsregel lautet in diesem Falle, daß diejenige Investition gewählt werden soll, welche die höchste Rentabilität aufweist (→ *Wirtschaftlichkeit und Rentabilität*). Der Rentabilitätsvergleich kann in der betrieblichen Praxis in zwei Ausprägungsformen beobachtet werden:
- Die Größen E und I sind Durchschnittswerte, d.h., sie stellen die in der Zukunft durchschnittlich zu erwartenden Jahreserfolge und das durchschnittlich durch die Investition gebundene Kapital dar. Die Rentabilität bringt in diesem Falle die durchschnittliche jährliche Verzinsung des durchschnittlich gebundenen Kapitals zum Ausdruck.
- Die Größen E und I können aber auch Werte der nächsten Periode sein. In diesem Falle werden die Kapitalverzinsungen der nächsten Periode mit bzw. ohne Investition verglichen.

Die Kennzahl der einfachen Rentabilität wird im angelsächsischen Sprachbereich oft als *return on investment (ROI)* bezeichnet.

Da sie zum Zwecke der Kontrolle des Investitionsverhaltens weitgehend selbständiger Teilbereiche eines Unternehmens zuerst im Du Pont-Konzern Anwendung fand, wird sie oft auch als *Du Pont-Formel* bezeichnet. Um ihre Aussagefähigkeit noch zu erhöhen, wird sie dabei weiter zerlegt bzw. in einem ersten Schritt mit dem Umsatz (U) wie folgt erweitert:

$$\text{Rentabilität in \%} = \frac{E \cdot 100}{I} = \frac{E \cdot 100}{U} \cdot \frac{U}{I}$$

Der erste Bruch drückt die Umsatzgewinnrate, der zweite die Kapitalumschlagshäufigkeit aus. Durch weitere Zerlegungen lassen sich immer mehr Einflußgrößen auf die Rentabilität ableiten, was eine differenziertere Überwachung der Rendite ermöglicht.

4. Die Pay-back-(Pay-off-) Methode

Kriterium für die Beurteilung einer Investition ist bei der *Pay-back-Methode* die Anzahl Zeitperioden (Z), die verstreichen, bis das investierte, unverzinste Kapital (I) aus Gewinnen und Abschreibungen (pro Zeitperiode) (c, → *Cash-Flow*) zurückbezahlt ist. Diese Anzahl Zeitperioden wird oft als Kapitalrückflußfrist, pay-back-period, Wiedergewinnungs- oder Amortisationsdauer bezeichnet. Bei einem durchschnittlichen jährlichen Kapitalrückfluß von $\bar{c}$ ergibt sich

$$Z \text{ (in Jahren)} = \frac{I}{\bar{c}}.$$

Die Wahl einer Zeitgröße als Maßstab für die Vorteilhaftigkeit einer Investition findet ihre Begründung im Sicherheits- bzw. Liquiditätsstreben. Die Entscheidungsregel lautet nämlich, daß diejenige Investition gewählt werden soll, welche die kürzeste Wiedergewinnungszeit (Z) aufweist. Man gewinnt also mit dieser Kennzahl eine Vorstellung von der Zeit, die verstreicht, bis sich die Investition „selbst ausbezahlt" hat, bzw. während welcher das investierte Kapital dem „Risiko ausgesetzt" ist.

Die Größe Z kann entweder aufgrund eines durchschnittlichen jährlichen Kapitalrückflusses oder durch Kumulation unterschiedlicher jährlicher Kapitalrückflüsse errechnet werden.

Im Hinblick auf eine praktische Verwendung der Pay-back-Methode muß aber vor der alleinigen Verwendung der Wiedergewinnungszeit als Beurteilungskriterium gewarnt werden. Selbst bei einer günstigen, d.h. kurzen Kapitalrückflußfrist kann eine Investition unvorteilhaft sein, wenn ihre Nutzungsdauer (T) auch kurz ist. Die Beziehungen zwischen Kapitalrückflußfrist und Rentabilität sind daher zu beachten (*Käfer* 1970). Schließlich ist darauf hinzuweisen, daß die Amortisationsrechnung nicht nur in der beschriebenen statischen Weise angewendet werden kann. Durch Berücksichtigung der Verzinsung kann eine Wiedergewinnungszeit errechnet werden, innerhalb welcher das Kapital zuzüglich einer gewissen Verzinsung wieder zurückgeflossen ist.

5. Das MAPI-Verfahren

Die Bezeichnung *MAPI* ergibt sich aus den Anfangsbuchstaben des *Machinery and Allied Pro*ducts Institute in Washington, wo *Terborgh* (1959) diese Bewertungsmethode entwickelt hat.

Es handelt sich um ein Verfahren, das teils statischer, teils aber schon dynamischer Natur ist und methodisch bereits Ansprüche stellt, die eine Einordnung in die Gruppe der anspruchsvolleren Verfahren rechtfertigen könnte. Es ist aber im Hinblick auf die praktische Anwendung so stark durchgebildet worden, daß es heute zu den einfachen Verfahren gerechnet werden kann.

Beurteilungskriterium für die Vorteilhaftigkeit einer Investition ist eine Dringlichkeitskennzahl (d in %), die zeigt, ob es rentabler ist, eine vorhandene Anlage im gegenwärtigen Zeitpunkt oder erst in einem Jahr zu ersetzen. Damit ist der Anlagenersatz als Entscheidungstatbestand angesprochen. Dem ökonomischen Gehalt nach ist diese Kennzahl eine einperiodige Rentabilitätsgröße, welche die relative Verzinsung angibt, die beim sofortigen Ersatz einer Anlage für die Dauer des nächsten Jahres erreicht wird. Da ein Anlagenersatz ökonomisch um so vordringlicher ist, je höher diese Rentabilität wird, muß das Entscheidungskriterium so lauten, daß eine Anlage dann ersetzt werden soll, wenn diese Verzinsung eine vorgegebene Minimalverzinsung überschreitet.

Die MAPI-Dringlichkeitskennzahl wird wie folgt berechnet:

$$d \text{ (in \%)} = \frac{(2) + (3) - (4) - (5)}{(1)} \cdot 100.$$

Dabei bedeuten:

(1) = Nettoinvestition (Anschaffungskosten der neuen Anlage abzüglich Liquidationserlös der alten Anlage und abzüglich vermiedener Ausgaben für Großreparaturen der alten Anlage).

(2) = Reingewinnveränderung des nächsten Jahres (Ermittlung der Kosten- und Ertragsveränderung zwischen alter und neuer Anlage).

(3) = Vermiedener Kapitalverzehr des nächsten Jahres (Differenz zwischen Liquidationserlös der alten Anlage jetzt und nach einem Jahr).

(4) = Eintretender Kapitalverzehr während des nächsten Jahres (Differenz zwischen Anschaffungskosten und Restwert der neuen Anlage nach einem Jahr).

(5) = Ertragssteuerdifferenz des nächsten Jahres (ergibt sich aus der Anwendung des Ertragssteuersatzes auf die Reingewinnveränderung).

Die Berechnung der MAPI-Dringlichkeitskennzahl geht von verschiedenen Annahmen betreffend den Kapitalverzehr, die Finanzierung der Investition sowie der Ertragssteuern aus, die in jedem Falle überprüft werden müssen. Sie wird dadurch sehr erleichtert, daß Formulare und Nomogramme ausgearbeitet worden sind.

IV. Komplexe Verfahren der Investitionsrechnung

1. Praxisorientierte Verfahren

Im Vergleich zu den einfachen Verfahren der Investitionsrechnung zeichnet sich diese Gruppe komplexerer Methoden durch folgende Besonderheiten aus (s.a. → *Kapitaltheorie, betriebswirtschaftliche*):

- Die unterschiedliche zeitliche Verteilung der relevanten Größen wird berücksichtigt (keine Durchschnittswerte). Man spricht daher auch von dynamischen Verfahren. Die Vergleichbarkeit dieser zeitlich verschieden anfallenden Größen wird durch Diskontierung erreicht.
- An die Stelle von Kosten- und Nutzengrößen treten Einnahmen- und Ausgabenwerte.

Für die Berechnung von Kennzahlen für die Vorteilhaftigkeit einer Investition werden demnach Wertgrößen verwendet, die sich durch einen Zeit-Index näher charakterisieren lassen.
Es gelten hier folgende Bezeichnungen:

t = Zeitperioden 1, ...,T; T = Nutzungsdauer der Investition in Jahren.

I_0 = Investitionsbetrag zu Beginn des betrachteten Zeitraumes.

L_T = *Liquidationserlös* am Ende der Nutzungsdauer der Investition.

e_t = Einnahmen am Ende der Zeitperiode t.

a_t = Ausgaben am Ende der Zeitperiode t.

p = *Kalkulationszinssatz;* $i = \dfrac{p}{100}$.

$\dfrac{1}{(1+i)^t}$ = *Diskontierungsfaktor* für die Zeitperiode t.

a) Die Kapitalwertmethode

Bei der *Kapitalwertmethode* werden alle durch die Investition verursachten Einnahmen und Ausgaben (einschließlich des Investitionsbetrages und Liquidationserlöses) auf den Zeitpunkt 0 diskontiert. Der *Kapitalwert* (K_0) (Barwert, Gegenwartswert) ergibt sich aus der Differenz zwischen den diskontierten Einnahmen E_0 und den diskontierten Ausgaben A_0:

$$K_0 = E_0 - A_0.$$

Dabei gilt

$$E_0 = \sum_{t=1}^{T} \frac{e_t}{(1+i)^t} + \frac{L_T}{(1+i)^T}$$

$$A_0 = \sum_{t=1}^{T} \frac{a_t}{(1+i)^t} + I_0.$$

$$K_0 = \sum_{t=1}^{T} \frac{e_t - a_t}{(1+i)^t} + \frac{L_T}{(1+i)^T} - I_0.$$

Was den ökonomischen Gehalt von K_0 betrifft, so bringt diese Kenngröße den auf den Zeitpunkt 0 bezogenen Einnahmenüberschuß zum Ausdruck, den die Investition über eine Verzinsung von p % hinaus noch erzielt.
Die Entscheidungsregel lautet nun so, daß jede Investition vorgenommen werden soll, für die kein negativer *Kapitalwert* entsteht, d.h. für die $K_0 \geqq 0$

wird. Stehen mehrere Alternativen zur Wahl, so jene Investition zu wählen, welche bei gleichem *Kalkulationszinssatz* den größten Kapitalwert aufweist ($K_0 \to$ max). Dabei ist zu beachten, daß ein solcher Vergleich nur dann sinnvoll ist, wenn Alternativen mit gleicher Nutzungsdauer und mit gleichen Investitionsbeträgen zur Diskussion stehen. Trifft dies nicht zu, so sind die Differenzen durch zusätzliche Annahmen auszugleichen.

b) Die Methode des internen Ertragssatzes

Die *Methode des internen Ertragssatzes* (des *internen Zinsfußes*) läßt sich auf einfache Weise aus der Kapitalwertmethode ableiten. Man stellt sich nämlich die Frage, welcher Zinssatz in der obigen Formel für K_0 eingesetzt werden muß, damit dieser Kapitalwert gerade gleich Null wird. Diesen Zinssatz bezeichnet man als internen Ertragssatz. Er gibt die effektive Rendite des investierten Kapitals an. Die Entscheidungsregel lautet so, daß eine Investition getätigt werden sollte, wenn dieser Zinssatz (*Effektivrendite*) über der gewünschten Minimalverzinsung (Soll-Rendite) liegt oder sie gerade erreicht ($p \geqq p_{min}$). Von mehreren Alternativen, die diese Bedingung erfüllen, soll jene gewählt werden, welche den höchsten internen Ertragssatz erbringt ($p \to$ max.). Auch bei dieser Methode sind gleiche Investitionsbeträge und Nutzungsdauer Voraussetzung für einen sinnvollen Vergleich.

c) Die Annuitätenmethode

Bei der *Annuitätenmethode* werden die Einnahmen- und Ausgabenströme, welche von einer Investition verursacht werden und die im Zeitablauf variieren können, in je eine äquivalente Reihe umgerechnet, deren Glieder über die ganze Nutzungsdauer der Investition gleich bleiben (Annuität). Diese beiden Reihen können verglichen werden, und es zeigt sich dabei, ob die Einnahmenannuitäten $\overline{(e)}$ oder die Ausgabenannuitäten $\overline{(a)}$ größer sind.
Die Entscheidungsregel lautet in diesem Falle, daß eine Investition dann vorteilhaft ist, wenn $\bar{e} \geqq \bar{a}$.

Die Berechnung der Annuitäten erfolgt in zwei Schritten:
- Zuerst werden die Einnahmen und Ausgaben wie bei der Kapitalwertmethode auf den Zeitpunkt t = 0 diskontiert. Damit erhält man E_0 und A_0.
- Anschließend erfolgt die Umrechnung dieser Barwerte in Annuitäten, indem sie mit dem Wiedergewinnungsfaktor q multipliziert werden.

$$\bar{e} = E_0 \cdot q$$
$$\bar{a} = A_0 \cdot q$$

Dabei ist $q = \dfrac{(1+i)^T \cdot i}{(1+i)^T - 1}$.

Dieser Faktor kann für jede beliebige Nutzungsdauer T und für jeden Zinssatz $p = 100 \cdot i$ aus Zinstabellen entnommen werden.

2. Theoretisch ausgerichtete Verfahren

Zu den theoretisch ausgerichteten Verfahren werden hier jene Investitionsrechnungen gezählt, welche wegen der mathematischen Anforderungen, des Datenbedarfs, der Kommunikationsschwierigkeiten oder des damit verbundenen Arbeitsaufwandes in der Praxis nur sehr beschränkt (in Einzelfällen) zur Anwendung gelangen. Verfahren dieser Art sind in der neueren betriebswirtschaftlichen Literatur in großer Zahl und Variationsbreite entwickelt worden. Daher können hier nur exemplarisch einige typische Ansätze skizziert werden.

a) Ein Modell zur Bestimmung des optimalen Investitionsprogrammes bei begrenzten finanziellen Mitteln

Bei diesem Modell wird insbesondere von folgenden Annahmen ausgegangen:
- Optimierungskriterium ist der Gesamtkapitalwert des Investitionsprogrammes.
- Die Investitionsprojekte schließen sich technisch nicht gegenseitig aus und sind weder technisch noch wirtschaftlich interdependent.
- Alle Abhängigkeiten innerhalb des Modells sind von linearer Natur.
- Es liegt nur eine Finanzierungsnebenbedingung (Budgetrestriktion) vor, welche die Wahl des Optimums mitbestimmt.
- Die Aspekte der unvollkommenen Information werden nicht berücksichtigt.

Wir wählen folgende Bezeichnungen:

K_0^m = Gesamtkapitalwert des Investitionsprogrammes.

$j\ (j = 1,...,n)$ = Index zur Charakterisierung der verschiedenen Investitionstypen.

K_{0j} = Kapitalwert einer Einheit des Investitonstyps j.

x_j = Anzahl der gewählten Investitionen vom Typ j

c_{tj} = Finanzbedarf für eine Einheit des Investitionstyps j in der Periode t.

F_t = Totalbetrag der verfügbaren finanziellen Mittel in der Zeitperiode t.

Das optimale Investitionsprogramm, d.h. die Gesamtheit der Werte für x_j (j = 1,...,n) bei beten finanziellen Mitteln, ergibt sich in diesem Falle aus der Lösung des folgenden *linearen Programms·*

$$K_0^m = \sum_{j=1}^{n} K_{0j}x_j \to \max.$$

unter den Nebenbedingungen

$$\sum_{j=1}^{n} c_{tj}x_j \geqq F_t \text{ (für } t = 1, ..., T)$$

In ähnlicher Weise, wie dies hier für einen Teil des Finanzbereichs geschehen ist, können weitere Nebenbedingungen der folgenden Art definiert werden:
- Beschaffungsnebenbedingungen (z.B. Maximalmenge für die verschiedenen benötigten Produktionsfaktoren).
- Finanzierungsnebenbedingungen (z.B. Minimalliquidität für jede Zeitperiode).
- Produktionsnebenbedingungen (z.B. begrenzt vorhandene Kapazitäten, Reihenfolgebedingungen beim Fertigungsablauf oder Mischungsnebenbedingungen).
- Absatznebenbedingungen (z.B. minimal oder maximal zulässige Absatzmengen pro Zeitperiode, Bedingungen hinsichtlich der Zusammensetzung des Sortiments oder Lagerrestriktionen).

Schließlich können die Modelle nicht nur im Bereich der Nebenbedingungen, sondern auch durch die Aufnahme zusätzlicher Variablen in die Zielfunktion oder durch Berücksichtigung von Interdependenzen zwischen Variablen ausgebaut werden. So lassen sich beispielsweise simultan die optimalen Investitions- und Finanzierungsmöglichkeiten, d.h. die vorteilhaftesten Kapitalbeschaffungs- und Kapitalverwendungsmöglichkeiten, bestimmen. In sehr stark ausgebauten Modellen wird sogar versucht, simultan den Investitions-, Produktions-, Absatz- und Finanzbereich zu optimieren.

b) Die Berücksichtigung des Risikos durch Berechnung von Verteilungsparametern für die Beurteilungskennzahl

Die Tatsache, daß das *Risiko* bzw. die *Unsicherheit* (→ *Risiko und Risikopolitik;* → *Ungewißheit und Unsicherheit*) ein wesentliches Merkmal jeder Investitionsentscheidung ist, hat dazu geführt, daß man schon früh versuchte, die praxisorientierten Methoden der Investitionsrechnung so auszubauen bzw. zu handhaben, daß sie auch einen Einblick in die Risikonatur einer Investition erlaubten (*Kilger* 1965). Eine konsequente und explizite Berücksichtigung des Risikos in der Investitionsrechnung ergibt sich aber erst, wenn *stochastische Modelle* angewendet werden. Eine Möglichkeit besteht in der Berechnung von Verteilungsgrößen wie *Erwartungswerten* und *Varianzen* für die Kenngrößen der Vorteilhaftigkeit einer Investition. Wenn man davon ausgeht, daß einzelne oder alle Einflußgrößen *Zufallsvariablen* sind, so hat auch die daraus berechnete Kenngröße den Charakter einer *stochastischen Variablen* (→ *Wahrscheinlichkeitstheorie*). Dies sei am Beispiel der Kenngröße „*Kapitalwert"* gezeigt, unter der Voraussetzung, daß Einnahmenüberschüsse jeder Periode ($g_t = e_t - a_t$) stochastische Variablen darstellen. Die Größen g_t seien normal verteilt und statistisch voneinander unabhängig. Wenn wir die Erwartungswerte mit μ und die Varianzen mit σ^2 bezeichnen, so sei, was den Einnahmenüberschuß g_t betrifft, für jede Zeitperiode t ein *Erwartungswert* μ_{g_t} und eine *Varianz* $\sigma^2_{g_t}$ bekannt. Diese Größen müßten im Anwendungsfalle geschätzt werden. Auf dieser Grundlage können für den Kapitalwert als Kennziffer für die Vorteilhaftigkeit einer Investition ebenfalls die Verteilungsparameter, Erwartungswert μ_{K_0} und die Varianz $\sigma^2_{K_0}$ errechnet werden. Dabei sind die in der mathematischen Statistik entwickelten Vorschriften für das Rechnen mit Erwartungswerten zu berücksichtigen (*Feller* 1965). Den Erwartungswert des Kapitalwertes μ_{K_0} erhält man, indem man die diskontierten Erwartungswerte der jährlichen Einnahmenüberschüsse (μ_{g_t}) über die Nutzungsdauer der Investition addiert, davon den Investitionsbetrag I_0 subtrahiert und dazu noch den diskontierten Liquidationserlös (L_T) addiert:

$$\mu_{K_0} = \left[\sum_{t=1}^{T} \frac{1}{(1+i)^t} \cdot \mu_{g_t} \right] - I_0 + \frac{L_T}{(1+i)^T}$$

Die Varianz des Kapitalwertes ($\sigma^2_{K_0}$) ergibt sich aus der Addition der diskontierten Varianzen der jährlichen Einnahmenüberschüsse über die ganze Nutzungsdauer, wobei der *Diskontierungsfaktor* ins Quadrat zu setzen ist:

$$\sigma^2_{K_0} = \sum_{t=1}^{T} \frac{1}{(1+i)^{2t}} \cdot \sigma^2_{g_t} .$$

Die Herleitung dieser Ausdrücke findet sich bei *Rühli* (1970). Damit erhält man
- zwei Kennziffern (Erwartungswert und Varianz) als Beurteilungskriterien und
- einen quantifizierten Einblick in die Risikostruktur der Investitionsalternativen.

Sobald die Verhältnisse bei den Einflußgrößen komplizierter werden (mehrere Einflußgrößen sind Zufallsvariablen; verschiedenartige Verteilungstypen usw.), kann es zweckmäßig sein, die Verteilungsparameter der Kenngröße (z. B. des Kapitalwertes) durch → *Simulation* zu ermitteln (*Salazar*, 1968; *Heider* 1969; *Streim* 1971; *Rühli* 1971 und 1972).

Im Falle der Anwendung solcher Konzepte aus der mathematischen Statistik auf die betriebliche Wirklichkeit ist zu beachten, daß sie grundsätzlich dem Gesetz der großen Zahl unterliegen. Der Aussagewert der errechneten Verteilungsparameter bei einmaligen Investitionsentscheiden ist daher umstritten.

c) Verhaltenswissenschaftliche Ansätze

Den *verhaltenswissenschaftlichen Ansätzen* (→ *Verhaltenswissenschaften und Betriebswirtschaftslehre*) liegt die Idee zugrunde, daß – um die Realitätsnähe zu vergrößern – die psychologischen und soziologischen Besonderheiten des *Investitionsverhaltens* der Unternehmungen vermehrt in die Investitionsrechnung aufgenommen werden sollten. In der Tat ist sowohl die Wahl einer Investitionsalternative oder eines Investitionsprogramms als auch die ganze Gestaltung der Investitionspolitik einer Unternehmung ein offener, multipersonaler Problemlösungsprozeß bei begrenztem Informationsstand. Das zeigen auch die empirischen Untersuchungen über das Investitionsverhalten von Unternehmungen (*Eisner* 1956; *Gutenberg* 1959; *Meier* 1970). Damit wird es problematisch, Investitionsentscheide durch Modelle abzubilden, die
- vollständig rationales Verhalten der am Problemlösungsprozeß beteiligten Menschen,
- Einzelpersonen (nicht Individuen, Gruppen und soziale Subsysteme) als Träger des Problemlösungsprozesses,
- monovariable Zielvorstellungen,
- vollständige Information,
- zeitlich nicht gestaffelte Entscheidungsverhalten

annehmen. Wenn es gelingt, einerseits intrapersonelle Determinanten des Verhaltens eines Entscheidungsträgers (*Motivationsstruktur*, beschränkte Informationsaufnahme und -verarbeitungskapazität usw.), andererseits interpersonelle Determinanten, d. h. verhaltensbestimmende Größen, die aus der sozialen Umwelt stammen (*Rollenerwartungen, Kommunikation* usw.), zu isolieren, ist es grundsätzlich denkbar, sie auch in die Investitionsrechnung (→ *Simulation*) mit einzubeziehen. Ansätze in dieser Richtung finden sich bei *Lachhammer* (1972).

Literatur: Lutz, F. u. *V. Lutz:* The Theory of Investment of the Firm. Princeton 1951 – *Gutenberg, E.:* Zur neueren Entwicklung der Wirtschaftlichkeitsrechnung. In: ZfSt., 108. Bd 1952, S. 630–645 – *Lücke, W.:* Investitionsrechnung auf der Grundlage von Ausgaben oder Kosten? In: ZfhF, 7. Jg 1955, S. 310–324 – *Eisner, R.:* Determinants of Capital Expenditures. Urbana 1956 – *Schindler, H.:* Investitionsrechnungen auf der Basis neuer theoretischer Erkenntnisse. In: ZfhF, 8. Jg 1956, S. 462–486 – *Jacob, H.:* Das Ersatzproblem in der Investitionsrechnung. In: ZfhF, 9. Jg 1957, S. 131–153 – *Heinen, E.:* Industrielle Investitionsplanung. In: HWB, 3. A., 2. Bd, Stuttgart 1958, Sp. 2876–2881 – *Modigliani, F.* u. *M. H. Miller:* The Cost of Capital, Corporation Finance and the Theory of Investment. In: AER, 48. Jg 1958, S. 261 ff. – *Terborgh, G.:* Business Investment Policy. Washington 1958 (Leitfaden der betrieblichen Investitionspolitik, übers. u. bearb. v. *H. Albach.* Wiesbaden 1969) – *Albach, H.:* Wirtschaftlichkeitsrechnung bei unsicheren Erwartungen. Köln u. Opladen 1959 – *Brandt, H.:* Der Restwert in der Investitionsrechnung. In: ZfB, 29. Jg 1959, S. 393–403 – *Gutenberg, E.:* Untersuchungen über die Investitionsentscheidungen industrieller Unternehmen. Köln u. Opladen 1959 – *Kosiol, E.:* Die Organisation von Investitionsentscheidungen. In: Organisation des Entscheidungsprozesses, hrsg. von *E. Kosiol* 1959 – *Massé, P.:* Le choix des investissements. Critères et Méthodes. Paris 1959 – *Pack, L.:* Betriebliche Investition. Wiesbaden 1959 – *Terborgh, G.:* Dynamic Equipment Policy. New York 1959 – *Albach, H.:* Rentabilität und Sicherheit als Kriterien betrieblicher Investitionsentscheidungen. In: ZfB, 30. Jg 1960, S. 583–599 u. 673–682 – *Angell, J. W.:* Uncertainty, Likelihoods and Investment Decisions. In: QJE, Vol. 74 1960 – *Egerton, R. A.:* Investment Decisions under Uncertainty. Liverpool 1960 – *Schwarz, H.:* Zur Bedeutung und Berücksichtigung nicht oder schwer quantifizierbarer Faktoren im Rahmen des investitionspolitischen Entscheidungsprozesses. In: BFuP, 12. Jg 1960, S. 686–698 – *Terborgh, G.:* Studies in the Analysis of Business Investment Projects. Washington 1960/61 – *Albach, H.:* Zur Verbindung der Payoff-Methode mit der Kapitalwertmethode in der Investitionsrechnung. In: ZfB, 31. Jg 1961, S. 297–300 – *ders.:* Investition und Liquidität. Wiesbaden 1962 – *Farrar, D. E.:* The Investment Decision under Uncertainty. Englewood Cliffs 1962 – *Naslund, B.* u. *A. Whinston:* A Model of Multi-Period Investment under Uncertainty. In: Man. Sc., 8. Jg 1962, S. 184–200 – *Reisman, A.* u. *E. S. Buffa:* A General Model for Investment Policy. In: Man. Sc., 8. Jg 1962, S. 304–310 – *Bierman, H. jr.* u. *S. Smidt:* The Capital Budgeting Decision. New York 1963 – *Hillier, F. S.:* Derivation of Probabilistic Information for the Evaluation of Risky Investments. In: Man. Sc., 9. Jg 1963, S. 443–457 – *Terborgh, G.:* Studies in Business Investment Strategy. Washington 1963/ 65 – *Brandt, H.:* Investitionspolitik des Industriebetriebes. 2. A., Wiesbaden 1964 – *Hax, H.:* Investitions- und Finanzplanung mit Hilfe der linearen Programmierung. In: ZfbF, 16. Jg 1964, S. 430–446 – *Hertz, D. B.:* Risk Analysis in Capital Investment. In: Harv. Bus. R, 42. Jg 1964, S. 95–106 – *Jacob, H.:* Neuere Entwicklungen der Investitionsrechnung. In: ZfB, 34. Jg 1964, S. 487–507 u. 551–594 – *Jonas, H.:* Investitionsrechnung. Berlin 1964 – *Magee, J. F.:* Decision Trees for Decision Making. In: Harv. Bus. R, 42. Jg 1964, S. 126–138 – *ders.:* How to Use Decision Trees in Capital Investment. In: Harv. Bus. R, 42. Jg 1964, S. 79–96 – *Swoboda, P.:* Die betriebliche Anpassung als Problem des betrieblichen Rechnungswesens. Wiesbaden 1964 – *Weingartner, H. M.:* Mathematical Programming and the Analysis of Capital Budgeting Problems. Englewood Cliffs 1964 – *Albach, H.:* Wirtschaftlichkeitsrechnung. In: HdSW, 12. Bd, Stuttgart, Tübingen, Göttingen 1965, S. 73–80 – *Feller, W.:* Introduction to Probability Theory and its Applications. New York 1965 – *Hespos, R. R.* u. *P. A. Straßmann:* Stochastic Decision Trees for the Analysis of Investment Decisions. In: Man. Sc., 11. Jg 1965, S. B-244–B-259 – *Hillier, F. S.:* Supplement to the Derivation of Probabilistic Information for the Evaluation of Risky Investments. In: Ebd., 11. Jg 1965, S. 485–487 – *Kilger, W.:* Kritische Werte in der Investitions- und Wirtschaftlichkeitsrechnung. In: ZfB, 35. Jg 1965, S. 338–353 – *ders.:* Zur Kritik am internen Zinsfuß. In: ZfB, 35. Jg 1965, S. 765–798 – *Robichek, A. A.* u. *S. C. Myers:* Optimal Financing Decision. Englewood Cliffs 1965 – *Swoboda, P.:* Die simultane Planung von Rationalisierungs- und Erweiterungsinvestitionen und von Produktionsprogrammen. In: ZfB, 35. Jg 1965, S. 148 ff. – *Hillier, F. S.* u. *D. V. Heebink:* Evaluation Risky Capital Investments. In: Cal. Man. R, 8. Jg 1965–1966, S. 71–80 – *Hirshleifer, J.:* Investment Decision under Uncertainty: Applications of the State-Preference Approach. In: QJE, Vol. 80 1966, S. 252 ff. – *Lüder, K.:* Zur dynamischen Amortisationsrechnung. In: DB, 19. Jg 1966, S. 117–119 – *Naslund, B.:* A Model of Capital Budgeting under Risk. In: J Bus., 39. Jg 1966, S. 257–271 – *Solomon, M. B. jr.:* Uncertainty and Its Effect on Capital Investment Analysis. In: Man. Sc., 12. Jg 1966, S. B-334–B-339 – *Schindler, H.:* Investitionsrechnungen in Theorie und Praxis. 3. A., Meisenheim am Glan 1966 – *Weingartner, H. M.:* Capital Budgeting of Interrelated Projects: Survey and Synthesis. In: Man. Sc., 12. Jg 1966, S. 485–515 – *Albach, H.:* Das optimale Investitionsbudget bei Unsicherheit. In: ZfB, 37. Jg 1967, S. 503–518 – *Jacob, H.:* Zum Problem der Unsicherheit bei Investitionsentscheidungen. In: ZfB, 37. Jg 1967, S. 153–187 – *Lüder, K.:* Die MAPI-Methode. In: Produktion, hrsg. von *K. Agthe, H. Blohm* u. *E. Schnaufer.* Baden-Baden u. Bad Homburg 1967 – *Seelbach, H.:* Planungsmodelle in der Investitonsrechnung. Würzburg, Wien 1967 – *Hanssmann, F.:* Operations Research Techniques for Capital Investment. New York 1968 – *Salazar, R. C.* u. *S. K. Sen:* A Simulation Model of Capital Budgeting under Uncertainty. In: Man. Sc., 15. Jg 1968, S. B-161–B-179 – *Schneider, E.:* Wirtschaftlichkeitsrechnung. 7. A., Tübingen, Zürich 1968 – *Blumentrath, U.:* Investitions- und Finanzplanung mit dem Ziel der Endwertmaximierung. Wiesbaden 1969 – *Frischmuth, G.:* Daten als Grundlage für Investitionsentscheidungen. Berlin 1969 – *Heider, M.:* Simulationsmodell zur Risikoanalyse für Investitionsplanungen. Diss. Bonn 1969 – *Jacob, H.:* Investitionsrechnung. In: Allgemeine Betriebswirtschaftslehre in programmierter Form, hrsg. v. *H. Jacob.* Wiesbaden 1969, S. 593 ff. – *Lüder, K.:* Investitionskontrolle. Wiesbaden 1969 – *Robichek, A. A., D. G. Ogilvie* u. *J. D. C. Roach:* Capital Budgeting: A Pragmatic Approach. In: Fin. Executive, Jg 1969 – *Hax, H.:* Investitionstheorie. Würzburg 1970 – *Käfer, K.:* Investitionsrechnungen. 3. A., Zürich 1970 – *Meier, R. E.:* Planung, Kontrolle und Organisation des Investitionsscheides. Bern 1970 – *Rühli, E.:* Methodische Verfeinerungen der traditionellen Verfahren der Investitionsrechnung und Übergang zu den mathematischen Modellen. In: DU, 24. Jg 1970, S. 165–190 – *Schmidt, R. B.* u. *J. Berthel:* Unternehmungsinvestitionen. Reinbek 1970 – *Schneider, D.:* Investition und Finanzierung. Köln u. Opladen 1970 – *Rühli, E.:* Investitionsrechnung bei Risiko unter Verwendung der Simulationstechnik. In: Verstehen und Gestalten der Wirtschaft. Festschr. für *F. A. Lutz.* Tübingen 1971, S. 191–213 – *Streim, H.:* Die Bedeutung der Simulation für die Investitionsplanung. Ein systemtheoretischer Ansatz. Diss. München 1971 – *Swoboda, P.:* Investition und Finanzierung. Göttingen 1971 – *Blohm, H.* u. *K. Lüder:* Investition. 2. A., München 1972 – *Coenenberg, A. G.:* Zur Aussagefähigkeit des Return on Investment für betriebliche Planungs- und Kontrollrechnungen. In: Man. Int. R, 12. Jg 1972 – *Lachhammer, J.:* Sozial-psychologische Grundlagen für die Entwicklung eines Quasi-Simulationsmodells bei Investitionsentscheidungen. Diss. München 1972 – *Rühli, E.:* Zur Anwendung der Simulationstechnik in der Investitionsrechnung. In: Wirtschaftswissenschaftliches Studium, 1. Jg 1972, S. 202–206 – *Trechsel, F.:* Investitionsplanung und Investitionsrechnung. 2. A., Bern u. Stuttgart 1973.

Edwin Rühli

Investivlohn → Lohnformen; → Sozialpolitik, betriebliche

Investmentgesellschaften

[s. a.: Bankbetriebe, Arten der; Bankgeschäfte; Börsen und Börsengeschäfte; Effekten, Arten der; Emission von Wertpapieren; Kassenhaltung.]

I. Definitionen; II. Mögliche Konstruktionsformen der Investmentgesellschaften; III. Geschäftspolitische Einteilungen der Investmentgesellschaften; IV. Rechtsvorschriften.

I. Definitionen

Zum Begriff der Investmentgesellschaft hat man eine Vielzahl von Definitionen entwickelt. Die Definition des Gesetzes über Kapitalanlagegesellschaften von 1957 (KAGG) versteht unter Investmentgesellschaften (*„Kapitalanlagegesellschaften"*) *„Unternehmen, deren Geschäftsbereich darauf gerichtet ist, bei ihnen eingelegtes Geld im eigenen Namen für gemeinschaftliche Rechnung der Einleger nach dem Grundsatz der Risikomi-*

schung in Wertpapieren oder Grundstücken sowie Erbbaurechten gesondert von dem eigenen Vermögen anzulegen und über die hieraus sich ergebenden Rechte der Einleger (Anteilinhaber) Urkunden (Anteilscheine) auszustellen".

Investment*gesellschaften* und Investment*fonds* sind nicht identisch: *Mehrere* Investment*fonds* können durch *eine* Investment*gesellschaft* verwaltet werden. Deutsche Investmentgesellschaften – hier sollen nur *Wertpapier*-Investmentgesellschaften behandelt werden – gelten nach dem Gesetz über das Kreditwesen (KWG) als *Kreditinstitute* (→ *Bankbetriebe, Arten der*) und unterliegen demgemäß der Aufsicht und den Bestimmungen des *Bundesaufsichtsamtes für das Kreditwesen.* Die Aufgaben der Investmentgesellschaften werden ausschließlich dem Kapitalanlagegeschäft zugerechnet. Den Gesellschaften wird eine strikte Trennung ihres *Sondervermögens* vom eigenen Vermögen gemäß § 6 Abs. 1 KAGG vorgeschrieben. Jenes Sondervermögen bildet sich aus dem bei der Investmentgesellschaft gegen *Zertifikate* („*Anteilscheine*") eingezahlten Geld bzw. aus den damit angeschafften Wertpapieren und Grundstücksrechten. Besonders strenge Vorschriften müssen bei der Auswahl der für das Sondervermögen anzuschaffenden Anlageobjekte (*Grundsatz der Risikostreuung*) beachtet werden.

II. Mögliche Konstruktionsformen der Investmentgesellschaften

1. Vertragstypus

Beim Vertragstypus werden die Sparer nicht Gesellschafter der Investmentgesellschaft; ihre Beziehungen zur Gesellschaft werden vertraglich geregelt. Aus diesem Vertrag ergibt sich eine Verpflichtung seitens der Kapitalanlagegesellschaft, deren Funktion in der entgeltlichen Verwaltung des aus den aufgebrachten Kapitalien gebildeten Sondervermögens besteht. Man hat hier die Wahl zwischen der Treuhand- und der Miteigentumslösung.

a) Treuhandlösung

In wessen Eigentum sich das Sondervermögen befindet, kann auf zweierlei Weise geregelt sein (§ 6 Abs. 1 S. 2 KAGG). Im Falle der Treuhandlösung befinden sich die Werte des Sondervermögens im *fiduziarischen (treuhänderischen) Eigentum* der Investmentgesellschaft.

Die Rechtsbeziehungen zwischen Investor und Gesellschaft basieren auf dem Schuldrecht. Im Falle des → *Konkurses* ist im Gesetz ein Aussonderungsrecht (gem. § 43 KO) *nur* im Falle des direkten Überganges des Treuguts aus dem Vermögen des Treugebers in das des Treuhänders vorgesehen. Eine Aussonderung ist aber nicht gegeben, da die Wertpapiere (Treugut) von dritter Stelle (an der → *Börse*) erworben werden und nicht in den Besitz des Investors gelangen. Das hierin begründete Risiko für den Sparer wurde durch die Regelung des § 13 Abs. 3

S. 2 KAGG ausgeschaltet, wonach im Falle des Konkurses der Gesellschaft ein Aussonderungsrecht besteht.

b) Miteigentumslösung

Im Falle der Miteigentumslösung liegt das Eigentum an den Wertpapieren des Fonds bei der Gesamtheit der Investoren. Der einzelne Anteilinhaber hat demnach ein *bruchteiliges Miteigentum* an den Werten des Sondervermögens.

Für die Investmentgesellschaft bedeutet dies Verwaltung *fremden Vermögens.* Dem Sparer ist bei der Miteigentumslösung ein Aussonderungsrecht garantiert. Es bedurfte nicht – wie bei der Treuhandlösung – einer speziellen Regelung (§ 13 Abs. 3 S. 2 KAGG), um dem Investor im Falle des Konkurses ein Recht auf Aussonderung zu erwirken.

2. Gesellschaftstypus

Der Gesellschaftstypus ist in Deutschland nicht zulässig; er herrscht überwiegend in den USA (daneben in den Niederlanden) vor. Die Grundlage dieses Typs ist das dem Gesellschaftsrecht entnommene Rechtsinstitut der („*Stock*"-)*Corporation*, das im wesentlichen der Rechtsform der deutschen → *Aktiengesellschaft* entspricht. Beim Gesellschaftstypus werden die Sparer *Aktionäre* der Gesellschaft; sie erhalten auch entsprechende Rechte.

Die Kapitalanlagegesellschaft amerikanischer Prägung verschafft dem Sparer durch Ausgabe von Aktien Mitgliedschaftsrechte an der Gesellschaft. Neben dem auf diese Weise gebildeten Gesellschaftskapital gibt es kein besonderes Investmentvermögen; Investment- und Gesellschaftsvermögen sind also identisch. Merkmal dieses Typus ist schließlich noch, daß der Investmentsparer auf Grund seiner Anteile im Konkursfalle der Investmentgesellschaft kein Aussonderungsrecht (gem. §§ 43 ff. KO), sondern nur eine gewöhnliche Konkursforderung gegen die Gesellschaft hat (→ *Konkurs und Vergleich*). Aus dieser Konstruktion kann sich eine relativ schwache Rechtsposition des Anlegers ergeben.

III. Geschäftspolitische Einteilungen der Investmentgesellschaften

1. Dispositionsfreiheitsgrad

a) „Flexible fund"

Die Wertpapiere des Sondervermögens, die im Sinne des Typs des „*flexible fund*" (auch „*managed fund*" oder „*unit trust*") gehalten werden, sind jederzeit nach Maßgabe der vertraglichen Bedingungen oder der gesetzlichen Bestimmungen auswechselbar. Das Management der Investmentgesellschaft kann entsprechend der wirtschaftlichen Situation die Vermögensanlagen umschichten.

b) „Fixed fund"

Eine Investmentgesellschaft ist dem Typ „*fixed fund*" zuzurechnen, wenn ihre Fonds gemäß den Statuten mengen- und artenmäßig genau festgelegt sind. Diese Form der Kapitalanlagegesellschaft wird kaum noch gewählt, weil eine Anpassung an wirtschaftliche oder gesetzliche Veränderungen durch Kauf gewinnbringender oder Verkauf gefährdeter Werte nicht erlaubt ist. Das Sondervermögen soll hierdurch vor spekulativer Willkür des Managements geschützt werden. Dadurch wird andererseits ein Betreiben aktiver Anlagepolitik unmöglich. Die Funktion der Geschäftsführung wird bei dieser Art praktisch durch bloße Verwaltungsarbeit gekennzeichnet.

c) „Semi-flexible fund"

Die Form des „semi-flexible fund" (auch „semi-fixed fund") ist als Kombination aus den beiden vorher genannten Investmentgesellschaftstypen hervorgegangen. Entsprechend einer Anlageliste sind die Anlageobjekte festgelegt, doch ist dem Management bei Eintreten bestimmter Umstände erlaubt, Änderungen des Portefeuilles vorzunehmen. Dividendenausfall beim Emittenten, Verschlechterung des Ertrages einer Aktiengesellschaft, deren Wertpapiere sich im Sondervermögen befinden, können zum Beispiel das Aktivwerden des Managements rechtfertigen.

2. Emissionshöhe

a) „Open-end fund"

Unter „open-end fund" oder „mutual fund" versteht man Investmentfonds, deren Kapitalhöhe nicht fixiert ist. Diese als „offen" bezeichneten Investmentgesellschaften geben entsprechend der Nachfrage (und damit des Mittelaufkommens) unbegrenzt Anteile aus, so daß später neu sich interessierende Kapitalanleger jederzeit die Möglichkeit haben, Fondsanteile zu erwerben. Neben der laufenden Ausgabe von Anteilen besteht ein Rücknahmeversprechen. Die Anteile werden jederzeit zum Tageswert, der sich aus der Division des mit Tageskursen bewerteten Fondsvermögens durch die Zahl der ausgegebenen Anteile ergibt und börsentäglich ermittelt wird, zurückgekauft. Diese Form haben die deutschen Investmentgesellschaften.

b) „Closed-end fund"

Beim „closed-end fund" ist die Zahl der Zertifikate und die Höhe des Fondsvermögens von vornherein festgelegt. Es besteht keine Verpflichtung zur Rücknahme der Anteile, wenn sie einmal emittiert worden sind. Nach Verkauf einer von Anfang an begrenzten Zahl von Anteilen wird der Investmentfonds geschlossen. Diejenigen Investoren, die später kaufen oder verkaufen wollen, müssen die Anteile an der Börse nachfragen oder anbieten. Das KAGG hat den „closed-end fund" nicht vorgesehen.

3. Anlageobjekte des Sondervermögens

a) Rentenfonds

Setzen sich die Anlagen eines Fonds ganz oder in erster Linie aus festverzinslichen Wertpapieren (→ Effekten, Arten der) zusammen, handelt es sich um einen Rentenfonds. Der Vorteil für den Inve-

stor, Anteile an Rentenfonds anstelle einzelner festverzinslicher Wertpapiere zu kaufen, besteht in einer zweckmäßigeren Umschichtung des Sondervermögens. Dies führt dann zu Kostenvorteilen, wenn der Anlageerfolg der festverzinslichen Werte über der Marktrendite liegt. Die Ausgabepreise der Rentenfonds sind nur geringen Schwankungen unterworfen.

b) Aktienfonds

Sparer bevorzugen unter Umständen Aktienfonds gegenüber anderen Arten von Investmentfondsanlagen, weil → Aktien an Unternehmen – an deren Wachstum und Erträgen – beteiligen. Die Aktienanlage kann daher überaus lohnend sein. Zu diesen möglichen Gewinnchancen kommt der Vorteil der breiten Streuung der Aktienfonds zum Tragen (→ Diversifikation); hierdurch werden Kursschwankungen einzelner Werte kompensiert. Darüber hinaus können diese Kursschwankungen durch zeitgerechte Umschichtung vorteilhaft genutzt werden. Als spezielle Aktienfonds kann man die gemischten Fonds ansehen. Sie enthalten nicht ausschließlich nur Aktien, sondern darüber hinaus auch noch festverzinsliche Wertpapiere. Die Gewinnchancen der Aktienanlage werden mit einer soliden Verzinsung der Rentenanlage verbunden, zugleich die Kursschwankungsbreite verringert.

c) Spezialfonds

Unter Spezialfonds im engeren Sinne werden Fonds verstanden, deren Anteile einem begrenzten Erwerberkreis vorbehalten sind. Davon zu unterscheiden sind die Publikumsfonds, deren Anteilscheine von jedem erworben werden können. Spezialfonds im weiteren Sinne sind durch die Begrenzung hinsichtlich der Anlagewerte auf bestimmte Länder oder Ländergruppen gekennzeichnet. Ein solcher Fonds legt das Geld der Investmentsparer in Wertpapieren eines einzigen Landes oder einer bestimmten Ländergruppe an.

Neben den Länderfonds gibt es in Form der Branchenfonds eine weitere Spezialisierungsmöglichkeit. Diese Fonds setzen sich nur aus Anlageobjekten jeweils bestimmter Wirtschaftszweige zusammen. Dabei ist zu berücksichtigen, daß das Prinzip der breiten Streuung und damit der Risikominimierung (→ Risiko und Risikopolitik) u. U. etwas zurücktritt. Als Anlageobjekte der Fondsvermögen deutscher Investmentgesellschaften kommen durch die KAGG-Gesetzesnovelle vom 28. Juli 1969 auch Immobilien in Betracht. Falls solche Immobilienfonds gleichermaßen Wertpapiere neben Immobilienwerten in ihrem Anlagebestand halten, spricht man auch von gemischten Fonds.

4. Ausschüttungspolitik

a) Distributive Fonds

Ein weiteres Einteilungskriterium kann die Ausschüttungspolitik der Investmentgesellschaften sein. Beim distributiven Fonds werden Erträge ausgeschüttet. Neben den eingenommenen → Zinsen und → *Dividenden* kommen (meist realisierte) Kursgewinne und eventuelle Bezugsrechte usw. zur Ausschüttung, wenn dies in den Vertragsbedingungen des Fonds vorgesehen ist. Wenn die Ausschüttung auf der Berechnung noch nicht realisierter Gewinne basiert, so kommt diese Politik einem teilweisen Substanzabbau gleich.

b) Kumulative Fonds

Ein kumulativer Fonds schüttet nur eingegangene Zinsen und Dividenden aus. Werden *sämtliche* Erträge einbehalten, spricht man von *Thesaurierungs-* oder *Wachstumsfonds*.

5. Aufbringung des Betriebskapitals

a) Appropriationsmethode

Erwirbt eine Investmentgesellschaft zuerst die Werte des Sondervermögens und beschafft sich danach gegen Emission von Anteilen dieses Geldkapital zurück, so handelt es sich um eine Gesellschaft, die nach der Appropriationsmethode verfährt.

Für den bereits zu Beginn kaufenden Anleger ist diese Methode vorteilhaft, weil er beim Erwerb der Zertifikate über die Zusammensetzung des Anlagefonds unterrichtet ist. Für die Investmentgesellschaft ist dieses Verfahren mit hohem Eigenkapitalerfordernis und dem Risiko der Nichtplazierung von Anteilen verbunden.

b) Cash-Methode

Bei Anwendung der Cash-Methode dagegen werden zunächst Zertifikate emittiert und mit dem beschafften Betriebskapital Anlageobjekte für den Fonds erworben.

In der deutschen Praxis wird diese Methode modifiziert angewandt. Die Werte des Anlagevermögens werden *vor der Gründung* von der Treuhänderbank vorgekauft und später nach Absatz der Zertifikate von der Bank übernommen. Diese Modifikation kommt wirtschaftlich der Appropriationsmethode gleich, wobei aber das Risiko mehr bei der Bank liegt.

IV. Rechtsvorschriften

Die deutschen Investmentgesellschaften unterliegen sehr strengen rechtlichen Vorschriften im Interesse des Schutzes der überwiegend „kleineren" Kapitalanleger, die die Investmentanlage vornehmlich wählen. Zu den Einzelheiten kann hier nur auf das Gesetz (KAGG) selbst verwiesen werden.

Literatur: Barocka, E.: Investment-Sparen und Investment-Gesellschaften. Stuttgart 1956 – *Klenk, F.*: Die rechtliche Behandlung des Investmentanteils (Bankrechtliche Sonderveröffentlichungen des Instituts für Bankwirtschaft und Bankrecht an der Universität zu Köln). Köln 1967 – *Flachmann, Scholtz, Schork* u. *Steder*: Investment. Berlin 1970 – *Baur, J.*: Investmentgesetze. Ebd. 1970 – *Büschgen, H. E.*: Rentabilität und Risiko der Vermögensanlage in Investmentfonds. In: NB, 23. Jg 1970, S. 1–24 – *ders.*: Rentabilität und Risiko der Investmentanlage. Stuttgart 1971 – *Schuster, L.* (Hrsg.): Investment-Handbuch. Stuttgart 1971 – *Büschgen, H. E.*: Bankbetriebslehre. Wiesbaden 1972 – *Tormann, W.*: Die Investmentgesellschaften. Frankfurt a. M. 1972.

Hans E. Büschgen

J

Jahresabschluß

[s. a.: Aufwand und Ertrag; Ausgaben und Einnahmen; Bewertung, handels- und steuerrechtliche; Bilanz, allgemein; Bilanztheorien; Buchführung und Bilanzierung, Grundsätze ordnungsmäßiger; Geschäftsbericht; Gewinn- und Verlustrechnung; Kennzahlen, betriebliche; Publizität; Rechnungswesen.]

I. Begriff und Inhalt; II. Kriterien der Aussagefähigkeit; III. Aussagefähigkeit.

I. Begriff und Inhalt

1. Formal- und Sachcharakter

Der Jahresabschluß (JA) legt einen Abrechnungsschnitt durch die laufende buchhalterische Erfassung der Real- und Nominalgüterbewegungen der Unternehmung. *Formal* ist der JA der Kontenabschluß der → *Buchführung* (Buchhaltung) am Ende eines Geschäftsjahres. Die Buchbestände der aktiven und passiven Bestandskonten werden durch Aufnahme der Istbestände (→ *Inventar und Inventur*) überprüft, korrigiert, Bestandsbewertungen (→ *Bewertung, handels- und steuerrechtliche*) und Abschlußbuchungen vorgenommen. Die ermittelten Werte werden in eine gegliederte Darstellungsform gebracht. *Sachlich* dient der JA der *Rechenschaftslegung* gegenüber unternehmungsinternen und -externen Interessenten.

Der *handelsrechtliche Jahresabschluß* besteht aus der → *Bilanz* (handelsrechtliche), die durch *Vergleich der Vermögens- und Kapitalteile* zum Abschlußstichtag den zu verteilenden Gewinn ermittelt und der → *Gewinn- und Verlustrechnung*, die aus → *Aufwand und Ertrag* den Jahreserfolg ableitet. Der handelsrechtliche JA wird in bestimmten Fällen durch den → *Geschäftsbericht* ergänzt. Dieser enthält Angaben über den Geschäftsverlauf, die Lage der Unternehmung im Geschäftsjahr sowie besondere Vorgänge nach dem Abschlußstichtag (*Lagebericht*) und Erläuterungen zum JA (*Erläuterungsbericht*).

Der *steuerrechtliche Jahresabschluß* ermittelt den steuerlichen Gewinn als Bemessungsgrundlage für die Einkommens- und Kapitalertragsbesteuerung, entweder durch die aus der Handelsbilanz abgeleitete *Steuerbilanz* (→ *Bilanz, steuerrechtliche*) beim Betriebsvermögensvergleich (§ 4 I bzw.

§ 5 EStG) oder durch die Einnahmeüberschußrechnung (§ 4 III EStG).

→ *Öffentliche Betriebe* haben das Wahlrecht, den JA nach handelsrechtlichen Vorschriften oder betriebskameralistisch zu ermitteln (*Oettle*) (→ *Kameralistik*).

Eine Übersicht über die wichtigsten gesetzlichen Vorschriften für die Aufstellung des JA gibt Abb. 1. (→ *Genossenschaften*; → *Konzerne, Rechnungswesen der*; → *Verkehrsbetriebe, Rechnungswesen der*; → *Versicherungsbetr., Rechnungswesen der*).

	Aufstellungspflicht	Inhalt und Gliederung	Wertansätze
Handelsrecht			
Rechtsform Einzelkaufleute, Personengesellschaften*	§ 39 HGB	GoB (nach § 38 I HGB) subsidiär für alle Unternehmungen	§ 40 HGB, GoB
Gesellschaften mit beschränkter Haftung*	§ 41 GmbHG	§ 42 Nr. 2–5 GmbHG (RefE 1969: weitgehend wie AG)	§ 42 Nr. 1 GmbHG
Erwerbs- und Wirtschaftsgenossenschaften*	§ 33 GenG	§§ 33a bis 33g GenG	§ 33b, 33c I GenG
Aktiengesellschaften und Kommanditgesellschaften auf Aktien	§§ 148 f. AktG (AG) § 278 III AktG (KGaA) → wie AG	§§ 150, 151 f.; 157 f.; 159, 160 AktG (allg.) § 286 II–IV AktG (KGaA)	§§ 153 bis 156 AktG; § 150 AktG (Rückl.)
* Größe Großunternehmungen (soweit nicht AG oder KGaA)	§ 5 I i. V. mit §§ 1 bis 3 PublizitätsG (Kriterien)	§ 5 II–IV PublizitätsG AktG	§ 5 II PublizitätsG → GoB und Spezialgesetze (Rechtsform)
Wirtschaftliche Einheit Konzerne, Teilkonzerne (Inland)	§§ 329, 330 AktG; § 28 EG AktG § 13 PublizitätsG	§§ 331 I, III, IV; 332 f. (allg.); § 312 AktG (Abhängigkeitsbericht) § 13 II PublizitätsG	§ 331 I und II AktG
Wirtschaftszweige Kreditinstitute	§ 26 KWG	Besondere Gliederungen aufgrund §§ 161 I, 278 III AktG, 33g GenG u. Gesetz über Formblätter ... (1935);	§ 26a KWG (AG, KGaA) subsidiär: nach Rechtsform
– Hypothekenbanken – Schiffspfandbriefbanken		§§ 24, 28 HypBG §§ 22, 26 SchiffsbankG	§§ 25 f. HypBG §§ 23 f. SchiffsbankG
Bausparkassen Versicherungsunternehmen	§ 55 I VAG	§ 55 II ff. VAG; AktG[1] [1]nach § 36a VAG auch	§§ 56, 56a VAG; AktG[1]; für VVaG §§ 65–67 VAG
Verkehrsunternehmen Wohnungsunternehmen		Besondere Gliederungen aufgrund § 161 I AktG i. V. mit § 17 EGAktG, Spezialgesetze	
Steuerrecht			
Bezieher von Einkünften aus Land- und Forstwirtschaft, Gewerbebetrieb und selbständiger Arbeit			§§ 6 ff., 7–73 EStG entsprechend Vorschriften der EStDV, Spezialgesetze
Vollkaufleute, Buchführungspflichtige nach § 161 AO, freiwillig Buchführende	§ 4 I bzw. 5 EStG (Steuerbilanz)	§ 161 AO; § 60 II, IV EStDV	§ 60 III EStG
		Maßgeblichkeit des handelsrechtlichen für den steuerrechtlichen JA im Rahmen der ESt-rechtlichen Bewertungsvorschriften	
Nicht Buchführende	§ 4 III EStG		

Abb. 1: Übersicht über die wichtigsten Rechtsgrundlagen zur Aufstellung des Jahresabschlusses (Stand: Ende 1972)

2. Jahresabschluß als Informationsinstrument

Der JA wird aus dem Informationssystem → *Rechnungswesen* (→ *Informationssysteme*) entwickelt. Er versucht, die Informationsbedürfnisse der JA-Interessenten zu befriedigen. Die gesetzlichen JA-Vorschriften streben einen *Interessenausgleich* zwischen den Informationsbedürfnissen der JA-Interessenten an. Der im Gesetz vorhandene Ermessensspielraum wird durch Rechtsprechung, Wirtschaftsverbände und Wirtschaftsbrauch (→ *Buchführung und Bilanzierung, Grundsätze ordnungsmäßiger*) eingeschränkt.

Die Ausnutzung des Ermessensspielraums und die freiwillige ergänzende Informationsabgabe seitens der JA-Ersteller sind abhängig von der Kenntnis und Beurteilung

a) der informationspolitischen Zielsetzungen der Unternehmung (→ *Publizität* versus Geheimhaltung);

b) der Machtverteilung der JA-Interessenten im Hinblick auf die Durchsetzung ihrer Informationsvorstellungen bezüglich Umfang, Präzision, Darstellung und Aktualität.

c) den Informationskosten der Unternehmung (→ *Informationsverhalten;* → *Informationsbedarf;* → *Informationsbewertung*).

Freiwillig eingesetzte oder gesetzlich vorgeschriebene unternehmungsunabhängige Kontrollorgane (Wirtschafts- und Verbandsprüfer) prüfen die Einhaltung der gesetzlichen JA-Vorschriften.

II. Kriterien der Aussagefähigkeit

1. Anforderungen der Benutzer

Aktuelle wie potentielle *JA-Interessenten* (*unternehmungsinterne:* Inhaber, Großaktionäre, Leitung, Arbeitnehmer, „Unternehmung an sich"; *unternehmungsexterne:* Kleinaktionäre, Kreditgeber, Kapitalvermittler, Staat als Fiskus und als Hoheitsmacht, Lieferanten, Kunden, Konkurrenten, Verbände, Wissenschaft, Öffentlichkeit i.w.S.) verfolgen unterschiedliche Zielsetzungen (Einkommenserzielung, Substanzerhaltung, Streben nach Macht und Ansehen usw.).

Je nach der Zielsetzung ergeben sich unterschiedliche Anforderungen der Benutzer an

a) Vollständigkeit und Präzision; b) Zuverlässigkeit, Vergleichbarkeit; c) Verständlichkeit und d) Aktualität der JA-Informationen. Die Anforderungen an den JA als Informationsquelle sind um so größer, je weniger sonstige Informationen über die Unternehmung verfügbar sind.

Die Aussagefähigkeit eines JA für einen bestimmten JA-Interessenten ist abhängig vom Erfüllungsgrad seines Informationsbedarfs, d.h., ob er hinreichend aktuelle und zielgerichtete Informationen gewinnen kann (Pragmatik des JA).

2. Anforderungen an den Informationsgewinnungsprozeß

Der Verwertung der JA-Informationen ist ein Informationsgewinnungsprozeß vorgeschaltet. Er gliedert sich in die Phasen Erfassung der Eingangsdaten und Verarbeitung zu zielgerichteten Ausgangsdaten (Informationen) (*Semantik des JA*) (Abb. 2).

Die Mengen- und Wertkomponenten der Eingangsdaten sind zu erfassen:

a) direkt durch Meßregeln (z.B. körperliche Inventur, Einzelbewertung, Bildung von Rückstellungen usw.);

b) indirekt durch empirisch-gehaltvolle Hypothesen (z.B. Schätzverfahren der Inventur, Sammelbewertung usw.);

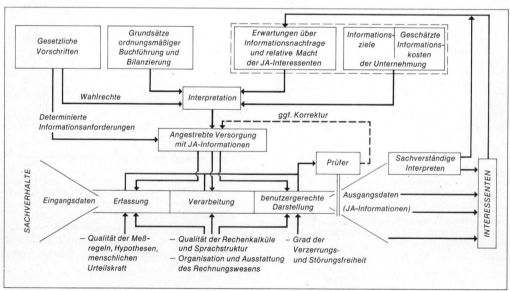

Abb. 2: Entstehungsprozeß des Jahresabschlusses bei der rechnungslegenden Unternehmung

c) durch die Urteilskraft und Erfahrung des Menschen (*Szyperski 1970*).

Die Verarbeitung der Eingangsdaten zu zielgerichteten Ausgangsdaten (Informationen) erfordert

a) widerspruchsfreie und operationale Rechenkalküle zur Zusammenführung der Mengen- und Wertkomponenten;

b) aussagekräftige und widerspruchsfreie Sprachelemente und Begriffe;

c) unverzerrte und störungsfreie Verarbeitung und Übertragung der Eingangsdaten.

Die Zuverlässigkeit von JA-Informationen kann durch die Einschaltung von *Prüfern*, die Verständlichkeit durch Zwischenschaltung von *Sachverständigen* (Beirat, Bank, Berater) erhöht werden.

Aktualität und Genauigkeit der JA-Informationen erfordern insbesondere bei publizitätspflichtigen Unternehmungen, wegen der knappen gesetzlichen Fristen, eine aufgabengerechte Gestaltung der *Organisation des Rechnungswesens (Hoffmann* 1971). Hierzu zählen organisatorische Gliederung, Sachmitteleinsatz (EDV) zur Erfassung und Aufbereitung der Eingangsdaten sowie die Anwendung moderner Organisationstechniken (z. B. Netzpläne) und Organisationsformen (z. B. Projektmanagement) bei der Planung und Durchführung der JA-Arbeiten.

3. Zeitliche Zweckrichtungen

JA-Interessenten beurteilen hinsichtlich der zeitlichen Zweckrichtung JA-Informationen nach ihrer Eignung

a) zur Dokumentation und Erklärung der Vergangenheit; b) als Indikatoren für die aktuelle Situation; c) als Basis von Prognose und Planung; d) zu Kontrollzwecken (Soll-Ist-Vergleich).

Die zeitliche Zweckrichtung der JA-Informationen zeigt sich in einer vergangenheits- und gegenwartsbezogenen *Darstellungsrechnung*, in einer zukunftsbezogenen *Prognose- und Planungsrechnung* sowie in einer abweichungsbezogenen *Kontrollrechnung*. (→ *Dokumentation, betriebliche;* → *Entscheidungsprozesse;* → *Planung, betriebswirtschaftliche;* → *Prognose und Prognoseverfahren;* → *Kontrolle, betriebliche*).

III. Aussagefähigkeit

1. Darstellungsrechnung

Die Aussagefähigkeit der Darstellungsrechnung, die den Geschäftsbericht einschließt, wird von der Abrechnungseinheit, dem Abrechnungszeitraum und von den erfaßten Abrechnungsobjekten (*Informationsobjekten*) begrenzt.

a) *Abrechnungseinheit:* Der JA bezieht sich auf eine rechtliche Einheit. Die Einzelabschlüsse geben verzerrte Informationen, wenn die rechtlichen Einheiten zu wirtschaftlichen Einheiten (Konzern)

verflochten sind. Die Pflicht zur Rechenschaftslegung wird deshalb auf → *Konzerne* und *Teilkonzerne* ausgedehnt (§§ 329 f. AktG; § 11 PublizitätsG). Die Teilergebnisse werden von den konzerninternen Beziehungen bereinigt und zusammengefaßt (*Konsolidierung;* → *Konzerne, Rechnungswesen der*). Abhängige Gesellschaften müssen Bericht erstatten über ihre Beziehungen zu verbundenen Unternehmungen (*Abhängigkeitsbericht;* § 312 AktG).

Die Einbeziehung ausländischer Konzernunternehmungen erhöht die Aussagefähigkeit. Diese Konsolidierung erfordert Währungsumrechnungen und die Anpassung an deutsche Bewertungs- und Gliederungsvorschriften, wie sie für die Steuerbilanz deutscher Unternehmungen mit ausländischen Tochterunternehmungen im Außensteuergesetz vorgeschrieben sind. Großunternehmungen veröffentlichen häufig freiwillig *Weltbilanzen*.

b) *Abrechnungszeitraum:* Der Abrechnungszeitraum ist das Geschäftsjahr. Er kann vom Kalenderjahr abweichen. Die Erstellung des JA erfolgt am Ende des Geschäftsjahres. Die Bilanz bezieht sich auf den Abschlußstichtag. Die Gewinn- und Verlustrechnung zeigt die Wertbewegungen im Abrechnungszeitraum auf. Bei unterschiedlichen Abschlußstichtagen der rechtlichen Einheiten eines Konzerns sind Zwischenabschlüsse auf den Stichtag einer rechtlichen Einheit (i. d. R. der Obergesellschaft) aufzustellen (§ 331 AktG).

Aus der Periodisierung der → *Einnahmen und Ausgaben* ergeben sich Abgrenzungsprobleme. Diese betreffen Ausgaben bzw. Einnahmen, die in der Abrechnungsperiode keine Aufwendungen bzw. keine Erträge (transitorische → *Rechnungsabgrenzungsposten*) (§ 152 IX AktG; § 5 EStG) und Aufwendungen und Erträge, die in der Abrechnungsperiode keine Ausgaben bzw. Einnahmen sind (antizipative Rechnungsabgrenzungsposten).

c) *Abrechnungsobjekte:* Der vom Gesetzgeber angestrebte Interessenausgleich berührt die Abrechnungsobjekte nach Umfang und Gliederung sowie nach dem Wertansatz.

(1) *Umfang und Gliederung:* HGB und GmbHG enthalten allgemeine Bestimmungen für Umfang und Gliederung. Das AktG (und der RefE 1969 zum GmbHG) erweitert den Umfang der Rechnungslegung durch vermehrte Pflichtangaben in der Bilanz, in der Gewinn- und Verlustrechnung (auszuweisende Posten und Vermerke) und im Geschäftsbericht (Einzelerläuterungen). Hinzu kommen nach dem AktG das Verbot der Saldierung in der Bilanz sowie der Bruttoausweis der Positionen in der Gewinn- und Verlustrechnung.

Die *aktienrechtliche Bilanz* (→ *Bilanz, handelsrechtliche*) betont den Liquiditätsaspekt durch die

Gliederung der Positionen nach der Geldnähe und Fristigkeit sowie durch den Vermerk von Eventualverbindlichkeiten. Dennoch bleibt die Bilanz eine unscharfe Momentaufnahme, die nicht alle am Abschlußstichtag bekannten liquiditätsbeeinflussenden Tatbestände (z. B. Kreditzusagen, Mietverträge) ausweist (→ *Liquidität*). Zur Verbesserung des Liquiditätsausweises können Kapitalflußrechnungen als Zusatzrechnung zum JA Einblick in die Finanzbewegungen während des Geschäftsjahres geben (*Busse von Colbe 1966; Käfer 1967*).

Die in Staffelform geführte *aktienrechtliche →*
Gewinn- und Verlustrechnung ist im Ansatz eine Produktionsrechnung. Durch Aufwands-Ertrags-Vergleich wird der Jahreserfolg abgeleitet. Die Gliederung erlaubt, betriebliche von neutralen Erfolgskomponenten zu trennen. Aperiodische und außergewöhnliche Erfolgskomponenten können nur mit Hilfe fakultativer Angaben ermittelt werden. Aus dem Jahreserfolg (als verteilungsfähiger Betrag) wird der *Bilanzerfolg* (als ausschüttungsfähiger Betrag) gewonnen (→ *Erfolgsrechnung und Erfolgsanalyse; → Gewinn und Verlust*).

(2) *Bewertung:* Die heterogenen Abrechnungsobjekte sind in Geldeinheiten deutscher Währung bewertet und damit vergleichbar.

Die Bewertung ist bei Nominalgüterbeständen und -bewegungen problemlos. Probleme zeigen sich bei der Bewertung von *Realgüterbeständen und -bewegungen* (Bewertungsverfahren).

Das *Wertansatzproblem* bezieht sich auf die Behandlung unrealisierter Gewinne und Verluste. Wahlrechte in den Abschreibungsverfahren (im Rahmen der GoB, § 154 I AktG), beim Ansatz der Herstellungskosten (§ 153 I AktG) und bei den Rückstellungen sowie die Abwertungs- und Beibehaltungswahlrechte bei Vorräten (§ 155 III und IV AktG) geben einen Spielraum zur finanz- und informationsstrategischen Gestaltung des JA. Die Transparenz dieser Entscheidungen soll durch die Angabe der Abschreibungs- und Bewertungsmethoden und der Abschreibungen und Wertberichtigungen auf Zugänge im Erläuterungsbericht (§ 160 II AktG) gesichert werden. Die Dispositionsfreiheit wird durch das Verbot des Ausweises unrealisierter (d. h. noch nicht am Absatzmarkt bestätigter) Gewinne und das Gebot des Ausweises unrealisierter Verluste (d. h. erwarteter negativer Erfolgsbeiträge aus schwebenden und eingeleiteten Geschäften) begrenzt. Dieses Prinzip der Vorsicht wird im AktG durch die Obergrenze des (ggf. um Abschreibungen korrigierten) Anschaffungswertes für das Anlage- und Umlaufvermögen und durch die Abwertung auf einen darunterliegenden Wert kodifiziert.

Probleme ergeben sich bei den Abschreibungsmethoden für abnutzbare Güter des Anlage- und Umlaufvermögens. Es stellt sich jedoch ein Pro-

gnoseproblem hinsichtlich der Nutzungsdauer von abnutzbaren Gütern, der Höhe von Forderungsausfällen, der Höhe ungewisser Verpflichtungen und drohender Verluste (→ *Bewertung, handels- und steuerrechtliche; → Anlagevermögen und Bewertung des Anlagevermögens; → Umlaufvermögen und Bewertung des Umlaufvermögens; → Abschreibung; → Rückstellungen*).

2. Prognose- und Planungsrechnung

Es besteht keine Verpflichtung zur Vorlage von Prognose- und Planbilanzen (-erfolgsrechnungen) innerhalb des JA. Eine Ausnahme bildet der Vermerk über die voraussichtlichen Pensionszahlungen in den auf den JA folgenden fünf Jahren (§ 159 AktG). Der Lagebericht kann Voraussagen über die künftige Entwicklung der Unternehmung enthalten. Die JA-Informationen der Darstellungsrechnung werden daher als Grundlagen für Prognose- und Planungsaufgaben von unternehmungsexternen JA-Interessenten herangezogen.

Für längere Planungszeiträume liefern Jahresabschlüsse Informationen in Form von Kennzahlen (→ *Kennzahlen, betriebliche*), die Indikatoren für hinreichend sichere und genaue Prognosen über die Entwicklung bestimmter Zielgrößen sein können. In den USA wurde die Eignung von JA-Informationen für die Prognose der Aktienkursentwicklung – als Entscheidungsparameter von Anlegern – und zur Vorhersage von Insolvenzen empirisch-statistisch überprüft (→ *Wertpapieranalyse; → Kreditwürdigkeitsprüfung*). Die Ergebnisse lassen die Verwendung von JA-Informationen zur Prognose erkennen (*Coenenberg 1969*). Auch können anhand von JA-Kennziffern Wachstumsklassen von Unternehmungen prognostiziert werden (*Perlitz 1972*).

Für kurzfristige Planungsaufgaben werden aus den neuesten JA Gegenwartsdiagnosen abgeleitet.

3. Kontrollrechnung

In Geschäftsberichten werden häufig JA-Informationen mit Vorjahreswerten verglichen (Bilanz und Gewinn- und Verlustrechnung vergangener Jahre; Gegenüberstellung geraffter JA- und Betriebskennzahlen über mehrere Jahre).

Vielfach orientieren sich JA-Interessenten in ihrer Beurteilung der Tätigkeit von Leitungs- und Aufsichtsorganen am JA. Dies ist jedoch nur bedingt möglich, da a) Maßnahmen erst später wirken und frühere Entscheidungen nachwirken; b) nicht kontrollierbare bzw. vorhersehbare Faktoren in den Entscheidungsprozeß eingehen und nur unvollständig und komprimiert im JA zum Ausdruck kommen.

Dennoch kann der JA Kontrollinformationen im Rahmen einer *Vergleichsrechnung* liefern. Diese Vergleichsrechnungen beziehen sich

a) beim betrieblichen Zeitvergleich auf innerbetriebliche Istgrößen vergangener Abrechnungsperioden;

b) beim zwischenbetrieblichen Vergleich und Branchenvergleich auf Istgrößen anderer Unternehmungen bzw. auf Branchendurchschnittswerte;

c) beim betrieblichen Soll-Ist-Vergleich auf Ist- und Plan- (Soll-) größen einer Unternehmung.

Die gesetzlichen JA-Vorschriften begünstigen die Vergleichbarkeit, da sie im Rahmen der GoB durch die Grundsätze der Klarheit und Bilanzkontinuität konkretisiert sind. Das AktG fordert die Vergleichbarkeit durch detaillierte Gliederungs-, Bewertungs- und Erläuterungsvorschriften. Die Zulässigkeit detaillierter bzw. abweichender Gliederungen, sofern sie die Klarheit und Übersichtlichkeit erhöhen, kommt der Aussagefähigkeit brancheninterner Vergleiche zugute. Die Ausdehnung der aktienrechtlichen Publizität durch das PublizitätsG ermöglicht erst den Vergleich zwischen Großunternehmungen verschiedener Rechtsformen. Die Pflichtinformationen im aktienrechtlichen JA ermöglichen jedoch nur eine unzulängliche Abweichungsanalyse; die Eliminierung von Geldwertschwankungen erfordert darüberhinaus fakultative Nebenrechnungen (→ *Kontrolle, betriebliche;* → *Betriebsvergleich*).

Literatur: Käfer, K.: Die Bilanz als Zukunftsrechnung. Zürich 1962 – *Moxter, A.:* Der Einfluß von Publizitätsvorschriften auf das unternehmerische Verhalten. Köln u. Opladen 1962 – *Lutz, B.:* Die Aussagefähigkeit des Rechnungswesens. Zürich u. St. Gallen 1963 – *Hax, H.:* Der Bilanzgewinn als Erfolgsmaßstab. In: ZfB, 34. Jg 1964, S. 642–651 – *Busse von Colbe, W.:* Aufbau und Informationsgehalt von Kapitalflußrechnungen. In: ZfB, 36. Jg 1966, 1. Erg.h. S. 82–114 – *Chambers, R.J.:* Accounting, Evaluation and Economic Behavior. Englewood Cliffs (N. J.) 1966 – *Leffson, U.:* Wesen und Aussagefähigkeit des Jahresabschlusses. In: ZfbF, 18. Jg 1966, S. 375–390 – *Schulze, H.-H.:* Zum Problem der Messung wirtschaftlichen Handelns mit Hilfe der Bilanz. Berlin 1966 – *Eisenführ, F.:* Anforderungen an den Informationsgehalt kaufmännischer Jahresabschlußrechnungen. Diss. Kiel 1967 – *Ijiri, Y.:* The Foundations of Accounting Measurement. Englewood Cliffs (N. J.) 1967 – *Käfer, K.:* Kapitalflußrechnung. Stuttgart 1967 – *Oettle, K.:* Grundlagen und Systeme des betrieblichen Rechnungswesens. In: Zentrallehrgang 1967, hrsg. von der Studienstiftung der Verwaltungsleiter deutscher Krankenanstalten e.V., Kulmbach 1967, S. 9–40 – *Stützel, W.:* Bemerkungen zur Bilanztheorie. In: ZfB, 37. Jg 1967, S. 314–340 – *Altman, E. I.:* Financial Ratios, Discriminant Analysis and the Prediction of Corporate Bankruptcy. In: J Fin., 23. Vol. 1968, S. 589–609 – *Busse von Colbe, W.:* Prognosepublizität von Aktiengesellschaften. In: Beiträge zur Lehre von der Unternehmung. Festschrift für *K. Käfer,* hrsg. von *O. Angehrn* u. *H. P. Künzi.* Stuttgart 1968 – *Cowan, T. K.:* A Pragmatic Approach to Accounting Theory. In: Acc. R, 43. Vol. 1968, S. 94–100 – *Ertner, U.:* Der Geschäftsbericht als Instrument erweiterter aktienrechtlicher Rechnungslegung. Berlin 1968 – *Adler-*

Düring-Schmaltz: Rechnungslegung und Prüfung der Aktiengesellschaft. 4. A., 3 Bde, Stuttgart 1968–1972 – *Beaver, W.H.:* The Information Content of Annual Earnings Announcements. In: Empirical Research in Accounting: Selected Studies, 1969 – *Busse von Colbe, W. u. D. Ordelheide:* Konzernabschlüsse. Wiesbaden 1969 – *Coenenberg, A. G.:* Unternehmungsexterne Jahresabschlußinformationen. Eine Untersuchung zum Informationswert des Jahresabschlusses. Habilitationsschrift Köln 1969 – *Heinen, E.:* Handelsbilanzen. 5. A., Wiesbaden 1969 – *Münstermann, H.:* Unternehmungsrechnung. Wiesbaden 1969 – *Leffson, U.:* Die Grundsätze ordnungsmäßiger Buchführung. 2. A., Düsseldorf 1970 – *Szyperski, N.:* Rechnungswesen als Informationssystem. In: HWR, Stuttgart 1970, Sp. 1510–1523 – *Bühler, O. u. P. Scherpf:* Bilanz und Steuer. 7. A., München 1971 – *Godfrey, J. T. u. T.R. Prince:* The Accounting Model from an Information Systems Perspective. In: Acc. R, 46. Vol. 1971, S. 75–89 – *Godin-Wilhelmi:* Aktiengesetz (Kommentar). 4. A., 2 Bde, Berlin 1971 – *Hoffmann, F.:* Das Rechnungswesen als Subsystem der Unternehmung. In: ZfB, 41. Jg 1971, S. 363–378 – *Schneider, D.:* Aktienrechtlicher Gewinn und ausschüttungsfähiger Betrag. In: Wpfg, 24. Jg 1971, S. 607–617 – *Wöhe, G.:* Bilanzierung und Bilanzpolitik. München 1971 – *Wysocki, K. v.:* Die Kapitalflußrechnung als integrierter Bestandteil des aktienrechtlichen Jahresabschlusses. In: Wpfg, 24. Jg 1971, S. 617–625 – *Perlitz, M.:* Die Prognosefähigkeit von Kennzahlen aus Jahresabschlüssen für das Wachstum von Unternehmen. Eine empirische Untersuchung deutscher Aktiengesellschaften. In: ZfbF, 24. Jg 1972, S. 1–21 – *Schweitzer, M.:* Struktur und Funktion der Bilanz. Berlin 1972 – *Wysocki, K. v.:* Zum Informationsgehalt von Weltbilanzen deutscher Obergesellschaften. In: Wpfg, 26. Jg 1973, S. 26–32 – *Coenenberg, A.G.:* Jahresabschluß und Jahresabschlußanalyse. München 1974.

Friedrich Hoffmann

Jahresabschlußprüfung

[s. a.: Aktiengesellschaft und Kommanditgesellschaft auf Aktien; Bilanz, handelsrechtliche; Buchführung und Bilanzierung, Grundsätze ordnungsmäßiger; Buchführung (Buchhaltung); Erfolgsrechnung und Erfolgsanalyse; Geschäftsbericht; Gewinn- und Verlustrechnung; Inventar und Inventur; Jahresabschluß; Konzerne, Rechnungswesen der; Öffentliche Betriebe; Prüfung, Theorie der; Publizität; Revision, interne; Revisions- und Treuhandbetriebe; Revisions- und Treuhandwesen, Lehre vom; Stichprobentheorie; Wirtschaftsprüfung und Automation; Wirtschaftsprüfung und Wirtschaftsprüfungswesen.]

I. Rechtsgrundlagen; II. Gegenstand; III. Beurteilungsmaßstäbe (Normen); IV. Methoden; V. Planung; VI. Prüfungsergebnis.

I. Rechtsgrundlagen

Unter den gesetzlich vorgeschriebenen Prüfungen (Pflichtprüfungen, → *Wirtschaftsprüfung und Wirtschaftsprüfungswesen*) nimmt die Jahresabschlußprüfung (JAPrfg) in fast allen Industrieländern den breitesten Raum ein. Die Gründe dafür sind verschiedener Art: Nach Meinung der Gesetzgeber besteht vor allem ein Interesse an der Überwachung der *Rechnungslegung von Großunternehmen und Konzernen* (§§ 6, 14 PublG; § 336 AktG), von *„anonymen" Kapitalgesellschaften* (§§ 162 ff. AktG) und von *Unternehmen bestimmter Wirtschaftszweige* (§ 27 Kreditwesengesetz; § 42a GmbHG; §§ 57 f., 112 Versicherungsaufsichtsgesetz; § 26 Gesetz üb. d. Gemeinnützigkeit im Wohnungswesen; § 25 Ges. üb. Kapitalanlagegesellschaften). Sozialpolitische Gründe führen zur *Pflichtprüfung der Jahresabschlüsse von Genossenschaften* (§§ 53 ff. GenG). Der Schutz des öffentlichen Eigentums führt zu *Prüfungspflichten → öffentlicher Betriebe* (§§ 1 ff. NotVO vom 6. 10. 31). Schließlich werden in bestimmten Ländern Prüfungen der Jahresabschlüsse von Unternehmen verlangt, deren Wertpapiere auf öffentlichen Kapitalmärkten gehandelt werden (z. B. Schweden: Art. 1 Abs. 2, LAB; Schweiz: Art. 723, 1 OR; USA: Securities Exchange Act of 1934, § 13 (a) (2)).

Das *Prüfungs-(Testat-)Recht* ist in allen Ländern bestimmten, nach Qualifikation und Vorbildung abgegrenzten Personengruppen vorbehalten. In Deutschland sind nur die öffentlich bestellten *Wirtschaftsprüfer* und die anerkannten *Wirtschaftsprüfungsgesellschaften* z. B. nach §§ 164, 336 AktG und §§ 6, 14 PublG zur Vornahme von Jahresabschluß-(Pflicht-)Prüfungen befugt (→ *Wirtschaftsprüfung und Wirtschaftsprüfungswesen*). Den Prüfern steht zur Durchführung ihrer Aufgaben ein umfassendes *Auskunftsrecht* zu, welches sich im Falle der Konzernprüfung auch auf die Verhältnisse der in den Konzernabschluß einzubeziehenden Unternehmen erstreckt (§§ 165, 336 AktG; §§ 6, 14 PublG).

II. Gegenstand

Der Gegenstand der JAPrfg ist in verschiedenen Ländern nicht einheitlich abgegrenzt:

Nach einer Erhebung der Kommission für Buchprüfung der U.E.C. 1973 kann sich die JAPrfg auf die folgenden Fragen erstrecken: a) Stimmt der Jahresabschluß mit den Büchern überein? b) Entspricht die Buchführung den gesetzlichen Vorschriften und den Grundsätzen der Ordnungsmäßigkeit? c) Entsprechen Gliederung und Bewertung des JA gesetzlichen und statutarischen Vorschriften sowie allgemeinen Grundsätzen? d) Entspricht die Ergebnisverwendung den gesetzlichen und statutarischen Vorschriften? e) Entspricht der Geschäftsbericht, soweit er den JA erläutert, den Tatsachen und den gesetzlichen und statutarischen Vorschriften? f) Ist die Geschäftsführung annehmbar? Dabei ergab sich für die einzelnen europäischen Länder das in der rechts oben stehenden Übersicht dargestellte Bild.

Nachfolgend wird vorwiegend auf die Pflichtprüfung der Einzelabschlüsse, nicht der Konzernabschlüsse von Aktiengesellschaften eingegangen: Nach dem Wortlaut des § 162 AktG ist Gegen-

	a	b	c	d	e	f
Belgien	G	G	U	G	G	U
Dänemark	G	G	G	G	–	–
Deutschland	G	G	G	G	G	–
Finnland	G	G	G	U	U	G
Frankreich	G	G	G	U	G	–
Großbritannien	G	G	G	U	G	–
Italien	G	G	G	G	G	U
Jugoslawien	G	G	G	G	U	G
Niederlande	U	U	G	G	U	–
Norwegen	G	G	G	G	G	–
Österreich	G	G	G	G	G	–
Portugal	U	G	G	G	U	U
Schweden	G	G	G	G	G	G
Schweiz	G	G	G	G	–	–
Spanien	G	G	G	U	U	–

G = aufgrund des Gesetzestextes; U = nach allgemeiner Usance

stand der JAPrfg der Jahresabschluß (gem. § 148 AktG: Bilanz, Gewinn- und Verlustrechnung) „unter Einbeziehung der Buchführung und des Geschäftsberichtes". Die JAPrfg. erstreckt sich demnach nicht auf eine materielle Prüfung der hinter dem Jahresabschluß stehenden *wirtschaftlichen Verhältnisse* des Unternehmens. Allerdings konstatiert das AktG (§ 166, 2 AktG) eine Berichtspflicht des Prüfers, wenn er bei Wahrnehmung seiner Aufgaben Tatsachen feststellt, die den Bestand des Unternehmens gefährden oder seine Entwicklung wesentlich beeinträchtigen könnten. Diese Berichterstattung kann es ggf. erforderlich machen, daß der Prüfer gezielt Untersuchungen über die wirtschaftliche Lage anstellt. Auch die *Prüfung der Geschäftsführung*, i. S. der Prüfung von getroffenen oder unterlassenen Maßnahmen der Geschäftsleitung, ist nicht Gegenstand der aktienrechtlichen, wohl aber der genossenschaftlichen Pflichtprüfung (§ 53 GenG), der Pflichtprüfung der gemeinnützigen Wohnungsunternehmen (§ 26, 4 WGG) und der Prüfung der öffentlichen Unternehmen. Überschneidungen zwischen JAPrfg und der Prüfung der Geschäftsführung können sich dann ergeben, wenn sich Geschäftsführungsmaßnahmen unmittelbar auf Inhalt und Ordnungsmäßigkeit von Buchführung und Jahresabschluß beziehen. Es besteht ferner eine ausdrückliche Berichtspflicht, wenn die Prüfer bei Wahrnehmung ihrer Aufgaben Tatsachen feststellen, die wesentliche Verstöße des Vorstandes gegen Gesetz oder Satzung erkennen lassen (§ 166, 2 AktG). Die *Prüfung des internen → Rechnungswesens* (z. B. → *Kostenrechnung*) und des *internen Kontrollsystems* fallen nicht unmittelbar unter die JAPrfg. Erkannte wesentliche Schwächen des internen Kontrollsystems erfordern aber regelmäßig eine Intensivierung der Prüfungshandlungen; ein ausgebautes internes Rechnungswesen ist regelmäßig wesentliche

Voraussetzung für eine effiziente Bewertungsprüfung z. B. der unfertigen und fertigen Erzeugnisse.

III. Beurteilungsmaßstäbe (Normen)

Nach dem Wortlaut des § 162 AktG läßt sich die aktienrechtliche JAPrfg als eine Rechtmäßigkeits-, Satzungsmäßigkeits- und Ordnungsmäßigkeitsprüfung charakterisieren. Als *Rechtmäßigkeitsprüfung* hat sich die JAPrfg zunächst auf die unmittelbar die Rechnungslegung betreffenden Vorschriften zu erstrecken, und zwar auf: Die Rechnungslegungsvorschriften des AktG (§§ 148–161, 286, 300 AktG; §§ 16, 17 EGAktG), die Sondervorschriften über die Rechnungslegung von Unternehmen bestimmter Wirtschaftszweige und auf die ergänzenden Rechnungslegungsvorschriften des Handelsgesetzbuches (§§ 38–47a). Als *Ordnungsmäßigkeitsprüfung* ist im Rahmen der JAPrfg die Einhaltung der → *Grundsätze ordnungsmäßiger Buchführung und Bilanzierung* zu prüfen. Als *Satzungsmäßigkeitsprüfung* hat die JAPrfg sich auch unmittelbar darauf zu erstrecken, ob die evtl. Bestimmungen der Satzung über den Jahresabschluß beachtet worden sind. Die Einhaltung anderer Vorschriften jeder Art durch das zu prüfende Unternehmen berührt die JAPrfg nur insoweit, als sich aus der Einhaltung dieser Vorschriften Rückwirkungen auf Jahresabschluß oder Geschäftsbericht ergeben können.

Auf die Aufdeckung und Aufklärung strafrechtlicher Tatbestände ist somit die Jahresabschlußprüfung nicht ausgerichtet: Die Nichtaufdeckung von *Unterschlagungen* hat der Prüfer z. B. nur dann zu vertreten, wenn er sie bei ordnungsmäßiger Durchführung der JAPrfg mit deren Methoden hätte feststellen müssen (vgl. IdW-Fachgutachten 1/67, I, Anm. 3). Die JAPrfg erstreckt sich ferner nicht unmittelbar darauf festzustellen, ob von dem Unternehmen alle Vorschriften des *Steuerrechts,* des *Sozialversicherungsrechts,* die *Preisvorschriften,* die *Devisenbestimmungen* etc. eingehalten worden sind; der Prüfer hat lediglich zu untersuchen, ob sich aus der Nichtbeachtung solcher Vorschriften ggf. Risiken ergeben, denen im Jahresabschluß Rechnung zu tragen ist.

IV. Methoden

Die JAPrfg kann, wie jede andere Prüfung, als Informationsbeschaffungs- und Informationsverarbeitungsprozeß aufgefaßt werden: Der Prüfer hat sich aufgrund seiner Vorinformationen (z. B. Branchenkenntnis, Kenntnis des Unternehmens, Prüfungsberichte und Arbeitspapiere von Vorjahresprüfungen) und durch die Aufnahme spezieller *Prüfinformationen* sein Urteil über die Rechtmäßigkeit und Ordnungsmäßigkeit des Jahresabschlusses zu bilden. Er ist dabei nicht auf bestimmte *Prüfungsmethoden* (→ *Revisions- und Treuhandwesen, Lehre vom)* festgelegt, sondern Auswahl und Intensität der Prüfungshandlungen sind nach dem pflichtgemäßen Ermessen des Prüfers so zu bemessen, daß eine sichere Beurteilung des Prü-

fungsstoffes möglich ist. Die Bedeutung des jeweiligen Prüfungsgegenstandes (Prüffeldes), z. B. dessen absoluter oder relativer Wert im Rahmen des Jahresabschlusses und das aufgrund von Vorinformationen zu erkennende *Fehlerrisiko* dürften für Auswahl und Intensität der Prüfungshandlungen ausschlaggebend sein (vgl. IdW-Fachgutachten 1/67, VI). Hierbei ist die *lückenlose* und die *stichprobenweise Prüfung,* die direkte und die *indirekte Prüfung* sowie die *progressive* und die *retrograde Prüfung* (→ *Prüfung, Theorie der)* ebenso zulässig wie der Einsatz von computergestützten Prüfhilfsprogrammen (→ *Wirtschaftsprüfung und Automation).* Die Zielsetzung der Abschlußprüfung sowie die Grundsätze der Gewissenhaftigkeit und der berufsüblichen Sorgfalt (→ *Wirtschaftsprüfung und Wirtschaftsprüfungswesen)* begrenzen indes den Spielraum, der dem Jahresabschlußprüfer in diesem Zusammenhang zugestanden werden kann (vgl. IdW-Fachgutachten 1/67, VI).

Grundsätzlich ist der Prüfer verpflichtet, alle zu seiner Urteilsbildung erforderlichen Feststellungen selbst oder durch die seiner Aufsicht unterliegenden Gehilfen eigenverantwortlich zu treffen. Insbesondere können die Prüfungshandlungen unternehmens- oder konzernabhängiger Prüfungseinrichtungen (→ *Revision, interne)* die Prüfungshandlungen des unabhängigen Jahresabschlußprüfers nicht ersetzen (vgl. gemeinsame Erklärung des Instituts der Wirtschaftsprüfer und des Instituts für interne Revision 1966). Aber auch die Ergebnisse von Untersuchungen sonstiger (unabhängiger) Einrichtungen und Persönlichkeiten unterliegen stets der Nachprüfung und der kritischen Würdigung durch den Jahresabschlußprüfer. In Deutschland ist die Anwesenheit des Jahresabschlußprüfers bei der körperlichen Aufnahme der Vorräte (→ *Inventur)* nicht erforderlich, sie wird jedoch in Übereinstimmung mit der Übung im Ausland (insbes. USA) empfohlen. Zur Abgrenzung der Verantwortlichkeiten zwischen Jahresabschlußprüfer und Unternehmensleitung (Vorstand) wird in Deutschland die Einholung einer sog. *Vollständigkeitserklärung* verlangt, d. h. einer Erklärung der Geschäftsleitung über die Vollständigkeit der erteilten Auskünfte und Nachweise.

V. Planung

Die für die Durchführung der Jahresabschlußprüfung zur Verfügung stehende Frist ist knapp bemessen, sie beträgt im ungünstigsten Falle nach dem AktG nur 6 Wochen (§§ 123, 148, 171, 175 AktG). Der dadurch entstehende Zeitdruck, die Komplexität des Prüfungsstoffes und die Beteiligung mehrerer Personen (Prüfer, Prüfungsgehilfen) an der JAPrfg bedingen eine möglichst eingehende *Prüfungsplanung.* Sie erstreckt sich vor allem auf:
– die Aufteilung des Prüfungsstoffes in Prüffelder und Prüffeldergruppen;
– die Festlegung der Reihenfolge der zu bearbeitenden Prüffelder und Prüffeldergruppen;
– die Bestimmung der Art und der Intensität der Prüfungshandlungen;
– die Zuordnung der Prüffelder und Prüffelder-

gruppen auf die an der Prüfung beteiligten Prüfer.

Die *Aufteilung des Prüfungsstoffes* erfolgt meist in Anlehnung an die Abschlußpositionen in Bilanz und GuV-Rechnung. Die *Reihenfolge der zu bearbeitenden Prüffelder* ist z. T. sachlich bedingt (z. B. Prüfung der Bestände vor der Bewertungsprüfung), teilweise aber auch dispositionsbedingt, vor allem abhängig von der Verfügbarkeit des Prüfungsstoffes (Prüfungsbereitschaft des zu prüfenden Unternehmens). Die *Zuordnung von Prüfern zu einzelnen Prüffeldern* hat auf die individuellen Fähigkeiten der Prüfer ebenso Rücksicht zu nehmen wie möglicherweise auf Ausbildungserfordernisse der Prüfungsgehilfen und auf alternative Einsatzmöglichkeiten der Prüfer bei parallelen Prüfungsaufträgen. Da die Prüfungsintensität und ggf. auch die Prüfungsmethoden wesentlich von den während der Prüfung gewonnenen Prüfinformationen abhängig sind, ist auf die *Anwendung flexibler Planungsverfahren* zu achten.

Die Anwendung von Planungstechniken für komplexe Projekte (z. B. → *Netzplantechnik:* CPM, PERT, RAMPS) scheitert in der Praxis oft aus folgenden Gründen: Die für den Entwurf eines Netzwerkes erforderlichen Reihenfolgebedingungen können bei der JAPrfg meist nur relativ bestimmt werden; es fehlt an Algorithmen, die simultan die optimale Zuordnung von Prüfern zu Prüffeldern und die optimale zeitliche Struktur der Prüfungshandlungen (Aktivitäten) gestatten; die häufig erforderliche Planrevision läßt die Anwendung der genannten Verfahren unwirtschaftlicher erscheinen (→ *Revisions- und Treuhandbetriebe*). Gleichwohl haben sich diese Verfahren als Erklärungsmodelle zur Umschreibung der bei der Planung der JAPrfg zu beachtenden Interdependenzen bewährt. Versuche, die Buchprüfung und ihre Planung als *spieltheoretisches Problem* zu begreifen (*Klages* 1968; *Loitlsberger* 1968) haben bislang wenig Resonanz gefunden (→ *Spieltheorie*).

Zur Milderung des Termindrucks bei der JAPrfg ist die Praxis dazu übergegangen, die Prüfung in Teilbereichen auch auf Zeiträume vor dem Bilanzstichtag bzw. Bilanzaufstellungstag zu verlegen (*Vorprüfungen, Zwischenprüfungen*), im Grenzfall eine sogenannte *permanente JAPrfg* durchzuführen und/oder eine Entlastung durch die Aufstellung von sogenannten *mehrjährigen Prüfungsplänen* zu erreichen, d. h. durch planmäßigen Wechsel der Prüfungsschwerpunkte innerhalb eines Zeitraumes von drei bis fünf Geschäftsjahren. Das AktG unterstützt die Abhaltung von Zwischenprüfungen ausdrücklich mit der Bestimmung des § 165,3, nach der Prüfungshandlungen bereits vor Aufstellung des Jahresabschlusses vorgenommen werden dürfen.

VI. *Prüfungsergebnis*

Es ist üblich und bei Pflichtprüfungen regelmäßig vorgeschrieben, daß das Ergebnis der Prüfung schriftlich fixiert wird. Das AktG sieht eine *gestaffelte* → *Publizität* vor: Der geprüfte Jahresabschluß

ist, falls nach dem abschließenden Ergebnis der Prüfung keine Einwendungen zu erheben sind, durch den Prüfer mit einem sog. *uneingeschränkten Bestätigungsvermerk* zu versehen: „Die Buchführung, der Jahresabschluß und der Geschäftsbericht entsprechen nach meiner (unserer) pflichtmäßigen Prüfung Gesetz und Satzung" (§ 167, 1 AktG). Sind Einwendungen zu erheben, so ist der *Bestätigungsvermerk einzuschränken oder zu verweigern* (§ 167, 2 AktG). Eine Verweigerung wird nur bei schwerwiegenden und allgemeinen Einwendungen in Betracht kommen; eine Einschränkung nur dann, wenn es sich um zwar schwerwiegende, aber abgrenzbare Einwendungen handelt. Nach § 166 AktG hat der Prüfer darüber hinaus einen schriftlichen *Prüfungsbericht* zu erstellen (vgl. dazu insbesondere IdW-Fachgutachten 1/70). Darin hat der Prüfer im einzelnen festzustellen, ob die gesetzlichen und statutarischen Vorschriften über den Jahresabschluß und den Geschäftsbericht eingehalten worden sind und ob der Vorstand die verlangten Aufklärungen und Nachweise erbracht hat. Ferner sind in dem Prüfungsbericht die Posten des Jahresabschlusses aufzugliedern und ausreichend zu erläutern (§ 166, 1 AktG). Dieser Bericht ist dem Vorstand und durch diesen dem Aufsichtsrat der Aktiengesellschaft vorzulegen; er wird nicht veröffentlicht (→ *Aktiengesellschaft und Kommanditgesellschaft auf Aktien*). Es entspricht der Übung, die einzelnen während der Prüfung durchgeführten Prüfungshandlungen und deren Ergebnisse durch sogenannte *Arbeitspapiere* zu belegen. Durch sie soll u. a. zusammen mit dem Prüfungsbericht die Art und Weise der Prüfungsdurchführung soweit nachgewiesen werden, daß das Prüfungsergebnis auch durch einen Dritten abgeleitet werden könnte. Die *Mitteilung von Prüfungsergebnissen in mündlicher Form* tritt daneben stark zurück: Wenn eine mündliche Erörterung des Prüfungsergebnisses stattfindet, dann meist in Ergänzung des schriftlichen Berichtes, und zwar in Form einer sog. *Schlußbesprechung*. Durch sie soll vor Fixierung des endgültigen Prüfungsergebnisses dem Unternehmen noch einmal die Möglichkeit gegeben werden, sich zu den wesentlichen Feststellungen des Prüfers zu äußern und ggf. Gegendarstellungen vorzubringen.

Literatur: Zimmermann, E.: Theorie und Praxis der Prüfungen im Betriebe. Essen 1954 – Institut der Wirtschaftsprüfer in Deutschland (Hrsg.): Die Fachgutachten und Stellungnahmen des Instituts für Wirtschaftsprüfer auf dem Gebiete der Rechnungslegung und Prüfung. Düsseldorf 1956 – *Staks, H. J.*: Die Anlage und Zweckmäßigkeit von Arbeitspapieren bei Jahresabschlußprüfungen. Düsseldorf 1956 – *Pougin, E.*: Die Berücksichtigung des internen Kontrollsystems als Grundlage ordnungsmäßiger Abschlußprüfung. Düsseldorf 1959 – *Wulf, K.*: Die Planung der Prüfung des Jahresabschlusses. In: Wpfg, 12. Jg 1959, S. 509–531 – *Bußmann, K. F.*: Betreuung und Prüfung der Unternehmungen. Wiesbaden 1960 – *Minz, W.:* Prüfungsmethoden. In: Wpfg, 13. Jg 1960, S. 89–97 – *Kürschner, H.:* Die Bedeutung der Schlußbesprechungen über Prüfungsergebnisse. In: Ebd., 14. Jg 1961, S. 632–635 – *Rackles, R.:* Das Problem der repräsentativen Auswahl bei der aktienrechtlichen Abschlußprüfung. Diss. Frankfurt a.M. 1961 – *Dinter, H.:* Zur Frage der Verwendung von Stichprobenverfahren im Rahmen von Prüfungshandlungen. In: Wpfg, 15. Jg 1962, S. 85–91 – *Fabian, W.:* Die Prüfung der rechtlichen Verhältnisse bei Abschlußprüfungen – Prüfplan und -methode. Ebd., S. 57–61 – *Havermann, H.:* Einige Anregungen zur Ausgestaltung einer Dauerakte. Ebd., S. 402–406 – *Heine, K.-H.:* Der Prüfplan für die Prüfung der Ordnungsmäßigkeit der Buchführung. Ebd., S. 29–36 – *Meyer, K. W.:* Wegweiser für die kaufmännische Betriebs- und Bilanzprüfung. 4. A., Herne 1962 – *Petzel, O.:* Die Gliederung des Prüfungsstoffes für den mehrjährigen Prüfungsplan und für die Zwischenprüfung. In: Wpfg, 15. Jg 1962, S. 2–7 – *Spieth, E.:* Vergleichende Gegenüberstellung und Wertung der wichtigsten Abschlußprüfungshandlungen in der deutschen und amerikanischen Wirtschaftsprüferarbeit. Düsseldorf 1962 – *Elmendorff, K.:* Anwendbarkeit von Zufallsstichproben bei der Abschlußprüfung. Düsseldorf 1963 – *Schulze zur Wiesch, D. W.:* Grundsätze ordnungsmäßiger aktienrechtlicher Jahresabschlußprüfung. Düsseldorf 1963 – *Forster, K.-H.:* Die Jahresabschlußprüfung nach dem Aktiengesetz von 1965. In: Wpfg, 18. Jg 1965, S. 389–397 – *ders.:* Neue Pflichten des Abschlußprüfers nach dem Aktiengesetz von 1965. Ebd., S. 585–606 – *König, W.:* Die Anwendung des mathematischen Stichprobenverfahrens bei der Abschlußprüfung. Ebd., S. 333–335 – *Minz, G.:* Ordnungsmäßigkeit der Buchführung und Anpassung der Prüfungstechnik beim Einsatz moderner maschineller Datenverarbeitung. Ebd., S. 510–514 – *Schulze zur Wiesch, D. W.:* Grundsätze ordnungsmäßiger aktienrechtlicher Jahresabschlußprüfung. In: ZfB, 35. Jg 1965, S. 643–662 – *Ballmann, W.:* Über die Zusammenarbeit zwischen Wirtschaftsprüfung und Revision. In: ZIR, 1966, S. 194–205 – Institut der Wirtschaftsprüfer in Deutschland e. V. (Hrsg.): Gemeinsame „Erläuterung der Grundsätze f. d. Zusammenarbeit d. Wirtschaftsprüfer mit d. internen Revision" durch das Inst. der Wirtschaftsprüfer und das Inst. f. interne Rev.. In: Fachnachr. d. Inst. d. Wirtschaftsprüfer 1966, S. 122 – *Loitlsberger, E.:* Treuhand- und Revisionswesen. 2. A., Stuttgart 1966 – *Potthoff, E.:* Die Möglichkeiten der Geschäftsführungsprüfung. In: Wpfg, 19. Jg 1966, S. 586–591 – *Härle, D.:* Alternativplanung und Entscheidung im Rahmen einer Prüfungsplanung. In: ZfB, 37. Jg 1967, S. 459–470 – Institut der Wirtschaftsprüfer

in Deutschland e. V. (Hrsg.): Fachgutachten Nr. 1/1967: Grundsätze ordnungsmäßiger Durchführung von Abschlußprüfungen. In: Wpfg, 20. Jg 1967, S. 158–161 – *Wysocki, K.v.:* Grundlagen des betriebswirtschaftlichen Prüfungswesens. Berlin u. Frankfurt a. M. 1967 – *Brandl, W. u. K. B. Bleyer:* Zu Ordnungskriterien beim Einsatz von Prüfern. In: ZfB, 38. Jg 1968, S. 713–719 – *Dörner, W.:* Die Abhängigkeit der Prüfungstechnik von den verschiedenen Buchführungsverfahren (manuelle, maschinelle Durchschreibebuchführung, Lochkartenverfahren, moderne Datenverarbeitung). In: Journal U.E.C. 1968, S. 228–233 – *Klages, A.:* Spieltheorie und Wirtschaftsprüfung. Hamburg 1968 – *Krug, H. u. H.-G. Krahne:* Die Anwendung mathematischer Optimierungsverfahren auf die Planung des Personaleinsatzes im Wirtschaftsprüferbetrieb. In: Wpfg, 21. Jg 1968, S. 621–627 – *Loitlsberger, E.:* Die Buchprüfung als spieltheoretisches Problem. In: ÖB, 18. Jg 1968, S. 137–179 – *Münstermann, H.:* Netzplantechnik und Jahresabschlußprüfung. In: Wirtschaftsprüfer im Dienst der Wirtschaft, Festschr. f. E. Knorr, hrsg. v. Pougin u. v. Wysocki. Düsseldorf 1968, S. 111–140 – *Spieth, E.:* Zur Bedeutung der Grundsätze ordnungsmäßiger Abschlußprüfung. Ebd., S. 141–168 – *Leffson, U., K. Lippmann u. J. Baetge:* Zur Sicherheit und Wirtschaftlichkeit der Urteilsbildung bei Prüfungen. Düsseldorf 1969 – *Louwers, P.C.:* Statistische Stichproben und der Abschlußprüfer. In: Journal U.E.C. 1969, S. 153–155 – *Heigl, A.:* Zielvorgaben und Aufgabenstellung der aktienrechtlichen Prüfung. In: DB, 1970, S. 1037–1040 – *ders. u. Uecker:* Die aktienrechtliche Prüfung. Stuttgart 1970 – Institut der Wirtschaftsprüfer in Deutschland e. V. (Hrsg.): Fachgutachten Nr. 1/1970: Grundsätze ordnungsmäßiger Berichterstattung bei Abschlußprüfungen. In: Wpfg, 23. Jg 1970, S. 614–616 – *Kicherer, H.P.:* Grundsätze ordnungsmäßiger Abschlußprüfung. Berlin 1970 – *Schulte, E. B.:* Quantitative Methoden der Urteilsgewinnung bei Unternehmensprüfungen. Düsseldorf 1970 – *Will, H. J.:* Die Prüfung des Rechnungswesens auf Computer-Basis. In: Wpfg, 23. Jg 1970, S. 297–304 – *Adler/Düring/Schmaltz* (Bearb. v. *Schmaltz,* u.a.): Rechnungslegung und Prüfung der Aktiengesellschaft. 4. A., 3 Bde, Stuttgart 1968, 1971 u. 1972 – *Wysocki, K. v.:* Betriebswirtschaftliches Prüfungswesen – Prüfungsordnungen und Prüfungsorgane. München 1972 – Institut der Wirtschaftsprüfer in Deutschland e. V. (Hrsg.): Wirtschaftsprüfer-Handbuch 1973. Düsseldorf 1973 – U.E.C.: Die Prüfung des Jahresabschlusses. 3. A., Düsseldorf 1973 – *Wysocki, K. v.:* Grundlagen des betriebswirtschaftlichen Prüfungswesens. 2. A., München 1973.

Klaus v. Wysocki

K

Kalkulationsformen und -verfahren

[s.a.: Absatzkalkulation; Aufträge, öffentliche; Beschaffungskalkulation; Deckungsbeitrag und Deckungsbeitragsrechnung; Direct Costing; Erfolgsrechnung und Erfolgsanalyse; Fixkosten; Grenzkosten, Grenzertrag und Grenznutzen; Kostenarten; Kosten, kalkulatorische; Kostenrechnung; Kostenverursachung, Prinzipien und Probleme; Leistungsverrechnung, innerbetriebliche; Plankostenrechnung; Preisuntergrenzen; Produktion, verbundene; Produktionsverfahren (Produktionstypen); Verrechnungspreise, betriebliche.]

I. Kalkulation und Kalkulationsprinzipien;

II. Kalkulationsformen; III. Kalkulationsverfahren.

I. Kalkulation und Kalkulationsprinzipien

Auf der Grundlage der üblichen Unterteilung der → *Kostenrechnung* in Kostenarten-, Kostenstellen- und Kostenträgerrechnung ist die Kalkulation der Kostenträgerrechnung zuzuordnen. *Kostenträgerrechnungen* können sowohl als Kostenträger-Zeitrechnungen als auch als Kostenträger-Stückrechnungen durchgeführt werden. In der *Kostenträger-Zeitrechnung* werden jene Kosten (= bewerteter Einsatz von Stoffen, Kräften und Rechten zur Erstellung von betrieblichen Leistungen) ermittelt, die eine Produktart bzw. -gruppe innerhalb eines Zeitraumes verursacht hat (Istkosten) oder verursachen wird (Sollkosten). Dagegen bestimmt die *Kostenträger-Stückrechnung* die Kosten je Leistungseinheit einer Produktart bzw. -gruppe. Die damit vorzunehmende Zuordnung der Kosten kann nach verschiedenen Prinzipien erfolgen.

Das *Verursachungs-* oder *Kausalitätprinzip* (→ *Kostenverursachung, Prinzipien und Probleme*) besagt, daß das Entstehen von Kosten auf die Erstellung betrieblicher Leistungen zurückzuführen, die Leistungserstellung also die Ursache der Kostenentstehung ist. Bezüglich der Kostenträgerrechnung werden zwei Verursachungsprinzipien unterschieden, einmal im Sinne eines Ursache-Wirkungs-Zusammenhanges und zum anderen im Sinne eines Zweck-Folge-Zusammenhanges.

Beim ersteren wird als Ursache die Leistungserstellung und als Wirkung die Entstehung von Kosten gesehen. Hinsichtlich der Kostenentstehung als unmittelbarer Folge der Leistungserstellung sind die Gruppen der beschäftigungsvariablen und der beschäftigungsfixen Kosten (→ *Fixkosten*) zu unterscheiden. Unmittelbar verursacht durch die Leistungserstellung werden nur die *variablen Kosten*, während die *fixen Kosten* als Kosten der Kapazität oder der Betriebsbereitschaft (→ *Kapazität und Beschäftigung*) als unabhängig von der erstellten Leistungsmenge anzusehen sind. In diesem Zusammenhang sind die → *Grenzkosten* zu erwähnen, jene Kosten, die zusätzlich entstehen, wenn die Leistungsmenge bei unveränderter Kapazität um eine Einheit vermehrt wird. Die variablen Kosten einer Leistungsmenge sind also gleich der Summe der Grenzkosten aller Einheiten dieser Leistungsmenge. Hieraus folgt, daß das Verursachungsprinzip im Sinne des Ursache-Wirkungs-Zusammenhanges nur variable Kosten den Kostenträgern zurechnet. Sofern die Grenzkosten als konstant anzusehen sind, entspricht das Verursachungsprinzip im hier besprochenen Sinn dem *Proportionalitätsprinzip*, welches besagt, daß sich die variablen Kosten proportional mit der Beschäftigungsmenge ändern.

Bei der zweiten Auslegung des Verursachungsprinzips, dem *Zweck-Folge-Zusammenhang*, wird von der Tatsache ausgegangen, daß zum Zweck der Leistungserstellung Produktionsfaktoren bzw. deren Werte, also Kosten (als Folge), eingesetzt werden müssen. Dann ist es möglich, auch die → *Fixkosten* den Kostenträgern verursachungsgemäß zuzurechnen. Allerdings besteht hier im Gegensatz zu den variablen Kosten zwischen den fixen Kosten und der einzelnen Leistungseinheit kein direkter Zusammenhang, sondern ein Zusammenhang nur insoweit, als i. d. R. den Fixkosten einer Periode alle in dieser Periode hergestellten Leistungseinheiten gegenüberstehen. Es ist deshalb nur möglich, die Fixkosten je Leistungseinheit im Wege der Durchschnittsbildung zu ermitteln (*Durchschnittskostenprinzip*). Dieses setzt voraus, daß homogene Leistungen vorliegen oder heterogene Leistungen kostenrechnerisch gewichtet und in rechnerisch einheitliche Leistungen umgewandelt werden können. Die Fixkosten je Leistungseinheit dürfen aber nicht (im Gegensatz zu den variablen Kosten je Einheit) als Kosten angesehen werden, welche die betreffende Leistungseinheit im strengen Sinne ursächlich bewirkt hat: sie sind tatsächlich nichts anderes als eine rechnerische Durchschnittsgröße, deren Zurechnung sich aus dem Zweck-Folge-Zusammenhang ergibt. Eine Verrechnung der variablen und auch der fixen Kosten auf die Kostenträger nach dem Verursachungsprinzip ist somit (zumindest in seiner zweiten Auslegung) möglich. Damit wird jedoch nicht gesagt, daß die Verrechnung von Fixkosten auf die Kostenträger für jeden Rechnungszweck erforderlich und sinnvoll ist.

Schließen die Produktionsbedingungen im Einzelfall die Zurechnung von Kosten nach dem Verursachungsprinzip als dem primären Zurechnungsprinzip aus, so kommt als zweites hilfsweise anwendbares Prinzip das *Kostentragfähigkeits-* oder *Deckungsprinzip* zur Anwendung. Als Grundlage der Verteilung sowohl der variablen als auch der fixen Kosten auf die Kostenträger dienen nach dem Kostentragfähigkeitsprinzip die voraussichtlichen Preise oder Umsätze der Kostenträger. Hierzu ist zu bemerken, daß die aufgrund des Tragfähigkeitsprinzips ermittelten Stückkosten nicht mit jenen übereinstimmen müssen, die eine Leistungseinheit tatsächlich verursacht hat. Das schließt jedoch nicht aus, daß das Kostentragfähigkeitsprinzip im Rahmen der Preispolitik hilfsweise oder auch ergänzend berücksichtigt werden kann, wenn das Verursachungsprinzip nicht anwendbar ist, wie im Fall der Kalkulation von Kuppelprodukten (→ *Produktion, verbundene*). Im Gegensatz dazu bezieht sich das Deckungsprinzip, soweit es den → *Deckungsbeitrag* betrifft, lediglich auf den Ausgleich der fixen Kosten; die Grundlage dazu bildet die Differenz zwischen den Preisen oder Umsätzen und den variablen Kosten der verschiedenen Kostenträger. Diese Differenz wird, sofern sie positiv ist, als *Deckungsbeitrag* bezeichnet. Je größer der Deckungsbeitrag eines Erzeugnisses ist, umso mehr vermag dieses zum Ausgleich der Fixkosten und zur Erzielung eines Gewinnes beizutragen.

II. Kalkulationsformen

Die einzelnen Kalkulationsformen können aufgrund verschiedener Kriterien voneinander unterschieden werden. Diese Kriterien sind die Zielsetzungen bzw. Zwecke der Kalkulation, der Gegenstand der Kalkulation, der Kalkulationszeitpunkt, der Inhalt der Kalkulation und die Kalkulationsverfahren.

1. Unterscheidung nach den Zwecken der Kalkulation

Als Zielsetzungen bzw. Zwecke der Kalkulation sind zu nennen:
a) die Kostenermittlung,
b) die Preisermittlung,
c) die Preiskontrolle,
d) die Erfolgsermittlung,
e) die Durchführung von Vergleichsrechnungen,
f) die Bewertung von betrieblichen Leistungen.

zu a): Die Ermittlung von Kosten je Leistungseinheit ist die Grundaufgabe der Kalkulation, der ursprüngliche Kalkulationszweck. Daneben kann die Kalkulation im Einzelfall von weiteren speziellen Zielsetzungen oder Zwecken bestimmt sein, die dann zugleich den Aufbau und den Inhalt der Kalkulation beeinflussen.

zu b): Der Zweck der Preisermittlung steht bei folgenden Kalkulationen im Vordergrund:

(1) Kalkulationen als Grundlage der Preispolitik auf den Absatzmärkten einschließlich der Ermittlung von → *Preisuntergrenzen* und Preisen für öffentliche Aufträge (→ *Aufträge, öffentliche*; → *Absatzkalkulation*);

(2) Kalkulationen zur Ermittlung von Preisgeboten auf den Beschaffungsmärkten (→ *Beschaffungskalkulation*);

(3) Kalkulationen zur Festlegung von Verrechnungspreisen im Innenbereich der Unternehmung oder eines Konzerns (→ *Verrechnungspreise, betriebliche*).

zu c): Die Preiskontrolle ist im Gegensatz zur Preisermittlung immer dann von Bedeutung, wenn die Preise auf den zu analysierenden Märkten gegeben sind. Es können hier zwei praktisch bedeutsame Fälle unterschieden werden:

Im ersten Fall ist der Preis auf dem Absatzmarkt gegeben, nicht jedoch auf dem Beschaffungsmarkt. Im zweiten Fall ist der Preis sowohl auf dem Absatz- als auch auf dem Beschaffungsmarkt gegeben. Im ersten Fall stellt sich die Frage: Welche Preise kann die Unternehmung auf dem Beschaffungsmarkt anbieten, wenn mit dem gegebenen Preis des Absatzmarktes die gesamten Kosten gedeckt und ein beabsichtigter Gewinn realisiert werden soll? Im zweiten Fall lautet sie: Reicht die Differenz zwischen den gegebenen Preisen aus, um die über die Beschaffungspreise hinausgehenden Kosten zu decken und einen beabsichtigten Gewinn zu realisieren?

zu d): Unter der Erfolgsermittlung (→ *Erfolgsrechnung und Erfolgsanalyse*) wird die Gegenüberstellung von Kosten und Leistungen zum Zwecke der Gewinnermittlung verstanden. Je nach dem Kreis der Leistungen, der einer Erfolgsermittlung zugrundegelegt wird, kann unterschieden werden zwischen Erfolgsermittlung für 1. einzelne Geschäftsabschlüsse einer Periode, 2. alle Geschäftsabschlüsse einer Periode, und zwar als artikelweise, artikelgruppenweise, geschäftsspartenweise oder gesamtbetriebliche Erfolgsermittlung.

zu e): Als Vergleichsrechnungen können angeführt werden:

1. Soll-Ist-Vergleiche zum Zwecke der Kostenkontrolle;
2. innerbetriebliche zwischenzeitliche Vergleiche zur Feststellung von Änderungen in der Kostenhöhe und Kostenstruktur im Zeitablauf;
3. zwischenbetriebliche Vergleiche zwecks Ermittlung der Wettbewerbslage und -fähigkeit;
4. Verfahrensvergleiche im weitesten Sinne.

zu f): Die Frage der Bewertung von Betriebsleistungen tritt einmal dann auf, wenn einzelne Kostenstellen des Betriebes Leistungen für andere erbringen und im Interesse der Genauigkeit der Kostenrechnung die empfangenden Kostenstellen mit dem Kostenwert dieser Leistungen zu belasten und die leistenden Kostenstellen zu entlasten sind (→ *Leistungsverrechnung, innerbetriebliche*). Zum anderen hat die Bewertung von Betriebsleistungen bei der Aufstellung von Bilanzen zu erfolgen, und zwar für alle jene vom Betrieb erstellten Leistungen, die am Bilanzstichtag noch vorhanden sind (Lagerbestände an fertigen und unfertigen Erzeugnissen, aktivierbare bzw. aktivierungspflichtige innerbetriebliche Leistungen).

2. Unterscheidung nach dem Gegenstand der Kalkulation

Die Frage nach dem Gegenstand der Kalkulation ist der Frage gleichzusetzen, für welche Leistung bzw. Leistungen die Kosten ermittelt werden sollen. Grundsätzlich kann zwischen Kalkulationen für *Gesamt-* und für *Teilleistungen* unterschieden werden.

Die *Gesamtleistung* kann zunächst unter mengenmäßigen als auch unter funktionalen Aspekten betrachtet werden. Bei der *mengenmäßigen Betrachtung* gilt als Gesamtleistung und damit als Kalkulationsobjekt die innerhalb einer Periode hergestellte Gesamtmenge eines Artikels, einer Artikelgruppe oder aller Produkte des Fertigungsprogramms. Gesamtleistungskalkulationen in diesem Sinne sind beispielsweise erforderlich, wenn artikel-, artikelgruppen- oder gesamtleistungsbezogene Erfolgsermittlungen durchgeführt werden sollen. Bei der *funktionalen Betrachtung* wird als Gesamtleistung der Gesamtkreis aller Teilleistungen (Funktionen; Gesamtfunktionskreis) gesehen, die im Rahmen der Erstellung und Verwertung der Leistungen auszuüben sind. Als Teilleistungen sind dann die einzelnen Funktionen wie Beschaffung, Lagerung, Produktion, Absatz und Verwaltung zu sehen. Weiterhin kann die Gesamtleistung als die Zusammenfassung von Eigen- und Fremdleistungen gesehen werden.

Von *Teilleistungen* kann unter mengenmäßigen oder institutionalen Aspekten gesprochen werden. Als Kalkulation für eine Teilleistung im *mengenmäßigen Sinn* gilt hier die Kalkulation für einen Teil der Gesamtmenge. Die zu kalkulierende Teilmenge kann eine Einheit eines Artikels, eine Teileinheit einer größeren Packungseinheit (Päckchen Waschpulver als Teilpackung eines mehrere Päckchen beinhaltenden Kartons), die Grundleistung oder die einzelne Zusatzleistung (die angebotene Ware als Grundleistung; Kreditgewährung, Frei-Haus-Lieferung, Garantie, Service usw. als Zusatzleistungen) sein, oder auch eine Mehrzahl von Artikeleinheiten, sofern sie kleiner als die Gesamtleistungsmenge der Unternehmung ist. Im letzten Fall kann es sich einmal um die Kalkulation für die kosten- und damit auch preisgünstigste größere Stückzahl je Auftrag (Kalkulation zur Bestimmung von Mengenrabatten, die ihren Hauptansatzpunkt in den auftragsfixen Kosten finden) und zum anderen um die Kalkulation für Zusatzaufträge handeln. Bei letzterer ist an Aufträge gedacht, die dem Betrieb neben der Leistung für die bisherigen Märkte (Grundmärkte) zusätzliche Absatzmöglichkeiten auf weiteren Märkten (Zusatzmärkte) erschließen und damit eine Ausweitung der Beschäftigung des gesamten Betriebes oder einzelner Betriebsabteilungen (z.B. durch Lohnaufträge) zulassen. Die Ausführung zusätzlicher Aufträge dieser Art ist generell dann sinnvoll, wenn deren Erlöse die zusätzlich entstehenden Kosten (Grenzkosten) zumindest decken. Diese Teilkalkulation hat dementsprechend primär die mit der Zusatzproduktion entstehenden Zusatzkosten zu bestimmen. Die Kalkulation einer Teilleistung kann weiterhin auch auf *institutionaler Grundlage* gesehen werden, wenn eine Gesamtleistung aus Teilleistungen besteht, die von mehreren Betrieben als getrennten Institutionen erbracht werden, für die jeweils getrennt kalkuliert wird.

3. Unterscheidung nach dem Kalkulationszeitpunkt

Nach dem Zeitpunkt der Kalkulationsaufstellung kann unterschieden werden zwischen:
a) Vorkalkulationen,
b) Zwischenkalkulationen,
c) Nachkalkulationen.

zu a): *Vorkalkulationen* werden vor dem Beginn der Leistungserstellung durchgeführt. Sie basieren auf Soll-Kosten und Soll-Gewinnaufschlägen und werden i.d.R. durchgeführt bei Entscheidungen über die Aufnahme neuer oder auch zusätzlicher Leistungen, zur Angebotspreisbildung bei Einzel- und Sonderanfertigungen, bei Entscheidungen über mehrere zur Auswahl stehende Objekte und Verfahren.

zu b): *Zwischenkalkulationen* sind jene Kalkulationen, die nach dem Beginn, aber vor Abschluß der Erstellung einer Leistung durchgeführt werden. Sie dienen der Bewertung noch nicht fertiggestellter Produkte für die Bilanzaufstellung, der Ermittlung der vom Auftraggeber zu leistenden Abschlagszahlungen, dem Vergleich von Istkosten und vorkalkulierten Sollkosten für bereits ausgeführte Teilleistungen, um Differenzen zu analysieren und – soweit möglich – auf der Grundlage der gewonnenen Erkenntnisse die weiterhin entstehenden Kosten zu beeinflussen; letztlich können sie auch dem Zweck unterstellt sein, die mit der Leistung zu erwartenden Gesamtkosten zu bestimmen, um den damit nach neuer Einsicht zu erwartenden Gewinn zu überprüfen. Im letzteren Fall werden die schon erbrachten Teilleistungen mit Istkosten, die noch zu erbringenden Teilleistungen mit den gegebenenfalls korrigierten Sollkosten kalkuliert.

zu c): *Nachkalkulationen* werden nach der Leistungserstellung durchgeführt (Istkosten) und die-

nen den Zwecken der Kontrolle (Einhaltung von vorgegebenen Mengen-, Wert- und Zeitansätzen für gleiche oder vergleichbare Leistungen). Daneben sind sie für die Preisbildung und/oder Erfolgsermittlung und -kontrolle der erstellten Leistung und über diese für die kurzfristige Erfolgsrechnung und damit für die zukünftige → *Unternehmungspolitik* von Bedeutung.

4. Unterscheidung nach dem Inhalt der Kalkulation

Die Frage nach dem Inhalt der Kalkulation berührt zwei Teilfragen, nämlich:
a) Welche Kosten gehen, vom Umfang her gesehen, in die Rechnung ein (Kalkulation als Voll- oder Teilkostenrechnung)?
b) Welche Kosten werden, qualitativ gesehen, in der Kalkulation erfaßt (Ist-, Normal-, Soll-, Bestkosten oder Mischungen aus diesen Kostentypen)?

zu a): Von einer *Vollkostenrechnung* wird dann gesprochen, wenn alle Kosten, die mit der Erstellung und dem Absatz einer Leistung verbunden sind, dieser Leistung in der Kalkulation zugerechnet werden. Als *Teilkostenrechnung* werden dementsprechend jene Rechnungen bezeichnet, in denen nicht die Gesamtkosten, sondern nur einzelne ausgewählte Kostenarten oder -gruppen verrechnet werden, z.B. nur die durchschnittlichen variablen Kosten (→ *Direct Costing*) oder auch nur die zusätzlichen variablen Kosten (Grenzkostenrechnung).

zu b): Die Kosten einer Leistungseinheit (k) werden von den eingesetzten Kostengütermengen (m), von den Preisen (p) der eingesetzten Kostengüter sowie von der Höhe der fixen Kosten der Periode (FK) bestimmt, die ihrerseits von der Einsatzmenge der die Betriebsbereitschaft begründenden Einsatzfaktoren und deren Preisen abhängig sind und auf die Menge der in einer Periode hergestellten Leistungseinheiten (x) anteilig zu verrechnen sind. Die fixen Kosten (Bereitschaftskosten) (→ *Fixkosten*) stehen damit in einer unmittelbaren Beziehung zur technischen und finanzwirtschaftlichen Kapazität (x_{max}) des Betriebes. Die Leistungsmenge einer Periode stellt die Ausnutzung dieser → *Kapazität* dar; sie kommt zum Ausdruck im Beschäftigungsgrad des Betriebes. Unter der Annahme einer konstanten Kapazität ergibt sich:

$$k = p \cdot m + \frac{FK}{x_{max} \cdot B} \; ; \left(B = \frac{x}{x_{max}} \right)$$

Die Kosten je Einheit sind also abhängig von den Faktormengen, den Faktorpreisen und vom Beschäftigungsgrad. Bei der Kalkulation mit Istkosten werden die tatsächlich entstandenen Kosten auf der Basis des Ist-Beschäftigungsgrades, der Ist-Mengen und der Ist-Preise ermittelt. Unter *Normalkosten* werden gewöhnlich Durchschnittskosten, die aus Istkosten mehrerer zurückliegender Perioden ermittelt werden, verstanden. Alle zufälligen Schwankungen der Preise, der Mengen und des Beschäftigungsgrades einer Abrechnungsperiode werden somit ausgeschaltet. Hauptanwendungsgebiet der Normalkosten ist (sofern keine → *Plankostenrechnung* vorhanden ist) die Vorkalkulation zum Zwecke der Angebotspreisbildung. *Soll-* oder *Plankosten* sind dagegen Kosten, die nicht auf Ist-Zahlen vergangener Perioden basieren, sondern aufgrund von technologischen Analysen und Berechnungen (Verbrauchsfunktion) zukunftsgerichteter Planungen auf der Grundlage der gegebenen Betriebsverhältnisse gewonnen wurden und als Norm vorgegeben werden (auch als Richt-, Norm-, Vorgabe- oder Standardkosten bezeichnet).

Die Hauptziele der *Soll-* oder → *Plankostenrechnung* sind die Aufstellung von Vorkalkulationen und Kostenplänen und die Durchführung von Kostenkontrollen in der Form des Vergleichs von Vorgabe- und Istkosten zur Erfassung und anschließenden verursachungsbezogenen Auswertung der Differenzen. Bei der Ermittlung von *Bestkosten* lautet die Fragestellung: Wie hoch sind die Kosten je Einheit, wenn die in jeder Beziehung günstigsten Betriebsbedingungen realisiert werden? Es wird also ein Optimalzustand angenommen. Ziel der *Bestkostenkalkulation* ist die Feststellung jener Mehrkosten, die aufgrund der tatsächlichen gegenüber den optimalen Betriebsverhältnissen entstehen. Die Bestkostenkalkulation ist ohne Zweifel nur als Näherungsrechnung durchführbar. Der Vergleich von Ist- und Bestkosten hat aber den Vorteil, daß die von *Schmalenbach* genannte Gefahr des Vergleichs von „Schlendrian mit Schlendrian" ausgeschlossen wird und daß die Ermittlung von Bestkosten immer wieder die Frage aufwirft, welche Rationalisierungsmöglichkeiten über welche Maßnahmen noch erschlossen werden können. Eine reine Ist-Kostenrechnung ist in der Praxis kaum anzutreffen. So werden z.B. bei den kalkulatorischen → *Abschreibungen* als Rechnungsgröße der Anschaffungswert als Istgröße und die Nutzungsdauer als Plangröße verwendet. In anderen Fällen werden die Ist-Einsatzmengen mit Soll- oder Durchschnittskostengüterpreisen bewertet, um zufällige Preisschwankungen der Beschaffungsmärkte von den Kosten der Periode fernzuhalten; oder es gehen – insbesondere bei geringwertigen Kostengütern – nicht die Ist-, sondern die durchschnittlichen Kostengüter-Einsatzmengen in die Kostenrechnung ein.

Die letzte der Unterscheidungsmöglichkeiten der Kalkulationsformen ist die nach dem Kalkulationsverfahren. Darunter soll die Technik verstanden werden, nach der rein rechentechnisch die Kosten auf die Kostenträger verteilt werden (Kalkulationsmethoden).

III. Kalkulationsverfahren

Hinsichtlich der Zurechenbarkeit der Kosten zu den Kostenträgern ist zwischen zwei Kostengruppen zu unterscheiden (→ *Kostenarten*), nämlich den Kostenträger-*Einzelkosten* und den Kostenträger-*Gemeinkosten*. Die Einzelkosten können (entsprechend ihrer Definition) den Kostenträgern direkt oder unmittelbar, d.h. ohne Zuhilfenahme besonderer Verteilungs- oder Aufspaltungsschlüssel, nach dem Kalkulationsprinzip der Verursachung zugerechnet werden. Es bedarf also keiner besonderen Zurechnungsverfahren. Anders ist jedoch die Situation für die Kostenträger-Gemeinkosten. Ihnen fehlt die unmittelbare Verbindung zu den einzelnen Kostenträgern, da sie für eine Mehrzahl von Kostenträgern gemeinsam und gleichzeitig entstanden sind. Aus diesem Grunde müssen sie unter Zuhilfenahme besonderer Verteilungsschlüssel (Hilfsschlüssel) auf die einzelnen Kostenträger verrechnet werden. Diese strenge Unterscheidung wird nicht bei allen Kalkulationsverfahren durchgehalten. So wird bei den verschiedenen Formen der *Divisionskalkulation* gewöhnlich keine Trennung in Einzel- und Gemeinkosten vorgenommen. Im Rahmen der *Zuschlagskalkulation* findet sie jedoch Beachtung. Dabei werden als hilfsweise Schlüsselgrößen für die Verteilung der Gemeinkosten auf Kostenstellen und letztlich auf Kostenträger Bewegungs- oder Leistungsschlüssel (Mengen-, Zeit-, Wertschlüssel) oder auch Bestands- oder Ausstattungsschlüssel (Vermögens-, Kapital-, Arbeitsschlüssel) eingesetzt.

Allen Kalkulationsverfahren, die im folgenden beschrieben werden, ist gemeinsam, daß die Ermittlung der Stückkosten letztlich immer durch Division erfolgt. Zwischen folgenden Kalkulationsverfahren ist zu unterscheiden:

1. *Divisionskalkulation*
   a) Kumulative Divisionskalkulation
      (1) Summarische kumulative Divisionskalkulation
      (2) Differenzierte kumulative Divisionskalkulation
   b) Elektive Divisionskalkulation
      (1) Summarische elektive Divisionskalkulation
      (2) Differenzierte elektive Divisionskalkulation
   c) Äquivalenzziffernkalkulation
2. *Zuschlagskalkulation*
   a) Kumulative Zuschlagskalkulation
      (1) Summarische kumulative Zuschlagskalkulation
      (2) Differenzierte kumulative Zuschlagskalkulation
   b) Elektive Zuschlagskalkulation
      (1) Summarische elektive Zuschlagskalkulation
      (2) Differenzierte elektive Zuschlagskalkulation
3. *Komplementär-(Kuppel-)Kalkulation*
   a) Marktpreismethode
   b) Restwertrechnung
   c) Kostenverteilungsrechnung
4. *Branchenbezogene Sonderverfahren.*

1. Divisionskalkulation

a) Kumulative Divisionskalkulation

Die kumulative Divisionskalkulation, auch *Betriebsdivisionskalkulation* genannt, ist dadurch gekennzeichnet, daß der gesamte Betrieb als eine Leistungsstelle betrachtet wird; das hat zur Folge, daß in der Kalkulation die Kosten nicht nach Kostenstellen oder Fertigungsstufen untergliedert, sondern kumuliert erscheinen. Sie ist zugleich eine *summarische* kumulative Divisionskalkulation, wenn auch auf eine Untergliederung der Gesamtkosten einer Periode nach Kostenarten oder -gruppen (z.B. Material-, Fertigungs-, Verwaltungs-, Vertriebskosten) verzichtet wird. Die Stückkosten ergeben sich dann aus:

$$K = \frac{\text{Gesamtkosten der Periode (K)}}{\text{Zahl der Leistungseinheiten der Periode (x)}}$$

Werden dagegen die Gesamtkosten nach Kostenarten oder -gruppen aufgegliedert und getrennt durch die Zahl der Leistungseinheiten dividiert, spricht man von *differenzierter* (verfeinerter) Divisionskalkulation. Für sie gilt:

$$k_1 = \frac{K_1}{x}; \; k_2 = \frac{K_2}{x}; \ldots; k_n = \frac{K_n}{x};$$

$$k = k_1 + k_2 + \ldots + k_n$$

$K_{1,2, \ldots, n}$ = Gesamtkosten der Kostenart bzw. Kostengruppe 1,2, …, n

$k_{1,2, \ldots, n}$ = Kosten je Einheit der Kostenart bzw. Kostengruppe 1, 2, …, n

Für die Anwendbarkeit der Divisionskalkulation gilt die Grundvoraussetzung, daß die als Kalkulationsobjekt gegebenen Betriebsleistungen völlig gleichartig und damit addierbar sind.

Als gleichartig gelten Leistungen dann, wenn sie aus dem gleichen Ausgangsstoff im gleichen technischen Prozeß hergestellt werden und ihre Bearbeitungszeiten gleich lang sind. Als kumulative Divisionskalkulation kann dieses Kalkulationsverfahren nur dann durchgeführt werden, wenn erstens der Bestand an fertigen Erzeugnissen am Ende jeder Abrechnungsperiode gleich groß ist, wenn also die Produktionsmenge einer Periode mit der Absatzmenge übereinstimmt (z.B. Elektrizitätswerk) und zweitens die Menge der am Periodenende in der Fertigung befindlichen Zwischenprodukte jeweils gleich ist. Es dürfen also keine Zwischenläger in wechselnder Höhe bestehen. Ist diese Bedingung nicht erfüllt, so muß zur elektiven Divisionskalkulation übergegangen werden.

b) Elektive Divisionskalkulation

Bei der elektiven Divisionskalkulation, auch *Stufendivisionskalkulation* genannt, wird der Gesamtbetrieb abrechnungstechnisch in einzelne Kostenstellen oder Fertigungsstufen unterteilt. Die Stückkosten werden hier durch eine stufenweise Fortrechnung folgender Art ermittelt:

Stufe I: $k_I = \dfrac{K_I}{x_I}$

Stufe II: $k_{II} = \dfrac{k_I \cdot Vx_I + K_{II}}{x_{II}}$

.
.

Stufe N: $k_N = \dfrac{k_{N-1} \cdot Vx_{N-1} + K_N}{x_N}$

$K_I, K_{II} \ldots =$ Gesamtkosten der Periode auf den Stufen I, II, … ausschließlich der Kosten desjenigen Materialeinsatzes, der von den vorgelagerten Stufen übernommen wurde.

$x_I, x_{II} \ldots =$ hergestellte Menge der Periode auf den Stufen I, II, …

$k_I, k_{II} \ldots, =$ Kosten je Einheit der auf den Stufen I, II, … erzeugten Vorprodukte

$k_N =$ Kosten je Einheit des Produktes der letzten Stufe = Endprodukt

$Vx_I, Vx_{N-1} =$ Vorproduktmenge der Stufe I (bzw. N−1), die in der betreffenden Periode auf der nachfolgenden Stufe weiterverarbeitet wurden.

$k_I \cdot Vx_I$, $k_{N-1} \cdot Vx_{N-1} =$ Wert des von der Vorstufe übernommenen Materialeinsatzes auf der Stufe II, bzw. N.

Wenn die Stufendivisionskalkulation in der hier aufgezeigten Form durchgeführt wird, liegt eine *summarische* Stufendivisionskalkulation vor, Wenn jedoch die Gesamtkosten der einzelnen Stufen wiederum in einzelne Kostenarten bzw. -gruppen untergliedert werden, spricht man von einer *differenzierten* Stufendivisionskalkulation. Für die Stufe I würde diese verfeinerte Rechnung wie folgt aussehen:

$$k_{I1} = \frac{K_{I1}}{x_I}; \; k_{I2} = \frac{K_{I2}}{x_I}; \ldots; k_{In} = \frac{K_{In}}{x_I}$$

$$k_I = k_{I1} + k_{I2} + \ldots k_{In}$$

$K_{I1}, K_{I2}, \ldots, K_{In} =$ Gesamtkosten der Kostenart 1, 2, …, n auf der Stufe I

$k_{I1}, k_{I2} \ldots, k_{In} =$ Kosten der Kostenart 1, 2,…, n je Einheit des Produktes auf der Stufe I

Die Stufendivisionskalkulation muß zunächst angewendet werden, wenn die Produktionsmenge einer Periode nicht mit der Absatzmenge dieser Periode übereinstimmt. In diesem Fall muß eine zweistufige Kalkulation durchgeführt werden, indem in eine Herstellungs- und Vertriebskalkulation unterteilt wird. Wenn dieses nicht geschieht, werden die abgesetzten bzw. produzierten Einheiten entweder mit zu hohen oder mit zu niedrigen Kosten belastet, je nachdem, ob die Produktionsmenge größer oder kleiner als die Absatzmenge ist und ob als Divisor die Produktionsmenge oder die Absatzmenge gewählt wird.

Ist ferner die Menge der am Periodenende in der Fertigung befindlichen Zwischenprodukte nicht jeweils gleich, muß eine mehrstufige Bereichsdivisionskalkulation durchgeführt werden, die den Fertigungsbereich und damit die Fertigungskosten abschnittsweise gesondert erfaßt, da sonst die Fertigerzeugnisse entweder mit zu hohen Kosten (bei zunehmenden Zwischenlägern) oder zu geringen Kosten (bei abnehmenden Zwischenlägern) belastet werden.

Die verschiedenen Verfahren der Divisionskalkulation eignen sich für folgende Fertigungsweisen (→ *Produktionsverfahren*): Bei Produktion eines einheitlichen Gutes in Massen (*einfache Massenfertigung*) ist als Kalkulationsform die reine Divisionskalkulation angemessen. Bei konstanten Lagerbeständen an unfertigen und fertigen Erzeugnissen genügt die summarische oder verfeinerte Divisionskalkulation, wohingegen bei möglichen Bestandsänderungen in den Lägern die Stufendivisionskalkulation angewendet werden muß.

Für die *Parallelproduktion* (Gewinnung unterschiedlicher Produkte jeweils in Massen, jedoch auf getrennten Fertigungseinrichtungen) kommt die reine Divisionskalkulation in Frage, wenn die Gesamtkosten der Periode voraus in Teilbeträge für die räumlich isolierten Produktionsstätten aufgespalten werden können (räumliches Kostenzurechnungsproblem). Da in jedem Produktionsbereich jeweils nur ein einheitliches Produkt gefertigt wird, kann für jeden Bereich die reine Divisionskalkulation benutzt werden.

Ferner kommt die Divisionskalkulation für die *sukzessive Alternativproduktion* (Fertigung z.B. verschiedener Serien zeitlich nacheinander auf der gleichen Fertigungsanlage) dann in Betracht, wenn die Gesamtkosten einer Periode voraus mit ausreichender Genauigkeit auf die einzelnen vom Produktwechsel bestimmten zeitlichen Teilabschnitte verteilt werden können (zeitliches Kostenzurechnungsproblem). Die weiteren Ausführungen zur einfachen Massenfertigung gelten analog.

c) Äquivalenzziffernkalkulation

Die *Äquivalenzziffernkalkulation* als Sonderform der Divisionskalkulation ist dann anwendbar, wenn die Betriebsleistungen zwar nicht gleich, aber in Hinsicht auf die eingesetzten Stoffe, das Fertigungsverfahren und die Fertigungszeiten ähnlich, verwandt und damit vergleichbar sind und wenn es gelingt, die unterschiedliche Kostenverursachung der einzelnen Produkte in Äquivalenz-(= Kostengleichstellungs-)ziffern zu erfassen. Wenn als Ergebnis des Vergleichens der Produkte z.B. einem Produkt die Äquivalenzziffer 1 und einem anderen die von 1,8 zugewiesen wird, so bedeutet dieses, daß die Herstellung des letzteren Produkts 1,8-mal soviel an Kosten verursacht wie die des ersteren.

Das Verfahren der Äquivalenzziffernkalkulation ist nach der vorausgegangenen Bestimmung der Äquivalenzziffern wie folgt zu kennzeichnen:

1. Schritt: Die effektiven Erzeugungsmengen der unterschiedlichen Produkte ($x_A \ldots x_Z$) werden mit Hilfe der Äquivalenzziffern in ein rechnerisches Einheitsprodukt umgewandelt. Es gilt:

$$x_e = x_A \cdot \ddot{A}_A + x_B \cdot \ddot{A}_B + \ldots + x_Z \cdot \ddot{A}_Z$$

x_e = Gesamtmenge des rechnerischen Einheitsprodukts der Periode

$x_{A, B, \ldots, Z}$ = Die in der Periode erzeugten Mengen der Produkte A, B, ..., Z

$\ddot{A}_{A, B, \ldots Z}$ = Äquivalenzziffern der Produkte A, B,.., Z

2. Schritt: Es werden die Kosten je Einheit des rechnerischen Einheitsprodukts ermittelt:

$$k_e = \frac{K}{x_e}$$

k_e = Kosten je Leistungseinheit des Einheitsproduktes

K = Gesamtkosten der Periode

3. Schritt: Die Kosten je Einheit der einzelnen Produkte werden aus dem Kostenwert k_e und den jeweiligen Äquivalenzziffern bestimmt. Es gilt:

$$K_A = k_e \cdot \ddot{A}_A; k_B = k_e \cdot \ddot{A}_B; \ldots, k_Z = k_e \cdot \ddot{A}_Z$$

$k_{A, B, \ldots, Z}$ = Kosten je Einheit der Produkte A, B, ...,Z.

Auch innerhalb der Äquivalenzziffernrechnung ist es möglich, rechnerische Verfeinerungen folgender Art vorzunehmen:

1. Es werden Teiläquivalenzziffern für einzelne Kostengruppen (z.B. Materialkosten) oder einzelne Kostenstellen bzw. Fertigungsstufen gebildet und entsprechend viele Einzelrechnungen durchgeführt;

2. Die Gesamtkosten einer Periode (K) werden in Teilgrößen aufgeschlüsselt.

Die Äquivalenzziffernkalkulation wird bei der *simultanen* oder auch bei der *sukzessiven Alternativproduktion* angewendet; im letzteren Fall dann, wenn die Kosten wirtschaftlich begründbar nicht mit genügender Genauigkeit zeitlich abgegrenzt werden können (was z.B. bei sehr kurzfristigem häufigen Wechsel zwischen mehreren Sorten der Fall ist).

2. Zuschlagskalkulation

Das Wesen der *Zuschlagskalkulation* ist darin zu sehen, daß als Maß für die Verteilung der Gemeinkosten auf die einzelnen Kostenträger nicht die Zahl der Produkteinheiten selbst (wie bei der Divisions- und auch der Äquivalenzziffernrechnung), sondern eine andere Schlüsselgröße herangezogen wird. Der Grund hierfür liegt darin, daß bei der Produktion von heterogenen Erzeugnisarten die Mengen der einzelnen Artikel nicht addierbar sind und somit kein einheitlicher Schlüssel „Produktionsmenge" möglich ist. Es muß deshalb ein Merkmal bestimmt werden, das allen verschiedenen Artikeln gemeinsam ist und dessen Größe sowohl der Leistungsmenge insgesamt als auch der Höhe der zu verteilenden Kosten proportional ist. Das Rechnungsverfahren der Zuschlagskalkulation kann folgendermaßen gekennzeichnet werden:

1. Schritt: Direkte Zurechnung der Einzelkosten (EK) zu den Kostenträgern nach dem Prinzip der Verursachung

$$ek = ek_A + ek_B + \ldots + ek_Z$$

ek = Einzelkosten je Kostenträger

$ek_{A, B, \ldots, Z}$ = Einzelkostenarten A, B, ..., Z je Kostenträger.

2. Schritt: Errechnung des Zuschlagssatzes für die Gemeinkosten (GK) je Schlüsseleinheit $Z = \frac{GK}{S}$

Z = Gemeinkostenzuschlagssatz je Einheit der Schlüsselgröße S

S = Gesamtsumme der Schlüsseleinheiten

3. Schritt: Ermittlung der Gemeinkosten je Kostenträgereinheit $gk = s \cdot Z$

gk = Gemeinkosten je Kostenträgereinheit

s = Anzahl der Schlüsseleinheiten je Kalkulationseinheit

4. Schritt: Ermittlung der Gesamtkosten je Kostenträgereinheit k = ek + gk

Die Verwandtschaft dieser Rechenmethode mit der *Äquivalenzzifferrechnung* ist offenkundig. Es wird bei der Zuschlagskalkulation hinsichtlich der einzelnen Artikel praktisch mit Äquivalenzziffern in Höhe von $Ä_i = \frac{s_i}{S}$ gerechnet. Da die Größe S in der Äquivalenzziffer für jedes Produkt stets in gleicher Höhe im Nenner enthalten ist, kann sie unberücksichtigt bleiben. Es gilt also:

$$Ä_i = s_i$$

$Ä_i$ = Äquivalenzziffer für den Artikel i
s_i = Anzahl der Schlüsseleinheiten je Einheit des Artikels i.

Je nach dem Grade der rechentechnischen Verfeinerung können verschiedene Formen der Zuschlagskalkulation unterschieden werden

a) Kumulative Zuschlagskalkulation

Wenn der Betrieb abrechnungstechnisch nicht in einzelne Kostenstellen unterteilt ist und daher nicht für jede Kostenstelle ein besonderer Zuschlagssatz ermittelt und verrechnet wird, spricht man von einer kumulativen oder *Betriebszuschlagskalkulation*. Diese kann wiederum als summarische oder als differenzierte Zuschlagskalkulation durchgeführt werden. Bei der *summarischen* Betriebszuschlagskalkulation werden die gesamten Gemeinkosten mit Hilfe eines einzigen Schlüssels auf die Kostenträger verteilt. Bei der *differenzierten* Betriebszuschlagskalkulation hingegen werden die gesamten Gemeinkosten nach Kostenarten oder -gruppen (Material-, Fertigungs-, Verwaltungs-, Vertriebsgemeinkosten) unterteilt und kostenarten- oder kostengruppenweise verrechnet.

b) Elektive Zuschlagskalkulation

Sofern die Kostenarten oder -gruppen weiterhin nach Kostenstellen untergliedert und jeweils besondere Zuschlagssätze für diese Kostenstellen ermittelt und verrechnet werden (z. B. weil in einzelnen Bereichen jeweils mehrere Kostenstellen mit unterschiedlichen Kostenverhältnissen und Inanspruchnahmen durch die verschiedenen Produkte bestehen), liegt eine elektive oder Kostenstellenzuschlagskalkulation vor. Auch diese kann als summarische und als differenzierte Kalkulation durchgeführt werden. Beim *summarischen* Verfahren werden die gesamten Gemeinkosten einer Kostenstelle mit Hilfe eines Schlüssels verteilt. Bei der *differenzierten* Kostenstellenzuschlagskalkulation hingegen werden die Kosten einer Kostenstelle aus Genauigkeitsgründen in Teilbeträgen mit Hilfe mehrerer Schlüssel verrechnet, z. B. derart, daß für einzelne Kostenarten (-gruppen) jeweils ein besonderer Schlüssel gewählt wird.

Die Zuschlagskalkulation ist generell immer dann anzuwenden, wenn es sich in einem *Mehrproduktbetrieb* weder um gleichartige noch vergleichbare, sondern um heterogene Betriebsleistungen handelt (und somit die Divisions- einschließlich der Äquivalenzziffernkalkulation nicht angewendet werden kann) und diese heterogenen Leistungen nicht im Wege der Komplementär- oder Kuppelproduktion gewonnen werden.

Die Zuschlagskalkulation kommt daneben bei der *simultanen Einzelfertigung*, bei der es sich um die gleichzeitige Herstellung einzelner heterogener Produkte handelt, in Betracht. Sie vermittelt hier in Form der Kostenstellenzuschlagskalkulation ein genügend genaues Kostenbild. Im Gegensatz dazu besteht bei *sukzessiver Einzelfertigung* das Kostenzurechnungsproblem primär als zeitliches Zuordnungsproblem, wie es auch für die sukzessive Alternativproduktion gilt. Sofern jedoch in diesen Fällen die Kosten nicht mit genügender Genauigkeit zeitlich abgegrenzt werden können, kann hilfsweise die Zuschlagskalkulation zum Einsatz gelangen. Daneben ist die Zuschlagskalkulation als primäre Kalkulationsform bei der *simultanen Alternativproduktion* heterogener Produkte (der in der Praxis weit verbreiteten Fertigungsweise) von Bedeutung.

3. Komplementär-(Kuppel-)kalkulation

Für die Kalkulation von Komplementärprodukten, die in einem Fertigungsprozeß zwangsläufig in unterschiedlichen Arten und Mengen anfallen (→ *Produktion, verbundene*), ist es bedeutsam, ob die unterschiedlichen Produkte in ihrer Mengenrelation variiert werden können (*unvollkommene* Komplementärproduktion) oder aber aufgrund technischer bzw. chemischer Bedingungen nur in regelmäßig unveränderten Mengenrelationen gewonnen werden können (*vollkommene* Komplementär- oder Kuppelproduktion). In beiden Fällen können die Gesamtkosten des Betriebes aufgeschlüsselt werden in

- *verbundene*, also von den verschiedenen Produkten gemeinsam verursachte *Kosten* (z. B. der Gewinnung) und
- *Folgekosten*, also von den einzelnen Produkten bei ihrer Weiterbehandlung im Anschluß an den Spaltungsprozeß verursachte Kosten, einschließlich der gesonderten Vertriebskosten.

Das besondere Kalkulationsproblem liegt hier in der Aufspaltung der verbundenen Kosten auf die Kostenträger. Eine verursachungsgemäße Aufspaltung ist hier nur bei einer unvollkommenen Komplementärproduktion auf der Grundlage der Grenzkostenrelationen möglich. Die → *Grenzkosten* werden dadurch ermittelt, daß in mehreren, möglichst aufeinander folgenden Produktionsabschnitten jeweils die Menge eines Produktes bei unveränderter Mengenrelation der anderen Produkte variiert wird. Die Grenzkosten zeigen sich hier als Zusatzkosten der Zusatzmengen des mengenmäßig variierten Produktes, sofern die verschiedenen Mengenvariationen bei gleichen Beschäftigungsgraden realisiert werden und keine außerhalb der Mengenvariation liegenden sonstigen Faktoren die Gesamtkosten des Betriebes in den verschiedenen Zeitabschnitten beeinflußt haben. Im Gegensatz dazu ist eine verursachungsgemäße Aufspaltung verbundener Kosten bei der vollkommenen Komplementärproduktion oder Kuppelproduktion nicht möglich, da die Mengenrelationen nicht variiert und somit keine produktweisen Grenzkosten bestimmt werden können. Es ist lediglich möglich, die verschiedenen, in ihren Mengenrelationen konstanten Produkte zu fiktiven Produktgruppeneinheiten zusammenzufassen und die Kosten je Produktgruppeneinheit im Wege der Division zu bestimmen.

Wenn darüber hinaus die Kosten je Einheit der heterogenen Produkte ermittelt werden sollen (was für verschiedene Fragestellungen notwendig sein kann, z. B. als Grundlage für die Preispolitik beim isolierten Verkauf der gemeinsam gewonnenen Produkte), so kann dieses nicht nach dem Verursachungsprinzip, sondern nur nach anderen hilfsweisen Prinzipien mittels der Hilfsrechnungen der Aufschlüsselung der Kosten nach der Relation der Marktpreise der Güter (Marktpreismethode), der Restwertrechnung und der Kostenverteilung aufgrund von gemeinsamen technischen Merkmalen (Kostenverteilungsrechnung) erfolgen.

a) Marktpreismethode

Bei der Marktpreismethode werden gegebene Marktpreise der einzelnen Produkte als Äquivalenzziffern benutzt und durch eine Äquivalenzziffernrechnung die Kosten je Einheit der verschiedenen Produkte ermittelt. Dieses Verfahren kann nur als grobe Schätzungsrechnung Verwendung finden. Da zwischen Marktpreisen und Kosten kein funktionaler Zusammenhang besteht, sind die nach der Marktpreismethode ermittelten Kostenwerte ohne jeden kostenrechnerischen Aussagewert.

b) Restwertrechnung

Bei der Restwertrechnung wird eines der gemeinsam gewonnenen Produkte als Hauptprodukt, die übrigen Produkte werden als Neben- oder Abfallprodukte betrachtet; dementsprechend werden in der Kalkulation des Hauptproduktes die Erlöse für die Nebenprodukte (unter Abzug etwaiger besonderer Kosten, die speziell für eine Weiterverarbeitung der Nebenprodukte vor ihrer Veräußerung, im Zusammenhang mit ihrer Veräußerung oder für die Vernichtung nicht absetzbarer Nebenerzeugnisse entstehen) als Abfall- oder Reststoffgutschriften berücksichtigt; die verbleibende Kostensumme stellt dann die „fiktiven" Kosten der Gesamtmenge des Hauptproduktes dar. Es gilt also:

Gesamtkosten des Kuppelprozesses

./. Verkaufswert der Nebenprodukte, abzüglich besonderer Kosten der Weiterverarbeitung, Veräußerung oder der Vernichtung von Nebenerzeugnissen

= Gesamtkosten der Menge des Hauptprodukts (= K)

Die Kosten je Einheit des Hauptprodukts (= k) werden anschließend durch die Rechnung $k = \frac{K}{x}$ ermittelt. Eine Verfeinerung dieser Rechnung liegt dann vor, wenn auch die Veräußerung der Nebenprodukte in das Gewinnziel der Unternehmung mit einbezogen wird und zu diesem Zweck der Verkaufserlös als Abzugsbetrag von den Gesamtkosten voraus um einen geplanten prozentualen Gewinnbetrag reduziert wird.

c) Kostenverteilungsmethode

Die Kostenverteilungsmethode ist dadurch gekennzeichnet, daß die gemeinsam entstandenen Kosten nach technischen Merkmalen, die allen entstandenen Produkten gemeinsam und je Produkteinheit quantifizierbar sind, auf die einzelnen Produkte aufgeteilt werden. Das bekannteste Beispiel hierfür ist die Verteilung der Kosten bei den Kuppelprodukten Koks und Koksgas auf der Grundlage der Heizwertrelationen der gewonnenen Produkte. Das rechentechnische Verfahren dieser Methode entspricht der Äquivalenzziffernrechnung. Als Äquivalenzziffern der einzelnen Produkte dienen hier die Merkmalseinheiten je Produkteinheit, also im Beispiel die Wärmeeinheiten je kg Koks und je m³ Gas. Diese Kalkulation kann – im Gegensatz zu den vorausgehenden – dann als eine dem Verursachungsprinzip unterstellte angesehen werden, wenn das zugrunde gelegte technische Merkmal zugleich wertbestimmend ist für (1) den eingesetzten Rohstoff und (2) die im Spaltungsprozeß gewonnenen Produkte.

Es sei darauf hingewiesen, daß die Kalkulation der Kosten eines bestimmten Produkts durchaus nicht mit Hilfe nur eines einzigen der hier aufgeführten Kalkulationsverfahren erfolgen muß. Es ist ohne weiteres denkbar, daß beispielsweise in den verschiedenen Kostenstellen, die ein Produkt bis zu seiner Fertigstellung durchlaufen muß, jeweils ein anderes Fertigungsverfahren vorliegt und entsprechend ein anderes Kalkulationsverfahren angewendet werden muß.

4. Branchenbezogene Sonderverfahren

Der Vollständigkeit halber seien folgende branchenbezogene Sonderverfahren genannt: Für den Bereich des Handels (→ Handelsbetriebe, Rechnungswesen der) ist auf die progressiv (dem Weg der Ware folgend) oder retrograd (rückschreitend) rechnende Gesamtkalkulation, Bezugskalkulation und Absatzkalkulation sowie auf die Sonderformen der Differenzkalkulation und der Ausgleichskalkulation (Sortimentskalkulation, Warengruppenkalkulation, Partiekalkulation) hinzuweisen.

Für den Bankbereich (→ Bankbetriebe, Rechnungswesen der) sind die Gesamtbetriebskalkulation, die Filialkalkulation, die Abteilungskalkulation, die Geschäftsspartenkalkulation, die Stückkalkulation und die Konten- oder auch Kundenkalkulation zu nennen.

Im Verkehrsbereich (→ *Verkehrsbetriebe, Rechnungswesen der*), besonders betont im Schiffsverkehr, kommt der *Reiseabrechnung* (Kalkulation der einzelnen Reise) eine besondere Bedeutung zu.

Literatur: *Kosiol, E.*: Warenkalkulation in Handel und Industrie. 2. A., Stuttgart 1953 – *Grochla, E.*: Die Kalkulation von öffentlichen Aufträgen. Berlin 1954 – *Riebel, P.*: Die Kuppelproduktion. Köln u. Opladen 1955 – *Heinen, E.*: Reformbedürftige Zuschlagskalkulation. In: ZfbF, 10. Jg 1958, S. 1–27 – *Mellerowicz, K.*: Kosten und Kostenrechnung. Bd II, 2. Teil: Kalkulation. 3. A., Berlin 1958 – *Börner, D.*: Direct Costing als System der Kostenrechnung. Diss., München 1961 – *Diederich, H.*: Der Kostenpreis bei öffentlichen Aufträgen. Heidelberg 1961 – *Nowak, P.*: Kostenrechnungssysteme in der Industrie. 2. A., Köln u. Opladen 1961 – *Bossard, E.*: Betriebsabrechnung und Kalkulation. München 1963 – *Kloidt, H.*: Kalkulationslehre. Wiesbaden 1963 – *Grochla, E.* (Hrsg.): Organisation und Rechnungswesen. Festschrift für E. Kosiol. Berlin 1964 – *Käfer, K.*: Standardkostenrechnung. Stuttgart u. Zürich 1964 – *Kosiol, E.*: Kostenrechnung. Wiesbaden 1964 – *Lehmann, M. R.*: Industriekalkulation. 5. A., Essen 1964 – *Hahn, D.*: Direct Costing und Aufgaben der Kostenrechnung. In: NB, 18. Jg 1965, S. 8–13 – *Munzel, G.*: Die Berücksichtigung der fixen Kosten in der Kostenträgerrechnung. Wiesbaden 1966 – *Mellerowicz, K.*: Neuzeitliche Kalkulationsverfahren. Freiburg 1966 – *Böhm, H.-H. u. F. Wille*: Deckungsbeitragsrechnung und Optimierung. 3. A., München 1967 – *Kosiol, E.*: Kostenrechnung und Kalkulation. Berlin 1969 – *Schwarz, H.*: Kostenträgerrechnung und Unternehmungsführung. Berlin 1969 – *Heinen, E.*: Betriebswirtschaftliche Kostenlehre. 3. A., Wiesbaden 1970 – *Kilger, W.*: Flexible Plankostenrechnung. 4. A., Köln u. Opladen 1970 – *Kosiol, E.* (Hrsg.): Handwörterbuch des Rechnungswesens. Stuttgart 1970 – *Schönfeld, H. M.*: Kostenrechnung. 2 Bde, 5. A., Stuttgart 1970 – *Riebel, P.*: Kosten und Preise bei verbundener Produktion, Substitutionskonkurrenz und verbundener Nachfrage. Opladen 1971 – *Böckel, J.-J. u. G. Hoepfner*: Moderne Kostenrechnung, lernpsychologisch aufbereitet. Stuttgart (u. a.) 1972 – *Huch, B.*: Einführung in die Kostenrechnung. Würzburg u. Wien, 2. A., 1972 – *Riebel, P.*: Einzelkosten und Deckungsbeitragsrechnung. Opladen 1972 – *Riebel, P., H. Pandtke u. W. Zscherlich*: Verrechnungspreise für Zwischenprodukte. Opladen 1973 – *Vormbaum, H.*: Kalkulationsarten und Kalkulationsverfahren. 3. A., Stuttgart 1974.

Herbert Vormbaum

Kalkulationszinsfuß → Investitionsrechnung; → Kapitaltheorie, betriebswirtschaftliche

Kalkulatorische Bewertung → Bewertung, kalkulatorische

Kalkulatorische Kosten → Kosten, kalkulatorische

Kameralistik

[s. a.: Öffentliche Betriebe; Öffentliche Verwaltung, betriebswirtschaftliche Aspekte; Öffentlich-rechtliche Körperschaften und Anstalten.]

I. Der Begriff „Kameralistik"; II. Das öffentliche Kassenwesen; III. Die Gestaltung des kameralistischen Rechnungswesens; IV. Betriebskameralistik; V. Erweiterte Kameralistik.

I. Der Begriff „Kameralistik"

Der Begriff „Kameralistik" hat eine zweifache Bedeutung: Zunächst bezeichnete die *Kameralistik* oder *Kameralwissenschaft* gemäß *Tautscher* (1952, S. 388) „eine staatswissenschaftliche Wirtschaftstheorie, die alle Zusammenhänge vom Blickpunkt des Staates sah". Diese Wissenschaft, die ihren Höhepunkt in der Zeit des Merkantilismus, d. h. im 17./18. Jahrhundert erreichte, hatte die primäre Aufgabe, durch Entwicklung wissenschaftlicher Methoden zur Mehrung der fürstlichen Einkünfte beizutragen. Zur Erfüllung dieser Aufgabe waren auf der einen Seite eine erfolgreiche Verwaltung des fürstlichen Haushalts, und auf der anderen Seite eine rationale Wirtschaftsweise der verschiedenartigen Staatsbetriebe notwendig. Die Staatsbetriebe hatten so zu wirtschaften, daß sie einen möglichst hohen Ertrag für den fürstlichen Haushalt abwarfen. Angesichts dieser Aufgabenstellung lag es nahe, daß das Rechnungswesen sowohl des fürstlichen Haushalts als auch der staatlichen Wirtschaftsbetriebe in den Blickpunkt des wissenschaftlichen Interesses rückte. Die *wissenschaftliche Behandlung des öffentlichen Rechnungswesens* durch die Kameralisten erlosch jedoch, als um 1800 die Kameralwissenschaft durch die klassische Nationalökonomie abgelöst wurde (→ *Betriebswirtschaftslehre, Dogmengeschichte der*). Erst E. *Walb* hat mit seinem grundlegenden Werk (1926) dem öffentlichen Rechnungswesen neue Impulse vermittelt. Die ursprüngliche Einbeziehung des öffentlichen Rechnungswesens in den Fachbereich der Kameralwissenschaft hat jedoch in gewisser Weise die gegenwärtige Interpretation des Begriffs „Kameralistik" bewirkt: Unter Kameralistik wird heute nicht mehr ein Wissenschaftsgebiet verstanden, sondern in erster Linie das öffentliche Rechnungswesen, soweit es sich eines ganz bestimmten Rechnungsstils, des Kameralstils, bedient. Teilweise findet man in der Literatur eine engere Auslegung des Begriffes „Kameralistik", und zwar wird dort nur der eigentliche Rechnungsstil als Kameralistik bezeichnet. Den folgenden Ausführungen liegt die weitere Fassung zugrunde, und statt des Begriffs „Kameralistik" wird die aussagefähigere Bezeichnung „Kameralistisches Rechnungswesen" verwandt.

II. Das öffentliche Kassenwesen

Bevor die formale und materielle Gestaltung des kameralistischen Rechnungswesens behandelt wird, soll kurz auf dessen organisatorische Eingliederung in den Verwaltungsaufbau von Bund, Ländern und Gemeinden eingegangen werden. Mit der Aufgabe der Rechnungsführung sind grundsätzlich die *öffentlichen Kassen* betraut, d. h., den öffentlichen Kassen obliegt nicht nur die Durchführung des → *Zahlungsverkehrs* aufgrund von Anweisungen der mittelbewirtschaftenden Instanzen, sondern auch die Buchung der einzelnen Zahlungsvorgänge und der Abschluß der Rechnung am Ende des Haushaltsjahres. Diese grundlegenden Aufgaben, *Zahlungsabwicklung und Buchführung,* gelten prinzipiell für alle Kassen, gleichgültig, ob es sich um Kassen auf Bundes-, Landes- oder Gemeindeebene handelt. Unterschiede ergeben sich allerdings im Hinblick auf die organisatorische Gliederung des öffentlichen Kassenwesens, und zwar wegen des verschiedenartigen Verwaltungsaufbaus auf den einzelnen Ebenen. So gilt auf der Gemeindeebene das *System der Einheitskasse* und auf Bundes- und Landesebene das *System der Kassenvielheit.* Die gemeindliche Einheitskasse betreibt die Kassengeschäfte aller Einrichtungen der Gebietskörperschaft gemeinsam. Neben dieser Einheitskasse können im Gemeindebereich wegen einer möglichst bürgernahen Zahlungsabwicklung noch eine Reihe von Nebenkassen oder Zahlstellen vorhanden sein. Diese Einrichtungen betreiben jedoch nur den reinen Zahlungsverkehr. Die rechnungsmäßige Erfassung der Zahlungsvorgänge erfolgt zentral bei der gemeindlichen Einheitskasse. Im Zuge der Einführung der elektronischen → *Datenverarbeitung* ergeben sich jedoch im gemeindlichen Kassenwesen tiefgreifende Strukturänderungen. So wird nicht nur der eigentliche Arbeitsablauf innerhalb der Gemeindekasse grundlegend verändert, sondern auch gemäß den neuen Vorschriften des VI. Teils der Gemeindeordnung (1. Abschnitt: Haushaltswirtschaft), die von der Mehrzahl der Bundesländer im Laufe des Jahres 1973 verabschiedet wurden, ist das Prinzip der Einheitskasse und die Einheit von Zahlungsabwicklung und Buchführung nicht mehr maßgebend. Nach § 18 des Musterentwurfs der gesetzlichen Bestimmungen des neuen Gemeindehaushaltsrechts kann die Gemeinde mit Genehmigung der Aufsichtsbehörde die Kassengeschäfte ganz oder zum Teil von einer Stelle außerhalb der Gemeindeverwaltung besorgen lassen. Die zukünftige, EDV-orientierte Aufgabenstruktur der Gemeindekasse kann an Hand der Abb. 1 verdeutlicht werden.

Durch diese Aufgabenverlagerung wird die Gemeindekasse von ausführenden Arbeiten weitgehend entlastet. Ihr Aufgabenbereich besteht dann überwiegend aus dispositiven, leitenden und kontrollierenden Tätigkeiten. In einer Endstufe ist schließlich vorgesehen, daß die Kommunikation zwischen der Gemeindekasse und der EDV durch ein online geschaltetes Terminal erfolgt.

Auch auf Bundes- und Landesebene wird die Einführung der EDV zu umfangreichen Strukturveränderungen des Kassenwesens führen. Bislang waren die Kassen der Bundes- und Länderverwaltungen analog zum Verwaltungsaufbau in Amts-

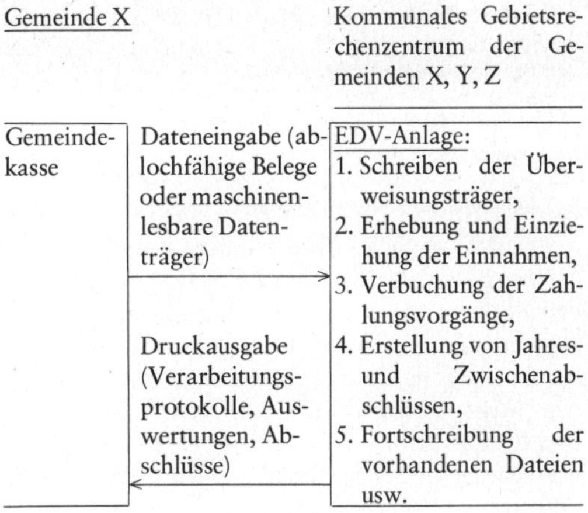

Abb. 1

kassen, *Oberkassen und Hauptkassen* gegliedert. Zwischen diesen Kassen fanden Verrechnungen statt, und zwar rechneten die Amtskassen einschließlich ihrer Zahlstellen und Nebenzahlstellen mit den Oberkassen ab. Die Oberkassen wiederum standen im Abrechnungsverkehr mit ihrer Zentrale, der Hauptkasse. Die Oberkassen waren also sozusagen das Bindeglied zwischen den Kassen der örtlichen Behörden, den Amtskassen, und der obersten Sammelstelle auf Bundes- oder Landesebene, der Hauptkasse. Bei dieser Kassenorganisation stand das *Prinzip der Bürgernähe* im Vordergrund, d.h., um angesichts der in der Vergangenheit dominierenden Barzahlung den Zahlungsverkehr zu erleichtern, sollten die Kassen möglichst bürgernah sein. Um dieser Anforderung zu genügen, wurde eine Vielzahl von zum Teil sehr kleinen Kassen unterhalten. So waren noch im Jahre 1969 an der kassen- und rechnungsmäßigen Abwicklung des Bundeshaushalts über 1000 Kassen und rund 5000 Zahlstellen beteiligt. Diese Kassenorganisation hatte jedoch erhebliche Nachteile, insbesondere den, daß wirtschaftspolitisch notwendige Informationen, wie z.B. über die bisherige Abwicklung des Haushaltsplans, kurzfristig nicht erreichbar waren. Aus diesem Grunde hat man die Kassenorganisation auf Bundesebene mit der Einführung der elektronischen Datenverarbeitung erheblich vereinfacht.

Die gesetzliche Grundlage zur Konzentration der gesamten Kassengeschäfte des Bundeshaushalts auf wenige Kassen wurde im Zuge der Haushaltsreform im Jahre 1969 geschaffen. So hat gemäß *Roth* (1973, S. 11) das Bundesfinanzministerium bisher „vorläufig 16 solcher ‚Bundeskassen' eingerichtet, die bereits in erheblichem Umfang von den bisherigen Kassen Aufgaben übernommen haben. Heute werden 99% der Einnahmen und 73% der Ausgaben von ihnen abgewickelt, 1974 soll dieser Konzentrationsprozeß abgeschlossen sein." In der Endphase ist vorgesehen, daß auch die Zahl von 16 Kassen noch auf etwa 7 oder 5 Kassen verringert wird. Diese Konzentration der Kassengeschäfte ist zumindest in informationeller Hinsicht äußerst vorteilhaft. Die Umstrukturierung des Kassenwesens in den einzelnen Bundesländern ist allerdings noch nicht so weit gediehen. Doch will man es auch hier analog zur Vorgehensweise auf Bundesebene neu organisieren.

III. Die Gestaltung des kameralistischen Rechnungswesens

1. Rechtliche Vorschriften

Alle öffentlichen Körperschaften sind gegenüber externen Instanzen verpflichtet, über die von ihnen bewirtschafteten öffentlichen Mittel Rechenschaft abzulegen, d. h., sie müssen Angaben machen über die Ausführung der im Haushaltsplan vorgegebenen finanzwirtschaftlichen Größen (Einnahmen und Ausgaben). Die zur Erfüllung dieser Aufgabe notwendigen Tätigkeiten (Kassenführung, Buchführung und Rechnungslegung) sind für Bund, Länder und Gemeinden weitgehend gesetzlich geregelt und im wesentlichen in den folgenden Vorschriften niedergelegt:

a) für Bund und Länder

Grundgesetz (GG) vom 23. 5. 1949 und Verfassungen der Länder,
Haushaltsgrundsätzegesetz (HGrG) vom 19. 8. 1969,
Bundeshaushaltsordnung (BHO) vom 19. 8. 1969,
Wirtschaftsbestimmungen für die Reichsbehörden (RWB) vom 11. 2. 1929,
Reichskassenordnung (RKO) vom 6. 8. 1927,
Rechnungslegungsordnung (RRO) vom 3. 7. 1929,
Buchführungs- und Rechnungslegungsordnung für das Vermögen des Bundes (VBRO) vom 16. 3. 1953;

b) für Gemeinden

Gemeindeordnungen (GO) der Länder
(Neufassungen des VI. Teils durch die Bundesländer im Laufe des Jahres 1973),
Gemeindehaushaltsverordnung (GemHVO) vom 4. 9. 1937,
folgende Bundesländer haben eigene GemHVO erlassen: Baden-Württemberg (Landesteil Baden) am 5. 3. 1949,
Hessen am 27. 1. 1956,
Nordrhein-Westfalen am 26. 1. 1954,
Kassen- und Rechnungslegungsverordnung (KuRVO) vom 2. 11. 1938,
folgende Bundesländer haben eigene KuRVO erlassen:
Baden-Württemberg (Landesteil Baden) am 5.3.1950,
Hessen am 27.1.1956,
Nordrhein-Westfalen am 1. 3. 1955,
Niedersachsen (Verordnung über das Kassen-, Rechnungs- und Prüfungswesen KRPVO) am 18. 2. 1957.

Im Rahmen der staatlichen Haushaltsreform werden von den einzelnen Bundesländern in den Jahren 1973/74 Neufassungen der Gemeindehaushaltsverordnung und der Kassen- und Rechnungsverordnung verabschiedet. Diese Neuordnung bringt nicht nur tiefgreifende Änderungen für die gemeindliche Haushaltswirtschaft, sondern auch für die formale und materielle Gestaltung des gemeindlichen Rechnungswesens.

Auf die Einzelheiten der gesetzlichen Vorschriften, insbesondere auf die Auswirkungen einzelner Vorschriften im Hinblick auf die gemeindliche Kassenführung, Buchführung und Rechnungslegung kann hier nicht eingegangen werden. Die fol-genden Ausführungen beschränken sich auf eine Darstellung der wesentlichen *Grundstrukturen des kameralistischen Rechnungswesens*. Es bleiben also auch die unterschiedlichen Einzelbestimmungen der Länder unberücksichtigt.

2. Die Verwaltungskameralistik

Für alle Einrichtungen der öffentlichen Verwaltung, die ihre Leistungen weitgehend unentgeltlich abgeben, die also über keine Einnahmen in Form spezifischer Leistungsentgelte verfügen, wird das Rechnungswesen in Form der *Verwaltungskameralistik* geführt. Diese Form der Rechnung bezieht sich ausschließlich auf finanzielle Größen, und zwar auf → *Ausgaben und Einnahmen* sowie auf Einzahlungen und Auszahlungen. Sofern außerdem mit Aufwands- und Kostengrößen gerechnet werden soll, sind gesonderte interne Rechnungen notwendig. Wenn also beispielsweise Einrichtungen der Hoheitsverwaltung zur Kontrolle der Wirtschaftlichkeit ihrer Leistungserstellung Kosten- und Aufwandsrechnungen durchführen wollen, müssen sie neben ihrer externen Rechnung in Form der Verwaltungskameralistik separate interne Rechnungen einrichten. Diese internen Rechnungen können in ähnlicher Form aufgebaut sein wie die → *Kostenrechnung* erwerbswirtschaftlicher Betriebe.

Um die Verwaltungskameralistik verstehen und beurteilen zu können, muß man sich über das Wesen und die Aufgaben dieser Rechnung Klarheit verschaffen: Die Verwaltungskameralistik ist eine rein *finanzwirtschaftliche Rechnung*. Aus diesem Grunde ist sie zur Kontrolle der Wirtschaftlichkeit einer Verwaltungsbehörde ungeeignet.

a) Die Bücher

Zum rechnungsmäßigen Nachweis finanzwirtschaftlicher Vorgänge werden in der Verwaltungskameralistik im wesentlichen folgende Bücher geführt:

aa) Zeitbücher: Wichtigster Bestandteil der Zeitbücher ist das sogenannte *Hauptbuch*. Im Hauptbuch werden alle Kassenvorgänge in ihrer chronologischen Folge erfaßt. Dieses Buch gibt also die Geldgebarung der Kasse im Zeitablauf wider. Zu den Zeitbüchern gehören ferner die Tagesnachweisungen, die Vorbücher zum Hauptbuch und das Tagesabschlußbuch.

ab) Sachbücher: Zu den Sachbüchern gehören das *Titelbuch* bei Bund und Ländern bzw. das *Sachbuch* für den Haushalt im Gemeindebereich, das Verwahrbuch, das Vorschußbuch und das Abrechnungsbuch. Von besonderer Wichtigkeit für das öffentliche Rechnungswesen ist das Titelbuch im staatlichen und das Sachbuch für den Haushalt im Gemeindebereich (Haushaltssachbuch). Das Titelbuch bzw. Haushaltssachbuch enthält die Kassenvorgänge in der Gliederung des Haushaltsplanes. Auch in der Kameralistik findet also in gewisser Weise insofern eine „doppelte Buchführung" statt, als Übereinstimmung zwischen der zeitlichen und der sachlichen Verbuchung gegeben sein muß. Da indes Hauptbuch und Sachbuch weitgehend im Durchschreibeverfahren oder – bei Einsatz von EDV-Anlagen – maschinell erstellt werden, ist eine Übereinstimmung der Istbeträge zwangsläufig gegeben. Eine echte Kontrollmöglichkeit liegt somit nicht mehr vor (s. a. → *Buchführung*).

Das Haushaltssachbuch (Titelbuch) ist gegliedert in je ein Sachbuch für den Verwaltungshaushalt, den Vermögenshaushalt und – im staatlichen Bereich, insbesondere beim Bund – für das Vermögen. Das Sachbuch für den Verwaltungshaushalt enthält alle vermögensunwirksamen Einnahmen und Ausgaben bzw. Einzahlungen und Auszahlungen. Im Sachbuch für den Vermögenshaushalt werden alle vermögenswirksamen Vorgänge erfaßt. Auf die weitere Struktur des Sachbuchs, insbesondere auf die Kontengliederung und die Art und Weise der Verbuchung, wird im folgenden eingegangen.

ac) Hilfsbücher: Neben den Zeit- und Sachbüchern gibt es eine Reihe weiterer Bücher, die jedoch keine im Hinblick auf die Rechnungslegung wichtigen Funktionen haben. Man kann diese Hilfsbücher als eine Erweiterung bzw. Ergänzung zu bestehenden Zeit- und Sachbüchern auffassen. Zu den Hilfsbüchern gehören u. a. die Tageskladden, das Postscheckkontogegenbuch, die Girokontogegenbücher, das Gegensachbuch, das Schecküberwachungsbuch und das Auftragsbuch. Auf Form und Inhalt dieser Bücher kann hier nicht eingegangen werden.

b) Das kameralistische Konto

Gemäß der Gliederung des Haushaltsplans werden im Haushaltssachbuch (Titelbuch) für alle geführten Haushaltsstellen entsprechende Buchungsstellen (Sachbuchkonten) eingerichtet. Das kameralistische Sachbuchkonto ist wie folgt aufgebaut:

Einnahme (Ausgabe)

Bu-chungs-stelle	Anordnungssoll		Ausfüh-rung	noch aus-zuführen
	Reste aus Vorperio-den (RV)	Laufende Sollstel-lung (S)	Ist (I)	Rest (R)

Abb. 2

Im Gegensatz zu den doppischen Konten ist es in der Regel einseitig, d. h. es hat entweder eine Einnahmen- oder eine Ausgabenseite. Während aber das doppische Konto auf jeder Seite eingliedrig ist, besteht das kameralistische Konto grundsätzlich aus vier verschiedenen Spalten, und zwar – wie in Abb. 2 dargestellt – aus der RV-, S-, I- und R-Spalte. In der Praxis ist allerdings noch eine Reihe weiterer Spalten vorhanden, so z. B. Spalten für das Haushaltssoll, für Abgänge bei Kasseneinnahmeresten usw.

ba) Das Anordnungssoll: Ein wichtiger Grundsatz öffentlicher Kassenführung besteht in der *Trennung von Anordnung und Ausführung:* Die Kasse darf Zahlungen erst dann tätigen, wenn eine dazu berechtigte Dienststelle die Anordnung erteilt hat, Auszahlungen vorzunehmen oder bestimmte Einnahmen einzuziehen bzw. in Empfang zu nehmen. Diese Anordnungen mittelbewirtschaftender Dienststellen werden in der S-Spalte (laufendes Soll) gebucht.

Diese Soll-Stellung einer Einnahme oder Ausgabe bedeutet, daß ein fälliger Anspruch auf eine Einzahlung bzw. eine fällige Verpflichtung zur Leistung eines bestimmten Geldbetrages besteht. Einnahmen und Ausgaben, die in vergangenen Perioden zum Soll gestellt, aber noch nicht zahlungswirksam abgewickelt worden sind, werden in der RV-Spalte (Reste aus Vorperioden) gebucht.

bb) Die Ausführung: Die Ausführung angeordneter Einnahmen und Ausgaben obliegt der Kasse. Sie bucht die effektiv getätigten Zahlungen in die Ist-Spalte des betreffenden Sachbuchkontos. Die Ist-Spalten aller Sachbuchkonten bilden also das Kassenkonto des kameralistischen Rechnungswesens. Soweit angeordnete Einnahmen und Ausgaben in der laufenden Rechnungsperiode nicht kassenwirksam werden, sind sie am Ende der Periode als noch auszuführender Rest in die R-Spalte zu übertragen. In der neuen Haushaltsperiode werden diese Reste dann, soweit sie übertragbar sind, in die RV-Spalte als Anordnungssoll übernommen.

Betrachtet man die Spalten des kameralistischen Sachbuchkontos in der Horizontalen, so gilt – wie oben erläutert – die folgende Grundgleichung:

Reste aus Vorperioden + laufendes Soll ./. Ist = Rest
Werden alle Sachbuchkonten zusammengefaßt und die Summen der Ist-Spalten ermittelt, dann ergibt die Differenz zwischen den Ist-Spalten der Einnahmenkonten und den Ist-Spalten der Ausgabenkonten die Kassenbestandsänderung. Die Istbuchungen auf den einzelnen Sachbuchkonten haben also *Bestandswirkungen nicht nur in der Horizontalen* (noch auszuführender Rest), *sondern auch in der Vertikalen* (Kassenbestandsänderung). Diese Aussage gilt in analoger Form auch für die Buchungen in den Sollspalten.

c) Der Rechnungsabschluß

Die wichtigsten Grundlagen für die jährliche Rechnungslegung öffentlicher Körperschaften sind der *Haushaltsplan* und das *Haushaltssachbuch (Titelbuch)*. In die Rechnungslegung werden drei verschiedene Zifferngruppen einbezogen, und zwar die *Etatziffern*, d. h. die Einnahme- und Ausgabeansätze des Haushaltsplans, sowie die *Sollziffern* und die *Istziffern*, die beide im Haushaltssachbuch enthalten sind. Mit diesen drei Zifferngruppen wird im Rahmen der Rechnungslegung die Haushaltsrechnung und die Kassenrechnung erstellt.

In der Haushaltsrechnung werden, soweit es sich um einen Sollabschluß handelt, die Etatziffern den Sollziffern der Rechnung gegenübergestellt. Beim Ist-Abschluß dagegen wird das Haushaltssoll nicht mit dem Anordnungssoll, sondern mit den Istziffern der Rechnung verglichen. Dieser Ist-Abschluß wird überwiegend im staatlichen Bereich angewandt, während man den Ist-Abschluß vornehmlich auf kommunaler Ebene praktiziert. Mit der Haushaltsrechnung „legt der Bürgermeister der Gemeindevertretung und der Aufsichtsbehörde dar, daß er die Finanzwirtschaft der Gemeinde in dem abgelaufenen Rechnungsjahre nach der Haushaltssatzung und dem Haushaltsplan geführt hat" (*Helmert* 1961, S. 496). Eine ähnliche Aufgabe erfüllt die Haushaltsrechnung staatlicher Körperschaften.

Das wichtigste Ergebnis der Haushaltsrechnung ist der *Überschuß oder Fehlbetrag*. Dieses finanzwirtschaftliche Ergebnis der jährlichen Haushaltswirtschaft wird wie folgt ermittelt:

Überschuß/Fehlbetrag (beim Sollabschluß) =

= [Anordnungssoll der Einnahmen des laufenden Rechnungsjahres

./. Ausfälle bei den Kasseneinnahmeresten aus Vorjahren]

./. [Anordnungssoll der Ausgaben des laufenden Rechnungsjahres

./. Abgänge (Ausfälle) bei den Kassenausgaberesten aus Vorjahren

+ Haushaltsausgabereste, die erstmalig in das neue Rechnungsjahr übertragen werden

./. Abgänge bei den Haushaltsausgaberesten aus Vorjahren].

Der Überschuß/Fehlbetrag kann keinesfalls als Indiz für die Wirtschaftlichkeit der öffentlichen Verwaltung angesehen werden. Ebenso irrig wäre es, diese finanzwirtschaftliche Größe mit dem Erfolg (→ *Gewinn und Verlust*) erwerbswirtschaftlicher Unternehmen in Zusammenhang zu bringen, denn zwischen der Einnahmenseite und der Ausgabenseite des Haushalts besteht im Unterschied zum Aufwand und Ertrag des Erwerbsbetriebs kein Kausalzusammenhang.

Neben der Feststellung des Überschusses/Fehlbetrages werden in der Haushaltsrechnung u. a. noch die folgenden Größen ermittelt:

– auf der Einnahmenseite:
Mehreinnahmen/Mindereinnahmen
= Haushaltssoll der Einnahmen
./. Anordnungssoll der Einnahmen
(beim Sollabschluß)
oder
./. Ist-Einnahmen
(beim Istabschluß)
– auf der Ausgabenseite:
Ersparnis/Überschreitung
= Haushaltssoll der Ausgaben
./. Anordnungssoll der Ausgaben
(beim Sollabschluß)
oder
./. Ist-Ausgaben (beim Istabschluß).

Die Mindereinnahmen werden auch als Haushaltseinnahmereste und die Ersparnisse als Haushaltsausgabereste bezeichnet (soweit es sich um übertragbare Titel handelt).

Die zweite Komponente der jährlichen Rechnungslegung, die *Kassenrechnung,* wird auf der Grundlage der Soll- und Istziffern des Haushaltssachbuches (Titelbuch) erstellt. Hier werden u. a. folgende Größen ermittelt:
– *Änderung des Zahlungsmittelbestandes*
= Isteinnahmen ./. Istausgaben
– *Kasseneinnahmereste*
= Solleinnahmen ./. Isteinnahmen
– *Kassenausgabereste*
= Sollausgaben ./. Istausgaben.

d) Die Vermögensrechnung

Eine vollständige und aussagefähige Rechnungslegung muß auch die Rückwirkungen der finanziellen Transaktionen auf das *öffentliche Vermögen* erkennen lassen. Im Interesse einer einwandfreien Rechnungslegung hat die *Vermögensrechnung der öffentlichen Verwaltung* nachzuweisen, welche vermögenswirksamen Ausgaben die betreffende Körperschaft für die Erfüllung ihrer verschiedenartigen Aufgaben geleistet hat und ob und in welchem Umfang sie diese Aufgaben endgültig zu decken vermochte oder ob und inwieweit sie zu ihrer Finanzierung auf die Vermögenssub-

stanz und/oder auf Fremdmittel zurückgreifen und dadurch den Verwaltungshaushalt künftiger Rechnungsjahre belasten mußte. Eine so aufgebaute Vermögensrechnung wird nach *Johns* als *finanzwirtschaftliche Bilanz* bezeichnet. Diese Rechnung soll keinesfalls die folgenden Aufgaben erfüllen:
– Ermittlung eines Gesamtvermögenswertes,
– Nachweis der Erhaltung des Vermögens in seinem wertmäßigen Bestand,
– Ausweis einer Reinvermögensziffer.

Ihre grundsätzliche Aufgabe besteht – als Stichtagsrechnung – im Nachweis des Deckungs- bzw. Verschuldungsgrades und – im Zeitablauf – in der Offenlegung des Deckungs- bzw. Entschuldungsprozesses des Vermögens. Sie beruht auf Einnahmen und Ausgaben (=Anschaffungswerten) und enthält somit ausschließlich finanzwirtschaftliche Größen und keine Leistungs-, Aufwands- oder Kostengrößen. Eine derartige Vermögensrechnung kann nicht isoliert neben der Haushaltsrechnung stehen; sie muß vielmehr als ein integrativer Bestandteil eines umfassenden Rechnungssystems aufgefaßt werden.

Ein solches, die Haushalts- und Vermögensrechnung verbindendes kamelalistisches Rechnungssystem, wie es in Österreich entwickelt, von *E. Walb* vervollkommnet und von *Johns* im Jahre 1938 zur Vollrechnung ausgestaltet worden ist, steht seit über drei Jahrzehnten zur Verfügung. Obwohl dieses Rechnungssystem die wichtigsten der öffentlichen Verwaltung adäquaten Nachweise liefert, ist es von der Verwaltungspraxis bisher nicht genutzt worden. Diese *kameralistische Vollverbundrechnung* soll anhand eines Beispiels aus dem Gemeindebereich verdeutlicht werden (vgl. Abb. 3). Auf die gesetzlichen Vorschriften zur Vermögensrechnung in Bund, Ländern und Gemeinden und auf die in der Verwaltungspraxis durchgeführten Vermögensrechnungen kann aus Raumgründen nicht eingegangen werden.

IV. Betriebskameralistik

1. Die Zielsetzung

Haushaltskontrolle und Anordnungskontrolle sind die primären Aufgaben der Verwaltungskameralistik. Diese Aufgaben kann die Kameralistik aufgrund ihrer Systematik in hervorragender Weise erfüllen. Wird sie darüber hinaus durch eine vollverbundene Vermögensrechnung ergänzt, dann erreicht die Verwaltungskameralistik im Rahmen der Rechnungslegung ein Höchstmaß an Aussagefähigkeit. Dies bezieht sich jedoch nur auf den Ausweis finanzwirtschaftlicher Größen. Die Verwaltungskameralistik ist das geeignete Rechnungswesen für alle öffentlichen Körperschaften, die mit ihrer Haushaltsführung an einen Haushaltsplan gebunden sind und ausschließlich mit finanzwirtschaftlichen Größen rechnen. Es gibt allerdings auch öffentliche Einrichtungen, die zwar ebenfalls brutto, d. h. mit all ihren Einnahmen und Ausgaben im Haushaltsplan veranschlagt sind, die aber aufgrund spezieller Anforderungen nicht nur

Aktiva	Anfangsbilanz der Gemeinde X (1. 1. 1970)		Passiva
EPL 0		*EPL 0*	
Gebäude der allg. Verwaltung	3000	Deckungskonto	2500
		Schulden	500
EPL 2		*EPL 2*	
Schulgebäude	5000	Deckungskonto	3000
Bankguthaben für Neubauten	1000	Schulden	2000
		Erneuerungsrücklage	1000
EPL 7		*EPL 7*	
Anlagevermögen städt. Müllabfuhr	2000	Deckungskonto	1400
Bankguthaben für Erneuerungen und		Schulden	600
Erweiterungen des AV	1000	Rücklage für Erneuerungen und	
		Erweiterungen	1000
	__12000__		__12000__

Sachbuch für den Vermögenshaushalt

Bezeichnung der Vorgänge	Einnahmen				Ausgaben			
	RV	S	I	R	RV	S	I	R
1. Zuführung vom Verwaltungshaushalt	–	1330	1330	–				
EPL 0								
2. Verkaufserlöse	–	350	350					
7. Tilgung					–	400	400	–
EPL 2								
3. Invest. Zuschuß	–	1000	1000	–				
4. Entnahme aus Rückl.	–	600	600	–				
8. Schulneubau					–	2100	1500	600
9. Tilgung					–	130	130	–
EPL 7								
5. Darlehen	–	550	550	–				
6. Entnahme aus Rückl.	–	1000	1000	–				
10. Kauf von AV					500	2100	2600	–
11. Zuführung zur Rückl.					–	100	100	–
Gesamtsumme	–	4830	4830	–	500	4830	4730	600

Aufteilung der Zuführung vom Verwaltungshaushalt:

EPL 0: Zur Schuldentilgung	50
EPL 2: für Investitionen	500
zur Schuldentilgung	130
EPL 7: für Investitionen	550
für Rücklagenzuführung	100
	__1330__

Sachbuch für das Vermögen bzw. finanzwirtschaftliche Bilanz (Darstellung des Vermögens und seiner Finanzierung)

Aktiv- oder Vermögensseite					Passiv- oder Deckungs- und Schuldenseite				
Bezeichnung		RVP	S	I	R	Bezeichnung		RVP	S	I	R
EPL 0						*EPL 0*					
Gebäude　　AB	3000				Deckungskonto　　AB	2500			
2. Verkaufserlös			350		2. Absetzung (Verkauf)			350	
EB				2650	7. Tilgung aus Verkaufs-Erlös		350		

(Fortsetzung folgende Seite)

Sachbuch für das Vermögen bzw. finanzwirtschaftliche Bilanz (Darstellung des Vermögens und seiner Finanzierung)
(Fortsetzung)

Aktiv- oder Vermögensseite					Passiv- oder Deckungs- und Schuldenseite				
Bezeichnung	RVP	S	I	R	Bezeichnung	RVP	S	I	R
					1. Anteil aus Zuführung		50		
					EB				2550
					Schulden AB	500			
					7. Tilgung			350	
					1. Ant.aus. Zuführung			50	
					EB				100
EPL 2					EPL 2				
Schulgebäude AB	5000				Deckungskonto AB	3000			
8. Schulneubau		2100			3. Inv. Zuschuß		1000		
EB				7100	4. Entn. Rücklage		600		
					1. Ant. aus Zuführung		500		
					9. Tilgung		130		
					EB				5230
Bankguthaben AB	1000				Rücklagen AB	1000			
4. Abgang			600		4. Abgang			600	
EB				400	EB				400
					Schulden AB	2000			
					9. Tilgung			130	
EPL 7					EPL 7 EB				1870
Anlagevermögen AB	2000				Deckungskonto AB	1400			
10. Kauf von AV		2100			2. Anteil aus Zuf. (Inv.)		550		
EB				4100	6. Rücklage		1000		
					EB				2950
Bankguthaben AB	1000				Rücklagen AB	1000			
6. Entnahme			1000		6. Entnahme			1000	
11. Zuführung		100			11. Zuführung		100		
EB				100	EB				100
					Schulden AB	600			
					5. Darlehen			550	
					EB				1150
	12000	4300	1950	14350		12000	4830	2480	14350

Aktiva	Schlußbilanz der Gemeinde X (31. 12. 1970)	Passiva

EPL 0		EPL 0		
Gebäude der allgem. Verwaltung	2650	Deckungskonto		2550
		Schulden		100
EPL 2		EPL 2		
Schulgebäude	7100	Deckungskonto		5230
Bankguthaben	400	Rücklagen		400
		Schulden		1870
EPL 7		EPL 7		
Anlagevermögen städt. Müllabfuhr	4100	Deckungskonto		2950
Bankguthaben	100	Rücklagen		100
		Schulden		1150
	14350			14350

Abb. 3: Darstellung des rechnungsmäßigen Verbundes zwischen Haushaltsrechnung und Vermögensrechnung und der Gewinnung der finanzwirtschaftlichen Bilanz

mit finanzwirtschaftlichen Größen sondern auch mit Aufwendungen und Erträgen rechnen müssen. Derartige Einrichtungen, wie beispielsweise Müllabfuhr, Abwässerbeseitigung, Verkehrsbetriebe usw., sollen in der Regel kostendeckend wirtschaften oder sogar einen Ertrag für den Haushalt der Trägerkörperschaft abwerfen. Das Rechnungswesen solcher brutto veranschlagter Betriebe dient also nicht nur der *Haushalts- und Anordnungskontrolle,* sondern es soll auch eine integrierte *Erfolgs- und Vermögensrechnung* ermöglichen. Um dieser „erwerbswirtschaftlichen" Aufgabenstellung zu genügen, muß sich die rein finanzwirtschaftlich orientierte Systematik der Kameralistik so handhaben lassen, daß im einzelnen die nachfolgenden Anforderungen erfüllt werden:

- Trennung der erfolgs- und vermögenswirksamen Vorgänge,
- Periodisierung der Einnahmen und Ausgaben zwecks Ermittlung des Periodenerfolgs,
- Differenzierung der Rechnungsfälle nach Aufwands- und Ertragsarten,
- Doppelte Erfolgsermittlung analog zur *Walb*schen Theorie von der Zahlungs- und Leistungsreihe,
- Durchführung einer Bestandsrechnung, so daß die Aufstellung einer Schlußbilanz analog zum kaufmännischen Rechnungswesen möglich ist.

Insbesondere *Walb* und *Johns* haben nachgewiesen, daß der Kameralstil so ausgestaltet werden kann, daß diese Anforderungen erfüllbar sind. Ein solches Rechnungssystem wird als gehobene Kameralistik oder *Betriebskameralistik* bezeichnet.

Die Betriebskameralistik ist nicht auf öffentliche Betriebe beschränkt, die wegen ihrer Eingliederung in den Haushaltsplan nicht kaufmännisch rechnen dürfen oder auch nicht kaufmännisch rechnen wollen (*Bruttobetriebe*). Sie ist selbstverständlich auch für alle Wirtschaftsbetriebe der öffentlichen Hand anwendbar, die in ihrer Wirtschaftsführung und Rechnungslegung weder an Haushaltspläne noch an das für die öffentlichen Haushaltswirtschaften geltende Haushalts- und Kassenrecht gebunden sind.

2. Das Verfahren

Die Betriebskameralistik gliedert das Haushaltssachbuch in vier sogenannte *Rechnungsabteilungen*. Diese Rechnungsabteilungen haben folgenden Inhalt:

Rechnungsabt. I: Erfolgswirksame Vorgänge (Erfolgskonten),

Rechnungsabt. II: Sachvermögensrechnung (Vorratskonten),

Rechnungsabt. III: Geldvermögensrechnung bzw. Kapitalienrechnung (Forderungen, Verbindlichkeiten, Eigenkapital),

Rechnungsabt. IV.   Abschlußbuchungen, Verbuchung des Erfolgs und der Kassenbestände.

Die Betriebskameralistik übernimmt zwar die formale Spaltengliederung der Verwaltungskameralistik. Die einzelnen Spalten unterscheiden sich jedoch in ihrem Inhalt erheblich. Der Spalteninhalt der Rechnungsabteilungen kann der Abb. 4 entnommen werden.

Wie dieses Schema zeigt, sind die einzelnen Spalten des kameralistischen Kontos mehrdeutig, und zwar nicht nur zwischen, sondern auch innerhalb der einzelnen Rechnungsabteilungen. So kann beispielsweise eine Ist-Buchung in der Rechnungsabteilung I (Erfolgsrechnung) entweder einen echten Kassenvorgang (z.B. Barzahlung) darstellen oder aber zwecks Neutralisierung der Bestandswirkung (Soll = Zugang, Ist = Abgang) fiktiv sein.

Spalteninhalt	Einnahmen/Ausgabenseite			
Rechnungs-abteilung	RV	S	I	R
Rechnungsabt. II, III, IV (Bestandsrechnung)	Anfangsbestand der Aktiva oder Passiva	Zugang der Aktiva oder Passiva	Abgang der Aktiva oder Passiva	Endbestd. der Aktiva oder Passiva
Rechnungsabt. I (Erfolgsrechnung)	—	Aufwendungen oder Erträge	—	—
Rechnungsabt. I, II, III (Kassenrechnung)	—	—	Bareinnahmen oder Barausgaben	—
Verrechnungen und Umbuchungen innerhalb oder zwischen den einzelnen Rechnungsabteilungen	—	wechselbezügliche Verrechnungseinnahmen oder Verrechnungsausgaben	fiktive Ist-Einnahmen oder Ist-Ausgaben	—

Abb. 4: Spalteninhalt des kameralistischen Kontos (Betriebskameralistik)

Ohne auf die Buchungstechnik der Betriebskameralistik im einzelnen einzugehen, soll nur ein grundlegender Buchungsvorgang, und zwar die sogenannte *wechselbezügliche Buchung* dargestellt werden. Wechselbezüglich wird nicht nur in der Betriebskameralistik gebucht, sondern auch in den Verwahr- und Vorschußbüchern der Verwaltungskameralistik. Nach *Walb* (1926, S. 245) müssen Vorgänge wechselbezüglich verrechnet werden, „bei denen eine sofortige Einnahme eine zukünftige Ausgabe und umgekehrt eine sofortige Ausgabe eine zukünftige Einnahme auslöst". Es handelt sich also um Vorgänge, die Aktiva oder Passiva begründen, wie z.B. Anlagenkäufe, Darlehensgewährungen oder Darlehensaufnahmen. In Abb. 5 ist die wechselbezügliche Buchung für die Aufnahme eines Darlehens in Höhe von DM 100,– dargestellt.

Das aufgenommene bzw. empfangene Darlehen wird sowohl auf der Einnahmen- als auch auf der Ausgabenseite des kameralistischen Kontos zum Soll gestellt. Diese *wechselbezügliche Sollstellung* wird auf der Einnahmenseite durch eine Ist-Buchung abgegolten, die den kassen-

Einnahmen				Ausgaben			
RV	S	I	R	RV	S	I	R
	100	100			100		

Abb. 5

wirksamen Eingang des Darlehensbetrages anzeigt. Die Sollstellung auf der Ausgabenseite bedeutet, daß eine Verpflichtung zur Rückzahlung des empfangenen Darlehens entstanden ist. Die Abgeltung dieser Verpflichtung erfolgt durch kassenwirksame Tilgungsausgaben, die in der Ist-Spalte zu verbuchen sind. Werden Tilgungen erst in späteren Haushaltsperioden durchgeführt, dann entsteht am Ende der Haushaltsperiode in Höhe der vorhandenen Verpflichtung ein Kassenrest, der in der nächsten Periode in der RV-Spalte vorgetragen wird.

Gegen die Betriebskameralistik lassen sich insbesondere die folgenden *Einwände* vorbringen: Wegen der zahlreichen fiktiven und wechselbezüglichen Verrechnungsbuchungen sind die Sollspalten der Einnahmen- und Ausgabenseite mit den Ansätzen des Haushaltsplans nicht ohne weiteres vergleichbar. Bei allen brutto veranschlagten öffentlichen Einrichtungen ist somit die Haushalts- und Anordnungskontrolle nicht in befriedigender Weise durchführbar. Ein zweiter Einwand richtet sich gegen die eigentliche Buchungstechnik. In der Betriebskameralistik sind nicht nur Doppelbuchungen wie bei der kaufmännischen Buchhaltung notwendig. Vielfach sind für die Erfassung eines einzigen Vorgangs Dreifach- oder sogar Fünffachbuchungen erforderlich, die die Betriebskameralistik äußerst schwerfällig machen, so daß sie nur von „eingeweihten Spezialisten" adäquat gehandhabt werden kann. Obwohl sie, wie die kaufmännische Buchführung, ein geschlossenes System darstellt, hat sie wegen dieser Mängel *in der Verwaltungspraxis keinerlei Bedeutung* erlangt. Für alle öffentlichen Einrichtungen, deren Rechnungswesen die Aufgaben sowohl der Haushalts- und Anordnungskontrolle als auch der Erfolgs- und Vermögensrechnung erfüllen muß, hat sich in der Verwaltungspraxis das Verfahren der Erweiterten Kameralistik durchgesetzt.

V. Erweiterte Kameralistik

Die sogenannte „Erweiterte Kameralistik" ist im wesentlichen nach 1945 entwickelt worden. Sie wurde erstmals von *A. Petry* im Lüdenscheider Krankenhaus angewandt. Die Weiterentwicklung und Verbesserung dieses Verfahrens ist vor allem ein Verdienst der Kommunalen Gemeinschaftsstelle für Verwaltungsvereinfachung, die ihre Arbeitsergebnisse auf diesem Gebiet in Form von Gutachten und Rundschreiben veröffentlicht hat. Grundlage der Erweiterten Kameralistik, die vornehmlich in kommunalen Einrichtungen angewandt wird, sind nicht das Haushaltssachbuch, sondern die *Haushaltsüberwachungslisten* (HÜL). Diese Listen dienen der Bewirtschaftung von Ausgabemitteln, indem sie nachweisen, inwieweit die Haushaltsansätze bereits verausgabt sind. Sie werden deshalb auch nicht von der Kasse oder von einer anderen Buchhaltungsstelle, sondern von den jeweils mittelbewirtschaftenden Dienststellen einer öffentlichen Einrichtung geführt.

Die Haushaltsüberwachungslisten der Erweiterten Kameralistik weisen nicht nur den Ansatz des Haushaltsplans für die betreffende Haushaltsstelle und die bereits angewiesenen Beträge aus, sondern bei jeder Buchung wird der angeordnete Betrag zugleich nach seiner Erfolgs- oder Vermögenswirksamkeit erfaßt. Durch entsprechende Untergliederung der Spalten, durch den gesonderten Ausweis der nicht ausgabewirksamen Posten (z.B.

→ *Abschreibungen*) sowie durch weitere systeminterne Verrechnungsvorgänge gelangt man schließlich zu betriebswirtschaftlichen Größen und Rechenergebnissen, wie sie auch vom Rechnungswesen erwerbswirtschaftlicher Betriebe geliefert werden (z.B. Ermittlung des Umlauf- und Anlagevermögens, Durchführung einer Erfolgsrechnung, Kostenarten-, Kostenstellen- und Kostenträgerrechnungen, Erstellung des Betriebsabschlußbogens usw).

Die Erweiterte Kameralistik läßt sich wie folgt charakterisieren: Die finanzwirtschaftliche Rechnung zum Zwecke der Haushalts- und Anordnungskontrolle wird in der üblichen Form der Verwaltungskameralistik geführt. Daneben wird auf der Grundlage der Haushaltsüberwachungslisten eine betriebswirtschaftliche Rechnung zur Ermittlung von Bestands-, Erfolgs-, Aufwands- und Kostengrößen aufgemacht. Die Erweiterte Kameralistik hat sich in öffentlichen Einrichtungen bewährt. Auf die Problematik dieser Rechnung und die Möglichkeiten ihrer Verbesserungen kann hier nicht eingegangen werden.

Literatur: Walb, E.: Die Erfolgsrechnung privater und öffentlicher Betriebe. Berlin u. Wien 1926 – *Seelig, K.:* Kameralistische Musterrechnung für gemeindliche Versorgungsbetriebe. Karlsruhe 1935 – *Thieß, K.:* Das Rechnungswesen gemeindlicher Betriebe. Leipzig 1936 – *Johns, R.:* Die Vollrechnung der Gemeinden. In: ZfhF, 32. Jg 1938, S. 145–176 u. 193–212 – *Friedel, R.:* Haushaltsrechnung und -plan in verbundener Form. Leipzig 1940 – *Mülhaupt, L.:* Der Grundsatz der Wirtschaftlichkeit in der Gemeindewirtschaft und die Problematik ihrer Messung. In: FArch, N.F. 8. Jg 1940, S. 94–114 – *ders.:* Das Problem der gemeindlichen Vermögensrechnung in betriebswirtschaftlicher und finanzwirtschaftlicher Betrachtung. In: ZfhF, 34. Jg 1940, S. 305–330 – *ders.:* Grundsätzliches zum Problem der Vermögensstatistik. In: Allg. Stat. Arch, 30. Bd 1941/42, S. 36–48 – *ders.:* Der Deckungsprozeß in der Gemeindefinanzwirtschaft und seine rechnerische Darstellung. In: FArch, N.F. 8. Jg 1941, S. 403–443 – *Johns, R.:* Richtiges Rechnen in der Finanzwirtschaft. Ebd., 9. Jg 1943, S. 529–603 – *ders.:* Das Problem der öffentlichen Vermögensrechnung und seine Lösung. Würzburg 1943 – *Winckelmann, H.:* Kameralistische und kaufmännische Rechnungslegung in öffentlichen Verwaltungen und Betrieben. Berlin 1949 – *Johns, R.:* Kombinierte Finanz- und Betriebsrechnung im Kameralstil. In: ZfhF, N.F. 2. Jg 1950, S. 407–440 – *ders.:* Kameralistik. Wiesbaden 1951 – *Schwab, A. u. W. Gehring:* Badische Kassen- und Rechnungsverordnung (KuRVO) mit Erläuterungen und Musterrechnungen sowie einer Einführung in die Verwaltungsbuchführung (Kameralistik). Freiburg i.Br. 1951 – *Tautscher, A.:* Geschichte der deutschen Finanzwissenschaft bis zum Ausgang des 18-Jahrhunderts. In: Hb. d. Finanzwissenschaft. 1. Bd, Tübingen 1952 – *Taxis, H.:* Die Konzeption der gemeindlichen Vermögensrechnung. In: Der Städtetag, 7. Jg 1954, S. 4–6 – *Markus, K.:* Verwaltungsbuchführung und Vermögensrechnung einer Großstadt. Frankfurt a.M. 1956 – *Schnettler, A.:* Öffentliche Betriebe. Essen 1956 – *Helmert, O.:* Haushalts-, Kassen- und Rechnungswesen. Berlin 1961 – *ders.* u. *H. König:* Die Vermögensrechnung des Bundes. Berlin 1963 – *Wysocki, K. v.:* Kameralistisches Rechnungswesen. Stuttgart 1965 – *Mühlhaupt, L.:* Neuere Entwicklungen auf dem Gebiet des Gemeinderechnungswesens in Westdeutschland. In: Gemeindewirtschaft und Unternehmerwirtschaft. Festg.f. *R. Johns*, hrsg. v. *L. Mülhaupt* u. *K. Oettle*. Göttingen 1965, S. 15–49 – *ders.:* Die öffentliche Vermögensrechnung. In: Die große Finanzreform, Gutachten für das Institut „Finanzen und Steuern", H. 80, Bonn 1966, S. 105–136 – *König, H.:* Grundlagen zur Einführung eines geschlossenen, integrierten Konten- und Buchungssystems der öffentlichen Hand. In: Öffentliches Rechnungswesen im Fortschritt der Automation, [AWV-Schriftenreihe Nr. 123]. Berlin, Köln u. Frankfurt/M. 1967, S. 1–182 – *Wobser, E.:* Zukunftsmöglichkeiten einer Automatisierung des Rechnungswesens des Bundes. Ebd. S. 183–293 – *Oettle, K.:* Notwendigkeit und Grenzen öffentlicher Vermögensrechnungen. In: Finanz- und Geldpolitik im Umbruch, hrsg. v. *H. Haller* u. *H. C. Recktenwald*. Mainz 1969, S. 327–353 – *Fuchs, M.* u. *H. Zentgraf:* Betriebsabrechnung in öffentlichen Einrichtungen. 2. A., Göttingen 1970 – *Johns, R.:* Das Reformmodell „Baden-Württemberg" kritisch betrachtet. In: Der öffentliche Haushalt, 11. Jg 1970, S. 96–106 – *Leicht, A.:* Die Haushaltsreform. München 1970 – *Mülhaupt, L.:* Die Auswirkungen der staatlichen Haushaltsreform auf die Gemeinden in der Bundesrepublik Deutschland. In: Materialien zur Arbeitstagung „Reform des Gemeindehaushalts", hrsg. v. Kommunalwissenschaftlichen Dokumentationszentrum. Wien 1970, S. 19–39 – *ders.:* Probleme der kommunalen Vermögensrechnung. In: Der öffentliche Haushalt, 11. Jg 1970, S. 117–136 – *Steenbock, R.:* Kommunale Haushaltsreform. Köln 1972 – *Mülhaupt, L.:* Kameralistische oder kaufmännische Buchführung für Gemeinden? In: Local Finance, 2. Vol. 1973, S. 3–15 – *ders.* u. *J. Gornas:* Finanzwirtschaftliches und betriebswirtschaftliches Rechnen in Gemeinden – Anmerkungen zur Neuordnung des Gemeindehaushaltsrechts. In: Der öffentliche Haushalt, 14. Jg 1973 – *dies.:* Betriebswirtschaftliche Grundsätze in der Kameralistik. In: Kommunal-Kassen-Zeitschrift, 24. Jg 1973, S. 104–110 – *Roth, W.:* Informatik und staatliches Kassen- und Rechnungswesen. Bericht der Arbeitsgruppe Informatik und Verwaltung (Kolloquium Nizza). 1973 – *Depiereux, St.:* Das neue Haushaltsrecht der Gemeinden. 4. A., Siegburg 1974.

Ludwig Mülhaupt

Kammern

[s.a.: Berufsbildung, außerbetriebliche; Betriebsverbindungen; Kooperation, zwischenbetriebliche; Öffentlich-rechtliche Körperschaften und Anstalten.]

I. Begriff der Selbstverwaltung; II. Industrie- und Handelskammern; III. Handwerkskammern; IV. Landwirtschaftskammern; V. Arbeitnehmerkammern; VI. Berufsständische Kammern.

I. Begriff der Selbstverwaltung

Der Begriff Kammern kennzeichnet den Bereich der *körperschaftlichen Selbstverwaltung* im wirtschaftlichen Bereich (z. B. Industrie- und Handelskammern) und im berufsständischen (z. B. Ärztekammern). Selbstverwaltung gehört zwar zur → *öffentlichen Verwaltung,* besteht aber in der Wahrnehmung eines von der Staatsverwaltung unterschiedenen eigenen Aufgabenkreises. Im Gegensatz dazu wird Auftragsverwaltung weisungsgebunden erledigt und ist deshalb der mittelbaren Staatsverwaltung zuzurechnen. Körperschaftliche Selbstverwaltung unterliegt nur der *Rechtsaufsicht,* d. h. der Staatsaufsicht darüber, ob die Maßnahmen der Körperschaft gegen die allgemeinen Gesetze oder die Satzung der Körperschaft verstoßen, nicht aber der Fachaufsicht mit staatlichem Weisungsrecht.

Gemeinsam sind den körperschaftlichen Selbstverwaltungseinrichtungen die staatlichen Bestimmungsrechte für ihre äußere und innere Organisation (Verleihung der Eigenschaft einer Körperschaft öffentlichen Rechts mit entsprechenden Befugnissen, Satzungsgestaltung und Organbestellung, Abgrenzung der Kompetenzen und Bestimmung der Rechte und Pflichten der Mitglieder) (→ *Öffentlich-rechtliche Körperschaften und Anstalten).* Kammern in der Wirtschaft sind *Industrie- und Handelskammern* sowie *Handwerkskammern,* in mehreren Bundesländern auch *Landwirtschaftskammern;* dazu rechnen gleichfalls die wenigen vorhandenen *Arbeitnehmerkammern.* Kammern in der *berufsständischen Selbstverwaltung* sind Ärzte-, Anwalts-, Notar-, Wirtschaftsprüfer-, Steuerberater-, Steuerbevollmächtigten-, Apotheker- und Architekten-Kammern.

Ursprünglich waren auch die Kammern in der Wirtschaft berufsständisch orientiert. Die industrielle Revolution brach die alten Formen der Wirtschaftsverfassung auf, was auch durch die Stein'schen Reformen gefördert wurde. Ein Beispiel sind die Industrie- und Handelskammern (IHKn).

II. Industrie- und Handelskammern

Ihre Wurzeln lassen sich bis ins 17. Jahrhundert zu den damaligen Kommerzien-Kollegien, -deputationen, -räten oder Handlungsvorständen zurückverfolgen, denen allerdings erst mit dem Vordringen des französischen Kammersystems (erste Gründung 1650 in Marseille) in das Rheinland unter napoleonischem Einfluß seit 1803 ein einheitlicher amtlicher Charakter verliehen wurde.

Für die deutsche Entwicklung wichtig ist die erstmals 1830 im Statut der Wuppertaler Kammer vorgenommene Beschränkung des staatlichen Einflusses bei den Mitgliederversammlungen durch die freie Wahl ihres Vorsitzenden. Die Verbindung des Bürgertums mit der Bewegung des Liberalismus und der aufstrebenden Kammerorganisation führte um die Mitte des 19. Jahrhunderts zur breiten Entwicklung der Kammern, insbesondere 1861 zur Gründung des *Deutschen Handelstages,* der als Spitzenorganisation die Wortführung im Bemühen um ein einheitliches Wirtschaftsgebiet in Deutschland übernahm. Die preußischen Gesetze von 1870 und 1897 wurden für die Entwicklung der IHKn im Reichsgebiet maßgeblich: die sachliche Unabhängigkeit ihrer Arbeit wurde anerkannt, die Staatsaufsicht gesetzlich abgegrenzt. Im 1. Weltkrieg wurden sie wegen der vollständigen Erfassung ihrer zugehörigen Firmen zur Durchführung von Bewirtschaftungsmaßnahmen herangezogen; nach 1918 waren sie bald wieder eine wichtige Vertretung der Unternehmerschaft. 1942 waren sie vollständig in den neuen *Gauwirtschaftskammern* aufgegangen und damit nach schrittweisem Abbau ihrer Eigenverantwortung der letzten Teiles der ihnen verbliebenen Selbstverwaltung entkleidet. Die Besatzungsmächte benutzten nach 1945 in dem allgemeinen Verwaltungs- und Wirtschaftschaos die IHKn als sachverständige und bezirkskundige Hilfsorganisationen, nahmen ihnen aber in der US-Zone die Qualifikation der öffentlich-rechtlichen Körperschaft. Erst ein Bundesgesetz von 1956, das eine „vorläufige Neuregelung" brachte, um einer Klärung des „überbetrieblichen Mitbestimmungsrechts" nicht vorzugreifen, brachte für alle Bundesländer das gleiche Recht auf dem Boden der Selbstverwaltung.

Die IHKn haben danach die Aufgabe, das wirtschaftliche Gesamtinteresse der Unternehmer ihres Bezirks (mit Ausnahme des Handwerks) wahrzunehmen. Da die Summe der wirtschaftlichen Einzelinteressen nicht dem Gesamtinteresse gleichzusetzen ist, verlangt das Gesetz von den Kammern, abwägend und ausgleichend bei Begutachtung, interner Beratung und Rat-Erteilung zu verfahren. Nicht nur in der Arbeitsweise, auch in der Zusammensetzung der Organe hat die IHK der Verteilung der Wirtschaftskräfte ihres Bezirks zu entsprechen; auch nach höchstrichterlicher Entscheidung von 1962 ist deshalb die Pflichtzugehörigkeit aller Gewerbetreibenden eines Bezirks für die Ermittlung und Vertretung des wirtschaftlichen Gesamtinteresses „sinnvoll, ja notwendig".

Die Aufgaben der IHKn im einzelnen umfassen u. a. Stellungnahmen zu Gesetzentwürfen im Wirtschaftsrecht (Gewerbe-, Kartell-, Wettbewerbs-, Verkehrs- und Steuerrecht); Eingaben und Berichte über Mißstände oder Fehlentwicklungen; Berichte über die Lage der Wirtschaft des Bezirks mit Anregungen zu sektoralen oder regionalen Förderungsmaßnahmen (→ *Regionalpolitik, staatliche, und Betrieb*); Beratung öffentlicher Stellen bei Gewerbeansiedlung, Verkehrsplanung, Energie- und Wasserversorgung, Abwässer- und Müllbeseitigung, kommunaler Besteuerung; Gutachten gegenüber Gerichten, Ausstellung von Ursprungszeugnissen; Prüfungen bei der Zulassung zu bestimmten Berufen und Gewerben (→ *Gewerbeordnung, Gewerbeaufsicht und Betrieb*); Bestellungen von Sachverständigen, Handelsmaklern und Versteigerern.

Von besonderer Bedeutung sind ihre Aufgaben für die → *Berufsbildung* in den ihnen zugehörigen Betrieben. Dieser seit mehreren Jahrzehnten aus eigener Initiative entwickelte Aufgabenbereich ist durch das Berufsbildungsgesetz 1969 neugeordnete Selbstverwaltung. Die IHKn haben nach wie vor die Ausbildungsbetriebe und die Durchführung der Ausbildung zu überwachen, Prüfungen abzunehmen und Einigungsstellen für Streitigkeiten zu errichten. Nunmehr hat der paritätisch mit Vertretern der Arbeitnehmer und Arbeitgeber besetzte Berufsbildungsausschuß aber zu beschließen, bevor die IHK von der ihr zustehenden Satzungsgewalt durch Rechtsvorschriften gegenüber Dritten Gebrauch machen kann.

Bei den Auskunfts-, Service- und Beratungsfunktionen, die den IHKn besonders gegenüber mittelständischen Unternehmen obliegen, haben die Bemühungen um Produktivitätssteigerung und → *Rationalisierung* einiges Gewicht. In Lehrgängen, Seminaren, Vorträgen und Erfa-Gruppen werden Themen aus dem gesamten Bereich der Rationalisierung und Unternehmensführung behandelt, ebenso Spezialfragen wie Zollwesen, Außenhandel, Verkehrstarife, Ausbildung von Ausbildern.

Das *Betriebsberatungswesen*, das sich als besonders wirksame Rationalisierungshilfe für kleine und mittlere Unternehmen erwiesen hat, umfaßt auch die Vermittlung freiberuflicher Berater, die Zusammenarbeit mit dem RKW-Beratungsdienst (→ *Rationalisierungs-Kuratorium der Deutschen Wirtschaft*) und verbandseigenen Unternehmensberatungen sowie einem eigenen Beratungsservice, dem sich eine größere Zahl der IHKn angeschlossen haben.

Die Vermittlung von branchenbezogenen Kooperationsangeboten (→ *Kooperation, zwischenbetriebliche*) ist für die Erleichterung der Anpassung an Strukturwandel im Gemeinsamen Markt oft hilfreich; sie bedingt in besonderem Maße Zusammenarbeit über den einzelnen Bezirk, ja über die Landesgrenzen hinaus. Dieser Aufgabe widmen sich im Rahmen der Koordinierung der allgemeinen Kammerarbeit und der wirtschaftlichen Voten die *Landesarbeitsgemeinschaften*, vor allem aber die Spitzenorganisation der z. Z. 73 IHKn, der schon bei seinem Entstehen 1861 privatrechtlich begründete *Deutsche Industrie- und Handelstag*. Im Prozeß der europäischen Integration hält er Verbindung zu den europäischen IHKn und Behörden, er pflegt Kontakte mit der *Internationalen Handelskammer* und außereuropäischen Kammerorganisationen und ist zentrale Betreuungsorganisation für die z. Z. 33 anerkannten deutschen *Auslandshandelskammern*.

III. Handwerkskammern

Im Bereich des Handwerks sind wirtschaftliche Selbstverwaltung und berufliche Interessenvertretung unmittelbar miteinander verknüpft. Die *Handwerksinnung* bildet die gemeinsame Grundlage für den regional gegliederten, öffentlich-rechtlichen Zweig (Innung, Kreishandwerkerschaft, Handwerkskammer) sowie den fachlichen, der über den Landes- zum Bundesinnungsverband führt. In der Spitze sind wiederum (als Zentralverband des Deutschen Handwerks) der Deutsche Handwerkskammertag und die Bundesvereinigung der Bundesinnungs- und -fachverbände zusammengeschlossen.

Die *Handwerkskammern* (HwKn) bauen auf der Tradition der mittelalterlichen *Zünfte* auf, die in Art einer genossenschaftlichen Organisation Standesehre und -sitte zu wahren hatten, auf die Qualität der hergestellten Waren achteten und auch eine politisch wirksame Gemeinschaft bildeten. Sie erwarben ziemlich allgemein die „Ratsfähigkeit" (kommunale Mit-Herrschaft), verloren jedoch die Anpassungsfähigkeit an die wirtschaftliche und technische Entwicklung. Ende des 18. Jahrhunderts wurden sie durch die industrielle Revolution in eine schwere Krise gestürzt, den Stein'schen Reformen mit der Gewerbefreiheit traten sie entgegen. Auch in den März-Unruhen 1848 und vor dem Paulskirchen-Parlament verlangten sie die Wiederherstellung früherer Zunftrechte, dazu eine berufliche Selbstverwaltung mit eigenen Kammern. Mit dem 1862 gegründeten *Allgemeinen Deutschen Handwerkerbund* kämpften sie für Handwerkskammern, die 1897 durch Gesetz als öffentlich-rechtliche Körperschaften mit Pflichtzugehörigkeit aller selbständigen Handwerker eines Bezirks begründet wurden. Der 1900 gegründete Handwerkskammertag wurde durch Reichsgesetz 1922 gleichfalls zur öffentlich-rechtlichen Körperschaft gemacht.

Das Schicksal der Handwerkskammern glich dann dem der IHKn; lediglich nach 1945 wurde, vor allem in der amerikanisch besetzten Zone, das Recht der allgemeinen Gewerbefreiheit verordnet. Die Handwerksordnung von 1953 machte den großen Befähigungsnachweis wieder zwingend, der 1961 höchstrichterlich bestätigt wurde. Dadurch ist die frühere enge Verbindung von Organisations- und Berufsbildungsrecht wiederhergestellt.

Die 45 HwKn sind in ihrer heutigen Aufgabenstellung auf den Ausgleich der Interessen der einzelnen Handwerke und ihrer Organisationen abgestellt. Sie führen die *Handwerksrolle,* regeln die → *Berufsbildung* und Fortbildung von Lehrlingen, Gesellen und Meistern – dies gemeinsam mit den *Innungsverbänden* – und haben im übrigen einen den IHKn ähnlichen oder gleichen Aufgabenkatalog. Die enge Verknüpfung der Interessen der handwerklichen Arbeitnehmerschaft mit den Interessen der Meister hat die Organisation zu einem freiwilligen Vorschlag der Drittelbeteiligung ihrer Arbeitnehmer an den Vollversammlungen der Kammern veranlaßt, der 1953 vom Gesetzgeber aufgenommen worden ist.

Ein besonderer Schwerpunkt der Kammerarbeit ist die *Gewerbeförderung,* die den Betrieben die Anpassung an den technischen und wirtschaftlichen Fortschritt erleichtern und die Inhaber mit moderner Unternehmensführung vertraut machen soll. Sie umfaßt Information und Beratung aller Art, Lehrgänge auch für → *Marketing,* für → *Rationalisierung* in vielfach enger Zusammenarbeit mit dem RKW; die Förderung betrieblicher → *Kooperation* gehört dazu, auch die EDV oder das handwerkliche Ausstellungs- und Messewesen (→ *Messen und Ausstellungen*).

Die erfolgreiche Anpassung der handwerklichen Betriebe an die Aufgabe, Zulieferer für die Industrie zu sein sowie industrielle Anlagen und Produkte zu warten, zugleich aber allgemeinen Service zu bieten und Ansprüche gehobenen Geschmacks zu befriedigen, haben nicht nur den Gesamtumsatz und den Umsatz pro Beschäftigten stark ansteigen lassen; auch mit der Leistung, zwei Drittel der gewerblichen Lehrlinge (1971) auszubilden, ist dem Handwerk eine bedeutende Stellung in der Wirtschaft zugewachsen. Das liegt auch im eigenen berufspolitischen Interesse ebenso wie die Aufwendungen für Begabtenförderung oder überbetriebliche Ausbildungsstätten. Besonderes Gewicht hat die erleichterte Finanzierung von Betriebsgründungen, Erweiterungs-, Anpassungs- und Rationalisierungsmaßnahmen, für die erhebliche Eigenmittel eingesetzt, aber auch vermehrte staatliche Hilfen gewünscht werden.

IV. Landwirtschaftskammern

Die *Landwirtschaftskammern* (LwKn) sind wesentlich später als die Kammern der gewerblichen Wirtschaft entstanden. Im Stadtstaat Bremen wurde 1849 die erste gegründet; durch preußisches Gesetz von 1894 entstanden dann LwKn in den großen Agrarprovinzen, nach preußischem Vorbild im ersten Viertel des 20. Jh. auch in anderen Ländern. Die Wortführung für den Berufsstand hatten seit langem schon die Verbände übernommen (Bauernvereine, Dt. Bauernbund, Bund der Landwirte u.a.), vor allem als es um Getreidezölle, Handelspolitik, Getreideterminhandel u.a.m. ging.

Die LwKn pflegen und fördern vor allem die landwirtschaftliche Technik und sind Träger umfangreicher Einrichtungen, Ämter, Schulen, Lehr- und Versuchsgüter, Beratungsstellen. Mittelbare Staatsverwaltung überwiegt heute weit vor beruflicher Selbstverwaltung. Es gibt neun LwKn im Bundesgebiet; Bayern und Baden-Württemberg haben ihre LwKn nach 1945 nicht wiederaufleben lassen, das Land Hessen hat seine zwei erst 1969 wieder aufgelöst.

V. Arbeitnehmerkammern

Arbeitnehmerkammern sind 1921 in Bremen in Form einer Angestellten- und einer Arbeiterkammer gegründet worden. Als Körperschaften öffentlichen Rechts vertreten sie, 1956 durch Landesgesetz neu bestätigt, wirtschaftliche, gesellschaftliche und kulturelle Interessen ihrer pflichtzugehörigen Mitglieder. Die Erstattung von Gutachten und Berichten gegenüber Behörden und Parlament sowie die Beratung ihrer Mitglieder ist ihre vornehmliche Aufgabe. Die 1951 errichtete Arbeitskammer des Saarlandes ist wie in Bremen von der Landesverfassung vorgeschrieben; sie ist vornehmlich in der Förderung der beruflichen → *Weiterbildung* ihrer Mitglieder engagiert.

VI. Berufsständische Kammern

Die *berufsständischen Kammern* haben einen engen Zusammenhang mit den öffentlichen Berufsregelungen ihrer Mitglieder, so z.B.

– die *Wirtschaftsprüferkammer* (§§ 57ff der Wirtschaftsprüferordnung vom 24. 7. 1961 – BGBl. I, 1049) (→ *Wirtschaftsprüfung und Wirtschaftsprüfungswesen*);

– *Berufskammer der Steuerberater und Steuerbevollmächtigten* (vgl. §§ 31ff des Steuerberatungsgesetzes vom 16. 8. 1961 – BGBl. I, 1301) (→ *Steuerberatung und Steuerberatungswesen*);

– *Rechtsanwaltskammern* (vgl. §§ 60ff. Bundesrechtsanwaltsordnung v. 1. 8. 1959 – BGBl. I, 565);

– *Bundesnotarkammern* (vgl. §§ 65–75 Bundesnotarordnung v. 24. 2. 1961 – BGBl. I, 98);

– *Architektenkammern* (vgl. die Landesarchitektengesetze);

– *Ärzte- und Apothekerkammern* (vgl. die Landeskammergesetze für Heilberufe).

Die Kammern als Körperschaften öffentlichen Rechts vereinigen alle Berufszugehörigen der jeweiligen Berufsgruppe, vertreten ihre Berufsinteressen, achten auf das Ansehen des Standes, fördern die berufliche Fortbildung ihrer Kollegen, überwachen die Erfüllung der beruflichen Pflichten und beraten die Behörden und Parlamente durch Vorschläge und Gutachten.

Literatur: Huber, E. R.: Wirtschaftsverwaltungsrecht. 2. A., Tübingen 1953 – *Sauer:* Landwirtschaftliche Selbstverwaltung. o. O. 1957 – *Huber, E. R.:* Selbstverwaltung der Wirtschaft. Stuttgart 1958 – *Bremer, H.:* Kammerrecht der Wirtschaft. Berlin 1960 – *Frentzel, G.:* Die Industrie- und Handelskammern und ihre Spitzenorganisation in Staat und Wirtschaft. In: Die Verantwortung des Unternehmers in der Selbstverwaltung. Frankfurt/M. 1961 – *Fischer, W.:* Unternehmerschaft, Selbstverwaltung und Staat. Berlin 1964 – *Kolbenschlag, H. u. H. Patzig:* Deutsche Handwerksorganisationen. Frankfurt/M. u. Bonn 1968 – *Frentzel, G. u. E. Jäckel:* Die Industrie- und Handelskammern in der neuesten Rechtsprechung. Deutsches Verwaltungsblatt 1964 – *Grochla, E.:* Betriebsverbindungen. Berlin 1969 – Zentralverband des Deutschen Handwerks: Handwerk 1971. Bad Wörishofen 1972 – Zentralverband des Deutschen Handwerks: Forderungen des Handwerks an Parteien, Bundestag und Bundesregierung. Bonn, o. J.

Albrecht Düren

Kapazität und Beschäftigung

[s. a.: Anlagen und Anlagenwirtschaft; Arbeit und Arbeitsleistung; Betriebsgröße und Unternehmungsgröße; Elastizität; Fixkosten; Kosten und Leistung; Kostentheorie; Produktionstheorie; Wachstum und Wachstumstheorien, betriebswirtschaftliche.]

I. Begriffe; II. Die kapazitätsbestimmenden Faktoren; III. Quantifizierungsprobleme; IV. Ökonomische Bedeutung.

I. Begriffe

Kapazität kennzeichnet in ursprünglicher Bedeutung ein Fassungsvermögen (z. B. von Behältern, Lagern und Datenspeichern). Diese auf Passivität, auf einen Zustand ausgerichtete Interpretation erfuhr für technisch-wirtschaftliche Prozesse eine Erweiterung derart, daß auch Aktivitäten des Abgebens, des Leerens, erfaßt werden. *Kapazität* ist das Leistungs*vermögen* einer wirtschaftlichen oder technischen Einheit – beliebiger Art, Größe und Struktur – in einem Zeitabschnitt. Sie bringt ein Potential zum Ausdruck, das durch seine Nutzung im Zeitablauf technische oder wirtschaftliche Leistungen erbringen kann. Unter *Leistung* (→ *Kosten und Leistung*) ist eine zielgerichtete Tätigkeit von bestimmter Intensität (Leistungsgeschwindigkeit) in einem determinierten Zeitabschnitt zu verstehen. Ihre Ergebnisse x sind z. B. Produktionsmengen, Umsatzwerte, Transportstrecken, Kredit- und Versicherungsvolumina. Diese fallen um so höher aus, je größer die Zahl der → *Produktionsfaktoren*, d. h. je größer der sog. *Kapazitätsquerschnitt* (*Kapazitanz*) z einerseits und die mögliche *Leistungsgeschwindigkeit* d_m der betrachteten Kapazitätseinheit anderseits ist. Für eine auf die Zeiteinheit $t = 1$ bezogene Kapazität C_p gilt somit:

$$C_p = x/t = z \cdot d_m$$

Die *Kapazitätsausnutzung* (-auslastung) kommt entsprechend in den effektiv erzielten Leistungsergebnissen zum Ausdruck. Unter der Voraussetzung, daß in den Tätigkeitszeiten die (effektive) *Leistungsintensität* d_i konstant gehalten wird, ist die Kapazitätsausnutzung der Leistungszeit (Beschäftigungszeit) proportional. Obwohl *Beschäftigung* B nur ein Tätigsein ohne irgendwelche Ziele kennzeichnet, wird dieser Begriff meist als gleichwertiger Ausdruck für die Kapazitätsausnutzung C_n gebraucht:

$$C_n = B \cdot d_i$$

Eine Relativierung dieser Größen führt zum (Kapazitäts-)Ausnutzungsgrad (C_n/C_p), Beschäftigungsgrad (B/z) und Leistungsgrad (d_i/d_m).

Außer den in dieser Weise verstandenen *quantitativen Kapazitäten* besitzen auch *qualitative Kapazitäten* Bedeutung. Sie kennzeichnen das Vermögen produktiver Einheiten, ein Leistungsprogramm mit bestimmten Eigenschaften zu erfüllen. Solche Qualitäten zeigen sich z. B. in den Abmessungen (dimensionale Sicht) und in der Genauigkeit (präzisionale Sicht), mit der Leistungen zu erbringen sind, sowie auch in der Schnelligkeit, mit der eine Produktiveinheit auf Grund besonderer Einrichtungen einen Wechsel in der Leistungsart durchführen kann (institutionale Sicht). Alle diese Eigenschaften können graduell unterschiedlich genutzt werden.

II. Die kapazitätsbestimmenden Faktoren

Das Ausmaß von Kapazitäten wird von verschiedenen Faktoren (Determinanten) geprägt. In der Regel bestehen produktive Einheiten aus Kombinationen solcher Faktoren; in ihrem Zusammenwirken bilden sie jeweils ein System.

1. *Materiell-energetische Systeme* entstehen durch Kombination elementarer produktiver Faktoren wie menschliche Arbeit, Betriebsmittel (Maschinen, Energie, Verkehrswege, Raum usw.) und Werkstoffe (→ *Produktionsfaktor*). Da Werkstoffe meist kein eigenes Leistungsvermögen besitzen und höchstens bei begrenzter Verfügbarkeit restriktiv wirken, sind in der Regel nur die beiden erstgenannten Faktorarten kapazitätsbestimmend, wobei meistens eine von ihnen dominiert (Hand- oder Maschinenarbeit); diese Faktorart determiniert die Kapazität materiell-energetischer Kombinationen.

2. Bei *finanziellen Systemen*, die der Erreichung spezieller Leistungsziele (z.B. im Bereich des Bankwesens und der Versicherungswirtschaft) dienen, sind bestimmte Kapitalarten (z.B. aufgenommene oder eingeräumte Kredite, Einlagen, Bilanzsummen) oder auch regelmäßige Einnahmen (z.B. Prämienzahlungen) kapazitätsbildende Faktoren.

3. Bei produktiven Kombinationen können auch *informationelle Systeme* kapazitätsbestimmend sein. Sie werden durch existente Planungssysteme und interindividuelle Informations- und Aktionssysteme (Organisationsstrukturen) geprägt. Je größer und komplexer eine produktive Einheit ist, um so mehr Bedeutung kann ein informationelles System für deren Kapazität erlangen. Praktisch werden solche Aspekte aber meist vernachlässigt, weil die hier maßgebende Bestorganisation in der Regel nicht bekannt ist.

III. Quantifizierungsprobleme

1. Die Orientierung von Kapazitäten (und ihrer Ausnutzung) an Leistungsergebnissen führt einmal zu einer *funktionalen Differenzierung:* danach ist insbesondere zwischen Erzeugungs-, Transport-, Beschaffungs-, Einlagerungs-, Absatz und Finanzierungskapazitäten zu unterscheiden. Zum anderen stellen sich Kapazitätsprobleme in *branchenspezifischer Sicht* sowohl für Industrie- und Handwerksbetriebe als auch für Verkehrs-, Handels-, Bank-, Versicherungs- und sonstige Dienstleistungsbetriebe einschließlich der Bildungsanstalten.

2. Die Quantifizierung von Kapazitäten bedarf einer *räumlichen Abgrenzung* der produktiven – technischen oder wirtschaftlichen – Einheit. Grundsätzlich können – bei einem homogenen Leistungsprogramm – Kapazitäten sowohl für Elementarfaktoren als auch für die (horizontalen) Faktorkombinationen ermittelt werden, die einen Kapazitätsquerschnitt bilden. Bei einem heterogenen Leistungsprogramm wären Kapazitätsangaben alternativ für jede Leistungsart zu machen oder rechnerisch auf eine einzelne Leistungsart zu reduzieren. Für (vertikale Faktorkombinationen, die mehrere aufeinanderfolgende Leistungsstufen umfassen, müssen Kapazitäten und Beschäftigungen für jede Stufe gesondert angegeben oder – wie bei gesamtwirtschaftlichen Erhebungen – auf einen repräsentativen Leistungsquerschnitt begrenzt werden. Dieser ist in der Regel der wichtigste (z.B. kapitalintensivste) Betriebsabschnitt (z.B. Hochofen im Hochofenwerk, Papiermaschinen in der Papierfabrik) oder auch ein aktueller Erzeugungsengpaß (Minimumsektor). An ihm müssen sich, sofern er nicht erweitert werden soll, alle betrieblichen Maßnahmen einer *Kapazitätsharmonisierung* orientieren. Jeder Wechsel in der Leistungsart kann jedoch Disharmonien neuer Art begründen.

3. Da Angaben über Kapazitäten und ihre Ausnutzung stets auf einen Zeitabschnitt zu beziehen sind, ist eine *zeitliche Abgrenzung* der Meßperiode nötig. Bei kontinuierlichen Leistungsprozessen (mit konstanter Intensität) ist ihre Länge nicht maßgebend. Je mehr Prozeßunterbrechungen und je mehr Intensitätsschwankungen im Betrachtungszeitraum auftreten, je mehr Variationen im Faktorbestand zu erwarten und je häufiger Wechsel im Leistungsprogramm geplant sind, desto kürzer muß eine Kapazitätsperiode bemessen sein. Üblich sind Angaben über Jahres-, Monats- und Tageskapazitäten.

4. Die Kapazität als ein Leistungs-„Vermögen" (Potential) verlangt noch nach einer *normativen Abgrenzung*. Unter ökonomischen Aspekten erfolgen die Quantifizierungen häufig für *Normalkapazitäten* oder (kostenminimale sowie gewinnmaximale) *Optimalkapazitäten*. Solche Begriffsbildungen nehmen einen Teil der Folgerungen aus den Kapazitätsermittlungen vorweg und tragen vorzeitig Unschärfen in die Darstellung der Meßergebnisse hinein; sie lassen Auslastungsgrade von mehr als 100% zu. Für präzise Ermittlungen sind deshalb technische *Maximalkapazitäten* (für 24 Stunden pro Tag) zu verwenden. Anzustrebende *Auslastungsnormen* (Sollausnutzungen) können dann als Vergleichsbasen für die effektiven Ausnutzungen dienen. *Minimalkapazitäten* kennzeichnen diejenigen Auslastungen von Produktiveinheiten, die jeweils für deren Leistungsabgabe mindestens nötig sind.

5. Kapazitätsangaben müßten definitionsgemäß in Mengen-, Zeit-, Wert- oder Recheneinheiten der Leistungsergebnisse (Output) erfolgen. Solche *Maßstäbe* sind jedoch häufig nicht operabel. Als Kapazitätsindikatoren werden dann insbesondere bei heterogenen Leistungsprogrammen auch Einheiten homogener Leistungseinsätze (Input) verwendet. Solche Maßstäbe sind aber nur dann aussagekräftig, wenn zwischen der Menge der erfaßten Inputarten und dem Output Proportionalität besteht (→ *Produktionstheorie*).

IV. Ökonomische Bedeutung

Die Kenntnis betrieblicher Kapazitäten und ihrer Ausnutzung (Beschäftigung) ist in mehrfacher Hinsicht von Bedeutung: Kapazitäten gleich welcher Art binden Kapital (Anschaffungskosten, Einarbeitungs- und Anlernkosten). Sofern diese *Kapitalbindung* als eine spezifische Inputgröße angesehen wird, die dem Output proportional ist, kann sie nicht nur als Kapazitäts-, sondern auch als Betriebsgrößen- und Wachstumsindikator verwendet werden (→ *Betriebsgröße und Unternehmungsgröße*; → *Wachstum und Wachstumstheorien, betriebswirtschaftliche*).

Die größte Bedeutung von Kapazitäten und ihrer Ausnutzung zeigt sich in ihren *Kostenwirksamkeiten* (→ *Kostentheorie*). Kapazitäten verursachen allein durch ihre Existenz → *Fixkosten*, und diese sind nur bei voller Nutzung zugleich Nutzkosten. Bei nicht oder nur unvollständig ausgelasteten Kapazitäten sind sie dagegen – im Verhältnis ihrer Nichtnutzung – abbaufähige und -nötige *Leerkosten*. Um Leerkosten zu vermeiden, ist – z.B. durch erhöhte Absatzbemühungen sowie durch eine bessere zeitliche Aufgabenverteilung – für eine bessere Kapazitätsausnutzung Sorge zu tragen, oder es ist das Kapazitätsvolumen zu reduzieren. Diese für quantitative Auslastungsvariationen klar zu formulierenden Zusammenhänge gelten entsprechend auch für das Problem qualitativer Kapazitätsausnutzung; sie können jedoch dort nicht so genau quantifiziert werden.

Die einzelnen differenzierten Kapazitätsvolumina sind bei den betrieblichen Produktions- (Programm- und Ablauf-), Absatz- und Investitionsplanungen nicht nur *Restriktionen*, welche den Planungsspielraum begrenzen. Ihre Existenz begründet vielmehr auch die *Zielfunktion*, sie bis an eben diese Grenzen hin quantitativ und qualitativ voll auszunutzen, d.h. zu beschäftigen. Durch fortschreitende Mechanisierung und Automatisierung von Leistungsprozessen steigen im allgemeinen die Fixkosten absolut, während die variablen Einheitskosten sinken (→ *Produktion, Automatisierung der*). Die Folge ist, daß der Zwang zur Auslastung mechanisierter und automatisierter Kapazitäten immer mehr zunimmt und deshalb das Kapazitätsproblem für die → *Unternehmungspolitik* immer mehr Bedeutung gewinnt.

Literatur: Hammer, R.: Zum Begriff des Beschäftigungsgrades. In: ZfB, 3. Jg 1926, S. 769–777 – *Hammer, R.:* Zum Begriff der Leistungsfähigkeit. In: ZfB, 4. Jg 1927, S. 234–239 – *Henzel, F.:* Der Beschäftigungsgrad. In: ZfB, 5. Jg 1928, S. 673–684 u. 721–745 – *Meyer, F.:* Das Problem der Kapazitätsermittlung von industriellen Produktionsbetrieben. Diss., Frankfurt/M. 1931 – *Schäfer, E.:* Beschäftigung und Beschäftigungsmessung in Unternehmen und Betrieb. Nürnberg 1931 – *Gottlob, G.:* Beschäftigungsgrad und gesamtwirtschaftlicher Leistungsanteil. Wien 1937 – *Volley, R.:* Die Ausnutzung der Produktionskapazität – ihr Einfluß auf die Wirtschaft. Diss., Basel 1937 – *Textor, H.:* Der Beschäftigungsgrad als betriebswirtschaftliches Problem. Berlin, Wien u. Zürich 1939 – *Eggemann, W.:* Erfassung und Darstellung der Beschäftigung und Kapazitätsausnutzung in der Reihen- und Massenfertigung. In: ZfhF, 34. Jg 1941, S. 93–107 – *Bredt, O.:* Produktion, Beschäftigung, Leistung, Kapazität. In: Technik und Wirtschaft, 36. Jg 1943, S. 89–95, 105–113, 121–125, 134–137 u. 141–146 – *Röthlisberger, M.:* Bedeutung, Begriff und Messung des Beschäftigungsgrades im Eisenbahnbetrieb. Diss., Bonn 1946 – *Klinger, K.:* Zur betriebswirtschaftlichen Klärung des Begriffs der industriellen Kapazität. In: BFuP, 1. Jg 1949, S. 46–60 – *Gaube, H.:* Kapazitätsausnutzung und Betriebserfolg. In: ZfbF, 2. Jg 1950, S. 486–495 – *Oetting, G.:* Beitrag zur Klärung des betriebswirtschaftlichen Kapazitätsbegriffes und zu den Möglichkeiten der Kapazitätsmessung. Diss., Mannheim 1951 – *Vormbaum, H.:* Die Messung von Kapazitäten und Beschäftigungsgraden industrieller Betriebe. Diss., Hamburg 1951 – *Huppert, W.:* Größere Wirtschaftlichkeit durch Ausbau der Kapazitätsrechnung. In: DB, 4. Jg 1951, S. 193–194 – *Huppert, W.:* Kapazitätsstatistik. In: DB, 4. Jg 1951, S. 274–275 – *Kreuzer, P.:* Kapazität, Beschäftigungsgrad und Plankosten. In: ZfB, 21. Jg 1951, S. 651–656 – *Schreiterer, M.:* Das Problem der Messung und der Ausnutzung der Kapazität in der Streichgarn-Spinnerei. Diss., Berlin-Charlottenburg 1952 – *Henzel, F.:* Das Kapazitätsproblem im Großhandel. In: ZfB, 22. Jg 1952, S. 34–40 – *Henzel, F.:* Kapazitätsuntersuchungen im Großhandel. In: ZfB, 22. Jg 1952, S. 104–109 – *Henzel, F.:* Das Kapazitätsproblem im Einzelhandel. In: ZfB, 22. Jg 1952, S. 215–224 – *Montag, R. u. P. Reuss:* Zum Begriff der Produktionskapazitäten der Industriebetriebe. In: Die Wirtschaft, 8. Jg 1952, Nr. 25, S. 8 – *Oetting, G.:* Kapazität und Kapazitätmessung in industriellen Fertigungsbetrieben. In: NB, 5. Jg 1952, S. 75–77 – *Papistok, H. u. G. Forbrig:* Kapazitätsermittlung im Maschinenbau. In: Statistische Praxis, 7. Jg 1952, S. 13–17 – *Papistok, H. u. G. Forbrig:* Ein Beitrag zur Kapazitätsermittlung im Betriebsplan für den Industriezweig Maschinenbau. In: Die Technik, 7. Jg 1952, S. 23–27 – *Fuchs, J.:* Kapazität und die Substitution von Lagervorräten durch Reservekapazität bei Produktion der organisch-chemischen Industrie. Diss., Frankfurt/M. 1953 – *Gilels, G.:* Die Produktionskapazität des Betriebes und ihre Ausnutzung. Berlin 1953 – *Ruberg, C.:* Begriff der Betriebskapazität und deren Messung in Handelsbetrieben. In: ZfB, 23. Jg 1953, S. 465–482 – *Storz, H.:* Das Betriebsgrößenproblem in der Wirkerei-Strickerei-Industrie unter besonderer Berücksichtigung der Kapazitätsmessung. Diss., Tübingen 1954 – *Fjodorowitsch, M.:* Die Kapazität des Industriebetriebes und die methodischen Grundlagen der Kapazitätsmessung. In: Sowjetwissenschaft (Gesellschaftswissenschaftliche Abteilung) Jg 1954, S. 629–643 – *Fjodorowitsch, M.:* Die Kapazität des Industriebetriebes und die methodischen Grundlagen der Kapazitätsmessung. In: Technologische Planung und Betriebsorganisation, 2. Jg 1954, S. 409–410 u. 446–450 – *Schenk, E.:* Die Methode zur exakten Kapazitätsermittlung. In: Technologische Planung und Betriebsorganisation, 2. Jg 1954, S. 47–52 u. 91–95 – *Landgraf, F.:* Die Produktionskapazität der Baumwollspinnerei. Berlin 1955 – *Kühne, H.:* Die Ermittlung der Produktionskapazität für Gießereien. In: Technologische Planung und Betriebsorganisation, 3. Jg 1955, S. 216–221 u. 264–268 – *Scholl, G.:* Die Ermittlung der Produktionskapazität und der Kapazitätsausnutzung. Berlin 1956 – *Zabel, E.:* Measures of Industry Capacity. In: Nav. Res. Log.Q, Vol. 3 1956, S. 229–244 – *Reuss, P.:* Kapazitätsermittlung in Maschinenbaubetrieben. Berlin 1958 – *Mellerowicz, K.:* Kapazitätsproblem. In: HWB, 3. A., 2. Bd, Stuttgart 1958, Sp. 2953–2959 – *Braun, W.:* Die Kapazität von Güterkraftverkehrsbetrieben. Stuttgart 1959 – *Günther, H.:* Die Kapazitätsbestimmung bei Kreditbanken. In: ZfB, 29. Jg 1959, S. 542–555 – *Marx, A.:* Die Kapazität in der Betriebswirtschaft und in der Betriebswirtschaftslehre. In: Der österreichische Betriebswirt, 9. Jg 1959, S. 169–182 – *Gail, W.:* Der Kapazitätsausnutzungsgrad bei Bankbetrieben und sein Einfluß auf den Kostenverlauf. In: ZfB, 30. Jg 1960, S. 546–555 – *le Coutre, W.:* Das Kapazitätsproblem praktisch und theoretisch gesehen. In: ZfB, 30. Jg 1960, S. 564–566 – *Kern, W.:* Die Messung industrieller Fertigungskapazitäten und ihrer Ausnutzung. Köln u. Opladen 1962 – *Mellerowicz, K.:* Kosten und Kostenrechnung. Bd I: Theorie der Kosten, 4. A., Berlin 1963 – *Clar, P.:* Die Kapazitätsnutzung in der Industrieunternehmung. Diss., Berlin 1964 – *Lücke, W.:* Probleme der quantitativen Kapazität in der industriellen Erzeugung. In: ZfB, 35. Jg 1965, S. 354–369 – *Henzel, F.:* Kosten und Leistung. 4. A., Essen 1967 – *Wiegand, B.:* Darstellung und Vergleich der Berechnungsmethoden industrieller Kapazitäten und deren Ausnutzungsgrad. Diss., Darmstadt 1968 – *Frank, G.:* Kapazität und Kapazitätsmessung im Einzelhandel. In: ZfB, 40. Jg 1970, S. 621–632 – *Hasenauer, R. u. H. Laubach:* Zur Kapazität in der Betriebswirtschaftslehre – Ein systemtheoretischer Ansatz. In: ZfO, 39. Jg 1970, S. 177–183 u. 219–224 – *Hackstein, R. u. B. Dienstorf:* Grundfragen der Kapazitätsplanung und Untersuchung von Verfahren zur Verwirklichung eines möglichst flexiblen Kapazitätsangebotes in Betrieben mit Werkstättenfertigung. In: Zeitschrift für wirtschaftliche Fertigung, 68. Jg 1973, S. 18–25 – *Henzel, F.:* Führungsprobleme der industriellen Unternehmung. Bd I: Die Produktion in technologisch-wirtschaftlicher Betrachtung. Berlin 1973, insbes. S. 143–192.

Werner Kern

Kapazitätserweiterungseffekt → Abschreibung

Kapital und Vermögen

[s. a.: Bewertung, handels- und steuerrechtliche; Bilanz, allgemein; Bilanz, handelsrechtliche; Bilanz, steuerrechtliche; Finanzierung und Finanzierungslehre; Finanzierungsformen und -arten; Firmenwert; Investition; Investitionsplanung; Investitionsrechnung; Kapitaltheorie, betriebswirtschaftliche; Kapitalerhöhung und Kapitalherabsetzung; Rücklagen; Rückstellungen; Unternehmungsbewertung; Verschuldung und Verschuldungsgrad; Wert und Preis; Zins.]

I. Kapital; II. Vermögen.

I. Kapital

1. Dogmengeschichtlicher Überblick

a) Volkswirtschaftliche Kapital-Begriffe

In der → *Volkswirtschaftslehre* wird der Kapital-Begriff insbesondere in der Distributionstheorie und im Zusammenhang mit dem Zinsproblem in verschiedenen Bedeutungen gebraucht. Das Ergebnis ist ein ziemlicher Begriffs-Wirrwarr. Da sich das betriebswirtschaftliche

Schrifttum nicht selten auf die älteren volkswirtschaftlichen Kapital-Begriffe bezieht, ist hier ein kurzer Überblick erforderlich. Der volkswirtschaftliche Kapital-Begriff hat sich chronologisch etwa gemäß der folgenden Übersicht entwickelt. Darnach ist Kapital: (1) ein Gütervorrat (*Turgot;* ähnlich *Böhm-Bawerk*), (2) ein Gütervorrat zur Einkommenserzielung (A. *Smith,* ähnlich C. *Menger*), (3) die Summe der für Investitionen einbehaltenen Profite (*Ricardo;* ähnlich bei K. *Marx* das „konstante Kapital"), (4) das mit der doppelten Buchführung erfaßte Erwerbsvermögen (*Sombart*), (5) Geld und andere Zahlungsmittel zur Überlassung an Unternehmer (*Schumpeter*), (6) Aktiva und Passiva der Bilanz (*Jevons*), (7) Verfügungsgewalt über Wirtschaftsgüter (*Cassel*), (8) die in Geld ausgedrückte Verfügungsmacht über Konsumgüter in der Hand der Unternehmer (*Eucken*), (9) Geld für Investitionen als Wertding oder als Erinnerungsposten (*Preiser*).

Schumpeters Vorschlag, auf den Kapital-Begriff gänzlich zu verzichten und ihn durch den Begriff Geld zu ersetzen, hat sich nicht durchgesetzt. Wohl aber führte die *Schumpeter*sche Deutung des Kapitals (5) zu einer Vereinheitlichung des Sprachgebrauchs in der Volkswirtschaftslehre. In der neueren volkswirtschaftlichen Theorie herrscht heute nämlich die *Preiser*sche Definition (9) vor, die inhaltlich der *Schumpeter*schen sehr nahe kommt.

b) Betriebswirtschaftliche Kapital-Begriffe

In der Betriebswirtschaftslehre hat es ebenfalls eine nicht unbeträchtliche Diskussion über den Kapital-Begriff gegeben. Die meisten Autoren knüpfen bei ihrer Begriffsbildung an volkswirtschaftliche „Vorbilder" an. Die wohl wichtigsten Stationen der Entwicklung lassen sich wie folgt kennzeichnen. Kapital ist: (1) ein Gütervorrat (*Schmalenbach;* ähnlich bei *Walb* das „güterhafte Kapital"), (2) die Geldwertsumme, die zu Erwerbszwecken eingesetzt wird (*Nicklisch, le Coutre, Leitner*), (3) die Verpflichtungsgröße des Betriebes (*Walther*), (4) die abstrakte Wertsumme eines Güterkomplexes (*Rößle, Prion, Kalveram, Eisfeld, R. Liefmann, Hasenack, Köhler, K. Hax;* ähnlich bei *Walb* das „geldhafte Kapital"). Dieser Begriff wurde erweitert zu: (5) der geldwertmäßige Inbegriff der einer Betriebswirtschaft zur Verfügung stehenden materiellen Produktionsmittel im weitesten Sinne des Wortes (*L. Beckmann*), (6) der Kapitalwert als Summe der Barwerte der Zahlungsüberschüsse aller Investitionsprojekte einer Unternehmung (*Fisher, Moxter, Swoboda*), (7) der der Verzinsung unterliegende Betrag (in der Zins- und Zinseszinsrechnung), (8) Geld (*Hegner*), (9) die Gesamtheit der bilanziellen Passiva, unter Abzug aller aktivischen und passivischen Wertberichtigungen (*Osbahr, D. Schneider*), (10) Geld für Investitionen (*Preiser, Albach, H. Hax, D. Schneider*).

Ein einheitlicher Begriff hat sich in der Betriebswirtschaftslehre nicht herausgebildet. Vielmehr werden heute in der Investitions- und Finanzierungstheorie die Definitionen (6) und (10) gebraucht, im Bilanzierungsschrifttum wird dagegen zumeist die Definition (9) verwendet.

2. Das Kapital in der Bilanz

Die Definitionen für Kapital: „die Gesamtheit der bilanziellen Passiva (mit Ausnahme der Wertberichtigungen)" (*D. Schneider* 1970) und „Geld für Investitionen" (*Preiser* 1957) sind miteinander vereinbar, denn *Preiser* bezieht in seinen Kapital-Begriff zwei Fälle ein: a) das Geld soll für das Investitionsobjekt noch ausgegeben werden, b) das

Geld ist für das Investitionsobjekt bereits ausgegeben worden. Zu diesem Zwecke ergänzt er die Definition durch den Zusatz „als Wertding oder als Erinnerungsposten". Er erhält damit streng genommen zwei Kapital-Begriffe. Die Alternative, Kapital „als Erinnerungsposten", ist auch für die Bilanzierung (und Buchführung) verwendbar, weil das *bilanzielle Kapital* nur die Mittelherkunft angibt. Im Bereich der Bilanzierung werden verschiedene Kapitalarten nach folgenden Kriterien unterschieden: (1) Kapitalgeber (Eigen- und Fremdkapital), (2) Überlassungszeitraum (kurz- und langfristiges Kapital), (3) Form der Hergabe (Bar- und Buchkapital), (4) Verwendungszweck (Art des Investitionsobjekts) und (5) Sicherung für den Geber (offenes, gedecktes und gesichertes Kapital). Besonders bedeutsam für die Bilanzierung sind die Kriterien (1) und (2).

Die Benennung und Zusammensetzung des *Eigenkapitals* ist abhängig von der → *Rechtsform der Unternehmung*. Die Höhe des Eigenkapitals ergibt sich bei → *Personengesellschaften* aus dem Stand des Kapitalkontos und den stillen → *Rücklagen*. Bei Kapitalgesellschaften setzt sich das Eigenkapital meist aus noch mehr Positionen zusammen. Zum Eigenkapital der → *Aktiengesellschaft* beispielsweise gehören neben dem Grundkapital (u. U. minus ausstehende Einlagen) und den stillen Rücklagen auch die gesetzliche Rücklage, die freien Rücklagen und der Gewinn- oder Verlustvortrag. Die Höhe und die Veränderungen des Eigenkapitals können den Bilanzen aller Unternehmungsformen nicht genau entnommen werden, da sie sehr wenig Informationen über einen wichtigen Bestandteil, die Bildung und Auflösung der stillen Rücklagen, enthalten. Je nach Unternehmungsform unterscheidet man folgende (Eigen-)Kapitalkonten:

(1) Kapitalkonto mit Saldo: Der Saldo ergibt sich aus: Anfangsbestand + Einlage − Entnahme ± Jahreserfolg = Endbestand. Dieses Konto findet sich bei: Einzelunternehmung, OHG, Komplementär der KG und stiller Gesellschaft.

(2) Kapitalkonto mit Nennbetrag: Die Höhe des Kapitalkontos ist durch Satzung festgelegt. Der Nennbetrag bei der AG heißt Grundkapital, bei der GmbH Stammkapital. Bestehen noch Einzahlungsverpflichtungen, so sind diese unter „ausstehende Einlagen" aktivisch auszuweisen. Ein Teil der nach dem Abschlußstichtag zu erwartenden Änderungen des Eigenkapitals der AG läßt sich – wenn auch nicht genau – aus dem → *Jahresabschluß* erkennen, da der Abschlußersteller zu folgenden Informationen verpflichtet ist: Das genehmigte Kapital ist im → *Geschäftsbericht,* das bedingte Kapital als Bilanzvermerk (unter dem Strich) auszuweisen.

(3) Kapitalkonto mit Höchstwert: Beim Kommanditisten entspricht die Beteiligungssumme der Haftungssumme. Falls die Einlage (= Beteiligungssumme) nicht voll erbracht ist, haftet der Einleger bis zur Höhe des Differenzbetrages mit seinem übrigen Vermögen. Das gleiche gilt für eine teilweise oder vollständige Rückzahlung der Einlage oder für Gewinnausschüttungen, sofern vorher entstandene Verlustanteile nicht durch Gewinnthesaurierung ausgeglichen worden sind.

Das *Fremdkapital* wird in der Bilanz nach der Laufzeit aufgegliedert: Das *kurzfristige Fremdkapital* umfaßt u. a. die Verbindlichkeiten aufgrund von Warenlieferungen und Leistungen, den Kontokorrent-, den Lombard-, den Akzept- und den Diskontkredit sowie das kurz- bzw. mittelfristige Festdarlehen. Das *langfristige Fremdkapital* umfaßt u. a. Obligationen, Wandelschuldverschreibungen, Gewinnobligationen, Schuldscheindarlehen und Rentenschulden. Die Obligationen werden – wie grundsätzlich alle Verbindlichkeiten – mit dem Rückzahlungsbetrag passiviert. Die Differenz zwischen dem Rückzahlungsbetrag und dem Verfügungs-(Auszahlungs-)betrag ist nach den → *Grundsätzen ordnungsmäßiger Buchführung* als Disagio zu aktivieren und über die Laufzeit des Kredits abzuschreiben.

Die Einlage von *Eigenkapital* bringt für den Kapitalgeber folgende Rechte und Pflichten: (1) Beteiligung am Gewinn; (2) Einflußnahme auf den Entscheidungsprozeß in der Unternehmung; (3) Beteiligung am evtl. Liquidationserlös; (4) Haftung für Fremdkapitalrückzahlung mit mindestens dem Kapitalanteil. Einzelunternehmer, Komplementär, Kommanditist (s. o.) und Gesellschafter der OHG haften darüber hinaus mit ihrem Privatvermögen.

Die Gewährung von *Fremdkapital* hat für den Kapitalgeber folgende rechtlichen Konsequenzen: (1) keine Haftung gegenüber Unternehmensgläubigern; (2) in der Regel fester Zins; in Ausnahmefällen Gewinnbeteiligung; (3) in der Regel kein Einfluß auf die betriebliche Willensbildung; (4) Rückzahlungsanspruch bei Fälligkeit, im Falle der Liquidation und beim Konkurs.

3. Das Kapital in der Kapitaltheorie

Einige Kapitaltheoretiker verwenden den Kapital-Begriff als Synonym für „Kapitalwert", gleichzeitig wird der Begriff zumeist ohne ausdrückliche Definition in gleicher Weise verwendet wie bei *Preiser* (1957). Die → *Kapitaltheorie* umfaßt die Finanzierungs- und Investitionstheorie. Aufgabe der Kapitaltheorie ist es, Aussagen über die optimalen Anlagemöglichkeiten des Unternehmens (→ *Investition*) und über die damit verbundene optimale Geldbeschaffung (Kapitalbeschaffung = → *Finanzierung*) zu machen. Diese beiden Teilprobleme lassen sich wegen der zwischen ihnen auftretenden Interdependenzen theoretisch exakt nur simultan lösen. Mit Hilfe kapitaltheoretischer

Entscheidungsmodelle werden optimale Investitions- und Finanzierungsentscheidungen, d.h. optimale Investitions- und Finanzierungsprogramme gemäß einer vorgegebenen, zumeist finanziellen Zielsetzung gesucht. Unter restriktiven Prämissen, z.B. vollkommener Kapitalmarkt, ist es möglich, partiell über die Vorteilhaftigkeit einzelner Investitionsprojekte zu entscheiden. Die Entscheidungen über die Finanzierung von Investitionsprojekten betreffen die Gestaltung der Zahlungsströme zwischen Unternehmung und Kapitalgebern hinsichtlich Höhe, zeitlicher Struktur und Sicherheit.

Die *externe Kapitalbeschaffung* umfaßt die Zuführung des Fremdkapitals sowie desjenigen Eigenkapitals, das von außen zugeführt wird. Zur *internen Kapitalbeschaffung* gehören die liquiditätspolitischen Maßnahmen (*Witte* 1963), beispielsweise die Veräußerungen von (meist nicht betriebsnotwendigen) Vermögensbeständen und die Finanzierung aus der Leistungssphäre. Aus der Leistungssphäre fließen Einzahlungen, die teils sofort, teils erst nach einer bestimmten Zeit wieder zu Auszahlungen führen. Dazu gehören u.a. Abschreibungs- und Rückstellungsgegenwerte sowie die offen oder verdeckt einbehaltenen Gewinne.

Ein optimaler → *Verschuldungsgrad* ist bei dem Verhältnis von Eigenkapital zu Fremdkapital (*Kapitalstruktur*) erreicht, bei dem die vorgegebene Zielsetzung der Unternehmung bestmöglich erfüllt wird, also etwa die durchschnittlichen Kapitalkosten minimal sind.

II. Vermögen

1. Überblick zum Vermögens-Begriff

In der Jurisprudenz versteht man unter Vermögen die einer Person zustehenden Rechte (*Mataja* 1888). Im allgemeinen Sprachgebrauch bedeutet Vermögen die Fähigkeit(en) einer Person, bestimmte Aufgaben lösen zu können. In der Betriebswirtschaftslehre wird Vermögen definiert als: (1) Bestand an konkreten *Wirtschaftsgütern* (*Chmielewicz* 1969), (2) *Unternehmens(gesamt)wert* und (3) die Fähigkeit, *Konsumauszahlungen* im Zeitablauf bestreiten zu können (*Moxter* 1970). Der 2. und 3. Vermögens-Begriff unterscheidet sich dadurch, daß der 2. auch die nicht-finanziellen Vorteile umfaßt, die der Eigner durch das Unternehmen erhält, während der 3. nur die finanziellen Vorteile (= Konsumauszahlungen) einbezieht. Da die (Leistungs-)Fähigkeit einer Person zu konsumieren unter (steigendem) Einsatz von Sachmitteln zunimmt, umfassen die letzten beiden Vermögensbegriffe auch die verwendeten konkreten Wirtschaftsgüter. Diese Vermögens-Begriffe umfassen damit alle → *Produktionsfaktoren* im Sinne *Gutenbergs,* also die Faktoren: (a) Arbeit (objektbezogen und dispositiv), (b) Betriebsmittel und (c) Werkstoffe. Das bedeutet: Die

Kombination dieser Faktoren bietet die Möglichkeit, Entnahmeströme für Konsumzwecke zu erzielen.

2. Das Vermögen in der Bilanz

Diesem umfassenden Vermögensbegriff (3) steht im betriebswirtschaftlichen Bilanzierungsschrifttum insbesondere die engere und viel häufiger zu findende Definition des Vermögens als Bestand an konkreten *Wirtschaftsgütern* gegenüber. Dieser Bestand wird auf der Aktivseite der Bilanz ausgewiesen (→ *Bilanz, allgemein*). Der Wert dieses Vermögens wird durch *Einzelbewertung* errechnet, d.h. aus dem Produkt von Menge und Preis der einzelnen Wirtschaftsgüter (*M.R. Lehmann* 1929, *Kosiol* 1944). Durch die Bilanzierungsvorschriften und -wahlrechte ergeben sich bei der Einzelbewertung nicht unerhebliche Abweichungen zwischen dem Mengengerüst und dem anzusetzenden Preis, selbst bei gleichen Vermögensteilen. In der Mangelhaftigkeit der Einzelbewertung des Vermögens liegt ein wesentliches Problem der Bilanzierung (*Engels* 1962).

Zur Unterscheidung der Vermögensarten werden für die Bilanzierung u.a. folgende Kriterien herangezogen: (a) Verwendungszweck (betriebsnotwendiges, gewillkürtes Betriebs-, notwendiges Privatvermögen), (b) Verwendungsdauer (Anlage-, Umlaufvermögen), (c) Sicherung (offenes, gedecktes, gesichertes Vermögen), (d) Person des Eigentümers (rechtlicher, wirtschaftlicher Eigentümer), (e) Ausweis (bilanziertes, nicht bilanziertes sowie bilanzierungsfähiges, bilanzierungspflichtiges Vermögen), (f) Beweglichkeit (Mobilien, Immobilien), (g) Abnutzbarkeit (abnutzbares und nicht-abnutzbares Vermögen) und (h) Verkehrsfähigkeit (selbständig verkehrsfähige, nichtselbständig verkehrsfähige Vermögensteile). Im Handels- und Steuerrecht findet sich keine Legaldefinition für das bilanzielle Vermögen. Zur Besteuerung zieht der Gesetzgeber folgende Vermögensarten heran: (1) land- und forstwirtschaftliches; (2) Grund-; (3) Betriebs-; (4) Kapital- und (5) sonstiges Vermögen. Im Konkursrecht sind folgende Bestandteile zu unterscheiden: (1) dinglich gesichertes; (2) aussonderungsberechtigtes; (3) bevorrechtigtes und (4) Massevermögen. Der Ausweis des Vermögens (wie auch des bilanziellen Kapitals) in der Bilanz wird insbesondere durch § 151 AktG geregelt. Diese Vorschrift wirkt auf die Bilanzgliederung des Vermögens aller anderen Unternehmensformen.

3. Das Vermögen in der Kapitaltheorie

In der Kapitaltheorie versteht man unter Vermögen entweder den *Unternehmenswert* oder die Fähigkeit, *Konsumauszahlungen* im Zeitablauf bestreiten zu können. Die Auffassung vom Vermögen in der Kapitaltheorie beruht auf dem Gedanken, daß die Unternehmung ein einheitliches Ganzes darstellt. Es werden nicht – wie in der Handels- und Steuerbilanz – die Wirtschaftsgüter einzeln bewertet und addiert, sondern der Wert des Vermögens wird global mit Hilfe der *Gesamtbewertung* ermittelt (→ *Unternehmungsbewertung*). Der Gesamtwert eines Unternehmens für Anteilseigner ist abhängig von deren Zielstrom mit seinen drei Dimensionen (Breite, zeitliche Struktur und Sicherheit) und den sich ihnen bietenden Anlagealternativen (*Moxter* 1966, S. 39).

Die Zahlungen der Unternehmung an den Investor werden in Partialmodellen durch einen *Kalkulationszinsfuß* vergleichbar gemacht, weil die Zahlungen nicht im Bewertungszeitpunkt, sondern zu verschiedenen späteren Zeitpunkten anfallen. Der Gesamtwert des Vermögens wäre dabei gleich der Summe aller auf den Bewertungszeitpunkt abgezinsten künftigen Zahlungen an den Investor. Hier deckt sich der Vermögens-Begriff der Kapitaltheorie mit dem Kapital-Begriff im Sinne des Kapitalwertes. Diese Überschneidung wird vermieden, wenn die Kapitaltheoretiker ausschließlich die *Preiser*sche Definition für das Kapital verwenden.

Literatur: Böhm-Bawerk, E.v.: Kapital und Kapitalzins. 2. Abt.: Positive Theorie des Kapitales (2 Bde), 4. A., Jena 1921, unveränderter Nachdr. Meisenheim a. Glan 1961 (1. A., Innsbruck 1888) – *Mataja, V.:* Das Recht des Schadenersatzes vom Standpunkt der Nationalökonomie. Leipzig 1888 – *Liefmann, R.:* Beteiligungs- und Finanzierungsgesellschaften. Jena 1909 – *Schumpeter, J.A.:* Theorie der wirtschaftlichen Entwicklung. 6. A., Berlin 1964 (1. A., Wien 1911) – *Osbahr, W.:* Die Bilanz vom Standpunkt der Unternehmung. Berlin 1918 – *Leitner, F.:* Wirtschaftslehre der Unternehmung. 2. A., Berlin u. Leipzig 1919 – *Eisfeld, C.:* Finanzierung. In: HWB, 2. Bd, Stuttgart 1926, Sp. 931–979 – *le Coutre, W.:* Beiträge zur betriebswirtschaftlichen Lehre vom Kapital. In: ZfB, 4. Jg 1927, S. 341–353 – *Leitner, F.:* Finanzierung der Unternehmungen. Berlin u. Leipzig 1927 – *Lehmann, M.R.:* Die Kapitalbegriffe der modernen Wirtschaft. In: ZfB, 6. Jg 1929, S. 1–30, 90–105 – *Fisher, I.:* The Theory of Interest. New York 1930 (Nachdruck: New York 1965. Dt.: Die Zinstheorie. Jena 1932) – *Hasenack, W.:* Wesen und Arten der Selbstfinanzierung. In: Betriebswirtschaft, 24. Jg 1931, S. 93–101, 136–141, 198–204 – *Nicklisch, H.:* Die Finanzierung der Einzelhandelsbetriebe. In: Hb. des Einzelhandels, hrsg. v. *R. Seyffert*, Stuttgart 1932, S. 146–151 – *Kalveram, W.:* Der Kapitalbegriff der Betriebswirtschaftslehre. In: Bankwissenschaft, 9. Jg 1932/33, II. Bd, S. 609–622 – *Eucken, W.:* Kapitaltheoretische Untersuchungen. 2. A., Tübingen u. Zürich 1954 (1. A., 1934) – *Prion, W.:* Die Lehre vom Wirtschaftsbetrieb. 1. Bd, Berlin 1935 – *Mülhaupt, L.:* Das Problem der gemeindlichen Vermögensrechnung in betriebswirtschaftlicher finanzwirtschaftlicher Betrachtung. In: ZfhF, 23. Jg 1940, S. 305–330 – *Kosiol, E.:* Bilanzreform und Einheitsbilanz. 2. A., Berlin u. Stuttgart 1949 (1. A., 1944) – *Hegner, F.:* Die Selbstfinanzierung der Unternehmung als theoretisches Problem der Betriebswirtschaftslehre und der Volkswirtschaftslehre. Bern 1946 – *Walb, E.:* Finanzwirtschaftliche Bilanz. 2. A., Duisburg o. J. [1948] – *Beckmann, L.:* Die betriebswirtschaftliche Finanzierung. 2. A., Stuttgart 1956 (1. A., München 1949) – *Schmalenbach, E.:* Kapital, Kredit und Zins in betriebswirtschaftlicher Beleuchtung. 4. A., bearb. v. *R. Bauer*, Köln u. Opladen 1961 (1. A., Köln 1949) – *Schwantag, K.:* Zins und Kapital in der Kostenrechnung. Frankfurt a. M. 1949 – *Lohmann, M.:* Kapitalbildung und Kapitalverwendung in der Unternehmung. In: Kapitalbildung und Kapitalverwendung (Schriften des Vereins f. Socialpolitik, NF. 5. Bd), Berlin 1953, S. 169–185 – *Peter, H.:* Kapital (II): Gesellschaftliche Theorie des Kapitals. In: HdSW, 5. Bd, Göttingen 1956, S. 488–494 – *Rößle, K.:* Bilanz. In: HWB, 3. A., 2. Bd, Stuttgart 1956, Sp. 1094–1105 – *Weinberger, O.:* Kapital (I): Geschichte der Kapitaltheorie. In: HdSW, 5. Bd, Göttingen 1956, S. 480–488 – *Hartmann, B.:* Das Kapital in der Betriebswirtschaft. Meisenheim a. Glan 1957 – *Hax, K.:* Rezension v. *L. Beckmann*: Die betriebswirtschaftliche Finanzierung. 2. A., Stuttgart 1956. In: ZfhF, 9. Jg 1957, S. 408–411 – *Preiser, E.:* Der Kapitalbegriff und die neuere Theorie. In: Bildung und Verteilung des Volkseinkommens. 3. A., Göttingen 1963, S. 99–123 (1. A., 1957) – *Schindewolf, H.:* Begriffliche und tatsächliche Beziehungen zwischen Geld und Kapital. Diss. Frankfurt a. M. 1957 – *Bartke, G.:* Vermögensbegriffe in der Betriebswirtschaftslehre. In: BFuP, 10. Jg 1958, S. 262–278, 327–341 – *Fettel, J.:* Kapital. In: HWB, 3. A., 2. Bd, Stuttgart 1958, Sp. 2959–2963 – *Hax, K.:* Finanzwirtschaft. Die langfristigen Finanzdispositionen. In: HdW, 1. Bd, Köln u. Opladen 1958, S. 453–542 – *Engelhardt, W.:* Die Finanzierung aus Gewinn im Warenhandelsbetrieb und ihre Einwirkungen auf Betriebsstruktur und Betriebspolitik. Berlin o. J. [1960] – *Albach, H.:* Investition und Liquidität. Wiesbaden o. J. [1962] – *Engels, W.:* Betriebswirtschaftliche Bewertungslehre im Licht der Entscheidungstheorie. Köln u. Opladen 1962 – *Köhler, Th.:* Selbstfinanzierung der Unternehmung. Diss. Bern 1962 – *Neumark, F.:* Wandlungen in den Auffassungen vom Volkswohlstand (Frankfurter Universitätsreden, H. 28). Frankfurt a. M. 1962 – *Witte, E.:* Die Liquiditätspolitik der Unternehmung. Tübingen 1963 – *Moxter, A.:* Die Grundsätze ordnungsmäßiger Bilanzierung und der Stand der Bilanztheorie (Besprechungsaufsatz). In: ZfbF, 18. Jg 1966, S. 28–59 – *Chmielewicz, K.:* Wirtschaftsgut und Rechnungswesen. Ebd., 21. Jg 1969, S. 85–122 – *Engels, W.:* Rentabilität, Risiko und Reichtum. Tübingen 1969 – *Hax, H.:* Investitionstheorie. 2. A., Würzburg u. Wien 1972 (1. A. 1970) – *Moxter, A.:* Optimaler Verschuldungsumfang und Modigliani-Miller-Theorem. In: Aktuelle Fragen der Unternehmensfinanzierung und Unternehmensbewertung. Festschr. f. *K. Schmaltz*, hrsg. v. *K.H. Forster* u. *P. Schuhmacher*, Stuttgart 1970, S. 128–155 – *Schneider, D.:* Investition und Finanzierung. 3. A., Opladen 1974 (1. A., 1970) – *Swoboda, P.:* Investition und Finanzierung. Göttingen o. J. [1971].

Jörg Baetge

Kapitalbedarfsplanung → Finanzplanung
Kapitalbeteiligung → Beteiligungen

Kapitalerhaltung und Substanzerhaltung

[s. a.: Bewertung, handels- und steuerrechtliche; Bilanz, handelsrechtliche; Bilanz, steuerrechtliche; Bilanzpolitik; Gewinn und Verlust; Gewinnverwendung und Gewinnverwendungspolitik; Kapital und Vermögen; Kapitaltheorie, betriebswirtschaftliche; Ziele, Zielsysteme und Zielkonflikte.]

I. Struktur des Problems; II. Zusammenhang zwischen Kapital- bzw. Substanzerhaltung, Erfolgsrechnung und Gewinnverwendung; III.

Kapital- bzw. Substanzerhaltungskonzeptionen; IV. Kapital- bzw. Substanzerhaltung und Unternehmenspolitik; V. Kapital- bzw. Substanzerhaltung und „Erlöspolitik"; VI. Zusammenfassung.

I. Struktur des Problems

Die Frage, inwiefern eine Unternehmung auf Kapital- bzw. Substanzerhaltung bedacht sein sollte, betrifft einen in verschiedenen betriebswirtschaftlichen Theoriebereichen ganz unterschiedlich, ja sehr kontrovers diskutierten und doch für die Praxis der Unternehmenspolitik eminent bedeutsamen Gegenstand. Wer hier Unterrichtung über die Kontroverse sucht, befasse sich beispielsweise mit der kaum mehr überschaubaren Literatur zu Problemen der → *Bilanztheorien*, der Ermittlung von → *Gewinn und Verlust* sowie der → *Gewinnverwendung und Gewinnverwendungspolitik*. Wen dagegen mehr die Bedeutung des Problems für die praktische Unternehmenspolitik interessiert, der analysiere den nur vordergründig banalen Satz: Keine in einem marktwirtschaftlichen System autonom agierende Unternehmung kann auf die Dauer existieren, ohne daß mindestens das in ihr investierte Kapital erhalten bleibt.

Freilich offenbart sich hier auch schon ein Stück des Dilemmas: Was hat der Betriebswirt, was der Unternehmer in diesem Zusammenhang unter „Kapital" (→ *Kapital und Vermögen*) zu verstehen? Mancher Versuch der Verständigung hierüber scheidet nicht nur unter den Vertretern bestimmter → *Bilanztheorien* die Geister.

Zur Bestimmung des im Prinzip unbestrittenen Problemkerns wird in weitgehender Übereinstimmung mit der Empirie die Unternehmung zunächst einmal als ein System begriffen, dessen Bestand auf im voraus nicht beschränkte Zeit – und in diesem Sinne auf Dauer – angelegt ist. Zugleich werden Errichtung und Aufrechterhaltung der Unternehmung im marktwirtschaftlich geordneten Wirtschaftssystem aus ihrem Gewinnstreben begründet (→ *Ziele, Zielsysteme und Zielkonflikte*). Das Gewinnstreben der Unternehmung ist seinerseits dadurch motiviert, daß es verschiedenartige Interessentengruppen („Haushalte") gibt, die in wie auch immer unterschiedlicher Weise, aber doch regelmäßiger Wiederkehr – also letztlich ebenfalls „auf Dauer" – Anspruch auf Beteiligung am Unternehmensgewinn erheben: Fiskus, Anteilseigner (Eigenkapitalgeber) und Arbeitnehmer.

Eine solche Unternehmung kann auf Dauer u. a. nur dann existieren, wenn folgende Forderung erfüllt ist: Durch (letztlich nur aus dem „Gewinn vor Steuern" finanzierbare) Besteuerung, Gewinnausschüttung an Anteilseigner und gewinnabhängige Zahlungen an Arbeitnehmer darf der Unternehmung zu keinem Zeitpunkt mehr an finanziellen Mitteln entzogen werden, als diese entbehren

kann, wenn sie späteren Ansprüchen der genannten Gruppen auf gewinnabhängige Zahlungen gerecht werden soll. Wird die Unternehmung zu höheren Zahlungen veranlaßt, so entsteht früher oder später eine Finanzierungslücke, die bei Sicherung des ungestörten Fortbestandes der Unternehmung nur durch Geldzufuhr von außen (Subventionen, neue Kapitaleinlagen) ausgeglichen werden könnte. Genau dies aber gilt es, für den oben skizzierten Unternehmenstyp zu vermeiden.

Die vorstehend formulierte Forderung für den ungestörten Fortbestand der Unternehmung läßt sich auch noch auf eine kürzere Formel reduzieren: Kapital- bzw. Substanzerhaltung geht vor Gewinnentzug bzw. -ausschüttung. Interpretiert man diese Formel, so stellt sich *Kapital- bzw. Substanzerhaltung* als ein *Minimalziel* der Unternehmung (*W. von Zwehl* 1972) dar. Mit dessen Einhaltung wird letztlich die Existenzsicherung der Unternehmung – kurz die *Unternehmenserhaltung* – bewirkt. So wird denn seit jeher die *Kapitalerhaltung* als Ausdruck des Sicherheitsstrebens der Unternehmung begriffen. In der Sprache der modernen betriebswirtschaftlichen Investitions- und Finanzierungs- bzw. → *Kapitaltheorie* handelt die hier skizzierte Unternehmung nach dem Ziel der Maximierung der (Gewinn-)Entnahmen unter Nebenbedingungen (*D. Schneider* 1968), und zu den Nebenbedingungen gehört die noch näher festzulegende Kapital- bzw. Substanzerhaltung.

II. Zusammenhang zwischen Kapital- bzw. Substanzerhaltung, Erfolgsrechnung und Gewinnverwendung

Jede Unternehmung, für die das Ziel möglichst hoher periodischer (Gewinn-)Entnahmen unter Nebenbedingungen gilt, benötigt eine auf die Entnahmeperioden (z.B. Geschäftsjahr) bezogene → *Erfolgsrechnung*. Zweck der Erfolgsrechnung hat es – so gesehen – zu sein, die Höhe des angesichts der erzielten Erträge und der relevanten Nebenbedingungen entziehbaren Geldbetrages zu ermitteln.

Beschränkt man den Kranz der Nebenbedingungen auf das Erfordernis der Kapital- bzw. Substanzerhaltung, sieht man also insbesondere von der auf → *Liquidität* lautenden Nebenbedingung ab, so bieten sich zwei theoretische Grundtypen für die Lösung des erfolgsrechnerischen Problems an (*R.-B. Schmidt* 1964):

(1) Man organisiert die Erfolgsrechnung in der Weise, daß als Gewinn stets *nur* der bei Wahrung der jeweils unterstellten Kapitalerhaltungskonzeption ohne Gefährdung des Fortbestands der Unternehmung *entziehbare Geldbetrag* ausgewiesen wird.

Dies bedeutet: Die Realisierung der jeweiligen Kapital- bzw. Substanzerhaltungsvorstellung wird zu einem *Problem der Gewinnermittlung* gemacht. Bewerkstelligt wird dieses Ergebnis durch eine entsprechende Bemessung der negativen Erfolgskomponenten – in der heute für die Periodenerfolgsrechnung üblichen Terminologie also der Aufwendungen. In jeder anderen Welt als derjenigen einer rein stationären Wirtschaft bedeutet dies: Die Bewertung von Aufwendungen muß unter Zuhilfenahme anderer Wertkategorien als des Anschaffungswerts geschehen.

Ein besonders prominentes Belegbeispiel hierfür liefert die organische Bilanztheorie von *Fritz Schmidt* (1921) (→ *Bilanztheorien*).

Unter den Vorzügen dieses Verfahrenstyps verdient trotz aller hinlänglich bekannten Schwächen entsprechender bilanztheoretischer Ansätze wohl ein Gesichtspunkt besondere Erwähnung: Solange die an Gewinnausschüttungen bzw. Entnahmen interessierten Gruppen keinen unmittelbaren Einfluß auf die *Gewinnermittlung* erlangen (was in Sonderheit für die „Publikums-Aktiengesellschaft" gilt), erübrigt dieser Verfahrenstyp zusätzliche Abwehrstrategien gegen „überhöhte" Gewinnentnahmeansprüche. Die Aufwandsverrechnung bindet gegenüber allen genannten Gewinninteressenten die erforderlichen Erlös- bzw. Ertragsanteile an die Unternehmung. Die rechts- und gesellschaftspolitische Bedeutung dieses Effektes sollte ebensowenig unterschätzt werden wie die informationspsychologische Wirkung der Gewinnermittlung: Gewinnansprüche können sich nur auf solche Geldbeträge erstrecken, die im Sinne der jeweiligen Kapitalerhaltungskonzeption echt entziehbar sind. Nicht nur massenpsychologisch gilt doch offenbar jeder als Gewinn bezeichnete Betrag auch als entziehbar (und folglich beanspruchbar).

(2) Man organisiert die Erfolgsrechnung in einer Weise, nach der als *Gewinn* eine Größe ermittelt wird, die den jeweils unterstellten *Kapitalerhaltungserfordernissen nicht* in jedem Fall *entspricht*. Wie der Gewinn dabei im einzelnen bestimmt wird, bleibe einstweilen dahingestellt.

Sobald die Erfolgsrechnung in der hier geschilderten Weise organisiert ist, enthält der Gewinn – einen entsprechend hohen Überschuß der „Erträge" über die „Aufwendungen" unterstellt – zwei Bestandteile: einen mit Rücksicht auf die jeweils gewählte Kapital- bzw. Substanzerhaltungskonzeption *einbehaltungsbedürftigen* Betrag und den darüber hinausgehenden Überschuß, der der Unternehmung *entzogen* werden kann. Den einbehaltungsbedürftigen Teil des ermittelten Gewinns nennen die → *Bilanztheorien* Scheingewinn, den ausschüttungsfähigen bzw. entziehbaren Restgewinn bezeichnet z.B. *Fritz Schmidt* (1929) – sieht man von einigen Besonderheiten seiner Konzeption wie derjenigen des Spekulationsgewinns ab – als *Umsatzgewinn*.

Ein bekanntes, wenngleich umstrittenes Belegbeispiel hierfür liefert die dynamische Bilanztheorie von *Schmalenbach* (1926), soweit sie auf die Ermittlung des „vergleichbaren" bzw. – wenn man will – möglichst „richtig" ermittelten nominellen Jahreserfolges abstellt. Auch die Gewinnkonzeption der statischen Bilanztheorie ist hier einzuordnen.

Eine zwangsläufige Folgerung ergibt sich für alle hierher gehörigen Modelle der Erfolgsrechnung: Mit der Ermittlung des Periodenerfolges ist das Problem der Kapital- bzw. Substanzerhaltung noch nicht erledigt. Die Lösung des Erhaltungsproblems wird statt dessen mehr oder weniger vollständig in den Bereich der → *Gewinnverwendung und Gewinnverwendungspolitik* verwiesen.

Anders ausgedrückt: Kapital- bzw. Substanzerhaltung wird zum Gegenstand von Entscheidungen über die Gewinnverwendung. Faßt man den Sachverhalt in die Sprache der Finanzierungstheorie, so gilt: An die Ermittlung des jeweils erzielten, „tatsächlichen" Periodengewinns haben sich Entscheidungen über das notwendige „Minimum an Selbstfinanzierung" – Einbehaltung mindestens des jeweiligen Scheingewinns – und damit zugleich Entscheidungen über die Höhe des „ausschüttungsfähigen Gewinns" (*D. Schneider* 1968) anzuschließen.

Unter den Gefahren dieses Verfahrenstyps verdient gerade angesichts seiner Bedeutung für die Erfolgsrechnung der unternehmerischen Praxis ein Gesichtspunkt besondere Erwähnung: Der Einfluß „der Unternehmung" reicht häufig nicht so weit, daß sie Gewinnverwendungsentscheidungen unabhängig von Entnahmeansprüchen durchsetzen könnte. Generell am deutlichsten macht dies der Hinweis auf das steuerliche Abgabenrecht: Jeder *Gewinnausweis* in der Steuerbilanz (→ *Bilanz, steuerrechtliche*) zieht – abgesehen von den ob der Enge der einschlägigen Voraussetzungen vernachlässigbaren Fällen des Steuererlasses gemäß § 131 AO – unweigerlich entsprechende „Zwangsentnahmen" nach sich.

Analoge Argumente gelten für in der Praxis nachweisbare Konstellationen u.U. auch, wenn man an Anteilseigner und Arbeitnehmer als Gewinninteressenten denkt. Der Unterschied ist allenfalls gradueller Natur.

Es zeigt sich somit: Wird das Problem der Kapital- bzw. Substanzerhaltung in den Bereich der Gewinnverwendungsentscheidungen verlagert, so hängt es zusätzlich von den faktischen Trägern dieser Entscheidungen ab, inwieweit Kapital- bzw. Substanzerhaltungserfordernisse zugunsten des ungestörten Fortbestandes der Unternehmung als dauerhaft leistungsfähige Gewinnentnahme- und damit letztlich Einkommensquelle Berücksichtigung finden.

Bedauerlicherweise fällt es nicht schwer, empirisch belegbare Datenkonstellationen zu beschreiben, in denen kraft der jeweiligen Machtkonstellation Gefährdungen der Sicherheit der Unternehmung nicht ausgeschlossen werden können – zu wessen Schaden (Staat, Anteilseigner, Arbeitnehmer) auch immer. Die rechts- und gesellschaftspolitischen Folgerungen, die daraus je nach Datenkonstellation gezogen werden müßten, scheinen derzeit noch nicht hinreichend durchdacht zu sein. Immerhin deutet sich an, daß das Gewinnverwendungsrecht (z.B. §§ 58 und 150 AktG) hierdurch in reichlich verändertem Licht erscheinen könnte.

III. Kapital- bzw. Substanzerhaltungskonzeptionen

Im Zentrum betriebswirtschaftlicher, insbesondere bilanztheoretischer Meinungskontroversen steht die konkrete Frage nach dem *Umfang*, in dem eine Unternehmung Kapital- bzw. Substanzerhaltung betreiben solle. Die Orientierung in der Vielfalt der hierzu aufgestellten Thesen wird dadurch erschwert, daß schon die Grundpostulate der jeweiligen Argumentation denkbar verschieden sind, ja oft nicht einmal explizit und mit hinreichender Ausführlichkeit angegeben werden.

1. Geldkapitalerhaltung

Lehnt man sich lose an die in → *Bilanztheorien* entwickelten Erhaltungskonzepte an, so sind solche Vorstellungen relativ eng ausgelegt, die den Bereich der „Kapitalerhaltung" auf die *Geldkapitalerhaltung* beschränkt wissen wollen. Hier ist wohl auch die Wurzel für die Erklärung des Ausdrucks „Kapitalerhaltung" zu vermuten: Man geht bei der Betrachtung gewissermaßen von der Passivseite der regulären Jahresbilanz aus, auf der nach Ansicht vieler Bilanzinterpreten insbesondere das Ergebnis der Finanzierungsbemühungen der Unternehmung, also der Geldkapitalbestand des Unternehmens abzubilden sei (→ *Kapital und Vermögen*).

Es sei hier von *Kapitalerhaltung im engeren Sinne* die Rede. Betrachtet man die Dinge genauer, so ist zwischen zwei Formen der Kapitalerhaltung im engeren Sinne zu unterscheiden:

a) Die engste Form ist die rein *nominelle Kapitalerhaltung.* Unabhängig von der Entwicklung des Geldwertes gilt als Gewinn jedes Mehr der Absatzerlöse über die periodisierten, historischen Anschaffungsausgaben. Beschränkt man die Kapitalerhaltung hierauf, so ist die Unternehmung durch die mit Kapitalerhaltungsüberlegungen begründeten Maßnahmen *nur gegen das Risiko des Verlustes von nominellem Geldkapital („Mark gleich Mark")* abgesichert.

Auf diese Fassung hat beispielsweise *Rieger* (1938) das Kapitalerhaltungsproblem beschränkt. Im Prinzip kann man auch sagen: Die statische sowie – für den Regelfall – die dynamische bzw. pagatorische Bilanztheorie beschränken das Kapitalerhaltungsproblem auf diesen Rahmen. Letztlich gilt dasselbe z.B. auch für die von *Albach* (1965) vorgeschlagene synthetische Bilanztheorie.

b) Eine erste Erweiterung erfährt die Forderung nach Kapitalerhaltung, sobald sie auf die Kaufkraft des ursprünglich beschafften bzw. investierten Geldkapitals bezogen wird. Die Forderung lautet nunmehr: Durch Kapitalerhaltung ist die Unternehmung gegen Schwankungen des Geldwertes dergestalt abzusichern, *daß die Unternehmung stets über das gleiche in Geldwert ausgedrückte Kaufkraftvolumen verfügen kann.* Bezieht man in die Überlegungen nur die Möglichkeit inflationärer Geldwertentwicklung ein, so gilt: Der Grundsatz „Mark gleich Mark" wird aufgegeben; die Unternehmung wird durch Kapitalerhaltungsmaßnahmen zusätzlich zum Risiko des Verlustes von Nominalkapital gegen das *Risiko des Verlustes von Kaufkraft* abgesichert.

In der Literatur hat sich hierfür weitgehend die Bezeichnung *reale Kapitalerhaltung* eingebürgert. Die reale Kapitalerhaltung wird erfolgsrechnerisch bekanntlich durch Umrechnung des Kaufkraftvolumens zu einem bestimmten in dasjenige eines späteren Zeitpunktes (Multiplikation mit einem *Kaufkraftindex*) erreicht. Die nicht einwandfrei lösbare Frage besteht in der Ermittlung eines zutreffenden Kaufkraftindexes. Für die reale Kapitalerhaltung haben sich in Deutschland (beschränkt auf Zeiten nachhaltiger Geldwertverschlechterung) beispielsweise *Schmalenbach* (1926), *Mahlberg* (1925) und *Walb* (1926) eingesetzt. *Rieger* hat sie in diesem Zusammenhang abschätzig als „Umrechnungsfreunde" bezeichnet. (1938).

2. Materielle Kapitalerhaltung bzw. Substanzerhaltung

In der Regel weitergehende Erhaltungskonzeptionen sind diejenigen, die das Problem nicht vom Geldkapital, sondern von der güterwirtschaftlichen Seite her angehen. Bilanztechnisch gesprochen: Das Erhaltungsproblem wird nicht von der Passiv-, sondern von der Aktivseite der Bilanz angegangen. Es wird gefordert, die Unternehmung müsse sich zur Aufrechterhaltung ihrer Leistungsfähigkeit durch entsprechende Strategien *ein in unterschiedlicher Weise abgegrenztes Gütervolumen, eine unterschiedlich bestimmte „Substanz"* sichern.

Die Bezeichnung der in diese Gruppe einzuordnenden Konzeptionen ist nicht einheitlich. Beispielsweise wird jedoch in diesem Zusammenhang von *materieller Kapitalerhaltung* sowie von *Substanzerhaltung* gesprochen. Jedenfalls geht es um *Kapitalerhaltung im weiteren Sinne.*

a) Die im Prinzip engste Form der güterwirtschaftlichen Kapital- bzw. Substanzerhaltung kann man reproduktiv nennen. Die entsprechende Erhaltungsforderung lautet: Hinreichende Erlöse unterstellt, muß durch Aufwandsbewertung und/oder Gewinnverwendungsentscheidungen sichergestellt werden, daß *die Unternehmung ihre ursprüngliche Güterausstattung* (z.B. Produktionsfaktoren) auf Dauer in gleicher Form *erhalten* kann.

Diese Konzeption paßt naturgemäß nur in eine Welt ohne technischen Fortschritt, ohne Wachstum und ohne qualitative Änderung der Nachfrage (daher konstantes Absatzprogramm, Ersatz verbrauchter Produktionsfaktoren durch solche der gleichen Art). Hier geht es darum, die Unternehmung durch Substanzerhaltung nicht nur gegen Geldwert-, sondern auch gegen *Sachwertschwankungen* (*Schmalenbach* 1922) abzusichern.

Im Sinne dieser Konzeption kann man z.B. die einfachste Version der organischen Bilanztheorie von *Fritz Schmidt* (1921) sowie bilanztheoretische Äußerungen von *Geldmacher* (1923) und – freilich von ihm mehr für Zeiten starker Inflationierung des Geldwertes gedacht – *Walb* (1921) deuten. Alle genannten Autoren plädieren zugleich für eine Lösung des Problems durch Aufwandsbemessung (theoretisches Ideal: Aufwandsbewertung zu *Wiederbeschaffungspreisen*).

b) Eine darüber hinausgreifende Fassung des Erhaltungskonzepts ergibt sich, wenn man zusätzlich einzel- und gesamtwirtschaftliches *Wachstum* einbezieht. Ob dies ohne technischen Fortschritt vernünftig erscheint oder nicht, bleibe dahingestellt. Die Erhaltungsforderung lautet danach: Die Unternehmung muß durch geeignete Maßnahmen soviel von ihren (als hinreichend hoch unterstellten) Erlösen an sich binden, daß sie dank ihres Sachgüterbestandes *ihre relative Marktstellung* (gemessen z.B. am Marktanteil) bzw. – mit den Worten von *Fritz Schmidt* (1929) – ihre „relative Stellung in der Produktion der Gesamtwirtschaft" halten kann.

Man könnte diese Form der Substanzerhaltung *relativ* nennen. Die Schwierigkeiten, sie exakt zu messen, liegen auf der Hand. Ebenso leuchtet jedoch auch die Berechtigung der Forderung ein: Beteiligt sich ein Unternehmen nicht am gesamtwirtschaftlichen Wachstum, so mag dies noch angehen; beteiligt es sich nicht am Branchenwachstum, so könnte es eines Tages durch die Marktmacht der Konkurrenz gefährdet werden.

c) Die reale Umwelt, in der Unternehmungen sich betätigen, weist noch zwei weitere wichtige Komponenten der Wirtschaftsdynamik auf: Qualitative einschließlich quantitativer Veränderungen der Nachfrage, also *Bedarfsverschiebungen* und *technischen Fortschritt*. Paßt sich eine Unternehmung solchen Entwicklungen nicht an, so gefährdet sie auf die Dauer ihre Existenz. Auch hier hat die Anpassung zwangsweise güterwirtschaftliche Auswirkungen. Ein Beispiel hierfür ist die leistungsäquivalente Kapitalerhaltung im Sinne von *Hasenack* (*Liebl* 1954).

3. Prinzip des doppelten Minimums

Faßt man die bisherigen Überlegungen zu einem Zwischenergebnis zusammen, so ergibt sich folgender Katalog von *Bestandsrisiken durch Gewinnentzug*, gegen den die Unternehmung durch Kapitalerhaltungsmaßnahmen abgesichert werden muß: Gefährdung des Nominalkapitals, der durch das an einem bestimmten Zeitpunkt vorhandene Geldkapital repräsentierten Kaufkraft, eines bestimmten Gütervolumens, des zur Erhaltung der Marktstellung erforderlichen Wachstums, der Anpassungsfähigkeit an langfristige Bedarfsverschiebungen im Markt und an den technischen Fortschritt.

Im Prinzip kann festgestellt werden, daß sich alle bisher genannten bilanztheoretischen Konzeptionen bemühten, den jeweils in Betracht gezogenen Erhaltungsumfang durch geeignete Aufwandsbewertung zu bewerkstelligen. Von den damit verbundenen bewertungstechnischen Schwierigkeiten sei vorerst abgesehen.

Alle über die rein nominelle Kapitalerhaltung hinausgehenden Konzeptionen geraten unter bestimmten Voraussetzungen in ein Dilemma, wenn man sie isoliert betrachtet. Dieses Dilemma wird erkennbar, wenn man unterstellt, der jeweilige Gewinn werde voll weggesteuert und/oder ausgeschüttet. Es läßt sich generell wie folgt beschreiben: Unterstellt man exogene Entwicklungen, kraft derer für die Realisation der jeweiligen (nicht nominellen) Kapital- bzw. Substanzerhaltungskonzeption ein geringerer als der ursprünglich investierte Kapitalbetrag ausreicht, so gewährleistet diese Konzeption nicht mehr die rein nominelle Kapitalerhaltung. Dies wird fatal, wenn der ursprüngliche Kapitalbetrag nominell „gebunden", also insbesondere durch Verschuldung beschafft war und aus dem nach Gewinnverwendung verbleibenden restlichen Aufwandsersatz zurückgezahlt werden soll.

Ein einfaches Beispiel veranschaulicht den Sachverhalt:

Verkaufserlös einer Wareneinheit	150,– DM
./. Einstandspreis derselben	100,– DM
Nomineller Gewinn (von sonstigen Aufwendungen abgesehen)	50,– DM

Für eventuelle Kredittilgung nach Entzug des Nominalgewinns verbleibt der „wiedererlöste" Einstandspreis von 100,– DM.

Bewertet man den „Wareneinsatz" bei der Gewinnermittlung dagegen, wie es z.B. der organischen Bilanztheorie entspricht, zum (als niedriger unterstellten) Wiederbeschaffungspreis von 80,– DM, so steht nach Ausschüttung bzw. Versteuerung des „Umsatzgewinns"

in Höhe von dann 70,– DM für die Tilgung des eventuellen Lieferantenkredits (der „zinslos" gewährt sein mag) nur noch ein Betrag von 80,– DM zur Verfügung. Der Kredit belief sich jedoch auf 100,– DM: Er war ohne jede Wertklausel, also rein „nominell" vereinbart.

Unbeschadet der sonstigen Möglichkeiten zur Begründung dafür, daß nominelle Kapitalerhaltung auf jeden Fall durch entsprechende Aufwandsbewertung gesichert werden müsse (z.B. nominelle Bindung des „konstanten" Eigenkapitals bei Kapitalgesellschaften), wird hieran deutlich, wie durch empirische Sachverhalte (hier: nominelle „Bindung" von Fremdkapital) das Erfordernis mindestens nomineller Kapitalerhaltung Beachtung verdient.

Eine generelle Lösung des Konflikts, der zwischen der rein nominellen Kapitalerhaltung und anderen, isoliert angewandten Konzeptionen, entstehen kann, hat *K. Hax* (1951) mit dem von ihm so genannten *Prinzip des doppelten Minimums* vorgeschlagen. Wendet man dieses Prinzip auf Konfliktfälle zwischen der nominellen und sonstigen Kapitalerhaltungskonzeptionen an, so besagt es: Die Aufwandsbewertung hat so zu erfolgen, *daß mindestens die nominelle Kapitalerhaltung gewährleistet ist*.

Die Bezeichnung des Prinzips läßt sich wie folgt erklären: Aufwandsbewertung soll als Minimum den Teil der Erlöse an die Unternehmung binden, der für Zwecke der Unternehmenserhaltung erforderlich erscheint. Beim Vergleich zwischen zwei Kapitalerhaltungskonzeptionen (z.B. der nominellen und einer anderen) kann dieses Minimum unterschiedliche Höhen aufweisen (vgl. oben: 100,– bzw. 80,– DM). Es ist also zwischen zwei Minima („einem doppelten Minimum") zu wählen. Die Wahl fällt auf das jeweils höhere Minimum.

4. Erhaltung der wirtschaftlichen Leistungsfähigkeit

Alle unter III. 3. genannten Gründe dafür, daß – entsprechende Datenkonstellationen unterstellt – eine über die rein nominelle hinausreichende Kapitalerhaltung erforderlich sei, faßt *D. Schneider* (1968) im Postulat „Erhaltung der wirtschaftlichen Leistungsfähigkeit der Unternehmung" zusammen. Vieles spricht dafür, daß das hierbei letztendlich angestrebte Ergebnis der von *Sommerfeld* (1926) entwickelten *eudynamischen Bilanztheorie* ähnlich ist.

Schneider vermeidet indes ein Dilemma, dem die güterwirtschaftlich orientierten Kapitalerhaltungskonzeptionen um so konsequenter ausgesetzt sind, je „vollständiger" sie die obengenannten einzelnen Bestandsrisiken zu erfassen versuchen: die Umsetzung der einzelnen Risiken in quantitative Einzelgrößen. Statt dessen schlägt er vor, „die wirtschaftliche Leistungsfähigkeit einer Unternehmung insgesamt zu messen", und zwar in ihrem Ertragswert, d.h. dem „Barwert aller künftigen Einnahmen und Ausgaben, aller Zahlungsströme der Unternehmung". Das Problem der Kapitalerhaltung stellt sich so als ein Problem der → *Kapitaltheorie* dar. Ausschüttungsfähig bzw. entziehbar ist danach bei Wahrung der wirtschaftlichen Leistungsfähigkeit der Unternehmung letztlich der in der neueren Fachsprache sogenannte *ökonomische Gewinn* (Zinsen auf den Ertragswert der Unternehmung).

Die Schwierigkeiten der Bestimmung des Ertragswertes der Unternehmung sollten weder überschätzt, noch mißachtet werden. Praktikable Näherungsbestimmungen sind auf jeden Fall für überschaubare Planungshorizonte möglich, für deren Grenze ein Endwert der Unternehmung eingesetzt werden muß. Zusätzlich kann man den mit der Bestimmung des Ertragswertes verbundenen Gefahren der Fehleinschätzung dadurch begegnen, daß man den entziehbaren Betrag maximal auf den „buchhalterischen", d. h. im Grenzfall rein nominell bestimmten Gewinn beschränkt (Prinzip des doppelten Minimums).

Vergleicht man diese Konzeption mit allen zuvor geschilderten, so verdienen die folgenden Sachverhalte Hervorhebung:

(1) Das Kapitalerhaltungsproblem wird aus der allzu engen Begrenzung befreit, in die es durch noch so verdienstvolle, letztlich aber zum Mißerfolg verurteilte Versuche der Lösung auf rein bilanztheoretischer bzw. erfolgsrechnerischer Basis geraten war. Das Instrumentarium der Bilanzrechnung reicht einfach nicht aus, um die Wirkungsgrößen vollständig zu erfassen, die die „Überlebenschancen" der Unternehmung bestimmen. Hier liegt wohl einer der wesentlichen Irrtümer vieler Bilanztheoretiker.

(2) Eine rechnungstechnische Erfassung der verschiedenen Gründe für die Existenzgefährdung der Unternehmung (vgl. III. 3) gewissermaßen nach dem Prinzip der Einzelbewertung ist unmöglich. Ihre pauschale Erfassung in Wirkungsgrößen, in denen sie sich schließlich niederschlagen (→ *Einnahmen und Ausgaben*), erscheint so nicht nur als Behelf, sondern als der methodisch allein gangbare Weg.

(3) Es kann offen bleiben, wie die Kapitalerhaltungskonzeption in die Tat umgesetzt wird: durch Aufwandsbewertung und/oder Verwendungsentscheidungen über den ausgewiesenen (aber nicht voll entziehbaren) Gewinn (vgl. II.). Das kapitaltheoretische Erhaltungskonzept gerät daher nicht so zwangsläufig mit dem geltenden Bilanzrecht in Konflikt wie die einseitig auf Aufwandsbewertung fixierten Erhaltungskonzepte der → *Bilanztheorien*.

IV. *Kapital- bzw. Substanzerhaltung und Unternehmenspolitik*

Stellt man die Frage nach den unternehmenspolitischen Konsequenzen, die aus der Analyse von Kapitalerhaltungsproblemen zu ziehen sind, so sieht man, daß sich diese sowohl in Ansehung gegebenen Rechts als auch unter Berücksichtigung der wünschenswerten bzw. zu erwartenden Rechtsentwicklung ergeben.

1. *Kapitalerhaltung und geltende Rechtsordnung*

Beschränkt man die Betrachtung auf die geltende Rechtsordnung, so sind zunächst einmal die für die Fragestellung relevanten Normenbereiche zu benennen, vor allem handels- und steuerrechtliche Bestimmungen zur Ermittlung des Jahreserfolges (Bilanzrecht; → *Bilanz, handelsrechtliche;* → *Bilanz, steuerrechtliche;* → *Bewertung, handels-*

und steuerrechtliche; → *Buchführung und Bilanzierung, Grundsätze ordnungsmäßiger*), handelsrechtliche *Normen zum Gewinnverwendungsrecht* (wozu man die Normen über die Beschlußkompetenz – z. B. § 58 AktG 1965 – ebenso rechnen sollte wie einschlägige Bestimmungen über → *Rücklagen*) und – nicht zuletzt – § 3 Währungsgesetz (Genehmigungspflicht von Wertsicherungsklauseln für Kreditverträge durch die Deutsche Bundesbank, die solche Genehmigungen bis jetzt grundsätzlich nicht erteilt und damit das Nominalprinzip bei Fremdfinanzierung verteidigt).

Das derzeit geltende Bilanzrecht entspricht trotz der grundsätzlichen Bindung an das Anschaffungswertprinzip keiner der oben unter III. geschilderten Kapitalerhaltungskonzeptionen. Diese These kann hier nicht ausführlich erläutert werden, doch scheint es notwendig, zwei Präzisierungen vorzunehmen:

Das geltende Bilanzrecht erlaubt bei Ausnutzung der eingeräumten Bewertungsspielräume in aller Regel auf mehr oder weniger lange Sicht eine über die rein nominelle *hinausgehende* Kapitalerhaltung. Dies gilt vor allem für Unternehmen, die Wachstumsstrategien anders als im Wege der → *Konzentration* betreiben. Das geltende Recht gestattet nämlich in erheblichem Umfang die *Legung stiller Reserven;* es fördert bzw. erzwingt in gewissen Grenzen auch die Bildung offener → *Rücklagen.* Innerhalb des geltenden Rechts praktizierte → *Bilanzpolitik* (handels- wie steuerrechtlich) trägt daher faktisch in erheblichem Umfang zu einer über die rein nominelle hinausreichenden Kapitalerhaltung bei.

Zum anderen ist der dadurch eröffnete Spielraum jedoch nicht in jedem Falle groß genug, um der Unternehmung langfristig Kapitalerhaltung im wünschenswerten bzw. erforderlichen Umfang sicherzustellen. Dies gilt beispielsweise um so mehr, je kapitalintensiver die Leistungsprozesse der Wirtschaft durch technischen Fortschritt werden, je stärker die Kaufkraft des Geldes sinkt und je mehr die Steuerbelastung der ermittelten Gewinne steigt.

Hieraus wiederum folgt: Soweit eine Unternehmung das für die Aufrechterhaltung ihrer Leistungsfähigkeit erforderliche, zusätzliche Geldkapital nicht durch autonome Selbstfinanzierung (→ *Finanzierungsformen und -arten*), d. h. ohne Zustimmung der auf Gewinnbeteiligung pochenden Interessentengruppen beschaffen kann, desto mehr ist sie zur *mitbestimmten Selbstfinanzierung* (z. B. Zustimmung der Anteilseigner zu Gewinnthesaurierung, partieller Verzicht der Arbeitnehmer auf gewinnabhängige Lohnerhöhungen) gezwungen. Insoweit lohnte es sich vielleicht auch, einmal darüber nachzudenken, *daß Kapitalerhaltung auch einen im heute üblichen Sinne des Ausdrucks gesellschaftspolitischen Kern enthält*, der freilich noch nicht ins allgemeine Bewußtsein gedrungen zu sein scheint.

Bilanzpolitik und Selbstfinanzierung alleine – autonom und/oder mitbestimmt – reichen freilich in manchem Fall nicht aus, um den zusätzlichen Geldkapitalbedarf zu decken, der durch die Aufrechterhaltung der wirtschaftlichen Leistungsfähigkeit der Unternehmung begründet sein mag. Für den verbleibenden Rest, der sich genereller Bestimmung entzieht, verbleibt als letzte Lösung nur der Bereich der Außenfinanzierung.

2. Grenzen der Kapitalerhaltung und Rechtsentwicklung

Wahrhaft gefährdet erscheint die wirtschaftliche Leistungsfähigkeit der Unternehmung erst dann, wenn zwei Bedingungen zusammentreffen (wobei, wie bisher, „ausreichende" Absatzerlöse unterstellt seien):

Der faktische Selbstfinanzierungsspielraum der Unternehmung muß so eng werden, daß aus den erzielten Erlösüberschüssen keine Kapitalerhaltungserfordernisse befriedigt werden können; dies kann eintreten bei konfiskatorischen Gewinnentnahmeansprüchen des Fiskus (steigende Steuersätze), der Anteilseigner (hohe „Dividendenansprüche") und/oder der Arbeitnehmer (überhöhte Lohnansprüche).

Zum anderen muß gleichzeitig die Fähigkeit bzw. Bereitschaft von Kapitaleignern, der Unternehmung zusätzliches Geldkapital zukommen zu lassen, zu gering sein, um das aufgrund der ersten Bedingung entstandene Defizit zu decken.

Angesichts starker Preissteigerungen, wachsender Steuerbelastungen, starker Bedarfsverschiebungen, raschen technischen Fortschritts, wachsender Lohnansprüche und vielleicht (mit Rücksicht auf die Geldentwertung) bald auch steigender Entnahme- bzw. Ausschüttungsansprüche von Anteilseignern bietet es sich gegenwärtig (Anfang 1974) an, daraus rechtspolitische Konsequenzen zu ziehen, wobei an folgende Möglichkeiten gedacht werden könnte:

(1) Das *Anschaffungswertprinzip* wird im bilanziellen Bewertungsrecht *durch das Wiederbeschaffungswertprinzip ersetzt.* Man denke in diesem Zusammenhang beispielsweise an Artikel 30 der Vierten „EWG-Richtlinie". Dieser Vorschlag dürfte in Deutschland kaum Aussicht auf Realisierung haben.

(2) Die *steuerliche Diskriminierung der offenen Selbstfinanzierung wird vermindert* bzw. aufgehoben. Auch dieser Vorschlag dürfte in Deutschland wenig Chancen haben. Man denke beispielsweise an die Reformvorstellungen zum Einkommen- und – mehr noch – zum Körperschaftsteuergesetz (Anrechnungsverfahren).

(3) Das *Rücklagenrecht wird zugunsten autonomer Gewinnverwendungsentscheidungen* durch „die Unternehmung" vor allem für Kapitalgesellschaften *geändert* (z.B. obligatorische oder doch von Entscheidungen der Gesellschafterversammlungen unabhängige Bildung von *Preissteigerungsrücklagen;* Verbesserung des steuerlichen Preissteigerungsrücklagenrechts). In ähnlicher Weise könnte für → *Aktiengesellschaften* auch eine Einschränkung der *Aktionärsschutzbestimmungen* von § 58 AktG 1965 wirken.

V. Kapital- bzw. Substanzerhaltung und „Erlöspolitik"

Die bisher angestellten Überlegungen betrafen vorwiegend Kapitalerhaltungsmaßnahmen, die jeweils „am Periodenende" zu treffen sind: Gewinnermittlung und Gewinnverwendung sowie eventuell darauf aufbauende, die Außenfinanzierung betreffende Dispositionen.

„Viel wichtiger ist es, daß ein zur Erhaltung der Substanz erforderlicher Nominalgewinn überhaupt realisiert wird. Und um diesen Gewinn zu erwirtschaften, sind nicht Maßnahmen am Periodenende, sondern Maßnahmen im Laufe der Periode nötig. Es ist hierzu primär erforderlich, daß der Unternehmer weiß, welche Preise er für seine Erzeugnisse am Markt realisieren muß, um mindestens sein Minimalziel [der Kapitalerhaltung bei gegebenem Gewinnermittlungs- und -verwendungsrecht] erreichen zu können" (*v. Zwehl* 1972, S. 180).

Anders formuliert: Von der Höhe der Absatzerlöse hängt es ab, ob eine Unternehmung durch die Art der Gewinnermittlung und ihre Gewinnverwendungsentscheidungen überhaupt Kapitalerhaltung betreiben kann.

Dieser Aspekt des Kapitalerhaltungsproblems ist bis jetzt vergleichsweise stiefmütterlich behandelt worden. Für eine Welt ohne Steuern hat nicht nur *F. Schmidt* (1923) einen partiellen Lösungsansatz vorgeschlagen: denjenigen der kostenrechnerischen Bestimmung von Angebotspreisen auf der Basis der Wiederbeschaffungswerte.

Die betriebswirtschaftliche Diskussion dieser Problemschicht steht noch vor zahlreichen offenen Problemen, und dies keineswegs nur da, wo die Theorie der Preisbildung nicht mit den kosten- und erfolgsrechnerischen Erkenntnissen über → *Preisuntergrenzen* abgestimmt ist. Bekanntlich bestreitet die Lehre von der → *Kostenrechnung* noch durchweg die Kostennatur der Gewinnsteuern. Angesichts einer auf Nettogewinn lautenden erwerbswirtschaftlichen Zielsetzung der Unternehmung stellt aber letztlich jede Steuer, die Einfluß auf unternehmerische Entscheidungen besitzt – und die Gewinnsteuern beeinflussen fast jede unternehmerische Entscheidung –, eine negative Komponente der Zielgröße Gewinn dar; sie gehört damit zu den Kosten (*D. Schneider* 1967).

Die Folgen einer nominellen Gewinnbesteuerung auf die Preispolitik liegen angesichts entsprechender Kapitalerhaltungserfordernisse damit auf der Hand, ob man nun Gewinnsteuern zu den Kosten rechnet, in „kalkulatorischen Gewinnaufschlägen" oder in Soll-Deckungsbeiträgen (→ *Deckungsbeitrag und Deckungsbeitragsrechnung*) unterbringt.

Wie die Verbindung von über die rein nominelle hinausreichender Kapitalerhaltung bei ausschließlicher Lösung des Problems über Preisforderungen (also: keine Variation etwa auch der Kapitalumschlagshäufigkeit; vollständige „Selbstfinanzierung" des erhaltungsbegründeten Kapitalbedarfs) und nomineller Gewinnbesteuerung auf die „Preiskalkulation" wirkt, deutet folgendes Zahlenbeispiel an:

Es sei unterstellt, der für rein nominelle Kapitalerhaltung (damit auch keine Gewinnthesaurierung) erforderliche „Aufwandsersatz" (einschließlich eventueller „Kostensteuern" im üblichen Sinne) belaufe sich auf 100,– DM. An Anteilseigner müsse ein Nettobetrag (nach Körperschaftsteuer) von 8,– DM ausgeschüttet werden. Der für die Existenzsicherung der Unternehmung insgesamt erforderliche „reale Aufwandsersatz" belaufe sich auf 130,– DM, ob er nun „Kosten" genannt wird oder nicht, ob die Differenz zwischen „nominalem" und „realem" Aufwandsersatz bilanzrechnerisch in stillen Reserven verschwindet oder den offenen Rücklagen zugewiesen wird, ob die Hauptversammlung der „kalkulierenden Aktiengesellschaft" die entsprechenden Entscheide fällt oder ob dies die Verwaltungsorgane erledigen. Stets ergibt sich dann bei einer Steuerbelastung von 60% für einbehaltene und von $33^{1}/_{3}$% für ausgeschüttete Gewinne folgende Vergleichsrechnung als „Nominalkalkulation":

Nomineller Aufwandsersatz	100,– DM
+ auszuschüttender Nettogewinn	8,– DM
+ Körperschaftsteuer usw. hierauf ($33^{1}/_{3}$% von 12,– DM = 4,– DM)	4,– DM
Insoweit „kalkulierter" Nominalpreis	112,– DM

Kalkulation bei weitergehender Kapitalerhaltung:

Nomineller Aufwandsersatz	100,– DM
+ „Erhaltungszuschlag" nach Steuern (einzubehaltender „Nominalgewinn" bzw. Scheingewinn)	30,– DM
+ Körperschaftsteuer usw. hierauf (60% von 75,– DM = 45,– DM)	45,– DM
+ auszuschüttender Nettogewinn	8,– DM
+ Körperschaftsteuer usw. hierauf ($33^{1}/_{3}$% von 12,– DM = 4,– DM)	4,– DM
Kalkulierter „Angebotspreis" danach	187,– DM

Der „Preisunterschied" spricht für sich: Er beträgt fast 67% des bei rein nomineller Kapitalerhaltung erforderlichen Betrages, wobei die Gewinnsteuersätze realistisch sind.

VI. Zusammenfassung

Angesichts der zahlreichen Kontroversen, die die Diskussion über das Kapitalerhaltungsproblem ausgelöst hat, erscheint eine Zusammenfassung der wichtigsten Thesen angebracht:

1. Vieles spricht dafür, daß die Diskussion von Kapitalerhaltungsproblemen erst durch die Unverträglichkeit folgender Tatsachen begründet wurde:

a) Handels- und steuerrechtliche Gewinnermittlung basieren grundsätzlich auf dem Anschaffungswertprinzip. Der danach auszuweisende Gewinn liegt zwischen den Extremen des „periodengerecht" bestimmten rein nominellen (im Grenzfall gar nicht entziehbaren) und des „periodengerecht" auf Sicherung der wirtschaftlichen Leistungsfähigkeit abgestimmten (also voll entziehbaren) Erfolges.

b) An den im handels- und steuerrechtlichen Jahresabschluß ausgewiesenen Gewinn knüpfen sich nicht abwehrbare Entnahmeansprüche, ob der ausgewiesene Gewinn nun mit Rücksicht auf die Kapitalerhaltung entziehbar sein mag oder nicht. In extremen Situationen wird angesichts geltenden Rechts nicht einmal nominelle Kapitalerhaltung gewährleistet (§ 10d EStG).

2. Die Meinung vieler Bilanztheoretiker, das Kapitalerhaltungsproblem *müsse ausschließlich durch Aufwandsbewertung* gelöst werden, ist nicht begründbar. Ihre Realisierung würde die Unternehmung nur gegenüber externen Anforderungen autonom machen. Dies ist jedoch auch heute schon der Fall, soweit das Gewinnfeststellungs- und -verwendungsrecht „der Unternehmung" entsprechende Freiräume sichert (autonome → *Bilanzpolitik*).

3. Manche Kontroverse über „ausreichende" oder „nicht ausreichende" Kapitalerhaltung erscheint in einem anderen Licht, wenn man – wie es rechtspolitisch vernünftig wäre – schon Verbesserungen der Möglichkeiten für eine autonome Kapitalerhaltung seitens der Unternehmung als Fortschritt anerkennen würde. Z.B. wären schon die Aufgabe des Anschaffungswert- zugunsten des Wiederbeschaffungswertprinzips bzw. analoge Verbesserungen des Rechts der autonomen Rücklagenbildung ein solcher Fortschritt, selbst wenn er zur vollen Kapitalerhaltung durch „Aufwandsverrechnung" nicht ausreicht. Man denke bei der Fortentwicklung der einschlägigen Rechtsnormen auch an die Divergenz zwischen theoretischen Forderungen und der Verpflichtung des Gesetzgebers etwa zur Wahrung der Rechtssicherheit und der Gleichmäßigkeit der Besteuerung.

Analog wäre sogar die Erweiterung der Möglichkeiten zur Legung stiller Reserven zu beurteilen, auch wenn dies nicht zur „Objektivierung" einer wie immer verstandenen nominellen Jahreserfolgsrechnung beiträgt. (*Baetge* 1970, *Leffson* 1972).

4. Der Umfang, in dem eine Unternehmung Kapitalerhaltung betreiben soll, ist nicht „objektiv", sondern nur unter Bezugnahme auf die Erwartungen bestimmbar, die relevante „externe" Interessenten im Hinblick auf die Unternehmung hegen. Insoweit bedarf auch die Lehre von den Unternehmenszielen noch einer breiteren verhaltenswissenschaftlichen Begründung. Nur wenn diese externen Interessenten mit der Unternehmung auf Dauer Gewinnentnahmeerwartungen verbinden, ist das Erfordernis der Erhaltung der wirtschaftlichen Leistungsfähigkeit die zwangsläufige – freilich dann auch von den entsprechenden Interessentengruppen anzuerkennende – Folge. Entsprechend sollten daher die maßgeblichen Unternehmensorgane auch argumentieren.

5. Auf Kapitalerhaltung zielende Politik ist angesichts der bestehenden Rechtsordnung → *Unternehmungspolitik* und nur zum geringsten Teil (rein nominelle Kapitalerhaltung) eine Frage der Gewinnermittlung. Wer sie betreiben will, muß sich daher auch der Vielfalt der Instrumente der Unternehmenspolitik bedienen. Er darf die gesellschaftspolitische Auseinandersetzung – und dabei keineswegs nur um den Gewinn und die betriebliche → *Mitbestimmung* – nicht scheuen.

Literatur: Schmidt, F.: Die organische Bilanz im Rahmen der Wirtschaft. Leipzig 1921 – *Walb, E.*: Das Problem der Scheingewinne. Freiburg i. B. 1921 – *Prion, W.*: Die Finanzpolitik der Unternehmung (im Zeichen der Scheingewinne). In: Mitteilungen d. Ges. f. wirtsch. Ausbildung, Frankfurt a. M., Sonderbd I, 1. u. 2. H., Jena 1922, S. 81–120 – *Schmalenbach, E.*: Die steuerliche Behandlung der Scheingewinne. Ebd., S. 1–80 – *Geldmacher, E.*: Wirtschaftsunruhe und Bilanz. 1. T., Berlin 1923 – *Schmidt, F.*: Der Wiederbeschaffungspreis des Umsatztages in Kalkulation und Volkswirtschaft. Berlin

1923 – *ter Vehn, A.*: Gewinnbegriffe in der Betriebswirtschaft. In: ZfB, 1. Jg 1924, S. 361–375 – *Mahlberg, W.*: Der Tageswert in der Bilanz. Leipzig 1925 – *Hax, K.*: Der Gewinnbegriff in der Betriebswirtschaftslehre. Leipzig 1926 – *Schmalenbach, E.*: Dynamische Bilanz. 4. A., Leipzig 1926 – *Sommerfeld, H.*: Bilanz (eudynamisch). In: HWB, 1. Bd, Stuttgart 1926, Sp. 1340–1346 – *Walb, E.*: Die Erfolgsrechnung privater und öffentlicher Betriebe. Berlin u. Wien 1926 – *Canning, J. B.*: The Economics of Accountancy. New York 1929 – *Hoffmann, A.*: Der Gewinn der kaufmännischen Unternehmung. Leipzig 1929 – *Schmidt, F.*: Kalkulation und Preispolitik. Berlin u. Wien 1929 – *ders.*: Die organische Tageswertbilanz. 3. A., 1929 (Nachdr.: Wiesbaden 1951) – *Hasenack, W.*: Selbstfinanzierung und Kapitalerhaltung. In: Der praktische Betriebswirt, 11. Jg 1931, S. 49–56, 182–184 – *Miller, M.*: Die Berücksichtigung von Geldwertschwankungen in Buchhaltung und Bilanz. Nürnberg 1932 – *Schär, J. F. u. W. Prion*: Buchhaltung und Bilanz. Mit Anhang: Buchhaltung und Bilanz bei Geldwertschwankungen. 6. A., Berlin 1932 – *Sommerfeld, H.*: Der Unternehmer als Verwalter von Volksvermögen. Hamburg 1934 – *Rieger, W.*: Schmalenbachs dynamische Bilanz. Stuttgart 1936 – *Hasenack, W.*: Die Anlagenabschreibung im Wertumlauf der Betriebe und die Sicherung der Wirtschaft. In: ZfB, 15. Jg 1938, S. 113–144 – *le Coutre, W.*: Bilanztheorien. In: HWB, 2. A., 1. Bd, Stuttgart 1938, Sp. 1053–1078 – *Rieger, W.*: Über Geldwertschwankungen. Stuttgart 1938 – *Sommerfeld, H.*: Eudynamische Bilanz. In: LkR, 1. A., 1. Bd, Stuttgart 1940, Sp. 850–855 – *Vatter, W. J.*: The Fund Theory of Accounting and Its Implications for Financial Reports. Chicago 1947 (3. A., 1959) – *Walb, E.*: Finanzwirtschaftliche Bilanz. 2. A., Duisburg 1947 – *Kosiol, E.*: Bilanzreform und Einheitsbilanz. 2. A., Berlin u. Stuttgart 1949 – *Sonderegger, F.*: Das Prinzip der Erhaltung der Unternehmung als Grundproblem der modernen Betriebswirtschaftslehre. Bern 1950 – *Hax, K.*: Bilanzgewinn und Geldwertschwankungen. In: ZfhF, N.F., 3. Jg 1951, S. 433–460 – *Schnettler, A.*: Grundsätzliches zum Problem der betrieblichen Substanzerhaltung. In: BFuP, 5. Jg 1953, S. 193–207 – *Liebl, J.*: Kapitalerhaltung und Bilanzrechnung. Wolfenbüttel 1954 – *Hax, K.*: Die Substanzerhaltung der Betriebe. In: DB, 9. Jg 1956, S. 357–360 – *Schmalenbach, E.*: Dynamische Bilanz. 12. A., bearb. v. *R. Bauer*, Köln u. Opladen 1956 – *Hax, K.*: Die Substanzerhaltung der Betriebe. Köln u. Opladen 1957 – *Berger, K.*: Steuerliche Abschreibungen auf das Anlagevermögen und steigende Wiederbeschaffungskosten. In: Prüfung u. Besteuerung der Betriebe. Festschr. f. W. Eich, hrsg. v. D. Pohmer, Berlin 1959, S. 155–160 – *Saage, G.*: Die stillen Reserven im Rahmen der aktienrechtlichen Pflichtprüfung. Köln u. Opladen 1959 – *Busse von Colbe, W.*: Substanzerhaltung. In: HWB, 3. A., 3. Bd, Stuttgart 1960, Sp. 5310–5321 – *Bellinger, B.*: Offene Fragen der betrieblichen Substanzerhaltung. In: Gegenwartsfragen der Unternehmung. Festschr. f. F. Henzel, hrsg. v. B. Bellinger, Wiesbaden 1961, S. 13–25 – *Neddermeyer, W.*: Auswirkungen von Geldwertänderungen bei den Wirtschaftsgütern des Anlagevermögens. In: DB, 14. Jg 1961, S. 1525–1528 – *Brunner, J.*: Geldwertschwankungen in Erfolgsrechnung und Bilanz. Zürich 1962 – *Hansen, P.*: The Accounting Concept of Profit. Kopenhagen u. Amsterdam 1962 – *Käfer, K.*: Die Bilanz als Zukunftsrechnung. Zürich 1962 – *Moxter, A.*: Der Einfluß von Publizitätsvorschriften auf das unternehmerische Verhalten. Köln u. Opladen 1962 – *Eckardt, H.*: Die Substanzerhaltung industrieller Betriebe. Köln u. Opladen 1963 – *Ganz, W.*: Abschreibung und Substanzerhaltung. Winterthur 1963 – *Münsterman, H.*: Geschichte und Kapitalwirtschaft. Wiesbaden 1963 – *Schneider, D.*: Bilanzgewinn und ökonomische Theorie. In: ZfhF, N.F., 15. Jg 1963, S. 457–474 – *Schmidt, R.-B.*: Die Kapitalerhaltung der Unternehmung als Gegenstand zielsetzender und zielerreichender Entscheidungen. In: Organisation und Rechnungswesen. Festschr. f. E. Kosiol, hrsg. v. E. Grochla, Berlin 1964, S. 415–440 – *Albach, H.*: Grundgedanken einer synthetischen Bilanztheorie. In: ZfB, 35. Jg 1965, S. 21–31 – *Gutenberg, E.*: Bilanztheorie und Bilanzrecht. Ebd., S. 13–20 – *Honko, J.*: Über einige Probleme bei der Ermittlung des Jahresgewinns der Unternehmung. Ebd., S. 611–642 – *Feuerbaum, E.*: Die polare Bilanz. Berlin 1966 – *Gümbel, R.*: Die Bilanztheorie Wilhelm Riegers. In: ZfB, 36. Jg 1966, S. 333–367 – *Leffson, U.*: Wesen und Aussagefähigkeit des Jahresabschlusses. In: ZfbF, 18. Jg 1966, S. 375–390 – *Moxter, A.*: Die Grundsätze ordnungsmäßiger Bilanzierung und der Stand der Bilanztheorie. Ebd., S. 28–59 – *Münstermann, H.*: Die Bedeutung des ökonomischen Gewinns für den externen Jahresabschluß der Aktiengesellschaften. In: Wpfg, 19. Jg 1966, S. 577–586 – *Schmidt, R.-B.*: Die Sicherung der Aktiengesellschaft durch Rücklagen. In: ZfB, 36. Jg 1966, S. 615–631 – *Asztély, S.*: Das Ziel des Jahresabschlusses. Ebd., 37. Jg 1967, S. 291–313 – *Endres, W.*: Der erzielte und der ausschüttbare Gewinn der Betriebe. Köln u. Opladen 1967 – *Feuerbaum, E.*: Notwendigkeit und Methoden der Substanzrechnung. In: ZfbF, 19. Jg 1967, S. 172–184 – *Schneider, D.*: Theorie und Praxis der Unternehmensbesteuerung. Ebd., S. 206–230 – *ders.*: Substanzerhaltung und technischer Fortschritt. In: Der Volkswirt, 21. Jg 1967, S. 2651–2654 – *Stützel, W.*: Bemerkungen zur Bilanztheorie. In: ZfB, 37. Jg 1967, S. 314–340 – *Coenenberg, G.*: Gewinnbegriff und Bilanzierung. In: ZfbF, 20. Jg 1968, S. 442–469 – *Koch, H.*: Der Begriff des ökonomischen Gewinns. Ebd., S. 389–441 – *Lauffer, H.-M.*: Der notwendige Unternehmungsgewinn. Meisenheim a. Glan 1968 – *Schneider, D.*: Ausschüttungsfähiger Gewinn und das Minimum an Selbstfinanzierung. In: ZfbF, 20. Jg 1968, S. 1–29 – *Feuerbaum, E.*: Langfristige Entwicklungstendenzen des Bilanzrechts und der Einkommensbesteuerung. In: DB, 22. Jg 1969, S. 1157–1163, 1208–1212 – *Heinen, E.*: Handelsbilanzen. 5. A., Wiesbaden 1969 – *Baetge, J.*: Möglichkeiten der Objektivierung des Jahreserfolges. Düsseldorf 1970 – *Engels, W. u. H. Müller*: Substanzerhaltung: eine betriebswirtschaftliche Konsumtheorie. In: ZfbF, 22. Jg 1970, S. 349–358 – *Forster, K.-H.*: Überlegungen zur Rücklagendotierung aus dem Gewinn. In: Aktuelle Fragen der Unternehmensfinanzierung und Unternehmensbewertung. Festschr. f. K. Schmaltz, hrsg. v. K.-H. Forster u. P. Schumacher, Stuttgart 1970, S. 203–215 – *Hax, K.*: Bilanztheorien, allgemein. In: HWR, Stuttgart 1970, Sp. 238–248 – *Höffken, E.*: Substanzerhaltung und ökonomischer Gewinnbegriff. In: BFuP, 22. Jg 1970, S. 627–638 – *Kosiol, E.*: Bilanztheorie, pagatorische. In: HWR, Stuttgart 1970, Sp. 279–302 – *Kroeber-Riel, W.*: Absatzpreisänderungen und Unternehmungserhaltung. In: ZfbF, 22. Jg 1970, S. 359–371 – *Münstermann, H.*: Bilanztheorien, dynamische. In: HWR, Stuttgart 1970, Sp. 248–260 – *Schmidt, R. B.*: Kapitalerhaltung und Rechnungswesen. Ebda., Sp. 772–780 – *Schneider, D.*: Bilanztheorien, neuere Ansätze. Ebda., Sp. 260–270 – *Schweitzer, M.*: Bilanztheorien, organische. Ebd., Sp. 270–279 – *Seicht, G.*: Die kapitaltheoretische Bilanz und die Entwicklung der Bilanztheorien. Berlin 1970 – *ders.*: Die Grenze der Gewinnbesteuerung. In: Der ÖB, 20. Jg 1970,